传播力 （新版）

COMMUNICATION POWER

〔美〕曼纽尔·卡斯特 | 著
（Manuel Castells）

汤景泰 星 辰 | 译

社会科学文献出版社
SOCIAL SCIENCES ACADEMIC PRESS (CHINA)

本书根据牛津大学出版社 2009 年版译出

2013 版序言
数字网络与自治文化

    本书的核心观点是：作为社会各类机构的基石，权力关系很大程度上通过传播过程在人们心灵中得以建构。恐吓或暴力可以造成肉体屈服，但相较而言，精神的塑造是一个更具决定性和持续性的统治形式。传播过程包括了人际传播与媒介化传播（mediated communication）两种类型。在社会纬度，正是媒介化传播构成了符号化的环境，人们在其中接收、处理并发布各类信息，由此创造出生活的各种意义。媒介化传播的活力与效果，取决于文化、组织与具体传播系统中的技术。因此，数字传播的出现所导致的传播转型，以及与之相伴随的组织机构与文化的变迁，已经深刻改变了权力关系运作的方式。这一观点贯穿于本书所列举的各种案例。

数字时代的传播转型

    近年来，传播转型中最重要的一类，就是由大众传播到大众自传播（mass self-communication）的演进。在互动传播过程中，大众自传播（自媒体）可以潜在地触及大量受众，但是其信息制造是自我生产的、信息流动是自我定位的、数字传播网络内容的接收与融合是自我选择的。以传统电视网络为代表，单向大众传播（大众媒体）的兴起，带来的是大型商业集团的出现。但因为互联网与移动传播网络的出现，自媒体开始从逐渐分化的传播网络中兴起。然而，随着互联网发展成为数字时代主要的传播媒介，主要的大公司开始控制互联网商业，全球性通信公司也构建了移动传播平台。正如本书所提出的，在数字时代，主要的传播组织形式由全球化的多媒体商业网络占据，它们使用不同的传播媒介但又整合在同一家大集团内，在一个越来越由寡头垄断的商业环境中，竞争力得以提升。不仅如此，横向传播网络与单向的传统传播形式（如电视、广播、出版社）日益融合，由此形成一个使用数字技术的混合型传播体系，从而由统一的普通超文本演变为丰富多彩的、个性化的"我的文本"（mytext）。然而，即便互联网领域同样也是围绕主要商业集团的权力来建构，并且还要受到政府一定程度的监管，但它实际上仍然保持了一种不同的传播模式。这典型地体现在：传播主体面对网络监管者，仍可以大量自主设置议题。其中原因在于数字网络技术让各类个体和组织可以在很大程度上绕过大公司和管理机构，自主生产信息和内容，并在数字空间中传播。当然这并非毫无困难，也并非完全没有审查，但相对于交给公司编辑和政府检察官，确实实现了更高的自由度。实际上，由于互联网公司做的是自由传播的生意，所以他们经常加入鼓吹互联网自由的抗争中，反对政府各种钳制互联网的企图。此外，它们也不时遭遇传播渠道控制者针对"网络中立观"的攻击。这就是为什么网络流量越多，互联网公司盈利越高的原因。因此，它们为了实现自身利益的最大化，它们会不断改造互联网的应用模式。不仅如此，互联网行业的进入门槛要远低于传统传播业。很多懂技术的年轻人拥有了一些创意和资金就能创办公司，去冲击那些垄断企业给自由传播设置的各种限制，这在互联网公司的转型扩张中屡见不鲜，特别是那些新崛起的社交网站，如 Friendster、Facebook、YouTube、Twitter，以及从 2002 年以来世界上改变了传播网络中社会与组织样貌的那些公司。2013 年，世界上有超过 28 亿的互联网用户以及超过 64 亿的无线通信设备用户，地面数字通信网已经成为我们生活的基础，从而建构了一种新的社会结构，多年前我就将其称为网络社会。商业公司一直试图将自由的空间改造成加了围墙的花园，以便把控入口获得利益。政府一直以来也对互联网上的自由传播非常焦虑，因为在整个历史过程中，他们的权威都建立在对信息和传播的控制上。

　　然而世界上数以百万计的网络高手已经发起了一场坚决斗争，以夺回自由传播的空间。凭借着司法系统的刚正不阿，以及互联网从业者骨子里的自由基因，他们在维护个体表达权的征途上，已经获得了某种程度的成功。对于大部分新世代的人来说，维护自由上网的权利已经超越了其他需求，因为无论是从音乐到政治，还是从购物到情感交流，自由传播都是他们各种重要活动的先决条件。因此，当人们把任何内容、任何地点与任何人的传播权利视为自由人性最重要的标志，争取网络自由的斗争就是一个永不终结的过程，而且互联网所蕴含的技术与文化特征使得自由的敌人在面对反抗的大众时很难占据优势。

　　不过，这些发展的结果也不能高估。自由传播是最重要的颠覆性活动，因为它会挑战嵌在社会组织机构中的权力关系。政府和商业机构控制下的自上而下的传播，是人类社会历史的典型特征。任何新的传播技术，比如出版，都会挑战权威。长期生活在不公社会中的人们心中滋生的反抗的种子，只有在和其他人连接的时候才会生长开花，并打破个体间的隔阂，演变为社会动员和非传统的社会组织。严谨一点说，这并不一定会更好，因为历史并没有关于积极经验的预设，把进步作为人类演化的必然命运只是一种意识形态假设。然而，如果不考虑社会变化进程的重大内涵，这就是无尽的社会运动。在生活的每个领域，传统统治机构都受到那些自觉被统治、贬损、剥削、侮辱和歪曲的人的挑战。这些挑战需要面对体制暴力以及占社会支配地位的观念模式所产生的说服能力，而正是这些观念模式使既有权力关系合法化。作为一种社会空间，传播领域充满了冲突，各方围绕价值与利益展开斗争与辩论，而社会秩序也正是在这样的环境中不断"重熔再生"。你来我往中，新旧势力或颠覆，或适应那些不断演进中的新模式。所谓新模式，具体来说，就是过去精致却固化的统治者，与渴望改变世界并预备好为之而奋斗的反叛者，所提出的人类未来生活的可选方案。与系统地偏向于现有统治阶层的协商制度不同，传播空间的权力来自于多元主体所提供的信息，以及这些主体间的互动。信息来源越广越大、互动的频率越快，传播作为社会变化的动力就越强。这就是为什么政治权力与社会秩序都是基于统治者对传播过程的有效控制，这种控制渗透在布道坛的宣讲、报纸的编辑流程以及电视节目中。传播机构越庞大且越高高在上，它所传播的信息就越集中，受众就越容易被分化和控制。这就是，也仍旧是大众传播世界的现状。但这并不意味着信息的接收者都是被动的受众。实际上，人们会用自己的方式来分析这些信息，而且并不一定获得传播主体想要实现的结果。只不过从社会维度来看，人们所能获得的唯一素材（无论是图像、声音、文字），都来自于官僚与企业家所控制的大众媒体。但由复合传播（multimodal communication）构成的横向网络在世界上流行开来后，这种垂直传播模式就被瓦解了。各种各样的信息出现了，其中的丰富意义也由传播主体自身所建构。他们有时可以达成一致，

xxii

但更多时候则充满了分歧。尽管如此，他们很大程度上仍然可以独立于大众传播主导者们的议程设置策略。传播与权力的相互作用由此变得更加充满变数，自由的精灵从被媒体封闭的瓶子里解放，全世界的人们都可以拥抱新的自由。

预测最近的过去

从本书初版的 2009 年到 2013 年刊印第二版，这短短几年时间里，权力关系实实在在地受到了新的数字传播语境既深且巨的影响。为大众媒体所聚焦的政治运动，一直以来都是媒介政治的条件反射，对丑闻的突出强调成为政治斗争中的主要策略选择。政府将媒体当作自己的宣传机器，并利用自己的监管权作为交换支持传媒产业。信息管控会一直对公民掩盖真相，无论战争还是和平，生存还是死亡。金钱不断塑造着政治，媒体宣传和政治信息传播会通过复杂的数据库技术获取选民的隐私，从而更具针对性。政治表演和被篡改的图像建构了公民的感知方式，但公民却不得不如在迷宫一样，探寻自身的思考方式。

对于这种有偏向的传播系统，互联网目前还不是真正有效的解药，因为政治操纵者虽然最初对互联网有误解，把它当成电视一样的媒体，但也学习了新的策略。事实上，2008 年奥巴马的总统大选，就代表了政治技术的一个分水岭。在这场竞选中，对互联网的熟练使用和对草根阶层的有效动员，是奥巴马取得成功的决定性因素。自此以后，世界上大部分的政治运动都将互联网和移动传播纳入其中，尽管他们忘记了草根阶层通过支持运动所获得的自主权会使互联网的权力最大化。无论如何，互联网已经像电视那样，成为制度主义政治学的核心工具。

从某种程度上来说，互联网已经占据更重要的角色，因为电视聚焦于选举或批判性报道，如国家或国际危机，而互联网已经在政治与公民之间搭建了日常联系。因此，互联网的使用并不像看起来那样局限于社会运动，而大众媒体也并非为占支配地位的精英所独占。我们生活在一个多种传播模式互相渗透的世界，所以在权力生产过程中，在很大程度上，传播实际既在各种机构中又在整个社会上，拓展和深化自身的关键角色。

然而与此同时，横向传播网络的扩散以及本地与全球传播系统的多点接入，已经在社会和体制层面深刻地改变了权力实践，增强了市民社会和非机构的社会政治角色对权力关系形式与动力的影响的作用。

自本书出版以来，围绕着国家的政治动态，基于互联网的自主传播已经显示出决定性影响，成为权力关系最直接的表现形式之一。我要让读者意识到：我从来不去预测什么，因为我不信任那些常被用来预测未来的方法，那只不过是对现在做些推断以及加上一些趋势，而不考虑预测的众多变量在发展趋势中的相互作用。事实上，我更偏爱谨慎行事以及预测过去。这并非开玩笑。我的目标是观察那些在著作出版后发生的典型事件，它们使本书提出的分析框架看起来更有道理。这些特别案例都收录在本书中。

我整个的分析都基于权力关系建构过程中权力与反权力（counterpower）的互动（权力多来自于机构，而反权力来自于公民社会）。我在本书中的主张是，传播的形式与过程对于这一互动的形塑具有决定性影响。我在本书的分析中指出了传播在政治体制中的关键角色。基于一些案例研究，我还特别强调，大众自传播的兴起给社会行为主体提供了社会政治变革的新途径。我现在可以更坚定地说，大众自传播近年来的扩张，已经前所未有地强化了个体和社会行为主体挑战国家权力的能力。当然，这并不是互联网发展的必然结果。没有技术可以决定一切，原因在于社会进程中嵌入了一套复杂的社会关系。然而技术，特别是传播技术，并不是中性的。极少数人把持书写的社会，与印刷机发明后形成的书写与出版普及的社会之间，存在着巨大的差异。当年欧洲最具权势的天主教，正是被《圣经》的自由阅读所挑战并最终瓦解。政治进程由报纸主导还是更多的由广播或者电视所形塑，其中也存在着巨大的差异。而本书努力分析和定义的另外一个关键变化则是，嵌入大众传播中的权力和基于互联网的、挑战传统政治秩序的自主能力。因此，技术并不能决定权力形成的过程及其结果，但它也并非中立，因为它会在挑战权力的社会中，最大限度地为那些可能的选择，提供表达与动员的机会。

两个具有不同意义的案例可以说明，在数字传播网络世界中，权力与反权力之间互动的变化。一个是由维基解密对政府在国内外事务中的信息控制所造成的挑战。将信息设为"机密"一直是政府的重要手段。一旦当选或被授权，政府就可以代表公民进行决策而并不需要真正向他们公开。维基解密暴露了那些公众关心但却一直隐藏在国家安全名义下，缺乏公众监督的事务，由此创造了公民掌握自身代表权的新机遇。第二个例子是

xxv

2010～2012 年间在全球一百多个国家和数千个城市所爆发的反抗社会不公和政治不民主的社会运动。这些运动通过互联网和无线设备建立的匿名传播活动形成了自传播和自组织，由此最终在政治体系和公共意识的多重背景下产生了重大影响。相关详细分析和经验材料，在此不加赘述，相关内容均已出版（Castells，2012），或在一些学术活动中发布（Castells，2010，2011）。在此，我将聚焦于这些事件中与传播和权力的相互作用有关的意义分析。

xxvi 然而，在提醒读者注意这些社会行动的特征之前，我有必要强调，嵌在互联网中的网络权力不仅是一个技术特征，因为互联网和其他技术一样，是一种物质文化，暗蕴着文化建构，具体到互联网领域，这种文化就是自由。

互联网与自由文化

在过去的四十年间，与以微电子为基础的信息和通信技术的兴起密切相关，新社交习惯已经兴起（Neuman，2013）。意义沟通是人类的一个基本属性，沟通的转型可以影响人类生活的方方面面，也许（仅仅是也许）会随着时间的推移导致我们大脑的变化。毕竟，对于人类来说，一切都取决于遗传基因和社会环境相互作用所导致的神经网络的进化。

从技术的历史中我们可以发现，为了满足自身需求和欲望，人类接纳、使用以及更新技术的方式取决于自身的文化、社会组织、体制环境与人格体系。但技术自身在其中也会受到影响。在相应的时间和地方，适当的技术必须可用，而人类及其组织又都感受到了这种使用的必要性。这就是技术发现和社会演进的相互协同作用。互联网尤其如此，正是计算机网络构成了我们生活的社会网络。

互联网实际上并不算一种新技术（最早在 1969 年的阿帕网部署），但是从 20 世纪 90 年代中期开始，互联网迅速扩张，并且在新一代无线通信中获得进一步推广。1996 年，全世界只有不到 4000 万互联网用户；到了 2013 年，这一数字就超过了 28 亿，其中大部分在中国、美国和印度。不仅如此，通信技术也愈益基于无线平台。1991 年，全球大约有 1600 万移动电话用户。而在本书写作的 2013 年，已经超过了 64 亿（通过比较保守的计算，可以说我们这个星球上超过 85% 的居民已经通过无线网络连接起来，这是历史上通信技术最快的普及速度）。

宽带的发展相对受限，但现在的无线互联网跨社群和跨地域的加速发　xxvii
展已经是趋势（例如在南美，手机的渗透率已经达到 82%；而在阿根廷，
已经超过了 120%）。2014 年移动互联网用户超过了桌面互联网用户。

20 世纪 90 年代中期开始的互联网快速发展，可以归因于三重因素的
组合。

（1）蒂姆·伯纳斯－李（Tim Berners－Lee）开发出了万维网，他愿
意开放源代码以便通过全球开源用户社区的帮助来进行改进，这传承了
1973～1975 年由文特·瑟夫（Vint Cerf）和罗伯特·卡恩（Robert E.
Kahn）设计的 TCP/IP 协议的开放性。万维网的运作基于同样的开源原则。
实际上，全球 2/3 的网络服务器都是基于 Apache 的，这是一个自由软件社
区运营的开源软件。

（2）互联网的管理体制使其尽管私有化，却一直处在全球互联网界的
松散管理之下，由此使得互联网的商业化和公益化应用并行不悖。

（3）文化与社会行为的重大变化：个体化和网络化。

容我先梳理万维网和其他互联网络类型的缘起之后，再详述这一部
分。

我们的社会，也就是网络社会，是由基于数字网络的个体和组织网络
建构而成的，通过互联网及其他电脑网络进行通信。这种历史性的特定社
会结构，产生于信息和通信技术方面的新技术范式与一些社会文化变革的
相互作用。这些变革的主要纬度，就是被标签化为自我中心社会的兴起，
或者借用安东尼·吉登斯（Anthony Giddens）的话来说，就是个体化过
程，以及涉及空间、工作、家庭和归属等一般概念的传统社群认知的消
解。这并不是社群的终结，也并非基于地域的互动的终结，而是导向社会
关系重建的位移，其中包括有力的文化与个人纽带，由此基于个人的兴
趣、价值观和活动，形成新的社群形式。

个体化的过程不仅仅是一个文化进化的问题：它是由经济活动、社会　xxviii
与政治生活的新组织形式实实在在产生的，正如我在《网络社会的崛起》
（1996/2000）一书所分析的那样。它植根于众多关键要素的转型，包括空
间（巨型大城市群的兴起），时间（从线性时间到压缩时间的转换），工作
（网络化企业的兴起），文化（从基于大众媒体的大众传播到基于互联网的
大众自传播的转换），个体成员独立意识增强所导致的父权式家庭危机，

媒介化政治对大众政党政治的替代，以及把全世界众多地方和生产流程进行精心链接的全球化。但个体化并不意味着隔离，也并非是社群的终结。通过志同道合的个人追求，社交被网络化的个人主义与社群所重构，其中融合了线上与线下、数字空间与现实空间的互动。个体化是主体（个人或集体）构成的关键环节，网络化是由这些主体建构的组织形式。这就是网络社会，这种形式的社会性就是威尔曼所称的网络个人主义（Rainie and Wellman，2012）。网络技术就是这种新的社会结构与文化的媒介。这也就是全球性网络社会，而全球化正是其中的一种网络。

任何新的社会组织形式和任何主要技术的逻辑改变，都会生成自己的神话。其中部分原因是，在科学家能够评估其影响和意义之前，它们就已经付诸实践，所以在社会变革与对技术影响力的理解之间总是存在着一道鸿沟。另外一部分原因是，人们并不学习社会科学，他们只是看电视或接触其他媒体，而这些媒体习惯于报道坏消息。当然如果可能的话，它们甚至只报道令人恐惧的新闻。例如，一些报道把网络使用作为异化、孤立、抑郁和社会隔绝的根源。事实上，现有的证据（Rainie and Wellman，2012；Cardoso et al.，2011）显示，在互联网使用习惯与社交模式之间没有联系或正向的积累性关系。一般来说，社会化越强的人对互联网的使用越多，从线上和线下社交中的获益也越多，并且拥有更高水平的公民参与和更密切的家庭与朋友关系，在所有的文化中都是如此（数据来源于世界互联网调查，USC；牛津英国互联网调查；英国虚拟社会调查项目；皮尤美国生活与互联网项目；加利福尼亚互联网项目；尼尔森全球报告；世界价值调查，密歇根大学；哈佛大学伯克曼中心；葡萄牙信息社会调查等）。然而我认为，互联网与万维网在人类生活各个领域引发了根本的、广泛的社会效应，正是这些自由技术对于社会行为主体的自主性建构带来便利，这当然是相对于组织机构而言。

互联网时代的自主性建构

个体化的关键一环是社会行为主体的自主性建构。他们通过与社会机构的互动而非单纯的服从，把自身任务明确化，由此成为过程主体。这虽然只是一少部分人，但由于他们的领导和动员能力，却给社会生活各个领域带来了一种新文化：在工作领域（自主创业），在媒体领域（积极的受

xxix

众），在互联网领域（创造性用户），在市场上（见多识广的专业消费者：生产者—消费者），在教育领域（见多识广的具有批判性的学生，电子化学习、移动学习教学法、开放内容学习、慕课等），在健康领域（以患者为中心的健康管理系统），在电子政府领域（知识丰富、积极参与的公民），在社会运动领域（女权主义或环境主义等草根文化的变迁），在政治领域（具有独立意识的公民能够加入自生型政治网络）。前文提到的关于互联网使用社会效果的来源报告，提供了互联网与社会自治具有直接关系的证据。这些发现与 2010 年在英国进行的一项有趣研究具有一致性，这项研究基于密歇根大学世界调查获得的全球数据，由社会学家迈克尔·威尔默特（Michael Willmott）主持。实际上，通过调查特别是市场营销调查可知，人们真正关心的是他们的幸福，这可以通过一系列心理指标来衡量。在这方面，根据威尔默特的研究，互联网使用似乎可以增进幸福感[1]。通过控制其他相关因子，该研究表明，通过提升互联网使用的安全感可以强化人的自主权及个体自由感，而这些感觉对幸福感及个人福祉都会产生积极影响。对低收入者和能力欠佳的人，以及对发展中国家的人们和女性而言，效果尤其明显。年龄似乎没有影响，因为这种正向关系存在于各个年龄段。为什么会对女性效果更明显呢？因为女性处于家庭网络的中心，互联网可以帮助她们组织自己的生活。此外，互联网还有助于她们避免孤立，特别是在父权主义的环境下。由英国电信运营商 OS2 的研究团队所做的一份没有公开发表的报告也指出，人们对幸福感高度重视，社交与自主性对于提升幸福感具有正相关关系。因此，把一系列变量标准化之后，互联网与无线通信使用可以成为促进幸福感的积极因素。这是因为互联网的使用可以提升社交能力和促进赋权，这是提升人们生活满意度的两个关键要素。

xxx

　　21 世纪头 10 年中，互联网最深刻的变革，就是从个体与机构的网络互动（如电子邮件的使用），转移到由用户自身主导的社会自主网络的建构。从 2002 年开始，在短短的几年里，社交网站爆发式涌现，如

---

[1]　2010 年 5 月 12 日，英国渣打的信息技术部 BCS 发布的报告称，互联网接入和人类幸福之间存在直接关系。这是由英国一家智库 Trajectory Partnership 进行的研究，该项目在 2005～2007 年的世界价值观调查中分析了全球 35000 人的世界价值观。引自负责该项目的社会学家迈克尔·威尔默特的报告（www.time.com/time/health/article/08599198924400.html）。

Friendster、Facebook、YouTube、Twitter、Twenti、QQ、Baidu、Cyworld、Vkontakte、Skyrock、Orkut 以及成百上千的类似网站（Naughton，2012）。需要注意的是：社交网站基于 Web 服务，它允许个人：（1）在一个有限制的系统内建立一个公开或半公开的个人档案；（2）公开关系列表；（3）查看并打通关系列表以及系统内其他用户建立的类似列表（Boyd and Ellison，2007）。2007 年 11 月，全球范围内社交网络的使用时间超过了电子邮件。2009 年 7 月，社交网络的用户数量超过了电子邮件。

因此，互联网上最重要的活动都是基于社交网络的，而社交网站（SNS）日益成为各类活动的平台，其中不只是私人交友或聊天，还包括了市场营销、电子商务、教育、文化创意、媒体和综合娱乐分销、医疗应用和社会政治运动。目前，这已经成为一个显著的社会趋势。SNS 是由用户自身建构的，它既基于特定的群组（企业创建各类站点后由人们自行选择），同时又基于广泛的朋友圈，人们会根据不同级别的隐私和形象展示自行设定。

社交网络成功的关键不是匿名，恰恰相反是真人向其他人的自我展示（在某些情况下，撒谎的人会被拉黑），所以社交网络是由互联网与其他社会网络相互交织，进而建构出的社会。但它们并不是虚拟的社会：因为虚拟网络和现实生活网络之间存在着密切关联。这是一个混合的世界，一个真实的世界；不是一个虚拟世界或隔离的世界。

人们与其他人建立了网络，到底与哪些人交往则基于人们自己设定的某些标准，其中包括自己的熟人，但也只是选定的一部分。随着移动通信的拓展，这就成为一种永久链接（Castells et al.，2006）。如果要问网络世界中的社交发生了什么变化？可以说，得益于永久链接和社交网络驱动的社交显著增加，但却变换为完全不同的类型。这并非只是友谊或者人际沟通。人们一起协作、分享与行动，就像在现实社会中一样，虽然现实社会中的个人层面总是存在，而 SNS 则链接了人们所有经验层面的生存空间。文化由此得以变革，因为人们以极低的情感成本进行分享，节省了精力。人们超越了时间和空间，他们生产的内容间建立了链接，串联起实践，人类所有生活纬度都已网络化的世界由此形成。在永久的多元互动中，人们共同进化，但他们选择的是共同进化的准则。因此，人们在现实生活的同时，不断在 SNS 上进行多维度的链接。矛盾的是，虚拟生活要比现实生活更具社会性，因为现实生活容易被工作组织和城市生活个体化。但人们并不是生存在一个虚拟现实中，实际上，这是一个真实的虚拟世界。在虚拟世界，也就是我所称的流动空间中，社会实践、分享、融合及社会化生存变得更为便捷。

因为人们在多文本和多维度的网络空间中愈发自由，商人、工作单位、服务机构、政府以及民间社会组织正在大规模地上网。相对而言，他们自行建设的网站相对较少，得益于社交网络运营公司的帮助，入驻社交网络是更流行的做法。这些社交网络运营公司实际上是在售卖自由和自主构建生活的可能性，其中一些现在已经发大财。这就是互联网在现实生活实践中释放出的潜力。这些大规模的社交网络站点，形成了巨大的社会空间，而且通常是由一个公司来管理。

然而，如果这个公司试图阻碍自由传播，它就会流失众多用户，因为 xxxii这是个门槛很低的行业。如前文所述，这种情形在美国在线（AOL）和其他第一代网站身上都发生过。当然如果 Facebook 或其他社交网站试图与开放性为敌，这种情形也可能发生在它们身上。Facebook 就曾试图让用户付费，但没几天就放弃了。因此，SNS 是门生意，但却是售卖自由表达和精选社交的生意。当有人试图违背这项承诺时，他们的风险就是人们会和朋友们一起转移到更友好的虚拟领地。

但是对于这种新型自由，最具说服力的就是互联网实践导致了权力关系的变革。这样，在互联网自由文化兴起所导致的传播变革语境下，我们论述了自主性建构之后，又回到了本书的主题。现在我将转向维基解密和网络社会运动，以便说明数字网络世界中这些关系的变革。

维基解密与信息控制

维基解密的存在是对各国政府及其他权力组织信息垄断的强力挑战，因为政府依据自己的利益标准，一直试图在公共领域中隐瞒信息，并由此消解公民权力。为方便论述，我们需要回顾一些关于维基解密的事实。在这个问题上，一直存在诸多"噪声"和谬误。

维基解密是一个发布非公开信息的全球性组织，这些信息都来自匿名信源。它的网站于 2006 年在冰岛上线，由阳光媒体运作，并于 2006 年 12 月开始发布机密信息。该机构声称自己的数据库拥有超过 100 万文档。根据报道，维基解密的创建者中包括政治异见者，来自美国、中国台湾、欧洲、澳大利亚、南非等国家和地区的记者与技术领域的创业者。澳大利亚互联网活动家朱利安·阿桑奇（Julian Assange）被认为是维基解密的直接创建人，虽然从 2007 年开始，他就成为该组织的代表，但他却自称只是顾问委员会中的一员。该网站最初上线时是一个允许用户编辑的开放式多人协作超文本系统（wiki），但又逐步改版为一个更传统的发布模版，并且不再接受评论与编辑。因此，"解密"比"wiki"更切题。该网站曾经有一千多名志愿者，由一个顾问委员会负责运营，阿桑奇担任领导，直到他受到瑞典、英国、美国及其他国家的司法压力。该组织的目标是确保提供敏感信息的人或记者，可以免受法律制裁。维基解密一直在努力筹集足够的资金，以维持运转。通过非公开募款，维基解密的运营模式得以维持。此后，美国和其他一些政府对其财务账目施加压力，从而极大地限制了其活动，但也未能关闭它。

阿桑奇的个性是那种黑客出身的活动家的典型代表。他们努力维持互联网的自由，并把自由信息传播作为信息社会关键性的民主实践。阿桑奇是一位澳大利亚记者、软件开发者和互联网活动家，年轻的时候曾做过程序员、黑客，不过后来他就尽量淡化这一经历。实际上 1987 年，阿桑奇在 16 岁时，就以"说谎者"为名，与另外两名黑客一起组织了一个名为国际颠覆者的小组。阿桑奇制定了一名"好黑客"的标准：不破坏已入侵的电脑系统（包括让系统崩溃）；不改变系统信息（除非为了掩盖入侵痕迹而去修改日志文件）和泄露信息。个人民主论坛称其为"澳大利亚最著名的有道德的电脑黑客"。澳大利亚联邦警察对他的道德却视而不见，调查了他的黑客行为。1991 年 9 月，在"说谎者"黑进了北电网络公司的墨尔本主终端后，警察窃听了阿桑奇的电话，并突然搜查了他在墨尔本的家。他被指控入侵了一所澳大利亚大学、美国空军第七指挥组以及其他机构的电脑。在法庭上，他又被指控 31 次黑客行为及相关犯罪。尽管他反驳说黑客并不是犯罪，但仍承认了 25 项黑客行为有罪。其余 6 项指控被撤销。在缴纳了 2000 澳元罚金后，他因表现良好而获释。法官说："入侵这些电脑只是因其好奇心和追求网上冲浪的乐趣，其他并无证据。"还说如果没有这个教训的话，阿桑奇起码会去做 10 年牢。

阿桑奇后来对此评论说："这真的有点讨厌。因为我跟人合写了一本关于成为黑客的书，其中有相关记录，人们对此讨论了很多。他们可以添油加醋，但那毕竟是 20 年前的事了。让人讨厌的是，现在一些文章仍然把我称为电脑黑客。我其实对此并不感到羞愧，实际上我很骄傲。但现在我明白他们把我称为电脑黑客的原因了，其中有非常特别的原因。"他在全世界生活旅行，捍卫言论自由和公民的信息权。2010 年，维基解密走上了全球信息政治舞台的中心。它披露了美国介入阿富汗和伊拉克战争的各类细节。为了赢得信誉，阿桑奇和世界主要报纸签署协议，优先给它们提供维基解密得到的最劲爆的信息。2010 年 11 月 28 日，维基解密和它的五家合作媒体（《明镜》《纽约时报》《世界报》《卫报》《国家报》）开始公布美国机密外交电报。这种互利关系正好契合了新闻业的现状。有声望的新闻媒体仍然拥有良好信誉，然而关键信息经常是由社会独立人士通过网络自由空间获取和发布。阿桑奇和维基解密被视为信息时代的罗宾汉而广受欢迎。很明显，他们的行为捍卫了一个理由，就是他们给公民提供了获得有权有势的个人或组织行动战略等关键信息的可能，而这些个人或组织不需要公众咨询或适当的辩论就可以决定世界上的重大问题。若干基金会的奖项提名阿桑奇，以表彰他突破官方秘密封锁传播信息的功劳。2010 年，在《时代周刊》推出的年度人物中，阿桑奇获得"最受读者欢迎奖"。但另一方面，在泄露了令美国政府尴尬的外交电报后，他也受到了美国政府的报复。在瑞典，阿桑奇被要求就一项性侵犯进行质询；在美国，他被指控泄露国家机密。而被视为泄密来源的布莱德利·曼宁（Bradley Manning）也面临一个军事法院长期坐牢的判决。2010 年 12 月 7 日，阿桑奇在伦敦被捕。在英国等候引渡听证会期间，他从被软禁的家中逃走，目前（2013 年）处于厄瓜多尔驻伦敦大使馆的保护之下。阿桑奇否认了所有指控，并认为他被揪出都是出于政治原因。英国政府拒绝了厄瓜多尔让阿桑奇离开 xxxv该国的请求。

　　为什么世界上最强大的政府都对维基解密的活动如此担忧？为什么大部分政府都联合起来试图破坏维基解密？而且为什么大公司都在后面紧跟？相对于关于言论自由的意识形态争论，我倒是更想讲讲维基解密到底做了什么。事实上，这是独立新闻的一种新形式。维基解密的运作方式是对汉斯·范德哈克（Bregtje Van der Haak）所称的网络化新闻进行实践的典型代表。只不过它对过程做了扭转，重视加密与安全以保护信息提供者，即那些系统内部的"泄密者"。维基解密是一个调查性新闻机构，通过复杂安全技术（密码）以保护匿名信源。它允许这些信源把机密信息投递到一个下拉框，而不用冒被认出来的风险。实际上，这在历史上一直是间谍们的行为。不同的是，现在是政府和企业被来自他们管理层内部的举报人窃探，而不是政府之间互相窃探或政府对公民与机构的广泛窃探。然而一些业界同人批评阿桑奇团队没有给告密者提供足够的安全保护，以至于维基解密最早的一些领导人，如丹尼尔·多姆沙伊特-伯格（Daniel Domdstedt-Berg），离开了组织，并创办了公开解密（Openleaks）。

一旦有消息送达维基解密，编辑团队就会立即进行消息的可靠性评估，其中包括对信息中提到的国家进行实地的事实检查。从这个意义上说，这是一种新闻操作形式，只不过不需要到达控制信息的政治或企业中心。然后编辑们会同时发布自己的分析及消息的原始文本。编辑们会移除可能将人置于危险境地的细节，但批评者也质疑他们在这个问题上的判断。该组织拥有一个强有力的法律团队，以便在需要时组织辩护。不仅如此，他们会针对将被曝光的权力中心，在受信任的赞助者网络中传播相关加密负面信息文件，一旦维基解密或者它的成员网络受到攻击，这些文件就会作为报复解密后发布。为了避免信源暴露，在互联网活动家和世界信息自由组织的帮助下，维基解密设计了一套复杂的匿名系统，包括广泛使用电子文件提交箱以及私人传递或咖啡馆交接等传统的秘密方式。

考虑到政府和企业持续的网络攻击（特别是来自美国银行及其法律和网络安全承包商），维基解密在不同国家托管了许多服务器，其中包括一些秘密地点，并且使用了多种域名。瑞典成为维基解密服务器部署的基地已经有一段时间了。2010年8月前，是由PRQ负责，这是一个专门从事安全托管的瑞典公司，它不干涉服务器上存储的信息内容。后来，维基解密的服务器部署到瑞典互联网服务商班霍夫公司（Bahnhof）的牡丹（Pionen）数据中心，这是位于斯德哥尔摩的一个老的核掩体。2010年8月17日，据报道，瑞典海盗党将会捐助并托管维基解密的新服务器，同时提供运营带宽和技术管理。从这个方面来看，维基解密开始成为世界捍卫信息自由运动的符号与工具，互联网由此成为不可替代的平台。然而，维基解密的麻烦并未终结，它的服务器持续受到一系列拒绝服务的攻击，据称这些攻击来自世界范围内的政府服务。然后，它试图把网站迁移到亚马逊的服务器上，但不久，亚马逊也加入攻击维基解密的公司行列，把维基解密的网站从自身的服务器上移除，据称理由是违反了版权法规。维基解密又迁移到OVH的服务器上，这是一个在法国运营的私人网络托管服务。法国政府立即声称该迁移非法。在阿桑奇被捕的 2010 年，他仍在考虑把维基解密的运营迁移到瑞士和冰岛，这些国家对科研提供更好的法律保护。

对于维基解密的活动，世界上那些政府与公司感受到的威胁可谓不折不扣的异乎寻常。

在一系列国际化的协作攻击中，阿桑奇成为众矢之的，服务器持续受到攻击，支持的公司受到来自政府的压力，网络安全公司受雇入侵维基解密的信源，而当 Visa、Master Card 和 Paypal 拒绝处理捐赠时，资金来源也被切断。政府和公司激烈反应的背后原因貌似是维基解密获得并发布的数 xxxvii 以千计的机密文件曝光了他们隐藏在公众视野之外的真正的所作所为。

权力以信息控制为基础，因而需要保密，而作为一项制度性权力，信息的自由获取在社会制高点上对权力的根基造成了威胁。

然而这种多面夹击并未能把维基解密拉下马，也未能终止维基解密曝光世界上的各种政商丑闻，其中涵盖了从腐败到侵犯人权（包括"合法的"暗杀与酷刑），以及从环境破坏到媒体审查。这是因为匿名的互联网自由斗士们加入了战斗，黑客与活动家军团站在了斗争的最前线。在资金前线，自从 Paypal 于 2010 年开始停止处理捐款后，维基解密实际获得的资金只有 2009 年收入的 1/3。2011 年，维基解密开始通过比特币获得捐赠，这是美国的一种新型金融网络。冰岛司法部门也保护了维基解密，否决了 Valitor 公司对维基解密所获捐赠的没收。2012 年 7 月，在破产边缘之时，维基解密与中立网络保卫基金（the Fund for the Defense of Net Neutrality）达成一项协议，通过蓝卡①（Carte Bleue）的方式帮助维基解密开拓捐助渠道，在合同的法律保护下，这有助于阻止 Master Card 和 Visa 干扰交易。

此外，尽管维基解密持续受到无情攻击，并且阿桑奇也被隔离在伦敦大使馆内的一个房间里，但由维基解密领衔的信息解密模式已扩散到自由数字传播时代的一系列新闻机构中。例如维基之友（Friends of WikiLeaks），一个维基解密支持者的社交网络，2011 年 12 月开始运营；布鲁塞尔解密（Brussels Leaks）一个由活动家和记者组成的网络，目的是把欧盟系统的隐秘活动公之于众；PP 解密与 PSOE 解密，目的是揭露西班牙

---

① 蓝卡是在法国经营的一种借记卡支付系统。与 Visa Electron 或 Maestro 借记卡不同，蓝卡无须持卡人银行的授权就可以进行交易。——译者注

两个主要政党，Partido Popular 和 PSOE 的丑闻；由鲁斯兰·高根（Ruslan Kogan）在澳大利亚建立的贸易解密（TradeLeaks），针对的是贸易与商业，就像维基解密的政治作为一样。另外还有俄罗斯解密（RuLeaks），目标是把维基解密的模式应用到俄罗斯。印尼解密（Indoleaks）目标是印度尼西亚政府。邮件解密（Leakymails）重点是追踪扩散阿根廷政坛的腐败信息。同时在美国和英国，还有大量本地和地区性的"类维基"式网络，目标是把本地精英置于公众监督之下。实际上，替代性的新闻机构每月都在不断兴起。它们受到的审查往往更少，并与互联网时代社会批判运动的兴起密切相关。维基解密与大量的匿名黑客网络活跃其中。

受到体制监管与企业反制，维基在全球范围内都受到限制。它解密曝光公民本应了解的隐秘信息的能力已经大大受限。因此，作为权力的核心，保密尽管依然持续，但当权者现在极为恐惧涉密信息被独立于他们控制之外的匿名网络所曝光。当千禧年的调查者也开始被调查的时候，说明数字时代权力关系中有些根本性内容已经发生变化。

互联网与社会运动的网络化

2010~2013年间，在本书出版后不久，大量始料未及的社会运动在整个世界范围内兴起：从冰岛到突尼斯，然后波及主要的阿拉伯国家；从西班牙到美国（单美国就有大约1000次），以及100多个国家的成千上万的城市。

这些运动的动机与影响非常复杂。在西方，这些抗议主要针对的是政府在2008~2012年金融危机期间的管理失误；在阿拉伯国家，则混杂着食品危机与对专制统治的反抗。但所有的案例都显示，其中蕴涵着个体和集体对社会不公的愤怒，以及傲慢的政治体制所制造的屈辱。不仅如此，还存在着一个超越了文化与体制语境的通用模式。为归纳这一模式，我将依靠协作网络——分布在西班牙、美国、欧洲、阿拉伯国家一同展开的田野调查研究，以及包括互联网报告在内的大量二手材料来展开。在《愤怒与希望的网络》（Castells, 2012）一书中，我已经介绍了该项研究的成果，本书的分析既有经验的支持也有理论的阐述。我研究的这些社会运动以及近年来世界上发生的其他运动，拥有众多共同特征。通过本书提出的权力与反权力理论，这些可以得到更好的理解。

　　近来每一个社会运动都在多种形式上被网络化了，而且互联网与移动通信网络的应用对于其中的组织具有关键作用。每一项社会运动都从互联网络开始，而且它们的成员都会持续地在网上讨论动员，即便媒体早就认为运动已经终结。　xxxix

　　传播一直以来就是社会运动中的关键，无论是以小册子、宣言、电视或是电台的形式，但互联网尤其有助于形成社会运动所倚赖的传播自主：政府和企业通常无法轻易控制这些传播，而且即便他们做到了，一般也会因为太迟而无法终止运动。

　　但网络化的形式是复合化的，其中囊括了线上和线下的社会网络，以及既有的社会网络与运动期间形成的网络。运动中的网络会在最大程度上与世界上的其他运动，与互联网博客空间，与媒体以及社会紧密相连。网络技术意义极为重要，因为它们提供了平台，可以维持并拓展与持续变动中的运动形式一起演化的网络活动。尽管运动通常植根于城市空间，主要表现为占领和上街游行。在互联网自由空间中，这种情形也持续存在。它们不需要正式的领导、命令和控制中心，也不存在一个垂直机构发号施令。实际上，这些运动近一半无人领导。这并非因为可能的领导者匮乏，而是因为大部分成员对任何形式的权力代理机制都怀着深刻的、自发的不信任。因为他们就是网络本身，即便没有一个明确的中心，他们仍然能够通过多样化的节点，进行良好的协同与投入。鉴于这些无边界的开放式网络可以在很大程度上根据运动参与人数不断进行自身调节，这种去中心化的结构就把参与运动的机会最大化了，并且同时降低了运动被打压的风险。因为除了被占领的站点，几乎没有打压的明确目标。只要运动有足够的参与者（这与共享的目标和价值观密切相关），网络就可以重生。网络化因此不仅可以捍卫运动免于被对手破坏，而且可以使运动免于官僚化和专制化的内部危险。

　　尽管这些运动通常在互联网社交网络发起，但这些运动初期并不被视为一种运动，直到他们长期占领公共空间或持续进行街头示威。社会运动的空间在互动中被建构，其中包括互联网与无线通信网络中的空间流动，　xl以及被占领的站点空间与标志性建筑。

　　数字空间与城市空间的融合形成了第三空间，这就是我所说的自治空间。这是因为只有传播网络中的自治空间才能为自主性提供组织能力上的保障。但与此同时，也只能依靠转型权力来发挥作用，其路径便是通过为公民收回城市空间来挑战原有秩序。换言之，如果缺乏反抗实践，自主性便会衰退；而没有自主性作为永恒根基的反抗行动，在流动的空间中也无异于间歇性的激进主义。因此，自治空间是网络社会运动的新空间形式。

新型社会运动是集本地化与全球化于一体的。他们因各自不同的理由在特定的环境中发动，组建了自己的网络，同时通过占领城市空间以及连接互联网，重建了他们自己的公共空间。从这个意义上来说，他们都是本地化的。但他们也是全球化的，因为他们在整个世界上都密切相连，他们彼此学习并相互激励。不仅如此，他们还加入互联网上持续的全球性辩论中，并且时不时也在本地空间网络中呼吁全球性联合示威。在很大程度上，他们对纵横交织的问题与人性问题极为敏锐，并清楚地表现出一种世界性文化，而这恰恰植根于他们自身的特定身份。在某种程度上，从前，人的本地社群身份，与将个体连接在一起的全球网络间，普遍处于割裂状态，但新型社会运动的出现将在一定程度上改变这一局面。

从起源来看，这些运动起初基本都是自发的，通常由愤怒所激发，或者与某个特定事件有关，或者出于对统治者行为的极端厌恶。在所有的案例中，它们都源于流动空间中的某个行动呼吁，目的是创建一个反抗活动的即时社区。呼吁的来源对于多种多样的、身份不明的受众影响不大，受众的感情与信息的内容和形式密切相关。图像的力量是最重要的。在运动初期，YouTube 是非常有效的动员工具。警察或打手暴力镇压的画面尤其有价值。

基于互联网的逻辑，社会运动的传播都是病毒式的。一方面这是因为信息扩散具有病毒式传播的属性，另一方面是因为模仿效应导致了运动的普遍兴起。

xii 　从一个国家到另外一个国家，从一个城市到另外一个城市，从一个机构到另外一个机构，都有这种病毒式传播的身影。即便背景和文化不同，观察聆听其他地区的抗议也有激励动员的效果，因为它激发了对革新的希望。当自治空间中的解放发生后，希望转变成了愤怒。在网络空间与城市空间中，横向的、复合的网络促成了聚合。这极为重要，因为聚合可以克服恐惧并发现希望。聚合与共同体不同，因为共同体意味着共同的价值观，而这有赖于社会运动的推动。因为大部分参与者基于各自的动机和目标加入运动中来，然后才在运动中寻找潜在的共性。因此，共同体是努力的目标，而聚合是起点以及赋权的来源：Juntas podemos（团结起来，我们可以做到)。

网络社会运动具有高度的自我反思性:他们不仅从运动本身而且从个体自身两个维度不断质疑自己,主要包括:他们是谁?他们想获得什么?他们希望实现什么?他们期待哪种形式的民主与社会?以及如何改变系统化的机制以避免重蹈那些失败运动的覆辙,特别是在自治和主权的政治代表方面?这种自我反思性不仅表现在会议讨论的过程中,而且表现在互联网上多种多样的论坛、博客和社交网络群组上的无数讨论中。辩论中的一个关键主题是暴力问题,这是社会运动实践中难以避免的。

原则上来说,这些都是非暴力运动,通常是和平的公民抗命。但是他们一定会全力以赴地占领公共空间,并且使用破坏性战术给政府和商业机构施加压力,因为他们已经充分认识到采用体制内的渠道根本就不可能受到公平对待。因此,在集体行动过程中,镇压经常出现,其中的暴力程度则取决于体制背景以及社会运动造成的挑战的烈度。由于所有的运动目标都是尽可能地代表社会表达诉求,维持运动的合法性就至关重要,而其方式一般是将他们的和平特质与体制的暴力并置。实际上,在每个案例中,警察暴力的图像都增加了公民对运动的同情,并且重新激活了运动本身。另一方面,无论从个体还是从集体层面来说,克制本能的自卫都很困难。

在阿拉伯地区的暴动中,这尤其关键。面对着军队不断的屠杀,一些 xiii
民主运动最终演变成血腥的内战,社会运动也因此消解。在自由民主的国家会有明显不同,不过在很多案例中,随意并且有罪不罚的警察暴力给一些准备暴力对抗体制的小型组织铺平了道路,他们的目的就是要暴露体制的暴力属性。暴力也给媒体提供了广受关注并且可选择的镜头,这正中一些政客和意见领袖的下怀,他们的目的就是尽快压制运动中的批评。暴力的棘手问题并不只是一个策略问题。它可以决定一个运动的生死,因为如果运动的行动与话语可以在很大程度上创造社会共识(99%),他们就有机会实施社会变革。

这些运动极少是程式化的,除非它们聚焦于一个明确单一的问题:打倒独裁政权。社会运动一般都有多种需求。大多数情况下,这包括了公民希望决定自身生活所导致的所有可能的需求。但因为需求多样且动机复杂,社会运动就无法拘泥于任何组织或领域。其中原因在于他们的共识与团结取决于即兴的讨论和抗议,而不是围绕某个具体目标实施的计划。这既是社会运动的长处(开放式诉求),也是它们的弱点(当目标都难以明确时该如何努力呢）。因此，社会运动无法专注于一个任务或计划。另一方面，社会运动无法被引导成一个狭隘的工具性政治行动。因此，尽管政党可以从社会运动激发的舆论思潮变动中获益良多，但社会运动很难被政治党派拉拢（他们普遍不被信任）。因此，它们既是社会运动，旨在改变社会价值观，同时也是舆论运动，旨在影响选举结果。它们的目的是推动政权转型而不是夺权。它们表达情感并积极辩论，但并不成立政党或者支持政府，虽然它们也许会成为政治营销的首选目标。然而从原则上来说，它们都是政治性的，特别是基于网络民主提出并践行了直接的协商民主。它们基于本地社区和虚拟社区的互动，设计了网络民主的新型乌托邦。但乌托邦并非纯粹的空想——作为政治体系基础的大部分现代理念（自由主义、社会主义、共产主义），都起源于乌托邦。

xiiii   这是因为乌托邦会化身为人们心灵中的物质力量，其途径便是激发他们的梦想，指导他们的行动以及诱导他们的反应。这些网络化的社会运动通过自身实践，在网络社会文化的核心地带提出了新型乌托邦，即相对于社会机构而言的主体自主乌托邦。实际上，每当社会无法通过既有机构来解决自身的结构性危机，变化只能在体系外通过权力关系的转型来实现，即发端于人们的精神，并在新型角色作为新的历史创造主体而组织自身的网络形式中滋长。互联网就像其他所有技术一样，蕴涵着物质文化，是一个社会自主建构的特别平台。

网络化的社会运动也像历史上所有的社会运动一样，打上了社会的印记。它们大部分都由年轻人构成，这些人基于数字技术的帮助，在真实与虚拟交织的混合世界中生活安逸。他们的价值观、目标与组织风格与自主文化相应，代表了年轻世纪的年轻一代。离开互联网，他们就无法存在。而正是复合传播的横向网络使得他们的各项运作成为可能。但是他们的意义相当深刻。作为网络社会反抗权力的代表，他们非常适合这个角色。这就与老套的政治机构形成鲜明对比，这些机构的权力其实继承自已经被历史抛弃的社会结构。

网络社会运动与政治变革

当前大多数社会运动的观察家似乎有一种共识，自运动结束的那天起，社会变革的梦想将不得不通过政治机构被淡化，无论其方式是改革还是革命。即便在后一种情形下，革命的理想也会被新上台的权力及其宪政秩序来解释。当评估社会运动的政治生产力时，这就在理论与实践上同时制造了一个困境。在大多数情况下，不能信任现有的政治机构，并且拒绝相信在给定渠道代表公民进行政治参与的可行性。冰岛的经验范式真实表明，在机构治理与经济组织变革过程中，有可能不经历阵痛而找到一个新的起点。

然而在我研究的大部分社会运动以及世界上类似的运动中，从希望变革到实施变革的关键通道取决于政治体制对于该运动主张的宽容度以及运动参加者谈判意愿的高低。当两个条件同时在积极的意义上满足，一系列要求会得到满足，政治变革也许会发生并产生不同变化。根据卡琳纳（Karine Nahon）未发表的分析，这种情形确实在以色列发生过。然而，由于这些社会运动否认政治等级的合法性，对传统而言是原则性挑战，以及他们谴责社会臣服于金融精英，对于大多数政府而言，几乎没有真正接受这些价值观的空间。的确，全面梳理对美国社会运动的政治后果的实证研究可以发现，过去大型的社会运动已经在多个方面产生了政治影响，特别是在促进政策议程设置方面（Amenta et al.，2010）。

然而，这些研究也显示，社会运动对于政治和政策的影响很大程度上取决于这些运动对于政治家们预先设定的议程所具有的潜在贡献。这与我研究的网络社会运动的主要批判直接抵触。它们关注的是政治阶层代表的缺乏，因为选举被金钱与媒体左右，并束缚在由政治精英基于自身利益设计的有偏向的选举法规中。然而，政治精英对于示威运动的例行回答是它是此前选举中人民愿望的表达，它是下一次选举结果改变政治的机会。这正是大多数社会运动以及世界上相当比例的公民所反对的。社会运动并不反对代议制民主的原则，但谴责当下这种民主实践，而且不承认其合法性。在这种情况下，社会运动与政治精英之间进行积极的直接互动以推动政治改革的机会就很小了。特别是这种机构治理的改革可以扩大政治参与的渠道，并且限制游说和压力集团对政治体系的影响，而这正是大多数社会运动所抗议的。社会运动对于政治最积极的影响，也许会通过一些政党或社会运动的领导者提出的主张间接产生，特别是当这些主张在市民中流行的时候。

美国的案例就是个很好的例子，社会上 99% 与 1% 的人之间的差别已经成为社会不公的象征。由于政策变革依赖政治变革，而政治变革又由主政的政客利益所形塑，因此，至少从短期来看，由于重大危机所需要的系统性变革缺失，社会运动对于政策的影响通常有限。不仅如此，在社会运动与政治改革之间有着更深层次的联系。它可以激活社会变革：在人们的精神世界里。当运动在体制外发生并且进行公民抗命的时候，这一点尤为显著。的确，在对美国的占领华尔街运动进行调查的时候，只有少部分市民表示支持。但实际上，对破坏性行动的支持者大约占 25% ~ 30%，这一事实表明，那些组织机构的挑战者们获得了广泛的支持，而那些金融机构失去了公民的信任。对于社会运动来说，由于在当政的权力者面前暴露了非法性，未知的政治变革进程的不确定性似乎就成了主要的障碍。这些社会运动的实际目标是通过参与运动来最大限度地提升公民意识和公民权利，更严肃地思考他们的生活与国家，并增强政治活动中的自信。对于社会运动中的很多人来说，在短期内评估运动的具体成果就是落入了资本主义的生产逻辑。在他们看来，运动的具体成果并不太重要，人们在其中思想的最终转变才更值得重视。

关于权力与社会变革的传播理论

依据本书提供的传播权力理论框架，发生在 2010 ~ 2013 年的网络社会运动可以得到更好的理解。我想提醒读者的是，从本质来看，我的主张是权力关系主要体现为权力与反权力之间的动态特征，也就是体制蕴含的权力再生产与社会行为主体对这种权力的挑战，这些人认为他们的兴趣与价值没有在现有体制中得到充分体现。无论权力还是反权力在很大程度上都取决于对人们精神世界的塑造，这宛如一场在复合传播网络上爆发的战争。

权力由机构强制执行。反权力则一般由兴起的社会运动来行使。事实上，纵观历史，社会运动已经是并将继续是社会变革的杠杆。它们通常源于一场令大多数人的日常生活都变得难以接受的社会危机。他们都出于对社会政治管理机构强烈的不信任。物质生活条件的降低与统治者管理公共事务合法性的危机一旦结合，会促使人们把主动权掌握在自己手中，在规定的体制性渠道之外开辟新的集体行动，来捍卫他们的需求，并最终改变统治者，甚至重新塑造自身生活的那些规则。然而这是种危险行为，因为维持社会秩序和政治稳定是强制性的权力关系表达，如果必要的话，会使用恐吓，以及最后的手段——就是使用武力。因此，从历史经验来看，同时结合我对网络社会运动的观察，社会运动通常由情感触发，这些情感缘于一些意义重大的事件，可以帮助抗议者克服恐惧并勇于挑战权力，尽管他们的行动危险重重。其实社会变革涉及个人行动和/或集体行动，其根本原因是情绪动机。根据社会神经科学的最新研究（Damasio，2009），这正如所有的人类行为一样。基于实验心理学（Newman et al.，2007）的研究，政治传播中的情感智力理论（theory of affective intelligence）认为，触发器是愤怒，阻碍物是恐惧。愤怒可以强化对不公正行为的感知以及对该行为负责机构的确认。恐惧触发焦虑，这与避险密切相连。在传播过程中，通过分享与身份确认，可以克服恐惧。然后愤怒就会接管：它会导致冒险行为。当传播过程诱发集体行动并且变革被激活时，最有力的积极情绪——热情，就占了上风，它可以点燃目的明确的社会动员。被热情鼓舞的网络化个体，克服了恐惧，成为一个有意识的集体角色。因此，社会变革源自传播行动。其中涉及与人类大脑神经网络的关联，因为其信号刺激来自周围环境中的传播网络。

　　这些传播网络的技术与形态塑造了动员过程，因为社会变革既是一种过程也是其结果。作为普遍的、媒介化的人类互动形式，数字传播网络的 xivii 兴起提供了新的语境。它居于网络社会的核心，并成为一种新的社会结构，21 世纪的社会运动正是在其中被塑造。你手中拿着的这本《传播力》，目的就是要提供一个接地气的理论框架，以理解我们这个时代社会变革与政治变革的路径。这只是个假设性的框架，一定要与学术研究中已有的历史经验相对照，并最终由其来校正。

目　　录

图表目录

致　谢

著述所带来的荣耀，通常为作者一人所享，但事实上，它却是集体努 ix力的结果，本书也不例外。许久以前，它诞生于我的一念之想，并在我与来自世界各地的同事和学生的互动中、在我所生活与工作的学术和社会环境中不断"生长"。因此，我将要致谢的个人和机构，也可以说是本书的创作人员。对他们的感谢，并非出于礼节，而是客观事实。

我的第一份感谢要送给我的博士生 Amelia Arsenault，一位杰出的研究助理。简单来说，没有她这些年来高质量的智力付出与贡献，就没有这本书的出版。她在学术这条路上锲而不舍，注定将成为一位伟大的学者。因为她，人们会更加了解世界，而世界也因此更加美好。

本书所获的其他支持，还包括安纳伯格传播学院的研究生 Lauren Movius、Sasha Costanza-Chock 和 Sharon Fain，以及加泰罗尼亚大学互联网跨学科研究所的 Meritxell Roca 博士。本书的最新版，就是我与安纳伯格传播学院学生们讨论和修改的结果。这里要特别感谢 2008 年春参加"Comm620：传播，技术和权力"讲座班的同学们，本书的部分注释和参考文献就来自于这些同学，以及其他讲座班同学们的努力。

我目前的研究，不论是本书还是其他作品，都得益于我的两处学术家园：南加州大学（USC）安纳伯格传播学院和加泰罗尼亚开放大学（UOC）互联网跨学科研究所。这两家大学的同仁多年来的支持与合作， x让我感佩不已。我要特别感谢 USC 的 Geoffrey Cowan 主任、Ernest Wilson 主任、Larry Gross 院长和 Patricia Riley 院长，以及 UOC 的校长 Imma Tubella，他们为我提供了绝佳的私人支持和组织支持。这些学术机构处于全球网络社会研究和教学的前沿，作为其中一员，我倍感自豪。此外，我也要感谢麻省理工学院的"科学、技术与社会"项目，城市研究与规划系，以及媒体实验室的同事和同学们。能够以客座教授的身份，在这些世界领先的科研机构讲学，我深感荣幸。另外，还要特别感谢 William Mitchell、Rosalind Williams、David Mindell、Larry Vale 和 Malo Hutson。

实话说，这本书确实是集体智慧的结晶。不少同事对我鼎力相助，他们或阅读了整部手稿，或其中一部分，均做了细致而诚恳的批评。本书的每一章都经过了几轮修订，因为在打磨本书的过程中，每当我自觉满意的时候，与我讨论的同事就会让我生发新的意见和想法。于是，我不断完善论点、更新数据，并且与来自不同学术机构的同事进行讨论，这令我在整个写作过程中愈感充实。尽管我没能吸收每条评论，因为毕竟有的评论观点相去甚远，但我认真考虑了每一条意见，这让本书的理论分析有过重大变化。当然，修订过程之冗长，以及其中的误解和错误，责任在我。总之，我要向下列人士表示感谢：Antonio Damasio、Hanna Damasio、Jerry Feldman、George Lakoff、Jonathan Aronson、Tom Hollihan、Peter Monge、Sarah Banet-Weiser、Ernest Wilson、Jeffrey Cole、Jonathan Taplin、Marty Kaplan、Elizabeth Garrett、Robert Entman、Lance Bennett、Frank Webster、Robin Mansell、William Dutton、Rosalind Williams、Imma Tubella、Michael Dear、Ingrid Volkmer、Geoffrey Bowker、John Thompson、Ronald Rice、James Katz、W. Russell Neuman、George Marcus、Giancarlo Bosetti、Svetlana Balmaeva、Eric Klinenberg、Emma Kiselyova、Howard Tumber、Yuezhi Zhao、René Weber、Jeffrey Juris、Jack Linchuan Qiu、Irene Castells、Robert McChesney、Henry Jenkins。

他们的努力，证明"开放协作"这种起源于中世纪大学校园里的工作模式，直到今天仍然是科学探究的基本模式。我也要感谢所有听过我演讲的人们，正是你们的反馈，令我对传播与权力的想法和分析日益精进，并最终糅合到这本书里。2003 年至 2008 年间，在不同地方的种种交流，不断砥砺着我最初进行这项研究时所持的论点。我尤其要感谢国际传播协会（ICA）理事会，特别感谢 Ingrid Volkmer 和 Ronald Rice，以及在 2006 年德累斯顿 ICA 会议上，听我演讲的人们。特别感谢美国政治学会，以及 2004 年在芝加哥参加 Ithiel de Sola Pool 讲座的与会者；特别感谢以下单位：伦敦经济和政治学院、麻省理工学院"科学、技术与社会"项目、纽约新学院米拉诺管理学研究生院、阿姆斯特丹 De Balie 文化中心、西班牙电影电视学院、加泰罗尼亚议会、圣保罗 Fernando Henrique Cardoso 研究所、威尼斯世界政治论坛、里斯本古尔本基安基金会、加州大学伯克利分校信息科学学院。此外，还要感谢我在圣克拉拉大学"科学、技术和社会中心"的同事们以及洛杉矶人文学院的研究员们。

我还要特别感谢我在安纳伯格传播学院的个人助理 Melody Lutz，以及我在加泰罗尼亚大学的个人助理 Anna Sanchez-Juarez，正是他们两位的专业精神和无私奉献，令这本书得以顺利修订并出版。没有他们的认真协调、规划和实施，这个复杂的项目便不会如此井井有条。我衷心感谢他们！

本书的创作还受益于优秀的编辑工作。我的助手 Melody Lutz，她本身就是一位专业的作家。她在指导我写作的同时，也尊重我的风格——一种说不出好坏，但塑造了我人生的混合文化的风格。我相信，她的努力将得到读者的肯定，特别是我那些必须读此书才能完成作业的学生们。

和我过去十年中所有的书一样，我的手稿编辑 Sue Ashton 一直是我与读者间的最后一环。我很感谢她多年来的帮助。此外，我也真诚地感谢牛津大学出版社的编辑 David Musson。我与他相识于十年前的一次对谈，那次谈话确定了不少重要的项目，包括这本书。我还要感谢 Matthew Derbyshire 和 Kate Walker 在本书出版期间所做的出色的编辑工作。

我十分感谢我的医生们。这些年来，他们将我从危重病号变成了一名重新获得劳动能力和生活希望的正常人。我希望我的经验能为需要帮助的人带来希望。为此，我深深感谢加州大学旧金山医学中心的 Peter Carroll 博士和 James Davis 博士、巴塞罗那大学医院的 Benet Nomdedeu 博士，以及南加州大学凯克医学院的 John Brodhead 博士。

最后，我还要感谢我的家人。他们的关心，让我成了一个没有遗憾的人，一个快乐的人。为此，要特别向我的爱人 Emma Kiselyova，我的女儿 Nuria，我的继女 Lena，我的孙辈 Clara、Gabriel 和 Sasha，以及我妹妹 Irene、妹夫 José Bailo 表达我的敬意与爱意。特别感谢 Sasha Konovalova，在本书写作的最后一年里，她与我们住在同一屋檐下。那时，她也在写大学毕业论文。她不仅没有打扰我，而且还贡献了不少富有洞察的批评，成为我在新传播环境中探索年轻文化的支点。

因此，对我而言，本书十分特别。它汇集了我的研究成果和我的愿望：人们的自由交流能将世界变得更加美好。不幸的是，在这页之后，你会发现事情不是那么简单。现在，我邀请您加入我的智力旅程。

曼纽尔·卡斯特

圣莫妮卡，加利福尼亚，2008 年 8 月

绪　论

18 岁时，我对自由的渴望碰上了独裁者给生命设下的围墙。我给法学院期刊写了篇文章，结果这个杂志被停刊。我出演了加缪的《卡尼古拉》，结果我们的剧组被指控宣扬同性恋。我打开 BBC 世界新闻频道，想听点不同的声音，但无线电干扰让人根本听不到什么东西。我想读弗洛伊德，只能去巴塞罗那唯一的图书馆，并且要填表说明原因。至于马克思、萨特或者巴枯宁，就更不要想了——除非我坐车去图卢兹，并且在过境的时候把书藏好，否则一旦被抓就是运送颠覆性宣传品。因此，我决定反抗死气沉沉的、愚蠢的佛朗哥政权，并加入了地下抗争。那时，巴塞罗那的抗议只有几十名学生参加，因为警察的打击已经大大削弱了传统的民主反抗力量，而内战后出生的新一代刚刚成年。然而我们反抗的决心与对希望的承诺赋予我们力量投身到这场极不平等的战斗中。

在一个工人街区的电影院里，借着黑暗，我准备打破传播的防火墙以唤醒大众。我拿着一摞传单。因为用的是比较原始的手工复印机，传单看上去不是很清楚。我们用的是紫色墨水，在这个被全面审查的国家，这是我们唯一的传播媒介。我的叔叔是个上校，还是名检查员，会阅读所有可能的书籍——他自己也是作家，不仅如此，他还会预览所有涉及性爱片段的电影，决定针对观众应该剪辑哪些片段，同时为他自己以及教堂和军队里的同事决定保留什么。因此，我决定通过向工人分发传单来弥补我家人与黑暗势力的合作。我要揭示他们的生活多么糟糕（好像他们不知道），并呼吁他们采取行动反对独裁统治，同时着眼未来，以推翻资本主义这个所有邪恶的根源。我的计划是在离开剧院的时候，将传单留在空座位上，这样在片子结束，灯亮起时，观众们就会捡起传单，看到胆大包天的抗争信息，以便给他们足够的希望，从而加入民主斗争中。

那一个晚上我去了七家剧院，每次都选择另一个工人街区里相距遥远的地方，以避免被发现。虽然这种传播策略很幼稚，但这并非小孩子的游戏，因为一旦被抓住就意味着遭警察殴打以及很有可能进监狱，这种情形已经发生在我的几个朋友身上。当然我们从中也得到了极大的乐趣，与此同时希望避免其他的打击。当我完成了一天的革命行动后（多次行动之一，直到我两年后流亡巴黎才结束这种活动），我打电话给女友，为自己感到自豪，认为传单上的话可以改变一些人的想法，并最终可能改变世界。我当时比较无知——这并不是说现在我就更为博学，主要是指我不知道只有当受众准备好了（大多数人不是），以及报信者容易识别并且可靠的时候，传播的信息才最有效。加泰罗尼亚工人阵线（其中95%是学生）不像共产党人、社会主义者、加泰罗尼亚民族主义者或任何一个党派那样严肃，因为我们想要与众不同，我们要寻找作为后内战一代的身份认同。

　　因此，就像针对自己的期望一样，我很怀疑我对西班牙民主的实际贡献。然而，社会和政治变革无处不在、无时不有，其中有大量无意义的行动，有时是无意义的英勇（我当然不是这种），有时到了与其成效相比根本不成比例的程度：持续的暴风雨式的斗争和牺牲，最终淹没了压迫者的围墙，并肩作战者的内心隔阂坍塌了，围观者也成了"我们人民"。毕竟就像我的革命理想一样，我确实也有点天真。如果审查制度的本质不是维持其权力，为什么统治者会关闭其控制之外的所有可能的传播渠道？为什么教育部门现在要确保通过历史书来承担重任，以及在一些国家，要确保神（真正的神）一定要在教室里"降临"？为什么学生要争取言论自由的权利？工会为何要争取发布关于他们公司信息的权利（起先是公告栏，现在是网站）？妇女为何要创建妇女书店？被征服的民族为何坚持要用他们自己的语言沟通？苏联的持不同政见者为何要广泛传播萨米族文学？美国非裔以及世界各殖民地的人们，为何要争取自由阅读？我过去有所感觉而现在确信的是，权力要基于对传播和信息的控制，无论是国家和媒体公司等宏观权力还是各种组织等微观权力，皆是如此。所以，我争取传播自由的斗争，我们当时原始的、用紫色墨水印刷的传单，的确是一种反叛行为。从法西斯的角度来看，试图抓住我们，让我们闭嘴，是合乎逻辑的行为，所以切断个人精神与公众思想的联系也是自然而然的选择。权力不仅仅是依靠传播，而且传播也不仅仅意味着权力。但权力依赖于对传播的控制，因为反权力需要的是对这种控制的突破。大众传播具有传播到整个社会的潜力，正是由权力关系塑造和管理的，并且植根于媒体商业和国家政治中。可以说，传播权力正是社会结构和社会动力的核心。

这正是本书的主题。为何、如何以及由谁通过传播过程的管理来建构和行使权力关系，以及这些权力关系何以通过影响公众思想以及旨在进行社会变革的社会行为主体来进行变革。我的假设是，最基本的权力形式在于塑造人类心灵的能力。我们的感觉和思考方式决定着我们个体和集体行动的方式。没错，正是强制和行使强制的能力，不论是否合法，这都是权力的一个重要来源。但是强制本身不能稳定统治。制造同意，或至少相对于现有秩序灌输恐惧和服从的能力，对于执行管理社会机构和组织的规则至关重要。在所有社会中，这些规则都表现为体制中的权力关系，这些权力关系是斗争和冲突的社会行为主体之间妥协的结果，他们在自身价值观的旗帜下为自己的利益动员起来。此外，在规则与规范的制度化过程中社会行为主体如果感觉不到个人意志被充分代表，便会发起对这些规范和规则的挑战，两者几乎同时发生，社会由此陷入无情的运动和不断的变革之中。如果关于社会规范的定义，以及这些规范在日常生活中应用时产生的斗争围绕着人类的思想形成，那传播就是这场战斗的核心。因为通过传播，人类的心灵与其社会和自然环境相互作用。这种传播过程根据特定社会的传播结构、文化、组织和技术运作。传播过程决定性地调校了社会实践的每个领域，包括政治实践中建立和挑战权力关系的方式。

本书提出的分析涉及一个特定的社会结构：网络社会。这是一种典型代表了21世纪早期社会特征的社会结构，也是一种构建在数字通信网络基础上（但不由其决定）的社会结构。我认为，权力关系形成和行使的过程，在新的组织和技术环境中已经被决定性地转变，而这源于迅速崛起的全球数字通信网络成为我们这个时代的基本符号处理系统。因此，对权力关系的分析需要理解社会化传播形式和过程的特异性。在网络社会，这既包括复合化的大众媒体，又包括基于互联网和无线通信建立的交互式的横向传播网络。事实上，这些横向网络使所谓的"大众自传播"的兴起成为可能，由此必然增加传播主体之于传媒公司的自主性，因为用户成了信息的发送者和接收者。

然而，要解释权力如何通过传播过程在我们的头脑中得以构建，我们不仅仅应该知道在权力建构以及数字通信网的传输/格式化过程中，消息是由谁发出，又如何被处理。我们还必须了解如何在大脑网络中处理它们。正是在现实世界中的传播和意义网络，与大脑中的传播和意义网络之间的具体连接的形式中，权力机制才得以最终确定。

5 这个研究议题很难实现。因此，尽管本书的想法历经多年思考，但我并不假装可以为自己提出的问题提供确切的答案。我的目的或者叫雄心壮志是，提出一种新的方法来理解网络社会中的权力。作为实现这个目标的必要步骤，就是要在当下的历史环境中明确传播的结构和动态。为了在网络社会中建立一个基本的权力理论（对我来说，这等于一套传播权力的理论），我将集中力量研究当下主张政治权力和反权力的过程。我会基于已有的相关研究，同时会在多元社会和文化背景下进行一些案例研究。然而我们知道，政治权力只是权力的一个维度，因为权力关系是在社会实践的多个领域之间的复杂相互作用中构建的。因此，我的经验分析必然是不全面的，虽然我希望采取类似的分析角度来研究其他方面的权力，如文化、技术、金融、生产或消费。

需要说明的是，选择政治权力作为我研究的主要目的，是因为有非常丰富的相关文献做支持。近年来，这些文献在认知科学、传播研究、政治心理学和政治传播研究的前沿领域，已经验证了传播和政治权力之间的关系。在本书中，我将自己的社会政治分析与传播技术研究相结合，一些学者用这些方法研究了大脑和政治权力之间的相互作用并发表了一系列论著。由此我建立了一个分析框架，以提供一个相关的跨学科研究方法。我通过尝试连接多种语境下网络社会的结构动态，传播系统的转型，情感、认知和政治行为之间的相互作用，以及政治和社会运动的研究，探索世界政治权力关系的来源。这是本书的潜在目的，效果交由读者来评估。我一直认为，理论只是知识生产中注定被抛弃的工具，注定要被取代。其中原因或者是因为不相关，或者更理想一点是被包装成一个改进的分析框架，由科学界的某个人用来阐释我们的社会权力经验。

6 为了帮助各位读者更容易理解本书内容，我将基于前面提出的逻辑，概述本书的结构和顺序。首先，我想明确对权力的定义。因此，第一章试图通过提出权力理论的一些构成元素，来明确权力的含义。为此，我列举了一些社会科学中的古典文献，主要是我认为与提出的问题相关并且有用的。当然，这些只是关于权力理论的选择性阅读材料，绝不应被视为我试图将自己置于传统的理论辩论之中。我绝不会掉书袋。我会使用各种理论，当然我也希望自己的理论能对大家有用：作为一个工具箱来了解社会现实。所以有用的东西我都不会闲置，并且不会考虑是否与研究目的直接相关，这正是对权力理论的主要贡献。因此，不管其知识水平或政治利益，我都不打算浪费纸墨，去批评那些不在我的研究范围之内的文章。此外，我将对权力关系的理解放在我们当下的社会类型中，也就是我所称的网络社会，其实就是信息时代，就像工业社会就是工业时代一样。我不会详细分析网络社会，因为几年前我专门为此写了一个完整的三部曲（Castells，2000a、c，2004c）。然而，我在第一章重写了我的网络社会概念的关键要素，因为它们与我们对新的历史背景下权力关系的理解有关。

在建立了权力分析的概念基础之后，我在第二章中进行了一个相同的关于传播的分析过程，进一步通过实证研究，在全球化和数字化条件下，剖析大众传播的结构和动态。我分析了大众媒体和交互式传播的横向网络，并聚焦于它们的差异和它们的交集。我研究了受众从信息的受体到信息发送者/接收者的身份转变，并且探索了这种转变与世界文化变革之间的关系。最后，我揭示了权力关系内嵌于大众传播系统和传播所依赖的网络基础设施中，并且探索了商业、媒体和政治之间的关系。

确定了网络社会中权力和传播之间关系的结构性决定因素后，我将分析视角从结构转移到能动性上（agency）。如果权力通过信息传播对人类的心灵产生作用，那我们就需要理解人的心灵如何处理这些信息，以及这种处理如何转化到政治领域。这是本书关键性的分析过程，也许是比较耗费读者脑力的部分（正像我写作这部分内容时一样），因为政治分析只是刚开始将结构性决定因素与认知过程相结合。我并没有为了赶时髦，就去研究这个复杂的问题。因为在过去十年，大量的文献通过实证研究揭示了个人政治决策的过程，并考察了心理过程、隐喻思维和政治形象之间的关系。尽管其中一些实验简化了前提，但我认为情感智力学派和其他政治传播的研究提供了社会结构和权力关系的个体处理之间最关键的桥梁。大部分研究的科学基础在于神经科学和认知科学的新发现，典型的代表如安东尼奥·达马西奥（Antonio Damasio），汉娜·达马西奥（Hanna Damasio），乔治·拉克夫（George Lakoff）和杰里·费尔德曼（Jerry Feldman）的著作。因此，我坚持了我对这些理论中传播和政治实践之间关系的分析，以及政治心理学领域中的实证证据，这从神经科学的角度可以更好地理解，如德鲁·韦斯滕（Drew Westen）的工作就是如此。

虽然我在这个领域没有任何特殊的专业知识，但在同事的帮助下，我试图在第三章中提出一个关于情感、认知和政治之间的具体关系的分析。

然后，我将这项分析的结果与传播研究中已知的社会和政治主体的政治传播条件联系起来。为了强化自身利益，他们会坚决干预媒体和其他传播网络，具体机制包括议程设置、框架、新闻和其他信息的预示。为了说明这种视角的潜在解释价值，并简化其复杂性，我在第三章对布什政府在伊拉克战争中对美国公众的误导过程进行了实证分析。这样做的目的在于，我希望能够勾勒出一个关于实际政治影响的复杂分析方法。过程是复杂的，但是这些过程的结果是简单而有影响力的，因为传播过程已将"反恐战争"的框架植入数百万人的心中，并在我们的生活中促成了恐惧文化的形成。

8   因此，本书的前三章密不可分。对网络社会中通过传播建立权力关系的理解需要整合并在每一章中分别探讨。这之中有三个关键因素：

1. 全球网络社会中社会和政治权力的结构性决定因素。

2. 在我们这个时代的组织、文化和技术条件下，大众传播过程的结构性决定因素。

3. 基于传播系统的人类思维的信息认知处理因素，因为它与社会实践中的政治因素相关。

然后我进行了具体的实证分析，并会用到前三章的一些概念和发现。因此，可以说这三章共同构成了本书提出的理论框架。第四章将解释和记录为什么在网络社会中，政治基本上是媒体政治、丑闻政治，并将分析的结果与世界性的政治合法性危机联系起来。第五章探讨社会运动和政治变革的代理人，如何在我们的社会中通过重新构造的传播网络，传达信息，从而将新的价值观引入人们的心灵，并激发政治变革的希望。这两章将讨论大众媒体和横向传播网络的具体作用，因为媒体政治和社会运动同时使用两种网络，而且媒体网络和互联网是相互关联的。然而，需要被检验的假设是，传播技术为用户提供的自主性越强，新的价值观和新的利益进入社会传播领域的机会越大，从而被公众接纳的机会也越大。因此，大规模自传播的兴起，也就是我所称的网络传播新形式，增加了社会变革的机会，但并没有定义这种社会变革的内容和目的。人们，也就是我们自己，既是天使也是恶魔，所以我们社会行动能力的提升将在每个时空环境中真实地反映出我们的本来面目。

在进行一系列实证分析时，我将运用手头的证据，以及来自各种社会、文化和政治背景中的一些案例。然而大多数材料主要来自美国，原因很简单，因为就本书主题而言，美国有更多相关的学术研究。然而我相信本书提出的观点并未因此受限，它可以用来理解包括发展中国家在内的众多国家的政治进程。因为网络社会是全球性的，全球传播网络也是如此，而人类思维中的认知过程通常共享基本特征，尽管其表现的文化形式有一系列变化。毕竟权力关系在整个社会历史、地理和文化中属于最基本的关系。正如本书试图揭示的那样，如果权力关系是通过传播过程在人类思维中得以构建的，这些隐藏的连接可能是人类生存境况的源代码。

电影院的灯光亮了。原先沉浸在屏幕影像中的观众，转而又回到他们的个人生活里，电影院慢慢空了。你排队走向出口，也许电影里的一些台词仍然在你的内心产生共鸣。诸如马丁·里特的"前线"（1976），特别是伍迪·艾伦对麦卡锡的话："费拉斯……我不承认这个委员会有权要求我回答这些问题。另外，哪儿凉快哪儿待着去吧！"然后，艾伦戴上手铐，走在去监狱的路上。在这一幕中，权力和对权力的挑战，通过女孩的吻，戴着的手铐表现出来，并传递着对爱与自由的呼唤。这旋风般的景象，刺激着观众的感观与思想。

然后，突然你就看到这本书。我为你而写作，并留给你发现。你注意到了漂亮的封面。传播，权力。你会去理解。不论如何触动了你的心灵，因为你现在读到这些话，它就已经发挥了作用，而我也并没告诉你该怎么办。这是我在自己的漫长旅程中学到的。我一个人在战斗，不要求别人为我做什么，甚至不需要别人跟我一起。然而，我要说自己的话，要作为一个社科研究者说在工作中领悟到的那些话。在本书中，就是要讲一个关于权力的故事，确切来说就是权力在我们当下世界的故事。这就是我的方式，我唯一真正挑战权力的方式，就是揭示权力在我们头脑中的存在形式。

9

第一章　网络社会中的权力

什么是权力？

权力是社会中最根本的进程。之所以这样说，是因为社会的组成取决于一系列价值观与机制的构建，而什么是有价值的，以及什么应当被制度化，都由权力关系来决定。

权力是一种关系能力，它使得某个社会行为体，以符合其意志、利益和价值观的方式，非对称地影响其他社会行为体的决定。权力的运作或是基于胁迫，或是基于对社会行为体用以指导自身行为的话语进行的意义建构。与此同时，社会行为体之间的权力关系受到统治方式的框限，而统治本身也是嵌入社会制度中的一种权力。权力的关系能力受制于统治的结构能力，但这并不是决定性的。社会制度可以靠施加在对象身上的统治来动用权力关系。

这个定义足够广泛，涵盖了社会权力的大多数形式，也因此需要进一步明确。行为体的概念指的是各种可能产生行为的主体：个人、集体、组织、机构和网络。然而，所有组织、机构和网络的行动，最终传达的都是人的意志，即使这一行为早已完成了制度化或组织化。关系能力意味着权力的本质不是某种属性，而是关系。它不能从权力主体，也就是拥有权力的人和在特定背景下臣服于权力的人之间的具体关系中抽象出来。"不对称"意味着虽然关系中的影响总是相互的，但在权力关系中，一个主体对另一个主体的影响总是更大。然而，永远不会有绝对的权力，权力拥有者永远霸占权力位置的可能性为零，总是存在对现有权力关系的抵抗和质疑。此外，在任何权力关系中，拥有权力的人都可以从臣服者处获得一定程度的服从和接受。但是，当抵抗和排斥变得明显强于服从和接受时，权力关系就会改变：强者失去了权力，并且最终出现了制度变革或结构变革，这一过程受制于权力关系变化的程度。或者，权力关系变成非社会关系。这是因为，如果权力关系只能通过依靠暴力支持的结构性统治来实施，那么为了维持其统治，掌权者必须破坏反抗者的社会关系，从而取消关系本身。由此我认为，纯粹的武力冲突不是一种社会关系，它将导致被控制的社会行为体的灭亡，使得关系随着其中一个的灭绝而消失。然而，它是一种具有社会意义的社会行动，因为武力会对在类似统治下幸存的主体造成威胁性的警示，从而促使它们重构与其他主体间的权力关系。此外，一旦权力关系在其多个组成部分中被重新建立，那么多层权力机制的复杂性再次发挥作用，使暴力成为重要的社会决定因素之一。尽管，在坚持某种权力关系的主张时，代表具体利益和价值的意义建构活动所起的作用越大，诉诸武力（无论合法与否）就越无必要。但在一个国家中，正是为建构意义而进行的文化生产，替诉诸暴力的制度及其衍生物搭建起统治的背景。

　　权力理论所提出的权力形成的两种主要机制之间，存在着互补和相互支持的因素：暴力和话语。米歇尔·福柯（Michel Foucault）的《规训与惩罚》（1975）开篇就描述了对达米安的折磨，然后对规训性话语的建构进行了分析，认为这些话语构成了一个"工厂、学校、军营、医院，看起来正像监狱"（1975：264）。在马克斯·韦伯（Max Weber）的著作中也可以看到权力来源的互补性：他将社会权力定义为"社会关系中的行为体在有抵抗力的情况下，仍能够执行自己意志的概率"（［1922］1978：53），他最终将政权和政治的权力与国家联系起来，"（国家就是）人统治人的关系，一种由合法暴力（即被认为是合法的）支撑起的关系。如果国家要生存，受支配者必须服从权力所要求的……政治的决定性手段——暴力"（［1919］1946：78，121）。他还提醒道，对于一个已经存在的国家，"即便其英雄时代带给大众的感受并不那么'英雄'，国家仍然可以对制造强大的团结感起决定性作用，无论内部矛盾有多么尖锐"（［1919］1946：177）。

　　这就是为什么说合法化的过程，是使国家稳定其支配地位的关键（Habermas，1976），而这也是哈贝马斯政治理论的核心。合法化可以通过不同的程序实现，哈贝马斯偏好的宪政民主，只是其中一个。因为民主注重的是一套流程和程序，而不是最终的政策。事实上，如果国家代表某种

12

占优势的特殊利益干涉公共领域，它就会导致合法性危机，因为它表明自己只是一种统治工具，而不是一种代议制度。合法化主要依赖于构建"共同意义"（sharedmeaning）所制造的同意，对代议制民主的信任就是典型的例子。意义是通过传播活动的过程在社会中建构的。认知合理化为参与者的行动提供了基础。因此，民间社会通过公共领域提供国家行动内容的能力［"一个传播信息和观点的网络"（Habermas，1996：360）］，确保民主并最终为合法行使权力创造了条件：作为公民价值观和利益的代表，权力通过在公共领域的辩论表达来实现。因此，体制的稳定性取决于在民主进程中通过传播网络表达不同利益和价值的能力（Habermas，1989）。

当奉行干涉主义的政府与关键性的民间社会分离时，公共空间就崩溃了，从而压缩了行政机关与公民之间的中间领域。权力能否以民主方式运作，取决于一种体制能力，即能否将传播活动产生的意义，转化为由宪法共识原则指导的、在全国范围内组织的产生实际作用的协作行动。因此，在宪法关照下所获取国家强制力，与能够产生意义的传播资源，在建立权力关系的进程中相辅相成。

因此，在我看来，一些最有影响的权力理论尽管在理论和意识形态方面存在诸多差异，但在社会权力的建构方面拥有相同的、多方面的分析[①]：暴力，威胁使用暴力，规训话语，威胁行使规训，作为可再现的统治的权力关系的制度化，以及价值和规则被相关主体接受的合法化过程，都是权力关系的生产与再生产过程中相互作用的因素，而这一过程本身则存在于社会实践与组织形式中。

这种关于权力的折中观点是有用的。作为超越其抽象层次的研究工具，它阐述了塔尔科特·帕森斯（Talcott Parsons，1963）提出的控制权（power over）和行动权（power to）两个概念之间的经典区别，并在此后由几个理论家逐步完善起来［例如，Goehler（2000）对传递性权力（控制权）和非传递性权力（行动权）之间的区分］。因为如果我们假设所有的社会结构，都建立在嵌入机构和组织中的权力关系之上（Lukes，1974），那么对于一个有着明确目标的社会行为体来说，获得对社会过程采取行动的授权，必然意味着干预权力关系架构。因为恰恰是这套架构，框限了特定的社会进程、限定了特定的社会目标。与此同时，对部分社会行为体的

---

① 尽管是在不同的理论视角下的概念化，但 Gramsci 对国家与民间社会在霸权方面的关系的分析接近于这种表述，并以阶级分析为基础（参见 Gramsci，1975）。

赋权行动不是独立的，不能忽视行动背后所要对付的另外一群社会行为体的存在，除非我们认定人类社会本就是一派天真和谐的气象，就像被历史观点曲解、掩盖的那样，是座规范的乌托邦（Tilly，1990，1993；Fernández - Armesto，2000）。无论如何，去做某事的权力，往往意味着去做某事反对某人，或反对某人的价值观念和利益，这些权威被赋予统治和组织社会生活的机构中（Hanna Arendt，1958）。正如迈克尔·曼（Michael Mann）在他对社会权力来源历史的研究中写道，"在最普遍的意义上，权力是通过掌握自身环境来追求和实现目标的能力"（1986：6）。而且在提及帕森斯提出的个体性权力和集体性权力（distributive and collective power）之间的区别①时，他指出：

> 在大多数社会关系中，权力的双重属性，个体性（distributive）和集体性（collective），利用性（exploitative）和功能性（functional），都是同时运作并相互交织。事实上，两者之间的关系是辩证的。为了追求共同的目标，人类彼此建立了合作的、集体性的权力关系。但是在实施集体目标的过程中，社会组织和劳动分工形成了……少数处于顶端的统治者能够控制底层大众的不满，并通过社会法律和规范来把他们的统治制度化。（1986：6 - 7）

因此，社会不像社区那样可以分享价值观和利益。社会是冲突的社会结构，是多种多样的并且经常对着干的社会行为体之间经过斗争与谈判形成的。冲突永远不会结束，它们只会通过临时协议和并不牢固的契约而暂时中止，这些契约被转化为在权力斗争中取得有利地位的社会行为体的统治制度，同时也在体制上为失利者的利益和价值观保持某种比例的代表。所以国家，以及超越国家而存在的、构建并规范社会生活的组织、机构与话语，并不是"社会"的表征，而是固化的权力关系，是帕森斯所说的"普遍的手段"，方便部分行为体为了实现他们的目标而对其他行为体行使

---

① 塔尔科特·帕森斯在《美国社会中的权力分配》（收录在1960年出版的《现代社会的结构与过程》）一文中，区分了个体性权力（"A拥有的权力超过B"）与集体性权力（A和B共享权力）的区别。在个体性权力情形下，A和B之间是零和游戏：参与者之间分配的权力是固定的，一个成员获得权力，另一个则必须失去。而在集体性权力的情况下，合作的个体可以增强他们对第三方的联合权力。——译者注

权力。而"社会"则像一个含义丰富的黑箱，其解释取决于各社会行为体的视角。

这并不是一个新颖的理论方法。它建立在图海纳（Touraine，1973）的社会生产理论和吉登斯（Giddens，1984）的结构理论的基础上。行为体在其所持有的结构性立场的条件下制造社会机构，但具有（最终是精神上的）参与自我生成的、有目的的、有意义的社会行动的能力。这就是结构和能动性如何融入对社会动态的理解中，而不必接受或拒绝结构主义或主观主义的双重简化。这种方法不仅是相关社会理论融汇的一个合理节点，而且也是社会研究所要指出的（Giddens，1979；Mann，1986，1992；Melucci，1989；Dalton and Kuechler，1990；Bobbio，1994；Calderon，2003；Tilly，2005；Sassen，2006）。

然而结构的过程是多层的和多重的。它们在不同形式和层次的社会实践中运作：经济（生产、消费、交换），技术，环境，文化，政治和军事。而且其中包括了性别关系，并在整个结构中构成了横向权力关系。这些多层结构化过程产生特定形式的时间和空间。每一个层面的实践和每种时空形式在机构和话语的源头，都在产生或挑战权力关系。这些关系涉及不同层次的实践和制度之间的复杂安排：全球化、国家化、地方化和个人化（Sassen，2006）。因此，如果结构是多重的，那分析的挑战在于要了解权力关系在每个层次、形式和规模的社会实践中的特异性，以及它们的结构化结果（Haugaard，1997）。

因此，权力并不位于一个特定的社会领域或机构内，而是在整个人类活动的全部领域中分配。然而，在某些社会形式中存在着权力关系的集中表达，它们通过强制统治来调节并构成社会中的权力实践。权力是关系的，统治是制度的。不论以何种形态出现在历史中，国家都是一种尤其重要的统治形式（Poulantzas，1978；Mulgan，2007）。但国家是历史实体（Tilly，1974）。因此，它们拥有的权力取决于其操纵的整体社会结构。这是理解权力与国家关系的关键所在。

在经典的韦伯式提法中，"最终只能根据其特有的具体手段来定义现代国家，也就是政治力量的运用，每个政治机构都是如此。每个国家都是建立在实力基础上的"（[1919]1946：77）。由于国家可以被要求在社会实践的每个领域构建权力关系，它是微观力量的最终保证；因此可以说，国家所行使的权力，来自于政治领域之外。当微观力量关系与嵌入在国家中的统治结构相矛盾时，国家变革或统治就会通过制度手段来恢复。虽然这里强调的是实力，但是控制的逻辑也可以嵌入到话语中作为行使权力的替代或补充形式。在福柯式的传统中，话语被理解为知识和语言的组合，但是在使用武力的可能性和使用规训话语的统治之间，其实并没有矛盾。

福柯通过社会机构规训话语对统治进行的分析，主要指国家或者国家机器：监狱、军队、庇护所，由此基于国家的逻辑也扩展到生产（工厂）或性的话语世界（异性恋、父权家庭）（Foucault, 1976, 1984a, b）。换句话说，规训话语得到了潜在暴力使用的支持，国家暴力被理性化、内化，并最终由构成或塑造人类行为的话语合法化（Clegg, 2000）。事实上，国家机器和附属机构（例如宗教机构、大学、知识精英、媒体）在某种程度上是这些话语的主要来源。为了挑战现有的权力关系，有必要产生有可能压倒国家规训话语能力的替代话语，作为让暴力使用无效的必要步骤。因此，虽然权力关系在社会结构中分布，但从历史角度看，国家仍然是通过不同手段行使权力的战略性实例，但其状态本身则取决于权力的多样性。杰夫·穆根（Geoff Mulgan）通过阐述三种权力来源（暴力、金钱和信任），将国家承担和行使权力的能力进行了理论化。

> 三个权力来源共同巩固了政治权力，法律执行权力，发布命令、团结人民与维护领土主权的权力……它通过军队集中力量，通过国库集中资源，并集中力量塑造思想。近年来的主要方式是通过大规模的系统教育和传播体系，这正是现代民族国家的两大黏合剂……在三个权力来源中，对主权最重要的是有助于产生信任的思想力量。暴力只能被消极地使用，金钱只能被赠送或带走，但知识和思想可以改变世界，有移山之功，并可以使短暂的权力显得永久。（Mulgan, 2007: 27）

然而，政权存在的模式及其对权力关系采取行动的能力，取决于国家运作的社会结构的具体情况。事实上，国家和社会的概念取决于既定历史背景下界定其存在的边界。我们的历史背景以当代的全球化进程和网络社会的兴起为特征，它们依赖于传播知识和思想以建立或消除信任的传播网络，这是权力的决定性来源。

17
全球化时代的国家与权力

对于韦伯来说，任何特定国家的行动领域都是有领土限制的："今天我们必须说（与过去的各种基于力量的制度相反），国家就是（成功地）在某一领土内声称可以合法垄断暴力使用的人类共同体。注意，领土是国家的特征之一。"（［1919］1946：78）韦伯所说的不一定是一个民族国家，但其现代表现通常如此："一个民族是一个情感共同体，其自身的充分表现就是自己的国家。因此，民族就是通常倾向于产生自己国家的一种共同体。"（［1922］1978：176）所以，国家（文化共同体）产生政权，途径便是在特定领土内垄断暴力。政权和对政治的阐述发生在政权所定义的社会中，这是大多数权力分析的隐含假设，由此得以观察政权内部或政权之间的权力关系。国家、政权和领土界定了社会的界限。

这种"民族主义方法论"受到了乌尔里希·贝克（Ulrich Beck）的挑战，因为全球化已经重新界定了权力行使的领土边界：

> 全球化，当得出其逻辑结论时，意味着社会科学必须重新作为跨国的科学植根于现实之上——无论是在概念上、理论上、方法论上，还是在组织上。从现实来看，需要从现代社会中释出"现代社会"的基本概念：家族、家庭、阶级、民主、统治、国家、经济、公共领域、政治等，但这些体现民族主义方法论的概念，需要在世界主义方法论的背景下重新界定和重新概念化。（Beck，2005：50）

1991年，戴维·赫尔德（David Held）从一篇开创性的文章开始，持续对全球化进行了一系列的政治经济分析。他的研究表明，聚焦于单一民族国家或地方政府的经典权力理论缺乏一个参照框架，没有认识到社会结构的关键组成部分同时既是地方性的又是全球性的，而不是地方性的或国家性的（Held，1991，2004；Held et al.，1999；Held and McGrew，2007）。哈贝马斯（1998）承认，由于宪法是国家的，以及权力的来源越来越多地建立在超民族领域，民主合法性进程导致了他所称的"后民族格局"的到来，由此产生了诸多问题。鲍曼（Bauman，1999）在全球化世界中对政治的新理解进行了理论化。萨斯基娅·萨森（Saskia Sassen，2006）通过社

18

会结构向"全球组合"的演变，揭示了权威和权利的转变，从而表明了权力关系的转变。

总之，如果在基于时空形成的特定社会结构中存在权力关系，并且这些时空形态不再主要位于国家层面，而是同时位于全球性与地方性两个层面，那么超越国家的权力关系的参照框架也是如此（Fraser，2007）。这不是说民族国家消失了，而是说权力关系的国家边界只是权力和反权力运作的维度之一，最终这会影响民族国家本身。即使它不是作为一种特定形式的社会组织消失，它也会改变自身的角色、结构和功能，逐渐演变为一种新形式的状态：也就是后面所要分析的网络状态。

在这个新的背景下，我们如何理解那些主要不是在国家确定的领土边界内定义的权力关系呢？迈克尔·曼（Michael Mann）提出的理解权力的社会来源理论提供了一些关于这个问题的见解。根据他的研究，他将社会概括为"由多个重叠和相互作用的社会空间权力网络构成"（1986：1）。因此，我们不需要寻找领土边界，而只需要确定权力（地方、国家、全球）的社会空间网络，并在它们的交集中构成社会。以国家为中心的世界政治权威观清楚地表明了社会的边界，因此，在全球化时代背景下的权力场中，使用贝克的界定方法，我们必须从网络开始了解体制（参见 Beck，2005）。或者用萨森（Sassen，2006）的概念，组合形式既不是全局的，也不是局部的，而是同在的，它定义了为每个社会提供基础的特定的权力关系。最终，传统的社会概念可能需要被质疑，因为每个网络（经济、文化、政治、技术、军事等）具有其自己的时空和组织结构，这令它们的交叉点遭受无情的变革。社会在国家意义上被分割，并通过动态网络的行动不断重塑其自历史上继承而来的社会结构。用迈克尔·曼的话来说，"社会是一种互动的网络，在其边界上它与它所处的环境之间存在一定程度的相互作用。一个社会是一个有边界的整体。"（1986：13）。

事实上，很难想象一个没有边界的社会。但网络没有固定的边界，它们是开放式的和多边缘的，并且它们的扩展或收缩取决于其兼容性或竞争性，换言之，当某个网络在扩张的过程中与其他网络产生互动，它们各自所代表的利益与价值将呈现相容或竞争两种状态，前者导致该网络的继续扩张，而后者则意味着"收缩"。用历史性的概念来说，政府（国家性的或其他的）可能已经能够成为网络互动的守门人，为重叠的权力网络的特定构成提供一些稳定性。然而，在多纬度全球化的条件下，国家只是某特定网络的一个节点（不论多么重要），只是一个政治性的、体制性的、军事性的网络，并在社会实践中与其他重要网络交织。因此，围绕网络构建的社会动力学似乎将社会消解为一种稳定的社会组织形式。然而，对理解历史变革过程更具建设性的方法是将其概念化为一种新形式的社会，也就是网络社会，由社会互动中的多维空间——全球性、国家性和地方性网络的特定构成组合而成。我假设，建立在这些网络交叉点上的相对稳定的构成能够重新定义新的"社会"边界，并且这些边界是高度易变的，因为全球网络几何式的无情变革能够形塑社会实践和组织。为了进一步探索这个假设，我需要绕过网络理论，介绍网络社会这种特殊类型的社会结构。只有这样，我们才能在全球网络社会的条件下重新界定权力关系。

网　络

网络是一组互连节点，不同的节点也许与网络具有不同的相关性。因此，在一些网络理论中，特别重要的节点被称为"中心"。但是网络的任何组件（包括"中心"）都是一个节点，其功能和含义取决于网络程序和它与网络中其他节点的交互。节点通过掌握更多相关信息并更有效地处理提升它们在网络中的重要性。节点的相对重要性并不源于其特定的特征，而是源于对网络实现其目标有效性的贡献能力，由网络内蕴的价值和兴趣所确定。然而网络的所有节点对于网络的性能是必要的，尽管它允许一些冗余作为其正常功能的保护。当节点对于实现网络的目标变得不必要时，网络倾向于重新配置自身，删除一些节点并添加新的节点。因而可以说，节点仅是作为网络的功能组件而存在。网络是单元，而不是节点。

在社会生活中，网络是交际结构，而"传播网络则是一种联系模式，它由传播者之间的、穿梭在时间和空间中的信息流构成"（Monge &Contractor，2003：3）。因此，网络处理的是"流"。流是节点之间的信息流，通过节点之间的连接信道持续循环。网络由分配网络的目标和其性能规则的程序所定义。该程序由包括性能估价和成功或失败标准的代码组成。在社会和组织网络中，社会行为体为了维护他们的价值观和利益，不断与其他社会行为体进行互动，是网络创造和编程的起源。然而，一旦设置和编程后，网络就遵循其操作系统中所述的指令，并且能够在其指定的目标和过程的参数内自行配置。为了改变网络的结果，需要在网络中从网络外部安装一

20

个新的程序（一组面向目标的、兼容的代码）。

网络（以及它们所体现的利益和价值）彼此合作或竞争。合作，是基于网络之间的沟通能力。这种能力取决于网络（通信协议）和连接点（转换）接入之间的转换代码和互通性的存在。竞争取决于执行或合作能力的卓越性能超越其他网络。竞争还可以通过破坏竞争网络的切换人或干扰它们的通信协议而采取破坏性方式。网络运行遵循二进制逻辑：包含或排除。在网络内，当每个节点直接连接到其他节点时，节点之间的距离趋于零。网络中的节点之间和网络外部如果没有接入，那距离就是无限的，除非改变网络程序。当网络中的节点被聚类时，网络遵循小世界属性的逻辑：节点能够以有限数量的步骤，通过网络内的任何节点，连接到整个网络和相关网络（Watts and Strogatz, 1998）。具体到传播网络，我将把共享的通信协议作为增加的条件。 21

因此，网络是围绕一组目标构建的复杂通信结构，同时通过其对操作环境的适应性来确保目的的一致性和执行的灵活性。它们可以同时编程和自我配置。在社会和组织网络中，他们的目标和操作程序由社会行为体编制。它们的结构根据网络的能力进行自我配置，从而持续搜索更有效的网络布局。

网络并非 21 世纪的特别产物，或者说，也并非是人类组织中的新奇现象（Buchanan, 2002）。网络是各种生活中的基本模式。正如卡普拉（Fritjof Capra）所说，"网络是一种生活中很常见的模式。有人生活的地方，就有网络"（2002：9）。在社会生活中，社交网络分析师长期研究社会网络在社会互动和意义生产中的核心动态（Burt, 1980），形成了系统的传播网络理论（Monge and Contractor, 2003）。此外，在社会结构方面，考古学家和古代历史学家有力地提醒我们，历史记录显示，网络作为社会的骨架具有普遍性和相关性，这种情况几千年前就在全球几个地区最先进的古代文明中存在。事实上，如果我们将全球化的概念移植到古代世界地理中，就会发现存在一种古老的全球化网络，因为社会依赖于其主要活动网络的连接，从而超越生活、资源和权力的限制（LaBianca, 2006）。伊斯兰文化历史上就是基于全球性网络的（Cooke and Lawrence, 2005）。麦克尼尔父子（McNeill and McNeill, 2003）证明了整个历史上网络都在社会组织中发挥关键作用。

这种对于真实历史纪录的观察，与先前占主导地位的社会进化视角相反，后者多聚焦在不同类型的社会组织之上，譬如基于资源和主体的纵向整合而建构的分级官僚体制，它凭借神话与宗教维系合法性，并被视作某

22 社会精英实践制度化权力的表征。从某种程度上来看，上述视角是扭曲的，因为历史和社会分析往往建立在民族中心主义和意识形态之上，而不是对多元文化世界进行的复杂的科学调查。但是，投射在我们历史再现中的这种对网络在社会的结构和动态中的重要性的相对冷漠，也可能是因为这些网络实际上服从于纵向组织的内在逻辑，即纵向组织的权力被印刻在社会的各类机构中，并散布在命令与控制的单行道上（Braudel，1949；Mann，1986，1992；Colas，1992；Fernández - Armesto，1995）。我的假设解释纵向或层次化组织对于横向网络的历史优势在于，社会组织非中心化的网络形式有需要克服的物理限制，这些限制在根本意义上与可用技术相关联。事实上，网络在灵活性、适应性和自我重新配置的能力方面有其优势。然而，在前电子通信技术条件下（Mokyr，1990），超过一定大小、复杂性和流量的阈值，它们会比垂直组织的命令和控制结构效率低。是的，风力船舶可以在海洋中穿梭，甚至建立跨海洋的贸易和征服网络。骑马的使者或快速奔跑的信使可以保证从帝国广阔疆域的中心到边境的传播。但是传播过程中反馈的时间滞后，使得信息和命令的传播只是单向流动。在这种情况下，网络成为权力的延伸，它集中在垂直组织的顶端：国家、宗教机构、军阀、军队、官僚，他们的下属负责生产、贸易和文化，由此塑造了人类历史。

在社会的组织进程中，网络在面对权力时选择自主接纳新行动者与新内容的能力，会随着科技的变化而变化，或者更准确地说，随着通信技术的演进而变化。对于为工业革命提供可能的分布式能源网络而言尤其如此（Hughes，1983）。铁路和电报构成了具有自我重构能力的准全球性通信网络的首套基础设施（Beniger，1986）。然而，工业社会（包括其资本主义和国家主义变体）的结构主要基于大规模纵向生产机构和极端分层的国家机构，这在某些情况下会演化成极权主义制度。这就是说，早期的基于电力的通信技术不足以为网络中所有节点提供自主性，因为这种自主性将需

23 要多向性和持续运作的互动信息流。这也意味着恰逢其时且高效可用的技术是社会结构转型的必要条件，但不是充分条件。只有在成熟的工业社会中，才能出现组织网络的自主化进程。而当它们这样做时，基于微电子化的数字通信技术的潜力便可获得释放（Benkler，2006）。

因此，受益于新技术环境下网络的三个主要特征：灵活性、可扩展性和耐受性，网络成为最有效的组织形式。灵活性是根据不断变化的环境重新配置，并在改变其组件的同时保持其原有目标不变的能力，有时还可以

绕过通信信道的阻塞点以找到新的连接。可扩展性是在大小不变的情况下扩展或缩小的能力。耐受性是网络的一种独特能力，它们不是单中心的，可以在大范围的配置中操作，以抵抗对其节点和代码的攻击。因为网络的代码包含在多个节点中，可以复制指令并找到新的方法来执行。所以，只有对节点实施物理性破坏，才能排除网络。

这种技术变革释放了网络的力量，其核心是信息和通信技术的转型，这些技术基于 20 世纪 50 年代和 60 年代形成的微电子革命（Freeman，1982；Perez，1983）。它构成了一个新技术范式的基础，并在 20 世纪 70 年代得以继续巩固。首先是美国，然后迅速传播到世界各地，形成了我在《信息时代》（Castells，2000a，c，2004c）一书中归纳的那些特征。威廉·米歇尔（William Mitchell，2003）归纳了信息和通信技术在历史上不断演变的逻辑，并将其作为扩展和增强人类体力和智力的过程：21 世纪初，便携式设备的爆炸式发展，提供了无处不在的无线通信和计算能力，这使得社会单位（个人或组织）依靠分布式信息权力网络中基础设施的支持，能够在任何地点、任何时间进行互动（Castells et al.，2006b）。随着纳米技术的出现以及微电子学和生物工程与材料学的融合，人类生活和机器生活之间的界限变得模糊，使得网络将它们的相互作用从我们内在的自我，延伸到人类活动的整个领域，从而超越了时空的阻隔。当然，米歇尔和我都不会以科幻场景来代替对技术变革过程的分析，但为了更深入地分析，必须强调技术在社会变革过程中的作用，特别是考虑到我们这个时代的核心技术，也就是传播技术，要认识到它与人类独特性的关键——意识与意义的传播——密切相关（Capra，1996，2002；Damasio，2003）。正是由于现有的电子信息和通信技术，网络社会可以完全自己支配自己，从而作为社会组织和互动的形式超越网络的历史界限。

24

全球网络社会①

作为一种社会形式，网络社会的结构植根于由微电子技术、数字信息

---

① 本节进一步阐述并更新了我在《网络社会的崛起》（2000c）一书中提出的分析。读者可以参阅该书的相关章节，以进一步深化理解这里提出的理论并提供实证材料的支持。在我近年来的一些著作中，也可以找到相关的佐证材料（Castells，2000b，2001，200b，2005a，b，2008a，b；Castells and Himanen，2002；Castells et al.，2006b，2007）。

处理和通信技术所驱动的网络。我所理解的社会结构是一种体制性安排，它体现在人类的生产、消费、再生产、经验，以及通过意义传播的权力等一系列关系之中。

数字网络是全球性的，因为它们能够按照程序员的指令重新配置自己，并通过计算机网络超越领土和制度边界。因此，基于数字网络的社会结构具有潜在的全球性能力。然而，网络技术和网络组织只是实现社会结构中内蕴趋势的手段。当代的全球化进程起源于经济、政治和文化等多重因素，这点在诸多关于全球化的学术分析中都已经充分表明（Beck，2000；Held and McGrew，2000，2007；Stiglitz，2002）。但是正如许多研究所指出的，驱动全球化的力量之所以一定能成功，是因为它们拥有由数字通信技术和信息系统提供的全球网络能力，其中也包括已经智能化的远距离快速交通网络（Kiyoshi et al.，2006；Grewal，2008）。事实上，正是在体量、速度和复杂性方面，当前的全球化进程与早期历史上的全球化形成了鲜明的区别。

因此，网络社会是一个全球性社会。然而这并不意味着任何地方的人都已被囊括到这些网络中。而且从目前来看，大多数人都还没有（Hammond et al.，2007）。但每个人都受到构成社会结构的全球网络中发生的进程的影响。在地球各个角落塑造和控制人类生活的核心活动在全球网络中组织：金融市场、跨国生产、管理、商品与服务的分配、高技能劳动力、科学技术与高等教育、大众媒体、互动性多用途互联网、文化、艺术、娱乐、体育、管理全球经济和政府间关系的国际机构、宗教、经济犯罪、跨国非政府组织、主张新全球公民社会权利和价值的社会运动（Held et al.，1999；Volkmer，1999；Castells，2000a；Jacquet et al.，2002；Stiglitz，2002；Kaldor，2003；Grewal，2008；Juris，2008）。因此，将"全球化"理解为"世界各地具有决定性作用的社会网的联网化"更为恰当。因此，被排斥在这些网络之外，渐渐地就等于被全球网络社会边缘化（Held and Kaya，2006）。

网络社会在整个地球上选择性地扩散，并在预定的场所、文化、组织和机构中发挥作用，而这构成了人们生活中大部分的外在客观环境。社会结构是全球性的，但大多数人类的经验是地方性的，无论是在地域还是在文化方面（Borja and Castells，1997；Norris，2000）。当前由国家边界所确定，或被其历史身份的文化边界所定义的特定社会，被配置商品、消费，传播和权力的全球网络以"拥抱或排斥"的双重逻辑深度分化了。我提出的假设是：社会在包容和排斥之间的分裂，超过了将先前的社会形式逐渐纳入新的主导逻辑所需的时间差。事实上，这是全球网络社会的结构特征。这是因为网络过程中所蕴含的重新配置能力允许管理每个网络的程序 26 在任何地方搜索有价值的附加信息，并将其合并，而绕过并排除那些对于执行网络中分配的任务无用的界限、活动及个人。事实上，正如杰夫·穆尔根（Geoff Mulgan, 1991：21）所观察到的那样，"网络被创造出来不仅是为了沟通的，而且还是为了占据位置、阻断沟通的。"网络社会在包含或排除的二进制逻辑基础上工作，其边界随着网络程序的变化和这些程序执行条件的变化而变化。它还取决于社会行为体在各种情况下对这些方案采取行动的能力，以便按照其利益的方向进行修改。全球网络社会是一个充满活力的结构，对社会力量、文化、政治和经济战略具有高度的可塑性。但在所有情况下，它对于活动和个体的优势仍然在于网络外部。在这个意义上，全球性压倒了区域性——除非这个区域连接到全球，并成为由社会运动构建的可选择性全球网络中的一个节点。

　　因此，网络社会中全球化的不均匀，事实上是其社会结构的一个非常重要的特征。作为全球性架构，网络社会与工业社会、农业社会、社区社会或生存社会的共存，塑造了所有国家的现实特征。尽管各国的人口和地域规模不尽相同，但现实特征仍取决于各部分对于各网络的主导逻辑的重要性。这就是说，各种网络的吸纳与排斥状况将具有不同的几何和地理状态：例如，全球犯罪经济图景就不同于高技术产业的国际区域模式图景。

　　在理论上，网络社会必须第一被视为一个自我重构的全球性网络架构，不断在各个维度进行编程和重新编程；第二，它是各种具有不同几何和地理状态的网络之间相互作用的结果，包含了各种核心活动——也就是塑造了生活和社会工作的各项活动；第三，它是主导网络（因第二项互动所形成）与全球网络逻辑之外断开的社会信息在几何与地理纬度上互动的结果。

　　对于我们这个世界权力关系的理解必须具体到这个特定的社会中。有关这种特异性的深入讨论需要对网络社会的主要组成部分进行表征：生产 27 和价值设定、工作、沟通、文化及其作为时空形式的存在模式。只有这样，我才能在全球网络社会中引入关于权力关系特异性的暂定假设——这个假设将指导本书中的所有分析。

网络社会中的价值是什么？

社会结构源于价值生产和分配的过程。但网络社会的价值是什么？什么因素在推动着生产系统？又是什么推动着价值分配者和社会控制者？在这些问题上，现在跟早期历史的社会结构是一样，即价值是由社会的统治机制决定的。因此，如果说全球资本主义塑造了世界，并且通过全球金融市场进行资产估值的资本积累是最高价值，那么这种价值认定将是通用的。因为在资本主义主导下，利润和其货币化的物质表现将可以拥有一切。关键问题是，在全球网络组织的社会结构中，无论网络之间的等级结构如何，"等级化"都将成为对这个星球的网状关系进行建构或统治的网络的基本规则。例如，如果我们说资本积累推动着系统性变化，那么资本回报从根本上在全球金融市场实现，全球金融市场将为每个国家的每一笔交易分配价值，因为没有经济活动可以独立于全球金融市场之外进行估值。但是，如果我们认为最高价值是军事力量，军事机器的技术和组织能力将在其影响范围内构建权力，并为其他形式的价值创造条件——例如资本积累或政治统治。然而，如果技术、信息和知识向特定武装组织的传播被阻止，那么该组织会在世界范围内变得无关紧要。因此，可以说，信息和技术的全球网络是主导性的，因为它们可以影响军事能力，而军事能力又反过来为市场提供安全保障。对于价值创造过程的多样性，还需要说明的是：我们可以断言，当今世界最重要的影响力来源是人们思想的转变。这样的话，媒体就成为关键性网络，因为媒体由全球性垄断集团及其分布式网络所构成，是人们所接受的消息和图像的主要来源。如果我们现在将"媒体"视作一门生意，那么盈利逻辑将会变得至关重要，这一逻辑广泛存在于由广告行业所推动的商业化媒体，以及它们股票的估值中。

因此，考虑到网络化统治的潜在起源具有多样性，可以说网络社会是一种多维的社会结构，其中不同种类的网络具有不同的价值逻辑。价值构成的定义取决于网络及其程序的特殊性。任何将所有价值标准降低到一般水准的尝试，都将在方法和实践层面面临无法逾越的困难。例如，如果利润是资本主义的最高价值，军事力量最终使国家权力落地，国家将有相当大的能力来决定和执行新的商业运作规则（比如问俄罗斯寡头关于普京的问题）。同时，即使在非民主的情况下，国家权力在很大程度上取决于人们的信仰以及他们接受规则的能力，或者他们的反抗的意愿。然后，媒体系统和其他传播手段（例如互联网）可以影响国家权力，而国家权力又会影响利润规则，因此将取代货币价值作为最高价值。

因此，价值实际上是权力的表达：谁拥有权力（通常与政府中的权力拥有者不同），谁决定什么有价值。在这个意义上，网络社会并无创新。相对而言，其创新之处在于它的全球影响力和其网络架构。一方面，这意味着网络之间的主导关系是至关重要的。它们的特点是持续性的灵活互动，如在全球金融市场、地缘政治进程和媒体战略之间。另一方面，由于价值制定的逻辑作为统治的表达是全球性的，那些对全球存在结构性障碍的实体与其逻辑本质上是全球性的那些实体相比处于不利地位。这具有相当实际的重要性，因为它是工业时代单一民族国家危机的根源（不是政权本身的状态，因为每个社会结构都产生自己的政权形式）。由于民族国家只能在其领土上执行其规则，除非在联盟或入侵的情况下，它必须帝国化或者网络化，在价值定义中与其他网络相关联。这就是为什么 21 世纪初美国把反恐怖主义的安全定义为整个世界的首要价值。因为这是建立一个以军事为基础的网络的一种方式，通过让安全超越盈利，或其他小目标（如人权或环境）作为最高价值，以确保其霸权。然而，资本主义逻辑往往迅速覆盖在安全项目上，美国在伊拉克的公司利润丰厚的业务已经显著地说明了这点（Klein，2007）。

资本一直享有一个无边界的世界，正如大卫·哈维一再提醒我们的那样，作为全球网络社会中的价值定义者，全球金融网络抢占了先机（Harvey，1990）。然而在依赖于全球化/本地化的交互式实时传播系统条件下，人类思想可能是任何社会系统中最快的传播和影响力元素，现在出现的这种情形也属历史首次（Dutton，1999；Benkler，2006）。因此，思想和特别的系列思想，可以宣称自己是真正至高无上的价值（例如保存我们的地球、我们的物种，或服务于上帝的设计），作为一切的先决条件。

总之，工业社会的老问题——事实上这也是古典政治经济学的基石，即"什么是价值"在全球网络社会中没有明确的答案。价值是根据网络主体作用于网络的等级结构，在每一个主导性网络的每一个具体时空中具体处理的。资本主义并没有消失。事实上，它比以往任何时候都更加普遍。但与一个普遍得到认可的意识形态认知不同的是，它不再是全球社会唯一的游戏规则。

工作、劳工、阶级和性别：网络企业和新的社会劳动部门

前面对全球网络中新的价值观所进行的政治经济学的分析，为理解新的劳动分工，进而理解工作、生产力和剥削铺平了道路。人们一直都是在工作。但事实上，今天的人们比以往任何时候工作得都更多（就某个社会的总工作时间而言），因为大多数妇女的工作以前不被社会承认（发工资）。一直以来，关键的问题都是工作是如何被组织并获得补偿的。因此，分工过去是，现在仍然是衡量劳动力贡献中什么重要、什么不重要的主要方式。这种价值判断组织生产过程，定义了产品共享的标准，确定了不同的消费与社会分层。网络社会中最根本的分歧——尽管不是唯一的一个，存在于自我设计的劳动力（self - programmable labor）和普通劳动力（generic labor）之间（Carnoy，2000；Castells，2000c；Benner，2002）。自我设计的劳动力具有自主能力，能专注于生产过程中确立的目标，寻找相关信息，并将其重新组合成知识，同时使用可用的知识积累，以面向过程目标的任务形式进行应用。我们的信息系统通过计算机网络与数据库和信息源进行交互式连接，这种系统越复杂，对于劳动力而言，所需的搜索和重组信息的能力就越强。这需要适当的教育和培训，具体来说不是在技能方面，而是在创造力方面，以及与变化中的组织、技术和知识共同演变的能力方面。相比之下，根据动态的成本效益分析，那些价值不高但必要的任务会分配给普通劳动力，并最终由机器替代，或转移到成本较低的生产地区。地球上绝大多数工人阶级和发达国家的大多数劳动者仍然是普通劳动力。他们是可以被抛弃的，除非他们通过他们的集体行动来维护作为人和公民的权利。但在价值制造方面（主要存在于金融、制造业、研究、体育、娱乐、军事行动或政治资本中），对于控制资源的组织来说，只有能自我设计的劳动力才是有价值的。因此，网络社会中工作过程的组织体现为一种二元逻辑，它将自我设计的劳动力与普通劳动力分开。此外，两种劳动对不断变化的环境的灵活性和适应性是它们作为劳动力被使用的先决条件。

劳动的具体分工是性别化的。灵活劳动的兴起与付薪劳动力的女性化直接相关，这是过去三十年社会结构的一个根本趋势（Carnoy，2000）。家庭的父权制组织促使妇女需要考虑其专业工作的灵活性，因为这是使家庭

和工作职责相容的唯一方式。这就是为什么大多数国家的大多数临时工和非全日制工人是妇女的原因。此外，虽然大多数妇女被作为普通劳动者，但她们的教育水平相对于男子的教育水平已经大大提高，而她们的工资和工作条件却没有以同样的速度上升。因此，妇女已成为网络化、全球化资本主义经济的理想工人：一方面，她们能够有效地工作，适应不断变化的商业要求；另一方面，她们为同一项工作获得的报酬较少，并且由于父权制下性别分工的观念和实践，获得的晋升机会较少。然而现实是辩证的。部分是由于女性对父权制的臣服，大量妇女被吸纳进有偿劳动的阵营中，并由此成为扩大全球信息资本主义的决定性因素，而妇女的有薪者身份的转变最终破坏了父权制。1970 年代文化社会运动产生的女性主义思想，在遭受歧视的工作妇女的经历中找到了沃土。更重要的是，妇女在家庭中所获得的经济议价能力，加强了她们对家庭男性家长的权力地位，同时也消解了她们居于从属地位的意识形态理由，即所谓的男人养家。因此，新的工作组织中的分工是性别化的，但这是一个动态的过程，其中妇女扭转了主导的结构趋势，并导致男人需要适应同样的工作模式：柔性、不牢靠、精简和离岸外包，正如以前很多妇女所经历的那样。因此，不是女性上升到男性工人的水平，而是大多数男性工人被降级到大多数女性工人的水平，特别是专业女性已经达到了更高水平，甚至已经连接到过去那些老男孩们的网络（old boys networks①）。这些趋势对社会的阶级结构以及男女在工作和家庭中的关系具有深刻的影响（Castells and Subirats，2007）。

　　如果知识劳动的创造性、自主性和自我设计能力不能与劳动网络相结合，那么它们就不能产生生产力的回报。事实上，结构上需要灵活性和自主性的根本原因是生产过程的组织转型。网络企业的兴起就是转型的典型代表。这种新的组织业务形式是信息主义背景下所谓的福特制工业主义组织（资本主义和国家主义）的历史等价物，它是以自上而下、合理化的计划进行大批量、标准化、大规模生产和垂直控制劳动过程为特征的（"科学管理"和泰勒主义提升了列宁的威望，使得这些模式在苏联被模仿）。虽然在类似的工厂中仍有数百万工人，但作为生产过程（研发、创新、设计、营销、管理、大批量、定制、灵活生产）中的制高点，价值生产活动依赖于完全不同类型的企业，因此也是不同类型的工作流程和劳动：网络

31

32

---

　　①　老男孩网络是一个非正式的社会系统，在这一系统中，一些男性会利用其社会地位和影响力，来帮助校友，或者有同样社会背景的人。

企业。这不等同于一个企业网络。它是由公司或公司部门，或从公司的内部建构而成的网络。因此，大型公司在内部被分解为网络。中小企业在网络中连接，从而确保其作为分包商的出资在临界规模，同时保持其主要资产：灵活性。在大多数情况下，中小型企业网络通常是大型企业的附属企业。大型企业及其附属网络通常形成合作网络，在商业实践中称为战略联盟或合作伙伴关系。

但这些联盟很少是永久性的合作结构。这不是一个寡头垄断的过程。这些复杂的网络连接到特定的商业项目，并在每一个新项目中，在不同的网络中重新配置他们的合作关系。在这种网络化的经济中，商业活动是基于给定产品、过程、时间和空间的联盟、合作伙伴或协作。这些合作基于共享的资本和劳动，但最基本的是信息和知识，以赢得市场份额。因此，它们首先是一种信息网络，通过网络化的公司连接了供应商和客户。因此，生产过程的单位不是企业，而是由网络或者说网络化的企业实施的商业项目。从法律角度而言，公司仍然是资本积累的基本单位。但是由于企业的价值最终取决于其在股票市场中的财务估值，作为资本积累的单位，企业本身就成为全球金融流动网络中的一个节点。因此，在网络经济中，主导层是作为价值之母的全球金融市场。这个市场只是部分地根据市场规则运作，它也由不同信源的信息流形成和推动，并由构成了全球信息资本主义经济神经系统的计算机网络进行处理和传播（Hutton and Giddens, 2000; Obstfeld and Taylor, 2004; Zaloom, 2006）。

经济估值决定了短期经济的动态，但从长远看，一切都取决于生产率的增长。这就是为什么生产力的来源成为经济增长的基石，因此也成为利润、工资、积累和投资的基石（Castells, 2006）。在这种知识密集型的网络经济中，生产率增长的关键因素是创新（Lucas, 1999; Tuomi, 2002），或者以更有效的方式重组生产要素或在商品生产过程中产生更高附加值的能力。创新者依赖于文化创造力、对创业机构的开放性、劳动过程中的自主性，以及对这种创新驱动型经济的适当融资。

我们这个时代的新经济当然仍属于资本主义，但却是一个新的资本主义阶段：它依赖于将创新作为生产率增长的来源；它依赖植根于计算机网络的全球金融市场，其评价标准受信息动荡的影响；它依赖于新型的生产和管理网络，一种同时存在于内部和外部，既是地方性，又包含全球性的网络；它同样依赖于灵活性和适应性强的劳动。价值的创造者必须是可自我设计的，并且能够自主地将信息处理成特定的知识。普通劳动者作为执行者的角色削弱，必须准备好适应网络化企业的需求，否则就要被机器或其他可选择的劳动力替代。

在这个体系中，除了传统意义上的剥削仍将持续之外，劳动力所面对的核心问题是如何按照以下三个类别被划分：第一类，创新和价值的源泉；第二类，只是命令的执行者；第三类是从全球资本主义的盈利过程来看，在结构上不相关的那些人，或作为工人（受教育程度不足，生活在没有适当的基础设施和全球生产的制度环境的地区）或作为消费者（太穷而不能作为市场的一部分），或两者兼而有之。对世界上的绝大多数人来说，就是要避免这种"不相关"，尽力加入有意义的关系中，例如我们称之为剥削的关系——因为剥削确实对被剥削者有意义。若是成为被生产、分配和估值的全球网络所忽略的人，那才是最大的危险。

流动的空间和永恒的时间

正如所有的历史转型一样，新的社会结构的出现，与我们存在的物质基础，即空间和时间的重新定义有关，如 Giddens（1984），Adam（1990），Harvey（1990），Lash 和 Urry 1994），Mitchell（1999，2003），Dear（2000，2002），Graham 和 Simon（2001），Hall 和 Pain（2006）和 Tabboni（2006）等所提出的那样。权力关系被嵌入在空间和时间的社会建构中，同时受到社会特征的时空形成的限制。

两种新兴的社会形式的时间和空间是网络社会的特征，同时它们也与先前的形式共存。这就是流动的空间和永恒的时间。空间和时间在本质上与社会是相关的。在社会理论中，空间可以被定义为共时社会实践（time – sharing social practices）① 的物质支持，即建构共时性的物质基础。通信技术的发展可以理解为对连续性和共时性的逐渐解耦。流动的空间指的是在缺乏连续性的状态下，从技术和组织层面实现共时性的可能，以及在特定时间、距离内进行非共时性交互的可能。网络社会中最主要的功能网络，例如金融市场、跨国生产网络、媒体网络、全球治理网络、全球社会

---

① 译者注：作者在此借用计算机领域内的"time – sharing system"（分时系统）这一概念，来指代多个主体在不同空间围绕同一社会实践同时行动的情况。由于"分享"和"共享"在中文里意思相近，为避免歧义，译者将此表述译为"共时社会实践"，与作者后文所说的"simultaneity"（共时性）相统一。

运动，都是在流动空间中得以组织的。然而，流动的空间并非无处立锥。它由节点和网络组成，是通过电子通信网络连接形成的空间，为共时性实践提供保障的信息流在其中循环交互。在地理空间中，基于实践的连续性、意义、功能和局部性是密切相关的，但在流动空间的空间中，意义和功能来自于其所属网络中特定的节点角色。因此，金融活动与科学、媒体网络和政治权力网络的流动空间是不同的。在社会理论中，空间被认为不能与社会实践分离。因此，我们在本章中分析的网络社会的每一个维度都有空间表现。由于实践是网络化的，所以它们的空间也是如此。基于通信技术在各个节点之间传递的信息流，网络化实践得以运作。因此，网络社会的空间由三个元素之间的联结构成：活动（和行为体）所在的地方，链接这些活动的实体性通信网络，以及在功能和意义层面对活动进行呈现的信息流的内容和几何结构。这就是流动的空间。

从社会视角出发，时间一贯被定义为测定社会实践的发生顺序的标尺。生物时间被编制在生命循环中的自然规律所定义，它是验证大部分人类之存在的特征。在历史的长河中，社会时间被一种特殊的时间组织形式所规限，我称之为"官僚体制时间"（bureaucratictime），它由信奉军权意识形态的政治机关执行于社会制度和日常生活里，并且被强制植入生物节律中。在工业时代，钟表计时的逐渐普及，导致了福柯所谓的规训性时间的出现。这种时间对序列的测量和组织具有足够的精度，以便分配任务和安排生活中的每个时刻。从标准化的工业工作以及计算商业交易的时间范围开始，没有钟表计时的话，便不会有工业资本主义的两个基本元素间的相互作用，即时间就是金钱，金钱创造于时间之上。在网络社会中，时间上的序列性不再重要。与时间的关系被赋予新的定义，信息和通信技术的使用，令通过取消序列来废止时间的努力尝试成为现实：一方面，通过压缩时间（如在分秒必争的全球金融交易或多任务的一般化活动中，将更多任务塞入给定时间段内）；另一方面，通过对社会实践的序列进行模糊化处理，包括过去、现在和将来事件的随机化，正如 Web2.0 时代的电子超文本一样，或者通过对生命周期模式进行模糊化处理，这既体现在工作中，也体现在父母对孩子的抚养中。

围绕进步和生产力发展思想组成的工业社会，日益成为结构化的存在，时间顺应了空间。而在网络社会中，流动空间通过使事件序列无序化，并且使它们在传播网络中共时化，从而将社会安置于结构性的瞬逝状

35

态中："正存在着"废止了"将要成为"。

空间和时间的建构被社会加以区分。场域被划分为多重空间，它们破碎且互不相连，呈现各式各样的瞬逝状态；包括从主导最传统的生物节律，到控制钟表计时。被选中的职能团体和个体可以超越时间的限制（如改变全球时区），而价值较低的活动和处于臣服地位的人们则只能随着时间的推移选择忍受生活。然而也存在着打破时空结构的活动，即那些旨在修改网络社会主导程序的社会运动，比如环境运动。它没有机器金融时代的"时间无尽"观，而是主张在宇宙视角下追求永恒，它将我们的生活视为物种进化的一部分，提倡与后代的同心协力，以及感受与宇宙的紧密联系：这就是 Lash 和 Urry（1994）所说的"冰川时间"，它潜移默化、不知不觉。

世界各地的众多社区在争取保留本地化内涵，并基于经验和空间流动的逻辑，维护地方的空间，这种过程我将其称为流动空间的草根化（Castells，1999）。事实上，流动的空间并没有消失，因为它是网络社会的空间形式，但它的逻辑可以改变。它不是在网络程序中包含意义和功能，而是为本地体验的全球连接提供物质支持，如在地方文化网络中出现的互联网社区就是如此（Castells，2001）。 　36

空间和时间被重新定义，其中缘由既包括新的社会结构，又包括对这个社会结构形式和内容的权力斗争。因此，空间和时间展示了网络社会中的权力关系。

网络社会中的文化

社会是一种文化建构。我将文化理解为一套价值观和信念，它可以指示、引导和激励人们的行为。所以如果有一个特定的网络社会，就应该有一种网络社会的文化，以便于我们确定它的历史标记。然而，网络社会的复杂性和新颖性同样需要谨慎。首先，因为网络社会是全球性的，它会整合多种文化，并与世界各地的历史和地理相连。事实上，工业主义和工业社会的文化，并没有使特定的文化在世界各地消失。工业社会有许多不同的，甚至是矛盾的文化表现（从美国到苏联，从日本到英国）。除此之外，在其他大部分的农村和传统社会中，也有工业化的核心。即使是资本主义也没能从文化上统一其所存在的历史范围。市场统治了每个资本主义国家，但是根据这样的具体规则，以及各种各样的文化形式，将文化认定为资本主义的并没有什么分析方面的帮助，除非我们实际上意指美国或西方，然后这就会变成一种经验性错误。

同样，网络社会在不同的历史背景中产生，并在多元文化环境中发展。它以具体形式实体化，导致形成高度多样化的制度和文化系统（Castells，2004b）。就像工业社会一样，网络社会有一个共同的核心，但与前者不同的是，网络社会还多了一个"统一层"。它在全球实时存在，并且拥有全球性的结构。因此，它不仅将其逻辑部署到整个世界，而且在全球层面保持其网络化组织，在每个社会中展示出自己的特性。这种融共通性和特殊性于一体的双重运动在文化层面有两个主要影响。

一方面，特定的文化身份成为自治公社，有时候也是抵抗的战壕。他们会以集体或个体的形式，抵抗主导网络的逻辑（Castells，2004c）。成为一个法国人，由此变得与作为一个公民或消费者相关。成为一个加泰罗尼亚人，或巴斯克人、加利西亚人、爱尔兰人、威尔士人、苏格兰人、魁北克人、库尔德人、什叶派人、逊尼派人、艾马拉人、毛利人，变成了民族国家统治背景下自我认同的集合点。有人提出，在世界公民的国际化大熔炉中，所有文化都在融合。但与这种标准的或意识形态的观点相反，融合之路并不平坦。在全球网络社会发展的早期阶段，身份的抵抗已经爆发，并且在近一段时间以来引发了巨大的社会和政治冲突。有头有脸的理论家和不那么受人尊敬的意识形态学家也许会警告这种发展的危险，但我们不能忽视它。这种新的观察必须推动理论的创新，而不是相反。因此，正如我在自己的著作中提出的那样，全球网络社会的特征是全球网络的逻辑和各地进行多样化的自我确认之间的矛盾（Castells，2000a，c，2004c；还参见 Tilly，2005）。

我们所观察到的趋势，并不是一个统一的全球文化的兴起，而是历史文化多样性的进一步发展，也就是说当今主流是分裂而不是趋同。然后，接下来的关键问题就是这些特定的文化身份（从单一的历史中继承并在新的语境中重新建构）之间相互沟通的能力（Touraine，1997）。否则，在相互依存的全球社会结构下，却拥有不一样的价值和信仰，会导致系统性误解，并成为暴力冲突的根源。因此，不同文化之间的沟通规则就成为网络社会的关键问题，因为没有这些规则就没有社会，只有统治性的网络和反抗性的社区。世界公民的共同文化工程为民主的全球治理奠定了基础，并解决了网络社会的中心文化制度问题（Habermas，1998；Beck，2005）。但不幸的是，这个愿景虽然提出了解决方案，但除概念之外，并没有明确这种传播规则准备创造或可以创造的过程。因为根据经验研究，大都市文化仅存在于一小部分人口，即便在欧洲也是如此（Norris，2000；European Commission's Eurobarometer，2007，2008）。因此，虽然我个人希望世界主义文化逐渐增加不同人们和文化之间的沟通，但是根据当前趋势来看，却指向了不同的方向。

确定这些文化间交流的规则，其实是个可以探讨的问题。在本书中，这种探讨主要根据以下假设进行：全球网络社会的共同文化是一种文化的传播规则，它使得不同文化之间的沟通不是基于共同的价值观，而是共享的传播价值观。也就是说，创造新文化的不是内容而是过程，正如宪政民主文化建立在程序之上，而不是实体性的项目之上一样。全球文化是一种为了沟通的传播文化。它是一个开放式的文化意义网络，不仅可以共存，而且在交流的基础上相互影响和互相修正。网络社会的文化是世界上所有文化之间的传播规则的文化，它基于对联网和协同力量的共同信仰发展而来，而这种信仰本身又植根于人与人之间共通的给予与获取行为之中。网络社会文化的建设过程正在进行之中。但它不是资本主义思想通过统治精英从工业社会继承的权力在全球网络中的扩散，也不是哲学家梦想的那种抽象的全球公民世界。它是觉醒的社会行为体将他们的资源和信仰带给他人，并期望同样的回报，甚至更多的内容：共享一个多样的世界，从而结束对其他人的先天恐惧。

网络国家

权力不能仅仅为国家所驱使。但对国家及其历史和文化特性的理解，是任何权力理论的必要组成部分。国家意指社会治理机构与制度化的政治代表机构，以及对社会生活的管理和控制，即行政、立法、司法、公共管理、军事、执法机构、监管机构和政党，同时覆盖了各个层级：国家与地区，以及地方与国际。

国家旨在维护主权，并垄断了给定领土范围内的最终决策。国家界定公民身份，从而赋予其权利并对其国民提出义务要求。它还将其权力扩大到其管辖下的外国国民，并致力于与其他国家的合作、竞争等权力关系。在上述分析中，我已经根据一些学者和观察家的研究指出，在全球网络中，工具关系的结构与国家在其领土内的权力限制之间矛盾日益增长。实际上，民族国家作为一个主权实体确实存在危机（Appadurai，1996；Nye and Donahue，2000；Jacquet et al.，2002；Price，2002；Beck，2005；Fraser，2007）。然而，民族国家虽然面临多层面的危机，但不会消失，它们会进行转型以适应新的语境。在全球网络社会中，国家的务实变革会真正改变政治和决策的景观。国家的这种转型受到建构文化或观念的各种因素的影响和挑战，但各个社会中存在的各种政治和社会利益，又会积极推动国家的这种转型。

民族国家通过三种机制来回应由媒介全球化、文化认同构成的双重进程所引发的危机：

（1）它们相互联系，形成了国家型网络，其中一些是多目标的并且可以共享主权，如欧盟。其他的则侧重于一系列问题，一般是贸易问题（例如北美自由贸易协定或南方共同市场）或安全问题（例如北约）。还有一些是在世界特定地区有利益关联的国家之间的协调、谈判和辩论空间。例如，OAS（美洲国家组织）、AU（非洲联盟）、LAS（阿拉伯国家联盟）、ASEAN（东南亚国家联盟）、APEC（亚太经济合作组织）、EAS（东亚峰会）、SCO（上海合作组织）等。在一些超强的国际网络中，各个国家甚至会分享一些主权属性。各国还建立常设或半常设的非正式网络，根据参与者的利益拟订战略并管理世界。这样就形成了组团式的利益等级秩序，G-8（很快成为 G-20 或 G-22）处在这个食物链的顶端。

（2）各国建立了日益密集的国际机构和超国家组织网络，以处理全球性问题，从通用机构（例如联合国）到专门机构（世界贸易组织、国际货币基金组织、世界银行、国际刑事法院等）。还有围绕一系列问题成立的特设国际机构（例如，关于全球环境条约及其协调机构）。

（3）许多国家已经开始了向地区政府和地方政府下放权力的进程，同时开放了非政府组织的参与渠道，希望通过强化人民的认同来避免他们的政治合法性危机。

政治决策的实际过程在国家、超国家、国际、联合国家、区域和地方机构之间相互作用的网络中运行，同时也涉及民间社会组织。在这个过程中，我们可以看到现代民族国家统治形式向一种新国家形式的转型——我称之为网络国家（Castells，2000a：338-65）。新兴网络国家的特点是不同国家和各级政府之间的共同主权和责任；治理程序的灵活性；以及与前民族国家相比，政府和公民之间关系的时间和空间更加多样化。

　　整个体制通过特定的决策，以实用主义的方式发展，有时也会出现相互矛盾的规则和制度，从而使政治代表制度更加模糊，并进一步摆脱公民的控制。民族国家的效率提高了，但其合法性危机却在恶化，虽然如果地方和区域机构发挥作用，政治合法性总体状况可能会改善。然而，地方和区域政权越来越多的自主权可能使国家进入不同层面的冲突中，并使一个国家与另一个国家相对抗。这种新的国家形式引发了新的问题，这些问题来源于机构的历史建构性质与它们在网络中必须承担的新职能和机制之间的矛盾，同时仍然与其领土约束下的民族社会有关。

　　因此，网络国家面临着三个方面的协调问题：组织、技术与政治。41

　　组织：投资保护他们地盘的机构，并确保其对社会的领导地位，不能具有与其他机构发挥协同作用的机构相同的结构、奖励制度和运作原则。

　　技术：通信规则不能良好地运行。计算机网络的引入经常使参与机构解体，而不是连接它们，如在宣布反恐战争后，美国创建的新国土安全管理局就是如此。机构不愿意采用将其活动网络化的技术，因这些技术可能危及官僚机构的控制能力。

　　政治：协同战略不仅在横向的机构之间展开，而且在垂直的两个方向上延伸：与其政治支持者协同，从而失去其自主性；或者与其公民选区协同，因此被迫增加责任。

　　网络国家也面临着一个意识形态问题：协调共同的政策意味着共同的语言和一套共同的价值观，例如在市场监管中的市场原教旨主义，或接受环境政策中的可持续发展，或安全政策中的人权优先。在不同的国家机器之间，这种兼容性并不明显。

　　此外，还有一个地缘政治问题。民族国家仍然把治理网络视为一个谈判桌，以便有机会维护他们的利益。民族国家不是为了全球共同利益而合作，而是继续以传统的政治原则为指导：（a）民族国家利益最大化，（b）在决策中优先考虑政治行为体的个人/政治/社会利益。全球治理被看作是最大化自己利益的机会领域，而不是政治机构在共同计划之间共享治理的新背景。事实上，全球化进程越发展，它产生的矛盾（身份危机、经济危机、安全危机）越多，并导致民族主义复兴，从而企图恢复主权的首要地位。事实上，世界是客观多边的，但在国际舞台上，一些最为强大的政治行为体（例如美国、俄罗斯）倾向于单方面行动，首先将其国家利益放在42

首位，而不关心不稳定的世界。这样做，它们也将危害自己的安全，因为在相互依存的世界范围内，它们的单方面行动会引起系统性混乱（例如，伊拉克战争、与伊朗关系紧张、阿富汗战争加剧、油价上升，以及全球经济衰退之间的关系）。只要这些地缘政治矛盾持续存在，世界就不能从一个实用主义的、特别的谈判决策网络形式转向一个基于宪法的、网络化的全球治理体系。

在最后一种方式中，只有全球公民社会的力量通过媒体和传播网络以公共精神行动，才可以最终克服民族国家的历史惯性，从而使这些民族国家接受他们有限的现实权力，以增加其合法性和效率。

网络中的权力

现在我们已经有了必要的材料来分析作为本书中心主题的问题：在全球网络社会中，权力在何处？为了解决这个问题，必须首先区分四种不同形式的权力：网络准入权（networking power）；网络规范权（network power）；网络控制权（networked power）；网络建构权（network–making power）。上述每一种权力形式都规定了权力实施的具体过程。

网络准入权是指构成了全球网络社会核心的行为体和组织对全球网络之外的人类集体或个人的力量。这种形式的权力通过排斥或纳入（exclusion/inclusion）来运作。Tongia 和 Wilson（2007）的卓越研究发现，脱离网络的成本比纳入网络的好处增长更快。这是因为根据 1976 年提出的梅特卡夫定律，网络的价值随网络的大小呈指数式增长。但与此同时，因脱离网络造成的贬值也呈指数式增长，并且速率比加入网络的价值增加更快。网络把关人理论已经研究了节点加入网络或脱离网络的各种过程，显示出网络把关人能力的关键作用，他们可以强制对其他网络，或给定网络中失联的社交单位施加集体权力（Barzilai–Nahon，2008）。社会行为体可以通过构建一个网络来塑造自己的权力地位，这个网络可以积累宝贵的资源，然后通过实施把关人战略，来阻止那些不能增加网络价值或危及网络目标中主要利益的连接。

网络规范权在格瑞沃（Grewal）所提出的全球化理论背景下更易被理解。格瑞沃（2008）从网络分析的角度，提出了自己的全球化理论。基于这一视角，全球化涉及多个网络参与者之间的社会协调，而这种协调需要标准：

> 在促使全球规范的标准中，正体现出我所称的网络规范权。这个概念表现为两种思想的融合：第一，越多的人使用，协调标准越有价值，第二，这种动力——我将之称为一种权力形式——会逐步消除可以共同行使自由选择权利的替代方案……新兴的全球标准……（提供了）解决不同参与者之间全球协调的问题，但是它通过将一个解决方案提升到另一个解决方案之上并且威胁到了针对同一问题的替代解决方案。（Grewal，2008：5）

因此，这种标准，或者用我的话说就是传播协议，决定了某一主体在加入网络时所要遵从的一套规则。在这种情况下，权力的执行依靠的不是将谁排除在网络之外，而是加强准入规则。当然，基于网络的开放水平，这套规则允许其内部因素间进行适当协调。一旦规则被确定下来，那么它对于网络中的所有节点而言便是不可抗拒的，因为正是出于对这些规则的尊重，才使得网络作为传播结构的存在成为可能。网络规范权是网络对其内部元素施加标准的权力，但该权力终将服务于那些把握网络信息源、制定标准（传播协议）的特殊社会行为体的利益。所谓的"华盛顿共识"作为全球市场经济的运行原则，恰恰说明了网络规范权的意义所在。

但谁在主导性网络中拥有权力？网络控制权如何运作？正如我在上面所提出的，权力是一种关系能力，基于嵌入社会制度中的统治的结构能力，它可以将某一主体的意志强加于另一些主体。根据这个定义，网络社会中的权力控制问题要么非常简单，要么难以回答。

如果我们通过分析每个特定主导网络的运行来回答这个问题，那就很简单。每个网络根据其计划目标定义自己的权力关系。因此，在全球资本主义中，全球金融市场拥有最终的话语权，国际货币基金组织或评级金融机构（例如穆迪或标准普尔）是针对普通人的权威译者。它们通常以美国财政部、联邦储备委员会或华尔街的口吻，并且会根据特别的时间和空间，带上一些德语、法语、日语、中文或牛津口音。否则，美国的权力，具体来说就是国家—军事力量以及机构权力，就是能够利用技术创新和知识提升军事力量，从而拥有大规模物质资源投入战争的能力。

然而，如果我们试图单维度地回答它，并试图将权力来源确定为一个

44

单一实体，那么这个问题可能成为一个分析的死胡同。军事力量不能防止
灾难性的金融危机；事实上，在某些非理性情形（比如防御性的偏执），
以及石油生产国不稳定的情况下，军事力量可能引发金融危机。或者全球
金融市场可以成为一个自动机，超越任何主要监管机构的控制，原因在于
其网络中流通的资本规模、数量和复杂性，以及由于其评估标准依赖于不
可预测的信息湍流。一般来说，政治决策依赖于媒体。虽然媒体在意识形
态和政治方面有偏见，但它构成了一个多元化的背景，媒体政治的过程是
非常复杂的（见第四章）。至于资产阶级，它确实有一定的权力，但不是
针对每个人或每件事的权力：它高度依赖于全球市场的自主动力和政府在
法规政策方面的决定。最后，政府本身在不完善的全球治理网络中相互联
45 系，受到商业和利益集团压力的限制，不得不与媒体进行谈判，并依赖它
们给公民解释政府活动，同时还要时常受到社会运动和抗议的抵制（Nye
and Donahue, 2000; Price, 2002; Juris, 2008; Sirota, 2008）。的确，在某
些情况下，例如在"9·11"之后的美国，或在俄罗斯、伊朗、以色列影
响的地区，政府可能采取单方面行动，并给国际社会制造混乱。但它们这
样做是风险自负（我们成为附带损害的受害者）。因此，地缘政治单边主
义最终让位于我们全球相互依赖的世界的现实。总之，国家，即使是最强
大的国家，有一些权力（主要是破坏力），但还不是真正的权力。

因此，根据传统的规定，权力的问题或许在网络社会中没有意义。
但新形式的统治和决策对于塑造人们的生活而不管他们的意志如何，是至
关重要的。所以权力关系确实仍在运行，尽管是新的形式和新的行为体，
并且最关键的权力形式遵循着网络建构权的逻辑。对此，我想详细论述
一下。

在网络世界中，对其他人实施控制的能力取决于两个基本机制：（1）构
建网络的能力，以及根据网络目标来对网络进行编制或重新编制的能力；
和（2）通过共享共同目标和组合资源来连接和确保不同网络的合作，同
时通过建立战略合作来防止与其他网络的竞争。

我把第一权力位置的拥有者称为编制者（programmers），第二权力位
置的拥有者称为切换者（switchers）。需要特别注意的是，这些编制者和切
换者肯定是社会行为体，但不一定是一个特定的群体或个人。这些机制常
常在各社会行为体之间的相互作用中运作，并取决于他们在社会结构和社
会组织框架中的定位。因此，我认为在许多情况下权力拥有者就是网络本

身。这当然不是指抽象的、无意识的网络，也不是自动机，而是围绕计划和利益组织起来的人。但他们不是单一的行为体（个人、团体、阶级、宗教领袖、政治领导人），因为在网络社会中行使权力需要一套复杂的联合行动，超越联盟，成为一种新形式的主体，类似于布鲁诺·拉图尔（Bruno Latour，2005）的理论中所称的"行为体网络"。

我们来研究一下这两种机制——编制和切换，在网络权力生成中是如何运作的。针对网络目标的编制能力（以及重新编制它的能力）当然是决定性的，因为一旦被编制，网络将高效地执行，并且在结构和节点方面重新配置以实现其目标。行为体如何编制是每个网络特有的过程。在全球金融领域，这个过程与在军事力量、科学研究、有组织犯罪或专业运动领域都不一样。因此，网络层面的权力关系必须基于每个网络的独特性来识别和理解。然而，所有网络确实具有共同的特征：想法、愿景、计划以及生成编制的框架，这些都是文化材料。在网络社会中，文化主要嵌入在传播过程中，特别是在电子超文本中，以全球多媒体商业网络和互联网为核心。因此，思想的起源多种多样，并与特定兴趣和亚文化（例如新古典经济学、宗教、文化身份、个人自由的崇拜等）相关联。然而，思想在社会中的传播过程，依据的是它们在传播领域中被表征的方式。最终，这些思想会传播到每个网络的支持者中，而这取决于这些支持者的传播接触度。因此，对传播网络的控制或影响，以及沿着有利于潜在编制者的规划建立有效的传播过程和说服效果的能力，是每个网络编制能力的关键资产。换句话说，社会中的传播过程以及实施这一传播过程的组织和网络，是形成方案编制项目以及为这些项目建立选区的关键领域，也正是网络社会中的权力领域。

权力还有第二种来源：控制各种战略网络之间的连接点。我称这些位置的占据者为切换者。例如，政治领导网络、媒体网络、科学和技术网络，以及军事和安全网络之间联系密切，以维护地缘政治战略。或者，政治网络和媒体网络之间联系密切，以产生和传播具体的政治意识形态话语。或者，宗教网络和政治网络之间联系密切，以推进一个世俗社会的宗教议程。或者，在学术网络和商业网络之间提供知识和合法性，以换取大学的资源和他们的产品（也称毕业生）的工作。这不是老男孩们的网络，这些是建立在相对稳定基础上的具体对接系统，超越了那些机构和组织的正式自白，坦承了社会实际的运行方式。

47 　　然而，我并不是要复活权力精英的想法。没人会这样。这只是社会中权力的简化形象，其分析价值限于某些极端情况。正是因为没有统一的权力精英能够保持所有重要网络的编制和切换操作都在其控制之下，所以必须建立更微妙复杂和更具协商性的权力执行系统。为了维持这些权力关系，社会主导网络的方案需要在这些网络之间设定兼容目标（例如，市场的主导地位和社会稳定；军事力量和财政限制；政治代表和资本主义的再生产；自由表达和文化控制）。并且它们必须能够通过由行为体网络实施的交换过程来彼此传播，促进协同并限制矛盾。这就是为什么如此重要的是，媒体大亨不会成为政治领导人，就像贝卢斯科尼，或者政府不能完全控制媒体。切换者对单一统治目的粗暴表达越多，网络社会中权力关系越多，就越会窒息其多种社会结构和社会变化来源的活力和主动性。切换者不是人，而是由人组成。他们是行为体，由每个连接过程中专门操作动态接口的行为体网络组成。编制者和切换者就是那些行为体和行为体网络，他们由于在社会结构中的独特地位而拥有网络权力制造的能力，这是网络社会中权力的最高形式。

网络社会中的权力与反权力

　　我们需要分别从两个不同的视角来看待权力生成的过程：一方面，这些过程可以强化现有的统治或占据结构性的统治地位；另一方面，也存在反对既有统治的过程，因为他们的利益、价值在已有的网络程序和构成要素中被排斥或代表不足。两种过程最终通过它们的相互作用配置了权力的结构，它们之间虽然是不同的，但是它们的运行逻辑是相同的。这意味着对权力的抵抗恰恰是通过网络社会中构成权力的两种相同机制来实现的：网络的编制以及网络之间的切换。因此，社会运动中的集体行动虽然形式

48 多样，但目的都是向网络程序中引入新的指令和规则。例如，关于全球金融网络的新要求是，在极端贫困的条件下，根据千禧年运动的呼吁，一些国家的债务应该按照要求获得减免。全球金融网络中新规则的另一个例子是，根据环境伦理或对人权的尊重来评估公司股票，以期最终影响投资者和股东的社会评价。在这些情形中，经济计算的规则就从增长潜力转向可持续增长的潜力。更激进的重新编制来自于抗争运动，如果继续使用软件语言的话，它们的目的就是旨在改变网络的基本原则或程序代码的内核。

例如，如果上帝的旨意必须在所有条件下（如基督教原教旨主义者的声明）都被遵从，那么法律和司法系统机构网络必须重新编制，不要遵循政治宪法、法律规定或政府决定（例如，妇女自主决定身体归属和是否怀孕），而是由人间主教提交给上帝来解释。另外一个例子是，全球呼唤正义的运动要求重写世界贸易组织负责的贸易协定，以包括环境保护、社会权利和尊重少数民族，这就是要修改全球经济网络的方案。

第二种抗争机制是阻塞网络之间的连接，允许网络由传达统治结构价值观的元程序来控制——例如，通过法律诉讼或影响美国国会，挑战美国联邦通信委员会允许所有权更高集中度的规定，以消解寡头垄断的媒体业务和政府之间的关系。其他形式的抵制包括阻止公司业务和政治体系之间的联系，主要方式是调整竞选资金；或者强调作为副总统从拥有军事订单的前公司中拿薪水的问题；或者当学者成为传声筒时，反对权力对知识的奴役。对转换者更彻底的破坏会影响网络社会的基础设施，其中包括对空中交通、计算机网络、信息系统以及社会生活所依赖的各项设施网络的物理和心理攻击。这些复杂的、相互依赖的系统，是信息世界的典型特征，而恐怖主义的挑战正是以这种能力为目标，以战略资源的切换人为目标，所以他们的破坏或破坏的危险就可以打乱人们的日常生活，并使人们生活在危机之中——这样就会为其他权力网络，特别是安全网络的发展提供机会，使其延伸到生活的每个领域。实际上，由抗议行动导致的对战略性转换节点的破坏与围绕安全网络设置的新的转换节点之间存在着共生关系。49

在网络中，对权力方案的抗争也通过网络进行，这些也是由信息和通信技术提供支持的信息网络（Arquilla and Rondfeldt, 2001）。"反全球化运动"就是一种在互联网上组织和讨论的全球—地方网络，并在结构上与媒体网络连接（见第五章）。基地组织及其相关组织是个由多节点组成的网络，几乎没有中央协调，也直接与媒体网络对接，希望由此扩散恐惧，并在被压迫的群众信徒中播撒希望（Gunaratna, 2002；Seib, 2008）。环境运动是植根于本土的全球化网络，旨在通过改变公众的观念来影响政策，以拯救地球或自己的社区（见第五章）。

网络社会的核心特征是，统治的动力和反统治的抗争都依赖于网络信息和攻击与防御的网络策略。事实上，这就追溯到了以前社会（如工业社会）的历史经验。工厂和大型垂直化组织的企业是公司资本和劳工运动发展的物质基础。同样，现在全球金融市场的电脑网络、跨国生产系统、具有全球影响力的"智慧"武装、恐怖主义网络、全球民间社会，和为更好世界而奋斗的网络社会运动，都是全球网络社会的组成部分。我们时代的冲突是由网络化的社会行为体发起的，目的是通过转换为多媒介的传播网络，以获得其支持者和目标受众。

50　　在网络社会中，权力被重新定义，但并没有消失。社会斗争也是如此。根据特定的社会结构，统治和抵抗的属性特征改变了，而这种社会结构既是起源，也是行动的结果。权力规则正是反权力所要挑战的，这种矛盾过程在网络中难分难解，而人们试图理解他们恐惧和希望的源泉。

小结：在全球网络社会中理解权力关系

我们这个世界中社会权力的来源——暴力和话语，压迫和说服，政治统治和文化框架——并没有从根本上改变我们的历史经验，一些关注权力问题的前辈思想家对此早已进行了深刻论述。但是权力关系运作的领域在两个主要方面发生了变化：它主要围绕全球和地方之间的联系来建构；并且它主要围绕网络而不是某个单元来组织。因为网络多种多样，所以每个网络的权力关系是不同的。但对于所有网络来说，最基本的行使权力的形式就是从网络中排除。具体到每个网络来说：个体，群组或领域，可以在一个网络中被排除，但又被囊括进其他网络中。然而，因为关键性的战略网络是全球性的，有一种形式的排除（这就是一种权力）在网络世界中是普遍的：网罗全球一切有价值的同时抛弃当地无价值的。这样就出现了生活在流动的空间中的世界公民，与此相对，当地人只能生活在本地空间中。因为网络社会中的空间是围绕流动空间（全球）和当地空间（地方）之间的对立而配置的，所以社会的空间结构是权力关系结构的主要来源。

时间同样也是如此。网络社会时代的时间是永恒的，没有过去也没有未来，甚至短期的过去也不存在。通过序列的压缩或模糊，它消除了序列，也因此消泯了时间。因此，权力关系是围绕永恒时间和其他形式的时间之间的对立而建构的。永恒的时间是一种短暂的"现在"，它没有序列或周期，是那些有权者的时间，他们把自己的时间扩充到极限，因为他们的活动是如此重要。对于那些时间就意味着金钱的人来说，时间被压缩到
51　纳秒级。历史的时间和对历史的认同，在一个只有即时满足感的世界中逐渐消失，在这里，胜利者的吟游诗人宣布了历史的终结。但是，象征着泰

勒主义的时钟仍然是大多数工人的时间，而那些头脑中幻想的可能会加长的时间，是拒不承认工具时间加速循环的权威。有趣的是，还有一个神话般的有权者的"未来时间"，是企业界中未来学家的预计性时间。实际上，这是征服时间的最终形式。它通过推倒当前的主流价值，对未来进行殖民：在利润和权力增加的情况下，二十年后如何保持一致。投射自己当前时间的能力，从而拒绝整个人类的过去和未来，是网络社会中通过建构永恒时间作为权力声明的另一种形式。

但对于处在建构社会的核心网络中的人而言，权力是如何在网络中并通过网络来为自己服务的呢？我将首先思考通过暴力的垄断来行使权力的当代形式，然后再分析通过规训性话语来构建意义的方式。

首先，由于网络是全球性的，国家通过对暴力的垄断来执行权力，会发现其强制能力其实有相当大的限制。关键性网络在全球部署，并形塑了社会实践，因此，国家要想突破这种限制，除非它与其他国家以及这些关键网络中的权力拥有者建立联系。因此，连接不同网络并恢复某些边界，使得国家在边界之内仍能保持其干预机能，对于国家统治制度化的再生产至关重要。但是建立连接的能力不一定掌握在国家手中。连接的权力由不同类型的"转换者"所有，不同语境下形成的不同的社会行为体要基于特定目的与不同的网络连接。当然，国家仍然可以使用炸弹、监禁和酷刑。但是，除非他们找到方法联合几个战略性网络，让它们对实施国家暴力的利益感兴趣，否则这种强制力的行使通常是短命的。稳定的统治为每个网络中的权力关系实施奠定了基础，同时它也需要复杂的协商以建立与国家或者网络国家的合作关系，这有助于提升每个网络各自的方案所确定的目标。

其次，权力话语为网络程序的执行提供了实质性目标。网络建构中的文化素材存在于变化多端的话语领域，这些方案旨在实现某些社会利益和价值观。但是要有效地规划网络，就需要一个元程序，确保话语的接收者以与网络程序相一致为原则。为自己的行动找到意义，并将各种类别融为自我意识的一部分，这在全球化网络的背景下尤其重要，因为世界的文化多样性要求必须共享一些通用框架，而它们与每个全球性网络共同利益的话语表达相关。换句话说，有必要产生一种全球文化，增加具体的文化特性，而不是取代它们，从而制定在范围和目的方面具有全球性的网络程序。对于全球化的存在，必须建立能够构建特定文化的规训话语（Lash

52

and Lury，2007）。

因此，切换并编制全球网络是全球网络社会中行使权力的形式。切换由切换者执行；编制由编制者完成。每个网络中的切换者是谁以及编制者是谁，与特定网络相关，如果没有对于特定案例的研究就难以确定。

反抗编制和破坏权力切换，并以此保护替代性价值观和利益，是社会运动和市民社会（地方的、国家的和全球的）发起的反权力运动的主要形式。但其中的障碍在于，权力网络通常是全球性的，而反权力的抗争通常是本地化的。如何通过与其他地方的连接，实现从本地性到全球性的飞跃，如何实现"草根"的流动空间，成为我们这个时代社会运动的关键战略问题。

切换和编制的具体方法在很大程度上决定了网络社会中权力和反权力的形式。切换不同的网络需要构建文化和组织接口的能力，包括共同的语言、共同的媒介，以及对普遍接受的价值——交换价值的支持。在我们的世界中，交换价值的典型的通用形式是金钱。正是通过这种共同的货币，权力共享通常在不同的网络之间进行衡量。这一衡量标准是至关重要的，因为它消除了国家的决定性作用，所有网络的价值分配都取决于金融交易。这并不意味着资本家控制一切，它只是意味着，无论谁有足够的金钱，包括政治领导人，都将有更好的机会来操作有利于自己的切换。但是，在资本主义经济中，除了货币化交易，物物交换同样也被应用：网络之间的服务交换（例如，企业用监管权来换取政治资金，或利用媒体获得政治影响力）。因此，权力转换取决于产生交换价值的能力，无论是通过货币还是通过服务交换。

权力的第二个来源就是网络的编制能力。这种能力最终取决于产生、扩散和影响构成人类活动的话语能力。没有这种话语能力，特定网络的编制是脆弱的，并完全取决于机构中根深蒂固的行为体的力量。在我们的社会中，话语通过一种特定的技术塑造公众心态：使社会化传播成为可能的传播网络。因为公众的心态——即在社会中具有广泛影响的一组价值和框架——最终影响了个人和集体行为，对传播网络的编制是文化资源的决定性来源，并满足了任何其他网络目标编制的需求。此外，因为传播网络连接了本地性与全球性，所以在这些网络中散播的编码具有全球属性。

社会行为体提出的旨在改造社会的替代计划和价值观，也必须通过传播网络来改变人们思想中的意识和观念，以挑战过去的那些权力。只有通过全球传播网络践行全球话语，才能影响建构所有社会的全球网络中的权力关系。最后，编制权力影响切换权力，因为网络的编制决定了切换过程中可能的接口范围。话语框限了网络可做或不可做的范围。在网络社会中，在围绕复合化数字传播的本地—全球网络构建的社会化传播领域中，其中也包括了媒体和互联网，话语得以生成、扩散、争斗、内化，并最终体现在人类行动中。因此，网络社会中的权力就是传播权力。

第二章　数据时代的传播

一次传播革命？

传播是通过信息的交换来实现意义的分享。在传播过程中，决定性因素包括了传播技术、信息发送者和接收者的特征、它们的文化编码和传播协议，以及传播过程的范围。信息的传播基于一定的社会关系来进行，只有在这种关系背景下，意义才能获得更好的理解（Schiller，2007：18）。我将在全球网络社会的背景下详细阐述这一定义的要素。

单从传播过程的范围来看，人际传播就与社会传播不同。在前者中，指定的发送者和接收者都是传播的对象。在后者中，传播的内容有可能扩散到整个社会：这就是通常所说的大众传播。人际传播是交互式的（消息通过反馈回路从一个发送到另一个），而大众传播既可以是交互式的，也可以是单向的。传统的大众传播是单向的（消息从一个到多个，如书籍、

报纸、电影、广播和电视）。可以肯定的是，一些互动形式可以通过其他传播手段来适应大众传播。例如，观众可以通过热线电话、写信和电子邮件来对广播或电视节目进行评论。大众传播以往主要是单向的。然而，随着互联网的普及，出现了一种新形式的交互式传播，其特征在于能够实时或在特定时间内进行多对多的信息传播，并且具有使用点对点传播的可能性，窄播还是广播取决于预期传播实践的目的和特性。

我把这种具有历史意义的传播新形式称为大众自传播。它首先是大众传播，因为它可能会触及全球观众，例如在 YouTube 上发布视频，使用 RSS 链接到许多网络资源的博客，或者发送到大量接收端的邮件。同时，它又是自主性的，因为信息的产生是自主生成的，潜在接收者的范围是自主定向的，从互联网和电子传播网络中检索的特定信息或内容是自主选择

的。三种传播形式（人际传播、大众传播和大众自传播）共存并相互作用，它们互补而不是相互替代。而更具有历史意义的新颖性，是将所有形式的传播融合成一个复合的、互动的数字超文本，并在通过人类互动进行的所有文化表达形成的多样性中进行重组，由此对社会组织和文化转型产生了极大影响。事实上，传播融合最重要的维度，正如詹金斯所写："存在于个人消费者的大脑中，并通过与他人的社会交往形成"（2006：3）。

　　然而，为了实现这种融合，如上所述，必须在传播过程的每一个维度进行一些关键的转型。这些维度构成一个体系，脱离了其他维度，转型就无法被理解。统一起来，它们就形成了 Mansell（2002）和 McChesney（2007）所称的"传播革命"的背景，而 Cowhey 和 Aronson（2009）则将其定性为"拐点"。在这之前，莱斯等（1984）认为，通过技术变革和传播的相互作用形成了新的媒体。为了清晰起见，我将分别研究正在进行的转型，然后，我再分析它们之间的相互作用。这种顺序安排并没有包含任何因果关系。

　　首先，出现了一种技术转型，该转型基于数字化传播、计算机网络、高级软件、不断增强并迅速普及的宽带以及基于无线网络的无处不在的局域/广域通信，并且随着互联网的接入不断增长。 56

　　其次，发送者和接收者的定义涉及传播的组织和制度结构，特别是社会传播的组织和制度结构，其中发送者和接收者是媒体和他们所谓的受众（也就是所谓的媒体消费）。在过去 20 年里，这个领域发生了很多根本性的转型：

　　·世界大多数地区的媒体普遍商业化；
　　·通过集团和网络实现媒体业务的全球化和集中化；
　　·媒体市场的分割、定制和多样化，重点是受众的文化认同；
　　·形成囊括各种传播形式的多媒体商业集团，当然也包括互联网；
　　·同时增加电信公司、计算机公司、互联网公司和媒体公司之间的业务融合。

　　这些全球性多媒体商业网络的形成是由公共政策和体制的变革实现的，变革的特点是自由化、私有化，以及国内外管制的放松。因为自 20 世纪 80 年代以来，全世界普遍存在支持市场主导的政府政策。

　　再次，通过两对相互矛盾的（但不是不相容的）趋势的交互作用，可以更深入地理解多层次的传播转型的文化维度：全球文化和多重身份文化的平行发展；个人主义和社群主义作为当下世界两种相反但同样强大的文化模式同时兴起（Norris，2000；Castells，2004c；Baker，2005；Rantanen，2005）。这些相互冲突的文化框架之间，能不能形成传播协议，决定了不同传播过程主体之间的传播或错误传播的可能性。从文化背景多样的电视报道（例如，半岛电视台的阿拉伯语/英语或 CNN 美国/国际/CNN 西班牙语）到 Web 2.0，这种传播协议要么跨越文化鸿沟，要么将我们社会进一步分化成自治的文化孤岛和充满抵抗的壕沟。

57

最后，在伟大的传播转型中，每个组成部分都传达出社会关系，以及背后的权力关系，并构成了复合传播系统演进的基础。这一点在国家内部和国家之间的数字鸿沟中体现得极为明显，因为这种鸿沟取决于国家消费能力和通信基础设施的差异水平。互联网和无线通信接入虽然发展迅猛，但宽带接入的严重不平等和数字文化能力的教育差距，往往会再现甚至扩大国家内部以及国家之间阶级、民族、种族、年龄和性别结构的矛盾（Wilson，2004；Galperin and Mariscal，2007；Katz，2008；Rice，2008）。商业机构在媒体、信息和通信行业对公共监管机构的影响越来越大，这可能会影响为商业利益服务的传播革命。通过将人们转变为可测算的受众，广告业对媒体业务的影响使文化创新或娱乐逐渐屈从于商业消费主义。在互联网和全球/地方多媒体系统中，言论和传播自由往往受到政府官僚机构、政治精英和意识形态/宗教机构的限制和监督。在众多"cookie"和个人数据采集策略面前，隐私已经被久久遗忘，只有部分具有高技术水平的用户例外（Whitaker，1999；Solove，2004）。

然而与此同时，世界各地的社会活动家和公民们正在使用传播网络的新能力来实现目标、保护利益、维护价值观（Downing，2003；Juris，2008；Costanza - Chock，即将出版）。此外，他们逐步意识到，新的多媒体系统及其监管机构在社会文化和政治中的关键作用。因此，我们正在见证，在世界某些地区，特别是在美国，社会和政治动员的目的是建立一种公民对传播管控者的控制，并宣布他们在传播空间的自由权利（Couldry and Curran，2003；Klinenberg，2007；McChesney，2007，2008）。

因此，我们这个时代的传播新领域，正在通过多维度的转型而生成，其根源在于社会利益和价值观的矛盾结构。这些维度中的每一个转型过程共同决定了数字时代的传播转型，接下来我将进行深入论述。

58

技术融合和新的多媒体系统：
从大众传播到大众自传播

"模式融合"模糊了媒体之间的界限，点对点的传播就是如此，比如邮政、电话和电报之间；大众传播也是如此，比如新闻、广播和电视之间。单一的物理手段，像电线、电缆或无线电波，现在可以提供过去分别实现的服务。相反，过去任一媒介提供的服务，像广播、新闻或电话，可以使用几种不同的物理方式。因此，媒介与其用途之间曾经一对一的关系正在被侵蚀。（Ithiel de Sola Pool，1983，cited by Jenkins，2006：10）

1983 年，Ithiel de Sola Pool 在其具有开创意义的作品中所认定的趋势，现在已经成为现实，并重新塑造了传播景观。并不意外的是，20 世纪 70 年代出现的基于信息和通信技术的新技术范式，将对传播领域产生决定性的影响（Freeman，1982；Perez，1983；Castells，2000c；Mansell and Steinmueller，2000；Wilson，2004）。从技术角度来看，在数字网络和新数据传输和存储技术（特别是光纤、卫星通信和高级软件）的基础上，电信网络、计算机网络和广播网络走向融合（Cowhey and Aronson，2009）。

然而，在监管机构的政策支持下，不同的技术和商业模式在传播系统的每个组成部分中引发了各种变革趋势。在整个 20 世纪 80 年代和 90 年代，广播沿着重视传播形式连续性的轨迹演进，同时增加了传输平台的多样性，并集中了媒体所有权（Hesmond-halgh，2007）。广播和印刷媒体大体上仍然是大众媒体。相比之下，计算机网络和电信迅速开发利用了数字化和开源软件的潜力，并发展出新的本地/全球交互式传播形式，而且这种新形式通常由网络用户创造（Benkler，2006）。两个系统之间的技术和组织融合在 21 世纪的第一个十年间发生，并逐渐形成一个新的多媒体系统（Jenkins，2006）。

突变的电视：永恒陪伴

自 20 世纪 90 年代初以来，作为大众传播典型的电视，通过有线和卫星传输，开发出新的广播形式，突破了频谱分配的极限，已经从以有限数量的电台网络为基础的高度集中的单向传播系统，向基于增强传输容量的高度多样化和分散的广播系统演进（Croteau and Hoynes，2006）。数字技术可以容许多倍数量信道的传播（Galperin，2004）。虽然数字电视通过释放频谱提升了传播能力，但直到2009～2012年期间，它才开始在大多发达国家开展业务。然而，即使在数字电视出现之前，世界各地的电视频道和各种电视节目的数量仍在暴涨。2007年，美国家庭平均可以看到104个电视频道，比2006年多16个，比2000年多43个（Nielsen，2007）[①]。根据欧洲视听观察组织（European Audiovisual Observatory）的数据，欧洲的经济合作与发展组织国家（OECD），可收到的电视频道总数（包括地面、广播和卫星）从2004年的816个增加到2006年的1165个，增长了43%（OECD，2007：175）。世界各地不完整的数据也呈现出类似的增长（Sakr，2001；Hafez，2005；Rai and Cottle，2007）。

在过去20年中，美国电视普及率保持在98%。在欧洲，有电视的家庭数量从2002年的1162490.4增加到2007年的1340201.3（Euromonitor，2007）。观看电视的小时数在大多数国家稳步增长。在美国，每个家庭在2006年每周平均看电视的时间为57小时37分钟，比2005年增加了20分钟，尼尔森20年前开始使用"人口计量"后，家庭每周平均看电视时间增加近10个小时。1997～2005年间，几乎所有OECD国家（新西兰、西班牙和韩国除外；OECD，2007：176）的人均看电视时间都在增加。因此，电视行业始终充满生机，并且仍然是21世纪早期最重要的大众传播媒介。不同的是，电视分出了众多频道来针对特定的观众，通过窄播增加了大众媒体世界中的文化差异（Turow，2005）。此外，随着诸如TiVo设备的引入，数字视频和电视观看的自主设定，让节目收视个性化和定制化。因此，从发送者的角度来看，电视仍然是大众传播媒介，但是从接收者的角度来看，它通常是个人化的传播媒介。对电视接收终端控制能力的不断增长，包括能够录制节目和跳过广告的软件，这构成对电视主要收入来源最根本的威胁。

因此，虽然电视仍然是大众传播的主要媒介，但它已经在技术、商业和文化的作用下彻底转型，以至于现在可以作为结合大众广播与大众窄播的典型媒介。1980年，平均40%的美国电视用户会在夜晚选择三大网络新

---

① 2006年的美国一般家庭实际收看的频道数量仍然大致相同，从2005年的15.4增加到15.7，2004年尼尔森报告进行数据统计的第一年，仅有15.0（Mandese，2007）。

闻广播之一。到 2006 年，这一数字已下降到 18.2%（Project for Excellence in Journalism，2007）①。据尼尔森收视调查称，到 2006 年，85% 以上的美国家庭使用有线或卫星电视，比 1990 年的 56% 有所提高。在广播电视的黄金时段（20：00 ~ 23：00），观众从 1990 年的 80% 下降到 2006 年的56%（标普，2007a）。

然而，虽然新的技术基础设施和有线卫星广播的发展，提升了产品定制的能力和目标细分受众的数量，在大型公司（如美国，以及意大利、印度、澳大利亚和其他地方）拥有的全国性网络中，地方电视台的垂直整合在分化的外表下其实进一步促进了内容的标准化（Chatterjee，2004；Bosetti，2007；Flew，2007；Hesmondhalgh，2007；Schiller，2007；Campo Vidal，2008）。因此，埃里克·克林伯格（Eric Klinenberg，2007）在其美国媒体转型背景下的政治辩论研究中，记录了电视网络的当地分支机构如何看待自己决定节目内容的能力减弱，并被迫在自动化系统的基础上播放集中制作的产品，包括"本地"天气报道的发布也通常使用相似的报道语调，即便报道者根本没有去过这个地方。

电台：网络想象中的本地性

作为 20 世纪以来最能适应个体时间和空间变化的大众传播媒介，电台也遵循了类似的垂直整合路径。在所有权集中的条件下，通过集中服务于整个网络的演播室，技术变革使得对本地内容的控制越来越强。数字记录和编辑允许将本地无线电台集成到全国性网络中。地方新闻的大部分内容实际上不是本地的，一些"独家"调查报道也是一类为每个受众量身打造的节目。基于预存目录的自动化音乐广播，无线电台更接近 iPod 的音乐需求模式。同样，数字技术为定制化和差异化的潜力提供了支持，被用来隐瞒基于营销模型的集中生产，它可以通过本地化发布为特定受众提供定制化产品。美国 1996 年的《电信法案》解除了对电信业垄断的许多限制，当时有超过 10400 个独立的商业广播电台（见下文）。但在 1996 ~ 1998 年期间，电台所有者总数减少了 700 个。在法案通过的两年内，企业集团购买和售卖了 4400 多个无线电台，并在最大的市区内建立了具有寡头垄断地位的全国性网络。因此，自由技术及其多样化的潜力不一定表现为内容设

---

① 根据尼尔森收视调查，尽管可收看频道数量迅速增加，但消费者每周平均只观看 15 个频道（OECD，2007：175）。

计和定位的差异化；相反，它们容许通过歪曲认同，以实现集中控制和分散传播的结合，以此作为一种有效的商业战略（Klinenberg，2007：27）。

互联网和无线传播的崛起

由于计算机网络、开源软件（包括互联网协议）以及电信网络中数字交换和传输能力的快速发展，推动了互联网在 20 世纪 90 年代私有化之后急剧扩张。事实上，互联网并不是一种新技术：它首次部署是在 1969 年。但在 20 年后，互联网开始大规模推广，主要原因包括：监管变化、电信带宽增加、个人计算机的扩散，用户易用的软件程序易于上传、访问和传播内容（从 1990 年的万维网服务器和浏览器开始）以及逐渐增长的对一切事物网络化的社会需求，这些社会需求既来自于商业世界的需要，也出自公众对建立自有传播网络的愿望（Abbate，1999；Castells，2001；Benkler，2006）。

因此，全球互联网用户数量从 1995 年的不足 4000 万人增加到 2008 年的约 14 亿人。到 2008 年，大多数发达国家的渗透率已经达到 60% 以上，发展中国家的用户量也在急剧增长（数字未来研究中心，各年度数据）。2008 年，全球互联网普及率仍只有世界人口的五分之一，互联网用户不到 10% 可以接入宽带。然而，自 2000 年以来，从互联网接入来看，数字鸿沟已经萎缩。经济合作与发展组织国家（OECD）和发展中国家的互联网接入比率从 1997 年的 80.6：1 降至 2007 年的 5.8：1。2005 年，发展中国家互联网新增用户的比例几乎是经济合作与发展组织国家的两倍（ITU，2007）。中国是互联网用户数量增长最快的国家，尽管 2008 年的普及率仍然低于人口的 20%。截至 2008 年 7 月，中国互联网用户总数达到 2.53 亿，超过美国约 2.23 亿的用户数（CNNIC，2008）。整个经济合作与发展组织国家在 2007 年的互联网用户渗透率约为 65%。此外，鉴于 60 岁以上人口和 30 岁以下人口的互联网使用的巨大差异，当我这一代逝去时，发达国家的互联网用户比例无疑将接近饱和点，而世界各地的互联网用户比例也将大大增加。

从 20 世纪 90 年代开始，世界范围内发生了又一次通信革命：无线通信的爆炸性增长，手机带宽和连接能力逐代增加（Castells et al.，2006b；Katz，2008）。这是历史上渗透最快的通信技术。1991 年，世界上有大约 1600 万无线电话用户。到 2008 年 7 月，用户数已超过 34 亿，约占世界人口的 52%。使用保守的乘数因子（婴儿不使用移动电话，在贫穷国家，家庭或村庄共享一个账户），我们很有把握地估计，2008 年，即使很大程度 63 上受到收入限制，我们这个星球上也有超过 60% 的人有机会接入无线通信。事实上，对于中国、拉丁美洲和非洲的研究表明，贫困人口高度重视他们的通信需求，并从他们微薄的预算中抽出大部分来满足通信需要（Qiu，2007；Katz，2008；Sey，2008）。在发达国家，无线用户普及率从 82.4%（美国）到 102%（意大利和西班牙），并正在向饱和点迈进。

目前出现了以互联网和无线通信为特征的新一轮技术融合，包括 Wi - Fi 和 WiMAX 网络，以及通过无线网络分配传播能力的多种应用，从而大大增加了互联网的接入点。这对发展中国家尤其重要，因为由于有线电话线路的缺乏，互联网普及率的增长速度已经放缓。而在新的电信模式中，尤其在发展中国家，无线通信已成为各地传播的主要形式。2002 年，全球无线用户数量超过固定线路用户数。因此，从无线设备连接到互联网的能力，成为地球上互联网扩散新浪潮的关键因素。这在很大程度上取决于无线基础设施的建设、无线互联网的新协议以及先进宽带的扩散。从 20 世纪 80 年代起，电信网络的传输容量大大增加。在宽带的带宽和部署方面，全球领先的是韩国、新加坡和荷兰。大多数国家要达到它们的水平还有很长的路要走。但无论如何，建立一个全球普及的无线宽带网络的技术可能性已经存在，从而增加了任何人、任何地区，在任何形式下使用任何类型的数据进行复合通信的潜力。当然，为使这样的全球网络真正发挥作用，必须在国内和国际建立适当的基础设施，并实施适宜的监管（Cowhey and Aronson，2009）。

大众自传播

需要注意的是，我们的讨论已从广播和大众媒体转向了一般的传播。互联网、万维网和无线通信不是传统意义上的媒体，它们是交互式传播的 64 手段。然而，正如这一领域中的大多数研究者所说，大众媒体的传播和所有其他形式的传播之间，其界限是模糊的（Cardoso，2006；Rice，2008）。即使考虑到复印和邮件群发，电子邮件仍主要是一种点对点的传播方式。但互联网比之更加广泛。万维网是用于发布和交换文档的通信网络，这些文档可以是文本、音频、视频、软件程序等任何可以数字化的东西。这就是为什么从"受众"的角度来说，互联网和电视的比较毫无意义，虽然在媒体的老式分析中经常这样。事实上，在信息经济时代，在互联网上花费的大部分时间是工作或学习（Castells et al.，2007）。我们并不像看电视那样"看"网络。实际上，网络与互联网使用者（这是发达国家中的主流，并在第三世界占比也越来越大）的生活密不可分。大量证据表明，就应用领域的多样化而言，互联网构成了我们生活中工作、个人联系、社交网络、信息、娱乐、公共服务、政治和宗教的传播结构（Katz and Rice，2002；Wellman and Haythornthwaite，2002；数字未来中心，2005，2007，2008；Cardoso，2006；Castells and Tubella，2007）。我们不能从互联网的广泛使用中单独切出娱乐和新闻，并将它们与大众媒体的"观看"时间进行比较，因为互联网还可以用于与工作无关的网络浏览，或发送私人邮件，从而在新信息环境中进行广泛的多任务处理（Montgomery，2007；Katz，2008；Tubella et al.，2008）。此外，互联网越来越多地用于接入大众媒体（电视、广播、报纸），以及任何形式的数字文化或信息产品（电影、音乐、杂志、书籍、期刊文章、数据库）。

　　网络已经改变了电视。南加州大学（USC）数字未来中心的研究人员发现，他们访谈的青少年甚至无法理解依据他人时间表来观看电视的概念。他们在电脑屏幕上观看全部的电视节目，并且越来越多地使用便携式设备。尽管电视仍然是一个主要的大众媒介，但其传播和形式正在改变，因为它的接收变得个性化（数字未来中心，"世界互联网调查"相关年度数据；Cardoso，2006）。在出版物方面，同样的现象也出现了。世界各地30岁以下的互联网用户主要使用在线方式阅读报纸。所以，虽然报纸依旧是大众媒介，但其传播平台已发生改变。在线新闻仍然没有明确的商业模式（Beckett and Mansell，2008）。然而，互联网和数字技术已经改变了报纸和大众媒体的工作过程。报纸已经成为内部联网的组织，并连接到互联网上的全球信息网络。此外，新闻报纸的在线部分促成了其他新闻和传媒组织的联网与协同（Weber，2007）。通过新闻的数字化和持续的全球/本地处理过程，报纸、电视和广播行业的新闻编辑室已经转型（Boczkowski，2005）。因此，无论从生产方面还是传播层面，传统意义上的大众传播现在都已经是基于互联网的传播。

　　此外，在线新闻与互动博客和电子邮件的结合，以及来自网络上其他文档的RSS源，已经将报纸转化为不同传播形式的一个组成部分：也就是我前面提过的概念，大众自传播。随着所谓的Web 2.0和Web 3.0的发展，以及支持网络社交空间扩展的技术、设备和集群的应用，大众自传播已经形成，这当然也多亏了增加的带宽，创新的开源软件和增强的计算机图形和接口，包括三维虚拟空间中的虚拟交互。

互联网、无线通信、数字媒体以及各种社交软件工具的扩散，促进了交互式传播中横向网络的发展，这种交互式传播在特定时间内连接了地方和全球。随着互联网和无线通信的融合以及更大宽带容量的逐渐拓展，互联网的通信和信息处理能力正在渗透到社会生活的所有领域，正如电网和电动机在工业中广泛提供能量一样（Hughes，1983；Benkler，2006；Castells and Tubella，2007）。随着人们（也就是用户）利用新的传播形式，通过 SMS、博客、vlogs、podcasts、wikis 和 like 等应用，建立了自己的大众传播系统（Cardoso，2006；Gillespie，2007；Tubella et al.，2008）。文件共享和 P2P（即对等网络）网络使得任何数字化内容的循环、混合和重新格式化成为可能。最早从 2004 年 10 月开始，Technorati 跟踪了 400 万个博客。到 2008 年 2 月，跟踪范围达到 1.208 亿个博客和超过 2.5 亿篇标记的社交媒体。根据 60 天内收集的信息，平均创建了 12 万个新博客，发布了 150 万个帖子，每天大约 6000 万个博客更新（Baker，2008）。所谓博客圈是一个多语言和国际化的传播空间。虽然在博客开发的早期阶段是英语主导，但到了 2007 年 4 月，只有 36% 的博客文章是英语，37% 是日语，8% 是中文。大多数其他博客文章分为西班牙语（3%）、意大利语（3%）、俄语（2%）、法语（2%）、葡萄牙语（2%）、德语（1%）（Sifry，2007；Baker，2008）。博客正在成为中国青少年自我表达的重要领域（Dong，2008a）。如果对中国博客进行更准确的统计，可能会提高中文在博客圈中的使用比例，差不多接近英语或日语。

在世界各地，大多数博客是个人性质的。根据皮尤网络与美国生活项目发布的数据，52% 的博主说博客主要是为自己写的，而 32% 的博主为他们的读者写（Lenhart and Fox，2006：iii）。① 因此，在一定程度上，这种形式的大众自传播比实际交流更接近"电子自闭症"（electronic autism）。但是，互联网上的任何帖子，无论作者的意图如何，都变成了全球传播海洋中的漂流瓶，这种信息容易被以意想不到的方式接收和再处理。

这种具有革命意义的大众自传播形式起源于年轻人的聪明才智，他们

---

① 根据皮尤调查，只有 11% 的新博客关注政治（Lenhart and Fox，2006：ii–iii）。

是典型的用户转型而来的生产者。典型的例子是 YouTube，一个视频共享网站，个人用户、组织、公司和政府可以上传自己的视频内容①。YouTube由 Jawed Karim，Steven Chen 和 Chad Hurley② 于 2005 年创立，这三位美国人在 PayPal 合作时相识。截至 2008 年 2 月，美国版 YouTube 共收录了6980 万部影片。举个例子，2007 年 11 月，7450 万人在 YouTube.com 上观看了 29 亿个视频（平均每个人观看了 39 个视频；ComScore，2008）。此外，诸如半岛电视台、CNN、肯尼亚的 NTV、法国的 24 频道、加泰罗尼亚的 TV3 等众多国家和国际广播机构都拥有自己的 YouTube 频道，以便发掘新的观众群并联系会员。此外，在 2007 年 7 月，YouTube 还推出了 18 个国家和地区的合作伙伴网站和专为移动电话用户设计的网站。这使得YouTube 成为世界上最大的传播媒介。模拟 YouTube 的网站仍然在互联网上激增，包括 ifilm.com，revver.com 和 Grouper.com。土豆网是中国最受欢迎的视频托管网站和成长最快的网站之一，2007 年 8 月吸引了超过 600 万个观众，比三个月前的人数增加 175%（Nielsen/NetRatings，2007）。MySpace.com 等社交网站还提供上传视频的功能。事实上，MySpace 在2008 年是网络上第二大视频分享网站。2007 年 11 月，4320 万人在MySpace.com 上观看了 3.89 亿部视频（ComScore，2008）。视频流是一种日益流行的媒体消费和生产形式。皮尤的网络与美国生活项目研究发现，2007 年 12 月，48% 的美国用户经常在线浏览视频，而一年前的数字是33%。这个趋势在 30 岁以下的用户群体中体现得更加明显，70% 的 30 岁以下用户访问在线视频网站（Rainie，2008：2）。

　　因此，YouTube 和其他用户生成内容的网站是大众媒体传播的手段。然而，它们不同于传统大众媒体。任何人都可以在 YouTube 上发布视频，而且门槛很低，并且用户可以从数据庞大的列表中选择想要观看和评论的视频。当然，YouTube 上的言论自由也有压力，特别是涉及版权侵犯和危机中政治内容的政府审查等的法律威胁。然而，YouTube 还是如此流行，英国女王会选择在上面发布她的 2007 年圣诞节致辞。此外，2008 年美国

---

① 皮尤互联网项目还发现，绝大多数用户喜欢专业视频内容（62%），而只有 19% 喜欢业余内容，11% 没有喜好（Madden，2007：7）。随着越来越多的媒体公司在线发布它们的视频内容，用户生成视频内容的趋势似乎正在转变（虽然这可能是暂时的）。

② Jawed Karim 出生于德国，但在 13 岁时移居美国；Steven Chen 在 8 岁时从中国台湾搬到美国。

总统候选人的电视辩论和 2008 年西班牙议会选举，都在 YouTube 上联播，并由公民在互动中发布的视频进行补充。

　　围绕人们的动机、兴趣和愿望建立的横向传播式网络是复合的，并且包括了多种文件类型，从照片（由类似 Photobucket. com 等的网站托管，2008 年 2 月这些网站有 6000 万注册用户）和大规模合作项目，如维基百科（开放源码百科全书，拥有 2600 万贡献者，但只有 75000 名是积极贡献者）到音乐、电影（基于诸如 Kazaa 之类的自由软件的 P2P 网络）和社会/政治/宗教活动（这些活动将基于网络的辩论论坛与全球范围内贡献的视频、音频和文本相结合）。

　　对于能够通过网络生产和发布内容的青少年来说，"他们关心的不是 15 分钟的名誉，而是 15 兆的名声"（Jeffrey Cole，《人际传播》，2008 年 7 月）。网络中的社交空间建立在 20 世纪 80 年代虚拟社区的传统之上，并超越了美国在线在社交空间上推出的短视的商业模式，内容倍增、数量激增，在网上形成了一个多样化和广泛的虚拟社会。截至 2008 年 6 月，MySpace（1. 14 亿用户）和 Facebook（拥有 1. 239 亿用户）作为世界上最成功的网站，为不同年龄和社会属性的用户提供了社会互动的空间（McCarthy，2008）。在线社区开展了一系列项目，例如创意时代协会（Society for Creative Anachronism）2007 年 12 月有超过 30000 名付费会员，这是 1996 年成立的一个关注历史重构的虚拟社区。对于数以百万计的 30 岁以下的互联网用户来说，在线社区已经成为日常生活中不可或缺的平台，包括中国和其他发展中国家也是如此，它们的增长减慢的原因只是因为带宽和访问限制（Boyd，2006a、b；Montgomery，2007；Williams，2007）。随着基础设施发展和通信价格的降低，可以实际观察到而不是仅仅预测到，在线社区的快速发展并不是作为一个虚拟世界，而是作为在日益复杂的日常生活中与其他形式的交互集成的真正实体（Center for the Digital Future，2008）。

　　新一代的社交软件使得交互式电脑和视频游戏的爆炸式增长成为可能，现在这已经是一个全球化行业，估值高达 400 亿美元。仅在美国，视频和电脑游戏产业在 2007 年累计销售额就达到 187 亿美元。索尼的"光晕 3"在 2007 年 9 月发布的第一天就收获了 1. 7 亿美元，这超过了目前为止任何好莱坞电影的周末票房毛利[①]。最大的网游社区"魔兽世

───────────────

①　www. boxofficemojo. com/alltime/weekends（检索于 2008 年 8 月 5 日）。

界”占据了大型多人在线游戏行业一半以上的市场份额，2008 年有超过 1000 万活跃成员（其中半数以上居住在亚洲大陆）。这些成员根据角色技能和角色间的姻亲关系，组织成密切的等级公会（Blizzard Entertainment，2008）。如果说媒介主要是基于娱乐的，那么这种新形式的娱乐，完全基于网络和软件程序设计，已经成为这种媒介系统的主要组成部分。

新技术也促进了虚拟现实的社会空间的发展，这种空间通过角色扮演游戏，将社会性和实验性相结合。其中最成功的是第二人生（Au，2008）。截至 2008 年 2 月，在普通一天的任意时间点，它有大约 1230 万注册用户和大约 5 万个访问者。对许多观察者来说，第二人生社区中最有趣的动向是，即使没有制度或空间的限制，也无法创建一个乌托邦。第二人生的居民重现了我们社会的一些特点，包括许多陷阱，如侵略和强奸。此外，第二人生由林登公司（Linden Corporation）私有，虚拟房地产很快成为一个有利可图的业务，美国国税局开始制订计划对林登币征税，因为它可以兑换美元。不仅如此，在这个虚拟空间里，一些大学建立了校园；也有实验用它作为教育平台；虚拟银行开放和破产紧随美国市场的实际起伏；政治示威，甚至左派和右派之间的暴力对抗也在其中发生；甚至第二人生中发生的新闻，被记者在现实世界中报道。就像现实世界中流浪的移民者一样，心怀不满的乌托邦主义者已经离开第二人生，去别的虚拟世界寻找自由，在那里他们可以开始新的生活。此时，他们正在将虚拟性的前沿，扩展到我们精神建构的不同形式之间相互作用的外部边界。

无线通信已经成为选择不同类别的数字化产品（包括游戏、音乐、图像和新闻），以及覆盖整个人类活动范围（从个体支持网络到专业任务和政治动员）的即时信息发布平台。因此，电子通信网络覆盖了我们所做的一切，无论何时无论何地（Ling，2004；Koskinen，2007）。研究表明，大多数移动电话和消息来自家庭、工作和学校，这些都是人们通常使用固定电话的地方。因而可以说，无线通信的关键特征不在于其移动性，而是其永久连接性（Katz and Aakhus，2002；Ito et al.，2005；Castells et al.，2006a；Katz，2008）。

大众自传播的增长并不受技术顶点的限制。草根组织和开拓者正在使用新的自主通信形式，例如低功率无线电台、海盗电视台和独立的视频制作，这些都充分利用了数字视频低成本的生产和发布能力。

当然，主流媒体使用博客和交互式网络来发布它们的内容，并与受众互动，由此混合了垂直和横向传播模式。也有很多例子，传统媒体，如有线电视，通过使用数字技术的内容自主生产模式，来生产和发布多种多样的内容。在美国，最著名的案例是 Al Gore 推出的潮流电视频道（Al Current TV），其中由用户生产的内容和专业编辑的内容占据了该网站内容的约40%。基于互联网的新闻媒体，很大程度上都要依靠用户馈送的信息，例如韩国的 Jinbonet 和 Ohmy News，或巴塞罗那的 Vilaweb，已经成为相对可靠和独立的大规模信息来源。因此，横向和垂直传播网络之间日益增长的交互，并不意味着主流媒体正在采用新的内容自主生成和内容发布模式。这就意味着这种互补性过程产生了一个新的媒体现实，其轮廓和效果最终由政治和商业力量的斗争决定，因为电信网络的所有者控制访问和流量，以有利于合作伙伴和意向客户。

企业媒体对基于互联网的传播形式兴趣日益增长，体现了新的社会沟通形式的兴起具有重要意义，而这种新形式正是我曾提及的大众自传播。它是大众传播，因为它通过 P2P 网络和互联网连接潜在的全球观众。它是复合的，因为内容和社交软件的数字化（基于可以免费下载的开源程序），允许几乎任何形式、任何内容的重新格式化，并通过无线网络大量发布。在多对多的传播中，它的内容也是自主生产的，发布是自主导向的，接收是自主选择的。这是一个新的传播领域，并会最终成为一种新的媒体，其支柱由计算机网络构成，其语言是数字，其发送者是全球分布和全球互动的。诚然，媒体，即使是这样一个如此具有革命意义的媒体，也不能决定其信息的内容和效果，但它有潜力让多数传播流无限制的多样性和自主生产成为可能，而公众正是由此在心目中构建出意义。然而，在盈利和市场扩张商业策略的广泛影响下，组织机构形塑着（虽然不是决定性的）传播技术革命和自传播的新文化。

传播组织与管理：全球多媒体商业网络①

在网络社会中，媒体运营大多遵循业务逻辑，而不管其法律情形如

---

① 本节源自与 Amelia Arsenault 合著的文章（Arsenault and Castells, 2008b）。

何。他们代表股东，依赖广告、企业赞助和消费者付费来盈利。虽然有一些相对独立的公共服务（例如 BBC、西班牙的 TVE、意大利的 RAI、南非的 SABC、加拿大的 CBC、澳大利亚的 ABC 等），但面对来自私营公司的竞争，这些广播公司为了保住受众份额，在节目制作商业化方面的压力越来越大（EUMap，2005、2008）。事实上，许多公共广播机构，例如 BBC 和南非的 SABC，已经推出了营利性招数来维持其公共初衷。同时，在中国国有媒体正在从宣传导向模式转向以受众为中心的商业模式（Huang，2007）①。此外，虽然互联网是一个地方及全球传播的自主网络，但是私人和公共企业也拥有部分基础设施，其中最受欢迎的社交空间和网站正迅速成为多媒体商务的一部分（Artz，2007；Chester，2007）。

因为媒体主要具有企业属性，所以改变商业世界的主流趋势，如全球化、数字化、网络以及管制放松，同样也彻底改变了媒体的运作（Schiller，1999、2007）。这些趋势排除了媒体企业扩张的大部分限制，允许少数企业巩固寡头垄断，控制了媒体全球网络的大部分核心②。然而，虽然最大的媒体集团植根于西方，但世界上大多数媒体业务仍然是面向全国或地方的。几乎没有传媒组织是真正全球性的，单纯地方性的媒体产品也日益减少。网络的全球化主要体现在国家内部和国家之间，连接了媒体融资、生产和发布的网络。我们观察到，媒体主要的组织变革是由多媒体商务交织而成的全球网络的逐渐成形，它的核心是一种战略性伙伴关系。

这些网络围绕着主导网络组织而成，少数大型公司成了全球媒体网络的支柱。它们的主导地位取决于利用和连接从地方到国家的传媒组织的能力，为了促进自己公司的扩张，那些以国家和地区为战略重心的传媒组织，越发依赖与大型公司间的伙伴关系。虽然资本和生产是全球化的，但媒体的内容是根据当地文化和细分受众的多样性而专门定制的。因此，跟其他行业一样典型的是，媒体行业的全球化和多元化也是相辅

---

① 中国国内媒体市场的商业化被称为"关停并转"，这是指经济表现萎靡的国有媒体被关闭或吞并，和商业媒体合并或转型成为商业公司（Huang，2007：418）。2003~2007年间，共有677家党和政府报纸关闭，325家转型成商业报纸。

② 因为拥有众多超级巨星，第二次世界大战后好莱坞时代的特点也是垂直整合并大规模控制世界电影市场。然而，数字化和全球化意味着当代多媒体企业集团现在能更广泛地控制发布平台（Warf，2007）。

相成的。事实上，这两个过程是相互交织的：只有全球性网络才能掌握全球媒体制作的资源，但它们获得市场份额的能力还是取决于其内容是否符合当地观众的喜好。资本是全球性的，但身份是区域性或民族性的。

　　传播的数字化促进了技术集成的媒体系统不断扩散，这种媒体系统的产品和整个过程基于不同的平台上开发，并在相同的全球或本地传播网络内支持多样化的内容和媒体。共通的数字语言为规模经济发展创造了空间，更重要的是，甚至促进了这些不同平台和产品之间的协同经济。通过协同经济，平台和产品整合产生的回报可能超过了投资在这些平台和产品或其网络的总和。通过整合，协同成为创造和创新过程中的自然结果。

73

　　互联网和无线通信的扩散使得传播网络去中心化，并为多入口接入网络提供了机会。虽然大众自传播的兴起增加了行动者传播的自主性和自由度，但这种文化和技术的自主并不一定意味着媒体业务的自主。它的确创造了新的市场和更多商业机会。媒体已经融入全球多媒体网络，其目标之一便是通过互联网的私有化和商业化来扩展开发新的市场。

　　这些多种多样的趋势及相互作用的结果，就是形成新的全球多媒体系统。为了理解21世纪的传播，有必要明确这种多媒体系统的结构和动态。为此，我从这一结构的全球核心以及围绕该核心组织的关键性传播网络入手，然后分析了构成全球媒体网络骨干的、最大的多媒体机构的组织与策略。接下来，我研究了这些"全球媒体"组织与区域或地方传媒组织之间的相互作用。最后，我将通过解释传媒组织如何协商并最大化利用并行网络设法去控制媒体网络与金融、工业或政治网络之间的连接与否，来揭示媒体网络的动态。

全球媒体网络的核心

　　全球媒体网络的核心由多媒体商业集团组成，其主要收入来源和多元化股份来自世界各地的多个国家和地区。如上所述，"全球媒体"组织并不是真正全球性的，然而它们的网络却是真正全球性的。一些媒体企业比其他的具有更强的国际影响力，而且地方和区域传媒组织的全球化战略取决于（并且能促进）全球媒体网络核心的动态。因此，我将研究几个最大的全球化媒体公司的内部网络组织（以2007年估算收入作为衡量依据）：时代华纳、

74　迪士尼、新闻集团、贝塔斯曼、NBC 环球、维亚康姆和哥伦比亚广播公司。然后，我将上述"传媒七巨头"①（Magnificent Seven）与几个最大的互联网公司（谷歌、微软、雅虎和苹果）的互动纳入进来，进行分析。

从全球媒体核心的构造中，我们可以看到四个相互关联的趋势：

1. 媒体所有权越来越集中。

2. 与此同时，媒体集团现在能够通过一个平台提供多种产品，也可以通过多种平台提供一种产品。它们还将不同产品的数字部分组合，形成新产品。

3. 跨平台传播产品的流动，促进了为扩大广告收入而对受众进行的专门定制和细分。

4. 这些战略成功的程度取决于内部媒体网络利用不断变化的传播环境，找到最佳协同经济的能力。

接下来我会详细说明全球多媒体网络核心的每一个特点。

所有权的集中

大量分析人士列举了不同时间、不同地区的媒体在公司化和集中化方面的趋势（例如，McChesney，1999、2004、2007、2008；Bagdikian，2000、2004；Bennett，2004；Thussu，2006；Hesmondhalgh，2007；Campo Vidal，2008；Rice，2008）。

媒体集中并不新鲜。历史上有许多垄断控制传播媒介的例子，包括祭司对黏土笔的控制，教会对拉丁圣经的控制，印刷机的租赁，政府邮件系统和军事信号网络等。无论我们从历史上还是地理上看，权力的集中与传播媒体的集中之间存在密切的联系（Rice，《人际传播》，2008）。美国三大广播网络，ABC、CBS 和 NBC，在 20 世纪 80 年代主导了广播和电视。20 世纪初，英国路透社、法国哈瓦斯通讯社和德国沃尔夫通讯社组成了一个"全球新闻合作社"，主导国际新闻的传播（Rantanen，2006）。美国以外，大多数政府仍延续传统，保持了对广播和电视网络的垄断。由于监75　管、市场、政治环境和技术创新之间互补性和冲突性的变化，对传播空间

---

① Magnificent Seven 是作者借用了电影名《豪勇七蛟龙》（*The Magnificent Seven*），它是由 Mirisch Corporation 和 Alpha Productions 联合制作的剧情片，约翰·斯特奇斯执导。该片改编自黑泽明导演的《七武士》，于 1960 年 10 月 23 日在美国上映，讲述了一群强盗经常骚扰墨西哥的一个小村庄，村里的长者寻找武艺高强的枪手来保卫村庄的故事。——译者注

尺度的把控总是起伏不定。然而，信息的数字化和卫星、无线以及互联网通信平台的兴起，意味着对所有权扩张的限制在减少。从 20 世纪 90 年代开始，媒体合并和收购的速度前所未有地增加。例如，在 1990～1995 年期间，媒体合并数相当于 1960～1990 年的媒体合并数（Greco，1996：5；Hesmondhalgh，2007：162）。

在第一版的《媒体垄断》（1983）中，Ben Bagdikian 梳理了 50 家主导美国媒体市场的媒体公司。而在该书随后的几个修订版中，主导企业的数量越来越少：1987 年 29 家，1990 年 23 家，1997 年 10 家，2000 年 6 家，2004 年 5 家（Hesmondhalgh，2007：170）。Bagdikian 主要分析的是美国，但同样的集中趋势在全球也有迹可循（Fox and Waisbord，2002；Campo Vidal，2008；Winseck，2008）。例如，2006 年，迪士尼、时代华纳、NBC 环球、福克斯工作室（新闻集团）和维亚康姆占全球电影生产量的 79%，占电影发行量的 55%（IBIS，2007a，b）。

媒体领域的逐渐集中不仅源于竞争，而且来自于主流公司彼此之间以及与区域性主体之间（这将在下一节中进行更详细地讨论）构建网络的能力。图 2-1 反映了全球多媒体和互联网主流企业之间的关键合作关系和交叉投资情况。

如图 2-1 所示，传媒七巨头和主要的互联网公司通过密集的合作网络、交叉投资、董事会成员和管理人员连接起来①。全美娱乐公司是萨姆纳·雷德斯通的家族公司，持有 CBS 和 Viacom 的 80% 控股权。NBC 环球和新闻集团联合拥有在线内容提供商 Hulu.com 的股权，并于 2007 年将其作为谷歌的 YouTube 视频流平台的竞争对手推出。时代华纳的美国在线、微软的 MSN、新闻集团的 MySpace 和雅虎也提供 Hulu 的发布平台。虽然 Hulu 试图打破 YouTube 在数字视频市场的垄断格局，但它的支持者在其他地方也与谷歌建立了战略合作伙伴关系。谷歌为新闻集团的 MySpace 社交

① 图 2-1 仅反映截至 2008 年 2 月的关系，而无法反映这些公司许多临时的合作伙伴关系。例如，虽然 NBC 环球赢得了 2006 年都灵冬季奥运会的主播权，但它与 ESPN.com（由迪士尼拥有）签订了内容供应协议，并和谷歌达成了广告交易协议。因此，图 2-1 仅提供了这些公司之间特定时间的关系快照。随着他们产权投资组合的衰退和流动，这些互连的形式和内容相应变化。然而，这些已过时的数据并不会抹杀我们贡献的分析价值（Arsenault 和 Castells，2008b）。因为我们提出的组织模式和全球多媒体商业网络的战略尽管可能在构成上有所变化，但仍可能是多年来的多媒体商业世界的标准模式。事实上，我们希望研究人员能更新、扩展并且纠正目前我们对这些业务网络的评估。

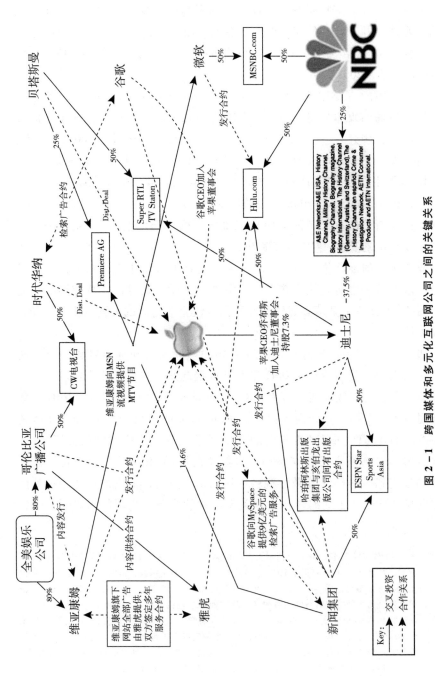

图 2-1 跨国媒体和多元化互联网公司之间的关键关系

资料来源：Arsenault and Castells（2008a：713）。

网站提供广告投放。2008 年 2 月，微软以 446 亿美元收购雅虎失败。因而，这些多媒体集团可以根据其业务需求，在逐个项目中同时存在竞合关系。 77

当某一公司对特定内容生产或发布机制（例如 YouTube 对互联网视频的垄断）存在超额控制时，其他媒体资本会试图通过投资或发展竞争对手来打破这一瓶颈。因此，与媒体集中的趋势相伴随的是产权的多样化。媒体巨头成功达成理想交易的能力，取决于他们通过合作、投资或直接收购积累多元化媒体资产的能力。

平台的多样化

现在，那些最大的传媒组织比以往拥有更多的产权，同时拥有更多通过不同平台发布的专有内容。图 2-2 概述了截至 2008 年，7 个最大的全球多媒体组织目前拥有或部分拥有的主要产权。如图所示，所有领先的公司都是垂直整合的。例如，时代华纳控制着华纳兄弟，其占全球电影和电视制作市场份额的 10%。时代华纳还拥有美国第二大有线电视运营商、47 个国家和地区的有线频道，以及发布这些产品的美国在线互联网平台。新闻集团或许是最具有垂直整合性的公司，它拥有 47 个美国电视台和 MySpace 社交网络平台，在五大洲有卫星传送平台，掌握 20 世纪福克斯和家庭娱乐以及众多区域性的电视频道。鉴于发行产品的能力对于任何文化产品的成功都至关重要，因此垂直整合的案例大幅度增加。电视、电影制 79 作和发行的垂直整合在 20 世纪 80 年代得到升级，新闻集团将 20 世纪福克斯与大都会传媒（Metromedia）整合，然后在 1995 年迪士尼购买 ABC 时全面上市。

现在，传媒公司的垂直整合已经把互联网包括在内。传媒组织正在进入互联网，而互联网公司正在与传媒组织建立合作伙伴关系，并且对流媒体视频和音频功能进行投资。值得注意的是，迄今为止，传媒集团最大的一笔收购是以 1640 亿美元购买时代华纳，时代华纳是美国在线旗下的一家传统媒体集团，也是一家互联网创业公司。这笔交易是在 2000 年互联网泡沫高潮期间，以暴涨的美国在线股票进行融资的。近年来，互联网、媒体和电信公司之间边界的模糊化趋势仍在不断加速。2005 年，新闻集团为 Intermix（MySpace 社交网站的母公司）支付了 5.6 亿美元。2007 年，谷歌以 16 亿美元收购了 YouTube。2007 年，谷歌、苹果、雅虎和微软开始扩大与传统多媒体集团的竞争，以控制日益壮大的在线视频市场。NBC 和新闻公司推出了 Hulu.com，试图与苹果的 iTunes 视频服务、谷歌的YouTube，

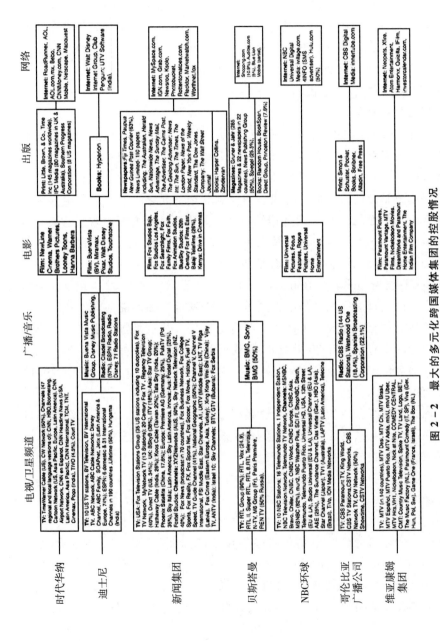

图 2-2 最大的多元化跨国媒体集团的控股情况

资料来源：Arsenault and Castells（2008a：715）。

以及其他提供流媒体视频的主要网站进行竞争。与此相反的是，互联网公司开始进入线下媒体市场。美国有线电视新闻频道（MSNBC）于 1996 年由微软和 NBC 合资成立。2007 年，谷歌与松下公司合作推出了一种高清晰度电视机，可以播放传统的电视节目以及互联网节目（Hayashi，2008）。

细分和定制：作为媒体转型驱动力的广告模式转型

传媒组织可以通过在多传播平台上迁移内容来增加它们的潜在受众，从而将广告收入最大化。2006 年，全球广告支出高达 4660 亿美元（Future Exploration Network，2007）。然而，虽然广告支出在不断增加，媒体仍在持续分化。例如，在 1995 年，英国电视上有 225 个节目，总计有超过 1500 万的观众；10 年后却无法达到这个数量（Future Exploration Network，2007：4）。因此，广告收入实际上分散在越来越多的平台和通道上（Gluck and Roca - Sales，2008）。

此外，随着公司努力使其投资组合多样化，"新""老"媒体公司之间 80 的传统壁垒正在逐渐消失。如上所述，所有传播形式的数字化意味着移动、媒体和互联网之间的障碍趋于消失。通过移动设备制作内容并上传网络，内容的交换和重新发布扩大了访问范围，并使发送者和接收者的传统角色复杂化。传媒有更多的平台将观众带给广告客户，但定向、发行和控制信息的过程同时也变得更加复杂。平台多样化，特别是在线产业的战略性收购，以及与雅虎和谷歌等互联网公司的合作，既意味着在快速转换的媒体环境中对冲中央门户的投资，也表现了在细分和定位受众能力方面的动向。

传媒组织正在转向新的动态方式，来寻找和提供针对主要广告市场的定制内容。由计算机控制的数字视频录制的出现，意味着电视用户可以轻松跳过付费广告。嵌入式广告所支持的内容取代了付费模式的内容（即传统的 30 秒广告）。2006 年，脚本式媒体产品中的植入式广告增长到 30 亿美元，比 2004 年增长 40%（Future Exploration Network，2007：5）。

在全球媒体巨头和其他传媒组织中，信息的数字化和大众自传播的拓展，使得如何通过这些网络在广告方面获利引起关注。图 2 - 3 表明，2002 ~ 2007 年间互联网广告市场快速增长。2000 年，在线广告甚至还没有被纳入广告媒体的预测中。但到了 2007 年，据 Zenith Optimedia 统计，它已经占到所有广告份额的 8.1%。虽然占比仍然不高，但如果用金额来衡量的话，在线广告已经拥有了将近 360 亿美元的收入。此外，互联网广告收入的增长速度比传统媒体快 6 倍（The Economist，2008）。在宽带普及率高的国家，如瑞典、挪威、丹麦和英国，在线广告占据了 15% 的市场。Zenith Optimedia 和 Bob Coen 是两家信誉度最高的广告预测商。它81 们估计，到 2010 年，互联网上的广告将比广播或杂志更多。媒体巨头早有预见地投资了在线广告投放系统。2007 年，微软公司为 aQuantitative 公司出价 60 亿美元，雅虎公司花费 6 亿美元收购了 Right Media 公司 80% 的剩余股份。

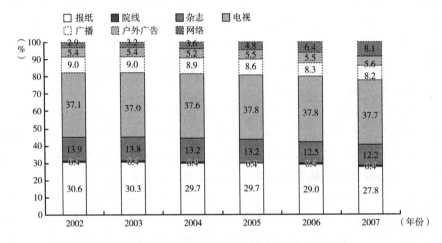

图 2 - 3　2002 ~ 2007 年全球广告开支按媒介划分

资料来源：Arsenault 和 Castells（2008a：718）依据 Zenith Optimedia（2007）编译。

　　大型广告商还投资了脚本化在线品牌内容，作为传统广告的替代品。例如，迪士尼公司将旗下的一部电影写进了网络剧《Kate Modern》的一集，这一剧集于 2007 年 7 月在英国社交网站 Bebo 上首次亮相。沃尔沃汽车首次出现在了 2007 年 MSN 的 12 集连续剧《驾驶学校》中，该剧由 NBC 剧集《办公室》中的克雷格·罗宾逊主演。然而，根据媒体顾问 Veronis Suhler Stevenson 的说法，2007 年，品牌内容应用仍然只占视频广告的一小部分，估值为 6 亿美元（Shahnaz and McClellan，2007）。

　　平台的多样化也使得想方设法来增加媒体控股品牌的吸引力变得至关重要。尽管博客和其他新闻和信息网站在发展，但主流传媒组织仍继续主82 导在线新闻市场。2005 年，Nielsen/Net Ratings 排名前 20 的最受欢迎的在线新闻网站中，16 个由 100 家最大的媒体公司（依据公司 2015 年在美国产生的总净收入）所拥有。

新闻集团一直专注于收购和扩展具有强大品牌影响力和复合形式的资产。2007 年，新闻集团年度报告宣布收购道琼斯公司和其他战略性数字资产，作为一项利用我们时代两个最深刻的社会和经济趋势——全球化和数字化的举措。报告称"我们正处于历史性的时刻，内容和数字支付以及越来越复杂的小额支付系统的融合，意味着分析和智能对商业用户的价值可以更准确地反映在内容的价值中"（NewsCorp，2007：8）。根据新闻集团的指示，MySpace 开发了一个基于用户搜索习惯的广告投放超目标系统。此外，2007 年，收购《华尔街日报》，体现出在印刷版和在线版中获取强大全球品牌影响力的动向。《华尔街日报》的印度和中文版本为精英定向广告提供了关键来源，这些市场可能是未来全球广告增长的中心（Bruno，2007）。

协同经济

复制内容然后跨平台投放广告的能力，产生协同经济，这是企业网络商务战略的基本组成部分。Lance Bennett（2004）认为，大小和规模的相关性不能作为媒体业务领域的主导标准，因为"企业巨兽绝对不是组织良好的机器"（2004：132）。他指出，美国在线和时代华纳以及维亚康姆和CBS 在创造可盈利的协同联盟方面，其实是失败的。协同效应取决于增加价值，因为生产过程中成功的整合，会为其各组成部分带来更高的生产力，从而获得利润。因此，通过合并简单地增加资源，并不能保证更高的利润。的确，CBS 和维亚康姆无法顺利融合它们的企业文化，是一个极好的例子，这说明规模经济并不总是有益的。CBS 和维亚康姆的关系可追溯到 1973 年。根据新的联邦通信委员会规定，禁止美国电视网拥有电视联合组织。CBS 被迫脱离维亚康姆——它的电视联合组织。到 2000 年，维亚康姆更为成功，它以 220 亿美元收购了其母公司 CBS，这是迄今为止最大的媒体合并。然而，两家公司在 2005 年再次分拆，因为它们之间几乎没有协同经济效应。国家娱乐公司是美国历史最悠久、规模最大的电影院连锁公司之一，也是萨姆纳·雷德斯通的家族公司，保留了对两家公司的控股权。拆分后，CBS 保留了大多数内容发行平台（例如 CBS 网络、CBS 广播和 CW 电视台），而维亚康姆保留了大多数内容创意资产（例如派拉蒙影业和 MTV 家庭网络）。

协同才是关键。协同是以融合网络中的兼容性为基础。这种融合是生产的融合，而不是财产的合并。在现代多媒体集团中，网络化组织似乎是比单纯的财产合并更成功的商业模式。事实上，近年来几个资本最雄厚的媒体公司已经开始减少业务。Clear Channel 是一家位于美国的公司，主要经营无线电广播，它已经出售了电视部门。纽约时报也放弃了它对电视的兴趣。

新闻集团在全球市场上日益增长的竞争优势更多地取决于有利于协同经济的组织网络战略，而不是企业规模。Louw（2001）认为，新闻集团的全球商业模式是全球网络企业的一个例子，其中"我们可以从网络的不同部分中，发现存在着（甚至是激增）多种类型的控制和决策，只要那些处于网络中心的机构组织可以从中获益，那么他们就会允许某些特定实践或组织安排，存在于他们网络'帝国'的某一个地方"（Louw，2001：64）。即使默多克进行着严格的垂直控制，新闻集团依然表现出了显著的灵活性，特别是在跨平台的专业化上。在过去的 30 年中，新闻集团实现了企业转型：20 世纪 80 年代，它的资产主要集中在报纸和杂志出版；进入 21 世纪，公司资产大约有 63.7% 在电影、电视和有线/卫星网络节目上（Flew and Gilmour，2003：14），而且它现在正向互联网企业转型。

新闻集团一直致力于最大限度地提高其各个子公司的盈利能力，而不是整合其各个子公司的日常管理（Fine，2007）。因此，新闻集团被公认为是在股权方面最"全球化"的媒体企业，也是内部网络管理战略方面最具持续性的（Gershon，2005）。

84 　　总之，构成全球媒体网络核心的公司正在追求所有权的集中、公司内部的合作伙伴关系、平台的多元化、受众定制以及不同程度成功的协同经济政策。但反过来说，这些媒体业务的内部配置，在很大程度上取决于它们对媒体业务网络的利用能力和联系能力。此外，第二梯队国家媒体行业的命运，在很大程度上是由它们连接这些全球媒体网络的能力所决定的。

全球传媒网络

如前所述，跨国的、多元化的媒体巨头仍然固守在它们的主要市场。例如，可能是全球最大媒体集团的新闻集团，53% 的收入来自美国，32%来自欧洲（Standard and Poor's，2007b）。然而，在全球传媒组织网络中的有利定位远不止于领域扩张、所有权集中和平台多样性。新闻集团内部网络的成功和其他类似的属性，取决于它连接到媒介化传播的全球网络的能力。虽然一些传媒组织是全球媒体网络的骨干，但这并不等于单方面的主导。地方和国家媒体并没有在"全球媒体"组织的无情扩张之下落败。相反，全球性公司正在利用与国家、地区和本地公司的合作伙伴关系和交叉投资来促进市场扩张，反之亦然。区域运营商正在积极地导入全球内容并将其本地化，全球传媒组织正在寻求本地合作伙伴向观众提供定制内容，本地化和全球化的过程一起运作以拓展全球网络。对此，我将尽力更精准地确定这个全球网络的结构和动态作用。为此，我会首先分析全球媒体核心与区域、地方和国家传媒组织之间合作的正式结构，随后分析这些结构如何依赖于全球化产品的本地化过程，最后探索媒体生产和组织的流动状态，以说明地方如何影响和利用全球媒体公司。

合作结构　　　　　　　　　　　　　　　　　　　　　　　　86

跨国媒体，如路透社（成立于 1851 年）等新闻机构形式，自 19 世纪中叶以来就一直存在。但是放松媒体管制的政策在 20 世纪 90 年代中期加速，为跨国和地方传媒组织之间的更大规模化铺平了道路。1996 年"美国电信法案"通过、1995 年世界贸易组织成立，以及国际货币基金组织（IMF）和其他国际机构对媒体私有化的支持，均有助于媒体制作和发行过程的去国家化（Artz，2007）。通过全球化和本地化的相互作用以及新的生产和分销商业模式的出现，全球传媒网络得到巩固。部分组织，如时代华纳和迪士尼，其全球影响力不能仅仅依据股权来衡量。伙伴关系和交叉投资扩大了它们的影响范围。图 2-4 概述了主要全球媒体参与者和主要区域参与者之间的关键交叉投资和伙伴关系。

图 2-4 仅显示了与二级公司的主要投资和合作伙伴关系。它只反映了传媒七巨头和其他参与者之间的一小部分交易。例如，迪士尼在中国的存在感大但不均衡。它的节目在中国国家电视台播放；迪士尼角色在盛大视频游戏出现；全球零售商如沃尔玛在中国商店销售他们的商品；并且一部分中国允许合法上映的外国电影也由迪士尼制作和发行。这个数字不包括一些现在已经停止的伙伴关系和交叉投资，如贝塔斯曼与时代华纳部署美国在线欧洲部的合作关系。然而，图 2-4 概述了关于媒体七巨头扩张和成长的战略合作伙伴和交叉投资的庞大网络。维旺迪是一家法国公司，用其环球娱乐中的股份做交换，取得了 NBC 环球 20% 股份。此外，维旺迪还

与贝塔斯曼在德国 Vox 台拥有合资股份。贝塔斯曼与新闻集团在德国普莱米尔电视台合作拥有股份。沙特王子阿尔瓦立的王国控股公司是中东最大的媒体投资者，拥有 LBC、Rotanna 和许多其他商业媒体的股份。此外，该公司还拥有许多重要的全球媒体资产，如新闻集团（作为其第三大投资者）、苹果、亚马逊和微软。

85

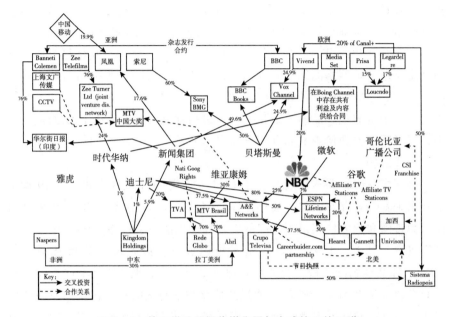

图 2-4　第二梯队跨国传媒集团与全球核心的互联

资料来源：Arsenault and Castells（2008a：723）。

87 如图 2-4 所示，部分公司如新闻集团和时代华纳被嵌入更多地区和地方的传媒组织更大的网络中，这些地方传媒组织本身正在实现类似的拓展和多元化战略。这些公司遵循所有权集中和多样化的模式。图 2-5 概述了按地区划分的特定媒体公司的主要持股情况。如图 2-4 和 2-5 所示，Lance Bennett（2004）称之为多媒体集团的"第二梯队"，它们也在追求多元化、所有权集中和交叉投资的战略。受到全球媒体网络对地方和国家生产、发行条件能力的影响，这些过程得以强化，当然反之亦然。

全球影响本地

全球化企业集团打入新的市场，有效地将区域市场重新规划为新的商

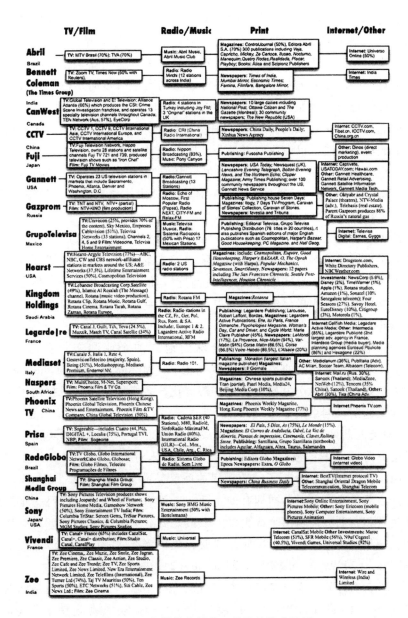

图 2 - 5　多媒体集团第二梯队的资本地图

截至 2008 年 2 月，从最新的股东委托书或公司网站收集的数据。

资料来源：Arsenault and Castells（2008a：725）。

业模式，以促进与其商业网络的连接。这种影响体现在许多趋势之中。

首先，全球对本地媒体市场的影响中，一个明显的例子是直接引入节目和频道，如 CNN、福克斯、ESPN、HBO 和其他跨国媒体通道。其次，跨国媒体公司已经助推了一种企业驱动的媒体模式。企业媒体产品的引入创造了对这些产品的进一步需求，并推动参与者进一步向媒体产业链下游参与类似的行为。例如，CBS 与 SABC（南非政府所有的公司）签订了合同。他们的计划非常成功，诱导了消费者的需求。SABC 意识到这种商业模式的成功，创造了以商业而不是公共服务模式为基础的方案，然后向非洲各地小型媒体推销这一模式。蒂尔 - 托马塞利等（Teer - Tomaselli et al.，2006：154）认为："虽然南非媒体在全球媒体领域只处在边缘位置，作为一个在其国界之外拥有和生产媒体产品的市场，它们扩大了影响（尽管规模小得多）。"岩渊（Iwabuchi）在日本媒体市场也发现了类似的趋势，媒体公司积极寻求将日本电视剧和音乐的形式本地化，以适应亚洲各地的本土市场。一旦这些形式变得流行，它们被其他媒体公司进一步传播，就像韩国电视制片人积极寻求日本电视形式，以重塑中国媒体市场的情况一样（Iwabuchi，2008）。

一些学者已经论述过关于从全球到地方的企业和文化业态传播。Thussu（1998）将印度的"媒体默多克化"（Murdochisation of the media）描述为"媒体权力从公共转向私有，跨国化，多媒体公司同时控制了发行系统和全球信息网络内容"（1998：7）。这种默多克化的典型特征包括："市场驱动的新闻在流通和收视率大战上蓬勃发展；美国媒体类型、产品和话语的跨国影响；强调信息娱乐，损害媒体对公共信息服务的作用。"李·阿尔茨（2007）分析了"跨国媒体项目"的兴起或者说"在一个国家内生产，但由多个公司共同拥有的企业……没有国家忠诚，并且为了媒体商品生产和获利，而从两个或更多国家聚集资本主义阶层"（2007：148）。例如，德国 Vox 电视频道由澳大利亚、美国新闻集团（49.5%）、法国 Canal Plus（24.9%）和德国 Bertelsmann（24.9%）所有。

另外，全球媒体通常基于西方流行的标准格式，出口为本地定制的节目和内容。岩渊（2008：148）将这个过程称为"地方伪装"（local camouflaging）。像"流行偶像"（Pop Idol）、"幸存者"（Survivor）和"谁想成为百万富翁"（Who Wants to Be a Millionaire）这样的节目，已被授权给许多国家。维尔康姆一直走在内容本地化的最前沿。它的座右铭是"全球思维本地化"。它旗下的 MTV（音乐电视）服务于全球 140 多个国家，在亚洲、中东、拉美、非洲、欧洲等地区发展业务，为当地定制特色节目。从提供的内容看来，它可能是世界上最个性化的媒体平台了。MTV 还与当地网点建立合作伙伴关系。例如，在中国，MTV 与中央电视台和上海传媒集团（Murdock，2006）合作赞助了大奖。维尔康姆还制作了国际版的"全美超模大赛"（America's Next Top Model），一个最初为美国 UPN 网络（现在 CW 网络的一部分）制作的电视节目。该节目已授权在 17 个国家和地区销售，包括中国台湾（超级名模#1 Supermodel#1）、土耳其（顶级模特，Top Model Turkiye's）、西班牙（Supermodelo）和俄罗斯（俄罗斯超模，Russia's Next Top Model）。另外，虽然没有获得正式的超模授权，但一个阿富汗地方电视台在 2007 年秋天启动了一个低预算版的类似节目时，也成为当地的一个头条。 90

本地影响全球

虽然全球媒体公司控制的分销和生产流程并不均衡，但它们并不对其经营的市场拥有垄断权。实际上，存在许多影响这些媒体巨头操作形式和结构的"逆流"（Thussu，2006）。

地方、国家影响全球媒体网络最直接的方式是监管和放松管制。中国和印度媒体市场的开放，引发了全球跨国公司试图征服这些市场的浪潮。然而，这些国家对其准入结构和内容保持了很大的控制。例如，当微软和雅虎在中国发展时，它们不得不自动过滤有争议的词语。早些时候，默多克的星空卫视同意移除 BBC 国际台的内容，以便允许在中国推出。正如默多克（2006）指出的，在区域性媒体平台全球化战略兴起的同时，也要关照到全球传媒组织的本地化策略。他把印度作为这个过程的原型，全球化不是西方文化流入印度，而是印度文化产品流入全球（2006：25）。同样，Cullity（2002：408）指出，在全球媒体积极的本土化自我意识基础上，产生了文化民族主义的新形式（例如，在唐纳德·特朗普的环球小姐选美中，印度小姐穿着传统的莎丽）。

此外，虽然跨国公司已经在全世界范围内进行其节目形式转化，如"流行偶像"（*Pop Idol*）和"超模大赛"（*Top Model*），但需要注意到，这些节目有着不同的缘起。"老大哥"（*The Big Brother*）特许经营权源于荷兰媒体公司 Endemol 的独立制作部门。《丑女贝蒂》是哥伦比亚的浪漫肥皂剧，作为一个预制节目和一种电视模式，已经在世界各地的 70 多个市场发行。在《丑女贝蒂》实现美国市场的成功之后，迪士尼－ABC国际电视公司与世界各地的130个地区交易，使得《丑女贝蒂》成为迄今为止最受欢迎的特许经营节目（World Screen，2007）。同样，《谁想成为百万富翁》的执行制片人首先是为ABC制作的，但该公司拒绝了。在英国和其他几个国家的市场取得成功后，它终于打开了美国市场。因此，正如全球媒体公司正试图将其内容打入当地市场一样，其他传媒组织也在寻求各种策略，以便通过全球核心的媒体公司在全球传播其内容。例如，迪士尼的《狮子王》（Lion King）故事和人物发端于日本漫画。

在许多市场上，存在着大量媒体间的议程设置，其中全球性媒体议程受到其他组织的影响。Van Belle（2003）和Golan（2006）的研究表明，在美国，"全球媒体"公司依赖于关键的精英出版物（他们不拥有）来设定它们的新闻议程。例如，Golan（2006）发现，CBS、NBC和ABC晚间新闻的新闻议程取决于《纽约时报》当天上午的事件。这就是为什么默多克收购道琼斯公司可谓至关重要——《华尔街日报》是一个关键的媒体间议程设置者。半岛电视台、BBC国际台和《经济学人》也是媒体间和公共议程设置的关键来源。因此，我们不能根据纯粹的受众数量或市场收入来衡量主要传媒七巨头的影响。这些公司还帮助传播和过滤由传媒组织网络中的其他成员创造的内容。

身份问题：竞争与合作的局限性

许多大媒体公司拥有一些共同股东，或拥有彼此的一部分，或董事会成员有交集（见附录中的表A2.1），或依赖于彼此的广告收入（McChesney，2008）。然而，有几个反例证明，围绕文化和政治身份建立的媒体工业可以在准平行网络中增长。

半岛电视台包括两个国际广播网（阿拉伯语和英语）以及几个特别的儿童和体育频道，由卡塔尔酋长国的王子资助。因为半岛电视台的营业收入只有40%来自广告，所以它保有更多利用非商业模式的自由。它对中东的CNN、BBC和CNBC以及国外的阿拉伯语用户构成直接竞争。然而，半岛电视台在中东以外的存在，也取决于其连接到其他媒体网络的能力，无论是通过内容交易抑或是卫星或有线电视阵列中的配置。例如，半岛电视台在非洲大陆是通过南非广播公司（SABC）和南非多选公司（Multichoice）的内容交易落地的。

印度电影业通常被称为宝莱坞，是一个在很大程度上独立于全球媒体网络发展的例子。它现在每年生产超过 800 部电影，占据了国际电影的很大一部分收入，而好莱坞年产 600 部电影（The Economist，2008）。宝莱坞电影在很大程度上依赖于印度文化模式，明显与好莱坞模式相区别。然而，宝莱坞和好莱坞之间的合作正在增加。2007 年 11 月，索尼影业娱乐公司发布了它的第一部宝莱坞电影《魔幻蓝诗》（Saawariya），这部电影成本 1000 万美元，收入 2000 万美元。维亚康姆通过它旗下的 Viacom 18 的帮助，与印度传媒公司 TV18 共同拥有印度电影公司。宝莱坞电影制作人也越来越多地使用好莱坞工作室的交叉推广和产品搭配，以增加其营业额。

尼日利亚电影业绰号"诺莱坞"（Nollywood），每年制作超过 1000 部视频电影，年产值达 27.5 亿美元，是国际上第三大电影业（UNCTAD，2008：5）。诺莱坞电影通常是为尼日利亚国内市场制作的，使用尼日利亚的 250 种部落语言和英语（占出口市场的 65%）。其成功源于大批的创造性人才，以及低成本的生产模式只需较少的启动成本。这个行业低廉的投入却创造了很高的投资回报率。这些电影通常拍摄两个多星期，并通过录像带在全国各地发行（Marston et al.，2007）。诺莱坞是主要依赖开发国内市场而走向繁荣的例子，这种模式在其境外并不容易取得成功。然而，诺莱坞电影的成功引起了跨国集团的兴趣。2007 年，时代华纳和康卡斯特与 IAD 建立合作伙伴关系，共同发行诺莱坞电影。此外，尼日利亚政府和电影业成员积极接受好莱坞投资者。2006 年，传媒业者和政府官员邀请美国各地的电影业内人士到洛杉矶，参加"2006 年诺莱坞基金大会：非洲电影及其超越"，以吸引国际观众和投资者的更多关注。因此，虽然有媒体和从业者能够独立于媒体网络的全球核心进行成功发展，但这些行业正在开始与全球网络建立更强的联系，以增加收入，扩大其市场份额。

交换网络

媒体网络并不存在于真空中。它们的成功取决于它们能否成功利用与金融、技术、文化产业、广告业、内容供应商、管理机构和整个政界其他关键网络的连接。媒体企业通过多种机制连接到其他网络。董事会成员和管理人员的交叉关系可能是这些机制中最容易观察到的。附录中的表 A2.1 概述了全球多媒体公司和互联网巨头的高层管理人员和董事会成员的关系。

关系交织的董事和经理只是这些连接的一个组成部分。全球商业媒体

93

网络的固化和扩展，还取决于与非媒体网络的其他许多连接，这些连接也在利用它们与传媒组织的联系。因此，与金融网络的连接是媒体商业网络的重要组成部分。附录中的表 A2.1 显示了金融网络和媒体业务网络之间的个人连接。跨国传媒公司的董事会与其他大型非传媒跨国公司、投资银行、私募股权公司的董事会成员，以及纳斯达克和纽约股票交易所等机构中担任重要职位的个人重叠。这些互连不是无关紧要的。例如，在 2007 年的股东委托书中，时代华纳报告说，它与公司董事会成员有交集的诸多公司发生了交易。虽然每个董事会成员在促进这些交易中的具体作用很难查明，但它表明这些董事会的连锁并不是没有意义的。

传媒企业和相关行业是金融资本网络的重要组成部分。2007 年，根据《金融时报》排名，世界上市值最大的公司中有五分之一是媒体、互联网或电信公司①。与媒体发行和消费相关的高科技硬件和软件业，名列世界最大产业之列。虽然媒体通常关注的是这些跨国媒体公司的领导（例如鲁伯特·默多克作为新闻集团的 CEO 和萨姆纳·雷德斯通作为哥伦比亚广播公司和维亚康姆的主要所有人），一些非传媒组织也在这些公司中持有重要收益所有权（见附录中表 A2.2，列出了这些产业中主要机构投资者的名单）。例如，法国保险公司 AXA 在雅虎（0.8%）和时代华纳（5.79%）持有大量股权，而富达对谷歌和新闻集团保持着极大的兴趣。

在 2002~2007 年期间，来自私募股权公司和风险投资的大量资本涌入传媒组织，为其并购融资。仅 2007 年，私募股权公司就投资了 500 亿美元的媒体资产（Malone，2007）。因此，全球传媒公司的管理层任用的很多人与私募股权公司关系密切毫不奇怪，这些公司包括美国银行（管理 20 亿美元的投资基金）、高点资本管理公司（Highpoint）和邓普顿新兴市场投资公司（Templeton）。

媒体企业对私人投资者特别有吸引力，因为它们通常只需要很少的资本投资就可以获得大量收入。这些投资者通常只是寻求最大的投资回报②，

① 《金融时报》世界 500 强年度排行榜，http://www.ft.com/reports/ft5002007。
② 这些投资公司在很大程度上不受监管，因为大多数媒体法规，特别是在美国，限制了对媒体财产的日常运营进行管理控制的公司。私募股权投资的增加促进了对所有权影响的相应关注，因为这些公司在很大程度上是不受监管的。此外，虽然它们通常不参与这些公司的日常业务，但出现了不适当影响的问题。例如，2007 年，Harbinger Capital Partners 基金和 Firebrand 私募股权合伙人公司利用它们在纽约时报合并持有的 4.9% 股权的影响力，在 2008 年年会上任命了四名董事。

对其投资的媒体的日常运营并不干涉。然而，这些私人投资者会参与媒体的兼并和收购，这可以对其成功与否发挥至关重要的作用。例如，索尼2004年对米高梅电影公司的成功投标，由普罗维登斯股本合伙人公司（Providence Equity Partners）① 和得克萨斯州太平洋投资集团（Texas Pacific Group）② 资助，而 Grupo Televisa 电视台失去了两家私募股权公司的支持，黑石集团和 Kohlberg Kravis Roberts，从而导致对美国西班牙语频道 Univision 的投标失败。

相反，全球娱乐精英中的实力派会参与私募股权公司和风险投资，并同时投资于媒体和非媒体事业。为了投资，比尔·盖茨使用了个人私募股权公司卡斯凯德投资公司。该公司在 Gay. com、Planet Out、Grupo Televisa 拥有股份，并在2007年参与了对 Univision 的投标。其40亿美元的投资组合还包括许多非媒体和技术产业，如加拿大国家铁路、伯克希尔哈撒韦和六旗游乐园（美国 SEC 文件 28 – 05149）。卡斯凯德投资公司还与王国控股合作，在2006年收购了四季酒店。2007年4月，贝塔斯曼将其10%的收购预算转移到了一家10亿欧元联合私募股权集团以扩大其股权，其中包括花旗私募股权和摩根士丹利投资。

获得私人资本的重要性对于传媒七巨头而言并不特殊。诸如黑石、思科和3i集团等，都已在宝莱坞电影制作中投入巨资。此外，印度的公司，如印度电影公司和其他公司，已经在英国另类投资市场筹集现金。另外，总部位于阿联酋的阿布扎比集团的风险投资公司在贝塔斯曼的阿瓦达中东销售集团进行了重大投资，以建立区域数字娱乐业务。

广告业

广告业是与传媒商业网络连接的另一个关键网络。传媒公司要依靠它们来连接全球广告业。仅在2007年，各类机构（包括政府组织）就在广告上花费了4660亿美元［据《2007年媒体发展报告》中美国 Optimedia 的

---

① Providence Equity Partners（PEP）为全球知名私募基金，管理的资金超过220亿美元，专注于媒体、娱乐、通信和讯息的投资，专门从事杠杆收购交易，以及资本投资的增长。自1989年成立以来，公司已在全球投资超过100家公司，其中包括美国华纳、百度奇艺网。

② Texas Pacific Group（简称 TPG 或得州太平洋集团）是美国最大的私人股权投资公司之一，1992年创立。公司业务主要是为公司转型、管理层收购和资本重组提供资金支持，TPG 在通过杠杆收购、资本结构调整、分拆、合资以及重组而进行的全球股市和私募投资上有着丰富经验。

数据（未来探索网络，2007）]①。广告行业包括代理机构以及平面设计服务、广告展示和媒体代理（IBIS，2008）。与广告业网络的连接，可以决定传媒组织的成败。附录中表 A2.1 中列出的大量关联企业是最大的广告购买者（这些组织以斜体列出），这并非偶然。即使是历史上依赖票房收入的电影业，也越来越依赖于消费者产品的搭配和交叉推广（Hesmondhalgh，2007：196）。由于多媒体集团是世界上最大的广告购买者之一，这一过程变得更加复杂。时代华纳、迪士尼、通用电气（NBC 的母公司）、新闻集团、维亚康姆和微软都是全球 100 强的广告购买者。IBIS（2008）估计，

96 娱乐媒体位列广告行业消费第三席，占行业总收入的 16%。

传媒网络条件的多样化导致广告支出的变化，反之亦然。跨国公司已经进入中国媒体市场，因为它是增长最快的广告市场之一，2007 年的估值为 140 亿美元（Gale，2008）。广告商被中国市场吸引，主要是因为现在有更多的交付机制可用。

广告业的集中趋势也越来越明显。大多数顶级机构由四家主要媒体控股公司中的一个所拥有：WPP 集团、Interpublic 集团公司、Publicis 集团和 Omnicom 集团（IBIS，2008）。除了拥有世界上大多数广告和营销机构之外，这些集团还通过购买对媒体和娱乐行业广告客户有吸引力的互联网技术，使其投资多样化。例如，2007 年，WPP 集团购买了一家搜索引擎营销公司 24/7 RealMedia、一家互动式互联网广告代理 Schematic 和一家专注于社交网络广告的公司 BlastRadius。因此，媒体网络通过为其他公司提供平台来提升其商业价值、广告通道和广告销售的关键客户资源。

互联网、无线通信网络和媒体网络

互联网和无线网络为传媒集团提供了新的广告市场，但其中也竞争激烈。全球媒体涉足互联网，包括基于融合文化尝试将媒体和信息重新进行售卖。此外，YouTube、Facebook、MySpace 和其他类似的在线产业可能正在成为媒体网络、自主的大众自传播网络、商业利益（广告商）和政治参与者（那些想要过滤或将内容引入这些网络中的人）之间的关键连接点。

谷歌是 2008 年全球股票市值最大的媒介公司，但它的年收入远低于其他多媒体巨头。然而，谷歌、微软、雅虎的全球影响力以及它们与区域互

---

① 例如，美国政府的广告购买额在美国排名第 29，花费了 11327 亿美元（《广告时代》，2007 年）。

联网和媒体公司的众多合作伙伴关系，意味着全球互联网巨头不能被分开讨论。此外，它们的行动越来越多地为其他具有较少网络资源的多媒体巨头确定议程。现在谷歌拥有 YouTube，雅虎拥有 Xanga，微软拥有 Facebook 的股份，它们控制了媒体空间和在线空间之间的关键节点。所有主要的参与者都在试图弄清如何重新售卖基于互联网的、自主的大众自传播，正在试验的方式主要有广告支持网站、付费网站、免费流媒体视频门户和付费门户。

随着越来越多的媒体产品在线发行和消费，并且与社交网络和其他在线用户生成的内容相互交织，个人用户行为在广告驱动中起着更重要的作用。在线搜索引擎现在被配置为默认终端用户参与（如果不一定是有意识的）。观察者认为越来越重要的"谷歌政体"（Googlearchy），指的就是搜索项在搜索结果中的位置（Hindman et al.，2003）。谷歌、雅虎和其他网站结合使用关键字相关性、搜索字词的受欢迎程度、通往其他网站的链接以及终端用户的行为，来确定搜索结果的顺序。随着越来越多的用户关注特定链接，这些来源在"谷歌政体"中上升。因此，搜索引擎用户在使用信息的同时，也在帮助互联网中其他用户确定该信源的可及性和权威性。这就触发了多米诺骨牌效应。用户最有可能点击搜索结果第一页之中的链接。因此，相关性进一步催生了相关性。例如，对非洲主题的搜索很少使用非洲来源，因为它们不是第一组搜索结果。只有高级用户才能访问根据谷歌标准排名不高的来源。

传媒业与雅虎、谷歌、微软和许多区域热门搜索引擎之间的战略合作伙伴关系，旨在利用最终用户行为来最大限度地提高广告收入。例如，2007 年，新闻集团与谷歌签署了一项价值 9 亿美元的交易，为其网络内容提供有针对性的搜索广告。

Web 2.0 技术赋予消费者生产和传播他们自身内容的权力。这些技术的病毒式传播，成功推动了传媒组织利用传统消费者的生产力。几乎每个主要新闻机构都为网络访问者提供了上传内容的机会，如果足够引人注目的话，将会在网上和越来越多的电视节目中出现越来越多的用户生产的内容（例如，CNN 的 iReport 和 VH1 的 Web Junk 2.0）。同样，报纸现在经常引用和依赖博客圈的成员，作为前沿的社会和政治新闻的来源。边界的模糊促进了布赖恩·麦克奈尔（Brian McNair，2006）所说的国际传播中的"混沌范式"（chaos paradigm）。

— 79 —

供应网络和多媒体网络

供应商网络是多媒体网络运行的基础。其中包括但不限于新闻机构、人才机构和劳动力网络。传媒机构鼓励削减成本的措施，包括关闭地区和国际新闻办事处以及新闻实践流水线化。新闻机构如路透社、彭博社、美联社和世界电视新闻（World Television news）是世界各地许多媒体新闻内容的主要供应商（Klinenberg，2005），例如，Wu（2007）研究发现，通讯社是 CNN 和《纽约时报》国际新闻报道的一个关键决定者。

通讯社因其全球影响力而受到重视，该行业受到一小群历史悠久的企业控制：美联社、盖蒂图片公司（Getty Images）、彭博社、道琼斯公司、路透社和法新社控制了 70% 的全球新闻市场（IBIS，2007b：17）。自 2000 年以来，这些新闻集团扩大了其国际空间，以满足其产品的更多需求。数字融合已经提升了对聚合新闻内容的需求，因此报纸尽力维护动态的、不断更新的在线版。新闻机构的利润率继续扩大。例如，盖蒂图片公司在 2000 年获得了 4.848 亿美元的收入，而到了 2006 年，盈利近乎翻番（8.073 亿美元；IBIS 2007b：21）。此外，电视、杂志和广播电台也越来越多地利用新闻电讯服务（IBIS，2007b：28）。这些机构通过图像和视频使其内容产品多样化，以便为这些平台提供产品。

与作家、演员、表演者和其他专业创意人士的联系，对于媒体业务的成功也是至关重要的。仅在美国，艺术家、运动员和艺人代理网络行业的产值是每年 60 亿美元（IBIS，2007a）。2007～2008 年，美国作家协会（WGA）罢工所造成的经济损失表明这些网络对媒体产业经济的重要性。在罢工中，所有主要的电视节目制作停止，并导致许多其他现场演艺活动取消。生产媒体制作发行的基础设施网络的能力也很重要。仅在 2006 年，美国市场无线电和电视广播设备生产的年收入就高达 382.25 亿美元。

除了前述网络，还有许多其他网络与媒体行业存在密切关系。例如，正如我下面即将阐述的，政治主体影响媒体和电信网络监管，与这一网络连接的能力是媒体产业扩大和建立规模经济与协同效应的关键因素。因此，全球媒体网络的增长和繁荣，不仅取决于其内部网络配置及其扩展市场和供应商网络的能力，还取决于其网络切换能力，以确保连接到其他领域（如经济、政治和社会）的关键网络。新旧媒体产业和通信公司的调配，最终取决于监管政策的政治学。

监管政策的政治学

如前一节所分析，通过商业战略，社会传播的技术和文化转型已经得以导引和形塑，由此形成网络化的全球多媒体商业系统。然而，这种产业体系的形成过程通过世界各地监管政策的演变而得以指导和实现。事实上，因为传播在一个社会的基础设施和文化中均举足轻重，故社会传播在所有国家都由政治机构严格监管。在传播演进中，没有技术必要性或需求驱动的决定性因素。虽然信息和通信技术革命是正在进行的传播转型的基本组成部分之一，但其在传播领域的实际结果取决于政策制定。这种决策通常源于企业、社会和政治利益集团之间的博弈。例如，Wu（2007b）在对美国无线通信运营商战略的分析中已经揭示了，旨在严格控制其网络垂直整合的策略，实际上阻碍了技术创新，缩小了应用范围并最终限制了网络的扩展，从而削弱了它们为网络增值的能力。商业利益而不是技术或公共服务，通常是通信网络部署的决定性因素。但这并不是一个铁律。这一切都取决于以政策决策过程为基础的社会行为主体之间的博弈。

从20世纪80年代中期到21世纪的第一个十年，基于每个国家文化和政治的不同，尽管各个国家传播监管的方向和重点也有所不同，但都发生了结构转变。总体而言，广播电视和电信行业的自由化、私有化和放松管制一直是主导趋势。

广播电视、出版社、互联网和电信网络，是监管的四个主要领域。四者之间存在互惠关系，已经融合成数字通信系统。然而，由于监管机构随着历史发展而形成，因而这四个领域中的政策也不一致。此外，至少有三个不同的监管范围横跨于上述四个领域：内容监管，包括知识产权保护；所有权的调节；以及对运营商和广播电视公司的服务规定（例如通用电话服务、对公共运营商网络的非歧视性接入等）。

如果我们采取全球视角，这个问题就更加复杂。因为监管机构是一个复合主体，不同的机构在这四个领域或这三个范围中的每一个，都承担具体责任。即使在美国，独立的联邦通信委员会（FCC）负责广播电视和电信（与大多数欧洲国家相反）；互联网的治理最初在国防部的管辖之下，现在是商务部的职责；对媒体和互联网公司所有权的监管部分属于司法部执行的反托拉斯法；此外，国土安全部进行活动监视，而国会试图就各种

— 81 —

问题（例如在 1996 年《通信规范法案》中，在互联网上强加审查制度的失败尝试）进行立法，法院进行决定性干预以解决日渐增多的因通信政策产生的冲突。让事情更加复杂的是，在欧洲，欧盟委员会对国家电信和媒体业务拥有管辖权，而互联网的治理被认为是全球性的，因为互联网是一个全球计算机网络。

101

对这套复杂的监管机构、政策和实践的分析，超出了本书的范围，事实上，这也无必要，因为关于这个问题已有相当多的优秀研究（Price，2002；Wilson，2004；Goldsmith and Wu，2006；*International Journal of Communication*，2007；Klinenberg，2007；Rice，2008；Terzis，2008；Cowhey and Aronson，2009）。但我想指出当下复合数字传播系统的监管过程，在扩展到其他语境的讨论之前，我将先以美国的案例作为分析基础。

美国监管政策的演变：电信、知识产权和互联网

在数字时代的美国，通信监管放松过程中有三个关键时刻。

第一次是 1984 年，分解了 ATT 在电信领域的垄断，引领了通信行业管理的竞争，同时保留了有线运营商的地方垄断。因此，最初在不同区域市场建立起来的所谓"小贝尔"（Baby Bells），成为强有力的国家和全球参与者，在法规允许它们与有线电视公司之间的合作前，它们与之进行激烈竞争，积极游说国会和 FCC 来坚决控制"最后一英里"（现在被 Verizon 这类公司更名为"第一英里"）。美国宽带发展相对较慢，是由于电缆公司和电话运营商之间的早期冲突，导致了国家和地方的互联失败。

第二个关键立法措施是 1996 年的《电信法案》，大大解除了媒体所有权集中的限制。作为本法案的直接后果，公司合并迅速发展，导致形成多媒体寡头垄断，特别是在主要大都市地区，如本章前文所述。所有权的集

102

中影响了电视、广播和出版社。以出版社为例，其集中化过程早于 1996 年法案。例如，1945 年，80% 的美国报纸是私人（通常是家族）所有。2007 年，超过 80% 的美国报纸由公司所有，其中大部分是大型多媒体集团的子公司（Klinenberg，2007：31）。此外，1996 年法案授权行业内不同部门的公司（例如，电信运营商和媒体公司，包括互联网公司）可以合并和联盟，从而为 21 世纪初出现的连锁型商业传播系统开辟了道路。1996 年《电信法案》也很重要，因为它重申了运营商有义务允许在相同条件下让所有用户共享网络（所谓的非绑定政策）。这就限制了因为允许并购而出

现的新型大公司为了自身利益而侵蚀技术革命的能力。

在媒体内容方面，FCC 传统上保持低调，以避免干扰第一修正案所规定的言论自由原则，尽管它鼓励酌情保护儿童远离有害节目，以及限制色情节目。然而，国会和政府对互联网上的内容控制变得更加激进。1996年，《传播净化法案》的主要理由是防止在线儿童色情。但在法院推翻了关于控制互联网自由通信法案的规定后，审查制度逐渐弱化，直到 2001年，恐怖主义威胁促进了新立法的通告，授权政府监督互联网并控制某些类型的信息。但相关举措执行效果并不好，本·拉登的公告和其他恐怖主义团体在互联网上的宣传资料不断扩散就是证明。

在互联网的内容控制方面，最重要的问题是对互联网上的数字化资料实施技术上过时的版权法，特别是对 P2P 网络。在媒体和文化产业部门的持续压力下，国会通过立法延续并扩大版权保护，法院被作为防火墙，以抵制互联网上日渐繁荣的共享与混制文化。事实上，1998 年的《数字千禧年版权法案》对混制文化（remix culture）构成了严重威胁，而混制文化是数字时代创造力的核心。虽然这些立法对互联网用户造成了威胁，但它并不能阻止大量的内容用户/生产者（数以千万计）抵抗媒体寡头政治对自由数字文化的运用（Lessig，2004；Benkler 2006；Gillespie，2007）。娱乐业开始寻求技术支持，他们开发了一个新的"数字版权管理"（DRM）系统，以防止未经授权的复制行为。然而，DRM 只限制了假定侵权的一小部分，因为它不能阻止 P2P 网络的增长，也不能阻止数百万用户和内容制作者在 YouTube 和其他 Web 2.0 网站上发布混合素材。

互联网作为网络社会的传播空间在不经意间便成熟了，互联网监管的临时演变恰恰与之相似（Abbate，1999；Castells，2001；Movius，即将出版）。1969 年第一次部署时，阿帕网（ARPANET）作为互联网的前身，是一个实验性的计算机网络计划。它起源于美国国防部的高级项目研究局（DARPA），主要由创建它的科学家和工程师运行。1970 年，国防部提出将其业务和资产转交给 ATT。在几个星期的权衡之后，ATT 没有看到阿帕网的任何商业价值，于是拒绝接收（Abbate，1999）。由于 ATT 的严重短视，同时由于微软无法理解互联网的意义，世界于是变成了今天这个样子。技术决定论也就仅此而已。

1984 年，随着互联网的发展及在世界各地的使用，DARPA 和互联网最卓越的设计师建立了由多个工作组组成的互联网活动委员会。其中一个

103

是 1986 年成立的互联网工程任务组（IETF），负责管理互联网技术标准的制定。IETF 以共同协商的方式做出决定，并囊括了各式各样的个体和机构。总的来说，互联网在法律真空中发展，很少有监管机构（包括 FCC）的监督。创建的机构是为了解决网络用户的需求而特别设置的。其中最关键的决策是建立了一个一致的系统，用于分配域和 IP 地址，这些域和 IP 地址负责组织互联网上的流量，以便数据包到达指定的接收者。它主要是 20 世纪 80 年代中期由南加州大学工程教授 Jon Postel（早期的互联网设计师之一）独立设计完成的。他根据与 DARPA 签订的合同，与斯坦福研究所（SRI，不隶属于斯坦福大学）建立了该系统。由此产生的组织统称为互联网地址编码分配机构（IANA）。Postel 管理美国政府给 IANA 的捐款，维护唯一的编码表。虽然 IANA 的根服务器是由 13 个不同的组织自愿运行的，但主要是 Postel 从他的 USC 办公室做了大部分关键性的技术决定。这样一个人，不是为了自己的经济利益，也没有上级部门的直接控制，而是基于用户社区的信任，创造了不受挑战的互联网域系统，这是信息时代最伟大的事件之一。

1992 年，美国国家科学基金会（NSF）承担了协调和资助互联网管理的责任，同时将网络中具有军事价值的部分留在国防部的管辖之下。1993 年，国家科学基金会将域名系统（DNS）的管理委托给美国私人的网络解决方案公司（NSI），而 Postel 继续发挥作用，直到 1998 年他 55 岁的时候因癌症去世。此后，NSI 与 NSF 签订的合同在 1998 年到期后，由于 Postel 不在了，没有了 IP 地址可靠分配的保证者，各种压力持续推动互联网的管理机构正式化。随后的争议导致 IANA 和互联网协会（ISOC），即第一个用户群体创建的自治组织，由互联网的另一个受信任的"父亲"Vint Cerf 主持，组织了因特网国际特别协会（IAHC）来解决 DNS 的管理问题。1990 年，蒂姆·伯纳斯－李发明了万维网，并推动其网络服务器程序自由传播，为开发用户友好型的互联网奠定了技术基础。随着互联网为商业投资提供了巨大的盈利机会，1997 年 7 月 1 日，克林顿总统指示商务部长将 DNS 私有化，以增加竞争并促进管理中的国际参与。美国商务部于 1998 年 11 月实施了该指令，并成立了互联网名称与数字地址分配机构（ICANN）。

一旦互联网被认为是具有广泛潜在应用的重要网络传播形式，企业对互联网商业化的渴望就呈指数式增长。然而，互联网的历史、文化和体系结构使其难以因为商业利润而进行私有化或垄断管理。此外，由于它是一

个全球网络——这正是用户和商业的主要吸引力之一，商务部不得不与国
际监管机构和用户社群分享一些控制权，并由此导致 2000 年的时候，
ICANN 董事会进行了前所未有的电子选举，超过 20 万互联网注册用户参
与。尽管选民缺乏代表性，但这项选举体现出了基层参与。由活跃的用户群
体、民权自由主义者和美国法院组成的联盟，成为互联网自主权的守护者，
因此互联网中的主要部分仍然是一个实验性、社交性和自主文化表达的广阔
社会空间。每次试图驯服或分割互联网的努力，都受到这种决心的反抗。因
此，政府和公司必须学会在不妨碍互联网自主发展的情况下，来利用互联网
获益。根据互联网创造者的专门设计，互联网不仅是魔瓶里的精灵，而且这
种精灵的基因从根本上就拒绝限制传播自由，例如蒂姆·伯纳斯－李发布开
放的万维网就是个明证。然而，在 21 世纪的第一个十年，当宽带的发展和
Web 2.0 的兴起开辟了新的获利机会时，开始引入一套新的监管政策，其目
的是将互联网所依赖的网络基础设施而不是互联网本身私有化。

封闭（或试图封闭）信息时代的公地

在美国，为数字传播营造新的监管环境的第三个主要步骤发生在 2000
年：国会通过的一系列法案和联邦通信委员会通过的决定，改写了 1996 年
的规定（Benkler, 2006; Klinenberg, 2007; McChesney, 2007; Schiller,
2007），从而使公司能够在不同行业进行投资，并在运营商、制造商和内
容提供商之间进行垂直整合，同时减少公众对商业活动的监督。2004 年，
联邦通信委员会引入了一项名为"频谱灵活性"的政策，目的是增加可用
频谱，特别是无线通信频谱，并授权在规定频率范围内运营的公司可以免
费转售频谱，从而为频谱创造了市场，并增加了大公司的权限。联邦通信
委员会还终结了分拆要求，从而解除了贝尔运营商的网络共享义务，同时
仍允许有线电视运营商在其网络中引入宽带，并通过其专有网络服务。这
项新政策使网络线路提供商和网络服务运营商有充分的自由来管理其网络
接入和具体价格。

在这种向网络运营商下放权力的逻辑延续中，美国放松管制的最新阶
段是扭转传统的"网络中立"政策，即考虑将运营网络作为共享的基础设
施，运营商不能根据不同的条件而限制或歧视不同用户接入[①]。2002 年，

---

① 有关这一基本政策制定的多样性，有据可查的分析，见《国际传播杂志》在其 2007 年卷
　　中发表的关于网络中立的特刊。

联邦通信委员会的《有线调制解调令》引发了关于网络中立的辩论。其中规定，宽带服务不再被视为 1996 年《电信法案》规定的电信业务（因此受制于法规），而是作为超出监管机构范围的"信息服务"。最高法院在 2005 年维持了这项决定，从而引发了两个群体之间的争辩。一方面，互联网用户、创新的高科技公司和互联网内容提供商，如谷歌、雅虎、亚马逊和易趣，主张接入网络开放。另一方面，网络运营商希望区分接入和定价，以利用其控制通信基础设施的优势。

这种矛盾不仅仅是具有特定利益的不同行业之间的争端。正如克拉克（Clark，2007：702）所指出的，"现在，他们正在争取的是电视的未来"。因为所有内容的数字化为互联网成为电视载体开辟了道路。例如，Hulu. com 几乎被所有大型媒体集团用于向观众免费提供电视内容，而 2007 年 1 月推出的 Joost. com 则使用点对点技术传输电视节目。互联网已经承载了大量的语音通信业务（例如 Skype），而从根本上改变了广播电视公司和电信运营商的收入模式。因此，虽然自由化和放松管制在整个 20 世纪 80 年代和 90 年代刺激了互联网传播的发展（主要是因为它们不干涉互联网的自主管理），但布什政府时期的联邦通信委员会在 21 世纪第一个十年所试图改变的规则，等于重新确立了有利于电信、有线和广播电视公司的管制，这些公司不断抵制宽带互联网及 Web 2.0 相关内容和服务对其根深蒂固的商业模式带来的挑战。

因此，虽然世界上的注意力集中在互联网的言论自由，但网络运营商基于自身的商业利益，将通信基础设施变成一系列"带围墙的花园"，从而对新的数字文化的拓展施加了根本性限制。网络星河的通道正在私有化，并使得管理碎片化。我们在关注自由电子边界保护以免受老大哥（政府）入侵的时候，老大姐（Big Sisters，主要网络运营商）通过调适和管理信息高速公路的宽带流量，已经成为管制自由虚拟空间的负责人。

监管政策的演变是商业和政治利益衔接的权力制造策略的结果，在技术奇迹和消费者选择等话语中被包装，并为崇拜"无形之手"的经济模式所支持。虽然 20 世纪 90 年代，在"小贝尔"（长途电信运营商）和有线电视运营商的支持者之间出现了业务冲突，但当涉及让市场（大企业的代名词）来决定传播革命形式这种关键决策的时候，大多数政客都支持这一战略。克林顿的《1996 年法案》得到了共和党国会的支持，许多允许纵向一体化和跨行业投资的举措让双方的支持者聚拢在一起。这是因为电信业

107

在支持政治运动方面扮演着重要角色，而广播电视业对政治候选人的报道至关重要。新兴的互联网公司花了一些时间来发展政治影响力，它们对自己作为技术创新者的先天优势过于自我满足以至于担心未来。不仅如此，在没有协商或辩论的情况下，公众基本上没有意识到正在决定的问题的重要性。传播监管是一个留给律师、经济学家和工程师们的艰深晦涩领域，它看似与公众关注的问题没有关系，除了对垄断的有线运营商的滥用定价和服务进行索赔，这些事件常常被归咎于地方政府颁发的许可证，而很少有关于他们在做什么的信息。

2000 年后，情况发生了巨变，其中部分是由于布什总统 2001 年任命的联邦通信委员会主席迈克尔·鲍威尔的傲慢。他是个军人，也是时任国务卿鲍威尔的儿子，同时也是个自由市场原教旨主义者。他在 2004 年离开联邦通信委员会后，为普罗维登斯投资公司工作，这是一家为媒体和电信公司管理股权的投资公司，由鲍威尔负责管理。总统给予他私人支持，以便他可以消除对媒体交叉所有权的限制，并重新规范以便有利于电信和广播电视行业的大公司。鲁伯特·默多克的新闻集团是这项新政策的主要受益者。遵循联邦通信委员会的决定，在电视、有线、广播和出版社领域出现的集中化趋势，引发了一系列抗议活动，这些活动动员了进步的活动家、公民协会、民间自由主义者和美国地方政府的捍卫者，以及强大的保守团体，如国家步枪协会。抗议中形成了一个有力的、多面向的社会运动，囊括了各种组织，如自由新闻、数字民主中心、媒体访问项目、归还媒体、媒体联盟、媒体库、普罗米修斯无线电项目中心，以及许多其他人（他们成功地战胜了联邦通信委员会试图剥夺公民权利的通信政策）。这些团体在联邦通信委员会的公开听证会上激起了公众不同寻常的兴趣。他们在互联网上抗议，施压国会，并在联邦法院提起诉讼，使大多数新的民主党国会议员更容易接受公民传播自主的要求。这种广泛的动员以及其他因素，共同导致鲍威尔从联邦通信委员会辞职（Costanza - Chock, 2006；Klinenberg, 2007；McChesney, 2007；Neuman, personal communication, 2007）。在 2005~2007 年间，一场关于传播政策的新辩论就"网络中立"问题展开，知情的公民进入了传播政策领域，并将其推向公共讨论的前沿。用罗伯特·麦克斯尼（Robert McChesney）的话来说："在 2003 年至关重要的是，成百上千万的美国人掌握了主动权。他们不必再不得不把媒体的所有问题视作'不可改变的'而被动接受。传媒体系不是自然的，它受政策规定。"（2007：159）然而，为了正视这种觉醒的经验，有必要提醒一下，需要清醒认识传播业的力量：和所有其他运动一样，在2008年选举中，没有一个主要总统候选人重视公民控制媒体和传播网络的问题。

放松管制的世界（非美国方式）

在世界各地，自20世纪80年代以来，自由化、私有化、放松对广播和电信的管制也是一种普遍的趋势，但速度慢于美国。然而，监管制度在很大程度上仍然与美国不同。事实上，从全球角度来看，美国可以说是传播管制史上的例外。这是因为在整个世界上，传播一直被认为太重要了，因而不能交由私人企业。纵观整个历史，传播被视为关键领域而由政府控制，其理由有时是作为公共利益代表，有时是作为国家权力的赤裸裸表达，而商业利益只能排第二。此外，世界各地的媒体监管和电信监管之间有明显的分离。后者被视为公共服务基础设施，而前者被认为是政治和文化控制的主要工具。因此，一般来说，媒体受到国家政治和意识形态机构的监管。通常来说，广播电视是政府所有和政府管理，虽然一部分留给私人所有，但始终在审查官员的严密监视下。相较之下，报纸和出版社通常被委托给各种精英，以便他们在公共领域发出自己的声音，但右翼国家或左翼独裁政权除外。在这些国家，所有媒体都在政党或独裁者控制之下。但即使在民主国家，出版社也受政治倾向的影响，而独立专业出版，这种田园诗般的观念通常被大多数媒体中政治和意识形态的结盟所掩盖，经常表现为宗教信仰、意识形态偏好、商业利益和政治党派。总的来说，国家和意识形态而不是市场，才是媒体的真正母体。当然，媒体也是一种商业形态，但商业战略必须在政治意识形态权力持有者的支配下运作。

20世纪80年代以后，这种情况在世界大部分地区发生了变化。变革的根源是自由化政策浪潮，这与全球化背景下的新经济战略相关。急速的技术变革开辟了一个新的传播能力空间，以个人主义和自由选择为旨归的文化变革，削弱了保守主义意识形态的基础，这在发达国家表现尤其明显。不同国家在如何转型新的监管形式方面有所不同。在世界上最重要的国家（中国、俄罗斯、印度），尽管媒体中有越来越多的商业性质存在，但到了21世纪，仍然是政府直接（中国、俄罗斯）或间接（印度）管理媒体。在大多数国家，监管是综合使用政府所有权和给企业集团发放许可证，它们必须遵守规则，从而限制了作为完全独立媒体集团的权力。在媒体行业中，让商业臣服于政治意志的通常做法，是基于政治倾向，在不同的业务伙伴之间分配频谱许可证。因此，任何一个当权者总是会与某些媒体集团接触。在整个政治体系控制下，电视、广播和出版社的垂直整合促进了媒体分工。此外，在所有国家，仍然有一些网络为政府所有，并且媒体的独立性在其中受限。

这种通用模式在两个方面都有例外。例如，英国广播公司在世界各地被誉为公共企业的典范，声称其独立于政府的直接干预之外。尽管布莱尔政府的一些行为玷污了这个形象，但并没有破坏英国广播公司在世界各地作为独立公共媒体的声誉。然而，英国广播公司必须与私人电视网络以及卫星和有线电视公司竞争，这些公司赢得了大量的收视市场份额，从而使其失去了主导地位。自由媒体世界的另一个极端是意大利。在贝卢斯科尼政府治下，意大利创造了一个非常原始的公私合作模式。意大利政府拥有三个 RAI 网络，历史上以其专业精神闻名，尽管记者和制作人坚决抵抗，但它们也屈从于严重的政治压力。另一方面，房地产商人贝卢斯科尼在信奉社会主义的总理贝蒂诺·克拉克西的支持下，利用意大利宪法中的一个漏洞，在他所拥有的地方电视台基础上建立了三个私有的全国电视网。1994 年，利用这些网络的媒体权力，贝卢斯科尼当选总理，然后获得了连任。因此，在 20 世纪 90 年代和 21 世纪第一个十年，所有全国性公共或私人电视网络都在他的控制之下，这对意大利文化和政治多样性的贫乏造成明显影响（Bosetti，2007）。法国将大多数公共电视台私有化（TF1 被出售给一家建筑公司），同时保留对某些频道（例如 TV7）的控制，并将一个公共网络（Antenne 2）部分用于播出文化节目，以安慰法国知识分子。

德国、葡萄牙和西班牙采取了类似的路径。西班牙在 20 世纪 80 年代的费利佩·冈萨雷斯的社会主义政府期间，由政府控制了两个全国性网络，并将两个电视网络和一个卫星电视频道向三个私人投资财团发放牌照，这样在不同的商业集团之间分配，从而使得没有一个股东在公开网络中拥有超过25% 的股份。1996 年，冈萨雷斯的继任者，保守党总理何塞·玛丽亚·阿斯纳尔以贝卢斯科尼模式为榜样，利用他对西班牙电信跨国公司 Telefonica 的控制，获得了一个私人频道，同时对其他的施加压力，从而在 1996～2004 期间有效垄断了大部分全国电视网。2006 年，一个新的社会主义政府给友好的投资集团发放了另外的两个电视网络牌照，并加速向数字电视过渡，以便释放额外的频谱，为更多的全国性和国际性媒体公司腾出发展空间（Campo

111

Vidal，2008）。然而，西班牙传媒体制最深刻的转型是西班牙宪法改革的结果。从 1978 年起，它成为一个准联邦国家。西班牙自治区（相当于德国的州）获得授权，可以在其辖下发展自己的公共广播电视网络。他们发掘出这一权力的全部潜力，结果在加泰罗尼亚和其他地区，地方电视网吸引了大多数观众。在加泰罗尼亚、巴斯克和加利西亚，通过使用自己的语言，这些媒体成为强化民族身份的关键工具（Tubella，2004）。

简而言之，欧洲和世界上最重要的监管政策是逐步、有限地放松了中央政府对广播电视的控制，同时间接涵盖了印刷媒体，以支持多样化的私营企业和地方政府。媒体企业通常使用这种相对自主性来与全球商业网络连接，从而增加它们相对于政府的独立性。

112 世界各地的媒体商业化得到了舆论的广泛支持，因为它们在很大程度上逃脱了（许多国家仍在这样做）政治官僚的铁笼子。最新的娱乐节目辅以老电影和民间传说，战胜了宣传。在过去二十年里，这种从政治控制中相对解放的感觉可能解释了大多数国家几乎没有针对媒体政策的社会抗议，除了商业团体在获得许可过程中丧失的自我利益诉求。事实上，何时何地发生了面向媒体的社会运动，它们并不是针对媒体业务，而是针对国家以抗议其审查。特别是在普京治下的俄罗斯，记者和公民正在与独裁媒体制度作战（见第四章）。

在世界上的大部分地区，电信监管已经从垄断（法律上或事实上）转变为重新监管和竞争。欧洲在 1998 年开始这一转变，而日本从 2000 年开始（Rutherford，2004；OECD，2007；Cowhey and Aronson，2009）。大多数国家建立了独立的电信监管机构。在欧盟，欧盟委员会对国家监管机构进行监督。监管当局防止垄断行为和滥用定价权，可以向公司罚款或提出强制性指令。然而，即使在私有化之后，原来的垄断者已经利用其资源和政治关系，在其国家内保持主导地位，同时启动了雄心勃勃的全球扩张计划和战略性伙伴关系。

无线通信是一个更具竞争力的领域，因为它是一个新行业。在一些国家，如中国，私人无线运营商被政府用来对老的有线运营商施加压力（Qiu，2007）。然而，欧洲、日本和韩国的管理竞争政策似乎占了上风，因为美国联邦通信委员会采取的免费政策在美国引起了无序竞争。北欧、日本和韩国的宽带普及率高于美国，其数据成本较低。非绑定规则在欧洲仍然有效，因此暂时保持了网络中立的原则。此外，欧盟委员会对欧洲无线通信运营商实施的标准和定价方案协议，使得欧洲的无线通信相较于美国，拥有更高的普及率、更高的使用率和更高的服务质量。欧洲和亚洲在这一领域的竞争优势，也得益于欧洲（特别是北欧国家）和东亚的无线通信技术以及设计制造的质量。总之，相较于美国而言，世界上电信网络的监管对运营商保持了更大程度的政府控制，同时实现了管理上的竞争。最终的结果是宽带和无线通信的迅速发展，从而为数字传播时代的基础设施，特别是为互联网新的 Web 2.0 和 Web 3.0 阶段在全球的扩散奠定了基础。

监管自由：当"小红帽"互联网遇上"大灰狼"坏公司

互联网是一个全球网络，所以其监管不能仅交给美国商务部，甚至是仅交给由互联网用户选举产生的 ICANN 理事会也不行。由于没有全球性的政府，而互联网是全球扩散，所以每个国家的监管只能局限在其领土管辖范围内。只要没有拔掉互联网，其网络功能便难以被限制，因为它总是可以重新定向到地球上其他地方的骨干网。确实，阻止对某些指定网站的访问是可能的，但却不可能阻止数万亿的电子邮件和数百万网站的不断更新。互联网虽说可以被监管，而世界各国的政府实际上也都在积极从事这件事（Deibert et al.，2008），但政府在加强监管方面所能做的，只是起诉那一小部分不幸被发现的罪犯，而剩余的其他数百万人仍在网上自由自在地享受快乐。几百个互联网自由斗士（加上几个骗子和儿童色情作家），最终在监狱里为他们的虚拟行为付出代价。然而虽然传播信息的人被惩罚了，可信息依然在传播，它们大都继续在全球的网络海洋中遨游（详见第四章）。

这就是为什么负责全球治理的唯一合法机构——联合国，在其举行的两次世界信息峰会上专门讨论互联网问题。第一次是 2003 年在瑞士的日内瓦，第二次是 2005 年在突尼斯（突尼斯是一个因互联网审查而著称的国家，在那里记者曾因为会议报道被捕）。2003 年 12 月，日内瓦的世界信息峰会讨论了一些远景目标，重点是信息和通信技术如何增进人类福祉。互联网自然成了这些讨论中的焦点。《日内瓦原则声明》和《日内瓦行动计划》于 2003 年 12 月 12 日通过，但与会者未能就互联网治理的定义达成一致。他们争议的重点是"只包含 ICANN 相关职能（互联网资源配给和分配）"的狭义定义与"最终包括通过互联网传播的内容"的广义定义之间的区别。正如平时解决问题一样，当联合国遇到了"互联网治理"这种概念上的分歧时，便设立了一个互联网治理工作组（WGIG），其目标是定义这一概念，并在 2005 年 11 月于突尼斯举行的世界信息峰会第二阶段上进行解释。经过政府、私营部门和民间社会的 40 名代表长达两年的努力，2005年 8 月的 WGIG 报告给出了以下的定义："各国政府、企业界和民间团体从他们各自的角度出发，对于那些公认的塑造互联网的演变及应用的原则、规范、规则、决策方式和程序所做的发展和应用。"

在这一突破性定义的启发下，2005 年联合国突尼斯信息社会世界峰会（第二阶段）在政策原则的辩论后，确认了 ICANN 的角色和美国商务部的监督。它为全球信息社会确定了一个议程，并成立了互联网治理论坛（IGF）。IGF 是一个国际组织，其目的是"为联合国秘书长执行信息社会世界峰会（WSIS）决议提供支持，召开多利益相关方的政策对话新论坛"。联合国秘书长为此设立了一个咨询小组和一个秘书处，作为互联网治理论坛的机构实体。随后，IGF 举行了若干次会议：2006 年在希腊，2007 年在里约热内卢，2008 年 11 月在海得拉巴举行。在本书写作时，IGF 正计划于2009 年 10 月在开罗举行会议。目前已经取得共识的关键政策领域有：

1. 互联网基础设施和资源管理（物理基础设施、VoIP、频谱政策、技术标准、资源管理、互联网名称和地址管理、根服务器系统和根区文件的管理）。

2. 使用互联网有关的问题（网络和信息系统的安全、垃圾邮件、国家政策和法规、关键基础设施保护）。

3. 比互联网影响更广泛的问题（电子认证；竞争政策、自由化、私有化、监管；访问保护、消费者/用户保护、隐私问题；非法内容和活动；争议解决；知识产权；电子商务和电子商务的税收；电子政务和隐私；信息和媒体自由）。

4. 发展影响问题（互联网租用线路成本；可负担的普遍网络接入；教育、人力资源建设；国家基础设施发展；社会维度和包容；无障碍内容浏览；开源和自由软件；文化和语言多样性）。

据可靠的消息说，政策辩论正在以机构通常的步调进行。虽然在撰写本书时还没有定论，但我希望能够在本书的第二版，当然也可能是第十版，对这场辩论中关于全球互联网治理的结构和政策进行分析。

我对这些辩论结果的怀疑，源于自己在一些国内和国际互联网政策咨询委员会任职的经验。通过这些经历，我搞清楚了一件事（当然，这导致我退出了所有的这些机构，包括与联合国有关的机构），即多数政府最关注的在于通过制定规章制度来控制互联网，并试图在传统的法律政令框架下找到执行这种控制的机制。先抛开对这种政策的个人感受不谈（当然我是反对的），当不针对具体公司或组织，而是针对整个用户群体时，我们有足够的理由去怀疑这种控制的有效性（除非真的存在对互联网服务提供商的普遍攻击，这种攻击会削弱整个互联网通信系统——永远不要说永远不会发生什么事情）。然而这是不可能的假设，因为互联网已经产生了巨大的商业价值，而且还有 14 亿用户的广泛支持，他们已经将互联网作为沟通的基础。因此，互联网的监管的重点已从互联网本身，转移到了政府机构审查和打压的特定案例，以及全球互联网基础设施的私有化。因此，尽管面临着监管，但互联网依然是我们这个时代地区性和全球性的复合传播媒介。不过它也像世界上其他的任何东西一样，存在着两个方面的无情压力：资本和国家。

116

资本与国家之间的关系确实是自由化和管制放松政策的根源，它推动了全球资本主义的兴起，以及全球多媒体商业网络在新数字传播体系中心的形成。但由于商业利益似乎在与国家的互动中占据了主导地位，而且企业在数字传播发展中看到了新的投资领域，所以就目前来说，监管政策有利于包括大众自传播在内的新型传播方式在全球的扩散。在这种条件下，媒体受众转化为一个传播主体，这使得社会传播重构社会文化的过程不断被重新定义。但矛盾的是，国家对资本利益的屈服导致新传播形式的兴起，这可能会增加公民对于资本和国家的影响力。

全球化世界中的文化变革

为了实现传播，发送者和接收者需要共享代码。在媒体业务中，目前已经发生了从广播到同类受众（假设他们都具有识别同类消息的能力）到特定目标受众的战略转移，从而使信息能更好地符合特定受众的需要。通过全球媒体业务的网络化，以及将规模化生产和定向发布融为一体的数字技术支持，上述趋势已经成为可能。对受众的认知识别，需要了解各种文化代码。因此，不管是通用的还是具体的媒体信息格式和内容，都取决于社会文化的演变。每个社会在这种演变中都有自己的路径和速度，但由于网络社会是全球性的，因此在文化转型过程中存在着共同点和相互依存关系。Lash 和 Lury（2007）在对全球文化产业的分析中，强调了全球化在文化领域中所体现的质变。他们写道：

> 文化从文化产业向全球文化产业转变，采取了另一种不同的逻辑；全球化为文化产业带来了与众不同的经营模式。我们的观点是，1945 年和 1975 年，文化仍是根本性的上层建筑……文化实体仍是独特的……但到了 2005 年，文化对象无处不在：作为信息，作为传播，作为品牌产品，作为金融服务，作为媒体产品，作为交通和休闲服务，而文化实体也不再是独特的：它们是规则。文化变得如此无处不在，因为它首先从上层建筑渗出，接着不断进行渗透，然后接管了基础设施本身。它主宰了经济和日常生活的经验……在全球文化产业中，生产和消费是差异化建构的过程。（Lash and Lury，2007：3 – 5；着重强调）

这种差异是如何产生的？能够渗透到各个不同的经验领域，并构成媒体运作框架的文化素材是什么？作为一个假设，我认为，世界中的文化转型主要是沿着两个双向轴线演变：全球化与认同之间的对立以及个人主义和集体主义之间的分裂（Inglehart，2003；Castells，2004c；Tubella，2005；Cardoso，2006；Qvortrup，2006）。

文化全球化指的是一种大体上能在全球共享的、特定的价值观和信念。

文化认同是指特定人类群体自我认同的特定价值观和信仰。文化认同在很大程度上是人类组织基于特定空间和历史演进的结果，但它也可以在特定身份建构的基础上形成。

个人主义是一种在个体行为倾向上优先满足每个主体需求、愿望和计划的价值观和信念体系。

集体主义是一种将社群的集体利益置于其成员的个人满足之上的价值观和信念体系。在这种语境下，社群是一种围绕共享文化或物质属性的特定子集而组织形成的社会系统。

接下来，我们看看这种文化变革过程的实际内容。什么是全球文化？我们处在一个文化越来越同质化的世界中吗？答案既是肯定的，也是否定的。在大多数情况下，我们的答案是否定的（Lull，2007；Page，2007）。密歇根大学的世界价值观调查显示，那些在国际大都市流行的国家和地区身份，在世界上只有极少数的人认同（Norris，2000；Inglehart，2003；Inglehart et al.，2004）。与对国家或本地的认同相比，欧洲公民对"欧洲"的认同少得可怜（Castells，2004b）。同样，拉丁美洲的数据表明，该地区对国家、本地和民族的认同在强化（Calderon，2006）。宗教是世界某些地区，特别是美国、拉丁美洲、印度和伊斯兰社会的集体认同的主要来源，但在欧洲大多数地区却并非如此（有一些例外，例如波兰或爱尔兰），东亚地区也是这样，宗教在那里并不是很有影响力（Norris and Inglehart，2004）。

尽管如此，全球文化确实可以从三个层次上来考察。首先，对于关键少数来说，他们体察到我们这个星球所面临的共同命运，无论是在环境、人权、道德原则，还是在相互依存的全球经济以及地缘政治安全方面。这是世界主义的原则，由那些坚信自己是世界公民的社会行为主体所践行（Beck，2005）。调查数据表明，这些人绝大多数是受过良好教育的富裕阶层。不过年龄也是一个影响因素：越年轻的人，对世界观的看法便越开放（Inglehart，2003）。其次，存在着一种多元的全球文化，其特征是不同来源文化的混合。例如在全世界流行的嘻哈音乐，或在YouTube上火爆的改编视频。最后，文化全球化最根本的层面是消费主义文化，这与全球资本主义市场的形成直接相关（Barber，2007）。为了使资本主义全球化，商品化的文化必须存在于世界各地。资本主义是全球性的，而所有国家现在都在资本主义的影响下生活（本书在撰写时忽略了朝鲜），这就为全球共享市场价值观和消费文化提供了基础。

与此同时，文化认同来源的多元化，一方面缔造了一种全球消费主义，世界主义和全球融合之间相互激荡的复杂文化形态；另一方面也导致了对于不同文化认同来源的区分（如对于国家、宗教、领土、种族、性别、自选身份）（Inglehart et al.，2004）。

另一个文化差异的轴线是从个人主义到集体主义。Wayne Baker对美国价值观演变的实证分析表明，在过去三十年里，美国人思想呈现两种平行发展的趋势（Baker，2005）。美国文化有一种两极文化，即自我文化（Me culture）（Mitchell，2003）和上帝文化（God culture）（Domke and Coe，2008）。在这两种文化中，一种是自由主义和个人主义的极端立场，另一种是遵守上帝律法（无论上帝是谁）的立场。家庭主义文化是一种将个人及其贡献与社会道德原则相联结的价值观。自我、家庭和上帝构成了美国价值观中神圣的三位一体。

除此之外，我和同事曾在 2002 年对加泰罗尼亚人进行了抽样研究。研究表明，家庭认同是集体生活中主要的组织原则，选择此项的占比高达56%；其次是"我自己"（占比 8.7%）和同龄人（占比 4.9%；Castells and Tubella，2007）。把集体认同的来源（国家、民族、宗教和地域性）作为自我认知原则的，所有的加在一起在样本中仅占 9.7%。然而，当人们被要求选择他们首要的国家身份时，37.5% 的人认为自己是加泰罗尼亚人，19.7% 的人认为自己是西班牙人，36.2% 的人认为自己既是加泰罗尼亚人也是西班牙人，6.6% 的人认为自己是世界公民（Castells and Tubella，2007）。宗教在集体认同中发挥重要影响的比例只有 2.5%。与此同时，有13.1% 的人提到自然、人类和世界（世界主义的指标）的组合是他们自我认同的主要原则。有趣的是，根据"世界价值观调查"（Norris，2000），这一比例与世界上将世界主义作为主要自我认同原则的人比例相同，而且这些价值观在年轻人中更加明显。这就是说，在宗教不是集体认同主要来源（如加泰罗尼亚和欧洲大部分地区）的社会中，一方面是个人和家庭，另一方面是世界主义成为人们，特别是年轻人文化认同的主要影响因素。当面临全球化或主导性民族国家的挑战时，对国家、地区和本地的认同（或者是非国家的民族认同，如加泰罗尼亚）仍然是进行身份抵抗的主要原则（Castells，2004c；Castells and Tubella，2007）。

如果结合文化认同的两个双极轴，我们可以得出四种有着明确形式的文化模式组合，如表 2-1 所示。接下来我将对此作详细说明。全球化和个人主义之间的结合，加快了消费主义作为个体关系形式的传播，也推动了由资本主义扩张所导致的全球化进程（Barber，2007）。对于这种个人与全球资本主义文化的关系，Scott Lash 和 Celia Lury（2007）提出了一个特别重要的概念：品牌。品牌是全球市场的文化表现，也是个人赋予消费主义意义的过程（Banet - Weiser，2007）。

表 2-1　文化模式的类型

	全球化	认同
个人主义	品牌消费主义	网络化个人主义
集体主义	世界主义	多元文化

社会学家发现，在网络社会的社会模式下，文化认同和个人主义的结合是网络个人主义（networked individualism）的来源（Wellman，1999；Castells，2001；Hampton，2004，2007）。在互联网时代，个人不会陷入孤立的虚拟现实中。相反，他们可以通过丰富的传播网络来扩大他们的社交。但这是有选择的，他们会根据自己的喜好和计划来建构自己的文化世界，并根据个人兴趣和价值观的演变而不断修正。（Katz and Aakhus，2002；Center for the Digital Future，2005，2007，2008；Castells，2007）。

在集体主义和全球化的交叉点，我们会发现世界主义文化。它旨在全球共享同一种集体价值观，并由此基于超级原则，建立一个超越国界和特殊性的人类社会。伊斯兰世界当然就是这样的（Moaddel，2007），但它也可以是一种环境文化（Wapner，1996），代表的是人类过去和未来对"盖亚"的崇拜，或是一种国际大都会文化，明确了全球公民新环境中民主的集体价值（Beck，2005）。

最后，集体主义和文化认同的融合促进了多元文化社区组成的世界中的多重身份认同。这等于承认了多元文化主义是我们这个相互依存世界的决定性趋势（Al‑Sayyad and Castells，2002；Modood，2005）。

总的来说，从对全球网络社会的两极趋势之间的相互作用进行分析，我们可以得出这四种文化模型：消费主义（体现在品牌上），网络个人主义，世界主义（无论是意识形态、政治还是宗教）以及多元文化主义。这些正是全球网络社会的基本文化模式，也是传播系统必须在其中运行的文化空间。 121

文化模式的传播媒介

在上面定义的四种文化模式中，不管是哪一种，与特定技术或传播形式之间都不具备唯一的、直接的联系。四种文化模式存在于大众媒体和大众自传播中，它们是整个技术和发布平台传播实践的基础。然而，这些文化模式中的每一种都能很好地与任何形式的传播相匹配，从而构建出在受众心中传播效果最大化的文化代码，也就是建构传播行为过程。

品牌消费主义的表现是全球娱乐产业的各种产品：电影、音乐、表演、肥皂剧、视频游戏、大型多人在线游戏、报纸、杂志、图书出版，以及包括从服装到精心设计的消费品在内的一系列外在符号体系。这些行业的全球纵向整合有利于通过多个通道来促进品牌的传播。此外，新闻向信息娱乐的演变扩大了消费主义的范畴，从而使其扩展到了整个社会和政治领域：因为世界事件和地方政治已经跟天气预报和待消费的商品服务混在了一起。好莱坞这种综合产业体就被作为全球文化生产和分配的主要来源（Wasko，2001；Miller et al.，2004）。这种根深蒂固的商业垄断，从意识形态角度被解读为一种文化帝国主义，它通常被认为是美国文化对所有世界其他文化的片面统治（Hesmondhalgh，2007）。事实上，正如我接下来要论述的，文化会依据自身逻辑演进。无论在分析还是在实践领域，都需要注意的是：尽管美国企业在文化产业中所占的比例过高，但全球文化并不是美国文化，全球文化是全球性的。这意味着，围绕消费主义和品牌建立的全球文化，能够包容所有不同来源的文化产品，并以特定的方式进行传播，使它们在每个目标市场中发挥最大的传播能力（Straubhaar，1991；Waisbord，2004a）。有个例子帮助我们阐明这种分析：拉美电视小说剧（telenovelas）行业和一个特别的电视剧——《丑女贝蒂》（Miller，2007）。

　　拉美电视小说剧是一种拉美的电视连续剧。它虽然最初诞生于拉丁美洲，主要面向委内瑞拉、墨西哥、巴西和哥伦比亚，但现在已经广泛流行于世界各地。它有时仅仅只是进行了翻译就对外输出；有时则被重新改编成适合其他各种文化形式的内容（Sinclair，1999；La Pastina et al.，2003；Martinez，2005）。电视小说剧能够比美国肥皂剧更好地吸引国际观众，从俄罗斯、印度、意大利和德国等不同国家，到拉丁美洲和西班牙的特殊语言市场，它们的形式都不尽相同。成功的电视小说剧一般都是先热销于国内市场，接着被美国的国际电视公司购买、改编和发行。电视小说剧首先攻占了美国主要的西班牙语市场，后来又进入美国的主流市场。这个胜利以《丑女贝蒂》2006 年的成功为标志。

　　《丑女贝蒂》于 1999 年诞生在哥伦比亚，该节目在该国的黄金时段吸引了 70% 观众，紧接着在拉丁美洲也获得了类似的高人气。此后，它的录音版（只进行了翻译，内容没有改动）和改编版向全球出口，在 70 个国家播出。鉴于其全球影响之大，ABC 毫不犹豫地决定在黄金时段播放其改编的美国版。2006 年秋，《丑女贝蒂》刚开播便吸引了 1630 万观众，成为美国市场上最成功的节目之一。Jade Miller 曾对《丑女贝蒂》现象的意义进行了研究，她的结论是：

　　　　对拉丁电视小说剧的最佳认识是，它虽然只是一种本地化的文化

122

产品，但在全球资本主义文化网络中具有普遍吸引力。《丑女贝蒂》
之所以成为一个典型案例，就在于它说明，这种看似本土化的产品实
际上却是一个全球化产品。全球化不仅存在于具有普遍吸引力的灰姑
娘风格的绘画中，也存在于那些通过多种方式进口和出口的节目中，
还有类似生产和传播《丑女贝蒂》的全球公司之中。不管她是贝蒂、
丽莎还是杰西，也不管她是说西班牙语、德语、印地语还是英语，贝
蒂都只是一个窗口。通过这个窗口，我们可以看到拉丁电视小说剧不
仅反映了从南到北的文化交流，更反映了具有本土化和全球魅力的特
定文化内容的全球网络。（Miller，2007：1）

　　总而言之，全球娱乐业支持了广告业，同时也被广告业所支持，成为
消费主义品牌文化的主要通道。美国的娱乐产业，比如好莱坞，便是这个
行业的主要参与者，但它绝不是唯一的。此外，全球娱乐业不仅只传播美
国文化，它也会传播其他全球化或专门定制的、以特定形式出现的文化产
品。
　　全球消费文化并不是唯一具有全球影响力的文化模式。世界主义处
于全球化和集体主义的交叉点，它旨在围绕全球公民的共同价值观构建
一个全球公共领域。Ingrid Volkmer（1999）在她关于 CNN 的研究中发
现，多样复杂的全球新闻媒体网络正在试图构建这种公共领域，使不同
国家和文化能在全天 24 小时的全球信息流中汇聚在一起。然而，随着
Volkmer 和其他研究者的深入研究，这种全球信息的建构不是中立的，它
会偏向某些价值观和利益。尽管如此，如果我们不仅仅考虑 CNN，而是
考虑在实际或特定时间点上，整个全球新闻网络在报道世界新闻和人物，
那一个多样化的全球传播领域确实在生成。例如 BBC、委内瑞拉的
TeleSur（在一个更温和的水平上）、南非的 A24、欧洲新闻等，当然其中
最典型的还是半岛电视台和其他几个阿拉伯网络。在这些网络中，有的
虽然一开始就具有文化特异性，但它们往往在全球进行传播：例如，半
岛电视台在 2007 年开播了英语节目。半岛电视台的发展确实具有非凡意
义，因为它是由卡塔尔的王子创建和拥有，而卡塔尔这个酋长国正处于
阿拉伯半岛上，这里有美国最大的军事基地。不过，它比西方的新闻更
受信任，它很快成为阿拉伯语观众的重要信息来源（El - Nawawy and
Iskandar，2002；Miles，2005；Sakr，2006）。但这个电视台为这种独立付

123

出了代价：美国轰炸了半岛电视台在伊拉克的办公室，其记者和技术人员不幸遇难。不仅如此，它还面临着美国和沙特阿拉伯的长期敌视，这些国家大量抵制半岛电视台的广告。

即使是 CNN 也会根据观众的不同而采用不同的版本进行传播。CNN 国际与美国 CNN 非常不同；CNN 西班牙语（在拉丁美洲）有特殊的节目和信息政策；西班牙的 CNN + 则会公开批评美国的外交政策，这是吸引大多数西班牙观众的基础。在这些观众中，有93%的人从伊拉克战争开始就反对这场战争。正是通过这种多样化的全球新闻和信息网络，初具雏形的世界主义文化获得了媒体传播平台的支持。

当然也有推动着其他类型世界主义发展的传播系统，比如宗教世界主义的传播系统是全球宗教电视网络，其节目在世界各地的各种不同信徒中广泛传播。宗教的文化界限是由全球网络所界定的，这使其在全世界范围内的忠实度能跨过政治边界。在某种意义上，它们不是世界性的，因为它们只存在于特定信徒所在的地区。但从更根本的意义上来说，它们确实又是世界性的，因为它们的目标是各个宗教地区中的每一个信徒。也就是说，世界主义是从潜在的世界主义者的角度来定义的。

多元文化主义是我们这个世界的常态，而非例外。因此，文化生产和内容分发也有着非凡的多样性。如上所述，尼日利亚拥有蓬勃发展的电影产业，这在非洲吸引了大量观众，而且它通常是通过非正常网络出售的视频发行的（Dessa, 2007）。印度是世界上最大的电影生产者，而不是美国。的确，他们具有文化特殊性，并且在很长一段时间只能局限于印度，但宝莱坞正在将其发行网络扩展到庞大的印度散居群体（Bamzai, 2007；Gopal and Moorti, 2008）。而巨大的印度电视市场也由印度制作的内容所主导（Chatterjee, 2004）。本土生产的内容也主导着中国、日本、韩国、俄罗斯、拉丁美洲、欧洲和全世界的电视市场（Abrahamson, 2004）。研究表明，受众对他们文化中特有的内容更敏感（Miller, 2007）。因此，虽然所有媒体行业都包含有全球文化层面，但大多数文化产品都是本地的而不是全球的。事实上，Tubella 研究了西班牙的加泰罗尼亚电视台案例（2004），发现在1980年，后佛朗哥民主政权将政治自治权赋予加泰罗尼亚之后，在由另一个国家文化统治的条件下，电视对于建构国家认同具有决定性意义。有趣的是，为了在加泰罗尼亚的西班牙移民中推广加泰罗尼亚语，新的加泰罗尼亚电视台的战略之一便是，在广受欢迎的全球电视剧（如《达

拉斯》）中植入西班牙语和加泰罗尼亚语，而且只在加泰罗尼亚播放。因 [125]
此，美国文化全球化的符号在媒体领域中便成为提升加泰罗尼亚文化认同
的工具。

最后，网络个人主义文化在多样化的大众自传播中找到了可选择的平
台：互联网，无线通信，在线游戏，以及文化生产、融合和发行所依赖的
数字网络。互联网并不是个人主义的专有领域。作为一个传播网络，互联
网也是传播消费主义和全球娱乐，还有世界主义和多元文化主义的工具。
但是网络个人主义文化可以在以自主性、平行网络、交互性以及基于个体
能动性的内容整合为特征的传播系统中，找到最佳的表达形式。

有证据表明，植根于互联网的文化本质上是一种自由文化及黑客们所
独有的文化（Castells，2001；Himanen，2001；Thomas，2002；Markoff，
2006）。事实上，在互联网设计师的文化与实验性文化的兴起之间存在着
文化共振。网络设计师们的实践有着作为一个相对自治的传播网络的特
征，而基于成百上千万发送者、接收者的信息所形成的多向网络建构中，
这种实验性文化发现了进入人们内心的路径。

多元文化世界中的传播协议

对于文化转型的分析，仍有一个重要的问题需要研究。那就是在这个
以不同文化模式为特征的全球化世界中，传播是如何发生的？尽管传播过
程存在着分裂、分化、定制和分割，那么传播过程能否在超越所有这些分
裂的社交行动中重新整合？在传播过程中，文化是被分解还是被整合？在
现实中，两者皆有。在信息传播过程中，它被分解，而通过一系列传播协
议，它又在意义生产中得以整合，从而使其在以传播为中心的文化能够被
理解。网络社会中的新公共领域，也是通过构建不同传播过程之间的传播
协议而形成的。这个过程是如何发生的？这些传播协议又是什么？

在当下语境中，传播协议是指全球网络社会的文化模式（消费主义、 [126]
网络个人主义、世界主义和多元文化主义）之间分享内容意义的活动和支
撑它们的组织平台。传播协议是横向的，它们与我所提出的四种文化模式
之间相互交织。主要的传播协议有如下几种：

广告是全球和地方媒体商业网络的支柱（Gluck and Roca - Sales，
2008）。因此，它存在于任何地方的所有文化模式之中，并为从广播电视
到互联网和手机的所有平台所应用。正是通过广告，商品化的文化作为全

球资本主义的核心，才能影响所有的文化表现形式和它们的媒体支持。

通用媒体语言的建构，其方式是重新设置共同的叙事方式和类型整合（例如信息娱乐），并由数字化的多功能（McClean，2007）来实现。

品牌（无论是商业的还是其他的）通过不同的文化模式，构建了个人和集体之间的关系。在文化产业的全球化和文化产业网络的推动下，品牌化在媒体产品垂直整合的条件下最有成效（Lash and Lury，2007）。

多向稿源构成的网络化数字超文本与人人之间的交互式连接模式一起，生成了一种共同文化：不论具体消费内容而进行协同生产的文化。

在我们这个社会，传播协议并不以文化的共享为基础，而是以共享的文化为基础，这就是为什么传播协议最终不独立于社交过程之外的原因。通过传播系统中多连接点间的交互，以及人们在其多任务传播中进行的精神建构，传播协议植根于人们的心灵之中。由此，所谓的受众实际上成为文化变革过程的原点，这就扭转了他们在大众传播时代对媒体的历史性依赖。

创造性的受众

127 其实基于"受众"这一概念，大众传播过程一直被误解。这是由传媒业和支持他们的广告商所造成的，他们需要将潜在消费者定义为被动接受信息的目标，从而将准备在市场中销售的编制成节目内容。与任何销售活动一样，他们也会考虑消费者的反应，努力使商品更符合消费者的需求。然而，观众依然只是目标，而不是传播的主体（Burnett and Marshall，2003）。

如前所述，随着新技术的发展，可应用的信道和传播模式倍增，监管也发生了变化，传播行业已经从植根于全国性广播电视网络的同质化大众传播媒介体系，演变为融合了广播与窄播的多样化传媒体系。然而，即使是根据观众需求定制的节目，它也只是一个被动的接收端，其喜好由媒体在社会人口统计剖析的基础上进行设计。

有意思的是，批判学派的学者经常支持这种关于传播过程的片面观点（Mattelart，1979；Postman，1986；Mattelart and Mattelart，1992；De Zengotita，2005）。通过假设企业和媒体对无助的受众进行操纵，他们把社会异化的来源指向大众传播的消费者领域。然而，有一系列更完善的研究表明（特别是在传播心理学中），人们会根据自己的文化框架，并将来自特定来源的消息与其各种各样的传播实践相混合，从而调整接收到的信息所指（Neuman，1991）。因此，在一个具有暗示性标题的开放性文本中"观众对电视有坏影响吗？"（Eco，1994），安伯托·艾柯强调了受众向发送者的代码中添加自己的代码和子码，进而重构信息的能指的能力。他提出了一种为单向传播过程提升复杂性的方案（见图2-6）。

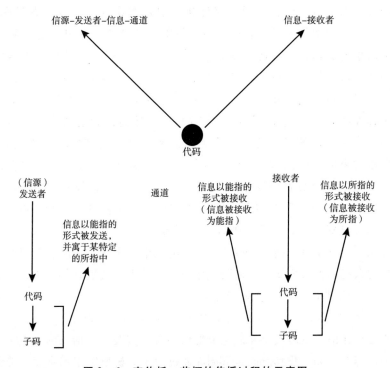

图 2 - 6　安伯托·艾柯的传播过程的示意图

上面的图表示传播的经典模型；下面的图表示重新定义的模型
资料来源：Eco（1994：90）。

通过在所指信息接收过程中定义自己的能指，受众在实践中构建了自己对信息含义的理解，处理了所发送信息的材料，但将它们并入不同的解释语义领域。这并不是说传播主体不受信息内容和形式的影响与框限，而是说意义的建构是复杂的，并且取决于信息接收过程中融合了不同层次参与度的激活机制。正如罗素·诺伊曼在对未来大规模受众的开拓性研究中写道：

128

　　　受众既是被动的，同时又是主动的。他们的思维是这样的：在接
纳新的信息、想法和印象的同时，又会根据认知模式和过去积累的经
验来进行评价和解释……过去几十年所累积的研究证明，除一小部分
人之外，大部分受众都没有注意，不会受到信息流和媒体信息中过多
选择的影响。（Neuman，1991：114）

129　　随着大众传播中信息来源的多样化，观众在作为信息接收者的同时，
选择范围有所增加，也可以利用媒体提供的新机会来表达其偏好。随着电
视频道数量的增加，频道切换越来越频繁。对特定网络和节目的忠诚度开
始下降。观众、听众和读者构建了他们自己筛选新闻和娱乐节目的框架，
从而影响了节目的内容和格式。儿童节目的转变就是信息发展以适应儿童
文化多样性的好例子（Banet Weiser，2007）。然而，频道和节目的多样性
并不一定意味着内容的多样性。在美国，像上文所提到的，有研究表明，
一个典型的家庭每周只观看 15 个频道（Mandese，2007）。许多内容是重
复的，能供受众消费的相似的色情和暴力元素是非常有限的。因此，在有
限的资金和时间内，面对想象力匮乏的节目，承诺向观众提供 100 或 500
个频道的天堂式享受，在现实中只能大打折扣。

　　然而，受众掌握传播主动权的能力正随着个人主义文化的发展以及大众
自传播的兴起而大大增加。一方面，越来越多的人，特别是年轻人，确立了
他们对于社会机构、传统传播形式以及大众传播媒介的自主权（Banet -
Weiser，2007；Caron and Caronia，2007；Montgomery，2007）。另一方面，互
联网和无线通信的发展支持并强化了受众的自主实践，包括在网上上传用户
创造的内容。例如，我和 Imma Tubella 通过因子分析研究了加泰罗尼亚的典
型样本（3005 人），我们确定了六个不同的、互相独立的自主性维度：个体
的、企业的、专业的、社交的、社会政治的和身体的。通过研究调查对象的
互联网使用情况，并将其与他们的自主指数进行比较，我们发现，在任何维
度上，自主性水平越高，互联网的使用频率越高，强度也越高；而且使用互
联网越多，他们的自主性水平也越高。因此，互联网作为自主性建构工具的
观点，已经通过我们的研究进行了实证检验（Castells and Tubella，2007）。

130　　互联网使用的其他研究（Katz and Rice，2002；Wellman and
Haythornthwaite，2002；Cardoso，2006；数字未来研究中心，2008）和无线
通信的研究（Castells et al. ，2006b；Katz，2008）展现了类似的结果。基

于互联网的横向传播网络是由决定信息内容和目标的传播主体所激活的，这些传播主体实际上也是多向消息流的发送者和接收者。用艾柯的概念来说，发送者也是接收者，因而也就是一个新的传播主体，发送者/接收者从而作为网络星河的中心人物而出现。在图2-7中，遵循艾柯的逻辑，我提出了大众自传播背景下的一种传播模型。

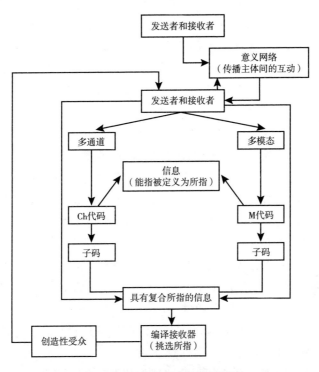

图2-7　创造性受众的传播过程

我来解释一下图2-7中传播过程的含义。发送者和接收者是相同的主体。特定的个体或组织不一定彼此对应：一个发送者/接收者不一定是她发送消息的发送者/接收者接收消息。但是将传播过程视为共享的多向网络，所有发送者都是接收者，反之亦然。新技术框架中的传播是多通道和多模态的，通道是指各种传播技术，多通道是指传播通道的组织安排。如果信息是多模态的，则通过互联网（有线或无线）、无线设备、电视（具有其不同的广播技术）、无线电、VCR、打印机、书籍等多种方式来传送。此外，这种多模态可以嵌入到特定的传播过程中（例如，IPTV、交互式电视节目、大型在线多人游戏、在线报纸等）。每种模态以及它们在特定传播代码下组成的复合模态，都能在每种语境和传播过程中被具体识别出来。例如，我们知道 IPTV 与广播电视不同，但是每种媒体的子代码的具体差异是一个需要研究的问题，而不是一般原则的应用问题。

传播还通过多种通道进行：各种电视频道和广播电台（全球性的、国家的和地方的）及其网络，纸质或在线报纸，还有不计其数的网站和有着成千上万发送者/接收者的网络社交空间。每一个通道代表一个代码。例如，一个 24 小时电视新闻的网络频道便设置了自身特定的解释框架。YouTube 通过将视频与免费发布、下载、评论和排名等功能相结合来定义 131 其代码。宗教电视网络或色情电视台则是通过自我定义来预选观众。每一个通道都有自己的具体特性来限定给定代码（宗教、色情、免费视频、Facebook 中的社交网络、《第二人生》中的虚拟公民等）。

因此，把艾柯提出的传播模式应用到新的传播语境之后，我提出了两个概念：传播模态与传播通道。不同的传播模态可以被定义为代码 M，不同的传播通道可以被定义为代码 Ch。代码 M（例如电视或网络）通过多 132 个子码来操作，这些子码实际上是既定传播过程中的特定模态（例如，有线电视对应的是专门的电视节目或 IPTV 对应的是线上游戏）。与此相类似，代码 Ch（例如全球电视新闻或宗教频道）也是通过各种子码运作（伊斯兰电视网与福克斯新闻相对应，IPTV 体育节目对应的 IPTV 剪辑的广播电视节目）。因此，代码 M 通过 1……n 个 M 子码进行运作，而代码 Ch 通过 1……n 个 Ch 子码进行运作，而它们都是通过制造和发送信息（能指负载所指）来运作的。

但"不幸"的是，我必须再给这种新传播过程的复杂性增加一层。比如在艾柯的表述中，发送者和接收者使用自己的代码来解释代码和子代码，这些代码会割裂所发送消息中能指和所指之间的关系，并且通过过滤能指而获得不同的所指。问题是，在大众传播的世界中，发送者和接收者在同一主体中融合，因此该主体必须协调好他所发送消息的代码和他所收到消息的代码之间的意义，以便产生他自己的能指（对传播中的个体来说的信息意义）。因此，传播过程的复杂性如下。

发送者/接收者必须将自己的代码与由发送者发起，并在模态和通道的子码中用以处理消息的代码进行交互，才能解释他从多个传播模态和传播通道中接收的消息。此外，他必须根据她作为发送者的经验来协调好他作为接收者的意义。最终，我们能得出自我选择的意义，这些意义能与传播过程中的各种传播媒介相适应。此外，传播主体并不是孤立的实体；相反，他们通过形成一个能产生共同意义的传播网络而彼此相互作用。大众传播已经从面向受众转型为面向活跃受众，这些活跃受众通过将自身经验与接收到的单向信息流相比较，来挖掘信息的意义。因此，我们观察到了这种互动产生和兴起的意义。这就是我所说的创造性受众，他们正是在全世界范围内以大众自传播为主要特征的混制文化的源头。

　　虽然这肯定只是对传播过程的抽象，但它可以提供一个框架来帮助理解由传播研究者观察到的新传播实践的实际复杂性。因此，图贝拉等（2008 年）研究了 2007 年加泰罗尼亚 704 个人的焦点小组活动中，不同传播模态之间的相互作用。他们首先分析了媒体和互联网使用的相关数据（包括他们自己的原始调查）。他们的观察地区（加泰罗尼亚）很有意思，因为它是一个先进的经济体，并且拥有发达的多媒体系统，约有 51% 的家庭使用互联网，其中大多数用 DSL 线路。56% 的人是互联网用户，在互联网用户中，89% 是 24 岁以下的年轻人。与此同时，它是一个正处于转型期的社会，老年人、未受过教育的人以及充满活力、受过良好教育、了解互联网的年轻人都在一起。因此，虽然在 2006 年只有 8.9% 的 60 岁以上人口是互联网的用户，但 16～29 岁的群体使用互联网的用户率高达 65.7%。

　　一方面，电视（主要是开放式广播电视）依然是主要的大众媒介，几乎有 87% 的人每天都在看电视。此外，在加泰罗尼亚和西班牙，1993～2006 年期间看电视的平均时间保持稳定，每天为 3.5 小时。另一方面，活跃的互联网用户大多数在 40 岁以下，这反映出传播活动中存在着很大的人口属性差异。为了调查这种媒体接触关系的新模式，加泰罗尼亚研究人员组建了一个焦点小组，小组中有 704 名受试者，在完全同意的情况下，他们将持续几个月使用不同的媒体技术。他们是新传播技术的活跃用户，包括互联网、无线通信和视频游戏。焦点组中年龄在 18～30 岁的人每天在互联网上平均花 4 小时，主要是在家里使用。他们看电视比普通观众少，睡眠时间也较短。但他们在互联网上耗费的时间与他们看电视的时间相互交织在一起。更重要的是，他们相信"黄金时间"的概念。他们善于管理传播活动时间，全天以不同的媒介方式同时进行传播活动。多任务并行是这个群体的常态，而不是例外。他们同时看电视、上网、听音乐（或广播）、在手机上发信息、打游戏。使用互联网时，他们同时发送电子邮件、浏览

133

网站、阅读电子报、工作和学习。此外，他们不仅仅是信息的被动接收者，也是内容的重要生产者。他们会改编视频并重新上传，下载并共享音乐和电影，还会创建和推广博客。他们对互联网的使用是多种多样的。

互联网的大量使用对其他传播活动会产生影响。因此，约有 67% 的焦点小组成员表示，互联网上的活动导致他们较少看电视。35% 的表示较少阅读纸质刊物（他们阅读在线报纸）。另一方面，39% 的人会听更多的音乐（从网上下载的），24% 的人则会听更多的无线电台广播，这两个通道的传播可以包含在基于互联网的传播活动中。事实上，对于活跃的互联网用户而言，那些与互联网使用相冲突（阅读书籍、睡觉）或是需要更多视觉注意力（传统电视）的活动正在逐渐减少。

因此，在对传统媒体和基于互联网的媒体之间的相互作用进行调查后，我们发现，主动使用互联网的各种形式可能导致三个主要效果：

（1）基于互联网的传播活动会替代与其相冲突的活动。

（2）"黄金时间"的概念逐渐淡化，取而代之的是"我的时间"。

（3）传播活动的同步性不断提升，并围绕互联网和无线设备而整合。实现这一点的条件是，多任务的泛化，传播主体将注意力与不同传播通道相结合能力的增强，以及根据自身兴趣通过不同样式和通道的混合来补充信源和娱乐。这些兴趣定义了他们自身的传播代码。如图贝拉等（2008）写道：

> 随着家庭互联网的普及，视听消费变得专门化和多样化，并向着复合化、多通道和多平台的方向发展。新技术有着更大的灵活性和移动性，从而能支持任何地方任何空间的任何活动管理。随着传播工具的发展，消费者参与信息和内容的生产、编辑和传播成为可能，与此同时，消费者也成为能够做出贡献并且分享世界多样性的活跃创造者。（2008：235）

诚然，这种传播模式在加泰罗尼亚或整个世界并不占主导地位。然而，如果我们认为它广泛分布在 30 岁以下的人口和活跃的互联网用户中，那么它可能就是未来传播模式的雏形。事实上，关于未来我们所能确认的是，今天的年轻人将把未来变成互联网的世界，由于老年一代将不可避免得离开这个世界，这个群体中的互联网渗透率会越来越低，互联网将在无线网络全面发展的基础上广泛普及。

加泰罗尼亚研究的结果可以在分析意义上往外延伸。正如 Jenkins（2006）提出的，传播的伟大融合，并不仅仅存在于技术和组织层面，尽管这些是为更广泛的融合过程创造现实基础的关键维度。传播的融合在根本上是文化的，它主要发生在传播主体的思想观念中，在其实践中以及在彼此的相互作用中整合了各种传播模式和通道。

全球数字时代的传播

基于上述分析，我们现在已经能够厘清构成全球数字时代传播结构的线索。基于微电子的信息和传播技术，使得以数字化、全球化、复合化和多通道超文本为特征的所有形式的大众传播的整合成为可能。新传播系统的交互能力带来了一种新的传播形式，即大众自传播，它使传播过程中的接入点及多样化倍增。这给传播主体带来了前所未有的自主性。然而，这种自主能力由世界各地的传媒企业和网络运营商的日益集中与联合而造成，但也由其控制和削弱。全球多媒体商业网络（包括政府所有的媒体）利用了管制放松和自由化的潮流，在多层组织中整合了传播网络、传播平台和传播通道，同时构建了将资本、政治和文化生产相联系的网络。

然而，这并不等于对传播实践单方面的垂直控制，其中有四个原因：（1）企业传播是多样化的，并且在某种程度上是竞争性的，作为一种市场策略给人们留下了选择空间；（2）自主的传播网络需要一定的自由空间来吸引公民/消费者，从而扩大新的传播市场；（3）监管政策在原则上应该由维护公共利益的机构所掌控，但它们常常背弃这一原则，就像 20 年前的美国一样；（4）增进自由的新技术增强了人们适应新传播形式的能力，人们不断努力去摆脱商品化和政治控制，虽然并非总能成功。

此外，传播组织在我们这个世界中以不同的文化模式运作。这些模式的特征是全球化和文化认同之间的对立，以及个人主义和集体主义之间的紧张关系。结果，普遍商品化的全球文化在文化上既是多样化的，但最终又受到其他文化表现形式的挑战。在互联网的基础上，传媒组织利用新技术和新的管理方法来为特定受众定制他们的信息，同时为本地文化表现的全球交换提供通道。因此，全球数字传播体系在反映权力关系的同时，并非基于某种主导文化自上而下的传播。同时基于具体的业务、权力和文化

136

配置，这种传播体系是多样的和灵活的，并在内容上保持开放性。

人们因为他们的多样性而得以识别（只要他们是消费者），并且由于大众自传播技术允许传播主体具有更大的主动性（只要他们声称自己是公民），所以创造性受众出现了。他们会把各种信息和代码与自己的代码和传播目的相结合。因此，尽管全球传播体系中的权力、资本和生产越来越集中，但传播实践的实际内容和形式却越来越多样化。

然而，正是因为这个过程是如此的多样，以及传播技术如此多样，新的全球数字传播体系对于每种形式、每种内容的社会传播都变得更加包容和全面。所有人、所有事物都能在这种相互交织的、复合化的、相互作用的传播文本中找到一种存在方式，但这种专属文本以外的任何信息仍然只是个人经历，并没有很多机会进行社会化传播。因为我们大脑的神经网络是通过与他们的环境，包括他们社会环境的网络互动来激活的，因此这一新传播领域以其多样化形式成为主要的信源，并成为构建人们头脑中意义的关键。由于意义在很大程度上决定着行动，因此传播意义通过框限人们的思想而成为社会权力的源泉。

第三章　心理与权力网络

心灵的风车①

传播是通过激活心理来分享意义的。心理是创造和操纵大脑中心理图像（视觉或非视觉）的过程。想法可以被看作心理图像的安排。一般来说，心理图像与神经模式相对应。神经模式是神经网络对活动的安排。神经网络连接神经元，这是一种神经细胞。神经模式和相应的图像帮助大脑调节躯体与环境的相互作用。神经模式是在物种的进化中形成的，它是原始大脑的"标配"，但会随着生命体经历的丰富而不断进化。

心理是一个过程，而不是一个器官。它是一种在大脑中发生的，与身体互相作用的物质过程。根据觉醒（wakefulness）、注意力（attention）和自我联系（connection to self）的水平，构成心理的心理图像可能是有意识的，也可能是无意识的。对某物具有意识意味着：（1）具有一定程度的觉醒；（2）集中注意；（3）将注意对象与中心主角（自我）连接。

① 本部分主要基于安东尼奥·达马西奥（Antonio Damasio）关于神经科学的理论体系。为了支撑本部分的分析，请读者参考他发表的一些著作：Damasio（1994，1999，2003）；Damasio 和 Meyer（2008）。多年来，我还从与安东尼奥·达马西奥教授和汉娜·达马西奥（Hanna Damasio）的持续交流中，学习了情感和认知研究领域的一些基本概念。我非常感激安东尼奥·达马西奥对本章提出的建议。我还要感谢乔治·拉克夫（George Lakoff）和杰里·费尔德曼（Jerry Feldman）。他们是杰出的认知科学家，也是我在伯克利时的同事。与他们的交谈以及阅读他们的作品，让本章的写作深受影响。我建议读者参考乔治·拉克夫的分析（Lakoff, 2008）。显然，我并不是要炫耀自己在神经科学或认知科学方面的任何才干，唯一目的是在我的分析中将这个部分作为一个层次，从而将政治传播和传播网络的知识与我们现在对人类思维过程的知识联系起来。只有通过这样一个跨学科的视角，我们才能从描述跨越到解释阶段，通过人类思想中的人类行为来理解权力关系的建构。当然，这种分析中的任何错误都要由我自己来承担责任。

— 111 —

　　大脑和躯体形成了一个有机体，这个有机体是由血液循环中的化学信号所激活的神经网络，以及通过神经通路发送的电化学信号相连接。大脑会处理来自躯体和环境的刺激，从而确保大脑主人的存活并提高其健康程度。心理图像，比如思想，是大脑中的特定区域与受内外部刺激的躯体本身的相互作用而产生的。大脑通过映射和存储活动及其相应的反应活动来构成动态神经模式。

　　身体图像有两类：身体内部的图像，以及由具体感觉所捕获的外部环境变化图像。一般来说，这些图像源自身体活动或被感知为与身体有关的活动。一些图像与体内世界有关，其他与外部世界有关。一般情况下，与身体和环境变化有关的图像，是在大脑中通过构建现实的复杂过程而实现转换的，这种转换建立在感官经验的基础上，而感官经验来源于大脑的各个区域与储存在记忆中的图像的相互反应。不同来源的复杂图像的构建通过神经结合（neural binding）发生，而神经结合则是通过大脑不同区域中神经元的同时活动实现的，这种神经结合会在单个时间间隔中将各种来源的活动结合在一起。随着时间的推移，连接越来越紧密的图像、想法和感觉的关联网络构造出了以情绪、感觉和意识为构成元素的神经模式。鉴于此，心灵将大脑中的网络模式与我们的感知模式相结合，这些模式都来源于构成了我们过去、现在和未来经验的物质、能量和活动网络（"未来"是指根据存储在大脑中的图像而针对某些确定信号所做的后果估计）。也就是说，"我们"也是连接到网络世界的一种网络。每个神经元都有来自其他神经元的成千上万个连接，同时也有输出到其他神经元的成千上万个连接。在人类大脑中有 100 亿到 1000 亿个神经元，所以这种连接数量高达数万亿。不管是立即发生的还是经过一定时间积累的，这种结合回路都会为我们创造经验。

　　我们对内部或外部真实活动的反应来建构现实，但我们的大脑不仅仅是反映这些活动。相反，它根据自己的模式处理它们。大脑的大多数加工过程是无意识的。所以，我们的现实既不是客观的也不是主观的，而是一种物质结构的图像，它将现实世界（我们外部和内部）发生的事情与我们大脑回路中所刻画的经验材料相结合。这种结合是通过一系列对应组合产生的，而这些对应组合是在事件的特征与可用的大脑调节功能的反应记录之间逐渐建立的。这些对应组合不是固定的。它们可以在我们心理被操纵。神经结合会创造新的经验，我们可以在我们所感知的对象之间建立时空关系。这种时空建构在很大程度上决定了我们对现实的建构。这需要在更高层次对图像进行操作。也就是说，它需要有意识的思想，一种能够代表活动和心理关系的思想。例如许多隐喻都来自于躯体经验。事实上，躯体本身就是心理活动的来源，包括有意识的心理。但在抽象的高层次上处理这些信号，已经成为躯体自我保护的基本机制。正如达马西奥写道的："由身体提供且听从身体的大脑中的思维是服务于整个身体的。"（2003：206）

意识可能是源自将感知到的大量心理图像与记忆图像整合的需要。精神过程的整合能力越强，身体解决问题的能力越大。这种强大的重组能力与我们所说的创造和创新息息相关。但是有意识的心理需要一个组织原则来指导这种高层次的活动。这种组织原则便是自我：心理图像的操作过程应该服务于特定生物体的识别。出于生存和幸福的一般目的，大脑为自我的生存和幸福制定了一个特定的心理操作过程。因此，我们所拥有的感觉 140 和情绪发挥着基本的指导作用，这种指导能确保我们的活动是为了身体本身。实际上，没有意识，人就不能生存。

意识运作于心理进程中。对情绪、感觉和推理的整合，以及由此引发的最终决策，决定了心理进程。心理表征通过纳入决定了我们生活方式的情绪、感觉和推理，而成为行动意义的推动力。我们需要理解这种机制，从而能够在谈论情感政治时，或者在当我说我想做的事情时，掌握到实际想表达的意思。情绪、感觉和推理都源于大脑和躯体之间同样的神经模式，并遵循同样的联系和多层表征的规则，而这正是心理动力的特征。

安东尼奥·达马西奥（1994，1999，2003）在实证和理论上都已经证明了情绪和感情在社会行为中的突出作用。情绪是由大脑检测到情绪适应性刺激（ECS）而引起的化学和神经反应的特殊模式，即由我们感知到某些内容后所发生的大脑和身体的变化（例如恐惧情绪是当我们面对死亡的形象或唤起对死亡的记忆时产生的）。情感植根于我们的大脑（和在大多数物种的大脑）深处，因为它们是由我们进化过程中的求生欲望所催生出来的。Ekman（1973）确定了六种无处不在的基本情绪。实验研究表明，这些情绪的运作可能与大脑中的特定系统有关。这六种基本情绪是：恐惧、厌恶、惊喜、悲伤、幸福和愤怒。没有特定情感系统的物种或个人不太可能存活。

情绪在大脑中被感知为感觉。"感觉是对于身体某种状态的感知，以及对于某种思维模式和某些特定主题心理的感知。"（Damasio，2003：86）感觉来自于情感驱动的大脑中的变化，只有达到足够强度的水平，它才能被有意识地处理。然而，感觉的过程并不是一个简单的情绪转录。感觉会在记忆背景下处理我们内心的情绪（也就是说感觉包括与其他活动的关联，它既可以是个人直接经历的，也可以是遗传的或文化所转换的）。此外，情感模式源于情感主导的刺激的特质和特定个体的脑图的特质之间的互动。

我们大脑中的图像会被物体或活动刺激。我们虽然不会再现活动，但我们会处理活动。神经模式会令我们产生心理图像而不是其他东西。心理发挥作用的主要图像来自于身体或通过其外部传感器（比如视觉神经）获得，而这些图像是以活跃或不活跃的神经模式为基础的，这些神经模式与身体内部或外部环境密切相关。

我们的大脑根据它自己的地图（或自己建立的关联网络）处理活动（不管是内部的还是外部的）。这些活动在大脑中是结构化的。通过将这些地图与事件相连接，神经结合能够激活两个特定神经递质确定的情感通路，来创造情感体验：多巴胺回路传达积极的情绪；去甲肾上腺素回路传达负面情绪。这些情绪路径与前脑连接，大部分个体决策过程在此发生。这些集中的通路被称为体细胞标记，在将情绪与事件序列的连接中，它们起着关键作用。

大脑活动不可避免地会产生原我（proto-self），这是构成自我的必要步骤，它会与大脑中感觉的生产过程共用一些机制。因此，感觉和自我出现的构成密切相关，但只有当自我形成时，感情才会被处理为感觉。通过被有意识的自我所感知，感觉能够控制社会行为，并且最终通过将过去与现在的感觉相连接来影响个体决策，进而通过激活与感觉和事件相关的神经网络来预测未来。这种联系能力能经由对情感主导事件及其后果的记忆，来有效提高大脑学习的能力。

情绪和感情会在心灵中相互连接，从而指导自我转向与自我内部和外部网络相关的个体决策。人类心理的特点是它具有思考未来的能力，即它将可预见的事件与脑图联系起来的能力。大脑为了将这些地图与外部事件相连接，必须要有一个传播过程。简单来说，人类心理的激活要通过语言对脑图的连接才能实现。

为了产生这种传播过程，大脑及其感官知觉需要"传播协议"，其中最重要的就是隐喻。我们的大脑以隐喻的方式进行思考，虽然这是通过语言的方式进行传播的，但它们在大脑中呈现的是物质结构（Lakoff and Johnson，1980；Lakoff，2008）。拉克夫对此的分析是：

> 正如神经科学家所说，"一起放电的神经元串联在一起"。由于同一回路被日复一日地激活，神经元上的突触会越来越强，直到永久回路形成。这被称为神经性募集（neural recruitment）……"神经性募集"是沿着路径加强突触以创建通路的过程，沿着该通路足够强的刺激可以流动。神经元使用越多，刺激得到的"加强"越多。"加强"是突触处神经递质的化学受体数量的物理增加，由此这种物理上的"募集"性回路就构成了隐喻。因此，隐喻是物质上的……简单的隐喻可以通过神经结合形成复杂的隐喻。（2008：83-4）

隐喻对于语言（即人类沟通）和脑回路的连接至关重要。我们通过隐喻来构建叙事。叙事由框架构成，框架与大脑结构相对应，而大脑结构是随着时间推移由大脑活动所产生的。框架是相关联的神经网络，可以通过隐喻从语言中获得。框架建构意味着激活特定的神经网络。在语言中，词语在语义场中是相互关联的。这些语义场指的是概念框架。因此，语言和心理可以通过框架进行交流，这些框架构成了激活大脑网络的叙事。隐喻通过在脑映射的基础上选择语言和经验之间的特定联系，来框限这种交流。但这种框架的建构并不是随意的。他们以经验为基础，产生于依据文化定义社会行为主体的社会组织，然后在大脑回路中连接。因此，家长制家庭的基础是父亲/族长和母亲/家庭主妇的作用，它是通过统治以及历史上的性别分工建立起来的，并通过生物进化和文化经验记录在人们的脑回路中。从这个理论出发，如果我们遵循拉克夫的命题，许多社会和体制结构便是基于严父型框架和养育式父母（nurturing parent）框架（不是母亲，因为性别隐喻是文化上的）。虽然关于这个命题还存在着普遍的争论（实际上拉克夫指的是美国文化），但拉克夫揭示的框架机制还是能够支持他自己的观点。

叙事定义着社会环境中的社会行为主体。社会行为主体是以框架为基础的，这些框架存在于大脑和社会实践之中。Goffman（1959）对角色扮演作为社会互动基础的分析也建立在构成社会组织的角色决定基础之上。框架是一系列对应组合的产物，角色在叙事中组织，叙事在框架中结构化，简单框架整合在复杂框架中，语义场（相关词）在语言中与概念框架连接，大脑中的框架映射通过神经网络活动基于经验（进化的和个人的，过去的和现在的）而得以建构。需要注意的是，语言不仅仅是简单的口语，它还可以是非口语的交流（例如身体语言），以及技术媒介建构的图像与声音。大多数交流是围绕隐喻构建的，因为接入大脑的方式是：通过激活适当的、在交流过程中会受到刺激的大脑网络。

144 人类行为通过一个包括了情感、感觉和思考的个体决策过程来实现，如图 3-1 所示（由达马西奥提出）。这个过程的关键是情绪在影响个体决策方面起双重作用。一方面，它们暗中激活与决策对象问题相关的情感体验。另一方面，情绪可以通过推动主体以感觉的方式决定而直接作用于决策过程。这并不是说判断不起作用，而是人们更倾向于选择有利于支持他们决定的信息。

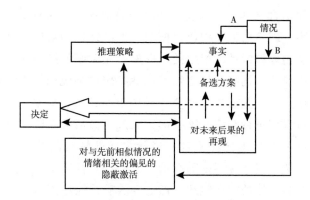

图 3-1　达马西奥提出的个体决策过程

资料来源：达马西奥（2003：149）。

因此，个体决策有两个途径，一个基于框架推理，另一个直接基于情感。但情感因素既可以直接作用于个体决策，也可以间接通过给推理标记积极或消极的信号，从而基于过去的经验来缩小个体决策空间。信号总会以这样或那样的方式与躯体产生关系，因此可以说，这些信号是体细胞的标记。卡尼曼和特沃斯基（1973）对经济决策进行的实验看起来可以证实，从情感和感觉直接到个体决策存在快捷方式，无须经过战略思维的间接处理。

传播以其不同的模型在决策过程中对于激活相关的神经网络发挥着主

要作用。这是因为"当我们生活在一个故事中时,我们会使用大脑中一些相同的神经结构"(Lakoff, 2008:40)。虽然两个过程之间存在差异,但我们的大脑确实会使用相同的结构来感知和想象。

传播可以影响行为的一种方式是通过激活我们大脑中所谓的镜像神经元(Gallese and Goldman, 1998;Gallese et al., 2004;Rizzolatti and Craighero, 2004)。镜像神经元代表的是另一个主体的动作。它们支持模仿和同情的过程,使得我们能与其他个体的情绪状态产生联系,这是动物和人类世界中进行合作的基础机制。然而,镜像神经元无法单独行动,它们依赖于大脑网络中更广泛的活动。根据达马西奥和梅耶:

> 镜像神经元区域中的细胞本身不具有意义,并且它们不能单独执行动作的内部模拟……镜像神经元是基于连续学习模式而产生的广泛的神经活动;这些模式会产生内部模拟并建立动作的含义……神经元就在这个过程的核心……它们并没有那么像镜子。它们更像是木偶大师,拉扯着各种记忆的线索……镜像神经元拉动着记忆的线索,但木偶本身是由一个大脑网络所构成的。(Damasio and Meyer, 2008:168)

情感不仅是感觉和思考的关键,而且它们对于社会性动物的交流来说也是必不可少的。镜像神经元通过激活某些神经模式,能在情感交流中发挥重要作用,因为当我感到恐惧以及当我看到别人感到恐惧时,或者当我看到人类感觉恐惧的图像时,或者当我看到能引发恐惧的活动时,同样的神经网络都会被激活。此外,由镜像神经元激活模式产生的模拟过程会促进语言的建构,因为它们有利于从观察和动作到一般表征(即抽象过程)的转变。抽象能力采用的是符号表达,这正是通过语言进行传播的来源。

镜像神经元及其激活的神经模式还可以帮助心灵表征其他人的意向心态(intentional states)(Schreiber, 2007)。镜像神经元会在动作开始执行时和观察到其他人的动作时触发。然而,为了使这个行动在我的大脑中有一个意义,我需要评估主体正在干什么。内侧顶叶皮质是由其对环境的评价而产生的情绪适应性事件(ECS)所激活的(Raichle et al., 2001)。因为这些中间区域在自我指涉刺激(self-referential stimuli)的检测、表达、评估和整合中是活跃的,所以许多神经科学家认为大脑的这个区域对于自我的构建至关重要(Damasio, 1999;Damasio and Meyer, 2008)。实验表明，评估他人的意向心态以及发送信号来影响这些意向的能力有利于向更高的合作发展，从而获得更好的个体和群体结果（Schreiber，2007：56）。

镜像神经元诱导的神经模式对我们大脑的激活，正是我们同情、认同或拒绝的来源，这种机制在我们看电视、看电影或阅读文学作品，甚至是感知政党和候选人的政治叙事时是一样的。正如拉克夫（2008）所说，相同的神经结构体验和经验再现会产生"巨大的政治后果"。Westen 说："政治说服与网络和叙事相关"（2007：12），因为"政治大脑是一个情感大脑"（2007：XV）。这就是为什么说"真正决定选举的是选民的心态"（2007：4）。

事实上，越来越多的政治科学和政治传播研究已经在政治过程中建立了一套复杂的心理和权力之间的联系机制。权力如同其他现实一样，都建构于我们大脑中的神经网络。权力在心灵的风车中生成。

情感、认知与政治

政治认知（political cognition）一直是人类进化中的关键因素，它在人类寻求生存和福祉过程中有助于促进合作和集体决策。越来越多的研究揭示了政治决策中认知和情感的结合。政治认知是情绪化的。认知和情感没有对立面，但在决策中认知和情感之间的连接存在不同形式。在有或没有焦虑（情绪）的情况下，信息处理（认知）可以导致两种不同形式的决策：理性决策，即将其作为评估新信息的过程；或常规决策，即基于大脑处理过去的经验。

情感智力理论（theory of affective intelligence）提供了一个有用的分析框架，在政治传播和政治心理学研究中发现了多样化的证据，从而支持了情绪诉求和理性选择存在互补机制的观点，这种互动和决策过程中的相对权重取决于过程中的语境（Marcus et al.，2000；MacKuen et al.，2007；Neuman et al.，2007；Marcus，2008）。事实上，情绪障碍使人无法做出正确的认知判断。活动评估是情绪化的，并且通过体细胞标记物形成（Spezio and Adolphs，2007：71 - 95）。根据 MacKuen 等人的观点，"理性只适用于某些情况"（2007：126）。不断增加的焦虑表明了不确定性的存在，而不确定性与理性相关：

意识形态主导着盲目乐观的选民们的选择——这部分选民对自己

的候选人并不感到不安。但另一方面，当触发他们的情感预警机制时，他们会改变他们的行为……当情绪上的刺激触发了理性的思考，也就是说，对党的候选人高度焦虑时，公民会减少自身对情感的依赖并增加他们对现时信息的依赖。（MacKuen et al.，2007：136）

因此，有趣的是，强烈的情绪触发警告机制，增加了公众对决策进行理性评估的重视（Schreiber，2007）。情感突出了认知的作用，同时影响着认知过程。

根据情感智力理论，与政治行为相关性特别高的情绪是热情（及其相反的抑郁）和恐惧（与其对应的是平静）。但这些政治情感的源头是什么？针对一个特定事件，情绪是如何进行积极或消极地渲染的？

政治行为以两种情感系统为条件：（1）配置系统激发热情并组织行为，以实现既定环境中主体热心的目标；（2）监控系统，由于给定 ECS 的存在而经历恐惧或焦虑时，要求思考机制仔细评估并对感知到的威胁进行充分反应。所以，根据行为倾向采取行动会引发热情，而焦虑会增加对具体情况复杂性的考虑。换句话说，受热情支配的公民会遵循政党路线，而焦虑的公民则会仔细衡量他们的选择。

根据 Huddy 等人的分析（2007），积极和消极影响与人类进化的两个基本动机系统相关：接近和回避。接近系统与寻找目标行为相关，这种行为通过将个体引导到产生乐趣和回报的经验和情境中，来产生积极的情绪。负面影响与旨在保护个体免受负面活动侵害相关。他们的分析所依据的事实表明，两个系统的激活是在大脑的不同区域和不同的神经通路上（Davidson，1995）。积极情绪和消极情绪之间存在着微弱的联系，因为两者并不是相反的。积极的情绪更常见。当需要将决策付诸行动的时候，负面情绪会增强。然而，这种分析模型并不考虑负面情绪类型之间的差异，例如焦虑和愤怒。神经学研究将愤怒和接近行为、焦虑和回避行为两两相连。此外，焦虑和风险规避，愤怒和冒险之间存在关联（Huddy et al.，2007：212）。焦虑与提高警惕和避免危险相关，但愤怒不是这样。焦虑是对受到威胁的人几乎无法控制的外部威胁的反应。愤怒是对与欲望相矛盾的负面事件的反应。愤怒随着对不正当行为的感知以及行为责任主体的识别而增加。焦虑和愤怒有不同的后果。愤怒会导致对事件的轻率处理、风险感知的降低，以及对给定行为相关风险更强的接受能力。焦虑与回避行

147

为相关，并促发更高水平的危险评估，对所涉风险的更高关注，以及对信息的谨慎评估。例如，一些关于消极情绪和伊拉克战争的研究没有发现这些感觉与对战争态度之间的关系。但这是因为他们混淆了愤怒和焦虑两种情绪。由胡迪等人进行的研究（2002）发现，对萨达姆·侯赛因和恐怖分子的愤怒与对美国发动伊拉克战争的支持之间存在联系，而针对这一问题的焦虑则与反对战争之间存在联系。焦虑导致风险规避行为，愤怒导致冒险行为。焦虑与未知对象相关，厌恶与众所周知的消极对象相关（Neuman，2008）。

情感通过两个途径影响政治判断：（1）当熟悉情况时基于对相关领导的信赖，对政党、候选人或意见领袖具有忠诚感；（2）当不熟悉情况时基于焦虑加重影响下的理性判断，对政党、候选人或意见领袖进行严格审核。在这两种情况下，单纯的理性不决定决策；它取决于对激发情绪的信息所进行的第二层级的处理。

政治认知的情感成分限制了处理相关问题和候选人信息的有效性。为了解公民如何处理他们的政治知识，瑞德洛斯克等人（Redlawsk et al.，2007）使用动态过程投票技术对一组学生进行了实验。他们的研究结果表明，焦虑依赖于环境，并仅对他们青睐的候选人有效。在高威胁环境中，焦虑导致民众处理信息时更为小心，他们会通过更多的努力来了解令他们产生焦虑的候选人，更多地关注候选人对问题的立场。但在低威胁的环境中，焦虑对信息处理和学习没有太大的影响。另外，似乎存在一个焦虑阈值：环境中的焦虑太少，学习无法激活，但太多的焦虑损害学习。在这两种环境中，焦虑对不中意的候选人的信息处理影响不大。焦虑与未知对象相关，而厌恶与众所周知的负面对象相关（Neuman，2008）。

需要再次强调的是，从影响效果来看，愤怒与焦虑不同。在低威胁环境中，那些引发愤怒的信息得到了更多关注。当这种愤怒指向以前心仪的候选人时，情绪随之就变为厌恶，因为选民支持其他候选人时，对于他曾经支持的候选人的立场往往记忆并不准确。另一方面，更大的热情导致更频繁地搜索信息，尽管更频繁的搜索并不总是产生对问题更准确的评估。更高水平的政治经验增加了与候选人和政党的情感联系，因为公民会依赖他们已有的隐含联系。另一方面，缺乏政治经验的人更倾向于使用他们的认知机制来评估他们的选择（Redlawsk et al.，2007）。

扎勒（Zaller，1992）的一项经典研究发现，不确定性提升政治信息关注度，增加了实际保留该信息的概率。当寻求信息时，人们从自身的价值观开始，然后寻找信息以确认他们的价值观。类似的，Popkin（1991）的研究表明，个体在认知上是个吝啬鬼，他们寻找确认其现有信念和习惯的信息，这种认知快捷方式减少了执行任务所需的精力（Popkin，1991；Schreiber，2007）。例如，人们将根据他们可以回忆起的信息而不是从各种来源收集的整套信息做出判断。这种记忆回忆与反射系统相关联，而反射系统在形成态度方面发挥着潜意识的作用。

显性态度构成一组有限信息。隐性态度来自许多自动关联的因素，并容易受到刻板印象的影响。隐性态度和显性态度经常冲突。隐性态度在政治决策中具有强大的作用，因为它们有助于建立促进合作的联盟。联盟和合作对早期人类的生存具有根本性作用，它通过诱导认知竞争激发了人类智力的演变。人类基于一些共同特征建立了联盟，其中一个特征就是种族，这导致了种族偏见。多种族联盟必须围绕除种族之外的其他共同特征建立。因此，合作而不是合作者的特征是能够超越种族或性别偏见的政治纽带（Schreiber，2007：68）。

所有政治都是个人化的。社会网络在确定政治行为中发挥着重要作用。如果人们在他们的社会网络中发现相同的态度，他们在政治上将更加积极，而当发现社会网络中存在对立的观念，他们将减少参与。强大的党派更有可能存在于同质化的政治网络中。某主体的态度受到网络中其他人感觉的影响。态度在共同的实践中产生，因此如果实践改变，人们的态度也可以改变（MacKuen et al.，2007）。态度取决于情感，情感是通过情绪的感知来构建的。如上所述，研究表明一些情感可以取得跨文化共鸣。这些情感中的一部分在政治过程中发挥特别重要的作用。其中一种情绪是恐惧，另一种是期望（Just et al.，2007）。因为期望涉及未来的行为预期，150所以它也伴随着对无法实现的恐惧。由于人类思维的一个显著特征是想象未来的能力，期望是激活脑图的一个基本要素，它会激励政治行为，并以未来更好的生存作为当下行动的奖励。因此，期望是政治动员的关键组成部分。

但期望也混合着选民对心目中候选人选举失败的恐惧，或担心受其欺骗。期望和恐惧在政治过程中结合在一起，竞选信息通常被用来激发选民的期望，以及给选民灌输对竞选对手的恐惧。恐惧对于自我保护至关重要，而期望对于生存来说也是至关重要的，因为它让个人预估他们的决定所带来的后果，并激励他们采取期望受益的行动。因此，恐惧和期望都鼓励人们寻求更多关于他们决定的信息。期望和热情是不一样的。期望包含了某种关于主体的不确定性，而正是因为这一主体期望才得以生成（比如政党或候选人）。热情只是一个积极的评价，并不一定需要预见社会的变革。但问题的关键是，对候选人或政治选择的评价与自我的目标相关。现实中不存在一种普遍的政治，它总是"我的政治"，由我的大脑的神经模式处理，通过与我的情感和我的认知能力相关的决定来实施，并通过我的感觉传播交流。这就是政治过程运作的人类行为框架。

政治运动中的情感与认知

正如 Brader（2006）所言，长期以来，学术研究一直将媒体和政治运动对选举结果的影响最小化（例如 Lazarsfeld et al.，1944），这与大多数政治顾问的信念和做法相矛盾。然而，自 20 世纪 90 年代以来，大量的政治传播研究为新闻、政治运动和政治广告对公民决定过程的影响提供了证据（例如 Ansolabehere et al.，1993；Ansolabehere and Iyengar，1995；Zaller，1992；Valentino et al.，2002）。大多数研究认为信息内容和政策问题是政治决策的基本因素。然而，越来越多的研究强调了政治运动中所包含的情感诉求的作用（Jamieson，1992；West，2001，2005；Richardson，2003）。Marcus 和他的同事（Marcus et al.，2000；Marcus，2002）基于前述神经科学和认知心理学的发现，已经证明了情感和有目的的思考在政治决策过程中的联系。他们对 1980～1996 年美国总统选举的研究表明，2/3 的选票可以通过两个变量来解释：对政党的感觉和对候选人的感觉，而政策问题对于选民决定的影响相对来说较弱。此外，只有当政策问题激发了选民情绪时，它才会变得更重要。

Brader（2006）基于这一证据，以及 Damasio 的身体标记理论（1994）和情感智力理论（Marcus et al.，2000），聚焦于两种被视为关键激励源的基本情绪：热情和恐惧，对情绪在政治广告对投票行为的影响方面进行了实证检验。他首先进行了旨在尽可能复制真实选举决定的实验，以确定影响投票模式的情绪在政治广告（特别是音乐和图像）中的嵌入机制。他的研究结果表明，竞选广告促发了热情，并动员了选民。然而，无论他们观看哪位候选人的广告，这都会让他们的选择出现极化，具体表现为重新确认他们已经做出的选择，并导致对候选人对手更强烈的排斥。另一方面，接触恐惧性广告造成了选民选择的不确定性，从而增加了改变选民政治偏好的可能性。恐惧性广告往往侵蚀对手的选民支持基础，同时提高那些对广告感到焦虑的选民关于投票重要性的认知。但恐惧广告也可能瓦解选民。因此，旨在灌输恐惧的广告有两种有利于竞选人的方式：动员竞选人的相关支持者和打击对手的潜在选民。有趣的是，最博学的公民对情绪诉求的反应也是最热烈的。这与情感智力理论的主张是一致的，根据该理论，情感可以充当"关联探测器"。当信息触发对选举结果的负面影响的恐惧时，对候选人的立场会有更严格的审查标准。因此，前面部分提出的假设是经过实证检验的，即情感不能代替决策过程中的分析，它是激活更高水平的反射行为的因素。

根据他的实验结果，Brader 开始对 1999 年和 2000 年美国选举活动期间的 1400 个国会和州长竞选广告进行内容分析。他发现，大多数广告都有强烈的情感内容，热情和恐惧是研究样本中的两个主要框架。实验发现一个倾向，现任官员多使用热情框架，而候选人则往往诉诸恐惧框架。选民关注既定政策的后果越多，政党广告在其信息中使用恐惧诉求的可能性就越大。然而，恐惧和热情两种情绪通常在同一个广告中混杂，并且与政策问题相关。换句话说，Brader 发现情感广告（emotional ads）和推理广告（reasoning ads）之间没有对立。情感是传达主张的渠道，正如他写道：

> 情感和信息是相关的。通常需要内容和主张来传达整体信息……这个信息必须为选民提供让他们感到害怕或者有期望的东西，以及在许多情况下，选民应该如何处理这些感情……情感不仅仅是观点的延伸。它们给主张提供了支持，不是让它更有说服力，而是通过重新引导注意力和激励将想法付诸行动。我们的情感给我们的信号是：'这是重要的！'情感的迅速反应使得这个过程对我们接收到的信息产生偏见，更好或更坏。（2006：185）

因此，情感可以同时促进推理、对框架的理解，以及行动动员。然而，情感信息的影响根据其接收的环境而变化。它们取决于接收者在接收消息时的情感。它是某种刺激激活特定影响框架的能力。虽然框架是我们大脑中预先存在的条件，它们与特定图像的关联取决于在给定认知环境中的图像的含义：例如，在战争仍在继续的背景下，对世界贸易中心的轰炸便与针对恐怖主义战争相关的政治信息相关联；而一个被遗弃的工厂的画面在经济衰退中（失业）可能会与在经济繁荣中（离开传统工业企业去新科技企业中寻求高薪工作）产生不同的共鸣。正如在人们的思想中一样，信息和情感在政治信息的建构中是混杂的。

153　由于人们的思想是通过他们的经验来建构的，政治广告和政治运动旨在将具体的图像与特定的经验联系起来，以激活或抑制可能使指定政治主体得到支持的隐喻。公民通过管理他们的情绪状态（他们的感觉）和他们的认知状态（他们知道什么）之间的冲突（通常是无意识的）来做出决定。情感政治（Emotional politics）只是情感智力的一个维度，是为我们的反身性做出最佳选择的深思熟虑的行为。

信念的政治

形成舆论的基本材料有三种：价值观、群体倾向和实质的自我利益（Kinder，1998）。现有的研究表明，倾向和价值观（符号政治的构成要素）在政治观点的形成中比实质的自我利益有更大的发言权（Brader and Valentino，2007）。

当认知和情绪之间的冲突变得尖锐时会发生什么？多个研究似乎表明，人们倾向于相信他们想要相信什么。实验表明，人们在批判那些与他们的信仰相矛盾的事实时的敏感度比那些支持他们想法的事实更高。这种有偏向的选择性批判心理早在刚入学的时候就出现了（Westen，2007：100）。公民受到的教育水平越高，就越有能力对手头信息提供更充分的解释，以支持他们预设的政治倾向。这是因为更高水平的知识为人们提供了更多的智力资源用于自我合理化，以支持他们在情绪化诱导下产生的误解。1998~2004 年间，Westen 及其同事对人们在三次政治危机期间对于司法领域和政治领域的领袖们（包括总统）的评判展开研究，在单纯的情感条件约束下，他们就能够在 80% 的时间内预测人们的判断。Westen 写道："当人们在情感上对意义重大的政治活动做出判断时，认知的限制会有影响但却微不足道。当利益足够大时，人们更倾向于斯蒂芬·科尔伯特（Stephen Colbert）所说的'真实'（truthiness）高于'真理'（truth）。"（2007：103）

在同一论点中,动机推理效应理论在实验的基础上认为,个体表现出一种广泛倾向,即使面对与其评价相矛盾的信息时,仍会坚持对事件的评价(Kunda,1990;Lodge and Taber,2000)。个体更有可能回忆起那些符合他们所期望的结果或目标的信息,他们还可能利用自身的智力资源,搜索那些能够支持其目标而不是与之抵触的信息。因此,动机是个人处理信息形成判断的关键因素,特别是当他们处理重要问题时。同时产生的矛盾情绪会提升对一些信息的关注度,然而也会减少对新的矛盾信息的感知。

Sears 和 Henry(2005)已经将 30 年研究的证据进行系统化梳理,证明了经济利益对投票模式没有太大的影响,除非这些经济利益能够代表选民的价值观和信念。当发生重大经济危机或严重扰乱日常生活的事件时,这种情况便不成立。然而,即使在经济危机中,它也是个人对危机的情感反应,而不是如何更好应对危机的理性思考,这种情况主导了人们的思想和政治活动。在《堪萨斯怎么了》(*What's the Matter with Kansas*?)一文中,弗兰克(2005)分析了导致公民物质利益和政治行为之间分离的机制。相较于利益,价值观往往更能塑造公民的决策。价值观和利益之间的协调纽带是政党和候选人。人们通过他们的候选人的眼睛来看待政治,并基于对候选人正面或负面的感觉来行动。Westen 写道:"来自政治学的数据非常清楚:人们的选票会投给那些能够激发出适当情感的候选人,而不是投给提出最佳主张的候选人。"(2007:125)当他们举棋不定,或对自身感觉与"协调者"之间的联系不够信任时,他们就会放弃选举或转向政治批评,正如我将在第四章中分析的那样。

公民情感克制的一个关键来源是党派偏见,或对他们过去投过的党派的忠诚。这既是一个制度特征,也是一种情感因素。它是制度性的,因为它植根于该国的历史;它也是情感性的,因为儿童时期从家庭中习得的党派偏见植根于大脑之中,并与众多情感活动相关联。这在制度性环境中更为重要,例如在西欧、智利、印度或南非等地区和国家中,有组织的群众政党传统比美国更强。然而,正如我将在第四章中论述的那样,现在存在着一种普遍的趋势,世界各地都对传统政党越来越不满。因此,尽管对政党的从属情感在决定政治选择方面很重要,但公民信念似乎是决定政治行为的关键因素。这些信念在很大程度上取决于公民的期待。为了改变他们的信念,他们必须改变他们想要的。因此,根据 Westen 的研究,共和党人在 2003 ~ 2006 年期间调整了他们的观点，在主张中加入新证据，以支持伊拉克战争。他们首先相信有大规模杀伤性武器。当这项指控被证明是无中生有时，他们又围绕捍卫伊拉克的自由来重新包装自己的主张。只有当战争带来的痛苦和经济问题凸显到不可忽视时，多数美国人才开始接受这一残酷事实，并适应这一情感历程。然而，正如我下一节将会提到的，2007 ~ 2008 年，共和党因对胜利的渴望而采用了一套新的信念体系，该框架将胜利作为国家自豪感和权力的考验，采用的信息符合他们对胜利的情感喜好。对于这些公民，只要他们继续将爱国主义与军事胜利结合起来，只要他们继续生活在反恐战争的框架中，关于战争的消息就会根据胜利叙事自动过滤。

然而，政治信息和政治决策之间的联系并不直接，它由大脑根据从其传播环境中接收到的刺激来处理。因此，我们现在转而研究传播系统激活大脑的具体机制。

心灵的框架

在人们心中，将内容和信息的框架格式（神经网络模式）联系起来的信息处理机制，由传播中生成的信息激活。在对于权力生成的分析中，特别相关的问题是，新闻事件如何在媒体中被制造？以及他们如何被人们选择和解释？事实上，观众对不同新闻事件的关注度明显不同。

格雷伯（2007）的一项研究表明，根据 1986 ~ 2003 年的皮尤调查，只有 7% 的美国媒体报道引起了人们的极大关注，其中最主要的新闻是那些威胁到媒体消费者的安全或违反社会规范的内容。恐惧诉求吸引了最多的受众（Graber，2007：267）。这是对威胁生存事件的自然反应，并且这些反应调动了引起注意的认知资源。沿着前面几节讨论的认知科学家们的分析主线，Graber 报告称，没有必要亲自体验这种情况。新闻资讯（特别是图像）可以和生活经验一样充当刺激源。特别是仇恨、焦虑、恐惧和喜悦，既能产生刺激，又能保留在长时记忆中。正如我在本章中所指出的，当信息表明不需要异常反应时，个体对涉及其处置系统的刺激采用常规反应。但当大脑监视系统中的情感机制被触发时，更高级的决策能力被激活，从而导致个体更多地关注信息以及更积极地搜索信息。这就是为什么成熟的框架通常基于对情绪的唤醒。

Nelson 与 Boynton（1997）分析了在电视上引发恐惧的政治广告，发现恐惧和其他强烈的情绪激励人们搜索信息，但也决定了新闻的选择。因此，根据 Graber（2007）的研究，电视新闻（政治信息的主要来源）为特定主题设置议程的方式有：重复报道，放在头条，增加报道长度，指出事件重要性，精心选择有代表性的词语和图片，以及提前预告。根据皮尤调查的数据，Graber（2007）分析了新闻关注的机制。她提出了七组媒体事件的类型，并测量了观众对每种事件类型的关注。她的研究结果表明，可以增加新闻事件受关注度的因素包括：恐惧激发因素，立即对自我或重要的人造成伤害的刺激，以及新闻重要性的信号。对个人层面伤害的恐惧与对社会层面潜在损害的感知相互作用。根据她的数据，社会和政治事件的解读也不需要支持性的背景。刺激本身就可以发挥作用。换句话说，没有必要添加一个明确的解释，因为一个人的思想一旦被合适的刺激激发，框架就可以发挥作用了。而一旦框架被应用，叙事框架中传达的危险大小就成为影响的关键来源，而不是其视觉效果，所以关键因素其实是记录的信息，即使展示的并不壮观。更长的报道包含了更多的刺激，可以增加框架的有效性。 157

媒体构成社会化传播的主要来源，具有遍及整个社会的潜在效果，公众思想的框架主要通过媒体议程的设置来实现。通过新闻的报道和接受，公众感知自身和世界的关系。而在这一过程中，已有的传播研究发现，媒体和人们的关系主要包括三个过程：议程设置、预示和框架。

议程设置是指由信息来源（例如特定媒体机构）对一个特殊问题特定相关性的安排或对一组信息的设置，期望受众与信源强调的信息内容和格式保持一致。议程设置理论假设，尽管媒体无法告诉人们如何思考，但可以影响人们思考什么（Cohen，1963）。议程设置的有关研究认为，公众对某些问题的认识，尤其是政治、政策问题，与国家媒体中相关问题报道的程度密切相关（Iyengar and Kinder，1987；McCombs and Zhu，1995；1998）。此外，当媒体报道与观众的日常生活相关时，媒体议程设置功能显得尤为突出（Erbring et al.，1980）。因此，精英和平民的政治观点在很大程度上取决于大众媒体或其他能够广泛传播的消息源，如互联网（McCombs et al.，1997；Gross and Aday，2003；Soroka，2003）。

预示发生于新闻内容暗示新的受众时，采用的方法是他们应该以具体事件为参照来评估领袖和政府的工作。这通常被理解为议程设置的延伸……除了让一些问题在人们心中更加突出外（议程设置），大众媒体也可以影响人们对政治候选人等问题做出判断时的考虑（预示）（Scheufele and Tewksbury, 2007：11）。

158　　预示假设借鉴了本章前面几节提到的关联网络的认知模型。它认为，对特定事件的报道可以影响人们对其他问题的观点和态度。因此，一个问题报道越频繁，人们就越有可能吸收报道中该问题的相关信息来形成他们的评价。

框架是"选择和突出事件或问题的某些方面，并建立它们之间的联系，以此来推动一个特定的解释、评估或解决方案"的过程（Entman, 2004：5）。框架是激活大脑的基本机制，因为它直接将媒体传达的叙事结构与大脑的神经网络相连。需要谨记的是，框架是互相关联的神经网络。信息发送者在构建框架时，有时故意为之，有时出于偶然，有时全凭直觉。但框架总能为信息、接收信息的大脑和随后的动作之间建立直接的关联。根据拉克夫（Lakoff, 2008）的研究，框架不仅仅是标语口号的问题，它是一种思维模式，也是一种行动方式。它不仅仅是文字，虽然文字或图像是构建和传达框架所必需的。最重要的，框架不在头脑之外。只有那些能够将信息与大脑已有的框架关联到一起的框架，才会成为行为的激活者。Entman（2004）认为，使用最具文化共鸣特征的框架拥有最大的影响潜力：那些显而易见、明白易懂、过目难忘和情感充沛的文字和图像。寻求共鸣以及增加重复的数量级可以更有效地发挥框架的作用。共鸣和数量级越大，框架越可能在更多的受众中唤起相似的想法和感觉。构架通过在信息中留下缺口来实现，观众用他们先入为主的模式填充这些信息：它们是基于存储在记忆中的关联想法和感觉的必要过程。在媒体提供的信息中没有反框架的情况下，观众将倾向于所建议的框架。框架按照范式进行组织：常规模式网络提供从以前的事件到新的发展的类比应用。例如，框架可以重申具有强烈情感内容且众所周知的叙事，例如恐怖主义的范式，从而引发死亡恐惧。

虽然议程设置、预示和框架是信息建构中的关键机制，但媒体中的消息传播还取决于削弱观众解释信息的自主性的特定操作。一种做法是进行标记。班尼特（1990，2007；Bennett et al. , 2006）已经对专业新闻实践中标记的重要性进行了研究。出版商和编辑倾向于根据精英和公众舆论中对特定问题重要性的认识,来标记新闻和观点的显著性。更具体地说,媒体专业人士倾向于根据政府声明来排列给定问题的重要性。这并不是说他们只是复制政府的观点。相反,它意味着政府是主要问题的主要信息来源,并负责实际落实拟议的政策或行动计划的机构。因此,虽然听起来令人遗憾,但是政府政策提供的材料或政府官员的声明在标记过程中受到特别关注是可以理解的。

媒体决定标记的能力取决于精英和意见领袖在相关问题上达成一致或保持异议的程度。如果基本没有异议,媒体将根据对某一问题的单一评估进行标记(例如,"9·11"事件在美国立即产生的反响,导致对"反恐战争"框架的接受)。另一方面,在危机中精英的反应存在越多的分歧(例如美国卡特里娜飓风的后果),媒体对事件标记进行多样化的判断就越多。根据 Bennett(2008)的研究,记者的标记不是取决于一个问题对公众的重要性,而是取决于精英的参与程度。民意调查不过是用来支持融入新闻事件中的叙事模式。此外,标记不仅取决于精英的地位,而且还取决于权力精英之间的分化程度。

标记分析对于补足议程设置方面的研究至关重要,因为它揭示了新闻的来源。新闻组织在标记的基础上组织其叙事,有利于那些源于权力圈的问题和框架,并使其影响公众。因此,Hallin(1986)在对越南战争舆论的研究中,有一个很有影响力的发现,即绝大多数美国媒体通常不批评战争,直到 1968 年的新年攻势,这个转折"与政府本身的统一性和清晰度,以及整个社会的共识程度密切相关"(1986:213)。在另一项关于政治事件标记的研究中,莫明(1997)记录了美国在 1993 年决定干预索马里的做法并不是因为媒体的推动。相反,大多数媒体对该危机事件的报道是追随了美国政府关注索马里动乱的决定,而不是在此之前(Mermin,1997:392)。利文斯通和班尼特(2003)分析了 CNN 八年的国际新闻,发现虽然新技术增加了事件驱动型报道的数量,但官员"作为新闻的一部分,似乎跟以往一样多"(2003:376)。

然而,当意见领袖在其判断立场中产生分歧时,媒体会为他们的辩论和异议表达提供空间。反过来,精英对政策问题态度的差异在一定程度上可能反映了人们对这些问题的感受。然而,对于有自己意见的公民而言,他们需要信息和反框架来解释选择。赫布斯特(1998)分析了政治精英对

160

公众舆论的框架。她展示了由政治领袖、活动家和记者构成的代表如何建构"公众舆论"的数据，并呼吁利益集团和媒体专家的代表对此进行解释。霍华德（Howard，2003）认为，专业精英收集小型的公众舆论数据以影响领袖，和公众以自己的综合意见公开呈现的公共数据一样，它是对问题的自我判断。

框架不应被认为是媒体中系统性的政治偏见。许多研究表明，没有明显的证据显示媒体中有一致的政治偏见。然而如 Entman（2007）所认为的，这与另一研究相悖，该研究揭示了新闻和报道是如何支持某些阐释的。因此，也有可能是这种提问方式有误。相反，"经得住推敲的问题是，议程设置及文本框架内容和两者对受众的影响是否能保持持续的政治相关模式。通过将这种模式应用在媒体传播中，有实力的参与者会投入巨大的资源，以获取利益"（2007：164）。

Entman 在"偏见"的概念下，提出了整合议程设置、框架和预示三者的分析框架。"偏见"有三层含义。扭曲偏见指的是故意扭曲现实的新闻。内容偏见指的是"媒介化传播中提升冲突一方影响政府过度使用权力的稳定模式"（Entman 2007：166）。决策偏见指的是制造偏见内容的媒体专家的动机。安特曼认为，通过三种机制对流行性观点的共同作用，媒体不仅告诉受众该思考什么，如科恩（1963）的经典议题，而且告诉观众应该怎样思考。

161　　　　正是通过框架，政治人物塑造了影响或预示议程以及人们思考的文本……因为权力最简洁的定义是能够让别人做自己想做的事情（Nagel，1975）"告诉人们应该考虑什么"就是如何在非强制性的政治制度中施加政治影响（以及在强制性的政治制度中少施加）。（Entman，2007：165）

媒体框架的力量可以通过班尼特等人（2006）的研究来说明。他们研究了2003年4月美国军队在阿布格莱布监狱对伊拉克囚犯进行折磨的案例。尽管监狱的军事管理人员虐囚的摄影证据令人难以置信，但美国媒体仍然迅速采用了框架，即阿布格莱布监狱虐囚事件只是少数部队中的个案。一个关键的做法是在大多数新闻报道中没有使用"酷刑"一词。这个事件从新闻的标题中很快消失了，因为官方削弱了它的相关性，主流媒体不愿在战争中对美国军队进行批评。为了限制公众知晓美国军队实施酷刑的事实，必须限制公众接触"冒犯性"图像。其理由是，这些内容可能会令敏感的观众过于震惊。互联网提供了一个全球平台，揭露了阿布格莱布监狱的残暴事件。然而，美国媒体在播放这些图像的时候，比欧洲和世界其他地方的同行有更多的保留。

限制阿布格莱布监狱事件影像在美国公共领域曝光的努力，有时会形成持久的影响。例如，当著名的哥伦比亚艺术家费尔南多·博特罗在欧洲领先的艺术画廊展出他的阿布格莱布监狱折磨犯人的惊人画作时，他反复提出把展览带到美国，却被该国所有主要的画廊礼貌地拒绝了。最后，加州大学伯克利分校的拉丁美洲研究中心在大学的图书馆展出了绘画，此次展览获得艺术评论家和游客的赞誉。费尔南多·博特罗随后向伯克利捐赠了画作，它们如今仍在展览中。但博特罗艺术的见证却被从美国的公开辩论中谨慎地移除了，因为它具有争议性，尽管受到一个众所周知的现实事件的启发。然而，没有影像的现实是褪色的现实。

媒体框架代表了一个多层次的过程，它开始于公民形成认识之前，关键政治人物或利益集团与媒体进行的一场谈判。安特曼提出了一种有影响力的分析模型，称为级联活化（cascading activation），如图 3 - 2。该模型 162 基于安特曼（2004）关于新闻框架、公众舆论和美国外交政策问题的权力关系的研究，强调了影响层次结构中不同主体之间的顺序相互作用，结合了议程设置、预示、框架和标记，其特征在于反馈环中协调人物之间的关系不对等。在政治层次结构（高级行政官员）顶端产生的言论和事件通常会引起全国性和国际性政治新闻报道。这有两个主要原因：他们拥有信息优势，他们的政策选择最有可能产生重要的影响力（例如，在某些情况下战争与和平之间的决定）。议程设置过程被第二梯队的政治精英或第一梯 163 队的外国精英过滤，直到媒体根据从政治精英处收到的信息向公众提供框架。框架通过媒体和人际网络传播，并在人们心中被激活。但是，公众也通过影响媒体来做出反馈，其方式要么是通过发表评论，要么是仅凭他们的关注度。

需要注意的是，新闻框架一旦构建，就会反馈给政治精英。例如，一旦"反恐战争"框架在媒体上建立起来了，二级政治精英们用他们的言论和投票来进行抵制会冒很大的风险。罗宾逊（2002）证明，当政治决策不确定时，媒体框架对政治精英的影响最为明显。罗宾逊基于对六种不同的

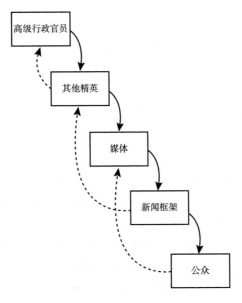

图 3 - 2 级联活化

资料来源：引自 Entman（2004：10，图 1 - 2）。

人道主义危机分析并提出了媒体政策互动模型，其中主要媒体框架解决了
美国干预问题。在所有六个案例中，他发现政策不确定性的水平与媒体框
架结合是美国最终决定是否介入的影响因素。这些发现与本章前面的讨论
一致：不确定性导致焦虑，需要在公众舆论和政治机构中加强关注，从而
使政府倾向于在一个高度突出的问题上采取行动。

在级联活化模型的分析中，公众等同于公众的意见，正如民意调查、
投票方式和其他集体行为的指标所反映的那样。在这个意义上，模型的逻
辑内化于政治体系中。公众被视为政治消费者和被动受众的混合物。这当
然不是研究者的意见，更不是 Entman 的观点。它反映了从政治精英和媒
体的立场，设置议程和框架的过程。该模型允许框架优势的度量，从新闻
中一个框架的完全主导到"两个或更多个解释大致平等"的"框架校验"，
而这正是"自由新闻理论期望的条件"（Entman，2004：48）。然而，研究
表明，在涉及外交政策时，框架平等是框架优势规则的例外，尽管在大量
案例中确实出现了一定程度的框架竞争（Entman，personal communication，
2008）。

　　主流政治精英对新闻框架拥有最大的控制权。当新闻框架涉及文化上
一致的事件时（例如，在"9·11"事件后或在战争时期国家防卫打击敌　164
人），这种控制水平会得到加强。事实上，Gitlin（1980）、Hallin（1986）、
Luther 和 Miller（2005）发现，在战争期间，美国新闻界倾向于排斥反对
声音（例如反战运动）与拥有特权的政界人士，并经常侧重于抗议本身的
图景，而不是抗议者的立场。这不是美国特有的现象。对伊拉克战争报道
的研究发现，在英国（Murray et al.，2008）、瑞典（Dimitrova and
Strömbäck，2005）和德国（Lehmann，2005；Dornschneider，2007），持官
方政治立场的人士始终比那些异议人士获得更多的媒体时间。

　　当涉及文化上有歧义的事件时，反框架会有更大的影响力。例如，在
处置卡特里娜飓风造成的灾难时，政府的保护作用就与现场报道相抵触。
然而，媒体有可能接受政府设定的问题框架，而不接受对随后行动的解
释，如入侵格林纳达（1983）、轰炸利比亚（1986）和巴拿马入侵
（1989－1990；Entman，2004）。

　　在级联活化模型中，媒介也是分等级的。因此，《纽约时报》和其他
领先的传媒公司通过媒体间议程设置的过程，与其他媒体关联起来（Van
Belle，2003；Entman 2004：10；Golan，2006）。级联模型中框架处理的差
异取决于两个主要因素：政治精英的一致性或差异性的程度，以及在级联
顶部提出的框架的文化一致性或不一致性。当决策者和国家文化之间的精
英和（或）文化不一致（例如公然侵犯人权）时，媒体专业人员有更广泛
的机会引入反框架或各种解释模式。为了让反框架足够强大，以挑战精英
引入的框架，它们需要在文化上与公众共鸣——或至少与记者对舆论的看
法共鸣。

　　级联活化的各个级别取决于在特定的框架集合中交换了多少信息。可
以从一个层次过渡到另一个层次的信息要基于选择性理解。动机在级联每
个级别的框架有效性中起关键作用。如本章前面所述，传播过程中的参与
者是认知缺乏者，他们将根据自身的习惯选择信息。精英选择有助于促进
他们政治生涯发展的框架。媒体专业人士选择可能最吸引观众的新闻，而　165
不会冒被强大力量报复的风险。人们倾向于避免情绪失调，因此他们会寻
找支持自身观点的媒体。例如，当人们不满意某个媒体系统中的框架时，
他们会试图避开其中的级联过程，从国外信源中搜索在线新闻。Best 等人
（2005）的研究已经表明，对本国的主导框架不满的个体会从外国媒体来

源（通常通过互联网）寻找确认性信息。因此，级联活化在特定的系统内发挥作用，并与特定的媒体环境相关。当在一个特定的媒体环境中，框架未能被接受或遭到抵制时，全球新闻媒体网络为公众提供了一种可选择的方案。事实上，对于人们的看法和行为来说，媒体框架不是不可抗拒的决定性因素。与揭示社会行为主体如何通过媒体影响人类心灵的机制同样重要的是，也需要强调心灵具有对不同来源的可选框架进行反应的能力，或者拒绝接收不符合自身思维方式的新闻。

为了研究框架和反框架通过传播过程在人类思维形塑中的相互作用，我们现在将研究一个传播和权力关系的案例：将美国公众引向伊拉克战争的框架。

征服心灵，征服伊拉克，征服华盛顿：从讹传到神秘化①

2004 年 3 月，美国政府改革小组委员会发布了一份报告，其中包括一个可搜索的数据库，里面有关于伊拉克战争起因的 237 项虚假或误导性声明。这些是由小布什总统、副总统理查德·切尼、国防部长唐纳德·拉姆斯菲尔德、国务卿科林·鲍威尔和国家安全顾问康多莉扎·赖斯分别在 125 次公开露面中发布的声明②。这些声明内容涉及伊拉克的核能力，以及它与基地组织的联系以及萨达姆·侯赛因涉及"9·11"事件等。2004 年 6 月，"9·11"委员会报告强调，没有证据显示萨达姆·侯赛因和基地组织之间有联系。2004 年 7 月，参议院情报委员会发布了一份类似的报告，也与小布什政府的声明相矛盾。2004 年 10 月，小布什政府派出的调查该问题的查尔斯·杜弗尔发表了一份报告说，调查没有发现伊拉克在 1991 年之后拥有大规模武器计划的证据（Duelfer，2004）。迄今为止，也没有发现任何能够证明大规模杀伤性武器真实存在的证据，更没有发现萨达姆政府和基地组织在战前就有联系的证据。

美国媒体和国际媒体及时广泛报道了这些发现。然而，2004 年 10 月，根据 Harris 的民意调查，38% 的美国人仍然相信美国在伊拉克已经

---

① 本节是对 2006 年我和 Amelia Arsenault 合作的一篇论文的扩展和更新（Arsenault 和 Castells，2006）。

② http：//oversight. house. gov/IraqOnTheRecord/.

定位了大规模杀伤性武器。此外，62%的人认为"伊拉克为基地组织提供了大量支持"（Harris，2004b）。更令人惊讶的是，2006年7月，虽然连年的官方信息和媒体报道都表明，美国对于伊拉克的战前形势进行了伪造，但 Harris（2006）进行的一项调查发现，相信大规模杀伤性武器的美国人竟然从2005年2月的36%增加到50%，认为萨达姆·侯赛因与基地组织有密切联系的从2005年12月的低点41%回升到64%（见表3-1）。

表3-1 美国人对伊拉克战争的误解（2003~2006年）

	伊拉克存有大规模杀伤性武器(%)	萨达姆·侯赛因与基地组织关系密切
2003年6月3日	69	48
2003年8月3日	67	50
2003年10月3日	60	49
2004年2月4日	51	47
2004年4月4日	51	49
2004年6月4日	—	69
2004年10月4日	38	62
2005年2月5日	36	64
2005年12月5日	26	41
2006年7月6日	50	64

误差：±3%。
资料来源：Harris Poll（2004a，b，2005，2006）。

通过一系列不同但一样可靠的来源，国际政策态度计划（PIPA，2004）的一系列调查也发现公众对形势存在普遍误解，并由此导致了伊拉克战争。根据 PIPA 的调查，到2004年8月，虽然多个政府信源已经证实这些看法是错误的，但仍有35%的美国人认为美国已经定位了大规模杀伤性武器；另有19%的人认为，虽然没有发现任何武器，但伊拉克确实在制订发展这些武器的计划。此外，35%的人认为，伊拉克对基地组织提供了大量支持，但没有参与"9·11"的袭击，15%的人认为"伊拉克直接参与了'9·11'的袭击"。此外，2006年12月，美国伪造伊拉克战前局势的事实，虽然多年来已经有大量官方信息披露和媒体报道，但 PIPA 进行的一项新调查发现，51%的美国人仍然认为发现了大规模杀伤性武器，或伊拉克有生产大规模杀伤性武器的重要计划；

167

50％的美国人认为萨达姆·侯赛因与基地组织有密切联系，或直接参与
"9·11"①。

　　为什么这么高比例的人在这么长时间内仍然会保持误解？到底是什么
社会过程导致了公众广泛接受这些假消息？这些假消息产生的政治影响是
什么，特别是在对战争的态度方面？通过假消息得到的战争支持在总统和
国会选举中影响如何？针对这些问题，我将基于本章中提出的理论和研
究，而无须参考我已经引用的内容。

　　需要重申的是，人们倾向于相信他们想要相信的东西。他们过滤信
息，以适应倾向性的判断。相对于跟他们的信念相符的事实，他们更不
愿接受那些挑战他们信念的事实。此外，不管那些矛盾的信息，小布什
政府在战争开始后继续发布误导性声明，使得讹传持续。例如，2004年
6月，为回应"9·11委员会"的报告，小布什总统告诉记者："我坚持
认为伊拉克与萨达姆和基地组织之间有关系，是因为伊拉克和基地组织
之间存在着关系。"另一个例子是从国民警卫队情报中心的报告中得到
的，共和党参议员里克·桑托勒姆在2006年6月22日的新闻发布会上表
示：

　　　　我们在伊拉克发现了大规模杀伤性武器、化学武器。自2003年以
　　来，联盟部队已经发现了近500件武器弹药，其中含有降解的芥末或
　　沙林神经毒剂。尽管已经做出了许多努力，来定位和摧毁伊拉克海湾
　　战争前的化学弹药，但经过评估，海湾战争前危险的化学弹药仍然存
　　在。（福克斯新闻，2006）

　　研究人员发现，对恐怖主义与伊拉克战争的情感和认知关系，对于
提高民众支持战争的水平至关重要。许多研究表明，对未来恐怖主义更
害怕的人或关心自己死亡率的人更有可能支持小布什总统、伊拉克战争
和更广泛的反恐战争（Huddy et al.，2002；Hetherington and Nelson，2003；
Kull et al.，2003-4；Landau et al.，2004；Cohen et al.，2005；Valentino et

----

① 2006年2月，佐格比（Zogby）国际民意调查对驻扎在伊拉克的美国部队进行的调查发
　现，85％的被调查人员称，他们驻扎伊拉克的原因是"报复萨达姆在'9·11'袭击中发
　挥的作用"，77％的受访者表示，他们认为"战争的最重要的或主要原因之一是阻止萨达
　姆保护伊拉克的基地组织"。

al.，2008）。因此，在 Huddy 等人对伊拉克战争态度的调查中（2007），焦虑的人比愤怒的人更有可能反对战争。焦虑加剧了风险感知，降低了对战争的支持，而愤怒降低了对风险的感知，增加了对军事干预的支持。愤怒也削弱了对于伊拉克的了解和对战争的支持之间的联系。愤怒的人对信息了解不够多，但与不愤怒的人相比，信息并没有削弱他们对战争的支持。同时，更高水平的信息减少了焦虑者对于战争的支持。然而，虽然焦虑促使个人寻找新的信息，但它也具有降低他们评估或回忆信息能力的效果。Huddy 等人（2005）发现，"9·11"事件之后和伊拉克战争开始时，最为焦虑的人会更加注重政治，但他们对这些事件的回忆也不太准确。

这些发现与另外一些相关研究结合起来看，具有重要的内涵。这些相关的研究发现，对事实感知较少以及对战争有更多误解的人更有可能支持战争（Kull et al.，2003 - 4；Valentino et al.，2008）。因此，愤怒的人最有可能低估战争的后果，而焦虑的人更可能搜索更多信息。然而，由于政府部门的不准确信息是通过媒体发布的，焦虑的人同样依赖于这些不准确的信息，因此不太可能回忆起被证伪的信息（Valentino et al.，2008）。换句话说，焦虑的人可能不太支持战争，但支持战争的焦虑者不太可能通过引入纠正过的信息来影响他们的观点。

看起来信息本身并不改变态度，除非有特别的认知失调，这是因为人们根据自己的认知框架选择信息。刺激旨在产生情绪效应，影响信息处理并塑造个体决策，由此可以激活某些框架。动员美国人支持伊拉克战争激发了两个主要框架：反恐战争和爱国主义。布什政府和媒体一起，把反恐战争和伊拉克战争联系起来（Fried，2005；Western，2005）。反恐战争及其相关形象和主题（基地组织、阿富汗、伊拉克战争、伊斯兰激进主义、一般的穆斯林）在人们心中建立了一个联系网（Lakoff，2008）。他们在人们大脑中激发出人类最深沉的情感：对死亡的恐惧。多个国家的心理实验证据表明，将问题和事件与死亡联系起来，有利于调动人们头脑中保守的政治态度（Westen，2007：349 - 76）。一旦诱发了死亡恐惧，人们会将自身拥有的事物和自身相信的消息视作避难所和防御工事，并重新拾起经过历史和集体经验之检验的传统价值观：越发不能包容不同意见，更倾向于维护法律和政策秩序，更加民族主义，更加支持父权制家庭。其中的原因是深层次的。

169

正如厄尼斯特贝克尔（1973）在其经典著作《拒斥死亡》（*The Denial of Death*）中所提出的，个人心理和集体文化已经发展出一种机制，将避免面对死亡作为我们唯一的确定性。对此，我在关于网络社会中时间转换的分析（1996：481–91）中也进行了详细阐述。拒绝不存在的意识是存在的条件。据韦斯滕（2007）的梳理，通过研究检验贝克尔的观点，科恩等人（2005）发现，死亡率的显著性对人们的态度和行为能产生影响。通过调查焦虑对政治决策的影响，科恩发现选民心中的死亡意识，导致他们强烈支持小布什和他 2004 年选举中对伊拉克的政策，甚至对有自由主义意识形态的人也是如此。在一项精心设计的调查中，在没有提醒关于死亡的问题时，东北部选民投票中支持民主党候选人约翰·克里的为 4 比 1，而那些填写"死亡调查问卷"的投票者投给小布什的为 2 比 1（Westen，2007：367）。这些发现符合所罗门和他的同事提出的恐怖管理理论。根据该理论，唤起死亡是政治，特别是保守政治中一个强有力的战略工具（Solomon et al.，1991；Landau et al.，2004）。

反恐战争和爱国主义这两个框架，在"9·11"袭击造成的心态中特别有效。但两种框架的影响是不同的。反恐战争隐喻激发了恐惧框架，这一般被认为与愤怒和焦虑有关（Huddy et al.，2007）。爱国主义的隐喻基于热情，可以动员人们支持国家，把人们团结在飘扬的美国国旗周围。这些国旗形象可能出现在各种各样的场合，比如电视屏幕上，消防员或普通公民的卡车上，以及意见领袖的别针上（Breweret et al.，2003）。

但谁给谁设置框架？一般来说，是政治机构给媒体设置了框架，而媒体又将框架传达给受众。事实上，人们依靠媒体接收信息和意见。对大众媒体关于恐怖主义报道的研究发现，关于恐怖主义的报道时长和公众对恐怖主义威胁的感知之间存在相关性（Kern et al.，2003；Nacos，2007；Nacos et al.，2008）。但当涉及重大政策问题时，相关信息源于政治体系，并以框架的形式提供给外界。框架也定义了政治机构不同组成部分之间的关系，而且这种关系是不对称的。总统只是这个机构的一个组成部分，虽然是最重要的组成部分，因为它具有执行行政权的宪法权力（Entman，2004）。政治机构还包括国会（分共和党和民主党）、军队、联合国和外国领导人（分为盟国和其他政府）。布什政府在一开始便成功用反恐和爱国主义框架来包装伊拉克战争，这令美国政治精英们（共和党和民主党）无法就开战的不正当性进行反驳。通过将伊拉克战争与反恐和国家防卫联系

起来，任何重大异议都很容易被政府或其媒体代理人贴上反美标签，从而
危及自身职业（Jamieson and Waldman，2003；Western，2005；Bennett，
2007；Lakoff，2008）①。

　　乔治·莱考夫分析了小布什政府如何使用成功的框架来抵消民主党人
对战争的批评，即使在 2006 年 11 月民主党人赢得了参众两院的控制权之
后。用乔治·莱考夫的话来说，"政治斗争就是一场框架斗争"（2008：
148）。小布什政府根据战争的演变不断改变叙事模式，分阶段打响了这场
框架战。最初的框架基于大规模杀伤性武器构成的威胁，建立了一种自卫
叙事。在战争的头几个星期，在美军开进巴格达的过程中，使用了胜利框
架，以分散公众对于巴格达及其周围的激烈战斗所设置的议程。在军队提
供的拍摄机会中，美国士兵帮助伊拉克民众推翻了萨达姆的一个著名雕
像，以唤起胜利框架。阿戴等人（Aday et al.，2005）还对美国广播电视
新闻报道的雕像事件进行了内容分析，揭示了媒体如何热切地采用事件表
现的"胜利框架"。他们还发现，在这一事件之后，关于伊拉克战斗的报
道数量大幅下降，这表明胜利框架取代了媒体领域潜在的其他竞争性叙
事。如前所述，在战争期间，新闻界充当政府部门设定的叙事倾向的传声
筒并不是美国所特有的。在国际纸媒关于萨达姆雕像事件报道的图像研究
中，法赫敏（Fahmy，2007）发现，与非联盟国家相比，联盟国家刊发的
报道使用了更多关于事件的图片，以及更多可以支持胜利框架的图片。当
小布什总统在一群士兵之前登上航空母舰（后来发现是在圣地亚哥），在
旗帜招展中宣布"任务完成"时，同样唤起了胜利框架。批评者指出，该
活动明显是在演戏。因为小布什穿着飞行服登上一架战机，但他的直升机
就在航空母舰上。

　　当没有发现大规模杀伤性武器时，又引入了拯救叙事模式：美国要拯
救伊拉克人并为他们送上民主的大礼。后来，当"任务"迅速变成一无是
处，而只是"完成"的时候，抵抗占领和内战加剧了伊拉克的暴力状态，
据称被解放的伊拉克人突然成为"叛乱分子"或"恐怖分子"，自卫叙事

171

172

---

①　记者同样服从于爱国框架。哥伦比亚广播公司新闻的主持人，也是老牌记者的丹·拉瑟
　　在 2002 年告诉英国广播公司，美国媒体（包括他自己）害怕被认为是卖国，所以在"9·
　　11"事件后对小布什政府的报道不得不跟新闻原则妥协。在晚间新闻节目的一个采访中，
　　他悲叹道："在某些方面，恐惧会成为你的枷锁，缺乏爱国主义就像脖子上的燃烧的轮
　　胎。正是这种恐惧使记者不再询问最棘手的问题，并经常陷入这种棘手的问题之中。再
　　次，我很抱歉地说，我自己也无法在这种批评中置身事外。"

的框架又重新被激活。基地组织现在又被引入框架，因为有了更多的证据支持：在入侵伊拉克后，推翻萨达姆·侯赛因，并击溃了伊拉克军队，给基地组织在伊拉克的发展提供了空间。2004 年上半年，对战争的支持开始减弱，美国的伤亡开始增加，阿布格莱布监狱虐囚证据浮出水面，而这正值总统竞选即将到来之时，于是美国政府当局又企图将伊拉克战争升级为与"9·11"和基地组织有关的战争。Harris 在"9·11"委员会公布后进行的民意调查显示，相信萨达姆·侯赛因与基地组织有密切联系的美国人的数量从 2004 年 4 月的 49% 上升到 2004 年 6 月的 69%，上升了 20 个百分点。

因为总统承担战争权力，所以政府部门必须避免提及占领，并将战争框架作为保卫美国安全的反恐战争的一部分。一旦战争开始，框架战略成功的关键就是将爱国主义框架纳入辩论中，正如"支持我们的部队"这句口号所体现的那样。国会任何使国家从伊拉克抽身的努力，都容易受到指责，并被视为在战争中对国家和战斗部队的背叛。小布什总统成功地使用这些框架，来打击民主党人限制战争经费的企图，甚至在 2007 年 5 月，成功说服了国会"撤离伊拉克"决策委员会中 90% 的代表投票支持继续给予战费支持，这完全违背了他们自己声明的立场和 2006 年 11 月的选民意愿。

外国领导人和联合国要么被视为可以拉拢的联盟，要么就被谴责为不可靠的伙伴。因为政治选择沿着单边主义的路径，要展示美国的超级大国形象，预期效果是满足美国公众舆论需求，而不管世界舆论如何。为了反对孤立主义，爱国主义框架由此被表述为："作为美国人，我们是自由的捍卫者，不管其他国家的犹豫不决或不负责任。"在战争前的几个月，爱国主义框架影响如此之深以至于美国国会餐厅中的炸薯条被命名为"自由炸薯条"。

政府成功地给政治精英设置了框架，从而为有效的议程设置奠定了基础。议程设置是针对媒体的，要通过媒体以影响舆论。设置议程需要两个相关的行动：强调某些问题，并为这些问题设定叙事框架。在这种情况下，小布什政府设置议程的手段是将伊拉克战争与反恐战争联系起来，并围绕美军的牺牲和英勇行动来进行国家动员。如上所述，最初的叙事框架植根于假消息：萨达姆·侯赛因已经发展并拥有了大规模杀伤性武器；萨达姆与基地组织有联系；基地组织袭击了美国，并发誓未来还要升级攻击。因此，伊拉克代表了对美国人生存的直接威胁以及对恐怖主义的支持，这会给美国造成破坏，并破坏世界各地的西方生活方式。基于这一逻辑，先发制人的行动由此成为一种道德律令和防御必要。正如小布什2004年6月在路易斯堡的一次给士兵们演讲所说的那样：

> 这是一个仇恨美国的政权，所以我们发现了其中的威胁，一个真正的威胁。这就是为什么要提交联合国讨论的原因。基于铁一般的事实，联合国安理会的成员也看到了这种威胁，并一致投票，要求萨达姆·侯赛因先生要么解除武装，要么就面临严重后果。但跟以往一样，他根本无视自由世界的要求。因此，我必须做出一个选择——要么相信一个疯子，要么保卫美国。面对这种选择，我的选项始终都是捍卫美国。

当然，保护石油供应和解放伊拉克人民并不冲突，但它们是要服从于"9·11"事件中的恐怖分子掌握了大规模杀伤性武器这种论断所寻求的情感效应①。

根据级联活化的理论，我之所以认为议程设置主要针对媒体，因为正是通过媒体，框架和叙事才影响到大多数人。正如安特曼（2004，2007），班尼特（2007）和其他人已经揭示的那样，媒体不同的反应，取决于政治精英之间的一致性。异议越大，叙事就越多样化，在相关问题的报告和辩论中采用反框架的可能性就越大。媒体通过引发事件并与新闻挂钩来回应政治气候。在2002~2003年间，美国国会对伊拉克战争和反恐战争几乎没有异议。只要媒体没有感觉到关于战争评估的重大分歧，他们会局限于政府提供的叙事框架。这就是为什么分析必须区分2002~2003年和2004年总统大选前后两个阶段的不同，因为当时已经出现了政治异议，虽然还并没有挑战已经在人们心中激活的主要框架。

但在引入动态分析视角之前，有一个值得注意的关键：媒体是多样性的。在他们的多样性中，有一个根本的区别主导着所有其他的不同，即政党媒体与主流媒体之分。然而，两者为业务考虑所主导。正如我在第二章中所说，在某些情况下，政党报道形成了一个有效的商业模式，因为它通

① 在本章中，我不是从社会政治的角度来分析伊拉克战争的原因和后果。在其他著作中，我已经从地缘政治背景下进行了分析（Castells，2004b，2007）。此处我主要是用本章提出的概念研究伊拉克战争，以理解思维框架和权力生成之间的关系。

过吸引那些希望通过媒体报道来确认观点的人，抓住了很大一部分市场。在美国，最典型的是由电台或者福克斯电视新闻网播出的保守派和自由派的谈话节目。保守的政党媒体接受了爱国主义和反恐战争两个框架，并将它们与伊拉克战争联系起来。因此，战争报道出现了明显的失真偏差。表3-2显示了 Kull 等人（2003-4）的研究，他们使用了 PIPA 在 2003 年 6 月、7 月和 8 月收集的数据。它揭示了伊拉克战争的新闻来源与观众的误解程度之间的关系，显然，福克斯新闻的观众比其他人更容易相信政府的叙事模式。另一方面，非商业网络的新闻，如 NPR 和 PBS，似乎更有助于审查官方的报道。

表3-2　新闻来源与每个受访者的误解频率（%）

每名受访者 的误解数	福克斯	CBS	ABC	CNN	Print media	NPR/PBS
一个或更多误解	80	71	61	55	47	23
三个都没有	20	30	39	45	53	77

资料来源：Kull et al.（2003-4：582）。

　　媒体偏见对误解的影响不能归结为政治意识形态。虽然共和党人更有可能遵循共和党政府的版本，但他们的误解程度也因他们的新闻来源而异。因此，2003 年 6 月至 9 月，43% 的共和党人仍然认为伊拉克有大规模杀伤性武器。但 54% 的民主党人也持同样观点，因为他们的新闻来源是福克斯新闻，而新闻来源是 NPR 或 PBS 的民主党人（PIPA，2004）持同样观点的仅有 32%。这种媒体偏见并不仅仅表现在"9·11"之后和伊拉克战争初期这种特殊时刻。三年后，使用 2006 年国会合作选举研究的数据，Jacobson（2007b）的研究也显示出新闻来源和误解之间的相关性（表3-3）。表3-3 还强调，福克斯的观众更有可能将伊拉克战争与宗教信仰联系起来（即小布什经过上帝选择来领导反恐战争）。

　　恐惧管理理论发现，潜意识的死亡刺激增加了人们对可以维持他们世界观或文化取向的政策和行动的支持，比如反恐战争（Landau et al.，2004）。还有证据表明，在这些条件下，个人倾向于那些能反映自己世界观和文化意识的领袖。在实验研究中，例如科恩等人（2005）发现，死亡意识更明显的受试者更有可能倾向小布什，认为小布什富有魅力并反映了他们的世界观，而约翰·克里却被认为是"任务导向"。因此，我们可以

表 3 - 3　电视新闻来源与对伊拉克战争和布什的观念

	PBS,CNN,MSNBC	ABC,CBS,NBC	福克斯
美在伊找到了大规模杀伤性武器	2	5	36
伊可能有大规模杀伤性武器,美未找到	30	23	36
伊可能没有大规模杀伤性武器	83	48	13
不知道	10	23	15
伊战是反恐战争的一部分	9	27	79
伊战不是反恐战争的一部分	89	69	20
布什是被上帝选中的领导反恐战争的人			
是	2	6	37
不知道	5	11	22
不是	93	83	40

资料来源：CCES，杰克森的详细论述（2007b：28，table 11）。

推测，希望确认自身世界观的美国人，也在渴望着福克斯新闻台，因为这家电视台一直宣扬美国政治与文化至上（Iskandar，2005）。结果这个问题就成为一个因果难题。观众到底是否受媒体偏见的影响，还是说他们基于自身观点觉得某家媒体更可信才被吸引？库尔等人（2003-4）的研究倾向于支持媒体来源对误解具有独立影响的假设。但这两个过程可能都在发挥作用。被自身偏好所激发的人倾向于他们想要听的东西（Gentzkow and Shapiro，2006）。对于因负面情绪而引起焦虑从而更倾向于严格审视的人，接触特定媒体源可能使其倾向于某一个或其他的。

　　对于主流媒体来说，只要政治精英的意见与政府设立的框架保持一致，内容偏见就会占据主导地位①。当精英们对战争的看法分歧越来越大时，就出现了决策偏见，专业记者虽然并不会挑战爱国主义和反恐战争的基本框架，但会解释观众反馈，并根据自身标准来区分观点。由于民主党和世界各地对伊战的批评越来越激烈，主流媒体便会停止遵循小布什政府设置的议程，从而使伊战报道脱离主流框架，然而这些框架会继续影响他们的报道。他们开始报道那些假消息，从而引入了反框架。政治竞争对议程设置格局的影响越大，主流媒体中的记者使用的决策偏见越多（即在新闻的预示和联系中发挥自己的专业偏好），从而形成了不同的偏见模式，

① 政府试图控制新闻框架的一个最典型的例子是，政府专门出台政策要求在部队设置随军记者。

而这取决于精英政治的互动和确凿的事实。不过直到 2004 年总统竞选之前，政府设定的框架主导了相当长的一段时间。为了研究战争支持的演变及其行为评估，以及演变中的拐点，Amelia Arsenault 和我设计了附录中的表 3 - 3。该表概述了皮尤研究中心所做的关于伊战舆论变化的调研，以及布鲁金斯学会的伊拉克指标在 2003 年 3 月至 2008 年 4 月期间对伊拉克所做的实地调查。

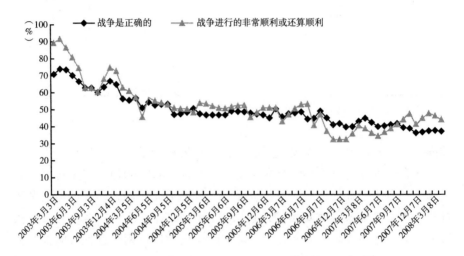

图 3 - 3　2003 年 3 月至 2008 年 4 月伊战支持率及好评率

资料来源：由 Amelia Arsenault 制作。

　　我将根据这些数据进行进一步的分析。2004 年 1 月，65% 的美国人仍然认为美国入侵伊拉克是正确的决定，73% 的美国人认为战争进展顺利。2004 年 2 月，反对战争的民意开始出现：战争的支持度在 5 月大幅下降到 51%；10 月，支持度跌落至 46%，这是开战以来支持派首次处于劣势。为了解释这种变化是如何发生的，以及它如何与假消息相关，我们必须参考相关理论并回溯特定事件。

　　因为 2004 年是总统选举年，媒体接受了政治精英们花样繁多的议程设置。2004 年初，小布什总统获得了广泛支持，其中也包括部分民主党人，由此他将伊拉克战争作为其竞选的中心议题。另一方面，直到 2004 年 1 月在艾奥瓦州党团竞选中失利之前，霍华德·迪安一直是民主党的有力候选人，但他背离了原来的路线，从而加剧了对伊拉克战争的反对，并扩大了公开辩论中使用反击框架的空间。因为迪安主要基于互联网开展竞选活动

178

（Teachout and Streeter，2008），关于战争的讨论在博客圈变得特别激烈，其中一些讨论进入了媒体议程。另外，公民新闻也开始发挥作用。一些信息通过了议程设置的迷宫，而在当时议程主要还在政府的控制之下。

　　2004 年 4 月，军事人员从西雅图的一架货运飞机上卸下装有美国士兵尸体棺材的照片登上了《西雅图时报》的头版，并被上传到互联网上，这些照片都承蒙有良心的工人所赐，但因为照片曝光，他们也丢了工作。2004 年 4 月 28 日，根据泄露的内部军事报告，CBS 的《新闻 60 分》栏目捅破了阿布格莱布监狱虐囚丑闻，这是两天前由西摩·赫什（2004 年）在《纽约客》报道的。虽然我们不知道消息泄露的源头，但它表明军队内部对反恐战争中使用的战术有不同意见。这种不同意见为一些媒体摆脱伊战的主导框架创造了机会。然而，媒体本身对于战争的批评仍然相当克制。Bennett（2007：72 - 107）详细分析了媒体关于阿布格莱布监狱虐囚丑闻的报道，发现媒体故意不使用"酷刑"一词，并将其描述为一个孤立事件，来抑制该事件的热度。然而，以《纽约客》中西摩·赫什的报道，以及紧随其后的《华盛顿邮报》为代表，网络媒体和部分纸媒没有选择和稀泥。正因为如此，虽然三分之一的人认为该事件被过度宣传，而且大多数图片被认为太敏感不适合在电视上播出，但有 76% 的美国人还是在照片发布的一个月后见到了它们（Pew，2004b）。

　　尽管民主党总统候选人约翰·克里支持这场战争，并且他非常谨慎，不希望被贴上对反恐战争软弱的标签，但 2004 年的总统竞选扩大了媒体对反战立场的报道范围。事实上，他还曾试图在 2004 年民主党议会上用他的越战英雄勋章和"报告义务"（用他的话来说）来反击小布什作为战时总统的优势，意思是他将比逃脱兵役的（小布什）更适合做三军总司令。然而，他在竞选期间改变了对伊战的立场，以满足民主党人日益增长的反战情绪。结果他对伊拉克的嘲弄削弱了他的公信力，使他在共和党退伍军人的广告攻击下极为脆弱，结果在这种极端的政治操纵下，他竞选失利。这种广告是有效的，因为它否定了克里的战争英雄叙事，而克里在竞选之初一直将其作为竞选基础。然而，在 2004 年竞选中通过关于战争的辩论，民主党人在媒体上打开了更独立地审视这场战争的大门。

　　虽然克里和他的副总统竞选伙伴约翰·爱德华兹并没有直接反对战争，因为担心负面的政治影响（爱德华兹后来公开对此表示后悔），但越来越多的民主党人却并非如此。这使得克里和爱德华兹在竞选的最后阶段

179

采取了更多的批评立场。因此，对操纵战争舆论之导向的觉醒与媒体中关于战争的负面信息结合，给某些民主党人（在某种程度上是独立派）创造了某种可能性，使他们可以避开政府设定的框架。2004 年 10 月，在选举前的最后一个月，对伊战的支持率首次下降到 50% 以下（46%）。然而，克里的选举失利抑制了反战趋势，这种情形一直持续到 2005 年秋。2005 年夏，辛迪·希恩（一位在伊拉克被杀士兵的母亲）为了和平单独发起的勇敢行动，振兴了和平运动①。但真正改变了整体政治气候的是，小布什政府对卡特里娜飓风灾难后果的处理不善（Bennett，2007）。

小布什未能成功解救自己的人民，以及他明显的漠不关心，破坏了政治中一个基本框架的有效性：在危机中，总统应该充当保护人民的"父亲"和高效的政治领袖。虽然核心的共和党人继续支持小布什和他的战争，但民主党和独立派人士对这位战时总统的忠诚度却越来越弱；在形势不明朗的这段时期，民主党人在团结和阻止战争方面重新确立起自己的传统价值观。媒体也抓住机会，使其信源多样化，并在国内和外交方面组织了更有趣的辩论。甚至福克斯新闻频道都加入了这个潮流，并对政府变得更有批判性，虽然比其他媒体更为含蓄，同时仍然保持其爱国主义框架（Baum and Groeling，2007）。在 2006 年大选的背景下，来自前线的坏消息产生了适当的共鸣。

2006 年 11 月，在民主党中期选举中，民主党把伊战作为主要问题，以瓦解小布什和共和党候选人的优势地位。卡特里娜飓风之后对总统产生的信任危机，以及一系列动摇政府的政治丑闻，让民主党受益良多（见附录表 A4 - 1）。

当民主党动员起来时，共和党人也加强了对总统的支持。用雅各布森的话来说（2007a，b），民主党人和共和党人发现，在关于伊战的评价方面，他们处于不同的认知世界。2006 年秋，只有 20% 的民主党人支持这场

---

① 2007 年 5 月 27 日，希恩脱离和平运动和民主党，以抗议大多数民主党人投票决定继续对伊战予以经费支持，这违背了他们在 2006 年 11 月国会选举中对选民的承诺。她在一份书面声明中说："第一个结论是，只要我把抗议对象限制为小布什和共和党，我就是所谓的左派的宠儿。当然，我被右派诽谤和丑化为民主党的一个'工具'。这个标签就是为了让我和我的信息边缘化。有人说，一个女人怎么能有独到思想？怎么能在我们的两党制度之外工作？然而，当我开始以共和党时的标准加入民主党时，对我的支持消失了，左派开始用右派用过的侮辱来给我贴标签。当我说和平问题和人民无意义的死亡不是一个'左'或'右'问题，而是'正确与错误'的问题时，没人会关注。"

战争，而近80%的共和党人选择支持：党派情绪已经决定了对伊战的信念和立场。同时，只有40%的独立人士支持这场战争。2006年的国会选举后，民主党在12年里第一次占到国会的多数席位。而对共和党来说，这是伊战以来第一次因假消息而导致的政治事故。实际上，当时80%的民主党人认为总统故意误报了有关伊拉克的信息（Jacobson，2007b：23）。 181

在政治气候不断变化的帮助下，2006年3月爆发的对伊战的抗议活动成为政治精英们讨论的主要问题。因此，媒体也拓展了问题报道和叙事类型的范围，从而给公民提供了更多的机会，让他们或者可以重申其反对战争的意见，或者认真检视支持其判断的观点。然而，2007年，媒体再次延续了小布什政府设定的新议程：伊拉克"增兵战略"的成功。为了拯救伊拉克战争的遗产，小布什发动了一场不顾一切但巧妙的行动，他解除了保罗·沃尔福威茨的职务，然后又炒掉了失败的战争"设计师"唐纳德·拉姆斯菲尔德，并将指挥战争的责任转交军队指挥官。他命令战斗部队增兵，并授权彼得雷乌斯将军，使他有权建议驻伊部队行动的时间和范围。这样，布什就把议程设置的责任交给军队，这是该国最受信任的组织①。

事实上，民间组织MoveOn. org在一些美国报纸的全页广告中把彼得雷乌斯将军称为"背叛我们的将军"，结果却适得其反，并迫使民主党人公开谴责曾经对民主政治的复兴做出主要贡献的组织。虽然一些高层私下对其绕过参谋长联席会议进行决策提出异议，但彼得雷乌斯将军很快通过媒体和政治家向公众舆论做出了说明。作为一位受过良好教育，并在普林斯顿大学获得国际关系博士学位的将军，彼得雷乌斯明白，影响公众舆论的 182 关键是尽可能地减少美军的伤亡和伊拉克的暴力。为了尽快实现这一目标，他推翻了与什叶派的无条件联盟，与逊尼派结成联盟，给部落领导和逊尼派民兵各种资源和训练机会，并赋予他们保卫自己领地的合法性，从而实际操纵了这个国家的分裂。他与萨德尔的马赫迪军谈判从而获得休战机会，允许这个有影响力的什叶派控制了大量地区，包括巴格达的萨德尔

---

① 2007年9月，CBS与《纽约时报》的调查发现，在解决战争问题方面，68%的受访者最信任军队，相比之下，5%的人信任小布什总统，21%的人最信任国会（n=1035，+/-3%）。皮尤研究中心于2007年8月进行的调查发现，超过一半的受访者（52%）认为军方是伊拉克战争准确信息的可靠来源，而只有42%的人对新闻有类似的信心（Pew，2007b）。此外，这种趋势在共和党人中更加明显，76%的受访者表示他们信任军队作为大量或相当数量可靠信息的来源（Pew，2007b）。然而，对两个机构的信任从战争开始之后就急剧下降。战争开始之时，85%的人信任军队，81%的人信任媒体的伊战报道。

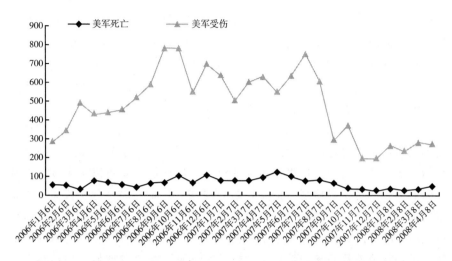

图 3 - 4   2006 年 1 月 ~ 2008 年 4 月驻伊美军伤亡人数

资料来源：由 Amelia Arsenault 制作。

城和巴士拉的大部分地区，以及港口和走私网络。尽管有可能加剧与土耳其的紧张关系，但他重申支持库尔德的自治权。在终止内战后，彼得雷乌斯将军指挥大部分美军重点打击在伊拉克的基地组织周围形成的小股军事力量，摧毁他们的作战能力。基于他的有效改善（见图 3 - 4），2007 年 9 月他给国会的证词让一个新议程成为可能，这次是由军队在总统支持下进行议程设置①。

这个新议程看起来隐藏在一个合理战略中，即保持伊拉克的稳定，打败基地组织后，适时撤离伊拉克。只要不能巩固增兵的成果，军队部署将维持在足够的水平，指挥官应自己评估分阶段撤军的时间安排。大多数媒体都遵循了这个议程，所以在某种程度上，许多民主党人也是如此。通过将议程设置权转交给更加可信和传统上受人尊敬的人：负责与敌人直接战斗的军事指挥官，小布什政府成功地加强了战争的合法性。这意味着胜利框架的复活，而它难以拒绝。胜利框架整合了爱国框架和反恐框架，并有效对抗了自"9·11"以来主导公众舆论的对于美国不可靠的普遍恐惧。如果伊战是与基地组织的关键战斗，那么在伊拉克取得的胜利就是打赢反

① 2008 年 4 月，美国军队扭转了这一政策，导致美军伤亡人数上升，并引起人们对增兵战略的直接理由和长期可行性的质疑。

恐战争的决定性一步。通过给看不见的隐形恐怖网络灌输边界意识，增兵战略表明安全可以通过传统的军事战斗手段来实现。因为控制边界要求军事力量持续存在，对胜利果实的捍卫就意味着尽管处在一个降低的水平上，但美军需要长期驻扎在世界上最关键的地区。

在这种叙事模式中，隐藏的内涵是增兵战略无力触及的内容，包括伊拉克的重建、伊拉克的民主化、不可调和的宗教群体之间的共存、制度不稳定、伊拉克军事和警察部队可靠性匮乏、维持伊拉克统一的困难、重新安置数百万流离失所者、经济危机的可能性，以及美国纳税人是否愿意继续慷慨支付成千上万雇佣军的费用。减少伤亡统计数据是关键的议程设置机制。随着新闻中暴力画面的大幅减少，伊拉克战争的情感因素被淡化，而对战争的认知，包括战争的最初责任，只是很少被阅读的作品和偶尔来自专业记者的评论（Project for Excellence in Journalism，2008b）。图3－5给出了新闻媒体未能充分满足公众对伊拉克战争新闻需求的粗略估计。走势图反映了受访者对伊拉克新闻更感兴趣的百分比，与其他各类新闻和新闻议程中关于战争报道的百分比之间的差异。

如图3－5所示，在美国人对伊拉克战争新闻的兴趣方面，媒体唯一超出需求的时期是彼得雷乌斯将军在国会作证期间，在这段时期里，政府有优势来捍卫战争的成功并重新调整新闻框架。在这一时期，神秘化取代了

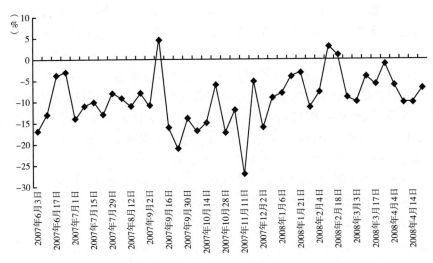

图3－5　2007年6月~2008年4月涉战报道数与喜好涉战新闻之选民人数对比

资料来源：由 Amelia Arsenault 整理。

184 假消息，作为政府努力获得伊战持续支持环境的主要机制。大多数美国人仍然反对战争，但是增兵战略在鼓动微妙的转变。在这一时期，增兵成功的事实降低了许多美国人对战争重要性的认识，从而使政府的操作更具独立性。

在媒体把注意力由伊拉克战争转向美国经济恶化和 2008 年总统竞选时，这种独立性得到更多的助力，从而降低了伊战新闻的热度。事实上，这是媒体决策偏见的基本机制发挥作用的结果。被称为"事件"的信息片段构成了媒体叙事的主要内容，在电视中这点表现尤为明显。每个事件都有自己的特点和套路。它们根据对观众感知的相关性来标记。每个事件都与某个信息领域相关，不同事件之间的关系意义被视为观点或新闻分析。因此，除非观众自己建立不同事件之间的连接，否则它们是独立的，并导向不同的评价。实际上，伊拉克战争、经济和总统竞选之间有明显的联系。因为本节的重点是媒体偏见机制，所以对此就不加赘述了（参见 Stiglitz and Bilmes，2008）。但需要提醒的是，现实中本来密切相关的东西 185 在新闻中却脱节了。战争的经济后果被几位民主党候选人重视，特别是奥巴马，从而提供了一个反框架，以获得支持结束战争。然而，在媒体报道中，关于战争与经济之间的联系被掩盖在选举故事之下。至于大选本身，在 2008 年总统初选中，伊拉克不是辩论的焦点，因为在共和党阵营和民主阵营内都达成了基本一致（除了希拉里改变了她 2002 年对战争最初的支持态度），所以在赛马政治①的框架下，几乎没有什么东西可以被激发。

另一件事是指向 2008 年 11 月选举的总统竞选活动。在竞选活动之初，因为民主党漫长的初选，这种增兵成功的叙事在媒体中长期占据主导地位，尽管奥巴马和希拉里都承诺分阶段撤出伊拉克，而这直接违反了彼得雷乌斯将军 2008 年 4 月国会证词的警告。将军被任命为中央司令部司令，负责指挥伊拉克和阿富汗的行动，而民主党总统候选人将其重点转移到猖獗的经济危机。因此，2008 年春，虽然超过三分之二的美国人反对战争，但是政府设置的胜利框架继续在战争核心支持者中成功发挥作用，而在民主党领导人提出的反框架中，战争成为经济政策的衍生物。"变化"才是政治权谋之所需，因此，冲突框架在 2007 年 12 月底被引入舆论之中，如此造成的舆论的反复无常，极大地塑造了民众对于战争的看法，令战争开

---

① 赛马政治指像报道跑马竞赛一样报道政治活动。即将报道重心放在输赢、流言以及不择手段的伎俩之上。——译者注

始后日益明确的演化趋势变得无足轻重。如前所述，西尔和亨利（2005）发现，在过去三十年里，经济问题很少影响投票和政治态度，除非发生了重大经济危机或深深影响日常生活的事件。2008 年，天然气价格飞涨，房地产市场低迷，大规模的房屋断供，以及最终的金融市场崩溃，这场自 20 世纪 30 年代以来前所未有的经济危机，让美国人民更加意识到美国所存在的经济危机。经济问题第一次超越伊拉克战争，成为美国面临的"最重要的问题"。根据盖洛普的民意调查：2006 年 9 月，只有 7% 的受访者将经济问题列为最重要的，而 39% 的受访者认为是伊拉克战争。2008 年 3 月，趋势逆转，只有 15% 的人认为伊拉克战争是最重要的问题，而 39% 的人选择了经济。

186

因此，五年的框架和反框架导致美国公众从信息误传到神秘化。为了将这个案例研究与框架、叙事、议程设置影响的分析，与人们心中各种形式的媒体偏见联系起来，我将在这里进行总结论证，图 3 - 6 就是分析的综合视图。

187

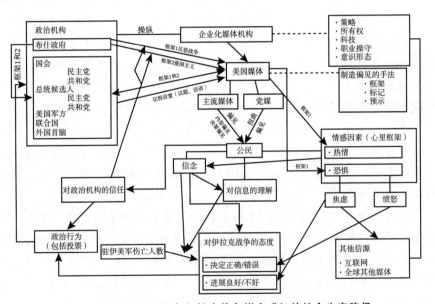

图 3 - 6　2001～2008 年伊拉克战争媒介感知的社会生产路径

对于伊拉克战争的讹传属于一种社会生产，具体过程如下：在导向伊拉克战争的过程中，美国公民通过媒体接受了反恐和爱国主义的框架，然后在政治精英的同意下，被政府设定并经由媒体渲染的议程所误导。他们的正向情绪（热情）以民族自豪感和爱国主义情感的形式，动员了对军队以及战争的支持。但人们也会根据他们的意识形态惯例做出反应。因此，保守派支持战争，并拒斥那些挑战他们信念的信息。民主党人反应谨慎，而且一旦发现可以寄托他们信念的反框架，就开始寻求可替代的信息（Jacobson，2007b）。负向情绪，比如恐惧，会产生不同的后果，这取决于其引发愤怒还是焦虑。愤怒会促进行动动员，减少对信息的深思熟虑；而另一方面，焦虑则增加不确定性，并激活受众心中的审查机制，以更仔细地搜索信息来限制风险水平。因此，保守党和愤怒的公民会坚定自身信念，支持政府的叙事模式，并抵制来自互联网、NPR、国外信源或主流媒体中的反对意见。民主党在接受最初的框架和对总统的不信任之间撕裂，在他们中的许多人看来，总统在 2000 年是通过欺诈获选的。焦虑的人们努力搜索更多的信息，以支持他们的判断。然而，只要大多数媒体的报道接受的是政府最初规定的叙事模式，那么他们的结果就必然受限。关于战争的误解持续了许多年。事实上，CBS 新闻 2008 年 3 月进行的调查发现，28% 的美国人仍然认为萨达姆·侯赛因直接参与了"9·11"（pollingreport.com）。

188 　误解的强度和频度与对战争的支持密切相关，这些人们会认为战争进展顺利、支持总统、支持共和党。虽然共和党人最有可能抱有误解，但这些也在民主党人中广为流传。一旦人们的心中确定了这些态度，额外的信息就不会改变他们那些植根于党派信仰中的看法。事实上，在 2004 年大选中，准备投票支持小布什的人中，他们看的新闻越多，他们的意见越坚定，对总统的支持度也越高。然而，对于一般人而言，新闻的效果随新闻的来源而变，如上述库尔等人（2003－4）和雅各布森（2007a，b）的研究所揭示的那样。

　误传的信息已经表明可以在很大程度上决定对战争的支持。2003 年 7 月至 8 月进行的 PIPA 民意调查显示，在对战争中三个主要的消息都没有误解的人中（认为萨达姆和基地组织之间没有联系、伊拉克没有大规模杀伤性武器、世界舆论的主要敌意都指向美国主导的入侵行动），只有 23% 的支持战争。在至少有一个误解的人中，对战争的支持达到了 53%，在有两个误解的人中，对战争的支持达到了 78%，在所有三个都误解的人中，支持率达到 86%（Kull et al.，2003－4）。在接下来的几年中，尽管误解程度有所下降，误解和支持战争之间的拉锯仍在持续，特别是在非共和党人中（PIPA，2005，2006；Harris，2006）。

— 152 —

由于战争是最突出的政策问题，对战争的支持导向了对发动这场战争的总统的支持，由此框限了媒体，并误导了公众。但这一切会随着时间的推移而改变。政治精英中的异议使媒体议程多样化，公民新闻和互联网突破了限制信息的主流框架。总统信任度的降低、卡特里娜飓风，以及一系列政治丑闻，促使政府和共和党更多地审查战争相关信息和叙事模式。伤亡开始被认为是毫无意义的，而不是为国家防卫英勇牺牲不可避免的后果。对军队的支持也被许多人解读为支持因为含混不清或错误的原因而受伤害的部队撤退。2006 年 11 月的选举将反对战争转变为政治改革。

然而，在这次选举后，对战争的支持并没有减弱（见附录表 A3 - 1）。这是因为一部分核心的保守派公众依然在坚持他们的信念，并在很大程度上继续坚持他们的误解，因为他们的心理框架不会接受与自身信念相矛盾的信息。因此，在支持战争的最低点，2007 年 12 月，仍有 36% 的美国人认为战争是正确的决定（2008 年 2 月上升到 38%）。更重要的是，2007 年下半年和 2008 年初（40% 和 45% 之间），越来越多的舆论认为战争正在顺利进行。这可以归因于两个机制。一个是驻伊美军成功设置的议程，被大多数媒体接受。另外一个是民主党政客态度模糊，包括总统候选人，不愿与军队产生矛盾，特别是短期内也没有一个简单办法从伊拉克撤退。因此，共和党的新叙事模式的影响是基于责任的，正如参议员约翰·麦凯恩所说的那样：即使这场战争最初是一个错误，但现在我们在伊拉克，我们就必须留在那里，直到事情解决。民主党的领导人们陷入了两难：一方面是民意，在 2006 年投票给民主党的选民中，81% 的人希望美军可以在一年内从伊拉克撤离；另一方面，则是他们在民众眼中的"可选择性"，以及假如当选后所要承担的责任。

然而，整个过程中最根本的转变产生于人们心中。自越战以来，大多数美国公民变得比任何时候都更孤立。他们准备将美国在国际事务中的帝国角色交换为更好的卫生保健和稳妥的工作。爱国主义正在社会福利领域被重新定义，而反恐战争的框架失去了产生胁迫作用的力量。正如 Baum 和 Groeling 在对媒体框架、政治议程设置和对伊战的态度之间的关系进行统计分析后写道："不管精英们多么努力地反对，公众迟早至少在某种程度上可以认清冲突的真正价值。"（2007：40）然而，问题仍然是"当新闻界失败时"，公众对假消息框架突破得越晚，神秘精英的行动导致的破坏和痛苦越大（Bennett et al.，2007）。

189

框架的力量

权力制造的过程就是形塑决策的过程，其方式是要么通过强制，要么通过意义建构，或者两者兼而有之。百年来的民主斗争，都是为了将分享权力的规则，建构在"公民"这一身份之上。人们通过承担自身作为权力主体的角色和权利，然后将权力赋予对公民负责的公民代表。不完善但不可或缺的代议制，理论上是以独立的司法机构控制下的政治选举为基础，并且通过新闻自由和言论自由的权利而保持竞争力。如果我们以长远的观点从整个世界范围来看，历史变化和权力持有者对政治制度的操纵往往使得民主理想面目全非。然而，继续改善民主的尝试仍然集中在接近这种理想类型的程序民主上。假设如果继续保持政治体制的开放性，如果压力团体无法控制选举位置，如果政党和政府无法自由操纵体制，自由且资讯丰富的人们以不受约束的方式坦诚他们的意见，那么最终将接近一个透明的共同决策过程。这并不能保证一定产生一个好的政府，但它将保持良好的治理，并有可能纠正多数人选择导致的最终错误，以及尊重少数人的权利。

但是，如何从多元自由、自我导向的个体中产生共同的幸福？答案是通过有抱负的领袖向公众提供政策选择，进行公开辩论。因此，在这种政治过程的观点中，关键是政策是如何决定的。对于特定群体或整个集体来说，既有好的政策，也有坏的政策。通过辩论政策选择来聚集利益的过程，意味着存在一种超越的理性，这种理性最终会通过思想的自由竞争来表明自己。当然必须考虑多元化的社会利益和价值观。然而，共同的目标是实现共同幸福，大多数公民可以至少在一段时间内有生活的选择。自由政治是理性的政治。事实上，在法国大革命全盛时的一个短暂时期，理性女神为人所崇拜，并于 1794 年 11 月 10 日在巴黎圣母院加冕，而后教堂被改造成女神庙。理性抹去了上帝的权力，成为新的超然，因为它呼唤出人心中最美好的部分，确立了人作为一个有意识的物种的独特性在于，有能力理解和控制生活、预测未来，以及在经过成千上万年的臣服之后又控制了自然。理性使我们超越，而"本能"或情绪会将我们的人性降低到动物 的水平上。理性政治就是建立在这一原则上的，并且将来仍然如此。当然，人们要有一个清醒的认识：无论过去还是现在，都没有一个完美的世界，情绪化行为会污染理性的领域。因此，通过精心设计的政策对抗来寻求政治理想的纯洁，以解决集体性问题，同时抑制可能陷入煽动和狂热主义的非理性的情绪化行为。然而，如果情绪和感觉是决策过程的必要组成部分怎么办？如果情绪和感觉最终决定政治和权力制造的一般方式，构建意义，进而决定行动，以确定合理的而不是理性的行动，那情况又会如何？正如 Leege 和 Wald（2007）所写：

> 意义是"符号的属性"，是"符号或个体所在的功能语境"。最强有力的符号不在复杂的税收和经济增长理论中，不在保健服务的有效结构中，也不在或反恐或赢得战争的战略中。它们体现在植入主要群体经验的图像和声音中，可能促进自豪或满意，也可能引发恐惧或厌恶……意义需要投入情感，它远离冷静的理性。（Leege and Wald, 2007：296 - 7）

这不是对情感政治胜利的呼唤，更不是对非理性决策的呼唤。相反，这是对人们信息处理实际方式的承认，在此基础上，他们以代表自己的名义，为自己和整个世界作出决定。由于民主本质上是程序性的，人们如何作出决定并不限制他们决定什么。制定和实施一项政策——例如一项关于战争与和平的政策——是一个非常重要的过程，应该在充分行使我们最佳的认知能力的情况下进行。但为了达到政策决策的水平，民主程序必须包含对所涉及过程的充分了解。这些过程在很大程度上是情感的，基于有意识的感觉并与选择相关，同时依赖于我们从传播环境中接收到的各种信息刺激，引发一系列复杂的反应。专职政客或天生的领导人知道如何刺激适当的情绪来赢得人心，因此，实际的权力过程碾压了民主的正式程序，从而在很大程度上决定了结果。对权力制造过程的理性分析，开始于认识到这一过程中的合理性是有限的。相反，本章展示了如何通过传播过程来激活事件和心理图像之间的关联网络，以及如何在我们对过程的感受方式、思维方式，以及行为方式这三个层面，进行多层次的权力塑造运动。实证研究和政治传播理论趋向于在权力制造过程中强调框架的力量。但谁给谁设置框架，如何设置？为什么设置？如果你对此满怀兴趣，那么请继续阅读。

192

第四章　重构传播网络：媒体政治、丑闻政治与民主危机

形象塑造权力

政治是国家用以确定权力分配制度的过程。正如笔者在本书中试图讨论和证明的，权力关系的形成极大地取决于如何通过制造形象，来塑造人脑海中的解意机制。记住：意念即形象，不论是不是视觉上的。

与个体所面临的情况不同，对于社会而言，形象塑造贯穿了社会化传播的整个过程。在当代社会的每个角落，媒体都是影响传播渠道的决定性因素。所谓媒体，我指的是在第二章中论及的那种由所有传播机构以及各种技术所构成的传播矩阵，因此它既包括大众传播（主流媒体），也包括大众自传播（自媒体）。

媒体政治是存在于媒体中的，并且由媒体所制造的政治行为。在本章中，我会试图解释，在我们的历史语境下，政治在本质上就是媒体政治。

消息、组织和领袖，谁不出现在媒体中，谁就不存在于公众的脑海中。因此，只有竭力向公众传递个人政治信仰，并且获得广泛支持的人，才能左右人们的政治决定、登上国家权力宝座、维系其对政治组织的控制权。这一规则，本就适用于民主政治环境，毕竟政治活动是建立在竞争、理想中的自由选举等类似的基础性机制上的。

但是，非民主政体中的规则仿佛也是如此，掌控媒体就是维护统治的一种潜在形式。其组织机构和技术手段都旨在维护信息和社会传播体系的稳定性，如果不打破其壁垒，那么试图改变这一局面的机会就太过渺茫，根本没有反抗的空间。确实，如若他们失去对媒体的控制，那么威权政体

也行将就木。但是，这也会伴随着由于政治环境的突变而导致的严重后果：各等级的暴力活动和人类创伤（Randall，1993；Sreberny - Mohammadi and Mohammadi，1994；Castells and Kiselyova，1995；O'Neil，1998；Price，2002）。

由于世界上绝大部分国家的政治形态，其实都处于教科书式的民主制度和邪恶集权制度之间。因此，必须在具体情境中审视民主，毕竟全球的政治文化早已不是18世纪的小范围原始自由主义的样子，而是具备了多样性。民主作为一种社会化的、制度化的行为，并不能等同于民主概念所蕴含的意识形态，更不必说要将它与理想中的自由民主画上等号。

"媒体政治"确实在政治生活中大行其道，但这并不意味着其他因素对于政治竞争而言就无足轻重。例如基层民众的积极参与，或者"政治欺诈"行为，都会对竞争结果产生影响。因此，没有哪一个因素能够独自证明"媒体就是掌权者"，媒体也并不是所谓的"第四权力"，但实际上它比这重要得多：媒体是权力的必需品，它为权力的生长营造了"空间"。政治人物和社会人物间的权力关系结构，正是在这一空间中被塑造。因此，几乎所有想要达成某种目标的行动者和信息，都必须通过媒体。他们也就此接纳了一系列所谓的"规则"，包括媒介参与、媒介语言、媒介利益。作为一个整体，媒体并不像新闻专业主义所宣称的那样"中立"；但也并不是国家权力的直接代言人，除了在威权政体下的那些明显的"例外"。

媒体从业者们构建了传播平台，并且参与到了符合其特殊组织形式和专业利益之要求的信息生产工作中（Schudson，2002），他们的利益也是多样化的。正如我在第二章中所说的，公司化媒体的业务，本质上还是"生意"，且绝大部分媒体都是在做娱乐，包括新闻节目也不例外。但它们其实也有更广泛的政治利益，比如政府在政权轮替时期直接向媒体注资的行为，就证明政治是影响他们做生意的外部环境的一个重要因素。因此媒体的政治参与准则的形成，取决于媒体行业的商业模式，以及它们与政治人物、普通受众间保持着怎样的关系。

对所有媒体机构来说，不论其更加注重大众传播还是大众自传播，或者给予两者同样分量的重视，它的成功都取决于其在受众中的影响力，它的受众群规模越大，影响力也就越大。不同的媒体都有独特的策略来辨别自己的受众群。因此，这一工作绝不是笼统地瓜分市场上的受众份额这么

195

简单，而是要去赢得目标受众的关注。这一点，是党媒存在的重要逻辑基础，正如美国的福克斯新闻网、西班牙的 Antena 3 套，以及意大利的 Mediaset。[1] 他们瞄准的，是那些在意识形态上有特殊需求的受众：比起接受多个信源的"告知"，这些人更希望其政治观点的"正确性"能够为外部环境所"认可"。在另一种受众策略中，独立政治博客会选择传播那些在主流媒体中较为罕见的观点和信息，以此为其政治视角的"独特性"背书。但是，对主流媒体而言，它们的核心价值就是其"可信度"。诚然，这也是相对的，毕竟近些年来，媒体的所谓"可信度"确实正在恶化。举个例子，2007 年，有 36% 的美国人相信美国媒体事实上是在损害民主，持类似观点的人在 1985 年只有 23%。并且，仅有 39% 的美国人相信媒体是在报道"事实"，比 1985 年的 55% 低了不少（Pew，2007b：2）。[2] 民众极大地依赖大众媒体来获取与政治相关的信息，尽管互联网的重要性正在急速提升，但在对政治信息的传播上，电视和广播仍然被视为最可信的来源（Paniagua，2006；Eurobarometer，2007；Public Opinion Foundation，2007；Pew，2008c）。原因也很明显：如果你亲眼所见，那一定是真的。这个道理，电视新闻的编辑们再清楚不过了（Hart，1999）。[3]

196

　　Graber（2001：11 - 42）告诉我们，通过视觉信号来表达政治信息是十分奏效的，这与人类大脑的信息处理方式密切相关，正如我在第三章中所分析的那样。即便互联网成为新闻的关键信源，访问量最大的，仍旧是主流媒体的门户网站。比如，BBC 新闻网就以每月超过 4600 万人次的巨大访问量，雄踞众新闻网站之首，其中，有 60% 是来自英国以外的其他国家的访问。如果不算雅虎新闻、谷歌新闻（两者都只是整合新闻，但不报道新闻），按降序排列访问量领先的其他新闻网站是：CNN、纽约时报、MSNBC 和路透社。

---

①　美国福克斯新闻网是默多克集团旗下的一家新闻媒体，被美国社会广泛认定为共和党的党媒。西班牙的 Antena 3 套、意大利的 Mediaset 皆是公认的"党媒"。——译者注

②　这一趋势并未在东欧和发展中国家出现，而根据爱德曼公司 2008 年发布的《爱德曼公司信任调查》、2007 年的《欧盟民意调查》，以及其他研究显示，民众对媒体的信任正在回升。有猜测称，这样的趋势反映出"媒体"的定义正在发生变化（例如对于互联网和新媒体技术的信仰）。此外，这一现象也有可能是源于民众对于政府机构的缺乏信任，导致其寻找其他的可信信源。不仅如此，这是在网络世界中成长起来的一代人所具有的变化。

③　根据《欧盟民意调查》（2007：54）对媒体信任度的研究显示，相对于纸媒的 47% 和网络的 35%，欧洲人更信任广播（60%）和电视（56%）。

不过，用"媒体政治"来给我们这个时代的政治下了定义，并不意味着要终结这个话题，而是要提出许多问题：媒体政治如何演变成了囊括政治矛盾、政治竞争、政治参与和决策的一套机制？政治机构如何改变自我，才能更为有效地适应媒体政治？媒体政治对于政治宣传、领袖班子和组织机构而言又有怎样的特殊影响？与大众媒体中的竞选活动相比，扁平化的自媒体，特别是互联网和移动互联网，在多大程度上改造了政治实践？在政治斗争中，"媒体政治"与作为武器的"丑闻政治"间有什么联系？当民主政治中的新的政治品种被作为国家与社会之间关系的范式时，有什么可以预见的后果？

杀戮场：媒体政治的运作

媒体政治中的"杀手"们都有哪些"杀招"？

第一步：挖掘目标的政治黑料；第二步：把黑料送到民调专家手上，让他们精确测算出，对于受众而言，哪些黑料听上去更具破坏性；第三 197
步：民调专家把调研结果交给策划团队，后者将两到三件最具破坏力的黑料搬上电视、广播，甚至直接给选民发邮件。为了将对手撕成碎片，他们可谓无所不用其极，而最令人印象深刻就是第三步。我惊异于媒体中那些"纺织工"们策划能力的天赋异禀，当一切结束时，不仅曝光了真相，而且对手的竞选活动往往会像被飓风吹过似的狼狈，以至于他们常常很难从中恢复过来。

事实上，"媒体政治"并不罕见，世界上相当一部分国家的政治策略之核心都是如此。就像斯旺森和曼奇尼（Swanson and Mancini，1996）、普拉塞（Plasser，2000），柯伦（Curran，2002），哈林和曼奇尼（Hallin and Mancini，2004a，b）、波塞蒂（Bosetti，2007）、何里汉（Hollihan，2008）以及其他一些学者所记录并讨论的那样。

媒体政治的实践行动涉及一系列关键任务：第一，确保有资格制定"权力制造"策略的政治人物与社会人物，获得接触媒体的渠道。第二，所要传递之信号的优化和形象制造，最好服务于每个位高权重者的利益。在制作各种信息的合理"配方"时，首先需要识别那些适合政治策略的目标受众。为了策略的完美执行，这一"配方"必须既与受众有关，又与所要传递的信号有关。并且，还要附送该配方的使用说明，引导受众去实现政治人物的最终目标。的确，媒体政治实际上是一种更为广泛的政治形式——信息政治——的一个主要组成部分。所谓信息政治，就是将信息使用和信息处理视作"权力塑造"过程的决定性工具的政治形式。第三，传达信号时，既需要使用特定的技术和传播方式，还需要能够测量其有效性的民意调研。第四，必须有人为这些越发昂贵的活动埋单：政治献金是政治权力与经济权力间的中心节点。

我将分析以上每一个步骤，来理解"使用权力"对于社会而言有什么隐喻。不过，在开始前，我要介绍两个准备性的评论。

首先，媒体政治不仅限于选举活动。它为政府、政党、领袖以及其他非政府的社会人物提供了一个得以生存的常在的、基础性的维度。对每天的新闻内容产生影响是政治战略家最重要的努力之一。虽然，在民主制度中，投票那一刻确实是决定性的，但促使公众的思想逐渐趋向一致的，却是不间断传播的信息，和持续扩散的政治形象。其实，想要在公众高度集中其精神的时刻来改变他们的思想几乎是不可能的，除非有什么真正戏剧性的"事件"或者"消息"在这样的决策时刻前忽然出现。事实上，创造事件或强调某个事件，往往是政府和政治家的常用手腕。比如挑衅其他国家以制造危机，或者举办一次像奥林匹克运动会这样的大型国际活动，或者揭露经济腐败问题以及个人不正当行为。政策在很大程度上取决于政治。不仅因为是政治权力决定了政策的执行力，而且因为政策的制定往往并不基于理想中的政治影响，而是来源于实际的权力博弈。

其次，根据每个国家在制度和文化上的独特性，我有必要考虑媒体政治的多样性，并以此作为我的第二个准备性评论。例如，付费电视广告作为美国选举活动的核心，是解释政治献金之关键性的一个主要因素。并且，说客对于美国政治家所施加的影响也能因此得到解释。另一方面，在大多数欧洲国家中，媒体广告在选举活动中受到高度监管，政府会先行买下一些媒体渠道（通常是具有最广大受众群的电视媒体），而后供候选人们播放竞选广告，并按照严格的规则来分配播放时间。辩论与宣传也同样受到选举委员会的管制，其程度和形式在每个国家有很大的差异。虽然我承认这种多样性的存在，并以此作为在不同语境中推进案例分析的基础，但是我们仍然能够从全球的信息政治和媒体政治中找到实践的规律性。正是这些规律，定义了当代的政治进程。正如哈林和曼奇尼（2004a）写道：

在一股强有力的趋势的推动下，全世界公共领域的建构规则，都在趋同，这体现在媒体的产品、专业实践和企业文化中，以及在媒体与其他政治和社会机构的关系中。世界各地的媒体系统都在变得越来越相似。同时，政治制度在其所包含的传播模式中也变得越发相似……我们有理由认为，同质化在很大程度上是全球媒体对发迹于美国的各种媒介新变化的一次大融合。就其盈利性广播电视系统而言，美国曾经几乎在众工业国家中处于孤立状态的，现在这样的模式已经成为常态。盛行于美国，但在英国则流行程度稍低的以信息导向、媒体中立为核心的专业主义，正指引着全球的新闻媒体。虽说是美国首创了以媒体为核心、使用类似于商业营销技巧的个人化竞选活动，但眼下这一形式也越发常见于欧洲政治中。（2004a：25）。

（Stephen Marks, *Confessions of a Political Hitman*, 2007：5 - 6）

我要补充一下，拉丁美洲的政治活动其实更接近美式做法，因为他们也对领袖进行了包装，并且经常寻求美国顾问的帮助，此外还广泛使用商业媒体（Scammell, 1998；Plasser, 2000；Castells, 2005a；Sussman, 2005；Calderon, 2007）。事实上，这种政治向媒体政治演化的趋同现象，正如 Hallin 和 Mancini（2004a）所说的那样，并不是"美国化"，而是全球化的一个特征。我在第二章中记录的全球媒体业务的集中化，以及世界各地社会间日益增长的相互依赖性，都导致了媒介文化和专业主义实践在全球的兴起，类似的现象也出现在媒体政治中。"美国政治顾问"已经成为一门全球性的生意，它对俄罗斯、以色列和许多其他国家的选举产生直接影响（Castells, 2004b；Hollihan, 2008）。因此，在关注每种媒体政治制度的特殊性，且提供反映这种多样性的例证的同时，我将以通俗的说法，来回顾信息和媒体政治的每个关键组成部分。

"把关"式民主

访问媒体的渠道由把关人提供（Curran, 2002；Bennett, 2007；Bosetti, 2007）。对于媒体政治而言，这个维度是至关重要的，因为如果没有这样的访问渠道，信息和信息传递者都不能触及它们的目标受众。这也是各种媒体制度间最为不同的维度，特别是在广播电视方面。在政府的严格控制下，在所有者或审查人员的监视下，在私人的、商业化业务需要的掣肘下，以及一路上所有中间环节和混合制度的压榨下，媒体渠道中存在着各种不同的变数。

首先需要说明，通过日常新闻、媒体节目获得媒体渠道，和通过付费政治广告获得媒体渠道，是不同的政治途径。相对于其他国家，付费政治广告在美国具有更重要的地位，并且这基本上是针对竞选活动而言的（这在美国是一个无情的活动）。它的广泛实践给美国的民主政治造成了巨大的负担，因为它使得政治献金成为竞选的核心。媒体政治对媒体经营有双重好处：通过广告收入增加营收，在艰难的政治竞争中增加受众率（Hollihan，2008）。我将在分析竞选活动时详细阐述这一基本主题。

在欧洲，付费广告往往被禁止，或者在选举过程中只扮演次要角色。同时，政治献金也是一个重要问题，我将在下文中进行分析。拉丁美洲、亚洲和非洲的竞选活动和政治宣传就像是一个光怪陆离的混合体，其中既包括政府对媒体的控制，又有着商业媒体中的付费广告，还有被金钱和支持承诺扶持的用户网络（Plasser，2000；Sussman，2007）。

不过，对于包括美国在内的全世界而言，作为媒体渠道，常规的电视广播节目和印刷媒体才是媒体政治实践中最重要的因素。这一实践过程有四个组成部分（Tumber and Webster，2006；Bosetti，2007；Bennett et al.，2007；Campo Vidal，2008）：（1）对政府或公司企业（少数情况下针对非营利性公司）的组织控制进行监督；（2）编辑上的决定；（3）专业新闻团队的选择；（4）蕴藏在分配给媒体的恰当任务之中的逻辑，即要想办法将受众吸引到媒体产品所要传达的信息上去。后者是基础性的，因为它将灵活性纳入信息流中，否则整个过程便会沦为单向传播。通过对民众认为重要、有趣的事情进行报道，媒体政治必须时刻保持着对媒体可信度的关注。如果缺乏对众所周知的事件的报道，或者信息的传递者公然操纵信息，都会破坏媒体在受众中的影响力，从而限制了其在媒体政治中的重要性。

渠道政治（access politics）在"把关"式政治的四个组成部分的两两互动中皆有发生。因此，不论是合法的独立公共新闻机构（比如 BBC），还是私有媒体，媒体越是独立于政府控制，媒体渠道就越受到商业利益和专业团体的影响。媒体越是受到商业逻辑所支配，记者就越有必要受到规范。记者在计划、准备和建构议题方面越有发言权，他们将越需要依靠吸引公众来作为其专业影响力的来源。真实的事件越多地在媒体中扩散，媒体的影响力就越大，因为人们是通过其阅读或观看的内容来完成自我认知。如果将这些不同的效果结合在一起，我们在分析中所发现的，便是一个"共同点效应"和两个用以筛选媒体渠道的过滤器。

所谓"共同点"，就是对公众而言具有吸引力的，且会为记者和主持人增加受众、收入、影响力和专业成就的东西。当我们将这一概念引申到政治领域时会发现，最成功的报道，其实是将娱乐效果最大化的报道，这是因为品牌消费主义文化已经渗入社会的骨血。民主协商政治建立在对大众媒体中的重大议题进行深度曝光和理性交流的基础上的，但这其实并不符合时代趋势（Graber，2001）。事实上，它只是一小部分精英媒体的标志，主要迎合决策者和受过高等教育的少数人。[①] 但这并不意味着普通百姓不关心重大议题。因此，为了让广大受众能够接受严肃议题（例如经济、战争、住房危机），必须用娱乐化的语言来包装它们，通俗点讲，不能只是"好笑"这么简单，必须得是"人间喜剧"。由此，政治变成了赛马：谁是赢家、谁是输家，怎么输的、为什么会输，有什么最新的八卦或最肮脏的伎俩（Ansolabehere et al.，1993；Jamieson，2000；Sussman，2005）。媒体政治再现了竞技体育的语言环境（Gulati et al.，2004）。虽然这在美国选举中最为明显，但将选举降格为"赛马政治"的这一趋势，在世界各国都有迹可循（Sussman，2005）。[②]

---

① Postman 2004 年发布的一篇演讲中认为，信息来源的过剩已经降低了社会机构的权威，例如家庭、教会、学校和传统上作为把关人和议程设置者的政党。由于信息不足，个人现在缺乏辨认和参与民主进程的必要准备。然而，过去进行审慎的民主进程的知识社会的形象，似乎比现实更为神秘。因此，Postman 在他的经典著作《娱乐至死》（1986）中描述了18世纪殖民地时期的美国，那是一个以印刷出版为文化基础的积极的读者社会。不是要质疑 Postman 对于分析媒体、文化和民主之间的关系的重要贡献，只是他著作中的这种怀旧情结，明显是在反映受过教育的、有产者们的社会；或者干脆说，受过教育的男性白人的社会。事实上，非洲裔美国人是不被允许阅读。至于 Postman 所引用的整体识字率，其实是已经被历史学家们认定在抽样方法上存在偏差的数据，它主要代表了老年人、男性和富裕人群。Herndon（1996）在使用来自罗德岛和不同来源的签名的数据纠正偏倚后，发现在18世纪中叶新英格兰的总体识字率男性为67%，女性为21.7%。殖民地中南部的居民识字率更低。直到1870年，所有成年人口的20%、非洲裔美国人口的80%都是文盲（Cook，1977；Murrin et al.，2005）。换言之，想象中的"从前的社会更加文明"和"协商民主业已逝去"的观念，其实常常是怀旧的、精英主义的偏见。

② 对于加拿大的这种趋势，参见 Trimble 和 Sampert（2004）。对于澳大利亚，参见 Denemark 等（2007）。

除了赛马政治，轰动效应也推动了政治报道：对强权的不法行为进行曝光，从来是平民百姓的安慰剂。现在这种"安慰"，可以在大众传播的戏剧舞台上获得诠释（Plasser，2005）。戏剧政治的一个主要特征是它的个人化（Bosetti，2007）。其实，受众只需要一个简单的信息，而最简单的莫过于某个"形象"（图像）；而其中最容易辨认的，就是人的脸（Giles，2002）。形象，不仅意味着身体特征或者衣服颜色，更重要的是人的性格，它体现在人的外表、语言，以及人本身所含有的信息和记忆上。因此，个人化的出现，部分是因为理解复杂的政策问题，对于普通百姓而言，可能是很繁重的脑力活动，但大多数人却对自己判断性格的能力信心十足，毕竟所谓的"判断性格"是在政治叙事中对人类行为所做出的正常的情绪化反应（Hollihan，personal communication，2008）。可以说，媒体政治就是个人化的政治，或者是马丁·瓦滕伯格（1991，2004，2006）所称的"以候选人为中心的政治"。马丁·瓦滕伯格指出："媒体技术，如电视、邮件和互联网，已经使得候选人具备了脱离党派的条件，继而令竞选活动不再是党派的附庸。"（2004：144）。这可能是媒体政治对政治进程最为重要的影响，因为它催生了一个新的模式：政党、工会、非政府组织和其他政治人物开始围绕着一个人展开行动，为他或她在媒体政治市场中获得成功而孤注一掷。美国和拉美地区尤其如此。

但是，在过去20年里，与中心地位日盛的媒体政治一致，人格政治也已经改变了全球政治进程，它威胁了党派稳定、意识形态上的从属关系和政治机器本身。要评价这一现象，就要先弄清楚是谁选择谁。媒体使得领袖栖身于他的战斗、胜利和失败中，并因此为人民所熟知，因为叙事永远需要英雄（候选人）、恶棍（对手）和被拯救的受害者（公民）。但是，未来的领导者必须以"有价值的媒体"来给自己定位，并通过一切可用的渠道来展示他们的技巧（或他们的美德）。要做到这一点，候选人可以通过制造事件，来迫使媒体关注他们，例如某位本来处于劣势的候选人，就因为这一招，意外地赢得了大选。媒体十分青睐这类"看上去不太可能成功，却最终修成正果"的故事。政治人物越符合明星的框架，媒体就越容易将关于该候选人的新闻纳入越来越受欢迎的娱乐报道中。其中的基本原理在于：政治素材（人物、信息、事件）必须被当成令人兴奋的娱乐资讯加以处理，不仅要配上赛马式的竞技语言，还要在叙述过程中尽可能地让整个故事更靠近阴谋、性和暴力。当然，绝

— 164 —

不能忘了要代表"老百姓"（街上的人，这种"神话人物"在媒体世界中取代了"公民"），保持对于民主、爱国主义和民族福祉等崇高主题的热忱。

上述渠道选择逻辑，被两种过滤器深深地改变了。第一个过滤器是"政府直接控制"，包含明确的审查制度或隐秘的行政命令。这当然是威权政府的做法，比如在俄罗斯，因为其媒体制度的特殊性，我将在本章的后半部分对此加以分析。但是即使在民主政权中，政府也经常干扰国家广播公司，或其他媒体机构的运作，它们会使用经济手段或者其他间接手段来施加影响。甚至可以说，这是很经典的做法。有些时候，控制还会加剧，例如在 1994 ~ 2004 年期间的意大利贝卢斯科尼政府（Bosetti，2007）和 1996 ~ 2004 年间的西班牙阿斯纳尔政府（Campo Vidal，2008）。在这种情况下，"把关"是绝对的政治任务，且要符合政府的利益、政府中某个政党的利益或者干脆某位政治家的利益。

第二个过滤器是企业的所有者和管理者，强加于媒体的一套"编辑准则"，这通常取决于商业利益而非意识形态偏好（Fallows，1996；Tumber and Webster，2006；Bennett et al.，2007；Arsenault and Castells，2008b；McClellan，2008）。在纸媒、电视等各种媒体中，有大量报道可为此作证。[①] 而这样做，就是为了与党派新闻有所区别。这种准则不排除相反的政治观点，因为对"娱乐资讯"来说，针锋相对的观点就是盐和胡椒。[②] 在某些情况下，出于商业战略上的考虑，编辑会直接封杀一些政治观点或政治人物。事实上，在民主社会中，激进的政治批评是禁止出现在主流媒体中的，因为媒体只有与国家事务保持距离，才能做到符合受众的利益。因此，也只有通过制造新闻（例如各色示威游行，最好能因为警方出动而演变成暴力冲突），激进分子才能打破媒体屏障。当然，这也使他们进一步边缘化，暴力令他们与流氓无异，在公众心中，这是排名第二的政治封锁理由。

① 2008 年 5 月 28 日，在 CNN 的晚间新闻节目 Anderson Cooper 360 中，主持人史考特·麦克莱伦采访了一位 CNN 的记者，她关注到前总统小布什的白宫发言人斯科特·麦克莱伦说，由于没能就白宫对于伊拉克战争的看法进行充分的调查与核实，媒体也是"有罪"的。令史考特·麦克莱伦惊讶的是，该记者说，CNN 的企业高管曾建议她支持小布什政府关于伊拉克宣战的那套说辞。她认为，高层这么做是因为他们相信，布什总统当时的高人气将转化为同样高的收视率。

② 指常用调味料。——译者注

对于渠道，我们目前的分析仅涉及大众传播，这是不够的。正如我在第二章中所强调的，大众自传播对人的思维有着日益重要的影响，因此，传统的渠道控制策略已经不合时宜。任何人都可以在互联网上发视频、写博客，在论坛里开帖子，或创建一个巨大的电子邮件列表。因此，"渠道"本身就是规则；封锁渠道又是另一回事了。互联网和大众媒体是两个虽然相关，但截然不同的通信平台，它们在政治领域的建构中具有共同的关键特征：传播过程都是由信息来塑造的。

信息即媒介：媒介政治和信息政治

媒介政治的主要特点是：政治的个人化、专注于媒体运营的竞选活动、通过"杜撰"来制造政治信息。Bosetti（2007）将"杜撰"定义为"政治人物（通常通过其顾问）制造有利于自己，同时给对手造成损害的传播素材的行为"。除了政治家，应该把媒体评论员也包括在内，在制造政治信息方面，媒体评论员们凭借特定的偏见，扮演着各种各样的角色。媒体政治的目标和所有政治一样，是要赢得并尽可能长久地占有胜利果实。但这并不意味着政治人物对政治的具体内容漠不关心。但是，正如我在私下交谈时一再提醒世界各地的政治领导人的，获得权力地位，是颁布任何政策的先决条件。"胜利"实际意味着某个得到一个或多个党派联合支持的人，通过提供政治方案（这里面包含了其本人的政治野心），获得了一定的政治地位及其附带的资源。因此，对公民而言，媒体政治所要传达的信息很简单：支持这名候选人并拒绝他的对手（反之亦然：比起支持他，你该更激烈地反对他的对手，这在当代政治中更常见）。这不仅简单、清晰，而且对于每一个人都是如此，所以应该围绕这一信息来构建传播过程。在这个意义上，之所以说信息即媒介，因为对于任何政治家来说，传播的形式和平台，都应当在其多样性中，基于它们传递这一特殊信息的有效性来加以选择。

如何直抵人心，是政治信息必须克服的一个主要困难。正如多丽丝-格雷伯所记录的那样，"信息处理研究表明，一般美国人（说'全世界的人'也不为过①）只关心对其生活或人生经验来说十分重要的相关新闻，但许多新闻故事不符合这一标准"（2001：19）。事实上，大多数政治新闻

---

① 此处系作者自述。

对日常生活都是无关紧要的，并且通常对于公民来说太过复杂，很难激起他们的兴趣，更不用说要记住这些信息。然而，当新闻被娱乐化，包括通过报道某一政治人物将新闻个人化，或者用激起受众情绪和兴趣的方式进行报道，政治信息的处理与存储会更为容易。

因此，信息生产必须被视作连接政客与受众双方各自性格和价值观念的界面。这是竞选活动和日常政治的状态。政治人物通过"精心裁制"信息来制定战略，以便在政治领袖和全体选民之间建立最有利的联系，同时要兼顾到各种媒体平台和具体形式：电视、广播、印刷出版物、互联网、短信、广告、媒体访谈、政治辩论等。战略的准确性，取决于针对潜在选民所进行的基于社会科学方法的细致分析。诚然，这也取决于政治人物的性格，毕竟政治家才是那个掌握资源、参与竞争的人，因此，是战略要适应政治家，而不是相反，除非他们输掉了。如果真是这样，他们的部下也会找到一位有希望的新领主。

策略如何发挥作用？长期以来，它主要基于直觉、期望、专家建议以及众多支持者的反馈。政治科学和传播心理学工具的发展，催生出一种新形式的专业化政治实践，我称之为信息政治。　206

设计信息：政治智库

信息政治始于这样一种活动：围绕特定政治人物所构建的社会政治联盟，根据其利益和价值观需要，对所要传递的信息进行精密的计划。政治计划的内容与形式，正越来越多地受到智库的影响。这些智库将专家、学者、政治战略家和媒体顾问聚集在一起，进行政策的规划与执行工作。要理解数据库、定向信息和民调的用处，必须在更宏观的语境中加以体会。政策战略型智库发轫于三十年前的美国，并逐渐遍及全世界，它们的职责是分析趋势、了解人的认知机制，并运用研究成果制定有效的战术，帮助政治人物赢得选举、博得职务，或者在重大政策的斗争中获胜，如医保政策、能源政策、堕胎权力，或国家的福利制度改革。在美国，这些智库大多与保守势力关系密切。这种关系最终都指向了共和党的"大佬"们[①]。他们得到了大型企业和宗教团体的巨大财力支持。

智库的起源可以追溯到20世纪60年代末的社会、政治动荡时期。当

---

① 原文为 GOP（the Grand Old Party），大老党，是美国人对共和党的称呼。

时，美国社会正处于马上要失去其政治清白的境地。在这一时期，舆论开始反对残暴的越南战争，指责"北部湾事件"是政府伪造的战争借口。"战后一代"① 对政府号召"为国捐躯"的做法提出了质疑，这在美国历史上还属首例。与此同时，美国国内也是风起云涌。民权运动、种族骚乱和反文化社会运动的兴起，动摇了社会和政治生活中的保守主义基础。虽然尼克松赢得了 1968 年和 1972 年的总统大选，但这主要归功于民主党人没有将社会抗争转变成一个新的政治品牌，尽管"政治危机"几个大字就赫然写在墙上。随着水门事件东窗事发和尼克松辞职，以及美国在越南的全面崩溃，政治危机不久后就被边缘化了。但经济危机却接踵而至，在第二次世界大战之后为美国带来繁荣的经济模式陷入僵局（Castells，1980），但政治不确定性似乎打开了一扇通往民主政治的门，它似乎要引导社会逃离保守价值观的影响。就在这个当口，在共和党内的众多战略家中，有一位地位不高的"精英"，他感到是时候把学术知识和专业知识带入政治实践了。因为世界形势和美国国内局势都在呼唤深刻洞见、政治远见，以及将思想转化为战术、把战术转变为政治权力的手段。而这恰是共和党政治权力之所在。共和党内的保守派精英们，决定将这种政治权力掌握在自己手中，因此慷慨地资助了大批智库。他们决心摈弃"独立候选人"式的"业余政治"，转而把宝押在呼应保守派价值观的政治运动上。

"鲍威尔备忘录"向来被誉为启发右派智库勃兴、塑造美国政治"新右派"的基础。1971 年 8 月，企业律师刘易斯·鲍威尔（两个星期后被尼克松提名为最高法院法官），秘密发布了"保密备忘录：攻击美国自由企业制度"（后称为"鲍威尔备忘录"）。他在文中概述了自由派控制学术和媒体资源的危险性。备忘录激发了传统基金会、曼哈顿研究所、卡托研究所、健全经济市民委员会、学术准确委员会，以及其他有影响力的组织的创建。这些新智库的主要资助方包括来自匹兹堡的梅隆－斯卡菲家族的金融和石油资本，密尔沃基的林德和哈利·布拉德利的制造业资本，堪萨斯州科赫家族的能源资本。还有一系列化学行业资本，包括纽约的约翰·奥林、维克斯专利药物帝国，北卡罗来纳州格林斯博罗的史密斯理查德森家族，此外，还有科罗拉多库尔斯家族的酿造业资本等。约瑟夫·库尔斯为

① 战后一代指第二次世界大战后出生的美国人。——译者注

传统基金会提供了初始资金。该基金会的受托人包括约瑟夫·库尔斯，前财政部长威廉·E. 西蒙、里察德·M. 斯凯夫、格罗弗·库尔斯、杰布·布什和安利公司联合创始人杰·范安德尔。这份备忘录在鲍威尔写了一年后仍然处于"保密"状态，直到参议院通过了最高法院提名之后的几个月，它才被泄露给杰克·安德森，一位自由派专栏作家。他于 1972 年 9 月就鲍威尔备忘录写了两篇专栏，立刻引起全国关注。这些右派智库在接下来的几年里变得越发重要，重大政治事件总与它们有关，包括 1980 年罗纳德·里根当选、1994 年扭转民主党在国会的统治地位、塑造乔治·布什的候选人和总统形象，甚至于设计"反恐战争"，以及发动第二次伊拉克战争（Rich，2004，2005a，b）。208

　　虽然资金较少、政治影响较小，为了牵制保守势力、找回政治平衡，民主党人也开启智库建设，甚至涌现出著名认知科学家乔治·拉克夫的大胆想法，他试图建立一个智库，专门研发"进步框架"，来应对右派智库主导的"保守框架"。他的洛克里奇研究院尽管具有卓越的知识表现和巨大的政治影响力，但却在 2008 年总统竞选的白热化阶段、在最被需要的时候，由于缺乏民主党的支持，选择了解散，终究没能成功。

　　总的来说，根据里奇（2005b）的统计，在 1970～2005 年间，美国智库总数翻了两番，而且国家级智库还以更快的速度增长，达到 183 家。在这 183 个国家智库中，有 117 家主要关注国家政策问题，是 1970 年的 10 倍以上。在它们中，信奉保守派意识形态的占主导地位。里奇的调查显示，在保守智库里，大约有 40% 的组织的第一领导人来自私有经济领域；他们要么是前说客要么是企业高管（38.2%）。相比之下，几乎三分之二的自由派智库从业者，都来自州政府或非营利团体（63.1%）。保守派智库领导人最关心的，首先是智库的专业知识（61.8%），之后是媒体和公共事务经验（35.3%）和出版记录（32.3%）。四分之三的保守派智库领导人都认为塑造舆论十分重要（73.5%），而在自由派智库中，只有一半领导人给出了同样的答案（52.6%）。

　　这些保守派智库的撒手锏，就是系统地利用媒体来制造舆论，这不仅耗神费力，而且花费不菲。对相关利益集团的研究表明，决定机构的媒体能见度的，有且只有预算规模。一些保守的基金会向右派智库投入了大笔资金，包括林德和哈里·布雷德利基金会，迦太基金会，埃尔209

哈特基金会，察尔斯·G. 科赫，大卫·H. 科赫和克劳德·R. 拉姆慈善基金会，菲利普·M. 麦肯纳基金会，JM 基金会，约翰·奥林基金会，亨利·撒瓦特瑞基金会，萨拉·斯凯夫基金会和史密斯·里察德森基金会。这些基金会提供的强大资金支持对右派智库的媒体能见度产生了重要影响。伊迪·奥登伯格（Edie Goldenberg，1975）在对"资源匮乏群体"的研究中发现，更多的资源意味着更高的媒体知名度。露西格·H. 丹尼尔林（Lucig H. Danielian，1992）也同样认为，最能预测某一利益集团在网络新闻中的能见度的因素，就是其经济实力。并且，用于公共事务和媒体的资源的比例，也与能见度高度相关。在 20 世纪 80 年代和 90 年代，不少研究都发现，保守派智库曾加大资源投入，来推广其产品、寻求知名度（Feulner，1986；Covington，1997）。相比之下，自由派智库则被认为是缺乏资源的，而且对于能够创造能见度的项目缺乏必要的支持（Callahan，1995，1999；Shuman，1998）。20 世纪 90 年代，在对保守派智库与媒体的能见度研究中，里奇和韦弗（2000）发现，高支出智库获得的引用数量更多（比如被《华尔街日报》和《华盛顿邮报》所引用的次数）。

右派智库确实财力雄厚，不过左派智库也在 2000 年前后开始追赶（Rich，2005a），到今天，资金最为充裕的自由派或"无意识形态"智库，通常比传统基金会等顶尖右派智库还要富。不同的是，自由派和独立智库继续将大部分资金用于政策分析，而保守派智库则在媒体关系和政府游说上投入大量资源。举个例子，独立智库、业界翘楚布鲁金斯学会，在 2004 年花费 3900 万美元，其中的 3% 用于社会沟通；在 2002 年，老牌保守派智库传统基金会，将其 3300 万美元预算中的 20% 用于公关和政府事务（Rich，2005a：25）。正如传统基金会前副总裁赫布·贝尔科维奇所说：

210　　　　　我们相信，把研究报告写好、打印出来，只是整个工作的一半。接下来还需要向媒体推销它……策略和政策建议的销售工作也是我们收费的一部分。我们会积极地销售，日复一日，这是我们的使命。（引自 Rich，2005a：25）

因此，当自由派和独立智库遵循对"理性政治"的信仰而把头埋在政策分析中时，保守派智库则主要通过媒体政治来把公众的思想塑造成它们期望的样子。

有趣的是，在英国，最活跃且深刻的政治智库学者，总是在布莱尔首相执政的前期崭露头角，比如 Geoff Mulgan（周若刚）①，网络社会领域最具创新性的分析家之一、迪莫斯智库联合创始人，1997 年在布莱尔的首相府内牵头领导前瞻战略小组。然而，由于布莱尔在 "9·11" 相关政策上选择与布什保持高度一致，工党领导层与最富洞见的智库之间开始出现分歧，致使智库学者们纷纷遭受了政治冲击。在其他国家，政策研究型基金会通常与主要政党关系密切。例如，在德国，有与社会民主党人有关的弗里德里希·埃伯特基金会，以及与基督教民主党人联系在一起的康拉德·阿登纳基金会。又如，在西班牙，有对社会主义政党颇具影响力的 Fundacion Alternativas 和巴勃罗·伊格莱西亚斯基金，以及由前保守领导人何塞·玛丽亚·阿斯纳尔领导的 FAES 基金会。不过，大多数基金会主要还是在政策分析和意识形态阐述方面发挥着作用，并不是政党的幕后操盘手。信息政治的实践工作通常都会留给政治顾问，这是一项规模日益增长的全球性产业，深深植根于美国政治的土壤中（Sussman，2005；Bosetti，2007）。

目标信息：剖析公民

政策和政治战略一旦准备停当，媒体政治就进入一个新的运作阶段：基于人口统计学指标和空间分布，通过辨别价值观、信仰、态度、社会行为和政治行为（包括投票模式）来划分人口区块。马克·佩恩是美国一流的民调人员之一，也是希拉里·克林顿 2008 年首次竞选总统时的首席顾问，他在《微观趋势》（Penn & Zalesne，2007）一书中仔细地剖析了美国选民的社会概况。该书论述了如何通过辨识人口统计特征、信仰、媒体倾向和政治行为之间的关系，来瞄准每个特定群体并挖掘他们的政治倾向，从而打磨政治信息。那么，这些信息是如何转化为政治策略的？看以下示例。

乔治·布什的沟通策略总设计师卡尔·罗夫在接受《名利场》的采访时说，当竞选团队发现情景戏剧 Will&Grace② 非常受年轻的共和党人和摇

① 中文译名周若刚，于 1997~2004 年在英国政府任多个职位，包括政府前瞻战略小组主任、英国首相办公室政策主管。——译者注
② 一部反映男同性恋者威尔和他的室友格雷斯在纽约的生活趣事的电视剧。——译者注

摆选民，特别是其中的女性的欢迎时，他们用473个竞选活动的广告"渗透"了该节目，旨在借助这部当代城市同性恋题材电视剧来提升在自由主义选民中的支持率。同时，通过提出禁止同性婚姻的宪法修正案（Purdum，2006）来增加保守选民支持率。两种策略，传递着唯一的信息：政治家本人。候选人的形象可以因目标人群的不同而变化（Barisione，1996），当然，这种变化也是有一定限度的，要避免呈现矛盾过分鲜明的形象。焦点小组有助于改进信息内容，而民调则可以实时测量信息的有效性，并监测舆论的演变。然而，民调本身并不是一个非常复杂的政治导航工具，因为它只反映政治家在公众舆论中的地位，以及对他的正面和负面的评价。但是，如果将民调和社会数据分析结合起来，就足以实时地解读趋势，并且能够针对潜在的态度采取行动，令目标信息因受众类别的不同而随时调整。接着，新一轮的传播会优化选举过程中的不良因素（Hollihan，2008）。数据库的建设对政治策略有着直接的、实践层面的影响。通过数据计算，能够得出一张"政治倾向"地图，而后，个人化的政治宣传便可以通过电子邮件、上门拉票，或者电话呼叫的形式，来接触潜在的选民家庭。我将在分析竞选活动时对上述技巧做详细解释。这种复杂形式的政治营销是商业营销的衍生物，它清楚地展现着公共生活中的新角色——"公民消费者"的兴起。事实上，因为数据销售产业的存在，政治家和企业所用的数据库是相同的。这些数据库使用大型计算机来处理数据源，用于政府管理和学术研究。而这些数据来自信用卡公司、电信公司和互联网公司，它们大量收集并销售客户数据，侵犯其隐私。而客户如果不知道合同中的细节，就不会选择退出公司销售客户数据的政策。事实上，基于包含目标人群详细信息的"Voter Vault"数据库而建立的大型、复杂的选民定位系统，是共和党在2000年和2004年的选举周期内取得成功的关键因素。卡尔·罗夫被认为是推动商业营销技巧为美国政治所用的总设计师之一。他无所不用其极，是将保守势力抬向美国政治权力宝座的主脑。我要谈谈这个人，他的职业生涯，就是研究信息政治的绝佳样本，他为我们观察人类信息时代早期的政治实践提供了一个窗口。直到2007年8月为了避免在普拉姆事件中被起诉而辞职（见附录表A4.1），卡尔·罗夫一直是小布什政府的政治策略总设计师。他还曾协助小布什在1994年和1998年两度赢得得克萨斯州州长职位，协助约翰·阿什克罗夫特在1994年成功当选参议员，以及指导参议员约翰·科里恩（2002年）和菲尔·格

拉姆（1982 年为众议员、1984 年为参议员）的提案获得通过。他被认为
是"布什的大脑"，与李·阿特沃特①一道，被委以改革共和党政治竞选战
略的重任。② 1971 年，罗夫从大学退学，随后以 CRNC 执行主席③的身份，
开始正式为共和党工作。他于 1973 年首次与李·阿特沃特合作，阿特沃特
是其主席竞选活动的经理人。竞选期间，一位本已退出的对手（特里·多
兰）将一盘磁带泄露给《华盛顿邮报》，磁带录音中，罗夫大谈肮脏的竞
选技巧，比如去翻对手的垃圾箱。《华盛顿邮报》选择在尼克松水门事件
进入白热化的关头，以《作为"把戏"教师的共和党技术官僚》④ 为题披
露了磁带内容，立刻轰动全美。后来，老布什帮他摆平了此事。这也是罗
夫第一次见到老布什。几年后，罗夫搬到得克萨斯州，作为老布什 1978 年
参选众议员时的一名竞选顾问。1980 年，老布什招募罗夫来为自己的总统
竞选出谋划策，但是因为向媒体泄露信息，老布什在竞选中途开除了他。
离开白宫之后，罗夫成了福克斯新闻频道的政治评论员，迪克·莫里斯也
是如此，他俩向比尔·克林顿鼓吹，应当把政治视作一种生活方式、一种
由消费者驱动的营销活动。⑤ 在罗夫的领导下，共和党领导使用多层次营
销策略，该策略被党内大佬和罗夫称为"指标"。多层次营销也称金字塔
行销，指鼓励营销人员不断发展下线，从而扩大组织规模的销售兼招聘策
略，安利公司是这一模式的典型代表。里察德·迪沃斯于 1959 年创立了
安利，该公司 2004 年的销售额超过 62 亿美元。里察德·迪沃斯家族与共
和党早有政治联系。乌贝塔切（2006a：174）认为，里察德·迪沃斯家
族正式进入美国选举政治圈，不过是共和党内各派适用多层次营销策略

213

---

① 阿特沃特是里根和老布什，以及后来共和党全国委员会主席的顾问。他是臭名昭著的威
利·霍顿旋转门广告的创造者，在杜卡斯基的失败中发挥了重要作用。阿特沃特于 1991
年去世。威利·霍顿旋转门广告是老布什为了在 1988 年美国总统大选中击败对手迈克·
杜卡基斯而制作的一条"抹黑广告"。——译者注

② 罗夫有一段丰富且肮脏的历史。早年，他在为来自伊利诺伊州的美国参议院共和党候选
人的运动工作时，他假装是一个名叫艾伦·J. 迪克森的民主党人的支持者，迪克森时任
州财务长官（后来是参议员）。罗夫从迪克森的办公室偷了一些文件，写了一个传单，承
诺"免费啤酒，免费食物，女孩和一个好时光"，并在公社、摇滚音乐会和流动厨房分发
了 1000 份；一个人在迪克森的总部出现（Purdum, 2006）。

③ CRNC（College Republican National Committee），是指共和党全国高校委员会。——译者注

④ GOP Probes Official As Teacher of 'Tricks'，作为"把戏"教师的共和党技术官僚。——译
者注

⑤ 莫里斯在 2008 年运营了 vote.com 网站，该网站请求用户对一些问题投票，然后将统计结
果发给有关部门。

的最新证据。由于小布什与戈尔在 2000 年的选举中有着极为接近的支持率，为了确保在下一次选举中能够稳赢，共和党必须想办法提升特定群体的投票率。为此，他们委托研究人员来检验多层次营销的有效性。企业界的多层次营销研究表明，志愿者在招募和管理其他志愿者时更有工作效率，特别是在与他们利益攸关的领域。共和党的专家们用了两个最能体现信息政治特征的项目，验证了业界的成果，它们是"72 小时工作队"和"选民保险柜数据库"。在罗夫的领导下，共和党在 2001 年首次设立了 72 小时工作队，动员共和党选民积极参与投票，以此将民调支持率转化为实际的投票率。根据每次选举期间的多层次营销数据，工作队成员会在选举日前三天，开展有针对性的动员，集中力量增加投票率。此举旨在通过招募精心挑选过的志愿者，来激活他们身后的人际关系网（例如教会、步枪俱乐部、家长教师联谊会成员等）。最雄心勃勃和最有效的战略是建造选民保险柜数据库。选民保险柜是共和党为 2004 年总统选举而建立的巨大的选民数据库，由小布什的民调和策略专家马修·多德（他直接向罗夫汇报）牵头，可供国家和州政府使用。库内有超过 1.75 亿人的信息，还内建了一个帮助志愿者建立自己的"选区"的草根组织者系统。选民保险柜根据某些人口统计指标，通过计算得分，来判断潜在选民是支持共和党还是民主党，并将结果编列成表，这一加工工作大部分在印度完成。库内信息来自各种公共信源，有的在网上合法地批量购买，或由数万专职工作人员现场收集；有的来自银行出具的用户信用评级报告，或者周刊、月刊订阅信息，车辆注册信息；有的是为了换取免费礼物而参与的消费者调查信息，或者超市积分卡中的消费者偏好记录；有的是福音教会的名单，或者反映某个社区的民族构成和收入水平的人口普查信息。选民保险柜扩大了共和党全国委员会（RNC）用直邮和电话方式动员选民的行动规模，提升了"微观定向"的精度。2004 年，共和党为直邮支付了近 5000 万美元，同时花了 860 万美元用于电话动员，这两个数字在 2000 年分别仅有 2200 万美元和 360 万美元（La Raja, et al., 2006：118）。与此同时，也许是由于对自动化系统的依赖，党务人员薪资支出从 2000 年的 4300 万美元减少到 2004 年的 3300 万美元。在 2006 年的共和党主席选举中，梅尔曼扩建了选民保险柜数据库，他向《名利场》杂志解释说："我们用万事达追踪信用卡客户的方式，来追踪选民。这和以前不一样了。以前根据地理位置来确定选民区

划，而现在，我们依据选民的行为和生活方式。"（Purdum，2006）于是， 215
新版的选民保险柜拥有了针对媒体的"微观定向"功能。2004 年，小
布什的竞选团队确定了其潜在选民喜爱的网站和电视频道，并据此向受
众群体多为共和党选民的频道投放广告，比如高尔夫频道和娱乐与体育
节目电视网。这一举措使得居住在"自由派领地"上的共和党选民也能
够沐浴在党的宣传里，而他们通常是被传统的"出门投票"行动所遗忘
的人群。在 2004 ~ 2006 年，共和党全国委员会为 50 个州的组织者开放
了 Voter Vault 数据库的接入权限，并培训了大约 10000 名志愿者如何使
用。

　　虽然不是为了超越 Voter Vault，但是从 2002 年开始，民主党也开发了
两个数据库：Data Mart，包含 1.66 亿注册选民的信息；Demzilla，一个用
于筹款和志愿者组织工作的小型数据库。但是与选民保险柜数据库相比，
民主党的数据只覆盖了此前的两次选举，并且只有 36 个州可以访问，数据
的收集过程也远不如共和党先进。2007 年 2 月，在当时的民主党全国委员
会主席霍华德·迪安的个人倡议下，民主党全国委员会用选民保险柜数据
库取代了此前的两个系统。该数据库被称为"最先进的国家级选民信息系
统"，旨在确保从党中央到地方党部的各级民主党候选人，都能获得所需
的帮助。然而，这套系统直到 2008 年选举时才真正建成，并还在不断更
新。

　　这些新的信息战略在多大程度上影响了政治进程呢？帕纳格波洛斯和
威尔豪沃尔（Wielhouwer，2008）研究了全国选举研究报告（NES），发现
在 2000 年和 2004 年的选举中，出现了历史上最多的"个人联系活动"。
到 2004 年，摇摆州的选民都深受双方的青睐，大家的策略都是在保证本党
基本盘的同时，仍不放松对独立选民的游说。数据库对于双方识别各自的
选民至关重要。选民投票率在 2004 年急剧增加，这可能是由于选民动员活
动的增加。在 2 亿 270 万名合格选民中，有 60.3% 在 2004 年总统选举中投
票，比 2000 年的 54.2% 投票率大幅增加，是自 20 世纪 60 年代以来的第二
高（McDonald，2004，2005；Bergan et al.，2005）。特别是考虑到最近几
十年西方民主国家的选民投票率普遍下降，这一增长就显得尤其突出
（Dalton and Wattenberg，2000）。选民动员策略加上社会意识形态两极分化
（也是罗夫的"功劳"），很可能决定了共和党在 2000 年和 2004 年的胜利。 216
事实上，根据 2004 年美国全国选举研究报告，受访者普遍认为候选人在意

识形态上比四年前更加分化（Bergan et al.，2005）。

信息政治还有更为黑暗的一面，就是猛挖政治对手的黑料。由于这在竞选活动和丑闻政治的发展中都起着至关重要的作用，我将在本章后面的部分中详细讨论这个问题。数据收集、信息处理和知识导向的分析，催生了强大的政治信息，它所要传达的唯一信号就是政治家本人。一旦信息得以构建，不论通过电视节目还是拉票活动，想方设法地适用各种平台和方式，将它们传递给受众，就成了重中之重。我在第三章中分析了信息的构建过程，而本章旨在考察政治活动的具体操作，主要是针对媒体政治，这一赢得政治权力的主要工具而言的。然而，在此之前，我必须首先谈论媒体政治之母：金融规则。

金钱之路

信息政治是昂贵的，但很难得到政治组织的定期资助，在大多数国家都是如此。这其中的大部分支出都与竞选活动有关，而在美国等国家，尤其与付费电视广告相关，这是候选人与选民直接沟通的主要渠道。美国的选举活动成本在过去几十年中迅速增长，自 20 世纪 90 年代中期以来一直高速增加。图 4-1 展示了美国总统候选人在过去九个选举周期中募集捐款的情况。

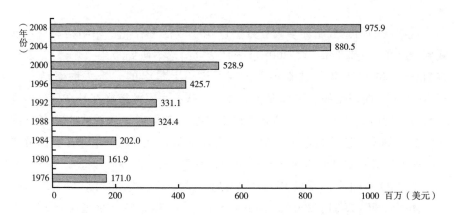

图 4-1　1976~2008 年美国总统候选人竞选资金数

注：这些总额包括初选收入、大选公募资金和常规公募资金。美元数额没有根据通货膨胀调整。2008 年的数字反映了截至 2008 年 6 月 6 日前的捐款总额。

资料来源：联邦选举委员会文件，由公道政治研究中心编制。

不只总统大选的费用飞涨，2004 年，赢得一个参议院席位的平均成本为 700 万美元；赢得一个众议院议席的平均成本是 100 万美元，是 1976 年的 11 倍（Bergo，2006）。政治献金的出现，不仅是由于竞选活动的费用日渐攀升，更是因为企业及其他特殊利益团体希望借此来影响各级政府的决策（Hollihan，2008：240 - 73），供应似乎比需求更为迫切。政客之所以能够承担昂贵的政治开销，是因为说客和金主手里有大量的资金。事实上，一些政客甚至钱多得花不完。因此，他们通过很有创意的记账方式来报销自己的奢侈生活。自 1974 年以来，美国已经实施了不少针对政治献金的竞选制度改革，但每次都是"上有政策，下有对策"。因此，现行的美国选举法限制了个人捐助者的数额。例如，在 2007～2008 年选举期间，个人被允许在初选阶段最多向其中意的候选人捐赠 2300 美元，大选阶段也得如此。为了规避这些限制，政治行动委员会横空出世，它被允许筹集高额的政治献金。而当政治行动委员会的融资也受到限制时，又出现了一种新的"玩法"：直接向党捐款，没有金额限制。这种捐助方式也被称为"软钱"。由于党派为候选人工作，"软钱"最终都会落入候选人口袋。此外，还有一种"捆绑捐赠"也大行其道。这种方法允许一些个人（例如公司CEO、律师事务所合伙人、工会领导）收集个人捐赠（例如从他们的雇员或从他们的成员），而他或她其实是代表候选人的。通常，企业会向两个党都提供"捆绑捐赠"，不把鸡蛋放在一个篮子里。付费广告作为竞选开销中的"大头"，通常是由所谓的 527 团体（依赋予其法律地位的税法命名）、公民个人或私人公司，以行使言论自由权为理由进行捐助，所谓的言论自由，是指捐助者有权通过电视广告来表达对某位候选人的支持或反对。他们不能公开游说选民把选票投给谁，但所要传达的信息明白无误，且通常是非常负面的。看起来，这些团体像是在主要候选人周边"小打小闹"，但实际上他们是候选人在制度之外的代理人，帮助其设置议程、传达信息。此外，高级筹款晚宴的入场券也是个人捐赠的渠道，这往往能筹集数百万美元。在 20 世纪 90 年代，克林顿总统通过邀请经过精心挑选的富人留宿白宫并收取"住店钱"来募集资金，这招被媒体称为"1600 号汽车旅馆"（白宫在华盛顿宾夕法尼亚大道 1600 号）。在为 1996 年总统竞选活动寻找捐助者时，他的顾问提出了利用总统和白宫的声望来募捐的点子。只要 12500 美元，捐赠者就能在白宫享受一顿高档晚餐，并与总统合影。如果想和总统以及行政官员在白宫喝杯咖啡的话，5 万美元。如果总

217

218

统的支持者情愿支付 25 万美元，他或她将被邀请在白宫待一整天，并享受其设施，比如游泳，打网球、保龄球，或在草坪上烤肉。如果某位捐助者极其慷慨并且选择不公开金额的话，他就能在林肯的卧室过夜，舒服地展现着美国民主的命运。这个"精选团体"事实上成了一个大众市场：1993～1996 年间，白宫举办了 103 次筹款早餐，招待了 938 位过夜客人。其中大约一半为总统先生的亲戚和朋友，但其他的客人非富即贵，其中还有不少臭名昭著的人，包括一位被判诈骗罪的股票经理人，一位因为对员工非法监视而被定罪的百万富翁，一户"倒卖"美国与印度尼西亚经贸政策的印度尼西亚家庭、后来被指控从亚洲捐助者那里索取资金的民主党全国委员会筹款人约翰·黄（John Huang）。但克林顿的筹款方式没有任何法律问题：所有的募捐都是在适当尊重规则的前提下完成的。捐助者没有被要求在白宫或任何其他政府房产内捐款，而总是在这之后才被要求付款（Fineman & Isikoff, 1997；Frammolino & Fritz, 1997；转引自 Hollihan, 2008：246）。

独立候选人可以无限捐助自己的竞选活动。因此，任何美国富人都可以通过买通媒体来直接接触选民，以此绕过党派和其他中间人来参选总统。美国的这种政治献金体系从来没有受到过任何严重挑战，因为最高法院将捐赠作为言论自由权的一部分，并强调公司也拥有这种权利。此外，政客本身不可能限制使自己受益的制度。因此，联邦选举委员会就是一个无效的官僚机构，基本上是在履行窗帘的功能，遮住"美国民主明码标价出售"这一令人不适的真相。在美国，金钱引导政治，而不遵守这一规则的政治家则没有机会参与竞争（公道政治研究中心，2008c；Garrett, 2008）。

不过，草根阶层的资助倒还是可以起到些作用，我将稍后详细论证。但有两点需要注意：只有普通百姓出于对领袖个人魅力的青睐而大规模支持其竞选互动活动，"草根融资"才有可能变得重要起来；但即使在这种情况下，钱往往还是不够，这就使得政客本人不得不暂时忘记自己的左派或者右派身份，在大企业和特殊利益集团的世界中寻找资金来源。

美国的这种情况是独一无二的，因为它将私人政治献金的直接影响与鼓励游说的法律制度结合在一起，这是华盛顿的主要产业，而公众却对此表示冷漠或顺从（Hollihan, 2008）。相形之下，在世界上大多数国家里，金钱可以一路买通政治，从地方政府到总统办公室，没有任何有效的法律框架来隔离政府的特殊利益。肯尼亚就很典型，2007 年的选举是该国自独立以来最昂贵的。实际上，在 1963～2007 年期间，每个议会候选人的平均支出年均增长 20 万，且没有任何机制来监管资金去向（CAPF，2007）。这些资金或用于贿选，收买记者和民调公司，组织青年运动和妇女运动，支付媒体广告费、高昂的旅费，支付工作人员薪水等。资金来源多种多样，执政党作假账挪用公款来贴补一部分竞选费用，较大开销则由与政府签订合同以换取其财政和后勤支持的企业支付；反对党从外国资本那里获取大量捐款；双方都无情地向富人索取捐助，并要求他们在付款时要慷慨些。越来越多的肯尼亚精英愿意创立自己的政党，为的是获得直接进入议会的资格，省下付给中间人的钱（这显然是一种更具成本效益的做法）。

2007 年，肯尼亚"政治产业"的丰厚回报吸引了数量众多的民主爱好者：130 个政党派出了 2500 名议会候选人。多数情况下，他们必须自己筹钱，不过一旦成功当选议员，回报是很可观的。一项研究表明，参选的五年合法回报率是前期投资的七倍。这些回报通过各种补偿和福利来兑现[1]，因此不算政治贿赂。2007 年选举结束后，政治献金的监管机制终于建立了，但独立观察员们都认为该机制形同虚设。合法融资和金钱驱动下的政治交易，是肯尼亚民主的特征（CAPF，2007）。

在全球视角下，肯尼亚代表了金钱政治的规则，而不是一个例外。对于非洲其他国家、拉丁美洲（智利除外）和亚洲的研究报告都得出与此相似的结论（见下文关于丑闻政治的部分）。

在其他一些国家和地区，特别是在西欧和北欧、加拿大、澳大利亚和新西兰，情况则更为复杂，因为公关政治献金有其规范，付费媒体广告是被限制或禁止的，并且对在职政客的资助有着严格监管。不过，金钱不会在他们的海岸上停滞不前。为了说明这一论点，我将考察两个从来不被怀疑的民主国家：英国和西班牙。

在英国和西班牙，有专职监管机构来管理政党的融资行为。和美国一样，两国都有要求捐款数额公开化的条例。在英国，捐助者必须在捐款到达一定额度后公布其数目，政党则必须公开所收到的捐款。在西班牙，所有收到的捐款都必须公开。但与美国不同的是，政党选举支出是有上限

---

[1]　事实上，"金钱回报"现象在美国也很普遍。然而，与意大利政治家对所有政治派别所享有的特权和回报相比，美国和大多数西方民主国家的合法回报水平就显得很苍白了，正如两位意大利记者的一本爆炸性的书中所记录的那样（Rizzo & Stella，2007）。

的，且各方必须提供有关其支出的详细信息。英、西两国与美国的主要区别在于，获得捐款的是政党，而不是候选人。这些资金的主要目的是支付政党日常运作的费用，以及补贴政策分析和提案成本，除此之外的钱才会被用来支付竞选成本。资金数额的多寡往往与党派在上次选举中的表现成正比，这当然有利于执政党的连任。此外，因为政党有权免费获得媒体渠道，所以相对美国，竞选活动的成本被大大降低。

在英国，广告播出时间的分配标准由选举中获得提名的候选人数量和地理分布来决定；在西班牙，则由上一次选举中的表现来决定。另外，这两个国家禁止在电视上播出付费的竞选广告。在选举期间，两国都对政党在地面电视频道和国家广播电台上的广告采取时段分配制。在西班牙，政府频道的政治新闻在选举活动期间也会受到制约，候选人获得的曝光时间与其在上一次选举中的表现成正比。在英国的竞选中，广告支出主要用于广告牌、小册子、传单和其他材料。保守党在广告上花费更多（2005 年为 46%，而工党为 29%），工党在集会和活动中花费更多。虽然英国竞选活动的支出在 2001 年（所有各方为 2370 万英镑）和 2005 年（4200 万英镑）之间显著增加，但与美国相比则是小巫见大巫（见图 4-1），即使考虑到选民规模的不同。事实上，英国的政党通常对竞选支出的最高限额表示尊重。因此，美国和大多数西欧民主国家之间的一个根本区别是，说客在美国政治中举足轻重，而欧洲政治中商业和利益集团则受到严格监管。即便如此，若论及金钱与政治之间的紧密关系，欧洲和世界上其他地方并没有什么不同。事实上，英国目前的监管制度，是由 1998 年的一系列著名的政治献金丑闻引起的，特别是在 1997 年托尼·布莱尔在电视上公开承认，工党曾从一级方程式大亨伯尼·埃克莱斯顿那里获捐 100 万英镑。工党前任捐款召集人亨利·德鲁克在工党上台后不久辞职，他批评所谓的"盲信捐赠"，即法律允许富人秘密捐款给工党，而党内领袖不必过问钱从哪里来的，这一做法现在已经受到法律禁止，而直到 2001 年法律颁布，这些捐款的数额才得以公布。公共生活标准委员会（约翰·梅杰设立的一个独立机构）建议建立一个新的制度，以规范政党的财务活动。《政党、选举和全民投票法》于 2000 年通过，2001 年大选标志着英国的竞选支出第一次受到控制。然而，捐助者的各种问题仍在英国政治中层出不穷，并像瘟疫一样令工党备受煎熬。2005 年选举期间，上议院的一名委员发现，工党已经收到了数以千万计的来自富人的捐款，却没有向选举委员会报告。一时

222

间，举国哗然。这促使伦敦警察厅着手调查所谓的"荣誉现金"案。简而言之，托尼·布莱尔被指控为了党的利益而出卖皇家爵位。每个国家都有自己的传统，但现在，传统是可供出售的了。正如上面提到的，克林顿一直在出租白宫的林肯套房及其总统纪念碑。现在，"英国贵族"也成为一种商品。而当地产开发商大卫·亚伯拉罕被曝出已经向工党捐赠超过60万英镑后，其他形式的隐藏献金也浮出水面，大卫使用他人名义隐藏自己的身份，这直接违反了选举委员会的规定（Hencke，2007）。

至于年轻和充满活力的西班牙民主，在2004年的议会选举中，所有政党在为期两周的竞选中一共花费了5720万欧元。2008年的选举活动支出甚至更低，为5000万欧元。之所以能够如此节俭，是因为财政部为每一方支付了竞选经费的大头：2008年，两个主要政党，工人社会党和保守党的竞选经费上限是各自1670万欧元。另一方面，政府按比例资助每个政党，该党每获得一张选票，就能得到0.79欧元的补助；每取得一个国会议员席位，就能获得21167.64欧元。此外，双方候选人的交通和住宿费用也由政府承包。大多数资金被用于广告牌、邮寄和印刷材料、组织政治集会，以及在广播和纸媒上做广告（Santos，2008）。然而，西班牙的各个党派都在积极寻求私人捐赠，其中一些在其合法性方面处于灰色地带（Bravo，2008；Murillo，2008；Santos，2008）。

为什么在媒体广告、集会和团队管理费用基本都由公共资金支付的前提下，各党派仍然需要募捐呢？说实话，金钱永远都无法满足"政治需要"。但是因为所有各方都受到类似的约束，竞争环境还算公平。富人、特殊利益团体和大型企业都希望通过提供额外的政治献金来左右政治向有利于自己的方向发展。但由于这些"操纵"行为不能明目张胆，领袖和政党便也对此讳莫如深。这么做也并不是为了"给政治做贡献"，而是在预埋一条能够随叫随到的政治暗线。这就是用来代替"游说"规则的所谓"裙带关系"（当然，除了游说，美国的政治舞台上也泛滥着裙带关系，比如遭媒体曝光的副总统迪克·切尼和他的哈里伯顿公司）。募捐也就罢了，政党为什么会收取"法外资金"呢？因为他们总是需要一些钱，来供其灵活而秘密地使用。因为如果想要在政治上创新，就必须在选举委员会限定的"非政治活动领域"内有所作为；之所以要"秘密"，因为除了竞选，还有一些决定性的政治行动（例如非法集资、见识、制造对手的丑闻、贿赂记者、支付勒索等）需要大量的地下资金。此外，可供自由使用的资金越多，政党内外的政治中介机构及其领导人分一杯羹的机会也就越多。政治地位是民主权力持有者进行个人原始资本积累的基础：正是那些认同民主交替原则的人，想要在自己掌权时充分利用这大好的机会，无论是为自己还是为了他们的所谓理想而奋斗（Rose – Ackerman，1999；国际选举制度基金会，2002）。

杜撰新闻

人们的决定，包括政治决定，很大程度上是根据包括互联网在内的媒体所提供的形象和信息来做出的，这是一个连贯的过程。事实上，选举活动——民主制度的戏剧时刻——是在日复一日地动员着人们本来就有的某种倾向，因此，新闻媒体的政治活动成了媒体政治最重要的形式。老实说，具有政治含义的信息也不止新闻（Delli Carpini and Williams，2001；Banet – Weiser，个人访谈，2008）。虽然，作为大多数人新闻来源的电视新闻往往被视为一种娱乐：它构成了"幻觉的政治"（Bennett，2007）。但正是由于新闻媒体的形式就是为了吸引普通观众而设计的，电视新闻才能在媒体对政治议题的评价与民众既有的倾向间建立有效的联系。

正如第三章所分析的，政治策略的主要目的在于确定新闻媒体中的议程、框架和核心信息。但是，具体的做法差异很大，这取决于政府、企业和媒体公司之间的互动。为了确定媒体中政治框架的逻辑，我将基于吉安卡罗·波塞迪（Giancarlo Bosetti，2007）的研究，分析意大利的相关经验，这确实是因为意大利的电视环境本就特别适合作为案例。首先，意大利的政治新闻的首要信源就是电视：超过50%的意大利人将电视作为政治信息的唯一来源。这一比例在政治竞选期间上升到77%，仅有6.6%的人主要通过纸媒来关注大选。其次，意大利的例子很有启发意义。意大利的电视制度虽然在表面上秉持着独立、客观的新闻专业主义价值观，但它实际上是民主世界中最为政治化的体系。这有其历史原因。在20世纪90年代以前，意大利的三个政府电视频道（指属于国有企业RAI的电视频道），代表着三大政治势力，按照重要性降序排列：基督教民主党人（RAI一套）、轮回转世后的共产党人（RAI二套）、社会主义者（RAI三套）。在20世纪90年代，借着欧洲电视自由化和私有化的浪潮，一位房地产商西尔维奥·贝卢斯科尼一跃成为媒体大亨，成立由他的Mediaset公司管理的三个私有的全国性的广播电视台。他为了获得1994年大选的胜利，倾尽自己在电视领域内的巨大影响力。于是，贝卢斯科尼成功当选意大利总理，然后一而再，再而三地参选并连任，直到 2008 年的最后一次参选。除了中左翼联合政府执政的那段短暂而混乱的时期外，他绝大部分时间都掌控着意大利的所有电视台，不论是公共频道还是私人频道。即便地方性的有线电视和卫星电视保持着相对的多样性，但大部分政治信息都必须通过贝氏过滤器的检验。

波塞迪（2007）分析了意大利电视新闻在过去二十年内的演变，发现在新闻报道的一些主要特征方面，意大利和美国很像：个人化、戏剧化、碎片化，以及围绕秩序与无序概念所建立的主要架构。事实上，"秩序"议题是贝卢斯科尼政治吸引力的主要来源。尽管他被怀疑与黑手党过从甚密，但如果你处在一个百姓疲于无休止的党争、围绕政治阶层利益构建政体且对于特权的纵容和补偿举世无双的国家里，贝卢斯科尼就很有吸引力了（Rizzo and Stella，2007）。波塞迪又为这个场面添加了些许意大利特色：政客每天都在新闻节目中相互攻击，这令观众对一切政治都无比厌恶，同时也为新闻工作者提供了丰富的创作素材。这些新闻主要围绕党派领导人的行为和言论，通常会放大政治的个人化倾向，即使在意大利这种有着各种各样的政治商店的政治环境中，其中一些新闻媒体还是服务于某一位政客的利益（因为他的投票将决定对议会的控制）。

波塞迪的分析显示，贝卢斯科尼治下的公共和私人电视频道在政治新闻的报道上没有重大区别（波塞迪，2007：62）。贝卢斯科尼利用其媒体统治权，来对那些试图将他送上法庭，但没能成功的法官和议员进行个人斗争。他巧妙地发动了几次媒体政治攻势，在抹杀他的对手的同时，塑造了他凌驾于政党政治的白手起家者的形象，他努力捍卫意大利的国本、自由市场和作为欧洲之根的基督教文明（波塞迪，2007：85）。贝卢斯科尼 226 绕过政党，并通过媒体来直接左右舆情和选情，他由此建立了一个媒体寡头政体，并逐渐取代了一向作为意大利政治特色的党派寡头政体。舞台政治变得比新闻更加重要，因为专业的 24 小时新闻频道往往敌不过主流的政治娱乐文化，前者通常会瘫软在充满闹剧和喜剧的意大利媒体环境中。

意大利是政治操纵新闻媒体的极端例子，它展现了"杜撰游戏"的最原始状态，而杜撰正是世界各地的大众媒介，特别是电视的最显著特征。因此，本尼特（2007：14）认为，美国新闻媒体的政治特征：

在 CNN 民调专家和评论员威廉·施奈德看来，华盛顿正越发沦为

"个人政治企业家"的城市，他们依赖自己的形象多于党派的支持……公众在特定的时刻进入这一媒介化的现实中：当他们作为细分群众而被组织起来参加投票、民调或向国会发送电子邮件时。更多情况下，公众会在政策议程快结束时被感谢一番，因为政客需要通过新闻形象来销售议程的结果。因此，掌控新闻也就意味着要把握好都有什么消息可以被送到观众面前。

诚如臭名昭著的"Dodgy Dossier"（狗狗档案）事件所示，在布莱尔政府的杜撰系统面前，公共电视台的海报上印着的孩子也无法逃脱，就连BBC也未能幸免。2003年初，首相的新闻主管阿利斯泰尔·坎贝尔为布莱尔政府编撰了题为《伊拉克：隐蔽、欺骗和恐吓的基础设施》的档案，该文件此后被称为"Dodgy Dossier"（狗狗档案），于2003年2月初向媒体发布。时任美国国防部长科林·鲍威尔对档案赞赏有加，因为它为美军攻打伊拉克构建了坚实的基础，尽管出兵伊拉克早已是板上钉钉的事情。该档案声称："根据可靠信源和情报分析"，伊拉克隐瞒了其拥有的大规模杀伤性武器的事实。但是，正如剑桥大学学者格伦·让瓦拉（Glen Rangwala）所揭露的那样，该档案部分剽窃了加利福尼亚州一位名叫易卜拉欣·阿玛拉什的研究生的论文，文中的排版错误也逐字逐句地出现在英国政府的档案文件中。BBC记者在了解到剽窃真相后，报道了这件事。加上早先在9月份出版档案《伊拉克大规模杀伤性武器：英国政府的评估》，两份档案都被政府用以证明参与入侵伊拉克行动的合理性，并且得到了小布什的引用。当调查组没有在伊拉克发现大规模杀伤性武器时，公众开始质疑这两份报告的真伪，并进一步发现其中的全部指控都是妄造。

布莱尔政府欺诈行为的曝光，导致了唐宁街和BBC之间的论战。BBC记者安德鲁·吉利根于2003年5月29日提交了一份关于BBC节目的报告，在报告中他说，一个不愿意透露姓名的线人告诉他，9月的那份档案就已被"美化"过了，之所以这样做，是因为情报机关有可能会怀疑萨达姆·侯赛因是不是真可以像报告中说的那样，在45分钟内部署大规模杀伤性武器。2003年6月1日，吉利根在《星期日邮报》上写道，"45分钟"这一说法是阿利斯泰尔·坎贝尔加进去的，这是恐惧诉求的典型做法。坎贝尔要求吉利根道歉，但BBC选择站在它的记者身后。之后，坎贝尔上了4频道的新闻，以回应指控。布莱尔也发布声明来支持他的助手，称BBC

227

在指控政府有意"美化"报告这件事上犯了错误。接着，布莱尔的舆论评级下降，大多数受访者说他们再也不相信布莱尔会说实话。在反驳 BBC 的过程中，布莱尔政府认定了供职于国防部的科学家大卫·凯利博士就是 BBC 的线人。2003 年 7 月，在他暴露了的几天后，凯利博士被发现已经死亡，且看起来像是自杀。凯利博士的死亡直接导致了"赫顿调查"的开启。赫顿调查报告排除了政府的嫌疑，部分是因为吉利根的报道没有遵循新闻原则。报告指出，吉利根的指控是"没有根据的"，BBC 的编辑和管理流程是"有缺陷的"。BBC 在报告中被强烈批评，导致 BBC 主席和总干事辞职。此后，各路国有报社都开始指责赫顿是在"粉饰"太平，因为他不敢对政府进行严格调查。

虽然政治杜撰和框架操纵，通常不像坎贝尔和他的手下的所作所为那样明目张胆且骇人听闻，但它们却是每个国家的媒体新闻和媒体政治的日常主要工作。然而，我们不清楚，到底是谁在利用谁。政客们喂养了媒体，媒体也经常面对未经加工的政治美食"大快朵颐"，不论是"烹调一番"，还是任其腐烂，都要使得喂食者暴露在聚光灯下，从而吸引公众的关注。事实上，媒体政治是一种由媒体和政治组成的复合型社会实践。

228

不道德时刻：竞选活动

竞选活动是呼吁公民通过其投票行为，来就公共机构的权力宝座进行正式授权的关键步骤，它们是民主的轮子。然而，竞选是政治生活的特定时刻，它们在由日常的一点一滴所积累起来的"意义"上运作，这些意义构成公民的利益倾向和价值观。竞选活动通过激活或抑制情感和认知过程来左右人们的选举倾向。不论政治话语中的意识形态何其高尚、修辞技巧何其华丽，对于竞选中政党和候选人来说，只有"胜利"是唯一重要的事情，其他一切不过都是浮云。这意味着政策计划必须被构建成旨在获得选民支持的政治信息。自然地，候选人和政党的定位都在国家政体中，并且他们的地位与支持者的利益和价值观息息相关，因此他们的政治基础必须是可信的，所以也更加注重候选人的性格与其所要传达的信息之间所要保持的认知一致性。

然而，各党派和候选人在历史背景与其现实需要之间的差距，会随着时间的推移而扩大，这是因为，他们必须根据越发不同且不稳定的选民，来调整政治信息。事实上，大多数运动使用三管齐下的策略。第一，他们会依靠选民的忠诚来确保基本盘。在大多数国家，对某个党或某种政治传统的好感是决定投票行为的关键因素之一（Montero et al.，1998；Winneg and Jamieson，2005；Westen，2007）。因此，候选人不能过分偏离过去为党建立其影响力的政策立场，以求不削弱核心选民的支持，例如左派倡导的妇女堕胎权和右派倡导的减税。第二个关键因素就是解构或混淆对手的核心价值，特别是通过指出其缺陷或错误，或指出政治对手与其潜在选民在价值观上的矛盾，例如，她在恐同语境下支持同性恋权利。然后是第三个也是最具决定性的战略举措：赢得独立和摇摆人士的支持。只要成功动员了核心选民，这些人就会成为决定选举结果的群体。这并不意味着选举是通过动员政治谱系的中心来赢得胜利的。有时，中间偏左或偏右，是使得在边缘上摇摆的人做出决定的关键一步，因为他们并不觉得自己认同任何一位候选人的政治纲领。赢得独立人士支持的关键是要引起他们对候选人的仔细审查。因此，独立选民往往对负面消息特别敏感（Ansolabehere & Iyengar，1995；Hollihan，2008：159）。由于无法预先确定他们的忠诚度，独立选民会因为某位候选人的负面信息而被动员起来反对他或她。这解释了通过媒体或政治广告来传播消极信息在左右选举时的重要性（见第三章）。

政治运动的专业化

为了实践这些基本策略，候选人和政党必须首先建立一个竞选机构。竞选政治已经成为一种高度专业化的社会活动，这就解释了为什么特立独行的候选人通常必须在既定的政党政治的范围内展开活动。竞选机构的建设必须从财务偿付能力开始：没有足够的资金，就没有可靠的竞选活动。因此，候选人的募捐水平是当选与否的关键标准之一。这是一个良性（或恶性）的循环：钱越多，赢得选举的可能性就越大，从而吸引更多个人和团体来给某位候选人捐款。要知道，金钱和政治是交织在一起的。竞选能否成功，还取决于顾问的水平，以及他们所塑造的政治信息的准确性。要完成这项任务，必须建立一个可靠的数据库，测量某目标选民群体的社会特征和空间分布，并根据每个群体的情况来调整宣传信息。此外，还必须依靠由志愿者和有偿工人构成的基层组织，其职能因国而异。在美国，由他们代表候选人去接触选民是必需的，可以通过电话或上门拉票，发放纸质材料，在选举前登记新的选民，或者通过邮件来提醒人们及早投票，或者动员已经承诺会去投票的选民在投票日当天真的出门投票。竞选活动可以仰赖的意识形态上的支持者越多，候选人获胜的可能性也就越大。在其他国家，例如西班牙，敲门的做法会适得其反，电话拜票也近乎无效。在公共场合传播政治纲领，比如通过信件，在地方集会、节日游行和主要政治会议上分发选举宣传册，或者聚集数千名支持者，大都是激励核心选民，同时在摄像机前展示党的力量的手段，而不是吸引新选民的做法。在大多数国家，竞选活动主要基于媒体交流，它们不是直接做广告，就是主动向媒体喂料。事实上，政治集会是为媒体举行的，并且会根据媒体节目的需要来设定时长，以增加候选人接受实况报道的机会。

使用互联网来管理竞选并拉近与支持者的关系，对竞选活动来说已经越发重要。在美国这样允许个人向竞选捐款的国家，互联网已成为募集和管理这些捐款的主要工具。在历史上最昂贵的总统初选中，巴拉克·奥巴马和希拉里·克林顿都通过互联网来募集资金，特别是奥巴马（见第五章）。此外，候选人现在还利用互联网来组织活动、提供活动最新信息，并接收人民的意见。网络论坛已成为当代竞选政治的重要组织工具。竞选网站的吸引力和功能性已成为成功的标志，无论是对竞选活动还是对候选人而言，好的竞选网站都代表了现代性、互动性和高效性。此外，对于希望营造独立于传统官僚体系之形象的候选人而言，互联网提供了一个绕过政治机器，直接接触激进分子和普通选民的良好平台（Bimber，2003；Sey&Castells，2004；Howard，2005；Chadwick，2006）。在许多国家，移动电话已成为接触支持者和广大公众的关键媒介。手机短信则提供了一种便宜、直接和实时的信息传播形式，可以用来凝聚支持，并引发对政治对手的攻击（Castells et al.，2006a；Katz，2008）。

多媒体数字环境运动

竞选活动的本质是传播，这就需要确定正确的传播渠道。人们依靠媒体获取大部分的政治信息，特别是电视，就像图4－2所示的美国，而且，这是几乎所有西方民主国家共同的特征（Bosetti，2007）。例如在西班牙，2005年，电视是71.5%的人的日常政治新闻主要来源，其次是广播（39.5%）、报纸（15.2%）和互联网（2.9%）（Paniagua，2006）。虽然如此，我们从图4－2中还能看出电视影响力的下降，以及互联网的日益重要。互联网从1992年的选举新闻主要来源的2%增加到2007年的15%。事实上，当第一和第二来源合并时，互联网就攀升到26%。这种趋势在年轻人身上格外突出：对于18～29岁的公民，将互联网作为主要选举新闻来源的，从2004年1月的21%增加到2007年12月的46%，而电视则从75%下降至60%（Pew，2008c：4）。从网上获得选举新闻的年轻人会比老

231

一些的人列举更多的新闻来源。当被要求提供他们使用的网站时，41%的18～29岁的人列出了不止一个网站，而这一比例30岁及以上的人之间只有24%。MySpace和YouTube都是年轻人特有的信息来源（Pew，2008c：7）。

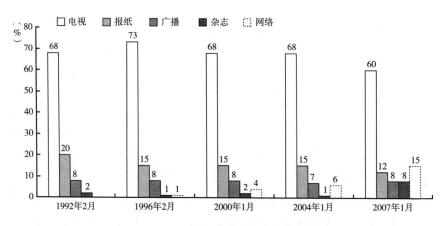

图4－2　1992～2007年全美主要选举新闻来源

注：n＝1430，＋/－3%

资料来源：Pew（2008c）。

此外，约六分之一的美国人（16%）与朋友和家人有过关于候选人和活动的电子邮件往来，14%的人收到过政治团体或组织关于该活动的电子邮件（Pew，2008c：8）。三分之二的18～29岁的美国人表示他们使用社交网站，其中超过四分之一（27%）表示他们收到过关于候选人和竞选活动的信息。几乎十分之一的30岁以下的人（8%），说他们曾在某个社交媒体上加了某位候选人为好友（Pew，2008c：9）。近四分之一的美国人（24%）表示他们通过网上视频——演讲、采访、广告或辩论——看到了有关竞选活动的一些信息。对于这四种类型中的每一种，都有大约12%～13%的受访者表示是在线观看。在年轻人中，数字甚至更高。41%的30岁以下的人，曾观看过至少一种类型的视频（Pew，2008c：9－10）。

根据2006～2007年对互联网和多媒体使用情况进行的一项研究（Tubella et al.，2008），上述发现在西班牙的加泰罗尼亚也得到了呼应。互联网是年轻人群的重要信息来源，而且年轻选民是创新的、积极的政治活动（不论其意识形态如何）的基础受众，因此互联网通信在支持政治变革中的作用是决定性的。然而，互联网上的政治新闻的主要来源，还是主流大众媒体（例如 MSBNC，26%；CNN，23%）的网站，以及诸如雅虎新闻和谷歌新闻（当然它们最终也会链接到其他主流媒体那里），对年轻公民来说也是如此，尽管 MySpace 占了 8%，YouTube 占了 6%，"其他"占了 20%（Pew，2008c：7）。然而，整体来看，2008 年有 40% 的美国人仍然从本地电视新闻中获取政治信息（2004 年为 42%，2000 年为 48%），从有线新闻台（MSNBC，CNN 和 Fox）获取的有 38%。①

　　不仅在美国，全世界都出现了一种趋势，即按年龄区分公民。年轻群体通常通过互联网接收各种信息，而对于 30 岁以上的人们，似乎传统主流媒体仍然是其获取政治信息的主要渠道，尽管主流媒体也越发频繁地被人们通过网络来访问。这种变化的核心在于，互联网正在逐渐成为大部分信息的首报信息源，我将在第五章分析。但在消息发布上，竞选政治很大程度上仍然是大众媒体政治。

　　想与媒体共舞，就需要适应它们的语言和格式。这意味着竞选战略家必须能够向媒体提供有吸引力的画面和令人兴奋的信息。竞选活动，例如候选人的演讲，以及参观社区、学校、工厂、农场、咖啡店、超市和政治集会等活动，必须为了能上新闻而变得多姿多彩、乐趣十足。声明则必须遵守"金句录音"的规则：醒目而简短。在美国，候选人金句录音的平均播出时长从 1968 年的 40 秒减少到 20 世纪 80 年代的 10 秒（Hallin，1992），然后到 2000 年的 7.8 秒（Lichter，2001），2004 年的 7.7 秒（Bucy & Grabe，2007）。在英国（Semetko & Scammell，2005）、新西兰（Comrie，1999）和巴西（Porto，2007）也有类似的趋势，尽管他们的金句时长比美国多上几秒。记者和主播主宰了分配给美国竞选新闻的报道时长，每条报道平均 34.2 秒，候选人能获得 18.6 秒（Bucy & Grabe，2007）。

　　金句视频正在取代金局录音的地位，YouTube 视频已经成了一个有力的竞选工具。由于 YouTube 讯息是以病毒形式传播的，因此有可能通过塑造候选人的形象来显著影响竞选活动。例如，在 2006 年美国参议院选举中，那时仍被认为是合格的总统候选人的共和党参议员艾伦，被一条他用种族主义言论唾骂其对手之支持者的视频打败了，这条视频先在 YouTube

①　有线新闻台指全国性的新闻频道，本地新闻台指仅有本地用户可以接收到的新闻频道。——译者注

上被热转，然后在全美各地的晚间新闻节目中反复播放。他的失败是导致
2006 年共和党丧失参议院多数席位的决定性事件。在 2008 年民主党总统
初选期间，参议员奥巴马的竞选活动差点脱离了胜利轨道，因为他的前牧
师赖特在芝加哥教会里进行煽动性演讲的视频被传到了 YouTube 上。虽然
ABC 新闻台是这些视频的原始信源，但其在互联网上的热传，使得所有媒
体都在剩下的竞选活动期间反复播放这些有损候选人形象的视频。①

正是这种主流媒体和互联网之间的互动，构成了数字时代媒体政治的
特征。虽然主流媒体仍然是建构选民头脑中的图像和声音的主要输送机，
但是进入大众影音世界的入口已经多元化了。任何人都可以上传视频，撰
写博客或传播信息，而信息的潜在影响力取决于它如何与人们的观念产生
共鸣，以及大众媒体认为它对观众而言究竟有多重要。这就是为什么两种
形式的传播——大众传播和大众自传播——都越发吸纳受众的观点，而决
定吸纳程度的关键在于，如何对影音世界的入口进行控制。尽管由所有
者、广告主、编辑和专业记者建立的过滤器会推送或阻止信息和图像，但
仍有互联网作为不经审查的消息的天堂，它同时扩大了真消息和假消息的
来源，以可信度换取了多样性。

竞选活动要想在鱼龙混杂的媒体世界中准确航行，就必须不停向主流
媒体的记者们的智能手机投喂猛料，同时不停地在互联网上宣布或者反驳
什么。而且，必须和评论员、代理人一同上演"杜撰"戏码，积极塑造新
闻，就像在参加某种体育比赛一样。此外，不仅要动员己方博客圈的大 V
们制造巨大的信息流，以包围主流媒体，还得盯着在官网的消息下面给出
恶评的业余评论员们。媒体政治没有确定的时机和形式，而纯粹是一个得
分游戏。因此，它必须被打扮成娱乐节目的样子，在面红耳赤、剑拔弩张
的面对面辩论中达到高潮。

舞台政治的选择：选举辩论

电视辩论并不像人们印象中那样具有决定性作用。通常，这些辩论只
是巩固了人们的倾向和看法（Riley & Hollihan，1981）。之所以辩论胜利者
通常也是选举胜利者，是因为人们更愿意与原本就受其青睐的候选人站在
一起，而不是把票投给在辩论中更有说服力的那位。比如，在 2008 年西班
牙大选中，社会主义者罗德里格斯·扎帕特罗和保守党人拉霍伊之间有过

---

① 这个例子对本书十分重要，我将在第五章详细分析奥巴马的竞选活动。

两次辩论，根据电话统计，罗德里格斯轻松赢得了两场胜利，且认为他获胜的比例，与他后来在实际选举中赢得的支持率相当。当调查人员询问通过网络收看两场辩论的观众时，他们的意见反映了其用来收看辩论的网站的意识形态倾向。其中的原因在于，这些大都是主流报纸的网站，它们向来有着明确的政治倾向。 235

政治辩论本身也包含着巨大的隐患：犯错误，因此失去支持。除非候选人可以通过幽默或激发观众之间的同理心来扭转乾坤。以不犯错为目标会使得候选人十分谨慎，继而减少辩论中的真正交锋。辩论会严格按照双方竞选团队事先协商好的规则来准备，其中包括舞台、座位、问题顺序、主持人和提问人，以及在某些情况下的摄像机角度。通常的理解是，挑战者将攻击领先者的主导地位。通常，辩论前后发生的事情，才是最为重要的。Madsen（1991）认为，电视辩论由三个要素组成：辩论本身、事后评论家间的辩论，以及媒体的反应，包括其对观众的民调。因此，根据"讲述政治故事"的原则，电视辩论不再是就政策选择进行合理争辩的论坛，而是由媒体呈现的展示候选人个性、散布各种材料的场合。（Jamieson，2000；Jamieson & Campbell，2006）

个性化政治

传媒政治的根本特征是政治的个性化，决定竞选结果的关键因素是选民心中对于候选人的积极或消极预期。一系列综合因素解释了候选人或一个政党领导人在政治竞争中所预设的人格的关键作用：政党对社会的影响力整体下降；时间很短的竞选活动足以令相互对立的政治观念在几周内形成（有一些例外，例如2008年美国民主党总统初选）；广泛依赖媒体，特别是把电视作为政治新闻的主要来源；按照商业广告模式所拍摄的政治广告大为奏效，即基于某候选人的身体特征、姿势或背景音乐和影像，而令受众对其产生即时的青睐或反感；避免选择疏远选民的话题，这使得候选人会尝试回答与普通百姓息息相关的问题来获得其信任（Paniagua，2005；Hollihan，2008：75 – 99）。

不过，连接媒体政治和政治个性化的最根本的机制，也许是被波普金 236
（Popkin，1994）称为"低信息理性"的选民行为。他表明，选民大都是"认知的吝啬者"，他们不能处理复杂的政治问题，因此往往基于日常生活经验来做出投票选择，这其中既包括媒体信息，也包括生活环境赋予他的判断。波普金将这个过程称为"醉汉的搜索"，指受众往往会寻求更简单的信息获取方式。候选人信息的最简单的获取方式，是基于他或她的外貌和个性特征做出某些判断，特别是其是否"值得托付"，这是对领导者的最高赞赏，因为选举就是公民对候选人的授权过程（Keeter，1987）。另一方面，候选人的形象也必须表现出其领导潜力，因为人们不相信自己可以做领导者。选民寻找既像他们，又具有领导能力的人。事实上，这个过程有两步：首先，选民会评价候选人的人品和个性，比如是不是诚实；其次，会看待他的决断力、竞争力和执行力（Kendall & Paine，1995）。何里汉（Hollihan，2008：94）引用坦南鲍姆等人（Tannenbaum et al.，1962）的研究报告说，当人们被问及候选人最重要的素质时，最常提到的三个特征是诚实、智慧和独立。这就是说，我信任的是既有能力领导国家，又能作为我个人榜样的人。

那么，个人形象是如何影响选民决策的？何里汉（2008：85 - 99）在总结了对于这一问题的相关研究后，强调了情感的作用，这一发现与我在第三章中的分析异曲同工。积极的情感评价由候选人和选民之间的共情效应推动，候选人联系选民的能力至关重要，这也是候选人常常强调自己出身卑微的原因。如果这不奏效，那也可以像布什一样，在竞选团队的精心策划下，令形象产生突变：从一介纨绔子弟，变成了开玩笑说自己是阅读能力低下的愚笨得克萨斯牧场主；从逃避兵役、酗酒的瘾君子，重生为一个遵循上帝旨意"完成使命"的基督徒。这个例子显示了成功的政治人物是如何被制造而不是被发现的。但是，形象建造师需要良好的人力资源作为进一步行动的基础。而他们的"金刚钻"，就是要依照那位由金主和党棍们推举出的候选人的实际情况，通过各种方式充分调动这些资源。因此，个性化关键并不在于展示候选人赏心悦目的外貌和滴水不漏的口才（虽然这是重要的，它不是决定性的），而在于他如何能够与选民产生共鸣。

在政党政治重于个人影响的国家，个性化策略并非不重要，因为它会优化选择机制。因此，尼古拉·萨科齐虽然没有得到法国保守联盟的支持，而且还遭受到了来自"他的"总统——雅克·希拉克的敌视。但是，凭借其在内政部长职位上积极运作出的优质形象，他的党，以及建立在党周围的更广泛的政治联盟，最终得以在 2007 年大选中战胜由塞格莱纳·罗亚尔领导的社会党。

在西班牙，从 20 世纪 70 年代后期开始，西班牙的社会主义政党，试图趁着西班牙人民新获政治自由的热情，来重塑其执政党形象，同时燃起人民对法西斯复辟的恐惧（1981 年发生的法西斯军事政变几乎成功）。党的策略家们决定把宝押在年轻领导人费利佩·冈萨雷斯的人格魅力上，他是来自塞维利亚的一名劳资纠纷律师，他年轻、聪明、英俊、务实，并且是才华横溢的沟通者。尽管冈萨雷斯是天生的领导者，但人们却在温和党身上看到了胜利，他们也有一位年轻而坚定的领导人，阿道夫·苏亚雷斯，他打破了佛朗哥政权的独裁，将西班牙带向民主。但是，社会主义者并不气馁，他们继续美化冈萨雷斯的形象，同时有条不紊地破坏总理苏亚雷斯那受人景仰的形象，称其为"密西西比赌徒"（西部片中的邪恶角色），暗指他在政府管理中使用肮脏的把戏。诋毁运动奏效了，加上政府中右派的压力，苏亚雷斯在 1981 年初选择辞职。

在 1982 年，费利佩·冈萨雷斯领导社会党赢得了西班牙历史上最大的压倒性胜利。整个竞选活动都以他为中心，这是一个重大的、偏离党的历史的策略，因为党的机器的主导地位是社会主义者自 1880 年开始一直遵循的轨迹，就连策划了这一切的战略家自己也对此心存疑虑。他们知道这是在放弃对政府的控制，并最终放弃对党的控制，而将控制权交到领导人手中。他们非常清楚这种行动的危险性，一旦失败，无论是对党内民主还是本就脆弱的选举制度都将是重大打击。然而，他们敏锐地认识到民主政治正在转变为形象政治，因此继续塑造着领导人的形象。现在，由国家电视台和设立在首相办公室中的高度专业化部门承继这项工作，这是西班牙政治的一个新特点。它一次又一次地奏效，社会党人连续三次当选，尽管反对派和一部分媒体的无情攻击从未停止，但他们仍然持续掌权 13 年。

238

杀人执照：进攻政治

政治的个性化对竞选活动的战术有着非凡影响。如果一次政治选择的机会取决于一个人被感知到的品质，那么有效的竞选活动就能通过抹黑对手来提高了候选人的品质。此外，负面形象对投票行为的影响比正面形象更强，正如我在第三章和本章中所记录和分析的一样。因此，"品格暗杀"是媒体政治中最有力的武器。这可以通过各种方式进行：质疑候选人的公德与私德；明示或暗示与候选人的人格有关的负面刻板印象（例如英美的黑人或伊斯兰群体）；以与选民的基本价值观相抵触的方式，曲解候选人的言论或政治立场；谴责与候选人有联系的人或组织的错误行为或有争议的言论；揭露支持候选人的政党或组织的腐败、非法或不道德行为。总之，就是为了加重对手的支持者的怀疑情绪，并动员反对他的选民。由于消极形象的有效性，世界上已经广泛出现了一种趋势，即使用破坏性信息作为竞选活动中的主要策略，可以通过断章取义来发现、编造或伪造负面信息。因此，美国人所谓的"敌情研究"，对于任何竞选活动而言都是关键元素。

美国共和党顾问斯蒂芬·马克斯专职从事"敌情研究"工作 12 载（1993～2006 年）。用他自己的话说，他靠为客户挖掘选举对手的黑料为生，大部分时候挖掘的对象都是民主党人，偶尔也在初选阶段对同志下手。在经历了人格和道德上的双重折磨后，他最终写了一本曝光自己的职业和手艺的书，名叫《政治杀手的自白：我的关于丑闻、腐败、虚伪和肮脏政治攻击的秘密生活》（Marks，2007）。马克斯没有为此道歉，他认为将政治家的秉性公之于众是一种公共服务。而且他也并没有做任何非法的事，至少在他的书中没有记录。尽管是在为他自己辩护，他的证词还是打开了一个罕见的窗口，供世人对政治杀手们的肮脏生活一探究竟。杀手们的任务并不复杂，他们需要通过民调和政治顾问的建议，来确定对手身上所有可以攻击的问题。然后，使用诸如投票记录、媒体言论、有图像材料的传记片段、金融投资、股权记录、报税表、不动产证明、竞选捐赠源等档案文件来展开大范围搜索。在某些敌情研究中，挖掘个人信息，比如信用卡记录、通话列表、旅行地点和费用，能够制造大量的有助于再现竞选对手公共生活和私人生活的细节（Hollihan，2008）。要知道，人无完人，何况是为了达成某种目的而频繁做出道德妥协的职业政客，因此密切监视很少会空手而归。如果搜索行动扩展到政治组织的高层，空手的可能更是微乎其微。然后，根据民调，将最具杀伤力的信息提取出来并转换成媒体信息，有时是一支极具破坏性的广告，或者将机密泄漏给一位已经安排妥当的记者，并尽可能地提供视频证据。

即使政客本身不愿意参与其中，但由于负面攻击的有效性，政客或政党必须为投身恶战做好准备，因为正如杜鲁门和希拉里·克林顿反复提醒的："如果你不能忍受高温，就请离开厨房。"因此，任何竞选活动都必须储备"报复性弹药"来以防万一，通常作为震慑对手的武器。与"敌情研究"类似的是"脆弱性评估"，即对己方候选人展开黑料挖掘。事实上，政治顾问通常在收取费用时会涵盖这项服务。在侦探工作、合法敲诈和政治营销的基础上，该行业已经越来越受到欢迎和追捧，一开始是在美国，然后蔓延到世界各地，行业中的某些专家更是成为传奇人物。例如，艾弗里尔·"王牌"·史密斯（"Ace" Smith），这位仅用14万美元就让希拉里在2008年的民主党内初选中"调头回去"的政治顾问，曾被他的另一位白宫同行评价为"少数几个我不想在黑暗的走廊里遇见的戴眼镜的光头之一"（Abcarian, 2008: A14）。

尽管如此，负面活动也有其代价，它可能会激怒对肮脏政治手段天生反感的选民，尽管他们看起明星八卦来仍旧是饶有兴致。因此，拿捏好"公平"与"抹黑"之间的度，就显得格外重要。这也解释了为什么最有效的破坏形象的途径，是把黑材料泄漏给媒体，而后作壁上观，静候对手被化身为小报狗仔的可敬记者们烧成灰烬。所以，尽管政治男女们自身能力不俗，但他们仍然不能埋没一些重大帮助：媒体的帮助，随时准备播出新鲜信息，以消灭政治形象；政治组织本身的帮助，它们提供了大量的材料，并经常泄露信息以消除党内竞争；秘密的信息交易军团的帮助，这些人会向对垒双方同时供弹，以求得自身在媒体政治的沙场上长盛不衰。

丑闻的政治

> 丑闻是符号权力的斗争，声誉和诚信在这之中备受威胁（Thompson, 2000: 245）。

1723年，北京。四阿哥胤禛刚刚依照康熙遗志，宣布承继道统，史称雍正皇帝。但这果真是康熙帝的旨意吗？一时间，帝国境内谣言四起，有人说，康熙帝本有意托付十四阿哥，但一位朝中老臣帮助雍正篡改了圣旨。虽然从来没有办法证明，但谣言对于雍正的负面影响，一直持续到了1735年。对他的合法性的质疑引发了国人普遍的不安，志在反清复明的前朝遗民们似乎找到了一个发动叛乱的理由，毕竟这位天子的龙椅可能是靠毒辣的深宫政变所得。谣言远传到帝国的藩邦，比如朝鲜，这加剧了民众的不满，损害了改革派皇帝雍正在他们心中的地位。没有人知道谣言的起源，有可能所有目睹真相或者嘴巴不严的人都被"料理"了。然而，直到雍正入土，传说也没有消散，并被作为当代中国历史剧的情节，成了公众心中的历史模板（Chen, 2004）。

1847年，巴黎。被寡头政治剥夺代表权的资产阶级，向奥尔良公爵路易·菲利普借 1830 年革命之机建立的君主制政权提出了民主化改革的要求。弗朗索瓦·基佐，杰出的学者型政治家、政府的大脑，受命担任内阁总理大臣。他扛住压力，一如既往地认为政权应当把握在一小群高贵的精英——君主制中的政治家们手中。基佐闻名于世是因他把鼓励法国人民发家致富作为行政的指导思想。虽然基佐本人没有沉迷于这种平庸的追求，仍然忙碌创造并记录历史的工作中，他的同僚们，却认真地着手把这一原则付诸实践。那时的法国正处于工业化初期的快速发展阶段，前资本主义的国际贸易也方兴未艾，政客们拼命地将新兴的社会财富据为己有。获得部长级职位是个人原始资本积累的关键。

为了消灭对手，他们亲自办报，为的是塑造和控制受教育阶层的意见，这些人虽然被排除在政治权力之外，但在社会中的影响力正越发壮大。在 1845 年，法国有 245 家报纸，其中许多是高利润的，如 Le Journal des débats，由财政部秘密资助，操纵股票交易，以利部长及其亲戚。大多数报纸都热衷于政治新闻，基佐是 "最受欢迎" 的批评对象。他虽然对这种现象表现冷漠，但还是很乐意看到他的这群寡廉鲜耻的同事们在新闻中相互攻讦，因为这使得他们不能联合起来谋划针对国王或他自己的阴谋。然而，在 1847 年，丑闻政治走得太远了。一家反对派报纸《媒体报》报道说，政权高层中普遍存在腐败现象，甚至还有犯罪行为，包括金融投机、暗杀、贿赂和卖官鬻爵。本来旨在攻击政治对手的消息，在泄露给媒体后，却在客观上危及了整个贵族阶层（巴尔扎克在《烟花女荣辱记》中记录的那个社会）。丑闻进一步激怒了在政治上被边缘化的小资产阶级，他们是新兴媒体最热心的读者。几个月后，1848 年革命（二月革命）爆发，永远结束了法国的君主制，并给了基佐一场舒适的流放，让他去伦敦继续做他的知识分子（Jardin & Tudesq, 1973；Winock, 2004）。

讲述这些，就是为了说明在网络社会出现以前，丑闻政治是决定权力关系和制度变迁的一个关键因素。事实上，在我们研究世界各地的社会历史时不难发现，相较于在国家制度的约束下有序运作的政治模式，丑闻政治才是深深植根于每套政治制度中的更为典型的权力斗争形式。换言之，相似的政治进程总是会随着文化、历史和传播环境的变化而获得新的形式和意义。丑闻政治在网络社会中的特殊性及其在媒体政治中的中心地位是本节要讨论的对象。

让我们从 20 世纪晚期的法国开始。卡拉比（Chalaby，2004）重点关注着法庭和媒体对于法国丑闻报道的作用，学者们也经常注意到其他国家中的这种关系（Ramírez，2000；De Moraes，2005；Bosetti，2007；Heywood，2007）。无论是新闻工作者还是法官首先发现了不法行为，他们都会互相支持，以至于丑闻一旦与公众产生共鸣，媒体倾向于将法官提升到执法者的地位，来应对居心叵测的政客，以正义使者迎战强权恶棍的框架来引起普通人的共鸣。卡拉比（2004）将 1979 年 10 月讽刺性周刊《鸭鸣报》的一则报道视作近代法国丑闻政治兴起的标志。报道反映中非帝国皇帝博卡萨将军曾在 1973 年向季斯卡·德斯坦①捐赠钻石的事实。尽管政府施加了压力，但《世界报》和其他媒体还是对此予以了转载，这对一位职业生涯建立在诚实和有效管理国家财政的政治领导人来说，无疑是极大的打击。在此之后，尽管遭受经济和法律限制，法国媒体仍然设立几个专司调查报道的小组，多年来持续揭露腐败现象，包括涉及外交部长和其情妇的杜马斯丑闻②，这给了十四年总统任期进入最后阶段的密特朗总统以沉重打击；此外，媒体还指控他的继任者希拉克总统，在任巴黎市长期间也存在腐败行为。阿里·阿杜特（Ari Adut，2004）的研究展示了 20 世纪 90 年代法国政治丑闻数量上升、政客可信度下降的现实，以及意识形态差异在政治活动中不再重要的社会情绪（见图 4 - 3）。他在报告中提到，在 1992 ~ 2001 年期间，有数百名官员因为涉及腐败而遭到了调查，如杜马斯丑闻。他强调了法官在起诉政治腐败案件中的重要作用，将此视为彰显司法机关独立性的行为。法官视塑造公共利益之准则为己任，这一点对于法国文化来说至关重要，却经常被政治阶层忽视。如果说这一系列丑闻和调查降低了公民对政府的信任，其实并不准确。图 4 - 3 是由 Adut（2004：542）提供的 TNS 索福瑞民调记录，反映了 1977 ~ 2001 年期间法国对民选官员的看法。

在美国，"水门事件"开启了调查报道的新时代，对政治实践和治理过程产生了直接影响（Markovits and Silverstein，1988；Ginsberg and Shefter，1999；Liebes and Blum - Kulka，2004）。"水门事件"最持久的影

243

---

① 瓦勒里·季斯卡·德斯坦，法国政治家，前任法国总统。因为主持起草《欧盟宪法条约》又被誉为欧盟宪法之父。

② 杜马斯丑闻是 1990 年前后发生在法国的腐败案件。时任法国外交部长的罗兰德·杜马斯涉嫌收受来自法国石油巨头埃尔夫公司提供的巨额贿赂。

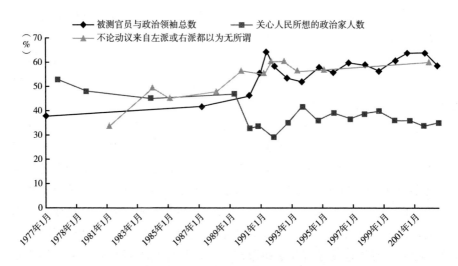

图 4 - 3　面对丑闻的法国政治，脆弱性呈上升趋势

资料来源：TNS 索福瑞民调（Adut, 2004：542）。

响之一是 1978 年通过的《政府行为道德法》，通过制定行政部门调查潜在非法行为的程序，促进了对政治生活的监管。它启发了随后几十年的一系列长期调查，并成为反对派挑战政府合法性，或者在某些情况下使政府瘫痪的首选工具（Schudson, 2004）。此外，"水门事件"提供了一套调查报道的模式，成为美国和世界各地同类报道行业标杆，沉严敢当的"深喉"与意气风发的记者强强联合，开启天赋正义的十字军式远征，锲而不舍最终战胜强权。那边厢，美国政客通过恐吓举报人和新闻媒体来应对这场"远征"，政客们在 2000 年提出了一项法案，旨在惩罚披露和报道机密信息的行为（"机密信息"的定义非常宽泛）。媒体直到最后一刻还在积极游说克林顿总统，希望他抛弃自己原先的想法。最终，总统先生否决了该法案（Nelson, 2003）。由于丑闻政治是反对党的首选武器，在 20 世纪 90 年代，克林顿夫妇遭到共和党人无休止的指责和调查——其中一些造成了严重的后果，其他的则在法律程序中被驳回。众议院终于还是提出了对克林顿总统的弹劾案，但他被一位参议员奋力保了下来，因为总统先生的手下以公布该参议员的丑闻来威胁他（Marks, 2007：216 - 49）。等到了布什政府期间，揭露丑闻的工作落到了民主党人手上，总统幕僚及共和党高层都未能幸免，如附录表 A4.1 所示。因此，可以公平地说，过去二十年的美国政治，主要是由对丑闻和破坏性信息的报道与反驳组成的，这些丑闻直接针对具体的政治领袖或其代理人（例如幕僚长思古特·利比就是卡尔·罗夫和迪克·切尼的代理人）。可以说，政治斗争主要是通过丑闻政治手段进行的（Sabato et al.，2000）。

表 4 - 1　20 世纪 90 年代法国腐败调查结果

	高级政客（1992～2000）	顶级政客（1992～2001）
受调查总数	346	53
2004 年受调查人数	90	12
调查完成数	256	41
调查终止数	40（16%）	12（29%）
起诉数	216（84%）	29（71%）
待审理数	18（7%）	5（12%）
宣判无罪	43（17%）	8（20%）
罚款人数	20（8%）	2（5%）
缓刑人数	40（16%）	6（15%）
无效判决	—	5（12%）
入狱缓刑	73（28%）	—
入狱	22（9%）	3（6%）

资料来源：Adut（2004：564）。

近年来丑闻政治的盛行和重要意义已经在英国、德国、意大利、西班牙、阿根廷、中国和印度等世界上许多国家的文件中被记录和分析（Arlachi，1995；Rose Abererman，1999；Thompson，2000；Anderson and Tverdova，2003；Esser and Hartung，2004；Jimenez，2004；Tumber，2004；Tumber and Waisbord，2004b；Waisbord，2004b；Chang and Chu，2006）。本章并不是要详细讨论所有这些证据，而是将近期由阿梅莉亚·阿瑟诺所做的详细阐述政治丑闻的清单列在附录表 A4.2 中。此外，透明国际（可在线访问）记录了世界各国公布的腐败现象，包括政治腐败，显示了腐败的普遍性和在不同文化和组织中的强度差异。最先进的民主国家也没能逃脱作为各国政治的一般性规则的丑闻政治。表 A4.3 显示了八国集团中的丑闻政治的程度及其政治影响力。

为什么丑闻政治如此流行？这东西从哪里来？与过去相比，它的频率和它对政治生活的影响有什么不同吗？我将在各种学术研究所提供的有限证据上讨论这些关键问题。丑闻政治不同于政治腐败（Thompson，2000），政治腐败是指政治家和官员以权谋私或换取政党利益的做法，历史上各种政治制度对此都有类似的定义（King，1989；Allen，1991；Bouissou，1991；Fackler and Lin，1995；Rose‐Ackerman，1999）。政治丑闻包括其他受到犯错指控的坏事，比如不当性行为。标准依照社会模式而定，不同的国家对丑闻有不同定义。例如，从历史角度看，英法两国中没有犯法的丑闻和犯法丑闻间比例相当，而在英国，性和间谍丑闻比金融腐败更为普遍（Barker，1992）。

　　根据 Louis Allen（1992）根据历史资料汇编成的《朗文国际参考：1945 年以来政治丑闻和大事件卷》，以及由盖洛普公司主持的透明国际全球腐败民意调查，丑闻和腐败的频率和强度并未在全球范围内显示出连续变化的趋势。根据政治关系和媒体的报道能力，它们因国家和时期而异。

247　然而，大多数分析家似乎同意在政治活动中，丑闻的使用正在增加（Thompson，2000；Chalaby，2004；Jimenez，2004；Tumber，2004；Tumber and Waisbord，2004a，b；Chang and Chu，2006）。事实上，它似乎是政治竞争中的首选工具。因此，金斯伯格和夏福特（Ginsberg and Shefter，1999）分析了美国的政治趋势，写道：

　　　　近年来，作为解决冲突和组织政府的机制，选举变得不那么重要了……相比于为了选票而全面竞争，政治力量更愿意依靠体制性武器来击败他们的对手，如国会调查、媒体披露和司法诉讼。在当代美国，在选举中获胜并不必然意味着被赋予了相当的行政权，而政治力量即使在选举中失败，或者甚至不在选举舞台上竞争，也能够行使相当大的权力。（1999：16）

　　当丑闻被置于世界各国政治生活的核心位置，便会出现如下三种趋势：媒体的转型、政治的转型和媒体政治特殊地位的日渐上升。

在数字传播环境中的丑闻政治

　　媒体喜欢将丑闻归入娱乐新闻以吸引观众。随着 24 小时新闻周期的出现，这种情况变得尤其显著，肆无忌惮的"突发新闻"满足了受众煽情和猎奇的欲望（Fallows，1996；Sabato et al.，2000）。而网络的出现，更是让媒体的新闻周期进入了不间断的时代：信息在主流媒体的网站上不断更新。此外，Boczkowski（2007）的研究中展示了网络媒体的跟风效应：一旦有新闻上线，就立刻会被各家媒体复制、重新编辑、转载，接着掀起全网热议。

网络传播以两种主要方式有力地促进丑闻政治的兴起（Howard，2003；McNair，2006）。首先，它将公众舆论场开放给各种来源的指控或谴责，从而绕过主流媒体的把关机制。最好的例子就是当网络消息踢爆克林顿和莱温斯基的丑闻时，主流媒体的编辑们一片焦虑（Williams & Delli Carpini，2004）。自媒体直接介入大众传播领域，导致了谣言和阴谋论的泛滥，同时打开了普通人揭露政客丑闻的天窗，并能因此在 YouTube 等网站上获得大批粉丝。政治领袖已不再有任何隐私，他们的行为很容易就会被像手机这样的小型数字设备记录，并立即上传到互联网。其次，从任何来源以任何形式发布的任何新闻，都有可能通过互联网直接进入病毒式传播（McNair，2006）。此外，博主和观众的评论总能引发论战，从互相诅咒到网络辩论，继而触发"博客战争"（Perlmutter，2008）。事实上，越来越多的博主大 V 成为政治顾问，因为博客圈业已成为一个关键的沟通空间，公共形象在这被制作和重塑（*The Economist*，2008）。网传八卦成了巨型放大器，能在短短几小时内让一则丑闻火遍全国。

丑闻政治与政治转型

丑闻的中心性也是政治转变的一个功能。唐伯（Tumber，2004）认为党派认同的削弱和党派的衰落是丑闻政治兴起的根源，相应的，政客、政府和企业间也越发将个人利益置于集体利益之上，"促销主义文化"开始在它们之间蔓延（Tumber，2004：1122）。分析人士指出，政治竞争就是用信息来占据选民政治频谱中心的斗争，因此作为政党和候选人，降低意识形态对立，确保核心支持者，力争通过采用对手的"主题"和立场来吸引潜在的选民，就成了普遍做法。由此造成的一个趋势是，选民更倾向于将领导人的个人特点和党的诚实品质作为选择的基础，而不去在乎他们的政治纲领和声明（Edwards and Dan，1999）。而丑闻使得政治人物更容易受到新闻的关注，是因为这些丑闻破坏了他获得公民代表权的权力（Thompson，2000；Chalaby，2004；Tumber and Waisbord，2004a，b）。

还有一些因素造成了政治制度在面对丑闻时的脆弱性，比如国家与全球化之间的关系对政治道德的影响的结构性趋势。因此，盖埃诺

（Guehenno，1993）提出了一个有趣的假设：考虑到全球化对民族国家的权力造成的限制，以及意识形态认同的没落，政治职务的回报与非正式渠道所能提供的金钱之间，已经不再是泾渭分明的了。此外，全球性的犯罪经济已经渗透进不少国家的行政机构，从而增加了政治制度与犯罪之间联系被揭露的可能性，这是拉丁美洲或东南亚频发政治丑闻的原因，其他国家也是如此，比如日本、意大利和俄罗斯（Castells，2000c；Campbell，2008；Glenny，2008）。政党的非法融资成为腐败的根源，这增加了被对手挖出黑料的机会（Ansolabehere et al. ，2001）。因为其实所有的政党都参与这种勾当，他们又都有各自的情报单位和中间人大军，能够把威胁和反威胁当生意来做，产生了以同归于尽为特征的政治世界。根据这种政治逻辑，一旦黑料市场得以建成，那就意味着，如果政客手中没有决定性的"白料"来抵御丑闻，就必须依靠暗示或编造来填补空白。事实上，依靠一则丑闻来给予对手致命一击并不是丑闻政治的核心策略，而通过源源不断的丑闻流和各种级别的证据链来攻击对手才是上策；通过公民脑海中的形象塑造来满足或摧毁政治家的野心，更是制造威胁的好办法。

丑闻政治和媒体政治

丑闻政治与媒体政治不可分割。首先，因为通过媒体（当然包括自媒体手段），丑闻被揭露并传播给整个社会。媒体政治使丑闻成为政治竞争中最有效的工具。这主要是因为媒体政治是围绕政治的个性化来组织的。由于消极信息是最有效的信息，且"品格暗杀"是最佳的诋毁方式，因此，丑闻政治的最终目的就是通过泄露和编造消息、断章取义和重新编辑、设置丑闻行为议程来摧毁政治领袖，不论是用独狼行动还是组织手段。这解释了为什么"敌情研究"要费尽心机去挖掘对手的黑材料。丑闻政治的做法是诱导负面影响效应的战略中最高水平的表现。因为媒体政治是信息时代的政治，丑闻政治是选择参与当代的政治斗争的工具。然而，丑闻政治总是如推荐者所说的那样"疗效显著"吗？如果我们以政治领袖、政党或者政府在斗争中的成败来衡量其"疗效"的话，事实并非如此。

丑闻政治的政治影响

对于丑闻如何或者是否真的会影响政治，一直有很激烈的争论。一些研究人员认为，丑闻政治损害的是政客，而不是政治制度。因为政客们销售的就是自己的诚信和正直，当他们被谴责时，选民可能会失去对其个人的信任，但绝不会伤及政体。例如，韦尔奇和希宾（Welch and Hibbing，1997）发现，被指控涉及道德腐败的当权者，其在两党的支持率会下降多达10%。同样，其他研究也发现，某位国会议员或政客所获得的赞许，对民众信任政治机构与否几乎没有影响（Hibbing and Theiss - Morse，1995）。例如，在美国的20世纪90年代，根据皮尤的一项调查，在政治信任水平小幅下降之后，莱温斯基丑闻对政治信任水平的影响就很有限了。

因此，实证证据表明，政治丑闻对选举人行为的不同影响，取决于国家的政治环境和政客的职务高低。在美国，国会和州选举通常很少引发选民兴趣，选民对其代表或挑战者知之甚少。越来越多的研究表明，对于这 251 些政治家，特别是在初选阶段，有一些丑闻反倒可能是有益的（Burden，2002）。这个优势在挑战者身上尤其明显。正如 Mann 和 Wolfinger（1980）首先指出，人们可以借此机会更好地认识候选人的名字，而不是被迫去回忆它。这很重要，因为在投票时，选民只需要识别选票上姓名。因此，涉及丑闻，对在这些较低级别的候选人而言，可能是有益的，因为它增加了名字识别度，这可能转化为更高比例的投票。然而，对于主要政治候选人来说，丑闻是有害的，因为选民已经清楚他们的情况，因此，人们会更关心丑闻的细节。皮尤公司在美国的调查也表明，党派会左右丑闻对政治信任的影响。独立候选人会比党的候选人更易受到影响，认为他们的候选人有受贿行为的独立选民是认为没有的人的两倍以上（46%对20%）（Dimocus，2006）。调查还显示，虽然独立选民并不紧跟新闻的脚步，但他们对国会腐败案的兴趣丝毫不输给民主党选民，甚至远超共和党选民。考虑到美国大多数选举中的独立选票都十分重要，因此丑闻报道足以在影响选举结果方面发挥关键作用。此外，77%的独立选民一直关注国会腐败的故事，并相信大多数国会议员都应该在下一次选举中被踢出局。在国际比较研究中，辛普塞（Simpser，2004）分析了选民得知腐败案件的政治后果。他在老数据库上用了新标准，研究了1990到2000年间88个国家的选举腐败，发现腐败频发和胜选的高回报，与许多国家的低投票率相关。因此，不仅仅是政治家，选举制度本身也为丑闻所累。

这之中的一个关键在于媒体在加强丑闻的影响力方面发挥的作用。可以说，没有媒体，就没有丑闻。但媒体报道的丑闻是否会诱发特定的政治影响？在美国，由卓越新闻项目和皮尤研究中心（2000）对2400份主要报纸、电视和互联网新闻故事，以及 2000 年总统大选的评论进行的研究发现，76% 的人关注两个主题：戈尔说谎或者说大话，以及他被丑闻玷污。研究还发现，尽管饱受吸食可卡因以及不正当商业竞争的指控，乔治·布什成功被塑造成了一个"富于同情的保守派"和"另一种共和党人"。总之，负面信息似乎没有与选民产生强烈共鸣。虽然报道戈尔的丑闻是最流行的媒体框架，但只有 26% 的受访者对他有这种印象。

约翰·扎勒（John Zaller, 1998）仔细研究了莱温斯基丑闻后也发现，媒体政治的传播环节在影响公众对丑闻的解释方面发挥了作用。他解释说，尽管有着巨量的负面新闻报道，公众仍然根据三个与媒体无关的理由来持续支持克林顿：（1）和平（对美国没有任何重大的安全威胁）；（2）繁荣（强劲的经济）；（3）克林顿的温和政策立场。约翰·扎勒还指出，丑闻的政治影响在很大程度上被其作为椭圆形办公室性和权力的戏剧的纯粹娱乐价值所掩盖。然而，劳伦斯和班尼特（Lawrence and Bennett, 2001）不同意约翰·扎勒的意见。根据他们的分析，虽然莱温斯基丑闻没有伤及选民对克林顿的认同和信任，但它却有更大的影响：它引发了公众对性行为在公共生活中所扮演的角色的反思。换句话说，政治家的性行为在政治参与和信任方面，对美国公众来说不再重要了。萨缪尔森（Samuelson, 1998）高度赞扬了克林顿在政治攻击文化的重压之下，仍能保持高支持率的现象。他将"攻击文化"视作由国会委员会、新闻界、独立顾问和检察官联合执行的公共调查的腐败。他们不再为寻找不法行为殚精竭虑，而一门心思地想要在政治上毁掉被告。而公众也本能地发现这一过程不仅令人不解，而且不公平，对国家而言更无异于自毁。他们不希望用克林顿的"死"来让这一过程正义化、制度化（Samuelson, 1998：19）。萨缪尔森还提到，人们对共和党的反感率，从 1998 年 1 月的 22% 上涨到 1998 年 12 月的 39%，进一步证明了攻击文化的疲软。克林顿最终获得幸免也得益于其超高的个人魅力，《华盛顿邮报》的调查发现，当克林顿在电视上忏悔之后，民众支持国会赦免决定的比例一下子从 44% 跳到了 61%（Renshon, 2002：414）。弗斯伯德（Waisbord, 2004b）也借鉴了基斯·泰斯特关于"媒体脱敏"的说法，认为"贪污麻木"和"丑闻疲劳"是媒体大规模报道丑闻的结果。

然而，其他研究表明，莱温斯基案的重大影响在于，在 2000 年大选中，有 17% 的选民将"私德水平"列为他们最看重的品质（Renshon,

2002）。瑞升指出，虽然选民对克林顿总统的工作成果赞赏有加，但绝大多数（74%）的美国人同意这一说法："再也不想听到有关克林顿及其政府的任何负面消息了，很令人厌烦。"在表示厌烦的人群中，60%的人说他们会投票给布什，35%的人说他们会投票给戈尔（Renshon，2002：424）。同样，莫林和迪恩（2000）的研究也发现，有三分之一的选民喜欢克林顿的执政能力，但并不喜欢他变成布什。此外，研究人员发现，"诚实"被列为选民们对下一任总统的最为重要的要求，而这些人中，支持布什的人十之有八（Morin & Deane，2000：A10）。换句话说，克林顿之所以能扛住丑闻的压力，不仅是因为他广受好评的政策，也是由于他的个人行为被认为是政客们的典型做法，所以不足为奇了。然而，戈尔却成了给克林顿的不道德行为埋单的人，他在一场对候选人的道德和诚实甚为看重的选举中饱受诋毁。更为讽刺的是，在许多美国人的心中，小布什成了美国历任总统中最可怕的骗子之一。

　　总之，丑闻政治对政治结果的具体影响，在很大程度上是不确定的。它们取决于文化和制度的背景、丑闻种类与政客的关系、国家内部的社会和政治气氛，以及公众在媒体无休止地重复丑闻后发作的疲劳效应的强度。同时，对影响的判断也必须因时而异，因为其表现通常是间接的，例如，丑闻连带效应可能会累及另一位政客。

　　但我们确实能证明两个重要的政治影响。首先，世界各国政府的主要政治变化，越发受到丑闻的影响，如附录表 A4-2 所示。换句话说，虽然一些政治丑闻的直接政治影响微乎其微，但还是有许多丑闻不断被媒体曝出，其中一些确实产生了重大影响，有时甚至导致政府下台，甚至政权倒台。其次，由于丑闻政治盛行，无论不同政治背景下的具体结果如何，各地的政治景观都在发生变化，因为政治与丑闻行为的广泛联系会助长公民对政治制度和政治阶级的不满，因此造成了全球性的政治合法性危机。事实上，在民众眼里，所有政客在品德和可靠性上都是一丘之貉，尽管个别丑闻对个别政客而言，并没有多大的影响。由于政客会被一般性地认作不可靠的人，因此选民就必须在这众多的不可靠中，选择那个与自己的价值和利益最相近的人。这一观察引出了权力关系中最重要的命题：媒体政治、丑闻政治与政治合法性危机之间的关系。我将用一个充满了民主实践的案例——1990 年代西班牙社会党人——来深入探讨丑闻政治的动力学特征。

254

瞄准阿喀琉斯之踵：西班牙社会党的丑闻

冈萨雷斯以绝对优势，三次取得大选胜利，甚至在所有迹象都指向失败时获得了第四次。因此，我们不得不把利害关系提高到影响国家本身的极端程度来加以考量。冈萨雷斯用他优秀的沟通能力、政治实力和个人魅力，封锁了民主的一个基本要素：政治选择……这使得许多人都认为，是时候结束他的时代了。但是，由于在 1992 到 1993 年间的极为严厉的攻击仍然不能将他击倒……我们意识到必须继续加强攻击的力度。此后，我们满世界寻找他的非法行为、腐败行为……想扳倒冈萨雷斯，没有其他路可走。

——路易斯·玛丽亚·安森，时任 ABC 主编，

1998 年 2 月 23 日受访时所说

最终致使费利佩·冈萨雷斯和他的西班牙社会党在 1996 年选举中大败的一系列精心策划的丑闻，是丑闻政治的教科书式案例（Anson, 1996; Ramírez, 2000; Amedo, 2006; Heywood, 2007; Villoria Mendieta, 2007）。经过佛朗哥政府四十多年的血腥暴政，西班牙终于重新回到了民主的怀抱，五年后，西班牙的社会主义者们在 1982 年选举中获得了压倒性的胜利。他们在 1986 年和 1989 年蝉联，并在 1993 年再次获胜。他们的成功还要仰赖选民对保守党的反感，因为他们相信保守党内不少人都与佛朗哥政权有染。而且保守党还反对当时西班牙中间偏左的主流意识形态，加泰罗尼亚和巴斯克等地区为维护其高度自治权而发起的"邦为国本"运动也遭到了保守党人的抨击（Alonso - Zaldívar and Castells, 1992）。社会主义政府在当选后，立即实施了一系列有效的政策，刺激经济和就业增长，发展了福利国家制度，并使国家走向现代化。他们建立了一个半联邦国家，控制了国家的武装力量，为西班牙在 1986 年加入欧洲共同体铺平了道路。

不过，巧妙地利用媒体政治，也是社会党赢得选举并连续执政 13 年的一个重要因素。他们的核心策略就是围绕党的秘书长费利佩·冈萨雷斯来推进个性化政治。冈萨雷斯是一位温和的民主社会主义者，他 40 岁时登台掌权，为西班牙的民主转型事业殚精竭虑，毕竟西班牙的整个历史，除了在 20 世纪 30 年代获得了五年的短暂"民主"外，都不知"民主"为何

物。他的实用主义使国家稳定，确保了其执政的连续性；此外，得益于一支有效率的执政团队，他得以在欧洲政治的大环境中创造性地使用媒体政治、塑造个人形象。西班牙也由此建立了一整套媒体制度：政府垄断电视台、把持关键的广播频道，并对纸媒保持间接影响。值得称赞的是，正是冈萨雷斯的政府让媒体走上了去中心化、自由化、私有化的道路。西班牙自此有了两个私营的全国性电视台，并开放了有线和卫星电视的经营权，更授权地方政府管理本地性质的电视台。在这个过程中，西班牙的主流报纸、作为初建民主的笔杆子的《国家报》(El País)，逐渐成为西班牙主要媒体集团的基石，并与社会党人开展了互惠互利且富有成效的合作(Machado，2006)。

　　在 20 世纪 90 年代初，高度集中于社会党及其盟友手中的政治权力和媒体权力，促使冈萨雷斯的对手们选择在竞选领域之外与他进行战斗。他们采取了一种形象破坏策略，目的是逐渐侵蚀民主的诚信与声誉，因为这是社会党得以动员选民的根本。但这些"对手"里又有谁呢？保守党政治集团必然跻身其中，他们在创建人民党之前经历了几次转型，成为欧洲保守派的分支。但是在 20 世纪 80 年代，人民党是薄弱的，其影响仅限于通过鼓吹所谓的"意识形态权"来稳固少数选民。所以，共产主义者们领导的左翼联盟加入了人民党对社会党人的猛烈攻击中，这些人是存在于社会某些阶层中的一个小而好战，且有影响力的团体。他们依靠少数几个商业团体谨小慎微的支持（尽管冈萨雷斯颁布了亲商政策），并得到了正在努力保持其财政和制度特权的天主教会的帮助。但是，"倒冈"联盟的实际领导人是一群记者，他们出于个人原因、职业原因、意识形态原因，义无反顾地投入到了这场战斗中。《16 日报》(Diario 16) 的主编、广受赞誉的记者佩德罗·J. 拉米雷斯是战斗中的关键人物。拉米雷斯在华盛顿待了一段时间后，被揭露"水门事件"的政治调查报道迷住了。在支持旗下记者调查 GAL 事件 (Grupos Antiterroristas de Liberación，反恐怖主义解放小组)，并发表几篇揭露政府非法活动的文章后，他于 1989 年 3 月被解雇，据称这一决定经过了社会党人授意。为此，他发誓要报这一箭之仇，在找到了金主的几个月后，《世界报》(El Mundo) 付梓，这家报纸日后成为社会党政府的无情审查者，并最终成为保守党的媒体支柱。该报极高的专业素养及其对社会党政府的态度，为批评冈萨雷斯的左翼评论员们提供了一个绝佳平台，使其成为西班牙国内第二大日报，并保持了其良好的客群关

256

系和商业地位。

《世界报》的出现，成为丑闻政治时代即将到来的鲜明预兆，它发展出了一种高效的媒体模式，该报获得了将党和政府不敢示人的秘闻独家呈现给受众的"特权"，可以在几日内发布一系列爆炸性文章。透过它的报道，信息被扩散到其他媒体中，而其他媒体也不得不引用、转发《世界报》的故事，因为公众就是对丑闻感兴趣。当然，这一策略的执行，首先需要优质的丑闻材料，而且数量还不能少。社会党人对自己的政治手腕非常自信，以至于在没有采取最基本的预防措施的情况下做了非法的勾当。调查记者们有时以十字军的心态在工作着，他们认为这是一场在新闻自由的理想指引下的、旨在征服政治野心家的艰苦卓绝的圣战。不过，在大多数情况下，丑闻一旦见报，就会有涉案人员为了收拾残局、挽回颜面或者找回自由，表示愿意向媒体特别是《世界报》提供一定"报酬"。1991年发生的"文件丑闻"就是这种情况，社会党创办的几家公司假借商业资讯之名，从企业手中攫取报酬以充实党产。党的几位高级官员在他们的会计师要求支付额外"报酬"被拒后，被判有罪并在监狱服刑了几年。然而，最重大的丑闻，莫过于我将要讲述的GAL事件。

社会党在掌权后面临的主要国内政治挑战，是过去50年内令历任西班牙政府一直头疼不已、并将继续头疼下去的"巴斯克独立运动"，其中最严峻的挑战来自于埃塔，一支有分离主义倾向和恐怖主义行为、背负800条人命官司的武装组织。由于军事和执法机关对此高度重视，社会党人决定从其管理层下手，开始对付埃塔。总的来说，社会党的进攻是政治性的，比如从巴克斯当地的工人阶级中寻求支持，以及谋求与巴斯克国家党人的积极合作。此外，也授意警方进行了一次直指埃塔的清剿行动。但正如历届政府一样，尽管打死了数十名武装分子，并将数百名他们的同伙送进监狱，但以上努力还是失败了。然后，某位神秘人X先生，使用主持调查该案的法官加尔松的话，描述了一种"最终解决方案：把他们杀光便是。这与法律何干？"（这在21世纪初听起来很熟悉吗？）

根据多年以后的司法判决文件可知，内政部使用政府的秘密基金设立了一个特别行动小组，几名警官被抽调到小组中。因为埃塔的避难所在法国领土上，警官们便从法国雇用专业杀手，成立了一个影子组织——"反恐怖主义解放小组"（GAL），一场灾难也就此开始。他们在1983年10月的第一次行动中，成功绑架并私自处决了两名巴斯克激进分子。但是在三个月后的第二次行动中，却因为搞错身份而铸成大错。1984 年，他们错误地暗杀了一名与埃塔无关的舞者。在缺乏职业精神和监督机制的状态下，两名参与阴谋的警官因为挪用秘密资金来享受法国黑帮式的奢侈夜生活而遭到了逮捕，他们是阿弥多和多明戈斯。两人在 1991 年被判入狱，但他们并没有牵出高层间的秘密，因为根据两人的供词，有社会党政府高层向他们承诺，愿意用"特赦"来换取他们的"沉默"。

1994 年 10 月，当发现自己并不会被"特赦"时，他们终于意识所谓"承诺"不过是一张空头支票，于是，两人立刻反水，指认内政部的几名高级官员和部长本人参与阴谋。上庭前，他们与人民党的领导人谈话并获得了其律师的援助，根据阿弥多的说法，对方在谈话中承诺会赦免两人，前提是如果人民党可以上台的话。他们还接受了《世界报》的专访，可能是为了换取钱财（尽管《世界报》否认了这一指控）。基于最新的证据，那位在伦敦对智利当时的统治者皮诺切特发出了逮捕令的国际知名法官，巴尔塔萨尔·加尔松重新审理了此案。有趣的是，加尔松先生曾在冈萨雷斯的引诱下，成为其 1993 年竞选班底中的一员，而后他因为疲于政府岗位，而恰如其时地选择在 GAL 案重审前回到他的法律岗位上。1995～1998 年期间，他主持了一系列针对总理、国务卿、警察总干事、高级政府官员，以及巴克斯地区的社会党秘书长的庭审。其中几人被判有罪，并被处以监禁，然而，通过各种赦免和慷慨使用假释福利，他们没有在监狱长期服刑。尽管一些罪犯的指控，导致法官向最高法院提请总理上庭，但最终也没能证明什么。因为冈萨雷斯坚称自己对 GAL 行动毫不知情，并且谴责控方的政治动机，所以最高法院没有追究对他的指控。

在这场悲剧性的肥皂剧中，《16 日报》和《世界报》不断地向公众和其他媒体提供 GAL 案的细节和证据。内幕消息最初来自拉米雷斯麾下的两名调查记者。1987 年 8 月，GAL 新的暗杀发生几天后，记者们发现了 GAL 的一个秘密地堡，里面堆满了文件、警方报告、照片以及西班牙警察使用的枪支和弹药。《16 日报》连续发表了 5 篇文章，揭露了这一切。紧接着，其他媒体纷纷发布对涉案人员的采访。正如我上面提到的，恰恰是 GAL 的曝光，最终导致《16 日报》开除了拉米雷斯，也就此缔造了未来几年政治丑闻的无情供应商——《世界报》。

政府形象的恶化以及经济的衰退，将 1993 年 3 月议会选举中的社会党人逼到了失败的边缘上。然而，他们的领导人，传奇的费利佩·冈萨雷

259

斯，有力地扭转了民调和专家们预测中的不利局面，并在加泰罗尼亚和巴斯克地区的民族主义政党的支持下，在议会中以微弱的席位优势，保住了社会党的执政地位。对于卧薪尝胆数载的"倒冈"联盟来说，即便劣势"微弱"，但也仍然太大了些。因此，是时候发动正面总攻了，这必须要与警察和政府部门中不满冈萨雷斯的人里应外合，发掘一切黑料丑闻。为了做到这一点，"倒冈"联盟精心策划了一场媒体阴谋，以《世界报》为班底，由拉米雷斯掌舵，同时还吸纳了一众重量级成员：最古老、最负盛名的保守派报纸 ABC 报的总监、西班牙右翼新闻圈的丰碑，路易斯·玛丽亚·安森；最大的私人电视台 Antena 3 套的总监；《独立报》的总监；由天主教会所有并经营的广播电台 COPE；以及几位有影响力的记者，还有来自人民党的高级政客。他们通过建立一个"独立记者作家协会"，简称 AEPI（西班牙语首字母缩略词），吸引了所有想要置冈萨雷斯于死地的人，"倒冈"联盟正式公开成立。接着，密谋者们全身心地投入了工作。

1993~1996 年，一系列重大政治丑闻震动了政府和国家。1993 年 11 月，《16 日报》透露，准军事性组织"国民警卫队"（在西班牙具有悠久历史传统的精英部队）任命的第一位文职指挥官路易斯·罗尔丹，在职期间个人资产猛增。1994 年 4 月，《世界报》公布了供应商和承包商向"国民警卫队"非法支付巨额资金的证据，他们指控罗尔丹与纳瓦拉地方党部分享了这些资金，并大量据为己有。此外，他还挪用了用于秘密执法行动的私密基金。此后，议会开始介入调查。罗尔丹否认这些指控，但几天后他却逃到了巴黎，并接受了《世界报》的采访。他承认收过政府秘密基金打来的钱，同时补充说，内政部长和安全部队的其他官员多年来一直在这么干。而当西班牙政府向法国提请引渡时，他神秘消失了。1995 年，他在老挝现身，最终被西班牙警察用老挝方面伪造的引渡文件所欺骗，被带回了西班牙接受审判，并被处以监禁。他的归案加重了针对 GAL 案中几位内政部高官的指控。其他几名官员也因此以贪污公款罪被判入狱。

此外，1994 年 4 月，《世界报》披露，西班牙银行行长马里亚诺·卢比奥，以及其他一些人，包括一名部长都设有秘密账户，通过马德里证券交易所前主席注册的一家金融公司（Ibercorp）逃避税收。他们被判入狱，但很快被获准假释，卢比奥先生不久便撒手人寰。同样，1995 年 6 月，《世界报》报道了西班牙军事情报局（CESID）非法窃听政治人物、商人、记者，甚至西班牙国王的事实。此后，该机构的负责人和监察部长相继辞职。犯错和腐败的名单其实还有很长，但以上所提到的丑闻应足以说明几点：

（1）政治机构的非法行为和腐败的程度与强度，与诱发政治丑闻的能力存在直接关系。虽然巧妙地操纵信息、精巧地编织事实和捏造证据会增加丑闻的影响，但最终决定丑闻对公众心灵的影响的，是不法行为所提供的原材料。在西班牙社会主义者的例子中，腐败和非法行为不可否认地在政府高层中泛滥。短短两年内，从内政部长，到主要安全部队的领导、军事情报局长，再到中央银行行长以及其他高官都相继被捕，这在民主国家中十分罕见。社会主义者执政十多年间一直缺乏来自反对派的真正挑战，如此养成的傲慢营造了道德废弛、中饱私囊的腐败气氛。虽然冈萨雷斯和他最亲密的战友没有参与腐败（司法调查没有发现），但正是他在位时对腐败行为的姑息养奸，才为西班牙社会党留下了几个虽然不大，但破坏力十足的"窟窿"。

（2）媒体，特别是大报，对发现政府的非法行为有着决定性作用。强调调查报道的《世界报》，以及拉米雷斯的复仇心理，在破坏性信息的挖掘中发挥了重要作用。记者发现了一些信息，然后传播到整个媒体。新闻专业主义在苟活于审查制度之下多年后，终于通过竭力找寻国家和地方层面的政府腐败行为，宣示了自己的权威。腐败行为的参与者为调查报道提供了大量文件，这些文件构成了司法机关指控的基础。阴谋集团内部的冲突促使丑闻政治策略赢得了优势，通过在新闻中构筑一个故事的某个版本，媒体得以诈出阴谋事件，因为总有人以为可以通过与媒体交换信息来挽回面子或免除牢狱之灾，但他们最终都被绳之以法了。此外，向媒体泄露党内对手的负面信息，成为社会党内讧中的首选武器。换句话说，除了辩论和投票，丑闻成了党内外政治斗争的一种隐秘的表达形式。

（3）媒体集团之间的商业冲突也叠加在政治冲突之上。Prisa 集团（《国家报》的出版商）与《世界报》、Antena 3 套之间的冲突尤其明显（Machado，2006；Campo Vidal，2008）。除了意识形态，商业竞争也在起作用，《世界报》通过将自己塑造成腐败政府的独立批评家形象而增加市场份额。面对如此激烈的竞争，《国家报》及其多媒体集团，不得不对诋毁其政治盟友的信息做出反击。

（4）反腐败运动将司法机构带到了舆论前沿，构建了其作为国家道德救世主的地位，同时也在法官和记者之间建立了事实上的联盟，这一联盟成为世界各地丑闻政治机制的核心。

作为媒体发动、司法支持的结果，政治丑闻令冈萨雷斯和他的社会党最终在 1996 年 4 月的议会选举中，以微弱劣势落败，双双失去权力。但这一结果之下的认知和政治过程，还值得我们仔细研究一番（Barreiro and Sanchez - Cuenca，1998，2000；Montero et al.，1998；Boix and Riba，2000；Cainzos，2000；Barreiro，2001；Jimenez，2004；Rico，2005；Fundación Alternativas，2007）。

纵观西班牙短暂民主历史中的政治行为，基本是被意识形态所分割的：中间偏左、中间偏右，或者无意识形态（中间派）。1986～2004 年，公民自认为中间偏左的比例在 53%（2000 年）到 60%（均在 1986 年和 2004 年）之间摇摆。自认为中间偏右的比例则低得多，这一比例在 1986 年达到最低的 17.5%，2000 年达到 26.5% 的最高点，又在 2004 年下降到 21%（Fundación Alternativas，2007）。鉴于右翼的少数派地位，保守党想要赢得一场大选，就必须去争取"无意识形态"的中间选民（在 18% 到 24% 之间），同时要对中间偏左和偏右的选民进行差异化动员。在整个 20 世纪 80 和 90 年代，冈萨雷斯成了积极动员偏左选民，并大批吸引中间选民的有力保证。

人民对领导人的好感度与最终的投票结果有着极强的关联。冈萨雷斯在这方面一向名列前茅，爱戴他的人投给社会党的可能性比普通选民高了 23%（Barreiro and Sanchez - Cuenca，1998）。其他影响投票意愿的因素分别是"个人意识形态倾向""伴侣或亲友的意识形态倾向"，以及影响力与上述两项相去甚远的"经常观看的电视频道"和"电视辩论的结果"。1993 年，经济衰退和腐败泛滥看上去仿佛要断送社会党的获胜机会了（1992 年 11 月，75% 的西班牙人认为"腐败程度已经到了忍无可忍的地步"）。然而，随着冈萨雷斯在 1993 年 3 月亲自领导竞选活动，中间偏左的选民一下子就被动员了起来，并且吸引了独立选民。事实上，对他的个人评价从选前的 5.58 涨到了 7.58（满分 10 分）。个性化政治、领导人的魅力、娴熟的媒体技巧，比党和政府的丑闻更有决定性。选民决定给冈萨雷斯重塑政府的机会，因为他们从思想上就不愿支持保守党，所以只认这位优秀的领导者。1993～1996 年期间一连串丑闻改变了政治平衡，终于导致冈萨雷斯在 1996 年召集了提前大选。在他来看，这是为了将自己交给公民们来决定。但在他的盟友们看来，他这样做是因为在个人和政治上都疲于抵抗日益恶毒的媒体攻击，而且对身边亲信的背叛与腐败深恶痛绝。1994 年 6 月，19% 的西班牙人认为，所有经过任命的高层官员都参与了腐败，38% 的人认为，他们中绝大多数人是腐败分子，另有 38% 的人认为至少其中一些人是腐败的。只有不到 2% 的人认为政府是干净的。类似的意见在 1995 年和 1996 年最盛（Villoria Mendieta，2007）。

　　尽管社会党人重整旗鼓，支持率也增加了 3%，且有 22.6% 的人选择弃权（这与 1993 年的比例相近）。但因为无意识形态选民在这次选举中对腐败十分敏感，其中许多人倒向了保守派，使得他们的得票率增加了 18%，也就此帮助保守党人首次在大选中获胜。这一趋势在 2000 年的选举中有所增强，当时绝大多数中间选民都对保守派人民党（右派）更为青睐，而对自由派社会党（左派）冷眼相看，这一做法巩固了保守派的权力地位，却也令其执政方针彻底右倾，并最终导致了人民党连任希望的破灭。然而，在短期内，1993 年由媒体领袖、政客和商人阴谋设计的丑闻政治战略，在天主教会的祝福下，有效地丑化了社会党，并把精疲力竭的冈萨雷斯逼出了西班牙政治舞台。

　　冈萨雷斯仍然受到尊敬，并且多年来仍在世界政治中继续发光发热。 264 但他的社会党却必须完成"凤凰涅槃"的重大挑战。丑闻政治造成的创伤长期保留在了人民的记忆中，特别在不愿意接受政治犬儒主义的青年人心中。此外，西班牙所有与政治有关的一切都被烙上了腐败的印记。尽管再也没有了来自对手的攻击，但西班牙政府中的腐败行为还是被不停揭露出来，只不过现在执政的是保守党，且《世界报》在否认这些腐败行为时也不再火药味十足。1997 年 12 月，仍有 92% 的西班牙人认为腐败情况严重。1998 年 12 月，有一半人声称在 1997 年内感到腐败气氛日益严重（Centro de Investigaciones Sociológicas，1998）。2003 年 7 月，74% 的被调查者认为腐败"严重影响公众生活"（透明国际，2003）。因此，在西班牙，政治制度合法性的危机加深了，这也与世界趋势相吻合。在这一过程中，西班牙失去了它年轻民主的清白。

国家与媒体政治：宣传与控制

　　国家仍然是通过传播活动决定权力关系的关键角色。我们虽然分析了媒体与政治之间复杂的相互作用，但我们不应该忽视媒体政治的最古老、最直接的方式：宣传和控制。具体而言，这一方式包括：（1）为维护政府利益，传播经过编造和歪曲的事实以诱导舆论；（2）对任何被视为损害政府利益的信息进行审查，如果必要的话，封锁这些信息的传播，并起诉信息制造者。监管的程度和形式以国家的不同法治和社会环境为转移。因此，我将以美国、俄罗斯为例，分析不同社会制度下按需调整的传播监管方式。

265

自由土地上的政府宣传：将军事嵌入媒体

美国政府向来有编造情报的传统，特别是在抉择战与和的当口，总有类似的"情报"来证明政府判断的正确性，以此引导舆论。在众多案例中，2003 年前后的复杂宣传工作堪称政治宣传的教科书式案例。假消息的多面出击策略不仅为美国出兵伊拉克制造了借口，更在此后的许多年内持续支撑着这场战争。在第三章中，我分析了围绕伊拉克战争的假情报和神秘消息的社会生产过程。在这里，我要谈论的是不同形式的传播策略：国防部为了让新闻报道可以按照其编写的脚本发展，而直接向大众媒体进行渗透，以及对本该保持新闻独立性的媒体评论员群体进行渗透。

2008 年 4 月 20 日，《纽约时报》刊发了一篇内容翔实、信源清晰的调查性报道，揭露了 2002～2008 年间，五角大楼如何组建一支 75 人的"军情评论员"团队，对福克斯、NBC、CBS 和 ABC 等主流电视台，以及其他主流报业集团进行渗透（Barstow, 2008）。作为消除公众疑虑的战前动员，这项工作始于 2002 年初。时任国防部负责公共事务的助理国务卿托里·克拉克，策划了旨在将退役军官招为媒体评论员的项目。因为伴有军方的信誉，他们被认为是五角大楼的代言人。即便五角大楼没有付给他们薪水（除了偶尔前往伊拉克的旅费），许多军情评论员也因此获得了与军事承包商或职业说客合作的机会。他们如果按照五角大楼所提供的脚本在媒体上说话，作为交换，除能触及内幕消息外，更重要的是能够获得来自美国国防部的合同。国防部会定期召集评论员特别会议，根据会议记录，前国防部长拉姆斯菲尔德本人也会参加其中较为重要的一些，并亲自对评论员们下达指示。

266

当战争进入焦灼状态，战场噩耗和伤亡数字接踵而至的时候，国防部就会召集特别会议，整理对于战争的积极看法，并设法渲染反恐战争背景下来自伊朗的威胁。2006 年 4 月，当一些将领公开批评拉姆斯菲尔德是"不称职的领导"，一波旨在维护拉姆斯菲尔德的宣传活动随即上线，包括在《华尔街日报》上开辟专栏，由组内主要评论员麦金纳尼和瓦里将军主笔。根据《纽约时报》的说法，他们被要求将"拉姆斯菲尔德那些事儿"夹带在文章中（Barstow，2008）。为了对媒体评论员们的工作效率进行效果评估，一家媒体公司收到了数十万美元。2007 年，当彼得雷乌斯将军获得美军在伊拉克的指挥权时，他的首要工作之一就是与评论员团队会面。实际上，他是在接受国会质询的中场休息期间，召集了这次群会。媒体早就知道五角大楼的评论员团队和这类会议的存在，可是为了"获取内部消息"，它们的存在被媒体"正常化"了。目前尚不清楚媒体对于军事承包商与国防部的幕后交易有多深的了解，最起码，没有哪一家已经掌握"军事专家"们真正职业的媒体，选择在这一问题上向他们发难。但似乎这种内幕交易才是驱动整个项目的核心利益所在。不过，当谣言开始蔓延，由于显而易见的利害关系，一些评论员失去了他们在媒体的工作，虽然大多数评论员还在坚称自己的三个身份——军事承包商的雇员、五角大楼的宣传员和媒体的独立评论员——是相对分离的。哦，还不该忘记他们为国服役的爱国者身份①。此外，"新闻卓越计划"（2008a）的一项研究显示，那些曾经以军事评论员为特色的主流媒体，都没有就五角大楼的宣传项目进行报道。

　　美国政府直接干预媒体报道的案例其实不胜枚举，难以在此详述，但它们已经构成了一个模式。例如，小布什政府曾聘请演员假扮记者，来模拟新闻通报（或称新闻通报影像，简称 VNRs），用以宣传政府对伊拉克战争的看法。VNRs 首获恶名是在 2005 年初，当时《纽约时报》发现很多地方台在小布什政府的授意下播放了预先制作好的 VNRs。这些片子为伊拉克战争、布什医保计划等小布什政府治下的各种项目叫好。保守派评论员阿姆斯特朗·威廉姆斯承认，教育部曾付给他 240 万美元，让他在电视上"推销"小布什总统的教育政策（Kirkpatrick，2005）。这些干预措施并不罕见，并由执行者以国家宏观利益和全球民主需要为其正名。细想起来，美国政府已经意识到，通过媒体进行信息战、舆论战，是赢得民众支持的必要条件。越南战争的经验表明，这种支持是美国行使霸权的最重要前提。保罗·瓦里将军担任福克斯电视台的新闻评论员直到 2007 年，此外，

267

---

① 在内幕曝光后，五角大楼公开了 8000 页关于媒体评论员的文件，通过以下网站访问：http：//www.dod.mil/pubs/foi/milanalysts/。此外，2008 年 5 月，民主党众议员罗莎·迪拉若及其四十位同事，一起向国防部监察长修书一封，要求调查这一"有意误导美国公众的宣传活动"。

他还是一名心理战方面的专家。曾在 1980 年发表过一篇论文，指责美国媒体应当对越南战争的失败负责。根据《纽约时报》记者巴斯托的说法，瓦里将军在书中写道："我们输掉了这场战争，但没有输在沙场上，而是输在了心理上。"他紧接着提出了"心理战"概念，一种以电视和广播为核心的、旨在赢得本土舆论支持的战略行动（Barstow, 2008: A1）。在美国的法律环境中，政府对媒体进行直接监管是被限制的做法，因此，美国的"媒体监管"通常意味着生产信息，并把它们交给可信的使者加以传达，不论它是否自愿，谎言都会通过他传递给愈加迷惑的受众。

在其他制度和文化背景中，似乎更容易出现政府对媒体的直接监督。事实上，这是世界上大多数国家的做法，政府往往有一套"策略组合"：对公共媒体（往往是最有影响力的）进行政治控制；政府对媒体所有者施加压力；通过立法赋予政府控制各种传播活动的权力；并且，如果一切都失败了，就对博主和记者进行人身恐吓。对于将政府作为社会治理的实体的国家而言，这些策略对控制以互联网为基础的传播活动至关重要。为了探索政府对媒体进行直接监控的相关策略，我会将俄罗斯作为分析对象，一来是因为它有着举足轻重的国际地位；二来是因为它明确强调在互联网时代控制传播活动的重要作用。对它的分析，将极好地帮助我们理解政府对媒体的直接控制。

俄罗斯：自我审查

处在民主过渡期的俄罗斯，永远不会忘记它在苏联时期的关键经验：信息就是权力，控制传播就是维护权力的杠杆[①]。当然，和平演变在瓦解了苏共政权的同时，也将它的媒体系统一并带走了。现在的俄罗斯，规则由法律决定，法律由市场决定。总体而言，媒体审查是被禁止的，但也存在经过法律授权的适当审查，比如对于俄罗斯的反恐事务就是如此。媒体管理层可以自由管理公司，但这也意味着他们与世界上其他媒体公司有着相同的底线——通过提升受众群规模来赢得广告收入，这等于宣告了对娱乐及娱乐信息的臣服。

因此，国家对媒体的控制，体现在官僚体系和财务体系对媒体实行的

---

① 文中出现的数据可由以下网站获取：http://www.fapmc.ru, http://www.freedomhouse.org, http://www.gdf.ru, http://www.hrw.org, http://www.lenta.ru, http://www.oprf.ru, http://rfe.rferl.org, http://www.ruj.ru, http://sp.rian.ru。

直接或间接的监管上。这些机制是普京为了对付叶利钦时代的寡头们所准备的，这些人利用叶利钦的软弱，窃取了国家媒体的控制权。普京借此重申了他对国有媒体的控制，并确保他麾下的寡头可以在其他媒体领域内保持优势地位。至于地方媒体的管理，则更为简单。依靠总统授权而组建的地方政府，对本地媒体拥有管理权；此外，国内主要的大型能源企业会买下地方电视台，比如卢克石油公司就买下了 Languepas 电视台。这类电视台在俄罗斯往往被称为"管子电视台"。这场"媒体控制战"在普京赢得 1999 年俄罗斯大选后进入了关键时刻。普京当选后，立刻从别列佐夫斯基手上夺取了对主要电视台的所有权，并将其收归国有。此外，责成俄罗斯天然气工业公司（由政府控制的能源巨头）立即要求 MediaMost 集团履行债务合同，该媒体集团由古辛斯基掌控，他是叶利钦时代的寡头之一，旗下拥有俄罗斯最有影响力的电视台 NTV。事实上，NTV 是唯一在竞选期间反对普京的电视台，而它的所有者古辛斯基，不久便尝到了经典的普京式复仇：寡头因为偷漏税，而被送进监狱。他在出狱后加入了别列佐夫斯基在伦敦的豪华流亡中，与此同时，他的媒体帝国正在被俄罗斯天然气工业公司收编。

此后，俄罗斯天然气工业公司实际上成为俄罗斯当今最强大的媒体集团之一。它拥有 NTV（收视率排行第三）、NTV 卫星频道、NTV 制作公司、TNT 娱乐网络、传统新闻媒体《消息报》、主流广播电台（如莫斯科回声、城市 FM 和 Popsa 电台）、Itogy 杂志社，以及俄罗斯广袤国土上的许多媒体公司。此外，俄罗斯政府还组建了另一家媒体集团 VGTRK，全称是"全俄国家电视广播公司"，旗下有俄罗斯 TV 频道、Kultura 频道、体育频道、88 家地方电视台、俄新社，以及欧洲新闻台 32% 的股份，并且在电影制作及出口行业也颇具实力（Kiriya，2007）。俄罗斯中央政府还控制着俄罗斯收视率第一的电视台——"第一频道"，该台在 2007 年获得了 21.7% 的收视率，并以此来吸引私人投资者的加盟，由罗曼·阿布拉莫维奇牵头，私人投资者们被允许认购该台 49% 的股份，并通过离岸金融中心加以管理。这两个由国家主导的电视台占到行业总广告收入的 50%（Kiriya，2007）。其他的小型电视台，比如 Domashny（侧重家庭节目），仅有少量新闻节目；TV－3 和 DTV 则一心扑在电影业务上。硕果仅存的叶利钦时代的寡头弗拉基米尔·波塔宁，采取了谨慎的经营策略：一边将他的全副身家都投在专注于娱乐行业的专业媒体公司上，一边出售其最具政治敏感性的财产——《消息报》和《共青团真理报》。总体而言，俄罗斯的所有媒体集团，或者处于国家的直接控制下，或者处于政府及审查人员的严格监管下。

官僚集团给予媒体的压力，是既多样化又富有创造性的。媒体如果报道了令政府不悦的消息（不论中央、大区还是地方政府），可能会触发一系列后果，比如消防人员登门拜访、公共卫生机构上门找茬，这都有可能导致经营许可证被吊销；如果某家媒体恰好在写字楼高层办公，那楼内电梯可能会突然停止工作，其修复则将无限期推迟；如果媒体自诩拥有"独立之思想、自由之精神"且拒绝"入伙"，那报复行动的执行者就会升级成税务稽查人员，这很有可能会破坏该公司的财务状况。因此，面对这种多管齐下的恐吓策略，独立媒体几乎不可能"战斗"，因为自由媒体的义正词严的公开谴责，很容易就被供电部门或者房东用拉闸限电、提升房租这样的小伎俩嘲笑。此外，从前不多的几条保护记者的法律，还面临着被逐渐淘汰的窘境。所谓的"信息声索法庭"在表现出一定程度的独立性之后便遭到解散。如公共议事厅和信息声索地区理事会这样的新机构在 2006 年开始运作，但其中多有官僚冗员，少见记者代表。如此一来，对于媒体的控制就变得十分简单。负责任的新闻工作者的明智判断，都会在经理面前接受裁决，如果他们还想保住自己的饭碗，自我审查就是规则。

然而，记者如果为了提升受众关注度，或者在新闻专业主义的驱动下冒险进入政治敏感领域，那么无异于公开要求商业权力对其进行监督审查。一个典型的例子是由亿万富翁亚历山大·列别捷夫所有的《莫斯科观察报》的暂时停刊。官方提供的停刊理由是该报总经理存在"经济问题"，同时，该报所有者们也否认了停刊与该报报道普京总统和体操运动员、国会议员阿莉娜·卡巴耶娃的绯闻有关。

除将企业监督和官僚骚扰作为控制媒体的主要机制外，俄政府还通过广泛的法律手段来管理媒体与互联网。原则上，审查是被禁止的，但为了保障国家安全、打击网络犯罪，也有法律法规上的例外。特别是 1996 年的 Sorm 1 和 1998 年的 Sorm 2，都授权俄罗斯联邦安全局对公共通讯进行监听；2000 年的"信息安全条例"，作为 Sorm 2 的补充条文，旨在打击网络盗版，保护电信行业，防止互联网上的"宣传渗透"和"造谣"；2001 年的"大众传播法""打击恐怖主义法"，目的是阻断恐怖主义接入大众媒介的渠道；2006 年的信息技术及信息保护法，加强了对不正当使用网络的监管。最具争议的是 2007 年通过的"打击极端主义法"，媒体对公职人员的某些种类的批评，受到了该法律的限制。违法者将面临永久停刊或最高三年的有期徒刑。以身试法的案例包括 Pravada. ru、Bankfax. ru、Gaz eta. ru 这三家门户网站，以及对 Kursiv 报的一名编辑的罚款，因为他发表了一篇被认为是对普京不敬的文章。

除了法律手段，媒体职业经理人也对政治内容进行管理。普京的主要政治对手（如加里·卡斯帕罗夫、弗拉基米尔·雷日科夫）、主要反对党的领袖（俄国共产党），甚至普京的前政治盟友（如米哈依尔·卡西亚诺夫、安德烈·伊拉里奥诺夫），都从电视上消失了。最有名的政治讽刺演员维克托·桑德洛维奇的政治木偶剧被禁播；为反对党表演的摇滚团体在电视上的表演被禁播；有关普京和梅德韦杰夫的笑话也变得十分乏味，因为写这类笑话的人会被请出演职人员行列（Levy，2008）。根据 Levy 对俄罗斯记者的采访，克里姆林宫内部并没有什么设立所谓的"黑名单"，但媒体依照自己对政府态度的把握，自觉遵循着一套潜在的黑名单。

此外，当一些胆大的记者冒险趟了政治腐败的浑水，或者更糟，介入了恐怖主义和反恐怖主义，或者车臣战争的秘密行动的议题时，等待他们的会是杀手的枪口和安静的墓碑，比如广受尊敬的俄罗斯记者安娜·波利特科夫卡娅，就于 2006 年 10 月 7 日在圣彼得堡被秘密杀害。事实上，自 2000 年以来，已有 23 名记者在俄罗斯被杀害，这一情况被无疆界记者组织贴上了"难以实现新闻和言论自由"的标签。在世界新闻自由指数排行榜上的 169 个国家和地区中，俄罗斯排在第 144 位（无疆界记者，2002 - 2008）。

俄罗斯言论自由的亮点集中在一些广播电台身上，尽管处在国家控制下的俄罗斯广播电台有着一条不成文的规定：政府的正面消息要占到 50%（Karmer，2007）。俄罗斯天然气公司旗下的莫斯科之声还会安排对反对党领导人加里·卡斯帕罗夫的采访，虽然卡斯帕罗夫在采访后遭到了俄罗斯联邦安全局的传唤。 272

还有一些媒体坚称自己保持了一定程度的政治独立，比如全国性的小型电视台 REN TV，和一些地区性和全国性报纸。互联网上的用户自制内容并不在审查行列，在网络社群或个人博客上批评政府也是可以的。但事实上，正如玛莎·李普曼所说：

政府虽然已经从根本上控制了广播的自由，但它并没有完全限制言论。一些用户群相对较小的广播、纸媒和网站一直保持着独立的编辑原则，以发泄社会不满。这些出口会制造媒体自由的表象，但它们其实与国家电视台间处于彻底绝缘的状态，并且还在高速地边缘化、去政治化。（Lipman，2008：A13）。

其实，对世界上绝大部分国家而言，监管媒体的最重要形式，就是对通信基础设施和节目内容加以控制。在俄罗斯，80%以上的广播电视基础设施归国家所有，它对电信公司的影响力也是决定性的，此外，拥有一些大的电影制片厂（比如莫斯科电影制片厂），以及报纸行业的40%，出版行业的65%①。至于节目内容，在主流电视台中，遵循西方模式，将内容娱乐化，是自2000年以来的主流趋势。伊利亚·纪里谷（2007）研究了16个电视台的节目分配后发现，娱乐和综艺节目从2002年的32%增加到2005年的35%，体育节目从4%增加到8%，文化和教育节目由3%增至9%，而新闻节目则从16%下降到8%。电影和电视连续剧还是占主导地位（2005年为37%），其中外国影片又占大多数。

尽管大多数俄罗斯人对美国的外交政策持批评态度，美国情景喜剧却大受欢迎。在评论员艾琳娜·布拉科洛娃看来，这反映出俄罗斯人民生活的巨大改变，因为"情景喜剧的走红，需要以非常稳定的社会生活为前提"（转引自Levy，2007）。在另一方面，电影艺术杂志主编Danii B. Dondurei警告说："电视正在让人们忘记国会里都有哪些政党，他们都在审议什么法律，国家的明天由谁来负责。"（转引自Levy，2007）然而，电视节目受外国势力支配的情况正在发生改变，因为俄罗斯的电视台还兼任着电影、电视连续剧、娱乐和综艺节目制作方的职责，它们的作品占据了大部分黄金时间。

然而，尽管媒体节目正日益去政治化，俄罗斯人对政治的兴趣依然高涨。据民意基金会于2007年7月在全国范围内进行的民意调查显示，48%的受访者表示对政治新闻十分感兴趣（虽然这一比例在年轻人中只有35%），84%的人对国际关系感兴趣，40%的人对文化与艺术感兴趣。90%的受访者表示国家电视台是其主要的新闻来源（莫斯科的比例是82%），其次是全国性报纸（30%）和地方电视台（29%）。纸媒的受关注度正在下降，27%的俄罗斯人不看任何报纸，最受欢迎的报纸，比如《共

① 对印刷品原材料进行控制是俄罗斯的一种古老传统。列宁在1917年掌权之后的第一项措施就是将电话、电报，以及印刷纸的生产国有化。

青团真理报》，都采用了小报风格，专注于色情和暴力内容（民意基金会，2007；Barnard，2008）。

此外，俄罗斯民众的祛魅化使得国家在法律、行政和公司层面对媒体施加的控制变得毫无必要。在上述调查中，41%的受访者对国家电视台的政治新闻的客观程度感到满意，这一比例在41%的普京支持者中更高，而在其21%的反对者中更低。有36%的受访者认为新闻有偏向性，莫斯科人和受过大学教育的人对于新闻的客观程度多持批评态度。总之，在媒体受到直接或间接控制、总统支持率极高的情况下，较之于政治审查，自我审查才是俄罗斯媒体审查机制的主体。

2008年2月的总统竞选没有带来任何风险。尽管候选人德米特里·梅德韦杰夫在普京的支持下毫无悬念地获得了胜利，但多层面的媒体控制机制也还是在为各位候选人服务。新闻极端情况研究中心（CJES）的一份报告称，第一频道上60%的大选报道版面分配给了普京总统，87%都是对普京的正面报道，其余保持中立。梅德韦杰夫占覆盖率的32%，通常也是正面报道。具有类似偏向的报道也出现在其他国有电视台上。至于私营电视台，普京和梅德韦杰夫在NTV（俄罗斯天然气工业公司占有51%的股权）的覆盖率分别是54%和43%，而REN TV则较为平衡，普京占31%，三个主要候选人，梅德韦杰夫、久加诺夫和日里诺夫斯基各占21%，除了日里诺夫斯基经常获得负面报道外，其余报道基本是中性的。然而，由于国有媒体的压倒性优势，REN TV的相对中立显得杯水车薪。因此，CJES的报告认为，媒体偏向性报道是选举活动的主要缺陷之一，这源于国有电视台所背负的政治控制，以及各地方媒体所受到的政治压力。在2007年议会选举中，类似这样的偏向性报道还是层出不穷，因此，媒体控制仍是俄罗斯国家权力的中流砥柱。

互联网改变了这种环境吗？除使用电子邮件，只有约25%的俄罗斯人是互联网用户（Levada Center，2008），只有9%的人将互联网作为政治新闻的主要来源，网民群体主要集中在年轻、教育程度更高、更积极、更独立的人群中。在莫斯科地区，以互联网作为政治新闻来源的人口比例增加到了30%（民意基金会，2007）。论坛和博客正在快速成为新一代俄罗斯人表达和互动的主要空间。类似Odnoklassniki. ru这样的俄罗斯版人人网，以及vkontakte. ru这样的俄版脸谱网，正在构建供用户自由交流的社交网络，而博客更是如雨后春笋般迅速出现。据Technorati的调查，俄罗斯的博客占世界博客数量的 2%，最火的博客网站是 Zhivoi Zhurnal，1999 年诞生在美国，2005 年被俄罗斯媒体公司 SUP 买入，现归银行家亚历山大·玛穆特所有。与世界其他地方一样，只有极少数博客是纯政治性的，但博客圈中永远活跃着政治话题。2007 年 12 月，有博客揭露了存在于议会选举中的丑闻，一位博主上传了一条手机录制的视频，视频中，两位公职人员正在圣彼得堡投票站内对投票箱做手脚。支持加里·卡斯帕罗夫的传播专家玛丽娜·利维诺维奇宣称："博客是我们最重要的支柱之一……尽管通过网络了解政治新闻的人并不多，也许只有 2%，但他们正在改变当前的局面。"（转引自 Billette，2008）

此外，互联网的全球性、开放性，是对历史上就痴迷于信息控制的俄罗斯的重大挑战。当觉察到互联网的快速扩张时，俄罗斯的第一反应是，用旨在控制网络的法律武器和技术手段武装自己。正如上面提到的，SORM 1（1996）和 SORM 2（1998）提供了互联网监控的法律基础，法律规定互联网服务供应商必须在他们的服务器上安装一个设备（自己出钱），供俄罗斯联邦安全局跟踪电子邮件、金融交易和一般的在线互动。在 2000 年，SORM 2 中加入了新的法条，确立了对有线和无线电话通信的监控，同时更新了与互联网监控有关的法律，打击犯罪和网络犯罪成为一切监控行为的正义性所在。虽然法律对于监控本身也做了一定限制，但通常可以忽略不计。2008 年，俄罗斯杜马就一项"互联网示范法"展开辩论，根据新闻网站 lenta. ru 的报道，"该法律将确定政府监管互联网的指导方针，构建监管系统，指定监管过程的参与者及其功能，确定在监管互联网时，执行重大法律行动的地点和时间。"在现实中，俄罗斯法律不审查互联网上的内容。法律只允许监控人员依据现有的法律法规，来对互联网上的违法乱纪行为执行强制措施，这些法律包括国家安全法、财产法、反色情法、反诽谤法。法律还禁止种族主义和反犹宣传。例如，瑟克特夫卡尔市的一名年轻男子就因为涉嫌在其朋友的博客下回复反闪米特族言论、煽动袭警行为而遭到逮捕。[①] 可见，私人谈话在俄罗斯的网络上并不私人，如果它惹恼警方，还会有更严重的后果。[②]

[①] 这名年轻人在其朋友的博客下写道："在每一座俄罗斯城市的中心广场都建上焚化炉，就像奥斯维辛集中营里的那样，再把无良警察们每天烧上一遍，最好两遍。"（转引自 Rodriguez，2008）

[②] 至于博客下的回复能否算作私人谈话，作者并未给出详细解释。——译者注

尽管目前对于互联网的管控还十分有限，俄罗斯政府似乎已经准备好用经过实践检验的媒体管理方法，来应付网络空间的战斗了：

第一，加强立法，为监管创造合法环境。

第二，杀鸡儆猴，处罚反面典型并加以宣传。

第三，将互联网服务供应商和网站编入监管系统，让他们对其网站内容负责。

第四，利用国有企业购买流行的网站，以确保政治问题在国企控制之下。比如，日流量 30 万人次的俄版 YouTube 网站——RuTube——于 2008 年 3 月被俄罗斯天然气工业公司收购，此外，他们还决定加大对俄罗斯互联网媒体市场的投入。

第五，国家通过雇佣网络水军，或安排人员伪装成独立博客来管理舆情。2008 年，纽约时报网站的俄罗斯论坛首次讨论了这一问题。互联网公司的高管们对俄罗斯网络监管措施产生了意见分歧。20 世纪 90 年代以来的俄罗斯互联网领军人物、《生活杂志》主编安东诺西克曾在 2008 年说道：

> 《生活杂志》没有面临审查……克里姆林宫才不会这么愚蠢。他们已经看到中国和越南审查互联网的做法并不会带来任何好处。他们喜欢另一种方式，让互联网上充斥着自己的宣传内容和博客写手。（转引自 Billette，2008）

自由主义政治家玛丽娜·利维诺维奇也附和道："互联网是俄罗斯小知识分子的自然保护区。政府之所以容忍这片自由空间存在，是考虑到他们的闹事能力其实很有限。"（转引自 Billette，2008）与普京相比，梅德韦杰夫被认为是博客和网站的忠实读者。

当新一代俄罗斯人克服了民主过渡时期的挫折感，并将民主和言论自由作为公民权利时，国家似乎也准备好了对传播的控制扩大到互联网和移动互联网领域，这很有可能令俄罗斯社会变得更加不安。然而，我们尚不能确定，在一个全球互动的网络世界中，政府将需要多少实际的政治、文化和技术能力，来对互联网进行系统控制。如果真的需要，俄罗斯官员们会自然而然地注意到中国的经验，那是在互联网时代，控制传播的最坚定和最复杂的尝试。

公众信任的消亡和政治合法性危机

　　如图 A4.1 至 A4.8（见附录），世界上大多数公民不信任他们的政府或议会，有数量更多的民众鄙视政客和政党，认为这些人并不代表人民的意志。先进的民主国家也未能幸免，众多的调查表明，公众对政府和政治机构的信任程度在过去三十年内大幅度下降，相关调查有：世界经济论坛的人民之声调查（2008）、欧盟民意调查（2007）、亚洲民意调查（2008）、拉美民意调查（2007）、埃森哲调查（2006）、透明国际调查（2007）、英国广播公司调查（全球扫描，2006）、世界价值观调查（Dalton，2005b），以及 worldpublicopinion. org（Kull et al.，2008）。

　　据 WorldPublicOpinion. org（Kull et al.，2008）研究表明，在接受调查的 18 个国家中，有 63% 的受访者认为他们的国家"由一群自私自利的利益集团所掌控"，仅有 30% 的人认为国家的管理机构是为了公共利益而建立的。2007 年 9 月，只有 51% 的美国人对联邦政府表现出"极大"或"尚可"的信任，这是自盖洛普公司 1972 年开始统计这一问题以来的最低值（Jones，2007）。在欧盟，根据欧洲民意调查（2007），超过 80% 的公民不信任政党，超过三分之二的不信任政府。在拉丁美洲，在人民之声调查的受访者中，77% 的人认为他们的政治领袖不诚实（世界经济论坛，2008）。

　　何以落得如此境地？实话实说，对具体政策的不满，是造成民众对于整体政治经济环境不满的主因。但调查数据发现，民众对腐败的认知，是
导致政府失去信任的罪魁祸首。信任度总体呈下降趋势，下降速度因国家而异，除 20 世纪 70 年代到 90 年代的荷兰外，几乎所有的发达国家都是如此。Hetherington（2005）和 Wareen（2006）认为，对于政府的信任，本身已经可以作为一个独立而重要的因子，来预测该政府的政策是否会得到民众支持，它比党派关系和意识形态都更为重要。不同形式的政治信任会相互影响。对某个现任政府的不信任，可以演变成对政治机构的不信任，并最终变为对整个政治制度的不信任。政治信任与社会总体信任是紧密相连的。社会资本研究认为（Putnam，2000），民主参与和人际互信会增进社会信任和政治信任。总体而言，虽然对社会机构的信任已在二战结束后的相当一段时期内大幅下滑（仅有小幅波动），但这种下滑所造成的影响

并不是一致或直接的。例如，政治信任的下降并不意味着较低的投票率或公民参政比例的下降，我将在下面对此进行分析。然而，有共识，对政府的长期不信任会滋生对政治制度不满，而这对于民主治理而言，具有至关重要的意义。

明白了问题所在后，世界各国政府都颁布了新的法规，以打击腐败，增加政策质询数量，提升法治力量。尽管有这些努力，人民感受到的腐败风气却日盛依旧。透明国际 2007 年进行的一项调查发现：

（1）一般公众认为，政党、议会、警察和司法/法律系统是社会中最为腐败的机构。世界各地的受访者都认为，政党（约70%）和立法部门（约55%）是腐败问题的重灾区。

（2）无论是在发达国家还是在发展中国家，贫困人群是腐败行为的最惨痛受害者。并且，他们对于"腐败在未来会减轻"的看法最为悲观。

（3）在世界各地的受访者中，有十分之一的人在过去一年中曾行贿。行贿比例在亚太地区和东南欧有所提升。

（4）行贿的主要对象警察、司法机关和注册许可证服务人员。

（5）半数受访者预计，他们国家的腐败在未来三年内会更加严重，一些非洲国家除外（可能与目前的腐败水平密切相关）。这一数字较之四年前大幅提升。 288

（6）半数受访者认为，政府打击腐败的做法是徒劳的。

（7）非政府组织、宗教组织和军队，是公认的受腐败影响最小的机构。

一般来说，公民对重要机构腐败程度的看法，在 2004～2007 年间没有显著变化。但是对某些机构的看法却随着时间的推移逐渐恶化，比如私营企业。换言之，在公众眼中，当下的企业在腐败问题中扮演的角色，比从前的更为重要。比较 2004 年和 2007 年的数据后我们不难发现，受访者认为非政府组织存在腐败现象的比例有所增加，而认为司法、议会、警察、税务、医疗和教育部门存在腐败现象的比例略有下降，尽管大多数人仍然对政府和司法机构持负面态度。

为什么群众对腐败的看法对政治信任如此重要？毕竟，腐败是一种和人类自身一样古老的行为。然而，由于民主制度基本上是程序性的，正如我在第一章指出的，如果一个国家的权力分配制度和政府管理机制，是以非程序性的特殊利益群体的意志为转移的，那该国的人民便没有理由要遵

— 225 —

守统治者定下的秩序。所谓合法性危机就是说，政治领袖为了全社会的福祉，代表人民做出选择的权力受到了广泛的质疑。治理成为一种与辞职、抵制相伴的行为，而与深思熟虑、百般努力后赢得支持的景况渐行渐远。当公民认为政府和政治机构基本是在行骗时，每个人都会觉得，看谁都像骗子，由此便种下了体制解体的种子。在社会崩塌的时刻，许多国家的人民都会喊出阿根廷抗议者在 2001 年创作的口号："所有人都应该离开!"他们指的是整个政治阶级。

289 　此外，虽然腐败行为本身可能没有在人类最近的历史中大幅增加，但是对腐败行为的宣传、人民对腐败的认识，以及这种看法对政治信任的影响，是真实增加了的。根据 Warren（2006：7）的研究，要达成心理层面的政治信任，受限需要进行道德价值评估，并将某些品德与某一政府、政治机构和政治领袖相联系。因此，政治信任指的是人们对其政治代表的信任，人们在领袖的个性、外表、言论和行为中寻求真诚和真实。

　因此，政治腐败之所以会与政治信任的衰落挂钩，很大程度上是媒体政治的主导地位和丑闻政治塑造公共事务的结果。许多研究都发现了政治信任的下降与丑闻政治的复发之间的联系。Treisman（2000）将国家作为分析样本，使用来自密歇根大学的世界价值观调查的数据，在国民生产总值（GNP）和政治结构的影响作为控制变量的前提下，发现了腐败认知和较低的政治信任之间的相关关系。然而，在德国，Herbert Bless 和同事们发现，丑闻对年轻人的影响并不像乍看起来那么简单（Bless et al.，2000；Schwarz and Bless，1992；Bless and Schwarz，1998）。他们发现，德国政治丑闻对政治判断的影响，取决于是谁被判断。更确切地说，涉及丑闻的政客（即不可信的政治家）的负面报道，降低了民众对一般政客的可信度的判断，但增加了不涉及丑闻的个别政治家的可信度。

　雷格纳和卢孚洛克（2005）以法国为背景，复制了布莱斯的研究。他们在对杜马斯丑闻具有较高认知度的受访者中发现了类似的结果，相反的结论也适用于对丑闻认知不多的受访者。具有高认知水平的人显示出对比效果，认为没有涉及丑闻的政客比涉及丑闻的政客更可信。认知水平较低的人则没有这样的效果，他们认为所有的政治家，以及政治本身，都不太值得信赖。

　虽然社会整体信任度的下降，以及民众对体制信任度的下降，已经成为共识（Putnam，1995；Brehm 和 Rahn，1997；Robinson 和 Jackson，

2001），但对于媒体在这一过程中到底扮演了什么角色，学界尚处于激烈
争论中。许多学者认为，媒体的负面报道导致了公民间的"媒体不适症"，
增加了民众对于整个社会的无力感、孤立感和嘲讽行为（Patterson，1993； 290
Putnam 1995，2000；Cappella and Jamieson，1997；Mutz and Reeves，2005；
Groeling and Linneman，2008）。他们认为，虽然目前还不清楚民间话语是
否随着时间的推移发生了巨大变化，但媒体平台的扩张，特别是电视，越
来越频繁地将丑陋的政治行动暴露在公众视野中，从而加重了民众对政治
制度的不信任。罗宾逊（1975）是第一个以"媒体不适症"来称呼这种现
象的学者。它指负面报道出现在电视上，并被各家媒体所模仿的现象。

在另一方面，一群规模较小但很有影响力的学者认为，媒体报道的增
加使得民众和政府首脑之间的联系更加紧密，从而令公众政治参与进入
"良性循环"（Inglehart，1990；Norris，1996 & 2000；Aarts & Semetko，
2003）。然而，我们有必要澄清这种论调的细节。诺瑞斯的数据显示的是
对政治参与更感兴趣的人更乐于关注媒体。但并没有就这些人的政治倾向
做出说明。政治上活跃的公民都渴望撷取所有可能的信息来源。然而，如
果政治信息越来越多地以丑闻政治的样貌出现，民众对政治制度的信任就
会遭到破坏，尽管它可能会引起政治制度的深刻变革。换言之，较之于媒
体政治，丑闻政治似乎与信任危机本身具有更直接的联系。但是，由于丑
闻政治是通过媒体来运作的，且它是媒体政治的动态结果，大多数研究者
都发现了民众对社会和政治机制的评估，与媒体报道之间的相关关系。因
此，范和同事们（2001）发现新闻媒体对自己、军队和宗教组织的报道，
会影响民众对于这些机构的信心。赫布林和蒂萨·莫尔斯（1998）发现，
在美国，比起较少接触媒体的公民，那些主要依靠电视或广播来评估政治
制度优劣的公民更容易对美国国会持有负面态度。在一项实验研究中，慕
兹和里夫斯（2005）发现，电视中展现的不良政治议题，大大降低了民众
对政治家、对国会、对美国政治制度的信任，而接受良性议题则会增加信
任。（见附录图 A4.8）。

其他研究表明，依赖电视作为主要新闻来源的个人更可能经历"媒体 291
不适症"，因为视觉媒介增强了个性特征的重要性（Keeter，1987；
Druckman，2003）。因此，可以说，政治丑闻的新闻报道，对于塑造社会
性格的媒体环境而言有巨大的影响。

媒体驱动下的丑闻政治和公众的不信任之间的关系，已经超越了政治的

范围，而蔓延到了整个社会。科若林和林尼曼（2008）发现，接收关于天主教教会中的性丑闻（特别是波士顿主教丑闻）的媒体报道的个人，对教会机构，以及其他没有直接参与丑闻的机构的信任度都大幅下降。

美国在 1980~2004 年间，政治信任通常在不同的意识形态集团之间以类似的模式发展，显示出意识形态的自我归属和政治信任之间的低相关性。"9·11"事件后，这种关系发生了根本性的变化。虽然目前还不清楚这种模式是否会持续下去，但在 2000~2004 年间，对政府的信任在保守派民众中间急剧增加，在无意识形态民众中略有增加，而在自由派和温和派中暴跌（Hetherington，2008：20-22）。赫瑟林顿（2008：22）认为："毫无疑问，布什总统的高支持率，来自于占国会大部分席位的共和党人，这一现象，将'信任政府'的意义政治化了。"（2008：22）因此，在意识形态两极分化的环境中，丑闻政治和媒体政治倾向于消极地影响政治信任。政府的激进支持者和反对者，都试图从丑闻中获取辩论的依据，或者根据选择性认知机制，将这些依据变为他们的宣传内容，正如我在第三章中所分析的那样。

具有讽刺意味的是，当媒体在传播丑闻和诋毁政府的事业上大展宏图时，他们自身也面临着失去合法性的风险。媒体机构的可信度在 1973~2000 年间下降了 21%（Fan et al.，2001：827）。按照 Fan 和他同事们（2001：826-52）的说法，媒体可能已经成了"自杀信使"。他们研究了媒体对自身的报道和舆论对媒体的看法之间的关系。为了比较，同样他们也检查覆盖面，媒体对军方和宗教组织的报道，与舆论对两者的看法的关系。他们发现，媒体的报道，降低了民众对宗教组织的信任，但却令民众对军方的信任维持在了一个较高的水平上，并且在第一次海湾战争期间，还出现了一个高峰。他们还发现，随着媒体自身的负面消息的增长，以及其报道的可信度的降低，民众对媒体的信任度持续下降——换句话说，媒体是杀死自己的使者。

瓦特斯（1999）的研究表明，媒体对保守派民众指控自由派媒体具有偏向性的报道，加剧了所有媒体都具有偏向性的舆论认知。与此类似，Wyatt 等人（2000）发现，根据《美国综合社会调查》对其他机构的可信度的评价，可以推导出媒介信心和媒体可信度的高低。Fan（2001）的研究结果表明，媒介信心和媒体可信度都是衡量社会机构总体可信度的指标，而不是评估哪一条新闻故事是否可信的标准。换句话说，关于媒体的负面消息并不会令媒体自身陷入麻烦，但关于社会机构的负面新闻会在整体上降低所有机构的可信度，这其中也包括媒体。

因此，媒体政治、丑闻政治和政治信任的下降之间似乎存在着一种联系。然而，决定性的问题是：这种在公民间日益增长的不信任，如何影响政治参与和政治行为？对于这个问题的答案是高度差异化的，它取决于政治背景和政治制度。

在世界上任何地方，我们都能观察到对政党和政治制度不满的趋势。但这并不一定意味民众要戒除政治活动，他们还有很多其他选择。第一，他们可以参照消极政治的一般模式，为了反对某一政治观点而被动员起来，就像西班牙人在 1996 年、2004 年和 2008 年所做的一样。第二，他们可以围绕某种强烈的主流意识形态被动员，之后服务于一个主流政党，并通过强大的组织力量成为该党的一个不可或缺的选区，正如福音派和共和党所做的那样。第三，他们可以支持第三方候选人以示抗议，如 2002 年法国总统选举期间的情况。第四，他们支持一名建制派的挑战者，以期从系统内部来改变政治制度，比如 2003 年巴西总统卢拉的当选和 2008 年美国总统奥巴马的当选；或者也可以从系统来做出改变，如委内瑞拉的查韦斯、玻利维亚的莫拉莱斯、厄瓜多尔的科雷亚。第五，如果以上都不可行，他们也可以用脚投票①（除了在意大利或智利这样的强制投票的国家），虽然这显然是仍然试图发表意见的人的最后选择，尽管他们对政治生活的改变仅抱有渺茫的希望。然后，他们仍然有第六种选择：在政治制度之外增加社会动员。事实上，英格哈特和卡特伯格（2002）利用《世界价值观调查》的数据，对 70 个国家的非制度性的精英挑战行动进行了测量。他们注意到社会动员在整个 20 世纪 90 年代的增长趋势。这与我们在加泰罗尼亚的英玛·图贝拉进行的研究一致，表明只有 2% 的人口参与政党活动（虽然他们在大选中投票），且大多数公民表示出对政党的不信任，但有超过三分之二的人认为，他们可以通过自力更生的动员来改变社会（Castells，2007）。

2008 年前的美国，可以被视作先进民主国家中选民冷漠的极端案例。马克·赫瑟林顿和其他学者（2005，2008）的研究表明，尽管精英的两极化和社会总体的政治不信任水平都在加剧，但民众的政治参与实际上有所

294

---

① 指迁徙或移民。——译者注

上升。Popkin（1994）认为，适龄投票人口所占投票比例并不是可靠的指标。在少数族裔犯罪率居高不下、非法移民大量涌入的时代背景下，美国当前的适龄选举人口虽然较其他国家更多，但其中很多人并不能投票，因为有相当一部分人因为其过往的犯罪行为而被剥夺了政治权利，还有一些人因为其非法移民的身份而无权投票（见第五章）。因此，合规投票人口数（VEP）是计算投票率的恰当分母。当使用这一统计数字后，选民投票率在过去三次总统选举中有所增加，从 1996 年的 52%，到 2004 年超过60%，再到 2008 年的总统大选的 63%（美国选民研究中心，2008）。基于VEP，投票率在 2004 年与 1956 年基本相同，仅比 1960 年低了约 3.5 个百分点（Hetherington，2008：5）。此外，在美国，民主参与 2000～2004 年期间的政治进程，如附录中表 A4.4 和 A4.5 所示，主要是由于各政党努力与其选区联系。赫瑟林顿（2008）也发现，有明确政治倾向性的人群更容易受到政党的号召（见附录图 A4.9）。2008 年的民主党总统初选见证了在美国前所未有的政治动员水平（见第五章）。

　　政党的社会动员能力的提高，可能与上文分析过的信息政治工具的使用有关。此外，互联网在促进政党、候选人和潜在支持者之间的直接联系和自主动员方面发挥了重要作用（见附录表 A4.5 和表 A5.6）。因此，Shah 等人（2005）发现，信息媒体的使用，能够增进公民间沟通，从而引导民主参与。这些发现中最有趣的部分，就是互联网的作用。

295　　互联网作为信息来源和辩论场所，其所发挥的信息搜索和民间互动作用，强烈地影响着民主参与，这种影响比传统的纸媒、广播媒体和面对面沟通都要有效和得多（Shah 等，2005：551）。

　　政治信任和民主参与之间的关系，似乎在新、旧民主国家间有所不同。虽然民主参与的增多，加强了工业化世界的社会和政治信任，布雷姆和拉恩（1997）发现，在发展中国家，民主参与与政治信任之间呈负相关。换言之，越是热衷于政治参与的民众，对政治越没有信心。这一发现与 Inglehart 和 Catterberg（2002）的跨文化研究成果异曲同工。他们的数据表明，在拉丁美洲和东欧的新民主国家，一旦人们在政权更迭后经历了民主的过程，政治参与率便会在最后几年中逐渐下降，研究者们将这种现象称为"民主支持率的后蜜月期下降"。然而，对民主的蔑视以及随之而来的政治参与的减少，在许多情况下导致社会政治动员的积累，从而扩大了政治制度和政治参与之间的鸿沟。

因此，国际经验表明，对政治合法性危机的多种政策反应，往往取决于选举制度、机构特异性和意识形态的情况，正如我对网络社会民主危机的分析中所说的那样（Castells，2004c：402－418）。在多数情况下，合法性危机会增加政治动员，而不是导致政治戒除。媒体政治和丑闻政治催生了全球性的政治合法性危机，但公众信任的下降不等于政治参与的下降。面对公民的不满，政治领袖必须寻求新的方式来接触，并激活他们的选区。不信任政治制度，但致力于维护其权利，公民以自己的方式在体制内外寻求政治动员。正是横亘信任政治组织与渴望政治行动之间的日渐宽阔的鸿沟，造成了民主的危机。

民主的危机？

我们目前还不清楚全球性的政治合法性危机，是否会转化为民主危机，如果会，又是以什么途径发生转变。为了评估这一关键问题，我们需要精确地说明民主的意义。事实上，民主作为一种历史实践，与民主作为政治哲学概念之间，存在语境上的区别。21世纪初，在一个全球相互依存的世界中，民主通常被理解为政府的组织形式，即候选人在法律规定的界限内展开竞选，并由选民通过一定时间内的自由选举，来推举出政治领袖及其领导班子。我将用相互比较的方法，来对自由选举的宽泛诠释做出解释。为了兼顾普适性与现实性，让我们将佛罗里达州在2000年美国总统选举时的表现定为最低标准。此外，为了按民主理念来实现治理，必须在宪法和法律的保证下，实现一定程度的言论自由、结社自由和对人权的尊重。此外，政府机构也必须处在行政和司法系统的监管之下。即使我们对民主的现实要求已经如此之低，世界上依然有许多国家不符合这些标准。一些大国不会按照这一定义来解释民主，而选择与理想类型的代议制民主十分不同的方式。此外，尽管世界上的大部分国家已经在过去60年中建立了正式的民主机构，但在许多国家，这些机构仍然非常不稳定。这就是说，在全球视角下，民主处于永久危机之中。这背后的真正问题是：自称民主的国家到底有多民主？面对宪政规则和公民信仰之间日益扩大的差距时，他们的制度到底有多稳定？正是基于这些问题，我将对民主的潜在危机进行评估，因为它与媒体政治息息相关。

在很大程度上，合法性危机及其对民主实践的影响，与全世界的民族

— 231 —

国家的危机有关，这是全球化趋势与认同危机相互矛盾的结果。由于现代代议制民主是建立在将个体公民视为政治对象的法律基础上的，但因为国家无力对财富、权力和信息的全球化网络加以控制，国家的效率和合法性便因此大打折扣，它的代表性也因为基于个体身份认同的文化主体的兴起而降低。试图通过传统的武力手段重新赋予民族国家以权力的做法，很快便碰上了基于文化的反支配策略与日益加深的全球依存之间的矛盾。

297　　全球治理网络的逐步建设，仍然依赖于国家政治机构与本地及全球各地的民间社会的互动。因此，人们的信仰和政治机构之间的关系，仍然是权力关系的核心。公民与政府之间的距离越大，各国政府依靠自身的合法性和资源来赢得全球竞争的能力就越弱。

　　所以，我们有必要在这一特殊语境中考量媒体政治对民主实践的影响。当民族国家最需要通过公民信任来为全球化的不确定性指引航向时，媒体政治，以及作为其必然产物的丑闻政治，却大大加深了政权的合法性危机。然而，尽管公民中出现了对政治阶层和民主机制的大规模不满，但是世界上的人们却往往不会放弃他们的民主理想，尽管他们都以自己的方式来解释民主的含义，同时，采取各种策略来纠正或挑战政治制度的失灵。这些或被动，或主动的策略，明确地影响了民主机构和民主实践。

　　因此，用投票来对现任政客报以即时性的惩罚，而不是仅仅对未来怀有希望，可以在纠正政客行为的同时，发出强有力的警告：政客的权力和职业地位取决于他们的选民。然而，当反复警告失效、当被前朝的抗议者们推上大位的政党重复着对公共道德的忽视，一个螺旋向下的政治进程就此成型，它加重了早已疲惫不堪的公民们的消极心态和愤世嫉俗。然而，公民并不会立即放弃他们的权利，而往往向第三方，或者主流政治的局外人寻求帮助，这种情形被称为"反叛政治"。正是由于民主机构对新的参与者和新思想的适应，公民的努力才能最终演化成更加符合其价值观和利益需求的新政策，民主机制才能重生。然而，在其他情况下，对无力解决社会重大关切的民主制度发出挑战，可能导致体制外的政治变革。这种变革往往由民粹领袖所引领，他们自称与从前的民主政治决裂，并为新的、民粹主义的合法性代言，继而引发政治机构的重组。在激进的抗议中，民

298　众的不满可能会演化为革命——独立于政治的正式程序的政治变革。植根在这一变革中的新的权力关系，会带来新的状况。在极端状况下，军队会间接或直接介入政治机构的改造和重组过程，从而破坏了民主原则下的正

常做法。在所有因为违反宪法规定而导致制度破裂的情况中，媒体政治和丑闻政治都在酝酿不满和制造挑战方面发挥着重要作用。因此，它们直接关系到民主的危机。

然而，危机还有另一种不甚明显的形式。如果我们接受这样的观点，即制造权力的关键在于塑造人类思想，而这个过程在很大程度上取决于传播，且最终将依赖媒体政治，那么当传播权力和代表权力间出现系统性分离时，民主的实践就会遭到质疑。换句话说，如果推举政治代表的正式程序，取决于传播权力在复杂媒体环境中非正式的分配，那么在政治体系中，对于代表不同价值观和利益取向的参与者而言，运作权力分配机制的机会，也是不平等的。在媒体政治大行其道的时代背景下，民主最严重的危机，就是被局限在由媒体塑造出的一整套社会机制的释意系统中。如此一来，民主机制只能在特定的社会条件下重建，即如果具有多样性的民间社会，能够打破企业、官僚和技术对社会形象之塑造的垄断的话，那么这种重建便是可能的。足够有趣的是，媒体在禁锢政治思想的同时，其多模态的传播环境，仿佛又通过大众自传播为各种替代性的政治表达方式的传播提供了可能。但事实果真如此吗？或者，在学术视角下，大众自传播不过是另一个终究会恶化为反乌托邦社会的乌托邦式幻想？我们将在下一章中讨论这些问题。

第五章　重构传播网络：社会运动、反叛政治与新公共空间

　　不论是进化还是革命，改变总是生命的本质，静止的生命无异于死亡。社会也是如此，社会变革虽然总是在多个层面上发挥作用，但最终都取决于个人和集体的心态变化。人们的感觉和想法决定了他们的行为方式，而个人行为和集体行动的变化，必然会逐渐地影响和改造从前塑造社会实践的规范和制度。

　　制度本身是特定历史时期的社会实践的产物，这些社会实践植根于权力关系中，而权力关系则镶嵌在各种政治机构的内部。这些制度源于各种社会行动者之间的冲突与妥协，社会行动者根据其价值观和利益取向来制定社会的根本大法。我们因此可以说，是文化变革和政治变革之间的相互作用，催生了社会变革。

　　文化变革是人类的价值观和信仰的变化，它发生在人类的思想领域，其规模足以影响整个社会。政治变革是对在整个社会文化中广泛传播的新价值观念的一种制度性接受。当然，不存在普遍发生和瞬间完成的社会变革，它总是在多个领域、多个群体中，以不同的节奏进行。作为一个整体，这些变化，以及其内部的矛盾、融合和分歧，共同编织了社会变革。变革不是自动的。它们来自于各种社会行动者的意志，而他们意志，则以存在于彼此之间的、与环境的相互作用中的情感和认知能力为指导。不是所有人都会参与社会变革的过程，但在人类的整个历史中，总有人会来做这样的工作，并因此而成为重要的社会行动者。与他们相比，其他人更像是理论所说的"搭便车者"。或者，按我的话说，历史的自私寄生虫。

　　我将社会行动者定义为旨在将文化变革（价值的变化）演化为社会运动的人。此外，我将反叛政治的过程描述为与现有制度逻辑不相承继的政

治变革（制度变迁）。我认为，反叛政治通过将新的主体纳入从前不包含他们的政治制度中，来催生文化变革向制度变革的转变。而这样做的理由是多种多样的，比如无权投票、无权参政，或者因为看不到将其价值观或其利益得到伸张的可能性，而选择避离政治体系。此外，当政治机构的行动被认为是不公正、不道德，或者干脆是非法的，社会运动和反叛政治就会发生，它们源于某种文化或政治的主张，或来自于对政治制度的抵制行为，但种种反抗行为并不必然导致社会运动或反叛政治的出现。不过，只有当它们出现时，才有机制转型的可能。因此，没有人能够预测社会运动或反叛政治的结果，在某种程度上，我们只知道集体行动是不是后续社会变革行动的主体。

那么，结果到底会在什么时间点上出现呢？要回答这个问题，必须通 301 过对特定社会变革过程的具体研究，且研究的重点在于，有多少种新的价值观念、在何时、以什么方式被制度化和组织化。在分析中，我们不能按照某一既定标准来对社会变革做出方向性的判断，不论是基于神性天命或者理性思辨的所谓历史规律，还是分析者的个人品位，社会变革都无法被提前决定，它是多种多样的。特定社会中的价值观念的结构性变化，都要看社会运动具体造成了什么结果，而不能只看每个运动一开始所提倡的价值观念。因此，妇女解放运动与构建一个政教合一的国家，本质上都是一种集体行为驱动下的社会运动。不管你喜不喜欢，人们都希望通过民间的社会动员来实现变革。如若成功，他们将成为新的救世主；如若失败，他们也许会成为愚人或恐怖分子。不过，失败者的理念一旦在未来的社会变革中重生，那他们将被尊为新世界的先驱，或者先烈[1]。

社会运动由传达愤怒和希望的信息组成。某种特定的传播结构，会在很大程度上塑造社会运动。换句话说，不论是温和的，还是反叛性质的社会运动，都必须在公共空间中出现和继续。公共空间是进行社会性、价值性互动的场所，它是形成、传达、支持、抵制思想和价值观的地方，它最终会成为行动与反行动的训练场。这就是为什么在人类的整个历史中，富

---

[1]　由于我已经在其他场合详细讨论了我的社会运动理论，遂不再赘述。本章的案例研究，旨在为理论的传达提供一个更好方法，而不在于其抽象的表述。对社会运动理论的研究背景感兴趣的读者，可以到我的另一本书《认同的力量》中寻找答案（Castells, 2004c: 71 - 191）。对社会运动的"象征性斗争"感兴趣的读者，不妨着重关注英国的反战动员对新媒体的使用，参见吉兰、皮克瑞尔和韦伯斯特（Gillan, Pickerill and Webster, 2008）。

人、意识权威和政治权威集团对社会化传播的控制，会成为社会权力的一个主要来源（Curran，2002；See also Sennett，1978；Dooley and Baron，2001；Blanning，2002；Morstein - Marx，2004；Baker，2006；Wu，2008）。在当今的网络社会中，这种情况比以往任何时候都要严重。在这本书中，我希望展示多模态的传播网络如何构建网络社会中的公共空间。诚如第三章和第四章所述，在公共空间中，对信息和传播活动的不同形式的控制和操纵，是制造权力的核心。媒体政治即政治，这一法则同样也适用于商业世界和文化机构。公共空间是充满竞争的，但也是偏袒其建造者和监护者的。没有对公共空间中由权力所创造的形象的质疑，个体心态便永远不可能演化为一种新的公共心态，社会也将被困在循环往复的文化再现中，而与改革、创新和社会变革绝缘。

总之，在网络社会中，图像、画面的战争，是心灵、灵魂战争的源头，它发生在多媒体传播网络中。这些网络是由嵌入其中的权力关系所编织的。因此，社会变革的过程，需要根据其文化准则，以及隐含其中的社会和政治的价值观和利益取向，来重新规划传播网络。这不是一项容易的任务。由于其多模态、多元化和普适性，传播网络能够囊括多样化的文化和信息，其宽容度比历史上任何其他公共空间都更大。因此，编制成型的传播网络，限制了网络之外的其他自由言论对公众心态的影响，从而把持了公众心态。但自传播的兴起，使得社会运动和反叛政治能够通过各种渠道涌入公共空间。此外，横向传播网络和主流媒体对大众自传播中的形象和信息的传播，增加了社会变革和政治变革的发生机会，即使自传播处在制度权力、财务资源或象征合法性的从属地位。然而，自传播作为"替代信使"，其积蓄力量的过程也伴随着"奴役"：它们必须适应媒体的语言和媒体网络中的交互的格式。总而言之，自传播网络的兴起，为个体的自主表达提供了机会。然而，社会行动者必须通过在制度化的传播结构和多媒体行业的具体实践中保护自由和公平，来维护自传播的权利。自由，以及最终的社会变革，与传播网络的制度和组织运作紧密相连。传播政治取决于传播行为中的政治性活动。

我将详细阐述新公共空间中的由传播网络构成的社会变革过程，并侧重于两种不同类型的社会运动和两个重大的反叛政治案例。

我们会首先谈论全球气候变化问题。科学研究可以通过媒体和互联网的传播，来加深公众对于气候变化的现实、原因和影响的认识，从而构建一种新的环境观念，并形成新的社会运动。之后，我们会研究企业全球化所面临的新挑战。公民将互联网作为动员和协商的媒介，来向政府和企业施压，要求在全球化过程中获得公平对待。这种趋势已经在全球范围内发展成为一场社会运动。而后，我们将讨论智能手机和移动互联网为社会运动带来的新变化。近年来，全球范围内抗议政治不法行为的运动数量激增，这是因为这些运动经常能够通过利用手机的多功能性和网络能力，来将民众的不满与愤怒催化成为反叛政治。在谈及多个案例之余，我将着重分析一个典型案例：2004 年 3 月基地组织发动马德里恐怖袭击后，民众自发就西班牙政府操纵信息的做法发出抗议。最后，我们会研究奥巴马在 2008 年美国总统初选中的竞选活动。它反映了一种新形式的反叛政治的兴起，具有彻底改变政治实践的潜力。它的特点在于传统形式的社区动员活动在互联网时代的重塑，包括用公民募捐代替说客募捐。我将尝试将这些不同运动的意义统一在一个主题下：大众自传播的大规模兴起与世界各地民间社会塑造社会变革的自主能力之间的潜在协同效果。

气候变暖的"预热"：环境运动和新自然文化

人类仿佛已经在气候变化的问题上取得了广泛共识：地球的气候在变化，且潜在的灾难性过程主要是人为的。尽管已经失去了许多时间，且已经对我们的蓝色星球造成了巨大伤害，但如果遵循这一共识，并采取纠正措施和政策，我们仍然能够在 21 世纪内防止灾难性事件的发生。事实是众所周知的：自从 20 世纪 70 年代中期以来，地球表面的平均温度已经升高了约 1 华氏度①，且目前正以每十年约 0.32 华氏度，或每世纪 3.2 华氏度的速率变暖。自 1850 年以来，记录在案的最暖的八年，都是在 1998 年之后；自 1979 年对对流层温度的卫星监测开始以来，各种卫星数据集显示出了相似的变暖速度，从 0.09 华氏度每十年，到 0.34 华氏度每十年（美国国家航空和航天局，2007；美国国家海洋和大气局，2008）。

基于二十多年来发表在由同行审阅的专业期刊上的大量研究成果，该领域的大多数科学家都同意，人类活动是全球气候变化的主要原因。联合国主办的政府间气候变化专门委员会（IPCC）在其 2007 年的一份报告中

304

---

① 1 华氏度单位等于 1.8 摄氏度单位。——译者注

提出（该报告发布于第一次巴黎气候变化会议，有 5000 多名科学家参加），全球变暖趋势是"明确的"，人类活动"非常可能"（可能性至少90%）是其原因。联合国环境规划署执行主任阿奇姆·施泰纳说，该报告是关于气候变化数据积累的一个转折点，并补充说，2007 年 2 月 2 日，即会议的闭幕日，将被记录为人类对于气候变化态度由认知转向行动的关键日期（Rosenthal and Revkin，2007）。科学家早已就这一问题向公众发出警告，环境活动家也早已向政府施加压力，但过了半个世纪之后，国际社会才正式认识到问题的严重性，并呼吁对其采取行动。

环境主义的长征

为了气候变化的理念能够深入公众的脑海，并最终深入决策层的脑海中，一场社会运动是必要的。除了通知、警告外，这场运动的更重要的功能在于，要改变我们在考虑集体关系与自然之间的联系时的思维方式。事实上，社会需要一种新的自然主义的文化。尽管来自科学界的警告已经持续了相当长的一段时间，但嵌入在人类社会的制度和文化中的权力关系，依然在坚持捍卫生产主义和消费主义的文化。在市场经济的指引下，我们以盈利为社会的基本逻辑，并且不断追求着大众消费，这使得人类社会稳定的基石是建立在将自然作为一种资源，而不是作为生活环境的认知上的。对自然的思考方式决定了我们对待自然的方式，以及自然对待我们的方式。在整个工业革命期间，人类对数千年来似乎主宰着我们的生存的自然力量，进行了无节制的历史性报复。科学技术使我们能够克服自然界的限制，至少我们以为如此。

随之而来的是无法控制的工业化、城市化和对生活环境的技术性重建。因为健康、教育、粮食生产和生活的一切标准都得到了显著改善，这使我们相信，衡量进步与否，主要看 GDP，这使得人类持续沿着生产主义的线性道路发展，它比原始的资本主义更为极端。1989 年，美国国家制造商协会与石油和汽车企业一起组织了全球气候联盟，以反对政府关于全球变暖的强制性规定。1998 年 4 月，《纽约时报》发表了一篇文章，报道了美国石油学会的备忘录，其中记载了一条对付媒体的策略，"将（气候变化的）不确定性认作是……传统智慧的一部分……从而教育和告知公众，并鼓励他们（媒体）向决策者提出问题"（Cushman，1998：1）。兰斯·伯奈特记录了美国共和党领导人通过否定人类对气候变化负有责任，从而扭转媒体态度的策略（Bennett，2009：ch.3）。

但是，公平地说，近年来，一些大企业包括一些石油和汽车企业，已大大改变了自己的立场，其中包括 BP、壳牌、德士古公司、福特和通用汽车公司等。自 2000 年以来，碳信息公开项目已经与相当数量的公司展开合作，公开其碳排放量。2008 年，项目发布了世界上最大的 3000 家公司的碳排放数据。联合了 200 家全球主要企业的世界可持续发展工商理事会，甚至呼吁政府对全球的碳排放目标达成共识。环保人士和科学家通过媒体来改变公众和企业决策者观念的集体努力，促使企业改变其态度，或者至少改变它们愿意呈现在公众眼前的企业形象。自然文化的出现，集中体现了社会运动对社会文化的改造。不过，各国政府却不愿承认问题的严重性，更不愿承认人类活动是导致气候变化的一个重要原因。而且，在会议结束、委员会成立、报告发布后，没有政府实践任何有效的措施和政策。

自 19 世纪以来，科学界一直在研究全球变暖，并讨论其影响（Patterson，1996）。1938 年，一位英国科学家 G. D. 卡兰德提供了证明使用化石燃料和全球变暖有关的证据，尽管他的研究结果引起了气候变化专家的质疑：对自然平衡的信仰在科学界仍然根深蒂固（Newton，1993；Patterson，1996）。1955 年，斯克里普斯实验室的科学家罗杰·瑞维尔向公众发出了全球变暖业已成为趋势的警告，他随后出席了美国国会召集的听证会，就这一趋势的可能后果做出说明。1957 年，哈佛大学年轻研究员查尔斯·基林开始测量大气中的二氧化碳，并发明了"基林曲线"，显示出随着时间的推移，温度也在不断上升。罗杰·瑞维尔聘请基林与他在斯克里普斯一起研究，他们得出，大气中的基准二氧化碳水平，大约以罗杰·瑞维尔计算出的速率上升着（Weart，2007）。

基林的研究结果对该领域的科学家们产生了巨大影响。保护基金会赞助了 1963 年的一次气候变化会议，科学家发表了一份报告，警告了"大气二氧化碳增加的潜在危险"（保护基金会，1963）。1965 年，美国总统科学顾问委员会的一支调研小组称，国家关注全球气候变暖的问题。但在该小组的报告中，它只是众多环境问题中的一个简单条目。尽管有了这些警告，该领域的研究资金仍然不足，基林也没能找到出路。在这个关键时刻，科学家们得到了在美国和世界各地方兴未艾的环保运动的支持，这是 1970 年 4 月第一个地球日庆祝活动的象征。随后，充满激情的科学界向世界呼吁，对"人类行为如何影响自然环境"这一课题做更多的研究和监测。在卡罗·威尔逊的领导下，一些科学家于 1970 年在麻省理工学院组建一支研究小组，专注于"关键环境问题研究"。在该小组的最终报告中，全球变暖被列为"非常严重的问题"，并需要进一步研究（SCEP，1970）。然而，尽管有一些媒体关注了这份报告，但是却在更大范围内忽略了全球变暖研究（Weart，2007）。卡罗·威尔逊紧跟麻省理工学院研究小组的步伐，在斯德哥尔摩召集了一次专家会议，并发布了以"人类对气候之影响的研究"为题的报告，自此造就了人类气候变化意识发展的里程碑。报告被广泛阅读，它以梵文的祷告为结尾："哦，地球母亲……原谅我对您的践踏。"（Wilson and Matthews，1971）

Weart（2007）发现，当环境运动的修辞和态度在气候研究者中迅速传播时，一种对于科学与社会之间关系的新看法，开始在媒体中出现。美国杂志上与全球变暖有关的新闻和故事在增加。20 世纪 70 年代，相关文章的数量从每年 3 篇增加到超过 20 篇。由于这种日益增加的关注，官员们为二氧化碳研究设计了新的类目："气候变化的全球监测"。在该类目下，多年来停滞不前的研究得以重启，研究资金更是翻了一番，并在 1971 年和 1975 年之间再次翻番。在 20 世纪 70 年代末，科学家们基本上就"气候变暖正在发生"达成了共识，一些科学家呼吁公众采取行动。在许多国家，环保人士向其政府施加压力，要求针对环境保护出台一系列监管措施，各国政府也通过颁布旨在减少雾霾和提供清洁水源的法律来作为回应（Weart，2007）。在 20 世纪 80 年代初，全球变暖已经是众所周知的议题。

308　1981 年 3 月，戈尔召集了一次关于气候变化的国会听证会，瑞维尔和施耐德等科学家出席。这次听证会就里根政府关于削减二氧化碳研究资金的计划进行讨论。媒体的关注令政府代表如坐针毡，并最终放弃了先前的计划。来自环保组织的压力挽救了新建立的能源部，该部之前一直处于被撤销的威胁下。

在国际层面，1985 年，联合国环境规划署（UNEP）、世界气象组织（WMO）和国际科学联盟理事会（ICSU）在奥地利菲拉赫召开了一次联合会议，讨论"二氧化碳和其他温室气体在气候变化和相关影响中的作用"。UNEP、WMO 和 ICSU 建立了温室气体咨询小组，以确保定期就气候变化及其影响进行科学评估。WMO 和美国宇航局 1986 年的一份报告，讨论了人类活动如何极大地改变了全球气候。在美国，气候科学家詹姆斯·汉森在 1986 年由参议员约翰·查菲召集的听证会上预测，气候变化十年内便可以衡量。虽然媒体并没有对他的发言给予多少关注，但还是在科学家中间制造了轰动。美国国会在 1987 年继续举行关于全球变暖的听证会，参议员约瑟夫·拜登提交了由里根总统签署的《全球气候保护法》，该法将气候变化提升到外交政策问题的高度。然而，对全球变暖的关注仍然主要局限于一小部分科学家和对此感兴趣的立法者中。

之后，热浪在 1988 年夏天袭击了美国，这是有记录以来最热的夏天之一。没有人能确定炎热的夏天和全球变暖之间的必然联系，但这不是重点。因为对于民众和媒体而言，如果要将大气变暖与其日常经验联系起来，那他们必须以某种方式感觉到它。正如多年以后的那次极端活跃的飓风季，便令许多人觉得，这是自然向人类发出的关于气候变化的末日通牒。因此，1988 年的炎热夏天激发了"环境社区"的出现，这是自 1970 年第一个地球日以来的首次活动（Sarewitz and Pielke，2000）。随着夏天的开始，只有大约一半的美国公众意识到全球变暖（Weart，2007）。然后，参议员沃尔特抓住热浪带来的机会，在 1988 年 6 月召开了关于全球变暖的听证会，并召集了几位关键证人。虽然科学领域的听证会往往门可罗雀，但这一次却被记者们围得水泄不通（Trumbo，1995）。美国宇航局科学家詹姆斯·汉森，曾在 1986 年和 1987 年两次参加同类听证会并作证，他在这次听证会再次发言称，数据足以证明，温度的增加不是自然变异的结果。汉森认为，面对全球变暖，国际社会需要立即采取行动。这一次，他的证词占据了世界各地新闻的头版，因为这是这位受人尊敬的科学家第一次明确表示，全球变暖对地球构成直接威胁。大量的媒体报道将全球变暖的争论引入了公共领域（Ingram et al.，1992）。在 1988 年春季和秋季之间，关于全球变暖的文章增加了 3 倍（Weart，2007）。听说过温室效应的美国人的数量从 1981 年的 38% 猛增到 1988 年 9 月的 58%（见表 5 - 1），调查显示，美国人开始担心全球变暖问题。这种大规模的公众关注，促使政治家们将全球变暖列入政治议程。在美国，与全球变暖相关的国会活动有所增加，在第 100 届大会二次会议上，有 32 项相关法案，其中包括《全球变暖法草案》和《世界环境政策法草案》。

1988 年，政府间的气候变化相关行动初见成效。在联合国的资助下，政府间气候变化专门委员会（IPCC）成立，这是对今后决策产生重大体制性影响的关键一步。IPCC 是评估人类活动造成的气候变化风险的科学机构，由 WMO 和 UNEP 设立。其主要工作是定期审议气候科学报告，以及

表 5 - 1　1982 ~ 2006 年美国对全球变暖的认知，回答
"你听说过绿色温室效应/全球变暖吗"问题的百分比

年份	是的(%)	来源
1982	41	剑桥
1986	45	哈里斯
1988	58	父母杂志
1989	68	剑桥
1990	74	剑桥
1992	82	剑桥
1997	85	CBS
2000	89	哈里斯
2001	88	哈里斯
2002	85	哈里斯
2006	91	皮尤

发布关于气候变化问题的评估报告。第一次评估报告于 1990 年出版，为制定"联合国气候变化框架公约"发挥了关键作用，该公约于 1992 年在里约热内卢首脑会议开放签署，并于 1994 年执行。该公约提供了解决气候变化问题的政策框架。1991 年，IPCC 将其成员扩大到 WMO 和 UNEP 的所有会员。第二次评估报告于 1995 年出版，为 1997 年的"京都议定书"谈判提供了基础。第三次评估报告于 1997 年开始，于 2001 年出版。它为"联合国气候变化框架公约"和"京都议定书"的进一步发展提供了资料。

第四次评估报告于 2007 年 2 月 2 日在巴黎发布，经过三天的谈判后，得到了 130 多个国家的官员的认可（Kanter and Revkin，2007）。在这次会议上，政府代表们逐行审议了报告的"政策制定者摘要"，然后通过了相关报告（IPCC，2007a）。专家小组成员的闭门会议持续了一个星期，这期间，他们被数百位外部专家的意见所淹没，他们就报告的措辞与表述进行了反复推敲。一些科学家说，美国代表团曾试图淡化飓风集中与人类活动引起的变暖之间的联系（Kanter and Revkin，2007）。出席会议的还有来自国际商会、国际石油工业环境保护协会和国际铝研究所等工业组织的观察员们，以及如绿色和平组织和地球之友这样的非政府环保组织。在报告发布之前，埃菲尔铁塔熄灯五分钟，作为国际"熄灯"运动的一部分，此举旨在提高公众对全球变暖问题的认识（BBC，2007b）。IPCC 与戈尔共享了

2007 年的诺贝尔和平奖，获奖理由是："他们努力建立和传播关于人为气候变化的更广泛的认知，并为阻止这种变化奠定了基础。"（诺贝尔基金会，2007）

311

虽然不如 IPCC 的努力高贵，但美国国家情报委员会于 2008 年 6 月向国会提交的报告（机密）也表明了政府机构对气候变化的重视。该报告不仅承认全球变暖的现实，而且还认为这将对美国国家安全构成威胁，因为其"可能加剧全球恐怖主义"。这个复杂的论点认为，未来的气候变化，将令世界上许多贫穷国家的数百万人陷入贫困，而这些国家将会成为培养恐怖分子的沃土。因此，根据报告，虽然美国可以从全球变暖中获得经济回报（因为农作物的产量更高了），但气候变化将"危害国家利益"，因为美国十分依赖国际体系的平稳运作，来确保关键原料得以通过贸易与市场流入美国，比如石油和天然气。此外，盟国与合作伙伴的安全也十分重要。而气候变化和气候变化政策可能影响到上述所有议题（CNN，2008）。

全球变暖被美国情报机构提升到国家安全问题的水平，表明了美国正在以"全球态度"来应对这个在三十年前基本被忽视的问题。虽然直到其任期结束，小布什政府仍然不愿意采取政策措施来应对全球变暖（可能是由于石油行业对总统和副总统的影响），但加利福尼亚州的共和党人州长（还记得《终结者》吗？）在 2008 年 6 月宣布了一项计划，通过调节电力生产方式、制定汽车制造和建筑行业标准，以及建立碳信用交易市场，将温室气体排放降低到 1990 年的水平。至于欧盟，2007 年 3 月 9 日在布鲁塞尔举行的首脑会议上，欧盟政府领导人商定了一个具有约束力的目标，即到 2020 年，将温室气体排放量比 1990 年减少至少 20%（见下文）。因此，在 21 世纪的头十年结束时，全球变暖已成为一个重大的全球政策问题。在很大程度上，这是世界各国公民的心态发生变化的结果。

环境思想的崛起

312

自 1970 年 4 月举行第一次地球日庆祝活动以来，公众对于自然环境，特别是全球变暖问题的现实和影响的看法出现了戏剧性的变化。这种心态的改变发生在世界各地。事实上，美国和欧洲的环境主义早期研究认为，公众对环境的关注，是经济财富增长的结果，因此是西方工业化国家特有的问题。然而，随着越来越多的跨国研究的出现，这种看法被证明是不准确的。例如，盖洛普在 1992 年进行一项针对不同社会经济条件下的 24 个国家的民意调查显示，大多数国家对环境问题，包括全球变暖问题都是高度关注的（Brechin，2003）。

在美国，自 1988 年以来，公众对全球变暖的认知一直在增强（见表 5-1）。1982 年，只有 41% 的美国公众意识到全球变暖，1988 年增加到 58%，1992 年以来一直超过 80%，2006 年为 91%（见附录表 A5.1）。

近期在全球范围内进行的 11 次国际民意调查发现，全世界对气候变化的关注都在增加。在历次国际调查中，大多数受访者都将全球变暖视作一个问题或威胁。例如，皮尤在 2007 年的调查发现，所有 37 个受访国家中，大多数都认为全球变暖是一个严重的问题，且有相当一部分将问题评为"非常严重"。75% 的美国人认为这个问题严重，47% 的人认为非常严重。在中国，88% 的人认为全球变暖是一个严重的问题，42% 的人认为它非常严重。皮尤 2006 年的一项调查发现，大约三分之二的日本人（66%）和印度人（65%）回答说，他们担心全球变暖，而大约一半的西班牙（51%）和法国（45%）受访者都表示"非常担心"。相比之下，在英国，只有 26% 的人表示担心。在 2006 年的美国，只有 19% 的受访者对全球变暖感到担忧，在中国大约有 20% 的受访者抱有同感。因此，2006 年，两个最大的温室气体生产国——美国和中国——同时也是对全球变暖关注最低的国家，尽管他们都承认"这确实是一个严重的问题"。然而，2007 年的由 ABC 新闻、华盛顿邮报和斯坦福大学联合进行的民调发现，在美国人中间，认为全球变暖是世界上最大的环境问题的比例，在一年内翻了一番（16% 到 33%）。

全球对气候变化的关注似乎在快速增长。环球扫描在 2003 年和 2006 年对各国进行了民意调研，发现认为气候变化、全球变暖是一个"非常严重"的问题的比例，平均提高了 16 个百分点。例如，在英国，这一比例从 2003 年的 50% 上升到 2006 年的 70%。在美国，则从 2003 年的 31% 上升到 2006 年的 49%。德国马歇尔基金也发现了欧洲人对全球变暖的担忧：在 2005 年和 2007 年接受调查的 10 个欧洲国家中，认为全球变暖是一个极其重要的威胁的比例，平均增加了 5 个百分点（从 51% 到 56%）。美国也有类似的增加（从 41% 到 46%）。

更重要的是，各种国际民意调查都发现，大多数受访者认为气候变化是由人类活动造成的。然而，这样的认识在欧洲更为普遍，特别与美国相比（Pew，2006）。1999 年，环球扫描发现，世界上大多数国家的受访者都相信人类活动是气候变化的主要原因，除了美国（Leiserowitz，2007）。这可能是由于"人类造成全球变暖"的信念在美国政坛内极为分化。2006年，有 24% 的共和党人、54% 的民主党人和 47% 的独立人士认为，全球变暖是由于人类活动（Pew，2006）。尽管如此，2008 年皮尤调查发现，47%的美国受访者表示，全球变暖是由人类活动引起的。这与 2006 年相比增加了 6 个百分点，并且这一认知是从 20 世纪 90 年代中期开始大幅增加的，当时很少有美国人认为这是一个值得关注的问题（Pew，2008）。特大飓风卡特里娜和丽塔的到来，可能是改变美国人看法的一大因素。例如，2004年，58% 的受访者认为"极端天气，包括暴风雨、洪水和干旱"是"自然模式的一部分"。2005 年，在接二连三的特大飓风袭击美国之后，将极端天气归因于自然模式的受访者的比例下降了 19 个百分点（39%）（世界公众意见，2006）。

　　如果人们亲眼见到或者亲身体验过"灾难"的场面，关于全球变暖的环境宣传似乎才能奏效。从全球角度看，2007 年 BBC、GlobeScan 和 PIPA的民意调查发现，在 21 个被调查的国家中的 20 个（除印度外），有三分之二或更多的人认为人类活动是气候变化的重要原因（见图 5 - 1）。

314

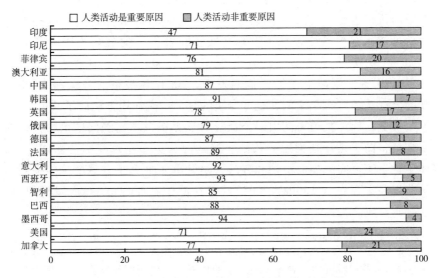

图 5 - 1　人类活动是气候变化的主要原因调查统计

资料来源：BBC、GlobeScan 和 PIPA 2007 年民意调查，由 Lauren Movius 精制。

315   总之，数据显示，从 20 世纪 80 年代后期到 21 世纪，世界舆论在对待全球变暖问题，以及其潜在后果方面发生了巨大变化。全球变暖这个一度模糊的科学问题，现在已经成为公众讨论的前沿。为何会产生这样的变化？1988~2008 年之间发生了什么？是什么样的行动者和传播过程，使得世界各地的人们和机构，都在直面全球变暖的危机？

媒体的"绿化"

正如本书所言，人们根据从传播网络中获取的图像和信息，来塑造自身的想法，其中，大众媒体是二十年来大多数公民增加对全球变暖的认识的主要信息来源。在美国，Nisbet 和 Myers（2007）的媒体研究表明，媒体关注和舆论在环境问题上的态度变化间存在相关关系。例如，在 20 世纪 80 年代上半期，由于缺乏关于该问题的新闻报道，只有 39% 的受访者听说过温室效应。到 1988 年 9 月，经历过"最热的夏季"，以及媒体的大规模关注后，58% 的人都表示了解这一问题。到 20 世纪 90 年代初，随着媒体关注的不断增加，80% 到 90% 的公众听说了全球变暖[1]。然而，虽然大多数美国人相信全球变暖的现实，但是公众对于科学家们是否彼此一致，似乎还存有一丝犹豫。Nisbet 和 Myers（2007）指出，美国人认为科学界达成共识的比例从 30% 到 60% 不等。然而，即使按照这个指标来算，公众对全球变暖的认识已经有了明显的转变。剑桥大学和盖洛普公司的调查都发

316 现，认可"大多数科学家认为全球变暖正在发生"的公众的比例在 1994 年为 28%，1997 年为 46%，2001 年为 61%，2006 年为 65%。国际公众态度项目（PIPA）则略有不同，他们发现，2004 年 43% 的公众和 2005 年 52% 的公众认为，科学家们就全球变暖的存在和潜在损害达成了共识。

事实上，媒体报道可能引起公众对科学界在全球变暖问题上的共识的更多怀疑，而不是让他们感到放心。这是因为关于全球变暖的新闻报道，描述了科学家之间激烈的辩论和分歧，尽管事实上关于全球变暖的强烈的科学共识确实存在（Antilla，2005）。而这源于新闻规范中的"均衡"原

---

[1] 结果根据问题措辞和不同调查项目而有所不同。Nisbet 和 Myers（2007）指出，其他民意调查显示，1997 年，65% 的公众对全球变暖了解"很多"或"一些"，在 2001 年夏天，这一比例增加到 75%，2003 年为 66%，2006 年为 78%，2007 年为 89%。另一项调查由国际政策态度计划（PIPA Knowledge Networks Poll：Americans on Climate Change，2005）用不同研究方式发现，63% 的美国公众在 2004 年对全球变暖的了解"很多"或"一些"，这一比例在 2005 年上涨到 72%。

则（Trumbo，1995；Boykoff，2007）。博伊考夫兄弟（Boykoff and Boykoff，2004）在 1988~2002 年期间调查了来自美国四大报纸的 636 篇文章，发现大多数文章将版面平均分配给了全球变暖的怀疑言论和科学共识。Dispensa 和 Brulle（2003）分析了 2000 年的主要报纸和科学期刊，发现美国媒体着重描述了"争议"，而新西兰和芬兰的新闻媒体则更加在乎"共识"。

　　大众媒体在识别和解释环境问题方面发挥了关键作用，因为科学发现必须经常转化为媒体语言和格式，以供公众理解（Boykoff，2007）。国际会议的举办，提升了世界政治精英们对环境问题的认识，而通过大众媒体，公众了解与普通人的生活息息相关的科学发现。因此，媒体对全球变暖的曝光，对于将其从一个"情况"，转变为一个公共问题，再演化为一系列公共政策而言，是至关重要的。根据迪斯彭萨和布德勒（Dispensa and Brulle，2003：79）的研究，"没有媒体报道，一个重要的问题便不可能进入公共话语的舞台或成为政治问题的一部分……媒体是形成全球变暖框架的关键……"迪斯彭萨和布德勒（2003）引用的克瑞斯·威尔逊 1995 年的一项研究发现，大众媒介是全球变暖相关信息的主要信源。克罗斯尼克等人（Krosnick et al.，2006）的研究发现，1996 年，在美国成年人中间，电视曝光与全球变暖的认知增加之间具有相关关系。如第四章所述，媒体可以提高主题的显著性并导致态度的转变。我们通过观察议程设置的具体工作机制来得出这一结论，因为相关的媒体研究已经证明，在媒体如何构建全球变暖议题和国际政策如何回应之间，存在着重要的联系。因此，纽厄尔（Newell，2000）报告说，20 世纪 60 年代和 20 世纪 80 年代中后期的公众环境意识的高峰，与媒体报道环境问题的高潮密切相关，而催促政府采取行动的舆论压力也随着 90 年代媒体报道数量的下降而减弱。在纽厄尔的分析中，媒体有直接的议程设置效应，即将某一问题政治化，并引起公众的注意，最后导致政府采取行动；或间接的舆论塑造效应，即为公众辩论提供框架。古博（Guber，2003）发现，公众对环境保护主义的持续但波动的支持，与媒体对该问题的关注度随时间的变化有关。特朗博和夏纳韩（Trumbo and Shanahan，2000）分析了民意调查的结果，表明受访者对全球变暖的关注程度，会随着电视新闻对这一问题的报道的增加和减少而上升和下降。因此，公众对全球变暖的关注的变化，可以看作"特定情节在特定叙述中发展的结果"（2000：202）。

　　因此，显然，在生产主义文化迈向环境主义文化的长期进程中，媒体

317

报道以前所未有的水平，塑造了全世界对于全球变暖问题的认知。但媒体为什么要如此果断地突出这一问题？正如第二章所述，媒体的底线是吸引观众。观众喜欢能够引发他们情绪的新闻，且消极情绪对注意力的影响大于积极情绪，恐惧是最有力的消极情绪。全球变暖的灾难性后果在公众中引起了深刻的恐惧。有预测说，全球变暖可能导致世界许多地区的海平面灾难性上升；而干旱问题会破坏水资源和农业生产；反复出现的暴风雨、飓风、龙卷风和台风，会给城市化地区带来巨大的破坏；无情的森林火灾、荒漠化，以及一系列的末日启示，在图像制作者和形象消费者的想象中被放大，并造就了特殊的文化效果。我这样说，不是要否认气候问题的严肃性，只是为了说明，媒体会将富有科学性的预测和措辞严谨的报告，翻译成媒体语言，并将灾难性的后果可视化，以此向公众发出警告。博伊考夫（2008）分析了美国从 1995 年到 2004 年间，电视新闻对气候变化议题的报道。他发现，这些报道并没有反映科学性的观点，而是瞄准了普通人的生活经历。他认为，从"公共领域模型"的角度来看，媒体为了使某个问题在议程中变得突出，必须与现实世界中的具体事件相联系。因此，随着时间的推移，政治家、明星和环保活动家逐渐取代了科学家，成为全球变暖相关新闻的主要来源（Boykoff, 2007）。

换句话说，媒体对提高认识的过程是必不可少的，记者群体为此倾注了极大的心血。然而，媒体是根据其商业需求来传播相关信息的：通过叙述脚本来吸引观众并引其担忧。面对多管齐下的环境运动和纠葛其间的科学家、明星和环保活动家，媒体已经注意到了全球变暖议题的戏剧性。媒体同时以符合其商业规则和目标的方式，生产并传递着相关运动的信息。

来自科学的拯救

如果科学有核心价值的话，那就是追求真理，这既是对人类生活的根本贡献，同时也对科学自身的存在至关重要。气候变化的发现过程，以及对其后果的评价，就是良好的例子。因此，在过去 50 年里，随着研究强度的不断提高和成就的增长，科学家们致力于用自己复杂的研究，来就气候变化的隐忧向公民和领袖们发出警告。

首先，我要强调，人类科学的两项重大进展令气候变化的相关研究受益匪浅：计算建模的革命和系统思维的演变。构建巨大数据库并进行高速计算的能力，令构建能够分析和预测大范围大气运动的动态模拟模型成为可能。同时，虽然复杂系统理论仍处在起步阶段，但一些科学家正在使用系统思维对作为"生态系统"的地球进行研究，并绘制人类活动与自然环境转变之间的关系图谱（Capra，1996，2002；美国国家科学基金，2007）。

然而，尽管气候变化和环境依存领域的科学研究取得了快速发展，但只有少数发表在科学期刊上的研究成果得到了媒体的关注，并且关注的形式非常分散。因此，当一些科学家为自己在研究中发现的最糟糕现实而感到严重担忧时，他们首先会想到向公民和政治家发出警告。通常，警告的办法便是写一本通俗的书，只是这样的做法屡战屡败极少产生什么影响。只有少数几个国家提出了一些关于气候的法案，但大多数政治家都对此无动于衷。1974年，美国的科学家们敦促政府资助国家气候计划，但这一要求被忽视了。于是，科学家开始在环保界寻找盟友，并与环境保护基金、世界资源研究所等其他团体取得了联系。他们开始一起发布报告，并就全球变暖议题向国会发动游说攻势。

在20世纪80年代中期，全球变暖议题火遍了气候科学领域，气候计算机模型的发明，令科学家们倍感振奋（Weart，2007）。科学技术和科学家们在环境运动的发展和公众态度的演变中发挥了关键作用（Ingram et al.，1992）。如上所述，1986～1988年间汉森在听证会上的发言震惊了他的同事们，并唤起了其中几位的研究热情。Ingram等人（1992）认为，在科学界，瑞维尔是发出环境倡议的鼻祖，他的活动甚至比汉森还要早，他早在1957年就发现并提醒世人注意全球变暖。瑞维尔也是整合全球气候变化研究，并向公众传播相关知识的关键人物。斯蒂芬·施耐德是科学活动家中的另一位先驱，他在研究之余，还与媒体和政治家们联系紧密，为促使气候变化问题登上公共政策议程四处奔走。除个人努力外，整个科学界都在将全球变暖作为研究的重点。决心向公众发起动员的科学家们不得不"学习一些技巧"，因为总有官员想将他们从公众视野中抹掉——除非科学家们抢先一步登上了电视荧幕（Weart，2007）。一部分科学家学会了适用公关技巧，来为记者们撰写短评。因此，尽管科学家们已经做好了分内的工作——发现了全球变暖，并且屡次提醒公众注意这个问题的严重性——但他们仍然需要将自己变成环保活动家，并积极参与环境运动，才能有效动员各国公民、政府，加入到防治全球气候变暖的行列中。随着科学家们被环保组织指派到有影响力的职位上，或成为政府机构的座上宾，科学知识对防治全球变暖的根本作用得到了广泛承认。事实上，作为一种自然现象，全球变暖

320

也只能交由科学来界定，争辩的双方都在努力争取科学家们的支持。

参与 IPCC 的科学家们可以被视作一个"知识社群"（Patterson，1996；Newell，2000）。所谓知识社群，在某一政策领域具有相关专业知识的、由一些个体或几个团体联合组成的人际网络（Drake and Nicolaidis，1992；Haas，1992）。由气候变化研究者组成的国际知识社群在议程设置上发挥了重要作用：它确定了全球变暖的问题所在，促进了在这一问题上的国际共识，并促成了相关政策（Patterson，1996）。如果没有科学界铿锵有力的声音，那全球变暖可能永远无法进入国际政策领域的议事日程（Patterson，1996；Newell，2000）。

如上所述，IPCC 在确定全球变暖的议程方面有显著影响。1995 年 9 月，IPCC 发表了一份"改变一切"的报告（Krosnick et al.，2000）。报告指出"在平衡了争议双方所提供的证据后，可以说，人类对全球气候的影响是明显可觉察的"（IPCC，1995：3）。从缺乏证据到形成科学共识，媒体报道和公众关注也在随之增加。2001 年，IPCC 进一步在报告中称，"人类活动应为过去五十年内可观测的大部分变暖现象负责"（IPCC，2001：5）。2007 年，IPCC 的报告成功引起了国际舆论的强烈关注，并将全球变暖议题带到决策者们的政策议程的第一位，这令整个运动达到了高峰。因此，科学家们促使公共话语中的全球变暖议题，由"客观问题"转变为"明确问题"，然后进入全球的政策性议程。一旦全球变暖进入公共话语空间，媒体便会对其进行报道，并影响公众舆论。科学家们的警告最终演变成了政府肩上的压力，使其不得不采取行动。当然，科学与科学家并不是促成这一变化的唯一因素，这是科学界、环保活动家和明星们共同努力的结果，他们结成了一个网络，并将问题带入媒体领域，通过多媒体渠道向公众传播相关理念与知识。

全球变暖与环境行动的网络化①

科学家、环保主义者和意见领袖之间的联盟，最终促使全球变暖议题

① 在本节中，作者多次使用 network 一词，来表示各个社会行动之间互联互通的行为，以及呈现出的网状形态。但由于汉语中似乎并无与此行为或状态对等的简便说法，译者因此将本节中出现的所有 network 直译为"网络化"或"某某网络"，以指代所有通过相互联系而让原本毫无关系的个体编织成网状整体的行为或状态，它既可以通过互联网来完成，也可以通过其他方式来完成，并不是仅仅指代"互联网"或"互联网化"，特此说明，请读者明辨。——译者注

以环境运动的方式出现在公共议程表上。考虑到环境运动的多样性及其在全世界的差异化演进，我们很难就其发展做出概述。不过，我认为，1970～2007 年的"地球日"活动是衡量这一类社会运动的最好的指标。图 5－2 为我们提供了参与地球日活动的人数。

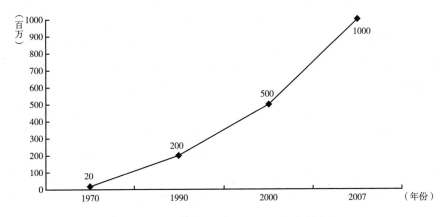

图 5－2　1970～2007 年地球日活动参与人数

资料来源：美国环境保护署，地球日项目。

　　1970 年，威斯康星州参议员尼尔森宣布，一场全国性的草根环境运动将在当年的春天启动，这便是全球第一个"地球日"活动，它吸引了 2000 万美国人民参与其中，民众自发响应的热度超过预期。1990 年，地球日走向世界，并成功动员了 141 个国家近 2 亿人的参与，也就此将环境问题搬上了世界舞台。2000 年的地球日的主题是"全球变暖和清洁能源"，互联网为世界各地的活动家提供了相互联系的平台。2007 年的活动更是得到了全球超过 10 亿人的支持，其规模史无前例。"地球日网络"（Earth Day Network）是由第一次活动的组织者们成立的一个非营利性机构，负责活动的组织与协调工作。2008 年，该机构动员了全世界 17000 个组织参加到地球日活动中来。在 2007 年的地球日活动上，全球变暖还仅仅是大会议程的主要问题之一，而到了 2008 年，全球变暖则晋升为大会的核心议题。

　　从第一个地球日活动开始，各国环保组织的数量都有了显著增长（Mitchell et al., 1992; Richardson and Rootes, 1995），而生态意识的普及，也使得草根组织、非政府组织和媒体活动家可以将这一意识化为己用。环保组织依靠着近三十年的不断走红，成为环境信息的最可靠来源之一。在

322

欧盟中，电视被环保组织和科学家们列为最值得信赖的环境信息来源
（Eurobarometer，2008）。凭借着在舆论中的声誉，环境活动家得以使用一
系列策略来影响政策的制定，例如游说政客、举办媒体活动，或者直接采
取行动。

此外，环境活动家们还会通过邀请明星，来获取更多的关注。斯若等
人（2008）的研究认为，明星的作用，不仅是为了吸引新闻媒体，更是为
323 了吸引娱乐媒体。毕竟，将娱乐信息视作新闻来源的受众越来越多了。而
新媒体和数字网络的发展都令这一切变得更为容易。在斯若等人的研究
中，有一半的环保组织对信息进行了娱乐化包装，比如举办音乐会、在娱
乐电台中插播广告、拍摄网络视频短片，或者进行明星访谈。直播地球是
环保主题的娱乐化宣传的典型例子，它是由戈尔和环保组织赞助的、以应
对气候变化为主题的一系列音乐会。通过创建网站、YouTube 频道、社交
网站主页，以及发送手机短信，环保组织的传播策略已经由"广播"转向
"窄播"，而扁平化的传播网络，则令其可以直接与受众沟通，且方式也十
分简便，比如转发网页链接、建立聊天室或在社交网站上成立兴趣小组
等。专业的策划团队不再吃香，不少像"气候保护与流行电视联盟"这样
的组织便选择自己组织活动，并且吸引了诸如卡梅隆·迪亚兹、乔治·克
鲁尼这样的大牌明星加入其中。通过将草根组织、网络社群和环保行动相
结合，环境运动已经如雨后春笋般出现在世界各地，并越发强烈地影响着
公众舆论。

凭借互联网通信的密集性和时效性，世界各地的环保组织和活动家们
得以齐聚一堂，共同致力于全球变暖问题的防治。由 70 多个非政府组织组
成的"遏制环境无序联盟"就是一个极好的例子。遏制环境无序联盟于
2005 年 9 月在英国成立，其任务是宣传气候变化的潜在威胁。其成员五花
八门，除绿色和平这样的本土环保组织外，还包括了伊斯兰救济会、乐施
会、英国联合航空公司、世界自然基金会和反气候变化青年团等各种团
体。该联盟的启动基金由社会变革网络、地球之友、绿色和平、皇家保护
鸟类协会（RSPB）和世界自然基金会提供，此后便依靠成员认缴的会费
来维持运转。其目标是："为创造一个谁也无法阻止的公共任务——用政
治行动阻止人为的气候变化——而建立一个巨大联盟。"为了实现这一目
标，气候戡乱联盟推出了由网络帖子、报纸广告和短信广告组成的"I
324 Count"系列宣传。在宣传活动的发布会上，组织者搬出了一尊四英尺高的

前英国首相托尼·布莱尔的头部冰雕，并将该组织的书籍《I Count：通往气候极乐的分步指南》（*I Count：Your Step-by-step Guide to Climate Bliss*）的第一版冻在里面，旨在提醒布莱尔须在离任前加快防治气候变化的脚步，而这会成为他最好的政治遗产。

2006 年 11 月，2 万人聚集在伦敦特拉法加广场，要求英国政府采取实际行动以应对全球变暖。气候裁乱联盟的《16 步 I Count 袖珍手册》由企鹅出版集团出版，《独立报》将其视作这场集会的标志之一。随后，在 "I Count 气候变化法案周"[①] 期间，该联盟在英国组织了 200 多场活动，呼吁政府颁布一份具有决定性影响的气候变化法案。

互联网对于遏制环境无序联盟的媒体策略和活动组织而言都至关重要。网络整合了各成员组织的网站信息，其中包括全球变暖知识、联盟的宣言和大事件纪要，以及 "I Count" 活动的网站链接。该网站提供视频、新闻、活动列表、播客频道、通信信息、背景资料，以及参与方式等信息，此外，还可以向制定气候法案的相关部门的领导发送邮件。

气候保护联盟是另一个动员公众对全球变暖采取行动的主要团体，它由前美国总统候选人戈尔建立。该联盟的宗旨是，就人类活动对气候变化的重要性展开公民教育。民调显示，尽管气候变化理念已经获得了美国人民的广泛认同，但大部分人仍然不了解它与人类活动的关系。联盟在 2008 年 4 月 2 日发起的为期三年、耗资 3 亿美元的公关互动，是美国历史上最昂贵的公共宣传运动之一（Eilperin，2008）。这个被命名为 "我们" 的活动，在诸如《美国偶像》和《每日秀》这样最火的电视和网络节目上投放了广告。

"地球之友" 是活跃在世界范围内的环保组织，它团结了 70 个国家的大约 5000 个地方团体，拥有超过 300 万名成员和支持者，并将自己定位为 "世界上最大的草根环保组织"。鉴于气候变化是 "地球上最大的环境威胁"，该联盟启动了以 "气候正义" 为主题的大规模社会运动。地球之友的目标是与受气候变化影响的社群一起，"开创全球性的环境保护运动"。

"绿色和平" 也是全球性知名的环保组织，其宗旨是推动新的能源政策的制定，鼓励个人改变其能源使用方式，并将促进公众对气候变化的认知视作一项关键任务。在与其他环保组织、企业、政府和个人的合作中，

---

① 活动名称为：I Count Climate Change Bill Week of Action。——译者注

绿色和平组织逐渐掌握了社会运动的网络状特质。

"世界自然基金会"（WWF）是关注气候变化的又一个大的组织，它于1961年成立于瑞士，是世界上最大的环保组织之一。WWF有超过2000个环境保护项目，其中大部分与地方性的具体问题有关。著名的"地球一小时"活动便是他们的杰作之一。

面对防止气候变暖运动的全球化，互联网变得越发重要。正如我将在本章下一节中阐述的那样，依靠互联网来传播信息、交流和协调，是把全球性问题摆在世界层面加以解决的基础。互联网媒介、社交网络是促进环境运动走向全球化的关键。互联网极大地提高了环保组织在国际层面的宣传和组织能力。

华肯丁（Warkentin，2001）研究了几家非政府环保组织的互联网策略后发现，互联网在加强会员服务、传播信息资源和鼓励政治参与方面起到了关键作用。例如，"地球岛屿学会"通过其网站上设置的"行动""参与"和"行动工具箱"等页面，增加了会员数量。雨林行动网站和绿色和平网站也有类似的做法，后者旗下的网站联盟可以在全球范围内协调环保活动。

宾伯（Bimber，2003）的研究发现，环境保护基金通过互联网获得了更高的行动效率。1999年，它们设立了自己的网站，并把员工减少到25名（包括全职和兼职），并由此转变成了通过互联网来协同运作的草根组织。宾伯指出，以网络为基础的环保机构可以通过组织特别活动来增加合作团体和合作伙伴的数量，以此更好地建立联盟。皮克瑞尔（Pickerill，2003）分析了英国的环境运动，发现了可以增加网民参与度的五个做法：在主页上设置活动入口、提供活动概况、动员线上活动、呼吁地面行动、吸引示威人群。例如，地球之友的主页上有4000多个活动链接，此外，还推出了附有受威胁地区照片的英国地下煤气管道交互式地图，以及供人们签字的在线请愿活动。

许多非政府环保组织在MySpace、Facebook或类似的社交网站上都设有主页，并且在其官方网站上也设置了上述社交主页的链接。除线下抗议活动外，环保组织还鼓励在线活动。例如，"地球之友"就曾号召网民向参加联合国气候变化京都峰会的世界领导人发送电子邮件。同样，互联网也被用来动员本地活动。例如，环保组织会提供当地的人口信息、游说本地公司的建议，以及向本地组织寻求帮助的办法。"地球之友"鼓励公民通过其网站上提供的联系方式，来与本地团体取得联系并参与活动。为了支持一些有特殊需求的活动，环保组织会在其网站上提供信函草稿。在美国，"安全气候法案"联盟在其网站上鼓励当地团体或个人自发组织活动，并以上传活动图片或视频来扩大影响。从科学背景到宣传材料，网站提供的多样化的可下载内容，大大简化了动员过程。

互联网增加了环保组织的传播能力。环保组织不仅是信息的提供方，并且还时常鼓励访问者参与到"病毒"传播中来。不少网站都允许访问者通过其网站向朋友发送电子邮件，以鼓励他们参与到活动中来；或者鼓励个人将组织提供的视频、口号转发在个人主页上。例如，"停止全球变暖"活动的宣传页面会提供用于转发的口号和图片。此外，环保组织还会通过其网站向人们介绍新鲜的网络工具。

环保组织将互联网整合在了更广泛的多媒体战略中。例如，绿色和平组织拥有网站、播客、博客、社交网站主页和网络电视频道（GreenTV）。WWF 有网站、YouTube 视频主页，以及电视、广播和纸媒广告。总之，数字传播网络的多功能性，促使环保组织从主流媒体转战互联网，并按照目标受众的特征来选择合适的传播渠道；从最初强调"大范围接触"，转变为充分利用互联网的互动功能来激发大众参与。公众和决策者因此可以通过各种渠道接收到相关信息。此外，环保组织还经常邀请明星来支持他们的活动，我们将在下一节中详述。

明星拯救世界

明星群体素有支援政治和道德活动的传统，凭借名声与美貌，明星拥有强大的议程设置能力。过去十年内，已经有相当数量的明星加入了对全球气候变暖的宣传中，他们站在全人类的高度，为世界做出表率（Drezner，2007）。这一趋势的形成，并不是因为明星效应本身有所增强，而是由于人们消费娱乐信息的需求大大增长了。通过《每日秀》这样的软新闻节目来了解世界政治动向的美国人越来越多，且世界各地都有着相似的趋势（Bennett，2003b；Baum，2007）。

软新闻节目的走红影响了公众舆论。对于任何一项社会议题而言，如何保持受众的长期关注，是制造舆论压力、影响政策决定的关键因素。而明星的吸引力就是维持关注度的绝招。由于明星拥有更广的受众面，他们会比政治家更有助于信息的传播。德瑞斯纳（2007：Para. 2）探讨了明星对世界政治的兴趣，他说："这些看上去为外交政策锦上添花的努力，其实也对政府的言行产生实际影响。软新闻为明星们优化其论点提供了额外的力量，继而能够将关键议题提升到全球议程的前列。"明星倡议是一种由明星主导的"外部"社会抗争策略。换言之，活动组织者利用明星效应来吸引媒体注意，本身是一种体制外的做法，如果仅靠组织者自身，很难达到这样的效果（Thrall et al.，2008）。

至于明星自身的利益，除为创造一个更美好的世界作出的真诚承诺之外，参与活动本身也是一种免费的宣传手段。通过将自己的名字与世界各地数百万人的愿望联系起来，明星们不仅吸引了新的观众，并且巩固了他们既有的粉丝群。因此，这是一种双赢的局面：明星的地位使得某些运动受到欢迎，这些运动的成功也会反哺明星的知名度。目前，出现了一批支持环保主义的"明星活动家"，比如莱昂纳多·迪卡普里奥、马特·达蒙、布拉德·皮特、安吉丽娜·朱莉、奥兰多·布鲁姆和西耶那·米勒。莱昂纳多于1998年成立了莱昂纳多·迪卡普里奥基金会，并拥有一个可以与全球粉丝互动的环保网站。基金会带头制作了长篇环保纪录片《第11小时》，由迪卡普里奥亲自担任制片人和叙述人。布拉德·皮特则是绿色建筑系列的叙述人。

329　　　莱昂纳多·迪卡普里奥、奥兰多·布鲁姆、凯蒂·彤丝朵、Pink、杀手乐队、剃刀光芒乐队和乔什·哈奈特都投身于"Global Cool"举办的活动中。"Global Cool"是一家英国基金会，成立于2006年，目标是在未来十年内帮助10亿人减少一吨的碳排放量。喜剧演员拉里·戴维的妻子劳伦·戴维也是一位著名的环保活动家。她与参议员约翰·麦凯恩和罗伯特·F.肯尼迪一起创立了"停止全球变暖虚拟游行"网站。劳伦·戴维也是奥斯卡最佳纪录片《难以忽视的真相》的制片人。2007年，劳伦与歌手谢里尔·克罗合作，推出了"停止全球变暖大学之旅"活动，她们遍访大学校园，鼓励学生们加入到防治全球变暖的运动中来。劳伦被《名利场》评为"防治气候变化的狂热分子"；她曾多次登上《奥普拉秀》，并受邀参加了福克斯新闻的一小时特别节目《热力进行时》。她还是《Elle》杂志的客座主编，该杂志也是第一本将整期内容全部奉献给环保议题，并用再生纸打印该期封面的时尚期刊。

尽管不是演员，但戈尔却是最有影响力的"明星活动家"之一。德瑞斯纳认为，在防治全球变暖这件事情上，"政治家戈尔"远不如"明星活动家戈尔"（2007：4），他也因此堪称优秀的"后白宫明星"（戈尔凭借其出演的《难以忽视的真相》获得了奥斯卡最佳纪录片奖）。此外，戈尔还是气候保护联盟的创始人，他还于 2007 年组织了"拯救地球"音乐会。当戈尔获得诺贝尔奖时，评奖委员会一致认为，"作为个人，在向全世界推广全球变暖的应对措施这件事情上，戈尔的贡献最大"。塞拉俱乐部也因此授予戈尔"约翰·穆尔奖"（John Muir Award）。2008 年，田纳西州众议院通过了《戈尔决议》，以表彰戈尔为抑制全球变暖所做出的努力。2007 年，国际电视艺术与科学学院授予戈尔"当代电视创始人奖"（Founders Award for Current TV），表彰他在全球变暖议题上的努力。

　　戈尔是由专业政治家变为明星活动家的一个有趣且罕见的例子。他很早以前便对环境问题产生了兴趣。作为一名立法者，他很早就"看到了全球气候变化议题的潜力"（Ingram et al.，1992：49）。1981 年，他召集了关于这个问题的第一次国会听证会。戈尔曾说，一旦立法者们看到证据，他们便会采取行动（遗憾他们并没有这么做）。作为 1981 年众议院议员，戈尔支持美国科学促进会提出的关于开启全球气候变化研究的建议。作为副总统，戈尔赞成征收碳排放税，并于 1993 年部分实行了该税收政策。他还帮助修订了 1997 年的《京都议定书》，即便美国国会没能批准该议定书建议的减排目标。戈尔还在 2000 年总统竞选期间做出承诺，一旦当选，便会批准议定书规定的减排路线。

　　当戈尔在 2000 年"输给"布什后，他重回应对全球变暖事业的第一线，带着他的气候变化公共教育幻灯片走遍世界。2004 年，劳伦·戴维在关于全球变暖的电影《后天》（The Day After Tomorrow）的首映礼后，第一次见到了戈尔的幻灯片。劳伦向戈尔建议，不妨把幻灯片制作成电影（Booth，2006）。于是，她成为戈尔的纪录片《难以忽视的真相》的制片人，该片极大地普及了全球变暖问题。这部电影在 2006 年的圣丹斯电影节上首映，并于 2007 年赢得了奥斯卡最佳纪录片奖。戈尔还撰写了一本同名畅销书。他将书和电影的全部个人收入捐赠给了气候保护联盟运动，电影的发行方派拉蒙影业也将该片收入的 5% 捐赠给了该运动（Eilperin，2008）。目前尚不清楚这部电影如何以及在多大程度上影响了舆论，但它确实为那些看过纪录片的精英和政策制定者们留下了深刻的影响（Weart，2007）。

　　电影和电视节目对提高民众对全球变暖认知做出了极大贡献。在《难以忽视的真相》发布之前，媒体最为关注的影视作品是 2004 年的灾难电影《后天》。它虽然是一部故事片，但却与科学事实有着微妙的关系，影评人认为这部电影有助于提升公众对全球变暖的认知（Semple，2004）。环保团体希望通过评论电影来宣传他们自己的议程。罗威等人的一项研究（Lowe et al.，2006）发现，《后天》影响了英国观众的态度，看过电影的人会更关注气候变化问题。总之，不论各路明星的初衷如何，他们围绕着
331　同一个主题，希望通过自己超越政治派别（虽然其实并非如此）的名声和风采，来号召人们保护我们的地球。为了做到这一点，他们制造"事件"——媒体政治的强效形式。

事件为先：环保议题中的媒体政治

　　总体而言，环境运动和对抗全球变暖的动员行动都通过制造事件来吸引媒体注意。这些事件通常是全球性的，或者在全球同步举行，或者通过媒体协作保证相关新闻报道覆盖全球。随着全球变暖防治运动在 21 世纪的第一个十年内的快速发展，全球活动已经成为行动工具和组织场所。以下例子可以描绘出目前以事件为主要介质的社会运动的轮廓。

　　气候戡乱联盟是参与"2007 反气候变化全球行动日"的主要团体，其他参与团体还有"反气候变化运动"、绿色和平组织，以及一些民间团体。全球行动日当天恰逢联合国气候变化框架公约在巴厘岛举行会议，活动参与者在 80 多个国家同时举行了游行和集会。全球行动日始于 2005 年，与"京都议定书"的执行日期一致。互联网对于协调国际活动很有帮助，活动网站列出了关于反气候变化活动参与方式的各种示例和必要信息。

　　另一个全球性的活动是"拯救地球"音乐会，由戈尔在 2007 年发起，包括凯利·克拉克森和蓝尼·克罗维兹在内的许多明星都参与其中。"拯救地球"是 2007 年 7 月 7 日举行的一系列全球音乐会。戈尔说，音乐会的开始，代表着一个为期三年的应对气候变化运动就此出发，能够"让我们星球上的每个人都意识到，人类如何能够及时解决气候危机、避免灾难"（Gore，2007）。这一活动为 11 个国家和地区准备了 150 多部音乐剧，并通
332　过电视、广播和互联网传播。"拯救地球"与"拯救我们自己"活动进行合作，后者由凯文·沃尔创立，其合作伙伴包括气候保护联盟、Earthlab 和 MSN 等。

　　"地球一小时"活动也是全球著名环保活动之一，它由世界自然基金

会赞助，要求参与者关灯一小时，激励人们为应对气候变化采取行动。事件是以个人参与为中心，目标是"制造一起足以被称为运动的象征性事件"，"创造一个积极而简单的行为"。"地球一小时"于 2007 年在澳大利亚首次举办，当时有 220 万人和 2100 个悉尼企业参与活动。随着悉尼海港大桥和歌剧院等地标建筑的加入，到了 2008 年，该活动吸引了 6 大洲 400 多个城市参与，彻底将这一事件推向了世界。大型企业和地标建筑都参加了该活动，从罗马斗兽场到芝加哥的西尔斯大厦，再到旧金山的金门大桥。谷歌搜索引擎也将主页变成了黑色，并附上一条消息："我们把灯熄灭了。现在轮到你了。"

"地球一小时"的创始人说，他对于这一活动在一年内的快速走红感到惊讶（AFP，2008）。互联网为其传播提供了很大的帮助。谷歌的黑色首页为许多人带去了关灯意识。地球一小时的官方网站 www. earthhour. org 仅在 3 月 29 日一天就有超过 240 万访客（路透社，2008）。地球一小时网站鼓励用户注册并承诺参与行动，而且还请求访客将参与地址转发给朋友，邀请他们参与其中。此外，网站还提供了包括 MySpace、Facebook、Flickr、Twitter、YouTube 在内的多个社交媒体网站入口，供参与者将自己的心得、图片、视频转发到个人社交媒体账号上。YouTube 上关于该活动最火的视频，在 2008 年 3 月 30 日被观看了 748531 次。

StopGlobalWarming. org 是一家支持"停止全球变暖虚拟游行"的草根网站。网站称，他们通过传播言论，正在掀起一场阻止全球变暖的运动。"网站访客可以通过点击图标并输入他们的姓名和电子邮件地址加入虚拟游行，吸引了世界各地超过 25 个国家的 1037744 位参与者，其中包括超过 35 位美国立法者和州长的加入，比如约翰·麦凯恩和阿诺德·施瓦辛格。

Step It Up（加紧脚步）是通过互联网组织，但仅在美国本土进行的反气候变化活动。2007 年，明德学院的学者比尔·麦克基本（Bill McKibben）发起了这一活动，他的目标是向美国国会呼吁减少 80% 的碳排放。他通过网络在全美 50 个州举行了百余场活动。这些行动和集会由六位米德尔伯里学院的毕业生具体负责，他们通过 YouTube 视频，唤醒了人们对于 1960 年前后风起云涌的革命年代的记忆①。麦克基本说："打开电脑，看看人们昨天晚上又想出了什么好点子，简直是我快乐的源泉。"

①　由于古巴导弹危机、越战等因素，1960 年代的美国爆发了全国性的学生运动。——译者注

（Barringer，2007）

在明星的帮助下，利用互联网的全球传播能力，环保活动家们得以接触世界各地的人们。活动家们通过制造事件来吸引媒体的注意，又通过媒体来宣传自己的活动，并就环境问题进行科普。许多活动家将制造事件作为基本策略，有的因为扰乱会议而被捕，有的则在树上一待就是几个月。事实上，教育公民提高环保意识是环保组织的主要职责，他们有足够的能力来改变全球文化，比如绿色和平组织就已经成功将捕鲸者的形象从英雄转变成了屠夫（Clapp and Dauvergne，2005：79）

然而，虽然媒体在构建全球变暖的公众形象上起着关键作用，但媒体的多元化也会将社会对这一议题的认知，构建成不同的样子。因此，环保组织通常会将公众意识的构建工作紧紧握在自己手中。比如，1967 年成立的非营利机构环境保护基金，与另一家非营利机构广告委员会合作，于2006 年发起了关于全球变暖的电视公益广告活动。广告为公民提供了简单的行动指南，其网站还提供了可以计算个人碳排放的交互式工具。该活动制造了媒体热点，吸引了《福布斯》《新闻周刊》《时代》和其他广播电台的关注。

书籍、专业杂志也为提升环保意识做出了贡献。克拉普和达威涅（Clapp and Dauvergne，2005）在讨论全球环境话语的演变时，注意到了瑞秋·卡森（Rachel Carson）的畅销书《寂静的春天》的公众影响，该书以简单而有力的笔法，描写了农药对自然环境的破坏。克拉普和达威涅所讨论的，是公共议题的焦点如何随着环保人士对地方性问题之担忧的积累而发生转变的。他们还发现，从太空拍摄的地球样貌的图片的普及，使得更多的人将地球上的生命视作相互联系的整体（Clapp and Dauvergne，2005：49）。他们得出结论，认为某些书籍在环境保护主义的扩散中起到了至关重要的作用，包括《寂静的春天》（1962）、《人口炸弹》（1968）、《增长的极限》（1972）、《小的是美好的》（1973）、《富内报告》和《布伦特兰报告》。还有一些媒体集团在宣传全球环境意识方面具有很大的影响力。国家地理学会就是一个典型的例子。由它经营的国家地理杂志和国家地理频道，在一个多世纪以来，促进了世界各国人民对于地球、居民，以及保护它的方式的了解。近年来，它们一直是保护地球的先锋。所以，虽然令人类心灵产生变化的源头有很多，但大部分人是从听到盖亚（地球母亲）的第一声呼唤开始的。

归于行动：作为公共意识变化之结果的政策变化

公众要求对气候变化采取应对措施的呼声日渐高涨，这增加了政治家们公开支持这一建议的比例。2007 年，随着 IPCC 评估报告的发布，对采取应对措施表示反对变得十分困难。事实上，我们今天对于全球变暖的讨论，已经从"人类活动是否导致了这一进程"，进步到了"怎么做才能防止现状进一步恶化"。公众对于全球变暖的看法，通过选举制度，影响着政治家对于应对政策的推进程度。像美国这样在全球变暖议题上长期存在分歧的国家，其分歧也在不断减小。民调专家约翰·佐比说，"全球变暖必须得到解决"已经成为一种社会共识，它不再属于最早接纳这一理念的左派选民和年轻选民，而成为得到全社会认同的理念（Horsley，2007）。在 2006 年美国中期选举中，全球变暖的存在与否是分裂民主党和共和党的"楔子"。而现在的情况再也不是这样了。即便是向来对此漠不关心的小布什总统，也在 2007 年的国情咨文中承认了全球变暖的问题。2007 年 4 月，美国最高法院以 5 比 4 的比例，否决了小布什政府关于环保部门无权管理二氧化碳排放的提案。该判决被视为环保活动家们的里程碑式的胜利。截至 2008 年 3 月，美国的立法者在第 110 届大会（2007～2008 年）上提出并审议了超过 195 项专门针对全球气候变化的法案、决议和修正案，而 2005～2006 年仅有 106 项（皮尤全球气候变化研究中心，2008）。利伯曼和华纳提出的"气候安全法案"于 2007 年 12 月 5 日被参议院环境和公共工程委员会批准。该法案被媒体描述为"一项应对全球变暖的重要立法，国会已经在气候变化问题上取得了进展"（Kelly，2008）。

全球变暖成为 2008 年总统大选中的决定性议题。历史上，环境问题向来没有这样的待遇。超过 30% 的选民表示，他们将衡量候选人的"绿色指标"，这一比例在 2005 年的调查中仅有 11%。所有主要总统候选人，都无一例外地详细阐述了他们在这一议题上的态度，并且对减少碳排放的建议表示支持。保守派选民联盟创建了一个网站（www.heatison.org），在记录候选人对全球变暖的看法的同时，也保持了该议题在选举期间的热度。参议员希拉里、麦凯恩和奥巴马，大体上支持减缓全球变暖的政策，这与小布什政府形成了鲜明的对比。虽然麦凯恩和奥巴马同时也对加强石油钻探、应对石油价格上涨表示支持。

2007 年 3 月 9 日，在布鲁塞尔首脑会议上，欧盟各国政府领导人制定了一个具有约束力的目标，即与 1990 年的水平相比，2020 年的温室气体排放量要减少至少 20%。以此为基础，该协议也欢迎 27 个成员国设立自己的目标。例如，瑞典计划到 2020 年将其温室气体排放量减少至少 30%。2008 年 1 月 23 日，欧盟批准了"气候行动和可再生能源的一揽子计划"。时任主席的巴罗佐将这一目标称为"20/20 到 2020"，意思是除了前面所说的第一个"20%"外，欧盟能源消费中，可再生能源的比例要占到 20%；且如果有发展中国家能够加入这一国际减排条约，那么欧盟就要将减排目标上升到 30%。该计划还包括更新排放交易体系。欧盟有世界上第一个二氧化碳总量限制和交易计划。在英国，为应对来自地球之友和阻止气候变化联盟等环保组织的巨大压力，政府同意通过立法来限制温室气体排放（BBC，2006；Wintour，2006），并于 2007 年 3 月将气候变化法案提请审议。

国际社会也在为应对全球变暖问题采取行动。1997 年签订的《京都议定书》于 2005 年生效，为工业化国家订立了到 2012 年的具有约束力的排放标准。截至 2008 年 8 月，美国和哈萨克斯坦是不执行该标准的《京都议定书》签署国。2007 年在巴厘岛举行的联合国气候变化大会上，京都议定书签署国通过了《巴厘路线图》，为 2009 年联合国丹麦首脑峰会前的这两年制订了具有约束力的协议。2008 年 7 月，在八国集团札幌峰会上，在能源价格和粮食供应面临严重危机的背景下，东道国日本把讨论全球变暖的新一轮应对措施放在大会议程的首要位置。但是，由于小布什总统决定将任务交给他的继任者，会议因此没有取得任何实质性进展。

总之，通过对传播网络的重新编制，环境保护运动在过去几十年内一直在努力提醒公众：气候变化是危险的。世界也终于醒悟，人类必须在政策层面采取应对措施，来阻止这一缓慢前进中的自我毁灭过程。

新的自然文化

过去四十年中，广泛的社会运动成功地提高了人们对气候变化的认识，促进了政策措施的制定，创造了新的自然文化，但这一切还远远不够。通过比较图 5-2 和图 5-3，我们不难发现，环境活动的兴起与公众对全球变暖的认知的提高之间，有着密切的相关关系。

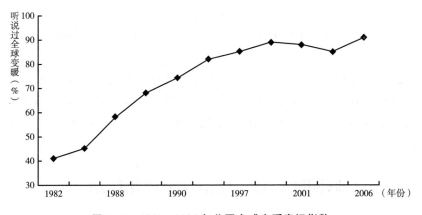

图 5 - 3　1982 ~ 2006 年美国全球变暖意识指数

　　因此，得益于互联网对媒体的改造，由活动家、科学家和明星共同推动的多管齐下的环保运动，足以改变我们对人与自然关系的认识。这种变化是三维的：它涉及空间观、时间观和社会边界观。我们存在的空间，既是本地的，又是国际的。我们意识到，人类共同生活在一个"地球家庭"中，这个家庭的存亡取决于我们在自己的小家庭中的所作所为。对于人类集体生活的时间范围，我将借助拉什和厄瑞在分析社会网络时所创造的"冰川时间"这一概念加以阐释："冰川时间用以描述人与自然之间漫长且总是处于进化中的相处模式。它既可以追溯到人类历史的无限过去，也可以蔓延到完全不可能确定的无限未来。"（Lash and Urry，1994：243）自然的漫长存在和人类物种的缓慢进化，与我们个体生命的倏忽而逝形成了鲜明对比，这种矛盾关系是环境主义重新定义人类存在的基础。

　　社会的边界也必须重新考量。我们的社会组织不能仅仅根据人类的现在或者过去来构建，而必须将未来也考虑在内。代际团结的愿景将我们与我们的子孙后代联系在一起，当下的任何行动都会在后世子孙身上产生回响。正如我在 1997 年所说的（我为引用自己的话而感到十分抱歉）：

　　　　人与自然的整体观，并不是指对自然景观的天真而原始的崇拜，而是指不将个体经验或者存在于历史中的人类社群作为思维的基本单位。如果要将人类的自我与宇宙的自我合二为一，就必须改变我们脑海中的"时间"概念，要感受到流过我们生命的"冰川时间"，感受

— 263 —

到流淌在我们血脉中的星辰，并且要假想我们的思维之河将会在极远的远方汇入承载各种生命形态的无边大海。（Castells，2004c：183）

339　在写完这篇文章的十年后，我目睹着世界各地的社会文化的深刻转变。现在的我们，开始对全球变暖采取行动。为此，我们不得不改变以往的思维方式，不得不通过重塑传播环境，来重新编织我们的心灵之网。

联网即消息：反企业全球化运动①

我们正在通过联网运动来自主制造反抗力量和我们自身的替代物，而不必等待政府出手相助……并且，还可以帮助其他人也获得这些优势。（Pau，转引自 Juris，2008：282）

自 20 世纪 90 年代后期以来，全世界各地的反跨国企业全球化的运动显现相互联网的趋势，这对全球化背景下的企业发展造成了严峻的挑战。由八国集团、世界贸易组织、国际货币基金组织、世界银行等国际组织共同推动的所谓"华盛顿共识"认为，在世界各国市场不对称的自由化过程中，"市场"的地位应当优先于"社会"，而企业的全球化，是历史的既定方向和必然趋势（Tiglitz，2002）。但自从 1999 年 12 月西雅图反世贸组织示威开始，同类抗议活动在之后几年内逐渐遍布全球，这是当前人类社会的奇观：不论什么时间、什么地点，只要有掌权者在场，就会有成千上万的人聚集在那里，以抗议示威的方式表达他们对所谓的新价值观、新全球秩序的质疑。在媒体的表述中，这些抗议者并不是为了反对全球化，而是反对那些不受社会和政治控制的片面的经济全球化政策，以及将这种特定形式的全球化视为不可抗拒的历史趋势的话语。为了拒绝"世界唯一的未来"的"召唤"，他们借助各种意识形态和组织机构的力量，来发出自己

---

① 这一部分主要基于我从前在伯克利大学时的学生、现任美国东北大学教授杰弗里·朱里斯（Jeffrey Juris）的博士论文而作。他的这份人类学的博士论文，用民族志的方式，对巴塞罗那当地的抗议示威和社会运动进行了开创性的研究。调查是在活动家本人的充分知情和同意的情况下进行的。他的论文为研究反企业全球化的社会运动的主要书籍提供了基础（Juris，2008）。当然，这一部分反映了我对他的研究的个人见解，我认为我们的观点相去不远。至于我自己对反企业全球化运动的分析，参见 Castells（2004c，ch.2）。本节中的其他引文均来自此篇。

的声音：构建另一种未来并非不可能。

在这样的号召下，全世界的社会活动家们联合起来了：在 2000 年 4 月 340的华盛顿、2001 年 4 月的魁北克市、2001 年 7 月的热那亚、2002 年 1 月的纽约、2001 年 6 月的巴塞罗那、2002 年 3 月的坎昆、2005 年 7 月的苏格兰格伦伊格尔，以及布拉格、哥德堡、尼斯、日内瓦、布鲁塞尔、德班、福特莱萨、蒙特雷、基多、蒙特利尔、圣保罗、约翰内斯堡、佛罗伦萨、哥本哈根、雅典、迈阿密、苏黎世、札幌……强强联手的权力集团与声势浩大的反权力阵营，在媒体的聚光灯下展开了旷日持久的"对峙"。但这些全球性的抗议活动只是社会不满的冰山一角，其下还涌动着对所谓的"全球融合"之趋势的文化性批判。互联网将数以千计的本地斗争行动联结在了一起，并通过主流媒体以及其他媒体形式传播到世界各地（Melucci，1989；Keck and Sikkink，1998；Waterman，1998；Ayres，1999；Ray，1999；Riera，2001；Appadurai，2002；Klein，2002；Calderon，2003；Hardt and Negri，2004；della Porta et al.，2006）。

为了与每年在达沃斯举办的由企业主导的"世界经济论坛"相抗衡，"世界社会论坛"横空出世。第一次会议于 2001 年在阿雷格里港举办，它选择与达沃斯论坛在同一天开幕，却成功吸引了规模更大的与会者到场支持。在 2005 年的会议之后，世界社会论坛不断更换举办地点，以照顾个别较难参与活动的地区，比如海得拉巴①和巴马科②。此外，组织者还在欧洲和拉丁美洲设置了区域型社会论坛。随着时间的推移，这个运动变得更为分散，也因此更少见于媒体之上，但却为各地人民的反企业全球化斗争提供着实际的帮助，并且，已经将互联网融入了其组织形态和行动模式中。事实上，类似这样的运动主要在互联网上呈现。也正是在互联网上，我们见到了它丰富多彩的、全球化的表达方式。

反企业全球化运动一直没有自己的常设机构，原因在于，大部分活动家都不愿将自己组织的活动拱手让给他人来统一指挥。事实上，从西雅图抗议活动开始，这类反企业全球化运动就从根本上否定了"一致性"，不论是在意识形态、社会性质还是其终极目标方面，例如，环保主义者和女权主义者为了维护各自的特殊身份而组成联盟；工会在声称自己有权参与

① 印度中部城市，以丰富的历史文化遗产而著名。当地人重视教育，设有 8 所高等院校，以及 200 多所技术院校。
② 西非国家马里的首都，也是该国最大城市，是政治和经济中心。

341 全球社会契约的谈判的同时，还和法国农民一道保护他们的奶酪；人权倡
导者与海豚救援组织相互联合；对资本主义的批判与对国家的批判合二
为一；对全球民主的要求与对乌托邦式的自我管理的要求紧密相连。尽
管 21 世纪初的全球化，培养出了五花八门的反抗活动，但在"抗议"这
件事情上，各种反抗活动都在趋向于一致。但是，在这一多样化的大规
模社会运动中，没有任何一个哪怕"假装"想要对整个运动进行统一领
导的主要力量出现（除几位总在试图领导群众运动的"硕果仅存"的老
左派以外）。

据我观察，在参与 2005 年世界社会论坛的 15 万人中，约有 5 万人驻
扎在了号称"自由之城"的国际青年营里——一片没有从东道国那获得多
少后勤支持的"自我管理"区域。世界社会论坛并没有明确的核心议程，
但却举行了 5000 余场大大小小的圆桌会议和辩论。想要召集会议的团体或
个人，仅需要向大会协调中心提出申请，便会被分配到某个地方、在某个
时段内展开活动。其中一些自命不凡的所谓"有机"知识分子，终于在百
般坚持下颁布了一则所谓的《宣言》，试图将与会的"反抗军"们招募到
自己麾下，但他们绝大多数都对这一《宣言》嗤之以鼻，并继续着自己的
"小九九"：拓展人际关系网、分享生活经验、抄袭他人想法、绘制行动蓝
图、探索够酷的新媒体形式，以及享受公共派对。

旗帜鲜明的抗议示威一旦消退，想要对世界社会论坛一探究竟的媒
体，便会因为该运动的极端去中心化和多样化而感到无从下手。但是，当
运动变成了无数场相互联系的地方性抗争时，它便成功引发了公众对全球
化陷阱的关注，并且确确实实将不少议题带入了政策辩论的轨道。例如，
达沃斯世界经济论坛虽然没能与世界社会论坛举行联合会议，但却认真考
虑了后者提出的一部分议题。正如斯蒂格利茨写道[1]：

342   当我登上国际舞台，我发现，决定政策走向的，或是意识形态和
不良经济状况的奇特混合物，或是好似特殊利益集团的薄薄面纱的所

---

[1] 斯蒂格利茨是斯坦福大学经济学教授，2001 年诺贝尔经济学奖获得者，从克林顿政府离
职后，成为世界银行的首席经济学家。他对世界银行和货币基金组织的经济政策持有不
同意见，他认为这是灾难性的（事实证明确实如此），因此，他后来辞去在世界银行的职
务，到哥伦比亚大学教书，同时，在世界各地一边讲学，一边写作，在批评的同时，也
提出了旨在谋求经济稳定和社会公平的替代性政策（Stiglitz, 2002）。

谓"信条"，而这一现象在国际货币基金组织中格外突出……正是在布拉格、西雅图、华盛顿和热那亚的工人、学生、环保主义者等普通百姓们，对发达国家所设置的议程提出了重新审议的要求。（2002：xiii 和 8）

然而，像世界社会论坛这样的运动，其实并不能，也从未打算为全球发展绘制出一套新的蓝图。参与运动的部分团体（例如工会）其实都各怀私心，并且坚定地捍卫自己的利益。在包括美国的大多数国家中，舆论反对将全球化进程简单理解为"以牺牲就业和生活水准为代价的对全球市场的适应"。为了打压苛刻的资本主义逻辑下的全球化，工会与社会活动家结成反抗联盟，并且已经成功对政治家们施加了压力。但对于运动中的"主战派"来说，他们的理想可不只是要生活在一个本就不错的世界中，而认为人类社会的架构，应该围绕在至高无上的价值观念周围。如此一来，运动本身就成为未来社会的先兆：一个通过互联网来协调、行动，并自我管理的社群。作为决定性的组织工具，"联网"已经成为社会运动的基本范式（Juris，2008）。

反企业全球化运动既是地方性的，又是全球性的。这些运动深植于地方社群的好战本性中，例如 Juris 参与并详细观察过的巴塞罗那运动。但与此同时，这些好战分子也通过互联网，与其他因为特殊原因被动员起来的社会活动家们联系、辩论、组织、行动和分享。这意味着，当需要组织一场具有象征意义的抗议活动时（比如八国集团峰会期间的抗议活动），互联网对于将全球数以百计的社会活动家吸引到本地，并与本地组织强强联手、共抗"强权"而言，是至关重要的。它有助于创建的新场合，用于更广泛的面对面交流。互联网是这种组织方式和文化逻辑的核心，本尼特（2003b：164）在研究了社会活动家们的关系网后总结道：

　　互联网及其他数字媒体的使用，促进了松散的社会网络、虚弱的身份关系和社会运动对全球政治的重新定义……看来，创造庞大的政治网络并不困难，分散在世界各地的活动家们能够轻而易举地相互取得联系，由此解决了经常阻碍运动进一步扩张的集体身份认同问题……联网策略的成功，似乎生产了足够的创新能力和学习能力，以保持各类组织的涌现，尽管（并且由于）这些组织总是处于混乱和变

343

动中……动态网络成为一个可以被分析的基本单位，其中的所有层级（组织，个人，政治），都可以被最连贯地分析。

运动的网络化实践超越了协调行动的手段和行动主义的分布式网络的灵活性。基于互联网的行动网络有三个至关重要的层面：战略、组织和规范。

朱利斯（Juris，2008）认为，社会运动的三个变化催生出了"信息乌托邦"这一概念：使用互联网和其他媒体、利用独有的工具来组织和通知、对媒介网络进行"反套路"。独立媒体中心（Indymedia）是制造上述变化的关键工具，它是由数百个媒体中心组成的网络，其中既有临时性的，也有永久性的。独立媒体中心为社会活动家提供必要的技术手段，以供他们自己生产信息素材，并通过互联网或数百个无线电和社区电视台加以传播，其记者和编辑是由整个运动来供养的（Downing，2003；Costanza - Chock，forthcoming a）。"数字开源出版"对增强以不同格式生成和分发信息的能力至关重要，这使得活动家可以绕开主流媒体的掣肘。高质量、低成本的视频录制和制作设备，已将传播的主动权交到了活动家的手中。通过 YouTube、Myspace、Facebook 等社交媒体传播运动信息的做法，已经优化了自传播对新理念和新项目的表达方式。新媒体是非常规社会运动的核心（Coyer et al.，2007；Costanza - Chock，forthcoming a）。

用壮观的示威活动来博取主流媒体的关注并不过时。比如意大利的白色工装团体，他们在抗议示威中总是身着白衣、手持白色塑料盾牌，且人数众多、队列齐整、步调统一，一步步逼近警察的防线。本就壮观的"行军"场面，加上可能出现的血溅圣衣的画面，不可能不吸引媒体的眼球。或者像黑块运动，他们蒙面黑衣，用象征性的城市游击行动吸引电视媒体的注意。媒体对这些"战术"的报道，是以给媒体自己打上"暴力"标签为代价的，即便暴力行动只是少数人的行为。

此外，像英国的"收复街道联盟"或美国的"艺术与革命组织"所进行的街头戏剧表演，在吸引媒体注意方面更有效。1960 年代"花的力量"运动也是如此，游行队伍中不仅有歌手和舞蹈家，还有小丑演出。然而，不论这些抗争形式多么富有想象力，它们还是得将形象塑造的大权拱手让给主流媒体的编导们，他们能够轻易限制叛逆青年们的滑稽举动对公众的逗乐效果。

— 268 —

　　这就是为什么社会运动从一开始就必须坚定地生产自己的信息，并通过社交媒体或互联网等新媒体进行传播。围绕独立媒体中心构建起来的信息和传播网络，是"反编制能力"的最有意义的表达。这种能力，虽然来源于活动家个人的创造力和承诺，但与数字技术革命也是不可分割的，毕竟黑客和政治活动家们都选择新媒体网络作为自己的栖身之所。除了独立媒体中心，不少或临时或稳定的黑客实验室，也凭借年轻一代对高级信息技术的熟稔来与老一代传统媒体相抗衡，并且屡屡占得先机。网络游击战便是此类活动的生动例子，"黑客"们会攻击国际组织的网站、在媒体网络上发布社会运动的相关消息、通过上传视频来曝光全球化领袖的意识形态倾向，并嘲笑他们的傲慢。此外，"电子公民抗命"（EDT）策略也效果不俗，因此不久前曾为"批判艺术团"和"电子干扰剧院"所采用。

345

　　EDT 的主要理论家斯蒂芬·雷（Stefan Wray）于 1998 年开始使用FloodNet 软件组织虚拟的静坐罢工。这一创举使得大量的活动家能够通过双击网络浏览器来参与抗议活动。从那时起，"政治活跃黑客"（黑客中的少数派）就已成为全球正义运动的关键组成部分。黑客们以超凡的技术能力，站在了社会运动的最前线，并保证运动的传播不受企业媒体报道的限制。正如 Juris 写道："关键的活动家黑客就是网络运动的中继器和交换机，他们接收、解释并发送信息到不同的网络节点。像计算机黑客一样，活动家黑客对'文化代码'进行结合与重组。而所谓的文化代码，就是政治符号、活动信息、动员信息，以及全球传播网络中的战略战术。"（2008：14）

　　在媒体干预和组织自决的反复拉锯中，社会运动演化成了围绕自我管理网而存在的社会组织。在某些情况下，开源运动和反对全球化运动合而为一，提出了一种基于开源逻辑的生产和社会组织的新形式，比如德国的Oekonux 项目（oekonomux 和 Linux 的组合），其宗旨是致力于根据自由软件原则来探索后资本主义秩序。Oekonux 专注于新的经济生产形式，而与它类似的项目则对"直接电子民主"进行了探索（Himanen，2001；Levy，2001；Weber，2004；Juris，2008）。

　　更广泛地说，反企业全球化运动下涌动着"新无政府主义"潮流。该潮流将社区和个人网络的全球扩张作为政治目标："构建自给自足、自我发展和自我管理的社会网络，并令此成为广受传播的文化理想的过程，不仅是政治的有效组织模式，也是整个社会的重组模式。"（Juris，2008：

15）在某种程度上，社会运动的网络化似乎将古希腊无政府主义者们的理想又带回了人间：自由的个人和自主的社群以自我管理的模式广泛存在，网络就是他们的议事广场，公民们各自体面，而不必臣服于任何强权官僚机构。Juris 引用俄罗斯无政府主义者 Voline[①] 的话说：

346

> 社会必须被组织起来……新组织……必须是自由的、社会性的，且是自下而上的。组织的原则不能来源于旨在将其观念强加于集体的事先人为设定的权力核心，相反的，可以来源于各方制造的、能够相互协调的节点，以及旨在服务各方观念的自然形成的权力核心。（Voline，引用自 Juris，2008：10）

　　网络技术的发展和组织结构的社会网络化转型，能否给提倡自我管理的无政府主义乌托邦的实践提供物质和文化基础呢？至少在反企业全球化运动的活动家们那里，答案是肯定的。强调单一权力核心、垂直等级制度和极权主义的实践已经被历史的洪流洗刷殆尽，而倡导自主管理、技术自由的新模式又出现在当代社会运动的前沿。然而，不仅 Juris 提醒我们，其实我们自己也清楚，技术是一把双刃剑，既然它能被解放者所用，也必然能为压迫者所享。互联网的连接和断线、容纳与排除，都取决于其程序和布局。好在，我们眼下的现实是，在巴塞罗那和其他地方的社会运动中，运动本身（或者至少运动中的一些重要部分）正在通过新的技术媒介宣告着不屈从于任何统治机构且能维持共同生活的新的民主形式，作为历史的一种可能性，是独立存在的。乌托邦是有些不切实际，但并非完全的妄想。它的存在，本就是推进改变的心理基础。通过倡导电子通信网络的自由力量，反抗强制性全球化的网络化社会运动，为纠结在个人自由和社会治理之间的旧困境打开了新局面。

移动化动员：无线通信和反社区的实践

　　愤怒是反叛行为背后最强有力的情绪之一，它有效降低了参与者的风

---

① 弗塞沃洛德·米哈伊洛维奇·艾亨鲍姆（俄语：Всеволод Михайлович Эйхенбаум，1882 - 1945），俄罗斯无政府主义者。在 1917 年十月革命胜利后，被布尔什维克政府放逐，转战乌克兰继续无政府主义运动。

险感知，并增加了他们尝试冒险行为的可能性。此外，参与者的愤怒会随
着对不正当行为的感知，和对负责行动的代理人的认可而加剧（见第三
章）。历史上，愤怒引发了无数的抗议、抗争甚至革命，而这一切都始于
来自统治阶层的伤害和侮辱，在长期累积后突然变得无法忍受，于是，矛
盾尖锐的事件，便逐步升级为反抗政府的运动。面包的价格、对巫术的怀
疑，或者司法的不公，往往是引发社会运动的主要原因，相形之下，类似
"解放"等理想主义意识形态，反倒没有那么大的动员能力。事实上，通
常情况下，只有建立在愤怒之上的理想，才能在声势浩大的反抗运动的土
壤中开花结果（Labrousse，1943；Thompson，1963；I Castells，1970；
Spence，1996）。

　　只有与他人进行感情（比如愤怒）的沟通后，孤独而绝望的夜晚才
会变成同仇敌忾的好日子，反抗运动也才能出现。因此，对信息传播渠
道的控制，是限制反抗运动的第一道防线，这对确定了时间与地点的具
体活动的预防尤为重要。愤怒扩散的范围越狭窄，镇压抗议就越容易，
秩序的恢复也就越快。分散在不同地区的示威者虽然团结一心，但总是
要面对一些突发状况，比如地面通信系统被破坏或者彻底消失。此外，
愤怒驱动型运动往往是巨浪惊起、瞬间爆发式的，并且，在经过一系列
无法预知的因果链条后，有演变成反抗运动的可能。激烈的反抗行为在
运动领袖中间十分罕见，因为他们大都是由于个人原因加入运动的，而
不是因为"愤怒"。正是这些反抗行为的不可预测性，使它们变得危险且
不可控制。从历史的角度来看，传播模式能够影响社会运动的程度及后
果，并且有能力推动孤立事件获得相当比例的社会支持（Dooley and
Baron，2001；Curran，2002）。这就是为什么人类最古老的反抗机制之
一——针对据称是不公正的权威所发起的自发性反抗——在数字传播语
境中焕发出了新的价值。

　　2008 年 35 亿移动电话用户的存在，意味着我们可以在任何地方实时
地接受和传播信息。在这种情况下，实时的概念是至关重要的。这意味
着人们可以通过即时通信网络，以多模式和互动的方式传播信息、感觉，
甚至发布战斗宣言（Rheingold，2003）。该消息可以是极具影响力的图
像、歌曲、文本或单词。高权重者的可鄙行为被记录的瞬间便已经可以
被检索到了，于是，只需一条短信，或者 YouTube 上一则短视频，就可
以触及某些人或整个社会的敏感神经，并且会使得人们将这些个案与日

常生活中如底色般普遍存在的不信任和羞耻感联系在一起。在网络化大众媒体的世界中，来自某个个体的某一条消息，有可能通过"小世界"效应，触达成千上万的人：网络传播呈指数级增长（Buchanan，2002）。此外，传播消息的网络形式十分重要，如果每一位信息接收者都变成了通过手机向许多其他的接收者进行"广播"的信息发送者，且用其预存的地址簿，或者其常用的通信网络，那么信息的接收者便会将该信息的来源识别为一个已知信源。换言之，这等同于接受了个人认为可信的信源所发送的信息。手机背后的人际关系网，因此变成了值得信赖的网络（可信网络），经这一网络所传递的信息，会在接收者心中引发同情，并由此出现了通过移动网络来组织动员的、针对明确目标人物的反抗运动。

在 21 世纪，随着各种形式的无线通信技术传播到世界各地，自发的社会政治动员已经充分掌握了这类新的传播平台使用技巧。这大大增强它们在面对政府和主流媒体时的自主性。在相当一部分国家，移动网络设备赋予了活动家们"永久连接"的能力，他们便利用这种传播能力来增强游行示威的影响，或在某些情况下发动革命、给反抗行动火上浇油、支援总统候选人，甚至瓦解政府和政治制度。现实中的例子比比皆是，2001 年，导致菲律宾总统埃斯特拉达下台的"第二次人民权力"；2002 年，帮助卢武铉成功当选韩国总统的竞选活动；2005 年，乌克兰的"橙色革命"；2005 年，推翻了厄瓜多尔总统古铁雷斯的"歹徒运动"；2006 年，反对他信政府电信腐败，并最终导致泰国军事政变的黄衫军运动；2007 年，导致尼泊尔最终废弃君主制、走向民主的抗议警察镇压示威者运动；以及惊动了 2007 年，促使国际社会向缅甸军政府施加极大压力的缅甸民主示威活动。

从法国少数族裔青年在与警察的战斗，到智利学生的"企鹅运动"，移动电话实质上已经在全球范围内成为动员、组织社会抗争运动的关键（Andrade - Jimenez，2001；Bagalawis，2001；Arillo，2003；Demick，2003；Fulford，2003；Hachigian and Wu，2003；Rafael，2003；Rhee，2003；Uy - Tioco，2003；Fairclough，2004；Salmon，2004；Castells et al.，2006a；Brough，2008；Ibahrine，2008；Katz，2008；Rheingold，2008；Win，2008）。

但最能代表这种新的"移动化动员"形式的，当属 2004 年在西班牙发生的抗议运动，它集中体现了植根于当下流行的抗争形态中的、传播控制与社群自决之间的新关系。当时的西班牙政府对于基地组织成员制造了马德里列车爆炸案这一事实有所隐瞒，这一行为激起了民众自发的抗议行动，并最终导致前总理阿斯纳尔在之后的选举中落败（他是小布什政府出兵伊拉克政策的坚定支持者）。移动电话在这场运动中发挥了关键作用，我们将在下一节中详细讨论。

恐怖，谎言和手机：马德里，2004 年 3 月 11 ~ 14 日

2004 年 3 月 11 日，与基地组织有关的一个摩洛哥激进伊斯兰团体，在马德里制造了欧洲迄今为止最大的恐怖袭击，共炸毁 4 辆火车，造成 199 人死亡、1400 多人受伤。爆炸物被放置在火车上，并由手机远程遥控引爆。事实上，正是调查人员在一个未爆炸的包裹中发现的一张电话卡，使得制造爆炸案的恐怖组织最终被绳之以法。爆炸案发生的几天后，警察部队将其中一伙恐怖分子包围在了马德里郊区的一幢公寓里，走投无路的恐怖分子最后用炸弹集体自尽。该组织中的其余人员则在西班牙和其他国家相继被捕，并在西班牙接受审判。由于欧盟国家废除了死刑，因此这些有罪之人最终被处以终身监禁。基地组织通过向总部位于伦敦的在线杂志"圣城报"发表了申明，声称对 3 月 11 日晚发生的爆炸事件负责，并表示，之所以选择马德里作为攻击目标，是因为西班牙是"在伊斯兰土地上发动战争的十字军"。

发生在西班牙议会选举三天前的爆炸案，为本就严肃的政治氛围又增添了一份沉重。围绕着西班牙是否应当参与伊拉克战争这一议题，先前的竞选活动曾展开辩论，而在绝大多数民众看来，出兵伊拉克绝不算什么好政策。鉴于保守派人民党执政期间的经济政策和其对巴斯克恐怖组织的坚定立场，他们十分有望赢得选举。自从在 2000 年选举中获得议会绝大多数议席后，何塞·玛丽亚·阿斯纳尔领导的人民党，一直保持着对社会党的巨大领先优势，直到 2003 年初。 350

由于向伊拉克动武的提案并没有在联合国安理会中获得广泛的支持，小布什政府不得不另辟蹊径，组织所谓的"志愿国家联盟"。于是，2003 年 3 月 15 日，美国总统小布什、英国首相布莱尔及西班牙首相阿斯纳尔在亚速尔召开会议，向伊拉克萨达姆政权发出战争的最后通牒，并谋划战后的政治格局。5 天后，伊拉克战争爆发。与此同时，西班牙的公众舆论坚

定地反对战争，在 2003 年 4 月进行的一项民意调查中，有 75% 的受访者认为"战争是每个人的灾难"。于是，大部分西班牙民众开始将矛头指向首相阿斯纳尔，有 67% 的人对他表示"不信任"，他被人们视作小布什的"附庸"。也正因为此，社会党的支持率在亚速尔会议之后超出了人民党五个百分点。

然而，由于没能在接下来的几年里成功制止战争的继续，西班牙的反战运动与其他国家的一样，都渐渐走入了士气低落的尴尬境地，保守党也因此恢复了力量。导致这一局面的因素有两个：西班牙保持了高经济增长率、低失业率和低通货膨胀率；政府直面巴斯克激进分离主义组织埃塔的恐怖主义行为。因此，在选举日的一个月前，西班牙社会调查中心发布的一份全国民调报告显示，保守党可能会领先社会党四个百分点。在西班牙选举制度中，根据旨在促进稳定治理的洪德法①，获胜者将获得议会中的大多数席位。在选举前夕，所有民意调查都预计，保守党将战胜 2000 年失败后便陷入混乱的社会党，后者的党魁是一位年轻、聪明，但未经考验的领导人何塞·路易斯·罗德里格斯·扎帕特罗，"政治清明"是其竞选活动的主旨，他还承诺，一旦当选，将立即着手从伊拉克撤军。

3 月 11 日星期四清晨，恐怖袭击了马德里，震惊了世界。在痛苦、恐惧和愤怒之余，公众反复质问，是谁做了这一切？在任何证据出现之前，人民党政府便笃信巴斯克恐怖主义团体埃塔就是幕后真凶。首相阿斯纳尔在 3 月 11 日下午 1 点（恐怖袭击后 4 小时）左右亲自打电话给该国主要报纸的主管们，向他们保证，根据他所掌握的情报，是埃塔发动了这次袭击，并在晚上 8 点又打了一圈电话。在得到首相先生的"保证"之后，该国主要报纸《国家报》（偏左）将其首页上的标题从《马德里恐怖主义大

351

---

① 洪德法是比例代议制下的最高均数选举办法之一。

举例：在包含 5 个席位的选区中，A 党 80000 票，B 党 65000 票，C 党 23000 票。将这三个数字依次除以 1、2、3、4、5。然后得到：

A：80000，40000，26666，20000，16000

B：65000，32500，21666，16250，13000

C：23000，11500，7666，5750，4600

排名前 5 的数字为 80000，65000，40000，32500，26666，其中有 3 个数字属于 A 党，两个数字属于 B 党，所以 A 党获得 3 个席位，B 党获得 2 个席位，C 党出局。选取如有 n 个席位，则除以 1、2、3……n。

从 1976 年西班牙民主过渡期开始后，便没有任何一个"C 党"能够涉足最终选举，而一直是由右翼的人民党和左翼的社会主义工人党轮流执政。——译者注

屠杀》改为《埃塔在马德里进行大屠杀》，从而提升了政府说法的可信度。所有权归于政府的全国性电台 TVE、在政治上受到政府控制的私营电视台 Antena 3 TV，以及其他在意识形态上倾向政府马德里的纸媒《世界报》、ABC 和《真理报》，保证了政府的声音可以一遍又一遍地向公众传递。3 月 13 日星期六，国有通讯社 EFE 发布了一篇题为《线索指向埃塔而非基地组织》的文章。可就在 3 月 12 日，警察发现了一辆载有雷管的货车，车内藏有一盘录有伊斯兰经文的磁带，并且基地组织也声称对此次袭击负责。然而，直到 13 日晚，内政部长和政府的发言人仍旧坚称是埃塔制造了这一切，甚至并不情愿承认警察已经掌握的证据。事实上，在 13 日下午，当地一位伊斯兰恐怖分子在马德里被捕时，内政部长还在唱着他最喜欢的"巴斯克恐怖主义"调子。

　　为什么在民众经历巨大心理创伤、其他欧洲国家的首都面临重大安全威胁的时候，政府仍然固执地试图误导舆论？答案是明显的：他们倾注了极高的政治赌注。大选就在三天以后，正如《金融时报》当时所写的那样："如果责任在埃塔，人民党人就会从中获利，尽管他们已经在民调中领先了。如果基地组织牵涉其中，便会导致选民质疑政府对美国领导的伊拉克战争的支持立场。"（Crawford et al.，2004）。

　　事件发生一周后，在数百万西班牙人的脑海中（其实是其中的65%），是政府操纵了真相，并且是为了获取政治利益。但议会调查委员会却在他们的报告中说，人民党政府并没有明目张胆地说谎，只是推迟了一些重要信息的发布，并处理了目前看来不可辩驳，但当时仍在调查中的事实证据。显然，对政府的"巴斯克恐怖主义"论调的支持是系统性的，尽管"基地组织"线索已经呈现在了警察们面前。这种"操纵"行为在国有电视台 TVE1 上体现得淋漓尽致。其新闻主持人乌洛达西先生在政府正式承认是基地组织所为之前，一直竭尽全力地回避着与伊斯兰有关的一切信息。并且，在投票的前一天晚上，TVE1 还将当晚本来要播出的节目，换成了一场特别的"演出"：讲述巴斯克社会党领导人遭埃塔组织暗杀的电影《二月的谋杀案》。

　　根据现有的文献、新闻报道和个人知识，我们来重新整理阿斯纳尔政府竭力误导公众的一系列活动的顺序。他们玩的是一场"时间差"游戏。在爆炸案刚刚发生的 3 月 11 日，民众和记者都背负着巨大的情感伤害，以至于他们很难集中精神来关注凶手是谁。但已经有一些国际观察员和少部

352

分西班牙记者将矛头指向基地组织，并质问埃塔是否制造了爆炸案。埃塔随后发表声明对此予以了否认，但政府拒绝接受该声明，因为它拒绝给予埃塔任何信任。

3月12日星期五，全国都弥漫在对各种恐怖主义行为的巨大悲伤和强烈抗议中，超过1100万人走上街头，西班牙所有政党空前团结。满怀悲痛的警察们在找寻凶手的第一线坚持工作，他们努力收集线索，誓要将埃塔的所谓"声明"彻底推翻。调查中的部分信息被泄露给了媒体，随着媒体的披露，许多示威者开始探究真相。政府如何能够在警察和媒体不断揭露真相的同时，继续隐藏信息呢？事实上，阿斯纳尔和他的内政部长只需要将真相"隐藏"几天，熬过14号的投票日便可。根据西班牙法律，13日星期六是"反思日"，在这一天，任何个人、团体、党派都不能进行任何竞选宣传或者公开的政治示威。因此，随着调查活动在周五、周六继续展开，政府还在坚持其"假信息"战略，以最大限度地减少恐怖袭击与西班牙参与伊拉克战争的潜在联系对选举的影响。估计原本的计划是等选举结果出来后，于周一宣布基地组织与爆炸案的联系，但聪明反被聪明误。

这是因为，无论实际发生的媒体操纵的程度如何，重要的是，成千上万的人们相信这种操纵的存在。是私营电台SER的报道，突破政府了的议程设置战略，影响了舆论的走向，它们一早便对政府的说法抱有怀疑，并将警方调查中与伊斯兰极端组织有关的证据公之于众。SER的策略，就是直面政府和倾向政府的媒体，这显示出其作为媒体，较之于其母公司更具自主性。SER由Grupo Prisa公司所有，该公司还控制着左派媒体《国家报》，尽管它们与人民党政府不在同一阵营，但对于公布有关基地组织的证据还是表现出了谨慎态度。而SER电台则发掘出了每一则与基地组织有关的消息，并极力传播。虽然也曾误报称在火车残骸中发现了恐怖分子的遗骸。等到了13日上午，各路媒体都开始质疑政府的说辞，巴塞罗那主要报纸《先锋报》在头版刊文：《证据指向基地组织，但政府坚称是埃塔》。①

---

① 我当时就在巴塞罗那，凭借着对基地组织的爆炸手段的了解，我判断政府所谓"埃塔是幕后真凶"的说法十分值得怀疑。因此，我在《先锋报》上发表了一文章，来探讨基地组织是幕后主使的可能性。该文于13日上午面世，并和两日后刊载在同一份报纸上的它的第二部分一起，获得了"戈多奖"。

因此，在星期六上午，对政府的怀疑渗透到了舆论的每个角落，不仅是在互联网上，就连外国媒体也加入了质疑人民党政府的阵营。受此风潮影响较大的是年轻、受过教育、政治上独立，且往往不信任政府和政党的人。人们越发相信是政府在操控媒体，继而变得更加愤怒，有人开始呼吁，公众应当对此有所行动。但是做什么呢？法律允许在投票日前一天举行任何公开表达政治意见的活动，并且倾政府的媒体还在不断播放着关于巴斯克恐怖主义的故事，政党和反对派领导因为法律原因和自己的政治嗅觉而选择沉默。但是，恐惧与真相仍然需要借助其他媒体渠道来发泄和传播，并最终演变为对集体行动的呼吁。人们，尤其是年轻人，通过互联网来检索信息、表达悲伤、分享意见，并通过电子邮件与他们的社会关系网进行沟通。

在星期六上午，某位在马德里生活的人向他的十位朋友群发了同一条短信。虽然他决定匿名，但记者还是发现，他是一名 30 岁左右的男性，受过教育，并且在政治上独立，他从未想过自己的这一举动会引发一场运动。正如他后来在接受采访时所解释的[①]，他本来打算叫上他的朋友，以及朋友的朋友们，到人民党马德里总部门前抗议，如果能凑够 15 个人，那么抗议结束后他们会一起去看场电影。他自己编写了一条 160 字的短信发送了出去，内容如下："阿斯纳尔脱身了？明明是'反思日'，怎么乌洛达西还在上班？今天，13 号，18 点，人民党总部，Genova 街 13 号，不要党派，沉默即真理。请转发！"于是，十个朋友转发给了各自十个朋友，十个复十个，消息滚雪球一样传了出去，西班牙当天的短信发送量增加了 30%，远远高于平日；此外，该消息还以电子邮件的形式被转发，互联网流量也因此增加了 40%（Campo Vidal, 2004）。等到了晚上 6 点，在马德里的 Genova 13 街上已经聚集了数百人，他们大多是年轻人。据媒体报道，一个小时后，人群已增至 5000 多人。他们的口号包括："（凶手）是谁?!""在投票之前，我们想要真相！""伊拉克的炸弹在马德里爆炸"，以及对阿斯纳尔而言最不幸的："说谎者！骗子！明天我们会投票，明天我们会让你出局！"

由于相同或类似的信息的大量传播，西班牙各地都爆发了类似的示威活动，特别是在巴塞罗那。防暴警察将人民党党部团团围住，但媒体也是

---

① 详情参见：http://www.elpais.com/audios/cadena/ser/Entrevista/hombre/promovio/concentracion/ sabado/frente/Genova/elpaud/20040316csrcsr_ 4/Aes/。

如此。因此，尽管严格来说示威是非法的，但警察们并不愿在大选前几个小时驱赶静坐在街上的和平示威者。此外，虽然大多数人选择留在家里，他们并没有置身事外。在西班牙的主要城市，成千上万的家庭在短信的号召下，在约定的时间打开窗户敲击锅碗瓢盆，抗议声响彻星期六的夜晚。随着伊斯兰极端分子被捕的消息在互联网和媒体上传开，西班牙国王亲自出面干预危机。他发表了一项制度性声明，公开谴责了恐怖袭击，但没有提及埃塔。在此之前，他要求政府承认警方的调查结果：基地组织应当为爆炸案负全责。为了确保政府按他说的做，他在声明播出前15分钟将录像发给了外国电视台，给了政府足够的时间让内政部长在同一时间发表声明。于是，阿斯纳尔不得不谨遵御令。13日晚20点20分，投票开始前不到12小时，内政部长出现在了电视上，公布了对一小撮伊斯兰激进分子的逮捕，并对是基地组织制造了马德里爆炸案予以承认。然而，他仍然坚持称基地组织和埃塔之间存在可能的联系，阿斯纳尔直到今天还笃信着这一阴谋论，尽管在警察、议会调查委员会和审理案件的法院面前它丝毫站不住脚。内政部长对基地组织的责任的承认给人民党带来了最坏的政治结果，它暴露出向伊拉克出兵的危险性，不仅令承平日久的西班牙人民对卷入世界冲突感到沮丧，更令人们对恶意隐瞒历史性惨剧真相的人民党政府深恶痛绝，特别是年轻公民，他们往往对道德问题比对政治问题更为敏感。

这些感觉直接反映在了2004年3月14日的投票中。社会党最终赢得了选举，得票率为42.6%，而人民党仅为37.6%。恐怖袭击前的民意调查与实际选举结果之间相差超过十个百分点。但是，我们怎么知道投票结果与危机有关呢？或者更具体地说，与谴责政府操纵信息的动员有关？在这一关键问题上，纳西斯·米洽维拉（Narciso Michavila, 2005）的统计分析为我们提供了判断依据，他使用了社会调查中心发布的选举后调查数据，以及现有的民调公司所提供的数据。因为这些数据所拥有的更广泛的含义，呈现分析的微妙之处就显得格外重要了。

这出"戏剧"最重要的影响，就是选民被动员起来了。与2000年相比，2004年参与投票的人数增长了7%，达到了适龄选民的75%以上，这是1996年以来的最高水平（投票参与率在2008年下降至69%）。虽然大多数选民（71%）并不承认3月份的事件对他们的投票决定有任何影响，但仍有多达21.5%的人宣称这些事件对他们的投票有重大或绝对的影响，而这一比例足以左右选举。Michavila（2005）遵循拉扎斯菲尔德等人

（1944）的经典范式，分辨出这种变化背后的两个机制。一个是激活，或动员投票。另一种是转化，或变更投票。"激活"机制影响了 2584.7 万选民中的约 170 万，并且在过往的弃权者和 40 岁以下的选民中尤为强烈。"转化"影响了大约一百万选民的行为，主要是中年人，并且其中大部分是第一次为他们所选择的政党投票。受恐怖袭击及其相关事件的影响，社会党所得票数中的 8.7% 来自于"激活"投票，这一比例在人民党那里仅有 3.5%。而在"转化投票"方面，改投社会党的人占其总得票数的 6.5%，而保守党投票只有 1.2%。最终有 95.1 万原本没有投票计划的选民，因为这一系列事件而改变了他们的意愿，而社会党则成了选民此举的最大受益方。更令社会党受益的，是 70 万投出"转化票"的选民，他们其中的绝大部分都转到了社会党旗下。类似的结论可以从 Sigma2 进行的投票调查中得到，根据该调查的分析，社会党得票数增加的部分，分别来自150 万从前的弃权者、150 万其他党派的选民，以及 50 万新选民。

这些选票上的变化主要来自于年轻人投票意愿的改变。与 2000 年的选举相比，社会党在 18～29 岁年龄组增加了 3% 的投票，在 30～44 岁年龄组增加了 2%，而人民党则分别减少了 7% 和 4%（Sanz and Sanchez - Sierra，2005）。因此，似乎年轻选民是受动员选民中的大多数，这一群体的投票参与率通常很低，他们的转变，为社会党增加了优势，而这似乎不是由意识形态立场决定的。第一，因为西班牙青年对所有既定政党，包括社会党，都有着广泛的不满。第二，因为与 2000 年的选举相比，社会党选民在意识形态上更加倾向于"中间派"，因为亲社会党的转变，发生在那些没有明确的意识形态立场的选民中。第三，更多的职业阶层和受过高等教育的选民将票投给了社会党，这是由传统选举模式中其他因素的变化造成的，而不是党派的影响。第四，投出"动员票"和"转化票"的选民，比一般的社会党或人民党选民在意识形态上更中立。换句话说，在巨大的社会压力下，有派性的选民坚持他们的意识形态立场，而无意识形态的选民则跟着感觉走，似乎是感觉在告诉他们要用选票来反对保守党。事实上，在最后一分钟决定投票并投给社会党（左翼）的选民中，有 56% 在意识形态上是保守的（右翼）。

研究这些在最后一分钟改变想法的人对选情评估来说格外重要。在摇摆选民中，社会党比人民党赢得了更多的支持；在本来就决定不投票的选民中（他们中的一部分人后来投了票），社会党人获得了 4.1% 的支持，人民党则只有 1.6%。换言之，3 月份的一系列事件动员了独立选民和无意识形态选民，他们是为了反对人民党才投得票。在最终把票投给社会党的摇摆选民中，年轻人和受过教育的人的比例较人民党的更高。我采访了部分年轻选民，发现他们对"骗子"（人民党）有着十分明确的愤怒，因此才把选票投给社会党，因为他们是传统党派政治中尚能令人感到些许欣慰的那个部分。有趣的是，在意识形态上表现出较弱"亲建制"倾向的加泰罗尼亚民族主义政党 ERC，得到"最后一分钟选民"中 17% 的投票，显然多于任何其他党，这表明年轻选民在反对体制、向新观念效忠和用给社会党的选票来赶走"骗子"（人民党）三个选项上摇摆不定。

事实上，2008 年 3 月全国大选前两个月进行的民意调查显示，年轻选民的投票率可能会回到较低的水平上，并且与 2004 年相比，投票给社会党的年轻人变少了（La Vanguardia, 2008），尽管少了些年轻人的支持，罗德里格斯·扎帕特罗（社会党党魁）在 2008 年再次当选西班牙首相，他的胜利，靠的是动员加泰罗尼亚选民，抗议人民党对他们视若珍宝的自治权的觊觎。

最后，2004 年 3 月的事件影响的选民越多，人们就越会犹豫到最后一分钟；被这些事件激起的投票冲动越大，他们约会投票给社会党，正如图 5-4 描述的一样（Michavila, 2005）。基于数据分析，米洽维拉得出结论："恐怖袭击事件与选举结果间显著相关"（2005：29）。而西班牙的重大政治变化，对全球地缘政治产生了巨大的影响，这导致小布什在建设联盟的关键时刻损失了一位重要的盟友。罗德里格斯·扎帕特罗总理兑现了他的选举承诺，他上班的第一天便命令西班牙军队撤出伊拉克（但没有从阿富汗撤军），这份给予白宫的寒意一直维持到了小布什卸任前的最后一天，而前首相阿斯纳尔则是小布什厅堂里的常客。布什的联盟就此有了第一条缝，它在接下来几年内不断分崩离析。

这种重大的政治变化是西班牙在过去三十年里社会心态变化的结果，因为年轻一代渴望世界和平，真诚追求世界的真实性和道德性（尽管他们对酒精、迪斯科和性抱有同样的真诚）。死亡的悲伤和对恐怖分子的愤怒，被一种深深的背叛感所加强，这种感觉是个人和道德上的，而不是政治和意识形态上的。它引发了对国家产生巨大影响的抗议运动，不仅换掉了执政党，而且向政治阶层释放出了一个信息，未来自担忽视它们的危险。事实上，尽管扎帕特罗政府在第一任期内犯下了几个错误，但

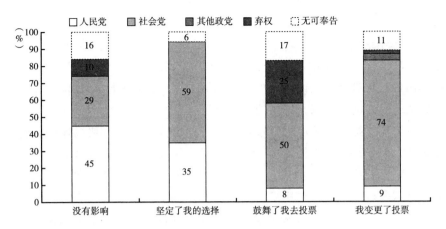

图 5 - 4　在 2004 年 3 月 14 日的西班牙议会选举中，
3 · 11 爆炸案对选民决定的影响

他们却因为践行了这样一个概念，而在四年后再度当选：面对新一代选　360
民，诚信至高无上。但是这种从愤怒演变成反抗的过程，必须经历传播
这一环节，我认为这是我们这个时代的社会抗争的特点。我将简要强调
其主要特点。

　　非传统传播的实际过程开始于 3 月 12 日晚政府门前的抗议示威，它得
到了来自各股政治势力的支持，人们在队伍中尽情宣泄情感。这次集会十
分重要，相比于那些保持沉默的政党，公民首次以"行动"表示抗议。也
正是在这场集会中，呼吁人们质疑官方说法的声音开始出现了。虽然这场
示威是在现有的政治力量和社会组织的号召下进行的，目的是反对恐怖主
义，并表达对《宪法》的支持（意在反对巴斯克分离主义），但许多与会
者也借机展示了反对伊拉克战争的旗帜。这场集会本来是为了给竞选流程
中的政治声明阶段画上句号，以迎接反思日和投票日。但万万没想到，在
星期六上午，一群在政治上独立于主流党的人，开始用短信号召新一轮的
示威。他们的行为无形中构建起了一个用以动员和沟通的即时通信网络，
该网络唤醒了人们在过去 48 小时内累积的巨大心理不安。于是，星期六的
短信流量达到创纪录的水平。更关键的是，由于发送者与接收者之间大都
是相互熟识的（电话簿里存有对方的号码），因此，根据"小世界"现象
的逻辑，信息的扩散以指数速率增加，却不会以损失信源可信度为代价。
当时西班牙的手机普及率为 96%，人们也在互联网上寻找其他信源，特别
是国外的信源，也有一些人开始构建自己的新媒体传播网络，比如一些记

者就建立一个网站，在汇集各路信息的同时，向公众提供辩论场所。有趣的是，保守党（人民党）也建立一个自己的短信网络，但发送的信息却是："埃塔是大屠杀的制造者。请转发！"但由于它主要通过党派渠道传播，因此其很难触及上面所说的"熟人网络"，况且在已经对政府失去信心的成千上万的人看来，这样的信息是没有多少可信度的。

361 　　主流媒体提供的语境也很重要。主流电视台很早就不被视作可靠的信息来源，而报纸也因为畏首畏尾、语焉不详而变得不可靠。虽然对诸如巴塞罗那《先锋报》这样的报刊来说，情况略有不同。另外，如上所述，主要的私营电台（SER）在其记者的坚持下，敏锐地搜集与巴斯克分离主义组织无关的其他证据。虽然不是全部，但 SER 的绝大部分报道都被证明是"说到点子上"了。于是，许多人将 SER 视作可靠信源，在了解相关信息后，选择打电话给亲朋好友，或者通过手机短信与熟人们相互交流。

　　因此，上街抗议构造了公共空间，这为沟通提供了基础语境，而这一切都是政治传播的结果：在人民党总部门前聚集的人群验证了信息的有效性。街上的抗议行动吸引了一些电视台的关注（比如区域型电视台 CNN – 西班牙），并最终迫使内政部长在国家电视台上公开承认基地组织可能是幕后凶手。后来，愤怒的人民党领导人也登上电视并谴责了示威者，此举将其自己引发的信任危机进一步传播到了全体西班牙人中间。因此，由示威者挑起、部分经国王帮助的政治传播中的错误，扩大了示威的影响。虽然互联网的角色十分重要，但 13 日的示威更为关键，这是即时动员的典型现象：动员信息通过巨大的短信网络传播，并通过人际传播渠道令传播速度成指数级增长，我现在将详细阐述同类和相似的社会运动的深层结构，并发掘它们的深层价值。

网络个人主义与反叛社区的实践

　　移动电话已经成为社会基层运动和世界各地政治行动主义的基础性媒
362 介，正如不少文献和上述西班牙的案例所展现出的一样。

　　如果从社会技术史的角度观察这一现象时，我们不难发现，某种技术是否能为大众所接受，往往并不是由于技术本身的优越性，而是要看个人和集体是否能利用技术来满足他们的需求，并且符合他们的文化要求。我与我的合作者在《移动通信和社会》（Castells et al.，2006b）上刊发的研究表明，移动通信在支持个人自主性和文化自主性方面，起了十分关键的作用，同时，在社会活动的所有领域都保持了传播和意义的范式。移动通信在社会政治方面的用途可被视为一个缩影。如果手机和其他移动通信设备正成为当下草根政治变革的独享工具，那是因为它们的社会技术特征与当前社会实践的主要文化趋势直接相关。

如第二章所言，两个主要趋势通过它们的互动，定义了全球网络社会的基本文化模式：网络化的个人主义和社区主义。一方面，铭刻在网络社会的社会结构特征中的个人主义文化，对社会关系的重建是建立在具有自我定义能力的个体之上的。所谓自我定义，遵循自己的选择、价值观和兴趣，超越归属、传统和阶层结构来与人进行交流。个人主义的网络化是一种文化，而不是一种组织形式，这种文化始于个人的价值观和计划，并会试图与其他人建立沟通系统，从而"重建"，而非"重现"社会文化。网络化的个人主义激发着以目的为导向的社会运动，这些社会运动建立在个体对于新价值观念的分享之上，分享者们大都是希望改变原有生活，且需要彼此的力量方能达到目标的人。另外，在一个价值观和社会范式不断变化的风险社会中，那些在作为个体时常常感到脆弱和彷徨的人，会向接纳其身份的社群寻求庇护，这种接纳，或基于历史原因，或基于地理原因，抑或基于某种愿望。当原有社会机制无法提供安全保证时，这些社区便会成为抵御另一个陌生但强有力的社会的堡垒。

还有由于两种文化模式的交叉而产生的社会运动：个人主义网络化和社区主义网络化。这些运动产生于个体间相互联系并一同反抗压迫的情境中，反抗者会构成一个"实践社区"，而其所谓的"实践"就是抗争，该社区也因此转变为反叛社区。我所提出的这一概念化进程，建立在分析传统的基础之上，显示了实践社区在社会所有领域中的决定性作用（Wenger, 1999；Tuomi, 2002；Wenger and Synder, 2008）。实践社区本质上是社区，即与被认定为属于社区的人，共享价值观、信念和规范的由个体组成的社会群体。特定的社区有其特定的标准：领土边界、宗教信仰、性取向、国家身份等。实践社区是围绕着共同实践所构建起来的群体，这些实践包括科学计划、文化创造，或者商业投机。比较特别的是，社区自身只能在实践中建立紧密联系，一旦超越实践，社区便不复存在。它们是昙花一现却紧密相连的，因此可以复制、扩张，并形成不同的社区。例如，某位科学家可能会与他的同事在另一个建立在先前成功经验之上的新项目组中再次合作。但是每个实践社

363

区都是由实践所定义的，并且以创造社区的最初实践为己任。

这些概念可以帮助我们更好地理解移动化动员的创新性和重要性，它通过将由个体组成的网络联系在一起，构建了一种抗争实践，向参与者提供确定的时间与地点。由于移动电话能够使人不分时间、地点地永远处在联网状态中，因此，愤怒爆棚的个人，极有可能通过连接个体的即时通信网络演化成反叛团体，个体在相似的沮丧中团结在一起，虽然不一定围绕着某个共同立场或解决方案，但一样能为不公正的统治而感同身受。由于无线通信是建立在共享某些实践的网络上的，因此，它变成了能帮助个体自发构建抵抗社区的恰当技术，即时性反叛团体也就此诞生。由于社会行动者会根据他们的需求和兴趣来选择和使用技术，因此那些单独反对体制却又希望找到帮手的人，便自然而然地望向了不仅其个人平常会使用，而且志同道合者们都会使用的传播方式。在这些文化和技术条件下，社会抗争并不需要领袖和战略家，任何人都可以与大家分享他们的愤怒。如果说愤怒只是纯粹的个人感觉，那么短信将在数字通信的海洋中无害地徜徉。然而，如果漂流瓶一旦被许多人打开，瓶子里妖精就会出来，一个超越个人反抗、连接各路思想的反叛社区就会浮现。如果你认为这太理论、不切实际，可以去找何塞·玛丽亚·阿斯纳尔问问，后果是什么。

"是的，我们可以！"
——奥巴马的 2008 年总统竞选活动[①]

> 希望——以希望面对困境，以希望面对不确定性，大胆地希望吧！希望是天赐圣礼，是国家根基；是对未知常怀信心，相信前途光明。我相信，我们可以令中产摆脱压力，为工薪指明良机；我相信，我们可以令赋闲者有业，让流离者有家。令桃李年华，英姿飒爽，让加冠之岁，意气风发；我相信，站在历史的十字路口上的我们，背后有正义的风。面对所有困难的我们，能走向正确的路。
> ——巴拉克·奥巴马，2004 年民主党全国代表大会演讲

---

① 本节写于 2008 年 4 月至 8 月之间，之所以没有对此进行更新，是因为该篇本就是分析性的，不是纪录性的，故而应该保持原样。大选的结果似乎与本案例研究中所做的判断相一致。然而，从本书的角度来看，本节的重点在于奥巴马的竞选活动构建了传播与反叛政治的新关系，它是第一场由互联网发挥决定性作用的竞选活动。

　　在第四章中，我们谈到了政治合法性危机的问题，它表现为人们对政治代表缺乏信任、公民参与政治进程的意愿较低，以及投票行为的负面动机的普遍存在。不论如何计算，世界上最古老的自由民主国家美国，在过去三十年中表现并不尽如人意。然而，在 2007 至 2008 年的总统初选中，公民参与和政治热情的明显增加，彰显出在战争和经济衰退的严峻背景下，美国民主的复兴；也表明了总统对生死问题撒谎的残酷真相。政治动员在民主党、共和党人和独立人士中都有所增加。然而，有充分的证据表明，在初选阶段，民主党选民受到动员的比例较共和党的更高。巴拉克·³⁶⁵奥巴马和希拉里·克林顿在初选中的持续高强度竞争，可能是造成这一差异的主要原因。两位候选人的人格，以及他们在大批被剥夺权力或丧失信心的选民中制造的动机，也在很大程度上造成了这种差异。此外，奥巴马的竞选活动新颖而富有热情，动员了从前长期处于政治活动边缘的普通民众。这么说并非要贬低希拉里·克林顿的动员能力，它在女性、老年人和拉美裔人口中获得了极大的支持。而我想说的是，面对希拉里的"不可阻挡"之势，奥巴马本来不可能是她的对手，但却在实战中令她不得不改变其竞选活动原有的调性和战略。从志在必得到行将失败、从凯歌高唱到连丢 11 个州，希拉里逐渐将自己变成了一位运动领袖（既是主动为之，也是为了回应奥巴马），她"发现了自己的声音"，并改变了之后几年的美国政治图景。然而，撇开个人喜好不谈，希拉里的失败是情理之中的。奥巴马在这场通往白宫的比赛中掀起了难以置信的人民狂潮，希拉里坚决对抗这一狂潮的决心，是导致其竞选"活动"演变成一场"运动"的部分原因。

　　因此，我们分析的焦点在于：奥巴马作为一名政治新手、一个有着穆斯林姓名的肯尼亚裔美国人、一位有着最左倾投票记录的参议员、一位缺乏民主党大佬支持的"局外人"，在他明确拒绝了华盛顿的说客们双手奉上的政治献金后，为什么还能够以极大优势赢得美国总统候选人的党内提名呢？①这个有趣现象的部分答案是，他身后有着相当数量的被政治边缘化并感到沮³⁶⁶丧的普通老百姓。奥巴马凭借着个人魅力、新的政治话语和创新的竞选策

---

①　自 20 世纪 80 年代以来，民主党就在其年度党代会上选举候选人。与会的 2000 名党代表和 800 名超级代表会在综合考量各州普选情况后，做出他们的选择。这 800 名超级代表包括了民主党籍的参议员、众议员和州长。在 2008 年的初选中，奥巴马总共赢得了 1763 票，高于希拉里的 1640 票，并且他在超级代表票上也以 438∶256 胜过希拉里。当超级代表们见到奥巴马一定会获得大多数党代表的支持时，他们中的大部分也转而支持了奥巴马，而这些都是奥巴马的最后一场初选活动所带来的"福利"。

略，将久经考验的社区组织原则，转变成了互联网环境下的新型组织原则。跟随 2003 到 2004 年霍华德·迪安①的初选活动的脚步（Sey & Castells, 2004），奥巴马成功地掌握了"网络化竞选活动"的规则（Palmer, 2008）。正是由于这些因素，奥巴马的竞选活动成就了反叛政治在互联网时代的范例。

无力者的投票权力

民主，是以底层民众的人数力量来抵抗遗产、财富和个人影响力的最后手段。政治，是将人口中的无权阶层与权力制定程序相连的关键过程。政治参与是保证民主长存的必要条件。因此，让我们从选举动员谈起吧②。选民注册是美国民主的阿喀琉斯之踵③，在 2004～2008 年期间，在 44 个

---

① 在 2004 年美国总统选举中，迪安曾是民主党总统候选人中领跑者和最大的筹款人。尽管他竞选失败，但他首创了通过互联网接受小额捐款这一策略。这一举措被奥巴马和伯尼·桑德斯分别在 2008 和 2016 年的总统大选中沿用。

② 数以百万计的美国公民不能投票，或因为没有注册或不能正确注册，或因为被判有罪而被剥夺了政治权利，这在很大程度上影响了少数族裔的投票情况。此外，美国是除海湾国家外，国内生活、工作、纳税和参与选举之间的矛盾最极端的国家。美国每个州（佛蒙特州和缅因州除外）禁止犯有重罪者投票，或者在走完一系列复杂到近乎专横的步骤之后，才能恢复投票。有研究项目估计，每个选举周期内大约有 530 万人因此无法投票（King, 2006）。此外，2006 年通过的新法必须持有政府颁发的带有照片的身份证件才能参与投票，此举使得贫困人口、归化移民和老年人难以参与投票。此外，大约 400 万至 600 万选民因为技术或人为原因而不能被正确计票，故而投票无效。总之，美国实际上被剥夺选举权的选民数量十分巨大（加州理工和麻省理工投票技术项目，2006：7）。对于民主生活而言，参与权的有无事关重大，并会造成一系列后果。公平地说，美国的户籍制度，尽管也是十分官僚的，但仍然是世界上最为开放的。该政策仍然是为了方便人们获得公民身份，但对于大约 1200 万无证移民中的大部分人来说，困难依旧。

③ 根据美国人口普查数据，有 12600 万美国人在 2004 年 11 月投票。根据最近一次美国人口普查，大约 72% 的美国公民参与了选民注册。然而，这一数据并不能够反映美国选民数量在人口统计学上的不平等状况。尽管自 20 世纪 20 年代起，归化移民已被允许参与投票，但新移民法规接二连三地出台，使得移民参与投票变得难上加难。大多数州都要求选民必须持有由政府颁发的带照片的身份证件或出生证明才能被注册为选民，这对少数族裔和归化移民参与投票造成了负面影响。2004 年，将近 93% 注册选民在美国出生，仅有 61% 的归化移民注册投票，而这一比例在土生土长的美国人中有 72%。年龄也是一个重要因素：2004 年，55 岁以上的公民中有 79% 注册投票，而 18～24 岁年龄段的公民中有 58% 的人注册投票。各族裔注册投票比例如下：白人（74%）、非洲裔美国人（68.7%）、拉美裔（57.9%）、亚洲裔（51.8%），可见白人较其他族裔的投票参与率更高。教育也是一个关键因素，只有 52.9% 的没有高中学历的美国人注册投票，而在拥有高等学历的人中，参与投票的比例高达 87.9%。此外，只有 48% 的年收入低于 2 万美元的家庭注册投票，而这一比例在年收入超过 5 万美元的家庭中达到了 77%（Holder, 2006）。

存有可比数据的州中，有 43 个州的投票人数有所增加（例外是 Idaho；Jacobs and Burns，2008）。43 个州中有 17 个在"超级星期二"①（2008 年 2 月 5 日）之后举行的初选或预选会议期间创造了投票率的新纪录，当时麦凯恩已经锁定了共和党提名，奥巴马也在获得一系列胜利后反超了希拉里。选民注册人数的急剧增加改变了美国选举的版图。上述 17 个州包揽了新增选民总数的四分之一。有 10 个州增加了 10% 甚至更多的投票率，包括新罕布什尔州（24%）、内华达州（20%）、亚利桑那州（18%）和新墨西哥州（11%）（Jacobs and Burns，2008）。

作为大选的关键州，宾夕法尼亚州是绝佳的例子。据报道，在 1 月 1 日到 3 月 24 日的选民注册阶段，宾州民主党选民新增 306918 名，其中有 146166 名"首投族"，有 160752 人从共和党阵营转投民主党，而共和党新增选民中的首投族仅有 39019 人（Cogan，2008）。奥巴马的竞选活动称在宾州吸引了 20 万新民主党人、北卡罗来纳州 16.5 万人，以及印第安纳州超过 15 万人（Green，2008）。其中，宾州新增民主党选民主要集中在非洲裔美国人中，虽然奥巴马最终输掉了宾夕法尼亚州的初选，但这笔功劳多半要记在他的账上。变化如此之剧烈绝非偶然。在 1992 年总统竞选中，克林顿后来居上的关键节点是赢下了伊利诺伊州，这主要归功于该州新选民的大量增加。仅在芝加哥地区，就有 15 万新注册选民，其中大多数是非洲裔美国人。正如 1993 年《芝加哥杂志》的报道称：

> 选举在某种程度上开启了以下变化：……克林顿几乎得到了黑人的一致支持，这也意味着，黑人群体将在未来的城市和州选举中扮演举足轻重的角色。十年来，第一次有超过 50 万黑人到芝加哥投票。在未来两年里的州长和市长竞选中……非洲裔美国人将成为一块重要票仓。

> 当然，这都不是偶然发生的，这是非营利性组织"Project Vote!"（投票计划）精心动员的结果。"这是我在 20 年的政治生涯中见到过的最有效率的竞选活动。"西 29 区市议员、退伍老兵山姆·伯勒尔如是说。而这一切都要归功于一位 31 岁的黑人律师、社区组织者、作家巴拉克·奥巴马（Reynolds，1993）。

---

① 大部分州都选在这一天举行周内初选投票。2007 年春天，有 24 个州通过投票将其初选日期改为 2008 年 2 月 5 日星期二，创造了迄今为止最大的"超级星期二"。

2008 年的初选中，对青年人的动员是十分重要的。在初选阶段和预选会议上，30 岁以下的选民超过了 650 万，这使得全国初选的投票率几乎翻了一番，从 2000 年的 9% 增加到 2008 年的 17%（Marcelo and Kirby，2008：1）。自从合法投票年龄降至 18 岁后，美国青年投票率连续第三次增加。由于大选通常会遵循初选中的既定趋势，因此"青年票"似乎将在美国大选中发挥重要作用，这是候选人必须认真考虑的重要社会价值因素。2008 年春，一项由哈佛大学政治研究所进行的关于青年与政治的调查为证明美国青年的政治觉醒提供了重要证据。研究重点关注的 18 ~ 24 岁青年人，其中，有 76% 表示他们已经注册投票（与 2007 年 11 月相比增加了 7 个点）；64% 的人表示他们将在 2008 年大选中投票；40% 认为自己在政治上是活跃的；40% 的人自认为是民主党的支持者、25% 为共和党的支持者、35% 为独立候选人的支持者。总之，随着 2008 年初选的到来，受调查的青年公民的政治参与热情，从 2007 年 11 月开始便一直有所上升。

事实上，这可能是美国合法性危机的转折点。分析青年参政议政趋势的罗伯特·普特南（Robert Putnam，2008）写道：

> 在 20 世纪的最后四十年里，年轻人参与美国民主生活的比例年复一年地下降，这一趋势难免令人沮丧。1966 年秋，在针对越南战争的大规模抗议开始之前，加州大学洛杉矶分校进行的一项对全国大学新生的调查发现，60% 的受访学生认为，"跟上政治"是他们生活中的一个"非常重要"的目标……三十四年后，这一数字跌至 28%。1972 年，当法定投票年龄首次下放到 18 岁，18 至 24 岁年龄组的投票率只有令人失望的 52%。即便已经不算是一个良好的开局，年轻人参与总统大选投票的比例在 1970、1980、1990 年依然在稳步下降。到了 2000 年，这一比例仅剩 36%……2008 年 2 月加州大学洛杉矶分校的研究人员报告称：对于今天的新生而言，讨论政治，比过去 41 年中的任何时候都更为普遍……在 2004 年和 2006 年的选举中，年轻人的投票率在数十年的下降之后开始攀升，在 2006 年达到了 20 年来的最高点。当我们 2008 年的总统大选季就要到来时，年轻的美国人被"卷入"了民主生活中，这并不是因为他们到了可以参与选举的年龄，而是因为在他们成长历程中所经历的经济危机的巨大影响挥之不去。候

369

选人提名阶段的白热化竞争，已经点燃了年轻人胸中参政议政的熊熊火焰，这已经积累了六年的能量，终于找到了爆发的时机……到目前为止，今年的总统初选投票率稍高于往年，但在 20 岁左右的人群中，增长是惊人的——投票率往往比以往任何时候都要高出三到四倍。因此，2008 年的选举见证了真正意义上的新一代的出现。（Putnam，2008：D9）

由于选民注册率的急剧上升（尤其是在年轻人和非洲裔美国人中），数以百万计的新选民参加了 11 月的大选，为投票率创造了新纪录。关于投票率，2008 年初选的总体选民投票率是自 1972 年以来最高的。在 2008 年 5 月 10 日举行的所有 34 个州的初选中，民主党注册选民的投票率为 19.3%，这一数字在 2004 年为 9.7%，在 1972 年为 21.2%（Gans，2008b）。非洲裔美国人在初选中的投票率比 2004 年增加了 7.8%，但拉美裔选民（以希拉里的支持者为主）增长了 41.9%。增长最多的是年轻人（18~29 岁）的投票率，较 2004 年增长了 52.4%（Gans，2008b；见附录表 A5.2）。

奥巴马也可能受益于民主党选民的普遍增长。根据皮尤（2008b）的研究报告称，自 2004 年以来，对民主党的认同在所有年龄组中都有所增加。2004 年，47% 的选民认同或倾向于民主党，44% 的选民认同或倾向于共和党。在 2007 年 10 月至 2008 年 3 月的调查中，民主党优于共和党 13 个百分点（51% 比 38%）。也许，自 2004 年以来最引人注目的变化，发生在出生于 1956 年和 1976 年之间的选民身上，即所谓的 X 世代或后婴儿潮一代。他们在 20 世纪 90 年代更倾向于共和党人，直到 2004 年，共和党较之民主党，仍然在这个年龄组内保持着轻微的优势（Keeter et al.，2008）。换言之，奥巴马的横空出世，与民众在两次选择小布什总统后的深感失望有关。

在他的核心支持者那里，奥巴马也算是非洲裔美国人。然而，这在竞选开始时并不明显，因为比尔·克林顿在参与政治的非洲裔美国人群体中有相当大的影响力，希拉里在竞选初期也受益于这种关系。然而，随着竞选活动的发展，三个因素帮了奥巴马忙。第一，人们意识到，非洲裔美国人历史上第一次成为总统候选人的有力竞争者，这极大地动摇了从前属于克林顿选区的民众。第二，希拉里竞选活动中的一些种族主义言论，包括比尔·克林顿本人的，使许多非洲裔美国选民抛弃了希拉里。年度数据显示，2007 年，在民主党的黑人选民中，支持奥巴马的为 42%，支持希拉里的为 43%，而到了 2008 年 6 月，82% 的民主党黑人选民选择了奥巴马，选择克林顿的仅有 15%（盖洛普，2008a）。第三，奥巴马动员新选民的方式在对社会抱有不满的黑人选民中特别受欢迎。因此，奥巴马在黑人中的形象，从在 2007 年 6 月的 68% 喜欢、8% 不喜欢，变为 2008 年 6 月的 86% 喜欢、9% 不喜欢。

不只是黑人群体，美国各个族群、年龄组别中都有大量支持奥巴马的选民，特别是在受教育程度较高的公民群体中（见附录表 A5.3）。诚然，对初选选民的人口统计的第一次调查展现出了清晰的种族分化。奥巴马几乎赢得了每一个州的绝大部分黑人选票，而希拉里赢得了除 8 个州之外的所有州的绝大部分白人选票。然而，虽然多数拉美裔民众在初选中支持希拉里，但等到大选到来，他们中大多数人都转而支持奥巴马了，特别是其中的年轻人。然而，族裔之所以"看上去"有着决定性影响，是因为我们在解释数据方面缺乏适当的多元分析，而真正能够解释奥巴马在初选中获得大量支持的关键变量是年龄。根据爱迪生和米托夫斯基的调查，奥巴马在 45 岁及以下的选民中胜过了希拉里，包括大量的白人选民。在 30 岁以下的年龄组中，奥巴马赢下了除 5 个州外的所有州。在 30 至 44 岁的选民中，奥巴马只输掉了 7 个州。另一方面，希拉里在 60 岁以上的年龄组中只输了 6 个州，而两个候选人则平分了 45 ~ 59 岁年龄组（Carter and Cox，2008）。总体而言，在 18 ~ 29 岁年龄组中，奥巴马获得了 58% 的选票，而希拉里仅有 38%，而在 65 岁以上年龄组中，希拉里反超奥巴马（59%∶34%）。由于老年选民中妇女比例较高，性别似乎起了作用：有 52% 的妇女投票支持希拉里，支持奥巴马的也有 43%。50% 的男性投给了奥巴马，54% 投给了希拉里。但是如果将年龄作为控制变量，则会发现，有 56% 的 30 岁以下的女性投票给奥巴马，而投票支持克林顿的女性则有 43%（Noveck and Fouhy，2008）。

因此，奥巴马显然是最近几十年来最能鼓舞年轻选民的政治领袖。这种吸引力甚至是跨"族群"和跨"阶级"的，他的主力票仓建立在受过高等教育人群和新生职业中产阶级中，而希拉里则获得了绝大部分老年人的支持，以及大多数女性的支持（不包括年轻女性群体），此外还有中西部工薪阶层的象征性支持（除了威斯康星等几个州）。通过上述分析，我们不难看出，奥巴马是属于"新美国"的：它生在20世纪，年轻、受教育程度更高，并且更加开放的。此外，新生代的公民团体不仅登记投票，而且会积极参与政治活动。因此，表5-2说明了与希拉里的支持者相比，奥巴马的支持者对互联网活动的参与度要大得多，他们本身就是一个积极的团体。

表5-2　民主党网民的网络活跃程度调查

网络活动	奥巴马支持者	希拉里支持者
网络联署	24	11
转发他人政治言论	23	13
向候选人提供网上捐款	17	8

n = 516名用户；误差 ±5%。

资料来源：皮尤网络与美国生活项目，春季调查（2008）（互联网）。

在Facebook上，截至2008年7月，奥巴马拥有1120565名支持者，而希拉里的支持者约为158970名，麦凯恩的支持者为119000名。2008年5月，民主党大学生党部为奥巴马背书道："我们通过Facebook、MySpace、YouTube和电子邮件听到了数以千计的年轻人的声音。毫无疑问，大学生们已经为变革和新领袖做好了准备。奥巴马参议员赋予我们声音，令我们感受到自己是一场伟大变革中的重要组成部分。这就是我们支持他成为美国下一任总统的原因。"（Halperin，2008）

此外，还有其他形式的政治参与活动。例如，2008年4月，一个由25%的30岁以下选民组建的团体声称（这是奥巴马最有力的票仓），他们已经掀起了一场运动，鼓励大家加入了政治俱乐部，或者参加政治集会和游行（CBS/MTV 2008）。因此可以说，奥巴马的竞选活动激发了美国社会中大部分人的激情和参与，包括那些曾经自绝于政治，或者被将政治矮化为"裙带关系＋形象塑造"的精英政客们排除在外的人。为什么这样？这位从不确定性中一路走来，虽然尚未身披条纹，却已仰望星辰的人是谁？①

---

① 作者原句是：Who is this man who came from the uncertain to wish upon the stars without wearing the stripes? 其中所谓的"Star""Stripes"指的是美国国旗星条旗，暗指奥巴马虽然并不是传统意义上的"美国人"，但却获得了大部分人的支持，这是一件十分了不起的壮举。——译者注

不可能的总统候选人

373　　巴拉克·侯赛因·奥巴马的生活现在已广为人知，不必赘述。在此仅对与本文有关之内容进行分析。对于想要领会当前多元文化世界之要义的学生来说，了解奥巴马的生活会是一项格外特别的作业。奥巴马于1961年出生在夏威夷。他的父亲出生在肯尼亚的一个仆从家庭，雇主是英国人。他的家庭是"罗"部落的一员，他自幼便在山中放羊，直到因在学校中出类拔萃，继而赢得了一个去美国读书的机会。那时的肯尼亚刚刚独立，政府向有潜力成为国之栋梁的肯尼亚青年们颁发奖学金，送他们去大洋彼岸的美国读大学，能获得这个机会的年轻人凤毛麟角，奥巴马的父亲就是其中之一。他就读于夏威夷大学，以计量经济学学士身份毕业，并顺利拿下了硕士学位。之后，他又得到了一个奖学金机会，自此进入哈佛攻读博士学位。奥巴马的母亲安·杜纳姆，是堪萨斯州石油钻井工人的女儿。她在堪萨斯长大，曾随父母在得克萨斯和西雅图生活过一段时间，一家人最后在夏威夷安顿下来。安和巴拉克在夏威夷大学的俄语课上相识。在奥巴马两岁时，他的父母便离婚了。他的父亲在就读于哈佛期间再婚，后来回到肯尼亚为政府工作。直到去世前，他只再见过奥巴马一面。根据奥巴马的说法，他的人格大部分是由母亲塑造的，她在1995年因卵巢癌去世。奥巴马六岁时，随母亲和继父搬到了雅加达。他的继父名叫洛洛·索特罗，是一位虔诚的穆斯林。在印度尼西亚，奥巴马就读于Besuki学校（现在称为Menteng 1），这是一所非宗教公立学校，专为欧洲和印度尼西亚精英的孩子建立，没有穆斯林色彩。宗教学是所有印度尼西亚学校的义务教育科目，所以他们每天都有固定的时间来学习各自的宗教内容。

　　他的母亲一边为印尼商人教授英语，一边与美国基金会合作，帮助印度尼西亚的贫困家庭。她感到印度尼西亚对于孩子而言并不算安全，教育质量也十分一般。所以，在奥巴马十岁的时候，她搬回了夏威夷，并与祖父母生活在一起。奥巴马凭借着一笔奖学金，就读于当地著名的私立院校
374　Punahou，他当时的名字是巴里。奥巴马对他曾在高中时尝试大麻和可卡因的事并不避讳，并称从中找到了乐趣。当ABC《今夜秀》主持人杰·莱诺就此事问他道："记住，参议员，你现在是在宣誓。你吸进去了吗？"奥巴马回答说："要的就是这个啊！"

　　高中毕业后，他搬到洛杉矶，在西方文理学院就读两年，而后转学到

了哥伦比亚大学。毕业后，他在一家公共利益研究公司和《国际商业杂志》工作了四年，之后于 1985 年迁往芝加哥，成为社区组织者，担任天主教组织发展社区项目（DCP）的主任，这对奥巴马而言是社区组织活动的一个重要经验。三年后，29 岁的奥巴马入读哈佛法学院，并成为担任《哈佛法律评论》主席职位的第一位非洲裔美国人。在哈佛大学，他遇到了他的妻子米歇尔，她也是一名法学生，在奖学金的帮助下从普林斯顿顺利毕业。1991 年，他获得了芝加哥大学法学院的一份研究补助，资助他编写一本关于种族关系的书，该书于 1995 年以《我父亲的梦》为名出版。他于 1992～2004 年在芝加哥大学教授宪法。在芝加哥，他参与了关注弱势社区的本地政治活动，如"Project Vote!"项目，内容是鼓励非洲裔美国人参加选民注册。1993 年，奥巴马加入了一家名为"戴维斯、迈诺、邦休和加朗"的 12 人律师事务所，专门从事民事诉讼和社区经济发展案件。自 1993 到 1996 年，他担任该公司的合伙人。后来，他参选伊利诺伊州参议员，并成功当选，从此步入政坛。

从学生到参议员，奥巴马在这个过程中逐渐构建了自己的身份。他坚称自己属于非洲裔美国人，也没有忘记他的混血儿身份（他的母亲一方是白人）。婚后，米歇尔和女儿成为他生命的基石。这种双重种族背景指引着他不懈地寻找跨越种族鸿沟的桥梁，而贡纳尔·默达尔（Gunnar Myrdal）[①] 所说的最基本的"美国难题"，谋求种族、阶级和文化的大团结成为他行动的愿景。从这个意义上说，他完全继承了索尔·阿林斯基[②]的传统，即人们可以通过组织和斗争，来跨越历史上的意识形态分歧和社会分裂，构建服务于共同目的的社区（详见下文）。 375

奥巴马于 1996 年正式开始了他的政治生涯，他代表芝加哥南部地区，成功当选伊利诺伊州参议员，并于 1998 年和 2002 年两次连任。在 2000 年竞选国会众议员失败后，他于 2003 年 1 月宣布参选联邦参议员。2004 年 3 月获得大胜后，奥巴马于 2004 年 7 月在民主党全国大会上发表了主旨演讲《无畏的希望》，第一次成为全国的焦点。在这篇著名的演讲中，他指出：

---

① 瑞典经济学家，诺贝尔经济学奖获得者、社会学家、政治人物。他最著名的研究是在美国进行的种族问题研究，并出版经典著作《美国的困境：黑人问题与现代民主》，该书对 1954 年布朗诉托皮卡教育局案有很大影响。

② 索尔·阿林斯基（1909～1972），俄罗斯犹太裔，美国左翼激进主义代表人物，20 世纪社会运动战术大师，他的思想被希拉里和奥巴马直接运用在选战和外交政策与行动之中。奥巴马的当选也被视为阿林斯基主义的胜利。

"正是凭借着'我是我弟弟妹妹们的守护者'这一信念，我们的国家才得以运转。正是这个理念，在允许个人追求梦想的同时，仍然让整个美国像是一家人。"这一主题贯穿了他的整个政治生涯，并且令"培养合格的父母"这一社会框架成为美国民主思想的基础（Lakoff，2004）。演讲的片段在主流电视台上反复播出，令奥巴马享誉全国。许多人将他在参议院取得的胜利归功于这股媒体狂热。他在 2004 年 11 月以 70% 的支持率高票当选。他是 2008 年唯一的黑人参议员、美国历史的上第五位，也是美国重建时期①后的第三位。2005 年 3 月下旬，奥巴马提交了他的第一份参议院法案，即 2005 年佩尔格兰特法案（HOPE 法案），该法案旨在通过提高佩尔格兰奖学金的最高金额，来帮助美国大学生缴纳学费。2005 年 4 月，《时代》杂志将奥巴马列为"世界上最具影响力的 100 人"之一，他的提名是"领导人和革命家"（Bacon，2005）。

不过，奥巴马并非革命者，他从来没有，也永远不会"革命"。事实上，很难将他完全归于左派或是右派，尽管他有个偏左的投票记录。另一套坐标在他身上更为适用：未来与过去。他要将美国人的共识建立在对普通人而言最为重要的生活议题上，并与所有地缘政治主体进行对话；在扭转新保守主义者的"挑衅外交"的同时，毫不犹豫地在其发源地打击恐怖主义（例如在阿富汗而不是在伊拉克）。这种实用主义风格，从他对顾问的选择上就能看得出来，他专挑那些具有丰富政治实践经验的人，来弥补他在国家和国际政策方面的有限经验。因此，在进入参议院时，他聘请了参议院民主党领导人汤姆·达施勒的幕僚长彼得·罗斯，以及财政部长罗伯特·鲁宾的副幕僚长、经济学家克伦·科布鲁，来为他出谋划策。他招募了人权和种族灭绝的专家萨曼莎·威廉姆斯、前克林顿政府官员安东尼·莱克和苏珊·赖斯作为外交政策顾问。为他的总统竞选出谋划策的有：著名国际关系顾问、战略家兹比格纽·布热津斯基，空军将领梅里尔·麦克帕克，芝加哥市长理查德·达利的兄弟、前克林顿官员比尔·达利，以及布什父子和克林顿政府的中东问题顾问丹尼斯·罗斯。

奥巴马认为自己是一位"联合者"，他为民主党服务，同时也超越民主党，而服务于全体美国人民。激烈而不愉快的初选一经结束，他不仅不

---

① 美国重建时期（1865~1877），指美国南北战争后，美国政府集中解决战争遗留问题的历史阶段。

计前嫌，宣布与克林顿夫妇开展合作，并且还将希拉里团队中的重臣招揽到自己麾下，如希拉里的国家安全事务主任李·费恩斯坦；克林顿政府的副国家安全顾问、后来担任希拉里的外交政策顾问的马拉·罗德曼；以及国务院前核不扩散事务助理国务卿罗伯特·艾因霍恩；1976 年吉米·卡特的竞选政策主任、经济学家斯图尔特·艾森斯塔特。在国内方面，奥巴马的政策团队聘用了希拉里的首席经济顾问吉恩·斯珀林。

在担任参议员期间，奥巴马还与德高望重的共和党人合作，促成法案的通过。比如与麦凯恩合作，推动了《安全美国和有序移民法》的设立；提出旨在扩大"努恩—路加"《联合削减威胁计划》[1] 的"路加—奥巴马"动议；以及《刚果民主共和国救济、安全和民主促进法》——标志着奥巴马作为主要保荐人的第一个联邦法规得以实施。

在美国这样一个宗教色彩浓厚的国家，个人信仰也是奥巴马在处理公共事务时需要考虑的重要因素。他的信仰演变与其身份建构过程一样的"非典型"。《我父亲的梦》这本书中，他讲述了自己"世俗化"的童年，尽管他曾与祖母一起赴教堂参加复活节和圣诞节活动。他在 25 岁上下搬到了芝加哥生活，并在那里皈依了基督教，经常前往位于芝加哥南部华盛顿高地社区的"三一堂"进行礼拜。有趣的是，大约在同一时间，他完全拥抱了自己的非洲裔美国人身份，并通过与米歇尔的婚姻，让自己彻底成为"非洲裔美国人"。

奥巴马曾经历过文化和个人身份上的徘徊期，后来他决定重构自己的身份，加入三一联合教会很可能是这个重大决定的一部分。基督教三一联合教会是一个全国性的、受人尊敬的教会，其信众主要是白人。但在芝加哥南部，从 20 世纪 80 年代开始，三一堂就成为"芝加哥黑人的教堂"。著名主持人奥普拉·温弗瑞也是该教区的教友，但她因为牧师赖特讲道太极端，而不再参加教区活动，这是 20 世纪 90 年代中期的事情。

赖特对奥巴马的宗教和政治观点产生了相当大的影响，以至于他差一点就毁了奥巴马的政治前途。赖特本是一位受过良好教育的、享誉全国的神学家。在莱温斯基丑闻后，克林顿家族曾邀请了包括赖特在内的一群宗教领袖，前往白宫，来为比尔·克林顿主持赎罪及忏悔事宜。他

377

---

[1]　联合削减威胁计划，在美国的政治语境中被俗称为"努恩—路加"动议，是两名参议员努恩和路加共同推动的，旨在减少 1991 年苏联解体后，美俄两国的核武器存量的计划。——译者注

秉持黑人自由神学传统，时而介入美国的种族待遇不公问题。虽然没有在某些事情上遵循赖特的极端观点，奥巴马却视其为精神导师将近 20 年。赖特主持了奥巴马和米歇尔的婚礼，并给他们的女儿施洗。此外，奥巴马的著名演讲也令赖特闻名全国，《无畏的希望》摘录了他布道时的一段话。

"希望"成为奥巴马政治活动的核心话语。有趣且有意义的是，奥巴马能够将对美国社会的激进批判与温和的政治实践合而为一。也正是这种矛盾状态，在赋予奥巴马魅力的同时，令他极容易受到来自左右两派的攻击。矛盾状态可以成为建立希望和信任的王牌，这听上去似乎是违反直觉的，但西莫尼塔·塔伯尼（Simon etta Tabboni，2006）在分析欧洲新的青年文化时发现，矛盾状态为人们打开了足以寄托希望的新领域，将他们从人为的确定性中解放出来。用西莫尼塔·塔伯尼（2006：166）的话说："我所说的'社会的矛盾状态'，指的是行为主体被彼此相反的愿望、态度或行为所吸引，这些不同点其实具有相同的起源，并且目标趋向于达成一致。"矛盾状态不是反复无常，也不是根据民意调查来随时改变观点和立场，它是一种开放的生活方式，在致力于同一个行动目标时，仍然对实现这一目标的最佳手段留有余地。所以，我不是说奥巴马的矛盾状态是蓄意制造的，而是说，他在意识形态的标准定义上是矛盾的。即便他知道美国就是一个建立在种族分裂之上的国家，他仍然将自己视作那个有能力弥合分裂的非洲裔美国人。他将自己置于阶级界限之上，同时见到了社会的不公平、工人阶级的困难和企业的贪婪。他想与世界上的每个人对话，包括美国的潜在敌人，同时坚决地反对狂热主义和恐怖主义。这不是奥巴马刻意摆出的政治姿态，而是嵌入他日常生活中的、简单而深刻的人生原则。而那个促成这一原则在奥巴马身上发光发热的人，从前是她的母亲，后来是他的妻子。正如他的书中所言："她（米歇尔）不总是知道我会成为什么样的人；她担心……我是一个梦想家。事实上，她有自己的实用主义精神和中西部的态度，她丝毫不像我的外祖母。"（1995/2004：439）

尽管他历经歧视，却仍然能够进入国内顶尖学府并取得成功，这样一种独特的人生经历，令奥巴马知道自己是能行的，这种混杂着矛盾与自信的人生状态，塑造了他的罕见个性，原本安静而气度非凡的他，能够凭借着语言和肢体动作，瞬间点燃自己和观众们心中的热情。他的语言来自三一堂里宣扬黑人解放的讲坛，他的肢体语言，继承自一位富有尊严的罗族人，并在哈佛法学院中反复锤炼。在个性化政治的时代，凭借着一种不寻常的人格魅力和丰富的人生阅历，他构建起了自己的政治愿景。在他的第一本书的末尾，他写下了一些在夜晚困扰着他的问题："我们的社区是什么样子的？这个社区会给我们带来自由吗？我们的义务能延伸到什么地步？我们如何将微不足道的力量转化为正义，将同样微不足道的情感转变为爱？我在法律书籍中发现的答案并不总是令我满意……我无数次地发现，为了方便或贪婪，良心总会被牺牲掉。然而，在谈话中、在各种声音的不断加入中，我发现自己变得温和且倍受鼓舞，相信只要仍然有问题需要被解决，那个将我们联系在一起的东西，终会得以长存。"（Obama, 1995, 2004 edn: 438）

对于对话与提问，奥巴马的态度是不断在其中寻求真理，而不是直接给出答案。对于他而言，追寻理想社区的努力源于对自由的珍惜。政治既是理想也是过程，而不是政治偶像们的几条政策建议。这是很不寻常的想法，极具魅力，却在媒体政治的沙场上显得不切实际。

可是终于，2007年2月10日，天大寒，奥巴马宣布了他将竞选总统的消息，他面前是15000名支持者，背后是伊利诺伊州老议会大楼，同样在这个地方，亚伯拉罕·林肯发表了他著名的反奴隶制宣言——"一幢裂开的房子"。奥巴马显然是要承继先圣遗志，于是他说"我们"、他说"我们能行"。但是他如何能够动员那么多普通人，来支持他这个"不太可能当选"的候选人呢？他是如何用基层政治、竞选融资和媒体策略来令自己的情怀落地的呢？他又是如何抵御攻击政治和丑闻政治的呢？在互联网时代，奥巴马的竞选活动又有什么经验教训，能够帮助我们了解反叛政治呢？我将提炼其中最重要的部分，在竞选活动与第四章中所述的政治运动和政治战略的主要特征间建立联系。

改弦更张：从金钱力量到"无力之力"

金钱在很大程度上支配着政治，特别是美国政治。募捐是必不可少的，可以说，没有相当规模的财力支持，就没有竞选活动，不论计划多么完美，往往就折在了一个"钱"字上。钱从哪里来呢？其实也只有两条路可走：要么是豪奢富贾资助，这也等于你欠了他的"人情债"，迟早是要还的（个别"慈善家"除外）；要么就纯靠你自己，但这么一来，选民也就永远不会知道，你会对他们有多好。

但奥巴马却有能耐破除这个困局。根据联邦选举委员会记录，奥巴马在初选阶段就筹集了创纪录的 339201999 美元，整个竞选活动共筹集了 744985655 美元。相比之下，最初资金充足的希拉里共筹集了 233005665 美元（不包括贷款，但包括来自克林顿个人的 10000000 美元），约翰·克里（John Kerry）筹集了 233985144 美元，乔治·布什在整个 2004 年的初选期间筹集了 258939099 美元。[①] 与希拉里不同，联邦正式注册的说客们没能把钱送到奥巴马手上，反倒被他通过各种渠道退回了 5 万美元。不过，他倒是接受了在州一级注册的说客们的贡献。同时，奥巴马虽然拒绝了政治行动委员会的钱，但他接受了那些雇佣过说客的企业和财团的员工们所捐助的钱。此外，据公共廉正中心称，奥巴马确实通过职业募款人获得了大量资金，虽然他在网上公布了他们的名字。有分析显示，奥巴马一共从 328 位职业募款人那里获得了 3165 万美元，这一数字约占奥巴马总募款额的 11.9%。其中的 78 位募款人总共给奥巴马带来了大约 1560 万美元，至少占其总资金的 5.8%（Ginley，2008）。

令人惊讶的是，公道政治研究中心（2008b）的一份报告显示，奥巴马还是最受对冲基金经理欢迎的候选人。据《纽约时报》报道，虽然大企业主并不会直观地将奥巴马视为"他们的"候选人，但却在他身上看到了希拉里所没有的一样东西：渠道潜力（Sorkin，2008）。与克林顿家族内的"小圈子"相比，奥巴马作为新人，也为经济界的新人提供了打入华盛顿政治圈的契机。但令人奇怪的是，奥巴马和希拉里都赞成将对冲基金和私募股权的税率从 15% 提升到 35%。然而，在这股机会主义的东风中，我们看到，这些钱并不直接来自于企业，而是其员工或者经理的个人捐赠。这实际上表明了奥巴马在受过教育的专业阶层中的广泛吸引力。你可能是一名投资银行家，但仍然想结束伊拉克战争。事实上，金融部门里的明眼人都明白，布什政府肆无忌惮的外交政策已经对石油价格及全球经济稳定造成了损害。换句话说，衡量候选人独立性的关键标准，是其与华盛顿说客们之间保持的距离，因为他们的"捐赠"会对政策产生直接或间接的影响。

捐助者的阶级背景虽然十分有趣，但不能就此预测哪个阶级更青睐哪位总统。毫无疑问，没有人，甚至包括奥巴马在内，敢于挑战美国的资本

---

① 布什和克里的募集资金数额是截至 2004 年 8 月 31 日的数额。两位候选人在 2004 年大选中都接收了公共资金，因此这些金额反映的是他们为初选所募集的资金。

主义，更不必说当今世界的资本主义。在资本主义的框架内，政策选择是有一定范围的，但由于奥巴马所募集的竞选资金中，有将近 88% 来自于个人捐赠（其余 12% 来自于职业募款人），因此，资本主义框架对奥巴马的束缚其实并不算严格。在 150 余万名个人捐助者中，约有 47% 的人捐款低于 200 美元，76% 的人捐赠低于 2000 美元（截至 2008 年 6 月 20 日）。相比之下，在希拉里和麦凯恩的个人捐助者中，分别有 39% 和 41% 的人捐款 2000 美元及以上[①]。

　　奥巴马募集的竞选资金数额达到了前所未有的高度，他是怎么做到的？网络募捐是他的法宝。虽然数据没能公开，但是经互联网获得的捐款比例在 60% 到 90% 不等。相形之下，有 6% 的美国人会通过互联网进行各种捐款。网络募捐中，绝大部分都是小额捐款，几乎没有人达到每人 2300 美元的最高限额，因此募捐信息能够被迅速发布在竞选活动的网站上。诺曼·奥斯汀（Norman Ornstein，2008）在研究过奥巴马的募捐情况后写道：

　　　　小额网络捐助的运营成本低得令人难以置信，每捐 1 美元，成本在 5 美分至 10 美分之间，相比之下，直邮的成本则为 95 美分。除了"省钱"，这一举措还极大地节省了奥巴马的个人精力，他不必再劳神费力地与无数募款人见面，更省却了打给潜在捐款人的上千通电话。诚然，奥巴马无意要忽视那些大额捐赠者（2300 美元）和职业募捐人，但与麦凯恩相比，奥巴马肯定在这方面花了更少的私人时间。

382

　　除了募捐，最为重要的其实是奥巴马身后成千上万的积极活动家和数百万活跃的支持者，他们掀起了一场支持奥巴马的巨大"社会运动"。截至 2008 年 6 月，My. BarackObama. com 的网站有注册会员 1500 万，尽管这里面包括了世界各地的支持者们[②]，但这也正是重点所在：奥巴马的魅力已经超越了国界。所以，社会运动的存在使奥巴马能够大大限制（如果不是消除的话）利益集团在他竞选中的影响。这种独立性赢得了选民们的热

---

① 关于奥巴马捐款数额的最新消息请登录联邦选举委员会官网查询：http：//www. fec. gov。

② 2008 年 3 月至 4 月由皮尤全球态度项目（2008）进行的对 24 个国家的调查发现，较之于麦凯恩，受访者更愿意相信奥巴马能推进世界秩序向好的方向发展。但美国民众并不这么想，他们认为两位候选人在外交政策方面旗鼓相当，而在约旦和巴基斯坦，几乎没有人对任何一位候选人有信心。绝大部分国家的民众都认为奥巴马比希拉里更惹人喜爱，除了印度（58%：33%）、南非（57%：36%）和墨西哥（36%：30%）。

情拥护，并在一个良性循环中推动奥巴马向民主党提名前进。那么如此山呼海啸般的支持是如何产生的呢？为什么各种族裔和社会背景的人，会以前所未有的数量和力量来支持奥巴马竞选美国总统呢？我们将在下一节中为这些问题找到答案。

信息及信息的传递者

为了找寻上述问题的答案，让我们首先考察情绪这一塑造政治的重要因素。根据皮尤在 2008 年 3 月进行的研究可知，之所以会有相当数量的白人选民选择奥巴马，是因为奥巴马给予了他们某种感受，而不是他身上具有什么特质。那些认为奥巴马令他们感到骄傲且充满希望的民主党白人选民对他给予了更高的评价。在调查列出的个人喜好中，"鼓舞人心的"是与奥巴马最密切相关的一类看法（见表 5-3；皮尤，2008a）。

表 5-3　白人民主党选民对候选人形象的感受

	候选人	
	奥巴马	希拉里
您认为他/她是		
鼓舞人心的	0.43	0.14
诚实的	0.35	0.37
爱国的	0.34	0.30
接地气的	0.23	0.31
很难让人喜欢的	-0.25	-0.08
虚伪的	-0.38	-0.50
他/她令你感到		
有希望	0.62	0.46
骄傲	0.58	0.34
紧张	-0.19	-0.28
愤怒	-0.21	-0.28
R^2	0.60	0.51

此表包含未经标准化的回归相关系数。
来源：皮尤（2008a：4）。

我们的讨论将集中在奥巴马而非希拉里身上。众多选项中最为重要的就是能够引发对奥巴马的积极评价的情绪，其中包括：（1）他的信息是鼓
383　舞人心的；（2）消息的接收者感到有希望。而这亦是奥巴马竞选活动的核心：希望和改变。没错，改变是必要的，但希望是驱动一切改变的那一类

情绪（见第三章）。只有在有希望的情况下，候选人所承诺的改变，才能成为"我们可以相信的改变"，信息的传递者之所以能够将可信度赋予信息，不一定是因为他持有某种证据，而是因为他有激发希望和信任的能力。事实上从一开始，奥巴马和希拉里之间的竞争就已经被定下了调子，这是改变和经验之间的较量（见附录表 A5.4）、是希望与方案之间的对立（Comella 和 Mahoy，2008）。希拉里笃定人们会看重她的经验（"时刻准备就任"）和解决问题的能力。这种策略很好地适用于传统的理性政治框架，这一框架不仅适用于民主党，全球的左翼政党其实都是如此（Lakoff，2008）。事实上，在政策方面，奥巴马和希拉里之间的差异是微乎其微的，除了 2002 年在伊拉克战争问题上两人态度迥异（奥巴马反对而希拉里支持）。但是，即使这种差异，在选举期间也消失了（见附录表 A5.5）。2008 年 3 月的皮尤调查显示，65% 的民主党人不认为奥巴马和希拉里在这些问题上有不同的立场（皮尤，2008a：16）。两人的差别在于希拉里的"完美履历"以及奥巴马的"希望与改变"。希拉里攻击奥巴马，说他最为出众的修辞功夫不过是"话语游戏"罢了。事实上，话语是很重要的。或者说，在"谁来做决定"这一语境中，出现在我们脑海中的各种形象，其实是由话语来决定的。我们本来就生活在文字及其构造的隐喻中（Lakoff and Johnson，1980）。因此，最终是"希望"叩响了千百万人的心灵和灵魂，他们渴望改变，改变恐怖，改变反恐战争施加给他们的恐怖。要希望，不要恐怖，最终转化成了近期历史上最活跃的政治运动。

　　有趣的是，表 5 - 3 中的数据反映的是白人选民的态度。美国政治的"族裔杠杆"发生了什么变化？奥巴马真的凭着他的家庭的榜样效应，就抚平了种族主义的创伤、塑造了全新的美国？事实上，他受益于美国文化对于多民族社会这一现实的长期适应。如图 5 - 5 所示，美国人民对一位非洲裔美国总统的认可度非常高。相比之下，2007 年，只有 88% 的美国人说他们可以投票给一位女总统候选人，只有 72% 的人会选择摩门教徒做总统（Jones，2007b）。然而，布拉德利效应①或许仍会起作用，尽管皮尤项目研究中心的研究表明，这种趋势将在 2008 年发生变化：

①　调查研究人员首次注意到所谓的"布拉德利效应"是在 1982 年，洛杉矶黑人市长汤姆·布拉德利在州长选举前的民调中有着巨大的领先优势，但却在最终选举中输给了他共和党的对手。这次选举，以及其他一些涉及黑人候选人的选举都表明，不论是什么原因，选前民调往往会夸大黑人候选人的实际得票率。

385

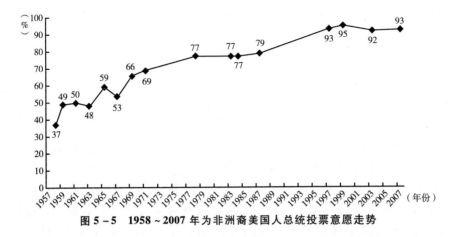

图 5 – 5　1958 ~ 2007 年为非洲裔美国人总统投票意愿走势

　　分析初选数据和更早的初选数据，包括在超级星期二（2 月 5 日）和之前举行的初选投票数据表明，选前民调确实夸大了黑人人口较少的三个州对奥巴马的支持，其中包括新罕布什尔州、加利福尼亚州和马萨诸塞州。但在南卡罗来纳州、阿拉巴马州和佐治亚州，情况恰恰相反，在这些地方，黑人构成了选民的主体。在上述三个州的调查结果表明，一种新的"反向"布拉德利效应出现了，即在非洲裔美国人口相对较多的州，选前民调倾向于低估对奥巴马的支持（Greenwalt，2008）。

帕克斯和拉可林斯基（2008）认为：

　　尽管奥巴马公开承认自己的黑人身份，但他这样做却并未引起白人的反感。他经常提醒人们注意，虽然他的父亲来自肯尼亚，但他的母亲是来自堪萨斯州的白人妇女。他总把黑人社区存在的问题摆在台面上讲，从不避讳什么。比如，他谈到了黑人家庭中父亲的缺席；批评黑人中认为"学业有成是白人的事"这样的错误观念；反对黑人社区的反犹太主义和恐同现象。然而，奥巴马很少就种族问题和自己的黑人身份发表经常性的评论，特别是在白人听众面前。因此，他在白人中建立的声誉也不会受损。他甚至用一种令人愉悦的方式来接纳对于黑人的刻板印象，他说，他很难说比尔·克林顿是不是真正的第一位黑人总统，因为他还没有机会观察克林顿总统舞跳得如何。（2008：14）

　　总之，虽然种族主义可能比民调所显示的更加激烈，且种族因素仍然会左右美国大选，但奥巴马受益于新一代美国人心态的逐渐变化，而他所传递出的"希望"，也为他这样一位不寻常的总统级信使打开了新的局面。然而，为了传递他的信息，他必须找到一种可行的途径来接触选民，并唤起他们的希望。于是，他在收养他的"风城"——芝加哥——找到了答案。

奥巴马的根在芝加哥："阿林斯基"的总统

　　奥巴马竞选战略之所以能够取得成功，关键在于他能够将半个世纪前由索尔·阿林斯基所创的经典美国社区组织模式，转化为互联网下的新型组织模式。让互联网变成草根民众的根据地，在草根民众间构建联络网，这是奥巴马在芝加哥南部的街头锻炼社会组织能力时发明的新的动员模式，也可能是他最为持久的政治遗产之一。等奥巴马搬到芝加哥时，阿林斯基已经过世了①。然而，他的一群门徒接纳奥巴马为他们中的一员，并聘请他来领导发展中社区项目，具体工作是鼓励芝加哥南部居民参加选民注册。正是在这个地方，他用了阿林斯基的社会组织方法，以及其他的一些技巧，通过一对一的对话，赢得社区居民的信任。组织者的任务便是聆

---

①　索尔·阿林斯基（Saul Alinsky），毕业于芝加哥大学社会学专业，致力于组织工人和低收入群众改善生活条件。芝加哥和其他地方的一些教会聘请他来指导社区动员和组织工作。他建立了工业区基金会，并开发出一套社区组织的工作方法，为全世界各地的社区组织工作者所共享。在一个因种族、民族和阶级而分化的国家，他倡导人民的团结，为此，他提出了一个基本策略，即找到一个对整个社区而言都十分重要的具体问题，围绕这一问题的解决，在社区内组建联盟。一旦要求被满足，就立刻寻找下一个问题，如此往复。在他看来，人们可以指望的唯一资源，就是他们自己的组织，而这样的组织只能通过动员来加以维持。他称自己是激进派，但他批评玩弄意识形态的做法，更不信任那些看上去在承担社会压力的政客，却对人民公认的领袖信赖有加。他所理解的"激进"是其最本质上的意思：到基层中去，到美国民主的根基中去，一种基于自力更生的社区和自由人的民主。他认为该制度没有错，无论是市场经济还是自由民主。他批评存在于富人、有组织的和分散的公民之间的权力不平衡。因此，通过将普通人组织起来，他看到了恢复各方权力平衡的可能性。在这样的条件下，美国民主可以正常运作（见 Alinsky,《Reveille for Radicals》, 1946）。我在我的书《城市与基层》（1983：60~65，106~137）中，从理论和实践两方面分析了阿林斯基的社区组织经验。我认为，奥巴马的脑海中回响着阿林斯基的声音，虽然他自然地选择了符合他自己对政治的理解的主题和语调。有趣的是，希拉里·克林顿曾在 1968 年与阿林斯基一同工作，她在卫斯理学院的毕业论文便是关于他的。在她作为第一夫人期间，她曾要求卫斯理学院封存自己的毕业论文，有推测认为，这是因为她不希望共和党用这篇论文来攻击克林顿。

听人们的故事，听听他们的目标和抱负，而后将这些信息集中起来。后来，奥巴马在芝加哥大学法学院的讲坛上也教授这种方法。作为发展中社区项目的主任，奥巴马建立了一个小型的草根社群网络，服务于三个目的：修缮儿童游乐场、改善垃圾回收状况、从公共住房中移除石棉。奥巴马在他宣布竞选总统的演讲中说："我得到了我所能得到的最好的教育，我在那里学到了我的基督教信仰的真正含义。"（引自 Slevin，2007：A1）当奥巴马在 1995 年首次为公职展开竞选时，他遵从了阿林斯基的教导，他告诉《芝加哥记者》说："政治家和各位领袖们，是时候再走一步了，把居民或公民视作变化的生产者，将他自己视作组织者、老师和倡导者，一个不向选民兜售，而在他们做出选择前教育他们如何做出真正好的选择。"（引自 Slevin，2007：A1）。虽然他告诉《新共和》说："在将人们组织起来时，他们的希望和梦想，以及理想和价值观，与其自我利益同样重要，阿林斯基低估了这一点"（Lizza，2007），这可能是对阿林斯基的实用主义的一次良好地校准。奥巴马的政治理想中存在一种与众不同的趋势，即通过基层组织的细节，将人们的梦想融合到一起。

　　奥巴马任用一大批阿林斯基门下的"街头老兵"。特莫·菲格罗亚是奥巴马的全国地面工作主任，他还长期担任工会组织者一职。奥巴马还邀请了前学生非暴力协调委员会（SNCC）的组织者马歇尔·甘茨（现在是哈佛大学教授、全国领先的组织理论家和实践者之一），帮助培训组织者和志愿者。他是奥巴马总统竞选活动的关键人物。甘茨也不负重托，在培训志愿者方面发挥了重要作用，在他的指导下，志愿者会进入"奥巴马营"接受集训。这些活动由甘茨和其他有经验的组织者领导，其中克鲁·格利克，奥巴马视其为自己的导师。经验丰富的地面活动组织者们，概述了基层组织技巧的历史、总结了成功的经验和失败的关键教训（Dreier，388　2008）。2008 年夏天，"奥巴马组织能力训练营"计划出台，旨在在大学生中培养优秀的组织人才。根据德赖尔[①]（Dreier，2008）所言：

　　　　与其他政治行动相比，奥巴马的竞选活动体现了社会运动的许多特征——呼唤更好的社会，将个人和社会变革联合在一起。之所以能够体现这些特征，不仅是因为奥巴马的修辞风格，也因为他从工会、

---

　　① 西方学院教授，为《赫芬顿邮报》写作。——译者注

社区团体、教会、和平团体和环境团体中，招募了数百名经验丰富的组织者加入他的竞选团队。而这些人，成功动员了成千上万的志愿者，将他们锻炼成紧密团结、高度机动和效率极高的团队。

尽管奥巴马的成就建立在阿林斯基的"血脉"之上，且分析师和权威人士也往往对此津津乐道，但人们却很难说清，他与芝加哥的政治机器间，到底是一种什么关系。互联网上充斥着对达利家族与奥巴马之间存在非法交易的猜测。然而，奥巴马与达利家族的交情并不如外界设想中的"深远"。尽管奥巴马的首席战略顾问阿克塞罗德，也曾是芝加哥市长理查德·达利的首席公共关系策略顾问，并因为在电视上公开反击针对市长的贪污指控而一战成名。但在奥巴马证明自己是一位可信且具有魅力的候选人之前，达利兄弟并不与他来往。直到 2004 年奥巴马竞选参议员之前，他们还一直站在奥巴马的对手、州审计长丹·海恩斯一边。海恩斯是老民主党政客汤姆·海因斯的儿子。但在奥巴马宣布竞选后的数小时，市长理查德·达利宣布他正式支持奥巴马，这是他 17 年市长生涯里第二次支持民主党参议员。大约在同一时间，他的兄弟比尔·达利宣布担任奥巴马竞选团队的高级顾问。紧接着，奥巴马为市长达利在 2007 年 1 月的竞选连任背书，他说："我认为，在过去几十年里，没有比芝加哥更为繁荣的美国城市，这在相当程度上要归功于我们的市长。他享誉全国，且当之无愧……他富有创新精神、坚韧不拔、敢啃硬骨头，并且为如何将城市建设得更好而长期殚精竭虑。"（转引自 Spielman，2007）。作为伊利诺伊州冉冉升起的政坛新星，奥巴马选择与芝加哥政治机器建立战略合作伙伴关系，但他并不是它的一部分。顺便提一下，在大部分城市问题专家看来，理查德·达利在芝加哥施行的一系列政策，确实在美国是数一数二的。"市长达利"这个名号最早属于达利兄弟俩的父亲，或许，正是达利兄弟的长期治理深刻改变了芝加哥的政治和社会结构，使其免受 2008 年经济危机的波及。

389

草根互联网：奥巴马的竞争优势

21 世纪初，无论是在美国还是在世界上其他国家，没有政治家愿意相信互联网将左右其竞选活动的命运（Sey and Castells，2004）。事实上，在宾伯（Bimber，2003）的经典研究中，互联网除会增加选民对候选人的捐款意向外，对政治行为的影响十分有限。然而，在 2003～2004 年的总统初选中，互联网展示了它调动基层群众的巨大潜力，它令霍华德·迪恩的竞选活动最终沦落成了反叛政治的一场实践。同时，这一实践也显示了在面对对政治运动存在更广泛影响的主流媒体时，互联网亦有其局限性（Sey and Castells，2004）。

然而，正如关于互联网的其他问题一样，想要评估其实际影响还为时尚早，毕竟直到 2000 年之后，互联网才逐渐成为主流的通信媒介。事实上，根据皮尤在 2008 年 6 月进行的全国调查，46% 的美国成年人使用电子邮件或短信获取或讨论与总统竞选有关的信息（Smith and Rainie，2008：i）。民主党网民在网络视频的开销方面超过了共和党网民（51%:42%）。此外，在社交网站个人主页的普及程度上，民主党网民也显著领先于其他对手：36% 的民主党网民有自己的社交网络主页，这一数字在共和党网民中为 21%，在独立候选人网民中为 28%。通过互联网参与政治的人数在 50 岁以下的选民中涨幅最大。对于 50 岁以上的选民，自 2004 年以来只有轻微的增长。但是，60% 的受访者认为，互联网上充斥着被大部分选民信以为真的错误信息和虚假宣传（Smith and Rainie，2008：iii）。

当下最重要的趋势，或许是社交媒体网站的爆炸式发展，它为网络政治互动注入了巨大的潜力。有三分之一的网民是社交网站用户（如 Facebook 或 MySpace），其中 40%（占所有成年人的 10%）的人通过社交网站参与某种政治活动。根据网络政治辩论的会话性质，网络上最为常见的行为就是研究朋友的兴趣爱好和政治偏好，有 29% 的社交网络用户这样做。有十分之一的人在社交网络上关注了一个或多个候选人，相同数量的人成立或加入了某一政治小组。

上传或观看政治性视频正在成为一种新的政治表达，这一趋势在年轻人中尤为明显。（见表 5-2 和 5-4）。

然而，在互联网的总体使用情况方面，上网的频率和强度在不同年龄组别间存在相当大的差异。例如，在 18～29 岁年龄组中，有 58% 的人将互联网用于政治目的，这一比例在 65 岁以上的人中仅有 20.8%（见附录表 A5.6）

相对于 2008 年总统大选中其他候选人的支持者，奥巴马的支持者更愿意通过互联网来参与政治进程。这部分是年龄层的原因，正如我已经展示的，相对于其他候选人，年轻人更欢迎奥巴马，但其实各个年龄组都有这一倾向。根据皮尤"2008年互联网与美国生活"调查[①]，民主党人中的人，奥巴马的支持者比希拉里的支持者更有可能是互联网用户（82%：71%），可能是受年龄层和受教育水平的影响。即便是在这两个阵营的互联网用户中，奥巴马的支持者也比希拉里的支持者更为活跃。四分之三的奥巴马支持者（74%）通过互联网获取政治新闻和信息，而这一比例在希拉里的支持者中仅有57%。在民主党网民中，奥巴马的支持者比希拉里的支持者更有可能通过网络捐款（17%：8%），相似的情况还发生在签署网络请愿书（24%：11%）、以博客和其他形式发表政治评论（23%：13%），以及观看了任何类型的竞选视频上（64%：43%）。奥巴马的支持者比麦凯恩的支持者更有可能参与一系列网络宣传活动。

391

表 5 - 4　不同年龄组别网络政治视频内容收视习惯百分比

	18~29 岁 (n=212)	30~49 岁 (n=565)	50~64 岁 (n=470)	65 岁及以上 (n=259)
在线收看竞选广告	37	28	26	24
在线收看候选人演讲或宣言	35	29	20	19
在线收看候选人采访	35	27	20	21
在线收看非新闻机构或竞选活动发布的视频	35	25	20	14
在线收看候选人辩论	33	23	17	16
上传个人的政治评论或文章	12	5	3	2

n = 1553；误差 ±3%。

资料来源：皮尤2008年互联网与美国生活调查，制表人 Smith 和 Rainie（2008：10）。

此外，奥巴马对互联网媒体的投入，也比其他候选人更多。公道政治研究中心（2008a）的研究表明，截至2008年7月，奥巴马的媒体支出如下：广播媒体，91593186美元；印刷媒体，7281443美元；互联网媒体，7263508美元；其他媒体，1139810美元；媒体顾问66772美元。与奥巴马相比，到2008年7月，希拉里在互联网媒体上只花了290万美元，而麦凯恩只花了170万美元。

392

[①]　除非另有说明，这些统计数据均来自皮尤的"2008年互联网与美国生活"调查，n = 2251。根据总样本量所做的结果的信度为95%，误差为正负2.4个百分点。根据互联网用户数量（n=1553）所做的结果的抽样误差幅度为正负2.8个百分点。

表5-5　奥巴马与希拉里支持者网络政治视频内容收视习惯百分比

	奥巴马支持者(n=284)	希拉里支持者(n=232)
在线收看精选演讲和宣言	45	26
在线收看竞选广告	41	31
在线收看候选人采访	41	26
在线收看候选人辩论	36	23
在线收看非新闻机构或竞选活动发布的视频	34	23
做过以上任何一项	64	43

n=516；误差±5%；奥巴马和希拉里支持者之间的所有差异都具有统计学意义。

资料来源：皮尤2008年互联网与美国生活调查，制表人Smith和Rainie（2008：13）。

因此，相对其他候选人，奥巴马明显更倾向于把互联网作为主要的动员工具，这一做法不仅影响了美国民众，也对世界造成了一定影响。奥巴马用互联网来传播信息、进行政治互动、提醒支持者参与本地活动、辟谣、为主流媒体"喂料"、在博客圈内进行辩论、与数百万支持者建立持续的私人关系，并为个人捐款提供一种简单、可靠的渠道。靠着年轻、受过良好教育，并且十分熟悉互联网的核心支持者们，奥巴马的竞选活动，展示出了互联网将传统的"政治广告牌"，转变为促进政治参与的互动媒介的非凡政治潜力。互联网为动员那些渴望改变，并且相信奥巴马有能力实现改变的人，提供了绝佳的平台。

在互联网时代，为了改变而动员

奥巴马的成功当选，取决于其竞选活动有能力吸引大量新选民，并激励他们积极参与到政治活动中。这实际上是反叛政治的关键特征。在众多策略中，奥巴马的竞选活动开创了一种新的选民动员战术体系，它的组成部分包括：

（1）My. BarackObama. com网站，有约1500万会员。

（2）"为改变而投票"项目，在全美50个州举行的101场旨在动员普通人积极参与投票的音乐会。

（3）奥巴马组织能力训练营，无薪训练师代表奥巴马竞选团队向大学生教授动员技巧。

（4）集中资金技术：奥巴马的竞选活动吸引了150万名个人捐赠者，这一数字史无前例。他的竞选团队打造了一套计算机化和集中化的认捐系统，所以团队的工作人员只要动动指尖，就能获得捐赠者的人口统计学、名称、地址、职业、捐赠模式和社交网络行为等信息。他的捐助者网站足够强大，以至于他能够绕过 Actblue（民主党设立的认捐网站）来募集资金。这令他能够在政治数据库方面变得更加自力更生。

奥巴马的竞选活动受益于两个重要因素的结合：资金和数据的集中化，以及动员战术的本地化。他通过被他的竞选总监大卫·普洛夫称为"说服军队"的系统，以及一个集中化的沟通和认捐系统，来动员他的整个选区或个别目标，从而受益于细微之处。强大的网络信息基础建设令奥巴马能够独立于民主党原有的数据系统来展开工作。此外，得益于他的基层组织技巧和本地志愿网络，奥巴马的团队能够根据社区的需要来定制信息。这个过程似乎是为了应对共和党策略专家卡尔·罗夫的 72 小时工作队和 MLM 技术（见第四章）。

一般认为，在美国政治中，选民们渴望能与候选人建立更加个人化的关系，而候选人最好也能够根据选民的个人需要来传递相关信息，要做到想选民之所想、急选民之所急。而奥巴马的竞选活动的新颖之处在于，它将个人与社区联系在一起，同时以社区为单位集中收集信息。利用互联网的本地化和全球化、互动化和集中化优势，竞选团队能够随时协调其战略。可以说，奥巴马和他的政治风格将美国政治带入了新的时代。无论奥巴马的结局如何，历史学家都有可能将当下的人们称为"奥巴马一代"。

奥巴马一代

在第一次党团会议之后，《时代》杂志将 2008 年称为"青年投票年"。《时代》杂志资深记者大卫·冯·德黑尔（Von Drehle, 2008）写道：

> 在民主党第一次党团会议中，各年龄层选民总共增加了 90%，年轻选民就占了其中的一半。孩子们喜欢奥巴马，他获得的选票是第二顺位候选人的四倍。25 岁以下年龄组通常是所有政治选举中最难以捉摸的选民群体，他们为奥巴马贡献了大约 17000 张票。而他总共以差不多两万票的优势获胜。

虽然奥巴马的信息、风格（甚至年龄）都与思想开放的新一代人相得益彰，但它与年轻选民之间的紧密联系绝不是偶然出现的。竞选活动伊始，奥巴马就召集了一大群具有动员年轻人经验的专家，比如策划了"Rock the Vote"[1] 的汉斯·瑞姆，以及 Facebook 的联合创始人克里斯·休斯，两人分别负责协调奥巴马的选举倡议和其网站 My. BarackObama. com。休斯为了可以全力以赴地投入竞选活动中，选择减薪并暂时离开了 Facebook，他后来也被公认为奥巴马网络战略的灵魂人物。奥巴马的新媒体负责人是乔·罗斯伯斯，他在创立服务于民主党的互联网公司"蓝州数码"之前，曾是迪恩竞选团队的写手和策略顾问。这些"数码经营"的策略可谓立竿见影，策略执行的第一个月（2007 年 2 月），奥巴马的网站便有了 773000 次访问，相比之下，作为共和党中最了解互联网的人，麦凯恩的网站仅有 226000 次访问（Schatz，2007）。

然而，基于互联网的竞选活动在很大程度上是一场"自由"活动，所以包括奥巴马在内的任何政治活动的策略家，都必须考虑节外生枝的情况。我们不妨用一个故事来说明这里面的紧张关系。当奥巴马在 2004 年首次获得伊利诺伊州参议员席位时，一位 29 岁的洛杉矶律师乔·安东尼为奥巴马制作了一个 MySpace 主页，包含奥巴马的个人简历和几张照片。在之后的几年里，成千上万的 MySpace 用户将奥巴马添加为了好友。克里斯·休斯与安东尼取得了联系，商讨如何能够扩大该个人主页在竞选活动中的作用。但是随着访客数量的增加，竞选团队开始忧虑失控的风险，因为这有可能违反联邦选举委员会的相关法令（Schatz，2007）。

在他的博客上，乔·罗斯伯斯（2007）忧虑道："如果有人在乔上班时回复了淫秽的评论该怎么办？"（转引自 Schatz，2007）。当竞选团队和安东尼之间的谈判陷入僵局时，他们选择直接联系 MySpace，要求其强制关闭由安东尼注册的奥巴马主页，此举令奥巴马失去 16 万"好友"。截至 2008 年 7 月，奥巴马的新 MySpace 主页上的好友数目已经回升至 41 万多名。竞选团队强制关闭安东尼所建的主页的做法受到了不少批评。安东尼宣布不再支持奥巴马，并抱怨道："我们不是一长串名单，我们也不是廉价的广告。我们正是你口中的普通人，希望用互联网来改变世界。"（转引自 Schatz，2007）。可是说，真正的"改变"就是这个样子，在试图按照政治现实来规训网络的同时，也释放了它们的力量与自由意志。

---

① 撼动选举，是一系列由美国演艺界明星出镜的鼓励年轻人投票的宣传片。

在深层的文化和社会趋势的带动下，奥巴马对年轻人的巨大影响得益于竞选团队对视频政治和流行文化的娴熟掌握。奥巴马收获了一大群电影明星、摇滚明星和嘻哈明星的支持，包括黑眼豆豆、约翰·莱金德、乔治·克鲁尼、詹妮弗·安妮斯顿、威尔·史密斯、尼克·卡农、杰西卡·贝尔、纳斯，以及 Jay Z 等一众演绎明星。奥巴马以一个反传统政治人物的形象，将反文化趋势统一在娱乐行业的创造性中。此外，鉴于美国黑人音乐家在嘻哈文化中的重要地位，奥巴马的魅力换来了许多反叛者们的拥护，通常情况下，这些人虽然自称"反叛者"，但其实并没有什么合适的理由或者矛头，但是通过拥护奥巴马，他们巩固了与青年主流文化间的联系。反过来，奥巴马也将自己与政治上积极的一代人联系在了一起。

由威廉·亚当斯作曲并制作、鲍勃·迪伦的儿子杰西·迪伦导演的病毒视频《我们能行》（Yes We Can），是奥巴马"流行文化"策略的最好案例。该视频以 MV 的形式，由一众演艺明星将奥巴马在新罕布什尔州的初选演讲稿"唱"了出来。威廉·亚当斯于 2008 年 2 月 2 日在 Dipdive.com 和 YouTube 上以用户名"WeCan08"发布了这首歌曲。尽管歌词就是奥巴马的演讲稿，但奥巴马竞选团队并没有正式参与到整首歌的制作中。到 2008 年 3 月 28 日，该视频获得了超过 1700 万次浏览（Stelter，2008）。另一个风靡全美的病毒视频，是由 32 岁的广告人本·若斯创作的《恋上……奥巴马》。视频中，26 岁的模特安柏·李·艾丁格，用演唱的方式表达了她对奥巴马的"爱恋"。奥巴马在夏威夷度假时的半裸照片与艾丁格身着比基尼跳舞的镜头被剪辑在了一起，成为视频的最大看点①。

视频的成功实际上将奥巴马与明星们的关系，提升到了"互利互惠"的层面上。2008 年 6 月，《我们能行》获得了艾美奖，从前鲜为人知的艾丁格也摇身一变成了名人。此外，还有名不见经传的嘻哈明星塔兹·阿诺德（AKA TI＄A），也凭借着他的第一首单曲《投给奥巴马》顺利开启了个人事业。这首歌的视频中也出现了不少名人，包括坎耶·韦斯特、Jay Z、克里斯·布朗、特拉维斯·巴克、谢帕德·费瑞，以及黑眼豆豆组合中的阿伦·皮尼多·兰多。

① 在"奥巴马女孩"成为头条新闻的几周后，作为歌曲作者的 Taryn Southern 在 YouTube 上发布了"Hott4Hill"，作为对早期视频的"回应"。

从媒体政治到丑闻政治

关于主流媒体对奥巴马是何等着迷，人们已经谈论得够多了。媒体在初选伊始便对奥巴马报以高度关注，其实是一个不错的决定，更是记者和政治评论员们的兴趣使然，其背后并不存在什么"阴谋"。总统初选能够吸引大量观众，甚至让他们的电视机定格在 C – Span 频道①。之所以如此，一是因为选民们兴趣所致，二是由于竞选结果充满不确定性。如第四章中所分析的，信息和娱乐的融合将政治活动变成了赛马一类的竞技体育。2008 年，大多数选民没有做好追随福音派的哈科比，以及摩门教徒罗姆尼的准备，因此围绕共和党活动的舆论氛围一直不温不火。而民主党一边，希拉里志在必得的气势反倒降低了媒体对她的兴趣。然后，奥巴马在党团会议上横空出世，他的压倒性胜利为"赛马"故事输送了绝佳的题材：不大可能当选的候选人对阵建制派、黑人对阵白人妇女、伊拉克战争反对者对阵支持者。比尔·克林顿和他的狗仔队友人们也积极参加到了炮制故事的行动中。不到两个星期，希拉里·克林顿的形象就从被击败的总司令，变成了被新罕布什尔州的女同胞们接纳的虽败犹荣的"姐妹"。毫无疑问，肥皂剧上线了。实际上，媒体是否真的喜欢奥巴马多于希拉里，是很可以争论一番的。一些评论家就观察到，由比尔·克林顿时代的前白宫媒体主任，乔治·斯蒂芬诺普洛斯主持的 ABC 新闻台的辩论，似乎对奥巴马持有偏见。

很快，所有人都看明白了，即将到来的初选季必然是漫长而富有争议性的，这之间必然是起起伏伏，一场"魅力四射"对阵"卷土重来"的好戏呼之欲出，两位候选人的光辉与智慧都蓄势待发。总而言之，这场初选成为多年以来媒体政治圈里一等一的大戏。专业记者以及一大批政治评论员，都在摩拳擦掌，要以最精湛的技艺和最饱满的状态，为这场事关重大的竞选，极尽增光添彩之能事。于是，一场举世无双的、长达六个月的政治秀，呈现在了世人面前，你追我赶、钩心斗角，好不热闹！

如果我们抛开喧嚣不谈，那么按照迈克尔·摩尔的纪录片里的说法，这场运动的最大意义，是确立了"全民医保"在公共议题中的优

① 免费公共频道，创建于 1979 年，主要对政府听证会、国会会议等涉及公共事务的会议进行直播。

先地位，毕竟在美国人心中，医保是美国资本主义永远的痛。但是，初选仍旧是建立在候选人们的喜极而泣的胜利、令人心焦的失败，以及信念坚定的支持者军团之间的冲突上的。希拉里不再需要更高的知名度了，她毕竟久经沙场，足够出名了。但对于奥巴马来说，高强度的竞选活动将他推上了媒体明星的位置，其中包含的一切利弊都决定着他未来的政治生涯。他所要面对的挑战是，如何在媒体的聚光灯下与基层保持亲近。不过，对于深谙媒体政治之道的奥巴马来说，凭借他自然流露的个性与言行便足够了。他自信、博学，且能言善辩，他知道他想要什么。

然而，"出名"只是媒体政治的第一层。一旦各方确定奥巴马是一位有希望的候选人，那么等待他的，便是来自"党内同志"的攻讦，以及不知出处的丑闻（Comella and Mahoy，2008；Pitney，2008）。希拉里眼看着自己的失败就要被写在墙上了，于是，她的百夫长们，特别是马克·彭和詹姆斯·卡维尔，动用了历史悠久的战术——攻击广告——通过暗示而非直言，激发选民的经典负面情绪：恐惧和焦虑。《凌晨三点》就是一个典型例子，广告假定了一个场景：凌晨三点，孩童入眠，本该是恬静安详的时间点，但白宫的电话却响个不停，因为危机正在靠近，那么，"你想要谁接起电话？"接着，希拉里接电话的形象赫然出现。根据民调的结果，这则广告在俄亥俄州收效良好，并且在宾夕法尼亚州也颇为不俗。在宾州 399 的版本中，希拉里团队在将矛头对准共和党候选人麦凯恩的同时，也不忘通过旁白来提醒观众，奥巴马是一位缺乏军队领导经验的候选人，而希拉里对军事事务可谓驾轻就熟。还有一次，希拉里和媒体抓住了奥巴马的"小辫子"：他曾在私下里说，他发现"宾州小城镇的工人活得真辛苦"。他们因此指责奥巴马的精英主义，并成功地创造了"苦难之门"（bittergate）这个词。

更为微妙的是，希拉里甚至含沙射影地诋毁奥巴马。当在电视上被问及奥巴马是不是穆斯林时，她并没有为奥巴马仗义执言，反倒很小心地说："据我所知不是。"希拉里确实收到了大量的负面报道，尤其在她就"曾冒着敌方狙击手的枪弹，以第一夫人的身份，访问了萨拉热窝"一事撒谎之后。值此良机，奥巴马团队决定一举夺下舆论战的高地。尽管他的支持者们打出了"徒有其表的希拉里"这样带有敌视情绪的口号，但奥巴马仍在避免将两人间的"比拼"提升到"攻击政治"的境地，他的立场之所以如此坚定，有两个根本原因：首先，如果成功获得党内提名，那么在11月的总统大选中，希拉里将为他提供强有力的支持；其次，团队希望奥巴马能够向公众展示出一种新的政治家形象，他代表了新的政治形态。这一策略同样收效良好，尽管两边的支持者之间持续剑拔弩张，但却因为博客圈中的激烈交流，增加了奥巴马在大选中的获胜机会。

然而，奥巴马还是未能幸免于两种恶毒的政治攻击。第一种是由保守派谈话节目炮制出的、在网络上流传的一系列谣言（见附录中的表 A5-7），它们包括：奥巴马是穆斯林，他手摁古兰经完成了参议员宣誓仪式（手摁《圣经》是美国参议员宣誓时的传统做法）；他和前极端分子过从甚密；他没有佩戴星条旗徽，因此不爱国；他娶了一个不为美国自豪的女人，以及一系列其他谣言（见表A5-8）。尽管有无数证据可以为奥巴马正名，媒体也广泛报道了他与芝加哥赖特兄弟（牧师）的关系，但"奥巴马是穆斯林"的谣言仍然挥之不去：14%的共和党选民、10%的民主党选民，以及8%的独立选民都认为他是穆斯林（皮尤，2008b）。没有上大学的选民比起拥有大学学位的选民更愿意相信奥巴马是穆斯林（15%和5%）。而中西部和南部选民相信这一谣言的人数是东北部和西部的两倍。在农村地区，大约五分之一的选民（19%）称奥巴马是穆斯林，16%的白人福音教徒也这样认为。然而，由于这些信息的主要受众是保守的共和党选民，因此我们对流言的批判仿佛并不适用于初选阶段。舆论对奥巴马的怀疑确实动员了民主党选民中最保守的那一部分来质疑他的候选人资格，但这并未在独立选民和民主党主流选民中造成多大的负面影响。

面对谣言，奥巴马团队娴熟应对。一方面，他们动员了其庞大的草根组织网络，来向他们身边的人澄清，并鼓励他们积极在媒体和网络上发表足以澄清事实的评论。他们没有忽视攻击，并以坚定的信念面对恶意，因为奥巴马曾说过："在互联网时代，谎言一定会被传得到处都是。我是这些谎言的受害者。幸运的是，我认为美国人民比信谣者更聪明。"（奥巴马，MSNBC辩论，2008年1月15日）。另一方面，奥巴马的竞选团队设立了一个即时反馈网站：事实检查（http：//factcheck.barackobama.com/）。事实检查网上有一句奥巴马的名言："我的竞选方式就是我的治理方式，那就是凭借真相做出直接且强有力的回应。"该网页列出了其他政治家、记者所引用的错误或虚假信息，并辅以简短的更正。与此同时，希拉里也建立了一个名为"事实中心"的事实检查网站。

　　此外，在初选前期，奥巴马的团队还在 2007 年 12 月 3 日设立过一个名为"希拉里的攻击"的网站，专门回应希拉里团队发出的攻击。该网站在初选结束时被奥巴马团队关闭①。这一专为"希拉里"准备的网站，实质上是在讽刺她的绝望。例如，奥巴马在做幼儿园老师时，曾写过一篇《我想当总统》的短文，希拉里竞选团队以此为证据，称奥巴马说自己从来没有要"预谋"竞选总统是在说谎。网站抓住希拉里团队的"小题大做"，以其人之道还治其人之身，美美地取乐了一番。奥巴马团队还购买了另外两个域名：desperationwatch.com（绝望观察）和 desperatehillaryattacks.com（绝望的希拉里会攻击），访问者会被链接回"希拉里的攻击"网：hillaryattacks.barackobama.com（希拉里攻击奥巴马）。希拉里团队所发布的许多更具破坏性的攻击，也被奥巴马团队上传到了其 YouTube 频道（http://my.barackobama.com/YouTube）上。

　　然而，当耶利米·赖特——奥巴马最敬仰的牧师在布道时发表极端政治言论的场面被人拍下，并被数百万人观看后，奥巴马的政治生涯差点被送进坟墓。我称之为丑闻，是因为有人故意要借此毁掉奥巴马的声誉和信誉，尽管奥巴马本身并不认同赖特的极端观念，但"与极端分子过从甚密"的大帽子一旦扣下来，想要摘掉就十分困难了。一切有效的丑闻政治战略都有个特征：把攻击建立在对事实的选择性呈现之上。赖特牧师被奥巴马称为"我的牧师"，他曾是奥巴马个人生活和政治生活的灵感源泉。虽然奥巴马表达了对视频内容的不同意见，但是他一开始并没有选择与赖特断绝社会关系，直到他反复的挑衅行为逼得奥巴马不得不谴责他，并要求他离开"三一堂"。

①　奥巴马竞选团队首席战略师大卫·普洛夫通过一封邮件，宣布了该网站的建成，他在邮件中说："今天我们将推出一个网站，记录参议员希拉里发起的所有攻击，因为她说她不想在 11 月 10 日的杰斐逊—杰克森筹款晚宴上攻击其他民主党人。我们请求所有人保持警惕，如果你见到任何一条由参议院希拉里或其支持者发出的攻击，请立刻通知我们，以便我们用真相对其报以迅速而有力地回应。这些攻击形态各异，它有可能是电话、文学作品、博客文章、邮件以及广播和电视广告。有些甚至可能是匿名的。当您看到任何可疑的信息时，请发电子邮件至 hillaryattacks@barackobama.com。参议员希拉里说她认为乐趣就是每天攻击巴拉克，因此，我们需要你帮助，来制止这些攻击，并确保巴拉克可以继续与选民和党团会议成员就他们所面临的斗争，以及对美国的希望进行沟通。"

2008 年 3 月 13 日，赖特的视频首次出现在 ABC 电视台的《早安美国》节目中，紧接着通过 YouTube 传遍了全世界。其实，早在 ABC 之前，MSNBC 的主持人塔克·卡尔森，就曾在 2007 年 2 月 7 日批评奥巴马与"三一堂"是一丘之貉，卡尔森将"三一堂"称为"离经叛道者"，并且"违背了基督教的基本原则"。《芝加哥论坛报》在同一时间做出了类似的批评（Boehlert and Foser, 2007）。而压倒骆驼的最后一根稻草，可能是在

402 2008 年 2 月 26 日民主党辩论时，主持人提姆·罗塞特就赖特支持"伊斯兰民族"领导人路易斯一事询问奥巴马①。2008 年 3 月 16 日，奥巴马竞选网站上的赖特写给奥巴马的推荐信被撤下②。2008 年 3 月 18 日，奥巴马发表了关于种族问题的演讲，演讲中，他称赖特为他的"前牧师"，但也强调称，他不能切断与赖特牧师的关系，正如他无法切断他与美国黑人的关系一样。他的竞选幕僚也发表声明称，奥巴马加入"三一堂"，是为找寻自我身份认同所做的探索。作为混血儿，奥巴马是在百般挣扎之后，才终于找到了对其黑人身份的自我认同，这一切来之不易。

奥巴马的演讲给人们留下了深刻的印象，他在公众心中的形象也随之得到改善。他被认为是一个不会逃避争议，并且能直指问题实质的人。他敢于揭开美国的伤疤：黑人和他们的牧师因为挥之不去的种族歧视，而长期得不到社会的公正对待。奥巴马的独特立场源于他对现实分歧的敏锐观察，从认同黑人解放神学中存在的愤怒，到通过鼓励大家共同建设一个多种族社区来克服愤怒的"诱惑"。

在争议持续发酵的几周里，赖特毫无悔意。他在国家新闻俱乐部

①　蒂姆·拉塞特对奥巴马说，"你承认你的书的标题《无畏的希望》是来自于你的牧师、三一教会的领袖耶利米·赖特的。他曾说，'伊斯兰民族的领导人路易斯·法拉坎代表了伟大'。那请问你如何向犹太裔美国人民保证，无论是获得了法拉坎的支持，还是参加赖特所组织的活动，你都会在以色列事务上坚持美国一贯的原则，而不是以任何方式暗示法拉坎是伟大的?"事实上，根据《媒体事务》的报道（2008 年 3 月 3 日），赖特从来没有说过法拉坎代表伟大，而这句称赞其实出自教会的某位工作人员之口。

②　有趣的是，由于教会属于税务法第 513 章规定的所谓慈善机构，因此他们对于政治候选人的背书实际上是非法的。以下是已删除的证词：我，耶利米·赖特、三一教会高级牧师、奥巴马的牧师："我关心医疗、伊拉克战争、刑事司法系统中的高再犯率、伊利诺伊州公立学校的糟糕条件。许多支持诸如艾滋病患者等病患的资源，现在被用在了战争上。我们必须沟通……我支持巴拉克，因为他是信念的化身——他的信仰在肉体上长存。他与所有具有信仰的社群对话，甚至那些没有信仰的社群也是一样。他正在建设一个每个人都能在其中找到自我价值的社区。在 2007 年，这样的信念就像奥巴马本身一样罕见。"

NPC 和 NAACP 发表了演说，但不过是重新肯定了自己先前的言论。他将外界对于他个人的攻击，称作是对"黑人教会"的攻击。直到 4 月 29 日民主党全国大会召开，奥巴马才终于在演讲中直截了当地谴责了他的前牧师。

403

ABC 对赖特的种族主义言论和反美论调的热炒，造成了巨大的舆论影响。接近八成的美国人（79%）表示，他们了解过赖特的布道丑闻（51% 的人选择"了解很多"，28% 的人选择"了解一点"），大约一半（49%）的人看过布道丑闻的视频。54% 的人说他们对奥巴马的演讲"十分了解"，31% 的人只了解一点。一半受访者（51%）说他们看过了奥巴马的演讲视频，其中 10% 的人通过网络观看了该视频（Pew，2008a）。截至 6 月 10 日，奥巴马的演讲已经在 YouTube 上获得了 650 万播放量。奥巴马的民意调查支持率尽管在赖特事件后有所下降，但他很快就在盖洛普每日民意调查中反超了希拉里。

事实上，民众对赖特丑闻的反应显现出明确的党派差异：在曾经听过赖特布道的人中，75% 认为他的言论具有攻击性，而这一比例在独立选民和民主党选民中分别为 52% 和 43%。在民主党铁杆选民和倾民主党选民中，希拉里支持者比奥巴马支持者更抵触赖特的布道，尽管奥巴马的选民中已经有三分之一的人认为他的布道具有攻击性。在了解这一丑闻的选民中，只有一半稍多的人认为争议得到了良好的处理（23% 很好，28% 不错）。这些数字在民主党选民和非洲裔美国人中较高（约三分之二）。值得注意的是，三分之一的共和党受访者认为，奥巴马对该问题处理得恰如其分（Pew，2008a）。总而言之，赖特事件是一次极具破坏性的攻击，引发了舆论对于奥巴马总统候选人资格的质疑。这是主流媒体，特别是 NBC 和 ABC，为了所谓的"游戏公平"所做的工作，毕竟奥巴马几乎没有其他丑闻可供报道。奥巴马陷入了极度痛苦的两难抉择中：谴责他最敬重的导师，还是放弃他的候选人资格。他试图两者都不选，而把自己放在争论的另一个平面上，尝试解释和理解，而不是隐藏或谴责。但他终究不得不忍痛斩断自己精神上的根须，因为赖特牧师沉浸在自己不健康的言论中难以自拔了。不过，奥巴马处理得十分体面。他通过了赖特丑闻的考验，他关于种族关系的演讲，在全国各地的高校中都收获了好评。面对美国社会长期以来的一个讳莫如深的现实，奥巴马的演讲仍旧是最明确的对质。

404

　　然而，这还不是奥巴马在政治上得以存活的原因。正如数据所显示的，尽管共和党和保守派的评论员，以及投机派希拉里，都看到了打败奥巴马的机会窗口，继而落井下石。但因为奥巴马已经赢得了民主党选民，特别是他的支持者们的绝对信任，因此，他的一切承认与否认，都有了极高的可信度。我们知道（见第三章），对于自己相信的东西，民众总是能信多久就信多久。奥巴马的诚意足以证明许多问题，他直面问题的态度，以及矢志不渝地追寻种族和谐的立场，为自己的信徒和大多数民主党选民开辟出了一个避风港，令大家能够在反对赖特的前提下，仍然保持对奥巴马的支持。科莫拉和莫霍伊（2008）记录了该丑闻的在宾夕法尼亚州初选中造成的负面影响，特别是对于迟迟未能决定的选民的影响。然而，选民对于奥巴马的信任，连同他的雄辩和直言不讳态度一起，帮助他冲破层层难关，最终获得了总统提名。

　　赖特丑闻向我们传达出一个信号：话语的争斗可以用话语来解决，因为话语本身是很重要的。赖特的布道加上其肢体语言，本质上就是一种话语，它令大部分美国人觉得反感，也引发了公众对于激进种族主义情绪的恐惧。当奥巴马回忆起他的祖母在与黑人打照面时的惊恐，以及她望向自己的小孙子时的爱怜时，他的话语既是分析性的，又是情感性的。他将种族融合的理想寓于演讲之中，并借此为自己赢得了信誉。至少对于那些需要相信他的人而言，这些信誉足以支持起他们对奥巴马所怀有的信念。

反叛的意义

　　在他获得总统候选人资格后的几个星期，奥巴马做了一系列被媒体观察家们视作向"中间路线"靠拢的决定。他为自己辩护，称自己的立场从来没有改变，并称批评他的人可能是没有认真听取他在竞选期间的演讲。虽然这不完全是真的（例如对于是否该向窃听潜在恐怖主义活动的电信公司提供司法豁免权一案，他就改变了态度），但这么说基本上是正确的，并且直指奥巴马竞选活动的内核：矛盾状态。如果按照在参议院的投票记录，奥巴马堪称是最左的参议员之一，但他并不比一些民主党政客们来得更左。他确实代表了一种与众不同的政客：更注重政治过程而不是政治结果；更加热衷于根据自己的标准做出决定，而不受到特殊利益集团的束缚；更愿意为自己的行为负责，因为这正是他的政治资本之所在。历史会给予他公正的判决，因为希望与对希望的背叛往往会被同时编织在政治以及反叛政治的结构中。

如果站在传播与权力间关系的角度来看，他突破盘踞在政治机构周围的利益集团的阻挠、抵御丑闻政治的杀戮，并一步一步获得总统候选人资格的经历，是具有划时代意义的壮举。此外，他成功地动员了数百万公民，其中包括许多被迫退出政治机制或被政治交易边缘化的人。奥巴马之所以能够成功地做到一点，就是因为在政经萧条、举国愤懑的时代背景下，他将可期的变化传递给了每个人。是的，他是第一位获得主要政党的总统候选人提名的非洲裔美国人，这对于美国而言是十分重要的，在这个国家，身份政治是民主生活的一个基本面，而种族鸿沟一直是其历史的重要特征。不过，如果是希拉里获得了提名，那同样也能被称为"历史的转折点"。因为虽然女性领导人在其他一些国家已不是新鲜事，包括以色列、英国、印度、巴基斯坦、芬兰、挪威、菲律宾、德国、智利、阿根廷等国，但根据美国 2008 年的民意调查显示，相对于一位女总统，民众更愿意接受一位黑人总统。

所以，客观上，由于两人都打破了身份的天花板，因此，他们的初选活动对于美国政治的未来而言都有十分重要的意义。不过，这还不是奥巴马初选活动的最重要的成就。

406

奥巴马的初选活动之所以能够算作反叛政治在信息时代的一个经典案例，是因为他有能力通过与个人建立直接联系，而广泛激发社会正能量（热情、信任、希望），同时将无数散发着正能量的个体组织起来，成为无数个具有行动力和执行力的社区，将"他的总统竞选"变成了"他们的总统竞选"。正是这种互动与连接，促使数百万人像从前一样投身到反叛政治中。奥巴马一代是渴望社区、高科技和深度接触的年轻人，他们将生活内容的大部分都搬到了网络上。但受到影响的并不止有这些可爱的青年人，竞选活动本身还有着更为广泛的社会影响。它还开启无数人心中对积极政治的无限热望，开启了一条饱含政治期待的康庄大道，令每一个普通人，都能在各得其所的同时，保持对未来的共同期许。在许多方面，奥巴马竞选活动的价值，已经远远超出了他个人和他的具体政治计划的范畴。这就是为什么在选举进程结束之后，击败麦凯恩的紧迫需求一旦消失，簇拥在奥巴马身边的行动社区势必会面临分裂和冲突。事实上，早在民主党大会之前，奥巴马的忠实拥趸中便传出了第一声抱怨。有证据表明，奥巴马对基层组织的依赖可能会对他的总统生涯产生严重的负面影响。一旦他做出了偏离原则的决定，那么由他动员起来的这些反叛政治社区，便极有可能反噬奥巴马自己。例如，早在 2008 年 7 月，"参议员奥巴马请对电信公司豁免权说不——获得《涉外情报监听法》权利"① 就成为 MyBo（奥巴马的个人社交网络）上最大的话题社群。以及像 MoveOn（前进）这样深受奥巴马鼓舞、在奥巴马的初选活动中发展壮大并为他立下汗马功劳、坐拥 300 万成员及捐赠者的庞大组织，在奥巴马上台后便宣布要坚持其实现公民民主的组织原则与既定目标，不论总统办公室里坐的是谁。反叛政治的标志就是如此：当叛乱不以求得某种意义上的释怀（选出候选人）为结束，而是坚持其目标——为人民所期望并笃信的改变而奋斗到底。

那天之后

2008 年 11 月 4 日，奥巴马创造了历史。他不仅成为美国第一位黑人总统，打破了一个有奴隶制和种族隔离历史的国家的政治天花板，他还使数百万民众重燃对民主的信任。这一年，参与投票的青年人和少数族裔达到了前所未有的规模②，新注册选民比 2004 年增加了 4200 多万③，总共有 131608519 名美国人投票，比 2004 年增加了超过 1000 万人（相比之下，符合投票要求的选民增加了 650 万人；美国选民研究中心，2008 年）。与 2004 年相比，共和党投票人数略有下降，但仍然是自 1960 年以来投票率最高的一次（CSAE，2008）④。奥巴马也是自吉米·卡特以来第一位获得超过 50% 的选民票的民主党候选人。其中，少数族裔和年轻人的支持是奥

① 《涉外情报监听法》（Foreign Intelligence Surveillance Act），颁布于 1978 年，该法案禁止国家安全局在没有获得法院授权的情况下，监听美国境内人员的通话。——译者注

② 奥巴马动员的青年选民，几乎是当年约翰·肯尼迪超过理查德·尼克松部分的四倍。66% 的 30 岁以下的选民支持奥巴马，比约翰·麦凯恩多出 34 个百分点。此外，据估计 2008 年所有新登记的选民中有 60% 不满 30 岁（CIRCLE，2008）。

③ 2008 年 11 月 3 日，全美政府秘书协会（NASS）发布了初步统计的注册选民人数，有 20 个州的选民数目有所增加。

④ 奥巴马赢得了 2008 年总统选举，获得了 365 张选举人票，而麦凯恩仅获得了 173 张。他获得了 69456898 张选民票（占总票数的 52.87%），而麦凯恩也获得了 59934814 票（总票数的 45.62%）。合格选民参与率从 2004 年的 60.6% 增加到 2008 年的约 63%，增长 2.4%（Gans，2008a）。但这一比例实际上低估了公民参与的水平，因为注册选民从 2004 年的 1.43 亿增加到 2008 年的约 1.85 亿，这主要归功于奥巴马的竞选活动。他所获得的选票，比有史以来任何一位美国总统所获得的都要多（罗纳德·里根在 1984 年获得了 54455472 票），动员的年轻人也是史上最多，并且，公民参与度至少是 1964 年总统选举以来最高的一次。

巴马获胜的根基[1]。但奥巴马的胜利不只属于他的核心支持者们，大部分女性将票投给了奥巴马，而男性也是如此。他改写了美国的政治版图，将九个红色州（共和党）变成了蓝色（民主党州），甚至包括像弗吉尼亚州和印第安纳州这样的自 1964 年就从未归属于民主党的深红州。他大体上没有延续在过去二十年内塑造了美国政治格局的"传统"模式，正如本书第四章所述。通过筹集超过 7.44 亿美元的竞选资金，奥巴马成功打破了传统的政治游说体系，其中一半以上（334636346 美元）来自 200 美元及以下的个人捐款[2]。据他的社交网络协调人克里斯·休斯发布的统计数据，2008 年 11 月 7 日，在奥巴马竞选的 21 个月期间，他的支持者创建了 3.5 万个地方性组织，并召集了超过 20 万场小型活动，而这一切工作都是通过 My.BarackObama.com 网站完成的。此外，奥巴马竞选团队还保证让网站作为社会组织的平台无限期地运行下去（Hughes，2008）。奥巴马的竞选活动表明，一种建立在信任和热情，而非怀疑与恐惧之上的新的政治形态，可以在某些条件下获得成功。

除了主观因素，还有一些客观因素也极大地帮助了奥巴马取得大选的最终胜利，其中最重要的便是经济危机的恶化和 2008 年秋季的金融崩溃。9 月初，两位候选人（奥巴马与麦凯恩）在大多数民意调查中都咬得很紧。萨拉·佩林以其优雅的个性，极大地动员了共和党（保守派）的基本盘，并成功吸引了大量媒体的注意。但成也媒体，败也媒体，媒体的过分关注

---

① 根据美国大选全国报道团（NEP）的民意调查，奥巴马在多个界别上都击败了麦凯恩（纽约时报，2008）。与麦凯恩相比，奥巴马的主要票仓包括：30 岁以下的选民（66%：32%）、首投族（69%：30%）、非洲裔美国人（95%：4%）、拉美裔（67%：31%）、年收入低于 5 万美元的选民（60%：38%）、妇女（56%：43%）、天主教徒（54%：45%）和犹太人（78%：21%），以及年收入超过 20 万美元的选民（52%：46%），他的前辈约翰·克里在 2004 年仅赢得了该界别的 35%。他也成为自比尔·克林顿后，第一位男性投票（49%：48%）上获胜的民主党候选人。在社会议题界别中，奥巴马在经济问题（53%：44%）、伊拉克问题（59%：39%）、医疗保健（73%：26%）和能源议题上（50%：46%）都超过了麦凯恩。相比之下，麦凯恩在认为恐怖主义是最严重的问题的选民中占得优势（86%：13%，Pew，2008d），此外，他在如下界别中也战胜了奥巴马：白人选民（55%：43%）、65 岁以上（53%：45%）、新教徒（50%：41%），以及生活在小城镇和农村地区的选民（53%：45%）。然而，较之于从前的所有民主党候选人，奥巴马在每一个界别上都有着更好的表现。例如，自 1972 年以来，唯一能在白人投票中与奥巴马比肩的是 1996 年大选时的克林顿。他还赢得了所有在 2004 年支持克里的州，并赢得了 9 个在 2000 年和 2004 年投票给共和党的州，例如印第安纳州、弗吉尼亚州、北卡罗来纳州和佛罗里达州等共和党据点。

② 数据来自联邦选举委员会，2008 年 11 月 24 日。

409 使得她的糟糕表现被无限放大，最终摧毁了佩林在公众心中的形象。在选举日当天，有六成选民认为萨拉·佩林没有资格担任副总统，这其中有81%的人是奥巴马的支持者（皮尤，2008d）。

此外，麦凯恩糟糕的竞选活动也帮了奥巴马大忙。他不断地变换竞选的焦点，在驳斥奥巴马和攻击他的政策之间游移不定；因为自己年事已高而选择了年轻貌美的佩林作自己的竞选搭档（副总统人选），并试图凭借佩林的州长身份来攻击奥巴马缺乏执政经验的弱点；错误地将希拉里的支持者视为自己的潜在选民。此外，麦凯恩在金融危机期间的不可靠表现，与奥巴马的稳健风范形成鲜明对比，因此削弱了人民对其领导力的信任。能够对阵约翰·麦凯恩，是奥巴马的幸运。因为麦氏向来耻于玩弄攻击政治，并常对精于此道的政客加以猛烈批评。2000 年，麦凯恩曾因一份内容无法核实的传单，而在共和党南卡罗来纳州的初选中落败。传单说麦凯恩的养子实际上是他与一位非洲裔美国妓女所生的野种。在竞选失败后，麦凯恩站上了道德的高地，他发表声明，抨击这类"负面政治"的勾当，并声称："人们迟早会弄清楚，你的竞选到底是收到了你无法预知的负面广告的蓄意攻击，还是你无力回应。"[1] 他在初选中经常抨击采用这类伎俩的对手。他在公开场合将米特·罗姆尼在爱荷华州的失败归咎于其负面政治的战术，并告诉竞选团队的每个成员："人们不会被负面竞选所欺骗"。

在他 2008 年大选初期，共和党的政治行动委员会执行了许多肮脏的战术，保守派的谈话节目也在网络上散播诋毁奥巴马出身的谣言，而麦凯恩却试图将对于奥巴马的负面攻击限定在给予其个人尊重的范围内。但由于麦凯恩在整个竞选期间，甚至他的整个职业生涯中都常常批评攻击政治，因此，任何一丁点"攻击政治"的做法都只会对麦凯恩造成更大的危害，奥巴马反而相对轻松。麦凯恩从来没有采纳欺骗政治的做法，

410 他在南卡罗来纳州时就是这一伎俩的受害者。然而，当他在演讲和广告中更加个人化、更具侵略性地攻击奥巴马时，这一在其他候选人身上屡试不爽的伎俩，却反噬了麦凯恩，引得公众质疑其是否真的像他自称的那样，是一位"华盛顿的特立独行者"[2]。皮尤在 2008 年 10 月的调查中

---

① 该声明是在 2000 年 2 月 21 日与吉姆·莱勒在《新闻一小时》节目采访中发布。

② 威斯康星大学广告计划（2008）的研究发现，只有 26% 的麦凯恩的竞选广告没有对奥巴马进行负面攻击，而这一比例在奥巴马的竞选广告中占到了 39% 。

发现，56%的受访者认为麦凯恩对奥巴马的攻击太过个人化。由于烙有卡尔·罗夫标志的共和党的攻击机器，很难在负面政治的攻讦战中秉持一致对外的运行逻辑，因此，在候选人和共和党的顾问之间，以及在麦凯恩的顾问和佩林的顾问之间，巨大的矛盾日益显现，麦氏的前途也因此注定渺茫。

事实上，在竞选的最关键时刻，金融危机使得麦凯恩的候选人资格严重受损①。奥巴马仅仅通过指出布什政府在危机中的罪责，再将麦凯恩在参议院的投票记录和经济政策建议，与布什的经济哲学与实践联系起来，便轻而易举地将"罪责"的大帽子扣在了麦凯恩头上。通过媒体在关键州的轮番轰炸，以及在候选人辩论时不爽毫厘的精彩表现，奥巴马提前锁定了胜局。麦凯恩则在面对奥巴马的指控时百口莫辩，终究没能成功切断与小布什政府的联系，并因此一败涂地。

可以说，任何民主党候选人，只要其竞选活动是专业而认真的（比如希拉里），都能在 2008 年的经济背景下赢得这次选举。奥巴马燃起了选民特别是新选民的热情，这帮助他取得了决定性的胜利，并赋予他正上下求索着的带给美国和世界以变化的权力。但是，如果他是在重大经济危机和两次不受欢迎的战争期间作为民主党候选人参加大选的，那么奇迹将很难在他身上出现。如果我们仍然可以将奥巴马选举描述为反叛政治的主要案例的话，那是因为他是民主党内"不大可能"获得提名的那个人。谁也没有料到奥巴马能够战胜不可一世的希拉里·克林顿，以及她身后那强大的克林顿机器。这场胜利，可以归功于奥巴马的新政治：从政治机制的边缘掀起的一场运动，并成为政治制度转型的代理人。此外，高强度、长时间的初选磨炼了奥巴马的竞选团队，大大提高了他的社会地位，同时令"奥巴马"成为全世界家喻户晓的名字。可以说，本书所要分析的关键，就是本章的总统初选，即通过探索传播与权力之间新的关系，来开辟社会变革的新途径。正是因为这场初选，奥巴马才得以成为美国，乃至全球社会变革的政治代理人。这不仅要归功于他的政策，更是因为他发人深省的言行，以及他对草根互联网政治的熟练运用。

411

---

① 2008 年 9 月，麦凯恩"暂停了竞选"，并回到华盛顿，帮助美国银行系统寻求国会的援助。然而，麦凯恩被批评为是在"破坏"法案的快速通过。皮尤在 10 月份进行的调查中发现，只有 33%的受访者认为，麦凯恩能更好地处理经济问题，而这恰恰也是选举日当天选民们最多谈及的问题。

　　他和他的团队（一个在意识形态和政治取向上多样化的团队）从小布什政府手中接过了一个经济衰退中的国家，一个经济衰退、战火纷飞的世界，一颗危机四伏的星球。即使是最具救世主情结的人，甚至连奥巴马自己，也很难相信他会有效地解决所有问题。在有的人看来，他会成功，有的人看来，他会失败，但是非成败终有历史学家和人民来判断。他可能会凭借智慧与决心拼搏一番，但肯定会让许多人失望。这不仅因为由希望衍生出的反叛政治一旦被制度化后，其本质就是如此，而且也是由于奥巴马自身的矛盾状态使然。正如本章所述，矛盾状态允许人们用自己的梦想和愿望填补候选人的话语空白。因此，一方面，它是激发热情、构建信仰的原动力。另一方面，正是因为人们能将他们自己的话语投射到奥巴马的话语上，而不必与他的想法和判断保持一致，所以埋下了对抗、分歧，甚至背叛的种子。然而，这种技巧并不能等同于政治操纵，因为正如我此前所强调的，矛盾状态中的不确定性是一种手段，而不是目标。如果奥巴马最
412　终改变他的目标（如果他不为每个人提供医疗保险，或者如果他不结束在伊拉克的战争），那他的政治便与往常的没有什么不同。如果他试图通过与左派政客的传统方式略有不同的务实手段来实现他的既定目标（例如创造就业机会、出台新能源政策、增强国际合作），那么这便与他先前所承诺的方案一致，尽管会在大多数关注意识形态的支持者那里收到谴责。在面对我们这个世界的经济和地缘政治的严酷现实时，他将不得不偏离他最初的想法。然而，真正需要我们反思的是，当失落和绝望蔓延到全世界时，谋求希望的反叛政治是如何走到世界政治的前沿上来的。

重置网络，更新想法，改变世界

　　本章的案例研究为我们观察当代的社会变革打开了天窗。社会运动有着创造另一番世界的可能性，这与嵌入社会制度的规范和教条的作用正好相反。通过将新的信息、新的做法和新的行动者带入政治体系，政治反叛者们向政治的必然性发起挑战，并令我们枝叶新丰的民主之根得以再生。他们改变了现有的权力关系，决定着谁能得到什么，以及我们所获得的东西到底意味着什么。

　　如果想要在网络社会中实现社会变革，就必须对负责形象操控和信息处理的符号环境进行重新编码，这是影响个人和集体实践的决定性因素。

在连接心灵及其交际环境的网络中创建新的内容和新的形式，与改变人的想法的尝试没有区别。如果人的感觉不同，或者思维方式不同，那其行为也会不一样，这最终会改变社会运作的方式，即通过颠覆现有的秩序或通过达成一个新的社会契约，来承认新的权力关系。因此，塑造了某类交际环境的传播技术对社会变革的过程具有重要的影响。传播主体相对于舆论控制者的自主性越高，在传播网络中占主导地位的价值和利益就会面临更大的挑战。这就是为什么如第二章所分析的，大众自传播的勃兴为建立在电子传播这一"元网络"之上的社会，提供了激发社会变革的新契机。

对意义网络的重置，会对一切网络中的权力运行产生影响。如果我们将自然视作脆弱的环境，而不是一次性的资源，那么新的生活方式就能够替代以汽车、石油和建筑业为基础的旧生活方式，并改变其背后的财权与政权间的权力关系。如果世界上有越来越多的人，以多样化的方式看待全球化，逐渐学习如何在一个相互依存的世界中生存，那么管理并合理协调市场、人权、环境保障和全球社会契约的新的全球治理系统，将有可能战胜由跨国公司、金融贸易商、扁平化世界的辩护者和官僚阶层强推的所谓全球新秩序。如果人们有能力将正在说谎的统治者摁在当场，并且能够通过反叛社区来及时组织反抗活动，那么世界各国政府就必须兢兢业业，重新对被他们抛弃许久的民主原则报以敬畏。有史以来，当权者一直监视着普通人，但时代不同了，普通人也可以反过来监视当权者，这种监视的程度或许尚不理想，但起码比从前要进步许多了。有了手机，我们都成了潜在的公民记者，可以随时随地地记录任何人的错误并上传到全球互联网上。除非精英们逃到一个常人不可见的空间中去，那么他们的一言一行将永远处在数百万双眼睛的监视之下。如果一个政治局外人想要通过动员那些被制度边缘化的行动者来成为政治领袖，并用无权者的钱剥夺有钱人的权，那么，能够令网络草根化、让草根网络化的新的通信技术，便也有能力通过反叛政治的方式，为代议制民主的发展开辟出新的道路。尽管"背叛革命"是政治规则中不变的烙印，本章的案例研究，以及世界上许多其他的经验都可以表明，一旦有人在登台后"背叛革命"，群众有能力把假的先知打倒，并将权力重新夺回到自己手中。

所有这些社会变革，不论是价值观上的政治上的，都见证了大众自传播的重大意义。通过网络，人们可以紧密地联系彼此，主流媒体再也不会我行我素地忽视萦绕在其身边的嘈杂世界，这客观上扩大了消息的传播范围。当然，正如我在本书中重申的一样，技术本质上并不引发文化和政治变化，尽管它总是对"不确定性"有着强大的影响力。然而，新的多模态、交互式的传播系统，极大地加强了新消息和新信使对整个社会的传播网络的影响，使其有能力围绕自己的价值观、兴趣和目标来重新编织网络构造。在这个意义上，自主交际的建构与社会和政治自主性的发展密切相关，社会和政治的自主性是促进社会变革的一个关键因素。

　　然而，技术所带来的自由并不是免费的。各种可能来源和种类的组织，包括政府、政党、公司、利益集团、教会、黑帮，以及各种权力机构，都有意让自媒体优先为其特殊利益服务，因此，他们将新的技术变为自己的"财产"。换言之，尽管利益是多样化的，但是目标都只有一个：驯服自媒体，将释放其自由的权力掌握在自己手中。为了达成这一目标，他们设计了一个具有决定性战略意义的项目：为我们这个时代套上电子外壳。通过买断土地所有权，失地农民被迫成为服务于资本主义的工人，土地所有者则顺理成章地成为资本家，工业革命通过这一机制释放了其发展潜力。相似的，传播革命中的"耕地"也被征用，并被用于娱乐的营利化和个人自由的商品化改造。历史不是预先写好的，所以我在本章中所记录的新意义的创造和自媒体的兴起之间的协同作用，只是"纪律与自由"的长期斗争过程中的某一阶段，

　　或许可以说，在我们这个时代，最具决定性影响力的社会运动，正是那些旨在维护互联网自由、抵御政府和企业的控制、努力争取传播自主权，并为构建信息时代的新公共空间打下基础的社会运动①。

415

---

① 旨在重塑互联网和其他传播网络的使用和管理方式的社会运动，正在成为学术研究的重要领域，对于新一代传播学者而言更是如此。我的博士生劳伦·莫维斯正在研究旨在推进全球互联网治理民主化的全球社会运动（Movius，即将出版）。另一位安纳伯格传播学院的博士生 Sasha Costanza - Chock 正在对使用新的传播媒体的本地社会运动进行比较分析（Costanza - Chock，即将出版）。此外，还有不少安纳伯格的学生都在从事这个领域的研究，我知道的就有罗素·纽曼（2008）和梅利沙·布劳（2008）。唐宁（2000），古特和克伦（2003），移索（2006）和麦克切斯尼（2008）是这一领域的先锋。而欧洲和中国的情况，不妨参见米兰（2008）和邱（2009）。

结语：向权力看齐的传播理论

在我看来，本书初步验证了与权力在网络社会中的性质相关的一些假设。在人的思想中构建意义，是权力得以通过大众传播和大众自传播，在全球和本地的多媒体网络中运行的基础。虽然权力理论和历史经验都在提醒着人们，国家暴力是社会力量的决定性来源，而我认为，暴力或恐吓事业的成功，离不开行动者提前在个人和集体中构建的心灵框架。例如，在"反恐战争"的框架下，小布什政府成功地用错误的信息征服了美国人的思想，为美军出兵伊拉克铺平了民意的道路，更为其个人继续享受白宫生活亮起了舆论的绿灯。

社会机制的顺畅运行，不是司法和警务部门迫使公民遵守规则的结果。事实上，在一些深受犯罪网络渗透的社会中，警察往往会成为守法公民的威胁，以至于公民们宁愿自我管理，而让自己的小日子尽可能地远离国家机关的统辖。权力属于谁、该如何执行，取决于人们如何看待社会的组织机构，以及如何与其赖以生存的经济形态和社会模式中的文化氛围产生联系。肆虐在地球上的种种暴行告诉我们，屠杀往往包藏着经济利益和个人野心，人们会因为其感觉而杀人，种族敌意、宗教狂热、阶级仇恨、民族主义仇外心理和个人愤怒，都足以成为他们杀人的理由。在救世主、军火商和外国势力的象征性操纵下，人民群众被引向自我毁灭的深渊。此外，政治暴力是传播的一种形式，通过操纵"死亡"的形象来灌输恐惧，从而达到"杀人诛心"的效果。这正是恐怖主义活动所采取的策略，它四处破坏，随机而壮观，以此在目标人群中制造永久的不安全状态，而抵御威胁的安全措施反而助长了恐惧和焦虑，诱使公民无条件支持其管理者和保护者。暴力，通过传播网络的播送，成为恐惧文化的媒介。

因此，至少在当前的时代背景下，暴力和暴力的威胁总是与意义的构建相结合，这一过程发生在社会生活的各个领域内，存在于权力关系的生产和再生产过程中。意义构建过程所处的文化背景既是全球的，也是地方的，并且十分具有多样性。然而，所有符号构造过程都有一个共同特征：依赖于在多媒体网络中被设计、创造、传播的信息和框架。虽然每个人对意义的构建都会遵循自己的理解模式，但是这种心理过程难免不会受到传播环境的影响。此外，在自媒体蓬勃发展、受众分类日益精细化的新世界中，大规模共享媒体消息的情况虽然日趋罕见，但人们所共享的，是在多个发送者和接接收者间分享消息的文化氛围。正是因为新的传播系统是如此多功能、多样化和开放，它足以集成各个来源的消息和代码，将社会化传播中的大部分信息包含在其多模式、多通道的网络中。因此，如果说权力关系在很大程度上是构建在人类思想中的，并且人类思维中的意义建构主要取决于传播网络中信息的处理和图像的流动的话，那么我们便可以毫不理亏地说，权力属于传播网络及其企业主们。

418 　　这个结论也许合理，但却不大符合我们的经验。因为传播网络虽然是信使，但它并不是信息。媒介不是信息，虽然它规定了信息的格式和发布形式。信息才是信息，信息的发送者是建构意义的源头。事实上，传播网络是意义建构的条件之一，此外，这一过程还受信息接收端的"思维"条件的制约，包括个人思维和集体思维。所谓集体思维，我指的是信息在被接收时所处的文化背景。

　　参考第一章中提出的概念，多媒体传播网络会通过它所传达的信息来行使网络权力，因为信息的传播，必须符合蕴藏于网络的结构与管理过程中的公共协议（或 Grewal 的公式）。崇尚标准化的大众媒体，可能会因为其信息的高度格式化①来塑造人的思维方式（例如以娱乐信息的形式来播报新闻）。但在自媒体的世界中，要求格式多样化反倒成了普遍规则。因此，显然标准化被降格成了网络权力的一个来源，而数字化则成为传播的新标准，简言之，一切都可以被数字化，因此标准似乎不再会抑制信息的表达。但是，这一新变化也有其显著的、反向的效果：它往往会令一则消息扩散到难令人控制的程度。数字化与全球传播网络中潜在的病毒传播并无二致。换言之，如果你有意传递某个消息，那这一特质就是无比积极的；相反，如果你本想"秘而不宣"，比如一则记录你丑态的视频被传到了网上，那么其后果就有可能是毁灭性的。在这种情况下，由数字网络执

_____

① 本节中的所谓"格式化"，是指以某种格式来重塑某个信息，而非计算机术语中指代"删除"的所谓"格式化"。——译者注

行的网络权力呈现出新的形式：消除了对传播的控制。而这与大众媒体的传统网络权力形成了鲜明对比——传统网络权力会根据公司战略需要，将原信息格式化以适应观众需要。

然而，作为传播结构的多媒体网络本身并不拥有网络准入权、网络控制权，以及网络建构权。它们依赖于其编程者的决定和指令。在我的概念框架中（见第一章），网络准入权包括了让媒体或消息通过网络把关人的审核程序，进入网络的能力。每个传播网络的编程者都是"把关人"，他们通过禁止或允许某则消息接入其网络来行使网络准入权。我称之为节点把关和消息把关。自媒体的兴起深深地改变了大众媒体的编程者的把关能力。任何被上传到互联网的东西，都有可能被整个世界知晓。然而，"把关"仍然是可观的网络权力，因为大多数社会化传播仍旧以大众媒体作为其运作平台，且眼下最火的信息网站也还是主流媒体的网站，毕竟品牌效应对于信源的可信度的影响举足轻重。此外，政府收紧对互联网的控制，以及和企业构建业务闭环的尝试，都表明网络权力持续掌握在把关人手中。

与网络规范权和网络准入权不同，网络控制权是一种由网络内部的某特定节点向其他节点所行使的权力。在传播网络中，这一权力表现为拥有和运作多媒体传播网络的组织内部的议程设置、管理和编辑决策权。在第三章和第四章，我分析了媒体企业的多层决策结构，尽管侧重于政治信息的处理。我剖析了新闻产品背后的各路决策者间的复杂互动。所谓"决策者"，是指拥有议程设置能力的社会角色，比如政府或社会精英、传播网络的所有者及其企业赞助者、广告代理机构、管理层、编辑、记者，以及越来越多的活跃受众。每个级别都有其编程者，且每个网络之中又有多种类型的编程者。就编制网络的能力来说，虽然编程者也有等级之分，但网络行为的每个决定，都离不开所有编程者间的通力合作。因为系统内的编程者之间，以及多个系统的编程者之间，早已有了紧密的互动，换言之，编程者之间的联系已经构成了他们自己的网络：用于在网络上建立和管理项目的决策集群。但他们的权力是具体的：为了确保实现网络的目标——吸引受众，无论这么做是为了将利润最大化，还是将影响力或其他东西最大化。通过编程者的网络控制权来实现的网络管理的总体目标，就是要维持已经构建起来的程序，它从属于传播网络中的掌权者。然而，对传播网络的联网管理，必须在由"外部因素"设计的元程序中运作。这个神秘的

419

420

"外部因素"就是权力的最重要形态：网络建构权。

网络建构权是指建立和编制网络的能力，比如构建一套多媒体大众传播网络。网络建构权主要掌握在媒体公司的所有者和控制者手中，不论他们是为企业服务，还是为国家效力。这些人在金融、法律、制度和技术层面都拥有足以组织和运营大众传播网络的雄厚实力，他们决定了传播的内容和形式，以此来完成他们赋予网络的最终目标：制造利润，制造权力，制造文化。但是"他们"到底是谁呢？我可以点出几个名字：默多克、贝卢斯科尼、布隆伯格；在互联网界则有谢尔盖·布林、拉里·佩吉、杨致远、大卫·菲洛等。

第二章中的分析不仅展示了全球多媒体商业网络的现实复杂性，而且揭示出了整个传播网络的核心所在，不论是全球性的、国家性的，还是地方性的。制造网络的权力掌握在少数企业集团，以及其代理人和合作伙伴的手中。这些联合大公司由在多种模式、多种文化和制度环境中运行的多种性质的媒体网络构成。多媒体大公司与金融机构、主权基金、私募股权投资公司、对冲基金等各种金融投资者相互交织。当然也有一些决策活动高度个人化的例外，但是，正如我下面将要分析的，即使是默多克，也得依赖于各种来源的网络制造权力。

总之，企业联成的网络本身就是拥有网络制造能力的元程序编程者，其结构和动态如第二章中所述。它们是制造网络的网络，并把它打造成便于实现其先天目标的样子：在全球金融市场中达到利润最大化；为国有公司提升政治权力；吸引、创造，并留住受众，以此作为积累金融资本和文化资本的手段。此外，这些全球多媒体商业网络的投资范围会随着交互式、多模态传播的新发明的出现而扩大，这一趋势在互联网和无线传播网络出现时尤其明显。在这种情况下，网络的塑造过程变得更关乎形式而非内容。互联网只有在人们使用它时才变得有利可图，如果它一旦失去了其基本特质——高交互性和沟通的不受限，不论如何监管——人们便会减少对互联网的使用。互联网的扩张，以及 Web 2.0 和 Web 3.0 的发展，为实施被我称为"自由的商品化"的战略提供了非凡的商业机会：将"免费沟通"常态化，以接入全球传播网络的机会为交换，获取受众的个人信息，并使其成为广告目标。然而，一旦进入网络空间，人们就可能萌生出各式各样的想法，包括挑战企业权威、瓦解政府权力，以及改变我们日渐衰老、隐隐作痛的文化积淀。

421

　　因此，我在第二章中设计了一个辩证的过程，并在第五章的政治表现方面进行了分析：投资建设传播网络的企业越多（受益于巨大的回报），开设自媒体的个人就越多，以此将权力赋予他们自己。因此，存在于多媒体企业与受众间的互动会塑造传播领域中的网络建构权，而这些企业本身也会联结成网络，受众则会在消费媒体产品的同时创造他们自己的文化。网络与网络间的互动，存在于为两者共享的网络制造过程中。

　　但是这些权力从哪里来，又归于何处？如果权力指的是社会行动者将其意志和价值强加于他人的能力，那么这些社会行动者到底是谁？我已经展示了如何接入、运营传播网络，以及是谁、如何建立和编制了这些传播网络。但是这些网络的能力是什么？如果元编程者是多媒体商业网络的所有者，他们会是网络社会的权力精英吗？摆弄辞藻、推进权力转换是一件十分诱人的工作，毕竟生活在网络社会中的我们，已经从需要掌握制造产品的方法，转换到需要掌握传播方法上了，正如一些理论家所预言的，我们已经从货物产品时代上升到了文化产品时代。这个命题的确高雅，但也容易将我们引向"夸夸其谈"的陷阱中，而置现实世界的真实权力争斗于不顾。

　　全球多媒体商业网络的所有者，必然是网络社会的掌权者，因为是他们编制了具有决定性影响的网络，这包括了传播网络的元网络，以及引发观念变化的网络，借助它，我们可以感受、思考、生活，选择屈服或者战斗。他们的权力，在社会行动者身上得以实践，通过向普通人兜售生活形象，来将普通人变成受众。所以，他们会根据公司的策略，设计能够满足社会文化需求的内容并以此获利，比如赚取金钱和影响力。这并不一定意味着他们会将价值观强加给我们（尽管他们经常这样做），因为媒体的有效性取决于它们适应不同的文化模式和心态的能力，而这些模式和心态又在不断变化。这意味着，网络被用于处理什么事物，首先取决于网络的所有者想要兜售什么，或者说想要传递什么（如果动机是政治意识形态的话）。这无关公司与普通人在需求上的一致性。所谓"消费者的选择"诚然是存在的，但可供选择的范围受到预设产品的限制，令这种"选择"成了一种被预先设计好的"消费"行为，而不是受众与企业的"共同生产"行为。这样的现实导致了自媒体的兴起，它提升了受众对信息的自我生产能力，挑战着大企业对传播的控制权，并且有可能改变传播领域中的权力关系。然而，目前，专业化媒体的"大制作"与网友自制内容的竞争并不

422

平等，后者更偏向于低质量的家庭视频和博客闲谈。企业化媒体已经适应了数字世界，并且有能力根据我们每个人的"网络档案"来定制并扩展产品线。由于我们无法自己再造一个好莱坞，我们使用互联网进行社交（通常通过企业运营的平台），而大多数的文化产品不仅是"放眼全球"的，而且是"私人定制"的。围绕着文化产品的塑造活动，多媒体企业网络和整个社会之间形成了一整套权力关系，而这一活动的走向，往往要首先尊重企业所有者及其赞助者的意愿、价值观和利益。

当下，"权力关系"的范畴被大大扩展了，甚至囊括了负责治理机构的访问和管理的政治权力关系。我在本书中展示了传播网络对于政治权力和制衡权力的建构而言，是至关重要的。企业化传播网络的所有者还为其他社会活动家的意义建构行动提供了平台。因此，他们通过文化生产过程来行使权力、通过控制网络访问权限来行使网络准入权，而想要有所作为的社会活动家就是其行使权力的对象，最典型的比如需要在选民中树立个人权威的政客们。然而，在政治权力关系中，生产信息的元编程者们才是实实在在的政治活动家。当然，政治活动家们依附于他们所代表的社会角色，例如宗教组织、企业或者军工业综合体的利益和价值观。为了令自主权最大化，政客们会对资助者的多样性做出申明，以此保证不受到某一方势力的掣肘，成功赢得政治权力的机会也因此有所增加。不过，一旦掌权，他们成为政治进程和政治决策的"程序员"。政治活动家们会提出各种各样的策略，因为参与政治竞争的领袖及其各自的联盟本身具有多样性，而这一竞争过程又受到政治系统的制约。尽管如此，一些旨在保证国家稳定、维护宪法尊严的传播协定还是受到了政治活动家们的一致认可。因此，网络权力依靠嵌入政治制度的各种"程序"来执行，对象则是公民和政治活动家们。司法机构通过对参与政治竞争的角色和程序进行把关，来行使网络权力。因此，决定国家与社会间关系的权力，分布在不同的社会层次上，并结成网络。而政治制度作为一个整体，正是建立在结成网络的权力之上。

政治网络的网络建构权，指在政治领域中决定规则和政策的权力。政治家通过在政治竞争中获胜，继而赢得民众的支持，或者至少顺从，来赢得政治制网权。我在第三章和第四章中的分析表明，媒体政治是争夺政治权力和政策制定权的基本机制。因此，多媒体网络内包含的程序，对政治网络程序的实现起到了塑造和调节的作用。然而，媒体所有者不是设计和确定政治程序的人，更不是政令的传声筒。他们承担着把关人的角色，并以其作为媒体组织的利益需要为依据，来对政治计划进行包装和传播。因此，媒体政治不等于媒体间的政治，它不仅是政治，更是政治网络和媒体网络之间的动态界面。我将对接两个或多个网络界面的管理机制称为"网络切换"。对切换能力的把握，决定了权力在网络社会中的一种基本形态：切换权力。持有这一权力的人，也自然可以被称为"切换人"。我将用一个重要的切换人——鲁伯特·默多克——的经历来说明这个抽象但基础的概念。

我首先需要通过参考社会中的其他权力网络，来扩大"网络切换"的分析范围，尤其需要考虑处在资本主义核心机制中的金融网络的结构和动态。事实上，目前的网络社会是一个资本主义社会，正如世界各地的工业社会一样（虽然存在着资本主义经济与中央集权制经济的竞争）。此外，由于网络社会是全球性的，我们因此生活在全球化的资本主义世界中。这是人类有史以来第一次让资本主义遍布整个星球。不过，分析资本主义，并不意味着要放弃对权力关系动态的理解，毕竟今天的所谓"资本主义"，已经与历史上的"资本主义"有了相当程度的区别。而且，资本主义的结构逻辑已经在实践中演化得愈加明确，并具体表现为分布在世界各地的各种社会组织。因此，全球网络社会的动态与资本主义的动态是相互作用的，二者共同建构了社会关系（包括权力关系）。这种互动是如何围绕传播网络来建构权力关系的？

传播网络主要由世界各地的多媒体企业所拥有并加以管理。虽然国家及其控制下的企业也是该网络的一部分，但全球传播网络集中并依赖于由金融投资者和金融市场所支持的企业身上。这一模式是多媒体商业得以存在的底线，正如我在第二章中所分析的那样。金融投资者会根据媒体在全球金融市场的预期表现进行投资。全球性的金融市场可谓是资本之母，并且也是全球资本主义的主要网络，正如我在《信息时代》三部曲中所分析的（Castells，2000a、c，2004c）。关键问题是，全球金融市场本身就是一个自成体系的网络，它超出了特定社会活动家的控制，并且在很大程度上不受制于国内与国际的监管机构，而这很大程度上是由于监管机构主动选择放松监管造成的。金融市场一旦形成于管理宽松的全球网络中，那么其标准便适用于世界各地的金融交易，因此也适用于所有的经济活动，因为在资本主义经济中，货物和服务的生产始于投资，且以盈利并转化为金融

424

资产为目的。全球金融市场对全球经济行使其网络权力，而 2008 年秋季全球经济危机的爆发，正是由于金融市场缺乏适当的监管，这一点显而易见。

425　　金融市场虽然催生了这种网络权力，但市场并不掌握它。因为，正如许多研究所述，金融市场只是部分地根据市场逻辑来运作。而真正决定投资者心理和投资决策的，是被有些学者称为"非理性繁荣"，而我称为"信息震荡"的现象。此外，金融市场全球网络的形成，意味着任何地方的任何信息震荡，都会瞬间扩散到整个网络，无论是政治不稳定因素、中东乱局、自然灾害或金融丑闻。因此，当网络权力主要由全球金融市场来执行，且先进国家的政府早在 80 年代中期以后，便开始放松监管、开放金融市场，并借此行使网络建构权，权力结成网络的现象便在全球金融网络中得以扩散。在我的一部分著作中，我用"全球自动机"（Global Automaton）这一术语来指代全球金融市场，因为它在很大程度上没有受到来自特定企业或监管机构的控制，总是根据自身的动态发挥作用，并且规范和塑造了全球经济。我用全球自动机一词，并非要将全球金融网络视作一个自动的权力执行机制，或是一个非人的权力存在。企业资本主义体现在金融大亨、财务经理、证券交易者和企业律师身上，以及他们的家庭、社会关系、私人保镖、个人助理、高尔夫俱乐部、寺庙、隐蔽乐园和风月场所上。世界靠程序运作，程序又孕育于网络，而这些"美丽的人"，就是网络的一部分。他们在网络中并不孤单，却也不能对其赖以生存的金融网络加以掌控。在未知水域中航行的他们，靠的是直觉和本能，而不是数学模型，正如 Caitlin Zaloom（2006）的民族志研究中所展示的芝加哥和伦敦的金融交易一样。

　　金融市场的联网逻辑对于权力在传播网络中的行使而言，有这两个层面的重要影响。首先，传播网络大体相仿，必须经历被编制、建立、重新配置，并且最终根据企业财务状况而退出历史舞台的生命周期。除非该传播网络的主要功能是政治性的，否则它无法跳出命运的周期律。但即使在这种情况下，权力制造逻辑也会作用于全球传播网络的特定节点，虽然并不作用于网络本身，毕竟传播网络运行的总体原则，是要在全球金融市场中获得高估值并以此获利。其次，对于金融机构和金融市场而言，在传播

426　网络中产生、格式化并扩散的信息流是十分重要的。所谓的重要性不仅体现在与金融有关的信息上，更体现在信息和传播网络对企业、投资者和消

费者的感知和决策产生的影响方面。请注意，我并非要论证这之间存在着某种"循环"。是的，在观察的基础上，我认为全球多媒体网络依赖于全球金融网络，并且全球金融网络通过处理在全球多媒体网络中产生和发送的信号来运作。但这并非循环机制，而是网络效应的结果。

全球金融网络和全球多媒体网络紧密联网，这个特定的网络拥有非凡的网络准入权、网络控制权和网络建构权。但这还不是全部的"权力"。金融和媒体的元网络，本身也依赖于其他主要网络，例如政治网络、文化生产网络（其包括各种文艺作品，而不仅仅是媒体产品）、军事网络、全球犯罪网络，以及科学、技术和知识管理网络。

我可以对全球网络社会的每一个基本维度，进行类似的网络制造的动态探索。但这项工作已经超出了这本书的目的——发现传播网络在权力制造中的作用，尤其对于政治权力而言。此外，我所提出的中心论点，并不是一定要与本书中进行的实证分析保持某种程度上的一致。总结起来，我的论点有三个：

（1）权力是多维的，围绕着人类活动的每个领域内的网络而构建，这些网络根据被赋予权力的行为者的利益和价值来编制。权力网络通过大众媒体中的多媒体网络影响人类思维，以此作为行使权力的主要方式。因此，传播网络是社会中制造权力的基本网络。

（2）各领域人类活动的权力网络间彼此联网。他们不合并，相反，他们亦敌亦友，围绕具体项目形成特别的网络，并根据其在每个情境和每个时刻的利益来变更合作伙伴。

（3）围绕国家和政治制度建立的权力网络，在权力的整体联网中发挥着根本作用。首先，因为系统的稳定运行，以及每个网络中权力关系的再生，都最终取决于国家和政治制度的协调与监管，正如2008年金融市场崩溃时那样，世界各地都在向政府呼救。其次，国家暴力是权力在各领域内得以实行的最后保障。因此，即便权力有赖于媒体的意义构建活动，但国家是一切权力网络得以运作的默认条件。

权力网络的多样性，以及权力在各领域间游刃有余时，所必需的权力网络间的互动，引出了一个根本性的问题：各个网络如何能在相互联系的同时，保存各自的独特性，从而保护其程序的执行？例如，如果媒体网络围绕某个政治团体来参与政治运动，那么它们的命运将取决于该团体最后能否成功。这好比一场赌博，如果失败，媒体的政治关系便会受损，监管

427

— 335 —

方面的压力随之而来，付出的代价必然不小；即便赌赢了，媒体也会因此丧失中立地位，信誉随即受损，但"保持中立"却是媒体维系并扩大受众群的关键因素。如果媒体以政治标准来选拔人才，那么其专业主义精神将受到质疑。且如果媒体依傍的政治明星褪去光华，那么等待媒体的将是财政状况的恶化，以及从企业主和投资人那传来的警钟。诚然，在一些特殊的政治环境中，投身意识形态的圣战，也能换回良好的商业收益，比如福克斯新闻台和西班牙《世界报》。但是，一般来说，"党报"是商业世界中的一个失败的命题。另外，一家媒体在政治上越自主，也就越能为其选民服务。

那么，权力网络究竟如何能在相互联结的同时，保持各自领域的相对独立呢？我认为，"权力切换"作为制造权力的一个基本机制，起到了根本性的作用，它是一种在制造权力的过程中，同时联结两到三个领域分明的网络的能力。我将借助默多克和其新闻集团对"权力切换"机制的实践，来解释上述观点（Arsenault and Castells，2008b）。为了节省您的阅读时间，我将总结分析相关内容。对于研究结果的实证细节，您可以到我论文的原文中一探究竟。

默多克是一位不折不扣的保守派媒体大亨，他的媒体集团位列世界第三，其利润也最为丰厚。更重要的是，作为一名成功的商人，他深知"灵活开放"才是将权力最大化的不二法门。他深耕多媒体商业网络数十载，也利用麾下媒体为金融网络提供了有利可图的联结契机，并为政治网络搭建了富有成效的伙伴关系。此外，媒体权力更是他干预金融、政治领域内图像和信息塑造工程的利器。为了扩张其媒体帝国，默多克有能力将正处在"编制"中的媒体、商业和政治网络连接在一起，而这一手段，正是他"权力"的来源。通过保持对公司连接条件的严格控制，并在世界范围内影响有影响力的人，默多克获得了巨大的政治利益，并为其新闻集团建立起竞争优势。因此，在政治上，默多克对各家政客"广撒金银"，作为权力博弈的"赌注"。例如，在"9·11"后，默多克便令他在美国的媒体平台，特别是福克斯新闻，投入小布什政府（共和党）的"怀抱"，积极宣传反恐战争和伊拉克战争。同时，默多克也不忘向民主党"慷慨解囊"，比起共和党来，民主党收了他更多的捐款。不仅如此，他还支持希拉里·克林顿竞逐纽约州参议员一职。不过，当奥巴马被推举为民主党总统候选人时，他的《纽约邮报》便立刻转而支持奥巴马，他本人也盛赞奥巴马，并对奥氏领导美国表示欢迎。与此同时，默多克也不忘了与共和党候选人麦凯恩以"老友"相称。同样，在英国，默多克支持布莱尔，此举虽激怒了工党众僚，但却保全了他与托利党的传统联系，并以此作为维系政治影响力的后路。默多克的新闻集团董事会，不仅囊括了政治领袖，更包括了在世界各关键地区，如美国、英国和中国，有巨大政治影响的人。他们的薪酬很高，因此，新闻集团为部长或总理们提供的离职保障（例如西班牙的何塞·玛丽亚·阿斯纳尔），为鲁珀特爵士（默多克）换回了广泛的政治影响力。

多年来，默多克一直实行着三管齐下的战略：向掌权者提供宣传平 429
台、向反对派提供政治献金、向各种需要帮助的政客提供个人帮助。凭借这一战略，默多克影响了好几个国家的监管政策，更令他在商业上获利颇丰。2007 年，他还通过收购《华尔街日报》的母公司——道琼斯，世界上主要的金融媒体之一——成功打入了金融网络的核心圈子。默多克也通过收购 MySpace. com——世界上最大的社交网络之一——彰显出对传播革命的欢迎态度，并完成了"新闻集团"在互联网时代的产业布局。默多克的一系列动作可谓十分巧妙：通过雇佣具有互联网文化知识、通晓 Web 2.0 时代之模式与实践的专业人士，以减少收入的方式，换取未来。

默多克所联结的不同网络——媒体、政治、金融和文化是彼此独立、各有规划的。但是，通过在网络之间建立连接并传输资源，他为每个网络所编制的程序的表现，都得到了促进和增强。这正是"权力切换"的力量所在，更是最老辣的"切换人"鲁珀特·默多克的力量所在。然而，他的主要力量来源仍然是他的媒体权力。他有多重身份，不仅是全球多媒体网络中的"元编程者"，更是全球网络社会的"切换人"。权力切换的运作，会因为其所切换的网络的特质与程序而产生较大的变化，同时，切换人本身的性格也是影响运作的重要因素。但"行动"，仍然是理解权力制造过程的关键所在。

可以说，编程者和切换人是网络社会中的掌权者，他们以社会行动者的身份示人，但他们不是个人，他们本身就是"网络"。我有意选择默多克的例子，就是因为他个人对各网络的编制能力与切换能力都堪称典范。然而，默多克就好比是新闻集团与其在媒体和金融领域的辅助网络间的关键节点。

作为在网络社会中把持权力的典型，默多克的故事可被视作非常直接

430　的经验参考。诚然，网络由行动者在联网中塑造。但谁是"行动者"，以及他们的网络是什么，这些问题的答案取决于处在特定语境和特定进程中的网络的特定结构。因此，我并不提倡在无穷无尽的网络运行中消解权力关系。相反，我呼吁在分析网络时要具体，并提出了一套行之有效的方法：必须找到由行动者、利益和价值观构成之网络的具体构造。通过将大众媒体网络——大众脑海中释意机制的来源——与权力网络相连接，行动者、利益和价值观成为权力构造战略中的重要因素。我要说，我认为真正抽象且无法验证的，是资产阶级、军工企业以及权力精英手中的权力。除非我们能够具体说明，是谁、如何在某一特定背景下，或在某一特定过程中掌握并行使他的权力，否则任何关于权力来源的说法，都只是信口开河，而不能作为研究材料予以采信。

　　所以，我所谓的具体，并非要落实到每一位行动者的姓名。换言之，我提出了一个假设：不论在什么情况下，这些所谓的"行动者"，都是在各自有影响力的领域内，通过基于其利益诉求而构建的网络来行使权力的人。此外，我还假设了传播网络的"中心性"，任何网络的权力制造过程，都无法绕过处于各网络之中心的传播网络。我还提出，在不同网络间自如切换，是权力的一个基本来源。谁做什么、如何做、在哪里做，以及为什么采用多管齐下的网络战略，是一系列需要查证的问题，而不需要被正式理论化。正式理论只有基于相关知识的积累才有意义。但对于这种正在生长的知识，一种适应我们所生活之社会的分析框架才是当务之急。我所主张的是：提出一种可用于研究、整改和转化的方法，来逐步构建关于"权力"的理论，并且这一理论可以吸纳通过观察而获得的反驳意见。我试图在这本书中展示这种方法的潜在现实性价值，通过观察各类行动者和他们的权力网络对传播网络的使用，我在政治权力的来源处考察了意义构建的过程。诚然，进一步的研究肯定会取代本书的贡献，同时，我也希望为穿过迷宫一样的网络社会实践找到尝试的意义，毕竟正是这种实践编织了我们这个时代的社会结构。

431　　　如果权力的运用要依靠编制、切换网络、反权力，以及有意变更权力关系，那么权力的制定，就必定要对网络进行重新编制。而这一过程不仅需要考虑到新网络的利益和价值所在，而且需要在社会阻力的变换，以及社会本身的变动中切换网络。与此同时，还要不断干扰原有的、处于主流地位的权力切换机制。第五章中的案例研究初步证明了这种方法的现实性价值，而对于社会运动的假设，以及其他语境中的政治社群的实践，尚需要理论界的验证与考察。而理论上重要的是，推动社会变革的行动者，能够利用权力制造机制，来发挥决定性的影响，且这一机制本身能够满足网络社会的权力结构与权力进程的要求。通过参与大众媒体的文化生产、构建横向传播的自主网络，信息时代的公民们能够以痛苦、恐惧、梦想和希望为材料，为生活创造新的规矩。他们通过分享经验来建立项目，颠覆传播实践的方法也如从前一样：盘踞在媒体上，创造信息；通过将每个人的希望联成网络，来避免孤独带来的绝望与无力感；通过识别网络来挑战既有的权力。这就是为什么以观察为基础的理论与实践紧密相连：如果我们不知道网络社会中的权力形式，我们就不能终止不公正的权力运行。如果我们不知道掌权者是谁、在哪里能找到他们，我们便不能挑战他们隐藏的却有着决定性影响的统治。

那么，你在哪里可以找到他们？根据我在本书中的分析，答案如下。在企业化传播网络、金融网络、文化产业网络、技术网络和政治网络之间的联系中寻找他们；在全球网络和当地工作中检验他们。另外，于你自己，还要去辨识网络中那些塑造了你的思维的框架，并每天练习批判性思维，在一个文化上被污染了的世界中锻炼你的头脑，正如你通过锻炼来清除体内的化学毒素一样。此外，还要勇于切断联系，或重新连接，切断那些你无法理解的，并重新与对你有意义的相连。

然而，本书最重要的实际结论是，只有对互联网中的传播网络的公共空间加以保护，才能实现意义的自主建构，那是一片由热爱自由的人们所创造的自由之地。但这个任务并不容易，因为网络社会中的掌权者，必会用商业化的网络，或者处于管制中的网络，将传播自由紧紧包裹，以便通过对传播和权力之间连接的编制，来封闭公众思维。然而，所谓的"公众思维"，是无数个体之思维联结成网的结果，你的，也包含其中。因此，如果你的想法发生改变，那么传播网络的运行规则也有改变的可能，条件是，不仅你、我，而是社会中的大多数"个体"，都选择去建立属于我们自己生活的网络。

附 录

表 A2.1 2008 年跨国媒体集团巨头与其他网络的联系*

金融	媒体及信息通信	全球创意与创新网络	政治
	时代华纳		
AllState, Altria (菲利普·莫里斯), 美国航空公司, AMR 公司, Appleton Partners, Axel Springer, 拜耳, 凯撒, 花旗集团, 高露洁棕榈油, 大陆集团, 库尔布鲁公司, 雅诗兰黛, 独家度假村, 联邦快递, 第一健康集团, Gordon Brothers, Harrahs, Hilton, JER Partners, Kellogg, Kleiner Perkins, Caufield &Byers, 卡夫, Lazard, Leerink, Swann &Co., 梅西百货, 摩根士丹利, 纽约证券交易所, Omnicom, Paratek Pharmaceuticals, 革命健康集团, 西尔斯, 西田美国	ALM 媒体控股公司, Citadel 广播公司, 戴尔公司, 德志新闻社, 创意志新闻系统公司, Die Welt, 汉堡晨邮报, 微系统公司, Netscape, Proxicom, 太阳, Wochenpost	美国自然历史博物馆, 波士顿科学博物馆, 外交关系委员会, 福特汉姆大学, 哈佛大学, 霍华德大学, 洛杉矶世界事务委员会, 马克尔基金会, 梅奥诊所, 纪念斯隆-凯特琳癌症中心, 国际难民机构, 洛克菲勒兄弟基金, 国际电影节, Teach for America, 乔治亚大学, 美国／俄罗斯的投资基金, 耶鲁大学	理查德·帕森斯, 前白宫内务部成员, 纽约市房管局成员

金融	媒体及信息通信	全球创意与创新网络	政治
迪士尼			
美国国际集团,美国银行,波士顿科技公司,Archrock 公司,CIT 集团,爱迪生,雅诗兰黛,中欧和俄罗斯基金,欧洲股票基金,Clorox,联邦快递,固特异,哈里伯顿,Inditex,卡夫,麦克森公司,宝洁公司(X2),西尔斯(Sears),新生银行(日本),星巴克,泛美公司,美国商会,华盛顿互惠银行,富国银行,西方资产优先债券基金,美国中经合集团,施乐,YUM!	苹果公司,Archrock 公司,CIT 集团,Jetix Kids 电视台,La Opinion(美国最大的西班牙语出版商),美国国家有线电视协会,必思胜集团,金字塔计算机(军事计算),RSL 通信,太阳计算机系统公司,Sybase,拓林思软件公司,Vernier	美国电影学会,德国美国商会,外交政策协会,凯克基金,林肯表演艺术中心,伊萨卡学院广播电视博物馆,史密斯学院,加州大学洛杉矶分校,南加州大学	
新闻集团			
敏锐,Allco,艾伦公司,奥驰亚集团,美国运通,安塞尔有限公司(Aus.),应用材料公司,Centaurus Capital(英国),Chartwell 教育集团,中电控股,福特,Genentech,高盛,中国商业银行股份有限公司,摩根大通,劳拉·阿什利控股,LSI Corp.,LLC,太平洋世纪控股,Palamon 欧洲,威康姆姆斯控股,知识宇宙,U 星球,邓普顿新兴市场投资信托公司,力拓矿业,劳斯莱斯集团,罗斯柴尔德投资信托,越南汽车工业总公司	北京笔电新人信息技术有限公司,中国网通(x2),康宁,Easynet 集团,惠普,休斯电子,英特尔,NDS 集团,路透社,Tickets.com	乔治城,北京清华大学,美国电影学院,印度商学院,Harvard National Lampoon,USC,KCRW NPR,圣丹斯研究所,Ditchley 基金会,基洛夫芭蕾舞团,维多利亚和阿尔伯特博物馆,帝国理工学院,皇家国际事务研究所(查塔姆之家),胡佛研究所,斯坦福大学,牛津大学,布鲁金斯大学,耶鲁大学,FAES 智库,金斯学院,霍华德大学,外交关系委员会	纽约市财政管理委员会,纽约市财政伙伴关系成员,西班牙前首相,纽约市公民预算委员会成员,前美国助理总检察长和爱国者法案前架构师,美国情报咨询委员会成员,前美国教育部长

续表

金融	媒体及信息通信	全球创意与创新网络	政治
贝塔斯曼			
柏林航空，安联（x2），拜耳谢尔兰德斯班克（Bayerische Landesbank），Bewag，宝马（x2），德意志银行，伊奥，赢创，费斯托股份有限公司，德国福斯油品集团，赫伯罗特公司，汇丰特林考斯航空，美国迪尔公司，林德叉车，汉莎航空，曼氏集团（x2），默克制药，麦德龙，纽约泛欧交易所，橡树山证券基金，Printer Industria Grafica，Powergen，RAG，Royalty Share，RWE，凯牌，Silver Lake，Skandinaviska Enskilda Banken，Sportfive，Stinnes，Vattenfall Europe，WestLB	Activison, Amadeus Technology Group, Arvato, Audible, Avago Technologies, Basf, Barnesandnoble.com, Building B, Classic Media, DD Synergy, ebrary, Ediradio, Emotive Communications, Garner, Gruner, & Jahr AG & Druck-und Verlagshaus（x3），Hewlett Packard, Lycos Europe, 都市电视台 M6（x2），诺和诺德, Oysterworks 软件, SAP, Serena 软件, 索尼 BMG（x4），Stern 杂志有限公司，UFA 电影电视	普林斯顿评论，通信中心，曼哈顿儿童博物馆，普林斯顿大学出版社，布朗克斯实验学校，美国出版商协会，艺术总监协会（x2），ZymoGenetics，美国作曲家，作家及出版家协会，费尔菲尔德德大学，美.意咨询委员会	
维亚康姆			
埃森哲，西班牙大众银行，贝尔斯登公司，DND Capital Partners（x2），波士顿联邦储备银行，Harry Fox 许可协会，Highpoint Capital Management，Hyperion，洲际交易所（x2），阿达，卡夫，拉法基（x2），LaBranche&Co.，Marriot，摩根士丹利，Oracle Corp.，百事可乐，Rand-Whitney，Revlon，RWI 投资	百视通，CBS，Genuity，国家有线和电信协会，Paramount，黑娱乐电视，国家娱乐，中途游戏，Matchmine Magfusion	和布兰代斯，纽约芭蕾舞团，国家有线和电信协会，美国作家协会，作家及出版家协会，塔夫茨大学，波士顿学院	教育技术公司委员会主席

金融	媒体及信息通信	全球创意与创新网络	政治
CBS			
AIG 航空,奥驰亚,美国国际集团,亚洲环球电讯公司,人民银行,美国银行(x2),巴里克黄金公司(加拿大),贝尔斯登公司,城市国家,康菲国际,康菲加拿大(石油公司),爱迪生联合电气,花岗岩建筑,健康计划服务,洲际交易所,KB 家,卡夫,麻省人寿保险公司,纳斯达克,内曼·马库斯奢侈品专卖店,Office Depot 公司,百事可乐,西尔斯,西南瓷排水,石峡谷创投,黄玉国际集团,旅行者集团,泰科国际有限公司,联合利华,美国中国商务理事会,美国印度企业委员会,美国台湾企业委员会,速度快递公司,瓦纳科集团,威利斯控股	Actavision,AECOM,Akamai 技术公司,大片(x2),融合国际电信,哈考特通用公司,中途游戏国家娱乐(x3),Spectravision,维亚康姆,Verizon,威望迪,Westwood One,Zenimax 媒体	美国电视广播博物馆,波士顿大学法学院,美国电影学会,联合犹太慈善约翰·F. 肯尼迪图书馆基金会,纽约大学,第二十世纪基夫夫大学,城市国家,塔纳州电信,迪奇基金,纽约长老会医院,中东社会经济政策研究所,全国有色人种协会,东北大学,波士顿交响乐团,WGBH 公共广播,Junior Achievement,兰德战略与国际研究中心	前美国卫生,教育和福利部秘书,前美国国防部长,美国参议员,NAFTAs北美开发银行社区调整委员会成员
NBC环球			
阿尔法 S. A. B. Anheuser – Busch,APBiotech,AP Capital Partners,Avon,BP,凯雷集团,雪佛龙(x2),Chubb 公司,可口可乐,德尔福,底特律柴油再制造公司,纽约联邦储备银行,Fortsmann Little and Co,通用汽车,Genpact 有限公司,Grupo Carso,Grupo 墨西哥,Grupo Sanborns,湾流航空,家得宝(x2),ICG 商业,Inforay 国际,美国投资公司,	美国影业,苹果,Alliance,剑桥技术公司,Carsdirect. com,卡西欧,Cingular,ClubMom,戴尔,梦工厂,Global. Telecom,Grupo Televisa,ITM 软件,微软,摩托罗拉,Scientific-Atlantic(x2),Telefonos de Mexico,Tube Media Company,Verizon	艺术中心设计学院,美国电影学院,INSEAD,乔冶亚理工学院,罗宾汉基金会,Catalyst,费尔德大学,纪念斯隆－凯特琳癌症中心,罗宾·伍德·约翰逊基金会,麻省理工学院,S. C. 约翰逊研究生管理学院,纽约卡内基公司,阿默森,维康,自然历史博物馆,世界野生动物基金会,史密斯学院,	战略与国际研究中心,外交关系委员会,杂货制造商协会

续表

金融	媒体及信息通信	全球创意与创新网络	政治
John Deere，*J. P. Morgan*，凯洛格，*Kimberly Clark*（墨西哥），马尔文和帕默默公司，迈图高新材料，共同基金，奥美集团默克，安夕法尼亚国际赛道合作纽约（x2），宝洁，宝洁亚国际基金，好莱坞星球，RRE Ventures（x2），萨洛蒙美邦国际可持续性能组，德土古（x2），联合利华，美国汽车集团，沃尔玛，施乐，扬罗必凯（x2）	哥伦比亚商学院，波士顿凯尔特人，Phase Forward，马萨诸塞州软件和互联网公司，合作伙伴医疗保健系统，通用技术研究所，底特律投资基金，底特律文艺复兴，纽约州商业理事会，布鲁金斯学会，哈佛商学院，纽约洛克菲勒基金会，纽约长老会医院，康泰乐尔普林斯顿大学，斯坦福医学院研究基金会，威斯康星星医学总医院，马萨诸塞州总医院	
	雅虎		
Fred Meyer（子公司 Kroger），Genuity，家得宝，Hooker 家具，荷航，麦克马努斯集团，摩根士丹利，西北航空公司，美国西方石油公司，拉尔夫·劳伦，露华浓，喜达屋酒店	Activision 公司，亚洲全球口岸，思科，CNET，惠普，Macromedia，微软（Wilderotter 曾经为他们工作），网络家电，红帽子，路透社，空中飞人，迪士尼，华纳兄弟，施乐	斯坦福大学，三一学院，肯尼迪表演艺术中心，J. Paul Getty 信托，国家城市联盟，洛杉矶县艺术博物馆，经济发展委员会	
	谷歌		
美国独立公司，Amyris 生物科技有限公司，Genentech（生物科技公司），*Kaiser Permanente*，Segway	亚马逊，苹果，Atheros，中欧媒体集团，思科，Glu Mobile，博谷科技，GTI 集团（ICT 投资集团）英特尔，Intuit，Palm，皮克斯（迪士尼的一部分），Plaxo，Siebel 系统，Tensilica（移动 APS），Zazzle. com	卡耐基-梅隆大学，国家工程院，密歇根大学，阿斯彭研究所，美国微生物学会，纽约科学院院士，美国生物化学与分子生物学协会，普林斯顿大学，斯坦福大学，洛克菲勒大学社会，人类基因组计划	

续表

金融	媒体及信息通信	全球创意与创新网络	政治
	微软		
埃森哲，八月资本，拜耳，伯克希尔·哈撒韦公司，剑桥资本，Chubb 公司，迪拜国际资本，哈特福德金融服务，Minnosa 系统，摩根士丹利，诺斯洛普·格鲁门，百事可乐，Phase Forward,SA 法国金融协会技术，科学亚特兰大，SkyPilot Networks,道富银行，Stele,沃尔玛	通用电气（母公司 NBC），GreenStone Media,里德骑士，网奈飞（Netflix），ITM 软件，Thomson SA，永星通信，Xirru	加州教育委员会	
	苹果		
雅芳，Genentech 公司，通用电气，世代技资管理公司 GTI 组，通用，高地国际，J. Crew, Kleiner Perkins, Caufield,拜尔，狮子战略顾问，都市西部金融，耐克，萨洛蒙美邦国际，Trancida 公司，泰科，Waste Management	常识媒体集团，Current TV，谷歌(x3)，大平原软件，Hostopia.com, Hyperion 解决方案公司，InSight 公司，Intuit Venture Partners, LoudCloud,米高梅，摩托罗拉，网景，Novell, Opsware,皮克斯，闪迪，Siebel 系统，软件与信息产业协会，Stellent Inc., Tilion,迪士尼	哥伦比亚大学，纪念斯隆－凯特琳癌症中心，加州定量生物医学研究所，普林斯顿大学(x2)，加州大学洛杉矶分校，菲斯克大学，田纳西州立大学，卡内基梅隆，门罗学院，美国微生物学会，纽约科学院，美国科学促进会，美国生物化学与分子生物学会	气候保护联盟，美国前副总统戈尔

* 据广告时代（2007 年）报告绘制。斜体表示的公司是美国全球 100 家最大的广告主。(x2) 表示不止一名董事会成员与该公司有关。

资料来源：截至 2008 年 2 月的最新公司代理文件。

表A2.2　2008年2月媒体集团的所有权机构投资者名单

公司	所有权机构投资者
时代华纳	道奇·考克斯(7.14%)，安盛(5.79%普通股)，资本集团(4.6%)，富达(4.13%)，戈德曼(3.25%)，自由媒体(3%)，先锋(2.95%)，Muneef Tarmoom(UAE)(2.39%)
迪士尼	史蒂夫·乔布斯(7.3%)，富达(5.5%)，安盛(3.64%)，先锋(2.9%)，东南资产管理(2.6%)，Legg Mason(2.38%)，国有农场(2.2%)，王国控股(1%)
新闻集团	默多克家族信托基金(B级普通股31.2%)，道奇·考克斯(B级普通股的31.2%)，阿苏德王子·王国控股股份公司(5.7%)，富达管理研究公司(0.96%级)
贝塔斯曼	贝塔斯曼基金会(76.9%)，Mohn家族(23%)
维亚康姆	惠灵顿(4.09%)，马里奥·加比利(8.44%A级)，雪莉·雷石东(8%)，富兰克林(7.8%)，摩根士丹利(6.81%)，西北投资(5.47%)，State Street(3.46%)，Barclays(3.5%)，Templeton Growth Fund(2.51%)
CBS	Sumner Redstone(71.2%A级)，安盛(法国)(12.2%B级)，Sherry Redstone(8%)，戈德曼(6.8%)，道富(4.12%)，巴克莱银行(3.24%)，投资研究(2.48%)，Neuberger Berman(2.26%)
NBC(GE)	通用电气(80%)，Vivendi Universal SA(20%)
微软	比尔·盖茨(9.33%)，资本研究(5.95%)，史蒂文·鲍尔默(4.9%)，巴克莱(4.05%)，先锋(2.5%)，安盛(2.5%)，高盛(1.2%)
谷歌	塞吉·布林(技术总监)(B级28.4%，A级28.4%)，Larry Page(B级21.5%转换为A级28.3%)，Eric Schmidt(13.7%A级，7.7%B级)，富达投资(11.49%A级)，SAC资本顾问(10%)，Capital Research(8.3%A级)，时代华纳(8.2%A级)，Citadel(4.6%)，红杉资本(3.2%)，美盛资本(2.2%普通股)，詹尼森联合资本公司(1.75%)
雅虎	资本研究与管理公司(11.6%)，Legg Mason(8.86%)，David Filo(5.89%)，Jerry Yang(4%)，花旗集团(2.08%)，戈德曼(2.02%)，富达(1.622%)，安盛(0.8%)
苹果	富达投资(6.44%)，安盛(3.86%)，巴克莱银行(3.69%)，道富(2.96%)，先锋(2.80%)，马里斯科资本管理(2.44%)，Janus资本管理(2.36%)，纽约梅隆银行(1.54%)

资料来源：截至2008年2月，由美国证券交易委员会（US Security and Exchange Commission）存档的最新委托书和实际所有权声明汇编而成。

表 A3.1　2003～2008 年伊拉克战争支持度演变及对美国战争行为相关事件的评估

	开战是正确决定（%）	战争进展良好（%）	美军阵亡（人）	美军受伤（人）	伊拉克平民死亡（人）	时间线
3 月 3 日	71	90	65	208	—	3/19 战争开始
4 月 3 日	74	92	74	340	—	4/1 杰西卡·林奇被救出,4/9 联军进入巴格达
5 月 3 日	74	—	37	55	866	5/1 布什发表"任务完成"演讲,5/22 联合国取消制裁,5/31 中情局称载有大规模杀伤性武器的卡车被发现
6 月 3 日	n. a.	—	30	147	1026	
7 月 3 日	67	75	48	226	935	
8 月 3 日	63	62	35	181	1292	8/20 袭击联合国总部
9 月 3 日	63	62	31	247	860	
10 月 3 日	60	60	44	413	825	
11 月 3 日	n. a.	—	82	336	677	
12 月 3 日	67	75	40	262	817	12/13 萨达姆被捕
1 月 4 日	65	73	47	187	831	
2 月 4 日	56	63	20	150	938	
3 月 4 日	55	61	52	324	1190	3/11 马德里爆炸,3/16 瓦克斯曼报告发布
4 月 4 日	57	57	136	1214	2014	美国最大损失的一个月,4/28 阿布格莱布事件爆发
5 月 4 日	51	46	80	759	1627	

续表

	开战是正确决定（%）	战争进展良好（%）	美军阵亡（人）	美军受伤（人）	伊拉克平民死亡（人）	时间线
6月4日	55	57	42	588	1021	美国向伊拉克移交主权
7月4日	52	55	54	552	932	7/9参议院情报委员会报告战前情报失误情况,7/22"9·11"委员会报告发布
8月4日	53	53	66	894	1517	
9月4日	53	52	80	709	1434	
10月4日	46	51	64	650	1329	10/6 Duelfer 报告发布
11月4日	48	—	137	1431	2638	11/2布什再次当选,11/8费卢杰到攻击
12月4日	49	50	72	544	1333	
1月5日	51	51	107	497	1448	1/25宣布大规模杀伤性武器搜索结束
2月5日	47	47	58	414	1599	
3月5日	—	—	35	371	1333	
4月5日	—	—	52	598	1200	
5月5日	—	—	80	571	1777	5/25英国唐宁街备忘录丑闻
6月5日	47	50	78	512	1517	
7月5日	49	52	54	477	1658	7/7伦敦炸弹袭击案
8月5日	—	—	85	540	3303	辛迪·希恩在布什牧场前扎营示威,8/29卡特里娜飓风袭击
9月5日	49	53	49	545	1964	9/24世界各地爆发大规模反战抗议活动
10月5日	48	48	96	607	1376	10/15伊拉克宪法公民投票

续表

日期	开战是正确决定（%）	战争进展良好（%）	美军阵亡（人）	美军受伤（人）	伊拉克平民死亡（人）	时间线
11 月 5 日	—	—	84	399	1640	
12 月 5 日	47	51	68	414	1348	
1 月 6 日	45	51	62	289	1778	
2 月 6 日	51	51	55	343	2165	
3 月 6 日	45	43	31	497	2378	
4 月 6 日	47	47	76	433	2284	
5 月 6 日	—	—	69	443	2669	
6 月 6 日	49	53	61	459	3149	6/6 阿布·穆萨卜·扎卡维被击毙
7 月 6 日	44	53	43	525	3590	
8 月 6 日	45	41	65	592	3009	
9 月 6 日	49	47	72	790	3345	
10 月 6 日	45	37	106	781	3709	
11 月 6 日	41	32	70	548	3462	美国中期选举
12 月 6 日	42	32	112	702	2914	
1 月 7 日	40	32	83	645	3500	1/10 布什宣布增兵
2 月 7 日	40	35	81	519	2700	
3 月 7 日	43	40	81	613	2400	美军对瓦尔特·里德的虐待丑闻被公开
4 月 7 日	45	38	104	618	2500	
5 月 7 日	—	—	126	753	2600	5/25 国会通过第 2206 号草案

续表

日期	开战是正确决定（%）	战争进展良好（%）	美军阵亡（人）	美军受伤（人）	伊拉克平民死亡（人）	时间线
6月7日	40	34	101	658	1950	6/11 美国支持逊尼派武装；6/15 增兵开始，6/25 参议员卢格表示增兵不起作用
7月7日	41	36	78	616	2350	布什赦免刘易斯·利比，格拉斯哥机场恐慌
8月7日	—	—	84	565	2000	中期报告获差评，约翰·华纳和理查德·卢格要求布什修订伊拉克战略草案，10/16Karl Rove 辞职
9月7日	42	41	65	361	1100	9/11 彼得雷乌斯报告，9/16 黑水保安公司员工杀死17名伊拉克平民，CBS曝光黑水丑闻
10月7日	39	44	38	297	950	
11月7日	39	48	37	204	750	11/24 增兵结束，关于退伍军人的消息的兴趣达到高峰
12月7日	36	41	23	211	750	
1月8日	—	—	40	234	600	
2月8日	38	48	29	215	700	2/21 土耳其对库尔德工人党进行攻击
3月8日	—	—	38	282	750	马赫迪军队的叛乱
4月8日	37	44	52	275	—	
5月8日a	—	—	13	40	—	

a 包括 2008 年 5 月 4 日。

资料来源：皮尤研究中心（2008 年 5 月 1 日）；布鲁金斯学会伊拉克克指数（2008 年 5 月 1 日）。

表 A4.1　2002～2007 年涉及布什政府和共和党的政治丑闻

2002 年 1 月	**安然丑闻**　布什政府被发现与该公司有密切的联系和内幕信息。
2004 年 3 月	**备忘录泄漏丑闻**　参议院司法委员会、共和党党务人员私自访问了近 5000 个文件,其中包含关于布什总统司法提名人的民主战略备忘录。备忘录中部分内容被泄露给媒体。
2004 年 4 月 28 日	**阿布格莱布丑闻**　CBS 著名新闻节目《60 分钟》播出了关于美军在伊拉克阿布格莱布监狱对囚犯施加酷刑的恶行。
2004 年 6 月	伊拉克临时政府报告说,其国有资产中的相当一部分已经丢失。
2005 年 1 月	据透露,布什政府为增加伊拉克战争正面报道买通了大批记者。
2005 年 7 月	美国布什政府的主要成员被指控在 2003 年向新闻界泄露中央情报特工瓦莱丽·普莱姆(Valerie Plame)的身份,以便打压她的丈夫约瑟夫·威尔逊大使对政府的质疑,即伊拉克是否曾在战争前期试图从尼日尔购买铀。2005 年 7 月 1 日,MSNBC 记者证实,卡尔·罗夫是泄漏的根源。就此,2000 年和 2004 布什总统竞选设计师卡尔·罗夫辞职。
2005 年 8 月 12 日	**阿布拉莫夫丑闻**　与布什政府密切合作的说客杰克·阿布拉莫夫(Jack Abramoff)因阴谋罪和电话欺诈罪被起诉。为此,华盛顿成立了一个工作队,调查对共和党议员的贿赂和串谋事件。
2005 年 9 月 28 日	美国国会多数党领导人汤姆·迪雷(Tom Delay)因违反竞选活动被起诉。
2005 年 12 月	《纽约时报》刊登了一篇文章,详细介绍了美国国家安全局对美国平民进行非法监听的行为。
2006 年 1 月	阿布拉莫夫承认有罪。汤姆·迪雷宣布辞去众议院议长的职务。
2006 年 2 月	由于更多的共和党参议员,包括哈里·里德涉嫌从游说者身上受到非法或不正当的贿赂,阿布拉莫夫丑闻扩大。
2006 年 9 月	**弗利丑闻**　保守党议员马克·弗利在被指控与在首都华盛顿担任国会服务员的少年保持不正当关系后辞职。
2007 年 3 月	**美国司法部丑闻**　总检察长冈萨雷斯(Alberto Gonzales)在丑闻之后辞职。八名检察官因为正在调查共和党高层,或因为拒绝对部分民主党人提起诉讼而被冈萨雷斯辞退。上述民主党人是布什政府希望在 2006 年 11 月的选举中击败的对象。冈萨雷斯于 2007 年 8 月正式辞职。
2007 年 3 月 6 日	副总统迪克·切尼的参谋长刘易斯·利比被以伪证和妨碍司法罪起诉。
2007 年 8 月	保守党参议员拉里·克雷格(Larry Craig)在明尼阿波利斯的明尼阿波利斯机场浴室因涉嫌猥亵和淫秽行为而被捕。
2007 年 9 月	**黑水丑闻**　公众的注意力转向了代表美国政府在伊拉克工作的有偿承包商的腐败行为,当时黑水员工涉嫌谋杀 17 名伊拉克平民。

表 A4.2　1988～2008[a] 年全球政治丑闻

年份	国家	丑闻内容	曝光源头[b]	结果
2008	美国	斯皮策丑闻 纽约州长艾略特·斯皮策明确表示，他用国家资金召妓。	刑事调查	引咎辞职
2008	马来西亚	性磁带丑闻 针对马来西亚总理府的屠杀、谋杀、腐败、证人消失以及多其他指控引发大批抗议者走上街头。	刑事调查	多人引咎辞职，调查继续
2007	韩国	大国家党贿赂丑闻 前总统卢武铉的儿名内阁成员，以及他的顶级反腐败机构，被指控接受三星电子等一些来源的贿赂。腐败指控还涉及其他地方及中央层面的大国家党党魁。	匿名举报	诉讼、刑事调查
2007	尼日利亚	埃特赫特合同丑闻 尼日利亚众议院议长，历史上第一位女性发言人帕特里夏·埃特赫特（Patricia O. Etteh）因涉嫌贪污和挪用资金而辞职。埃特赫特称这个丑闻是对手的政治污蔑。	记者调查	引咎辞职
2007～2008	日本	日本绿色丑闻 日本农业部长松下松雄和前政府环境部门执行总长山崎真分别自杀，此事发生在安倍当局的"簿记丑闻"加剧后。	刑事调查	调查
2007	美国	克雷格丑闻 保守党参议员拉里·克雷格（Larry Craig）在明尼阿波利斯机场洗室因涉嫌猥亵和淫秽行为而被捕，虽然他拒绝立即辞职，但克雷格仍表示 2008 年不再竞选连任。	刑事调查	调查

续表

年份	国家	丑闻内容	曝光源头[b]	结果
2007	美国	总检察长阿尔贝托·冈萨雷斯被指控腐败并辞职,八名检察官因正在调查共和党高层,或因他们拒绝起诉布什政府希望击败的民主党人而遭到辞退。冈萨雷斯于2007年8月正式辞职。	司法调查	引咎辞职
2007	沙特、美国、英国	Bandar-BAE丑闻 卫报和英国广播公司发表的报告指出,英国军火公司BAE已经向沙特阿拉伯王储(前任驻美国大使)支付了20亿美元的"营销费用",作为1985年"亚玛玛"武器交易的一部分。托尼·布莱尔以"国家安全"为由下令停止腐败调查,因为继续调查将会动摇工党根基。	记者调查	多人引咎辞职
2007	美国	美国众议员威廉·杰弗森,路易斯安那州民主党代表,被指控涉嫌从尼日利亚某商业计划中受贿五十万美元。	刑事调查	诉讼
2006-8	哥伦比亚	民兵政治丑闻 一大批国会议员、参议员和政府内部人士被指控与准军事集团哥伦比亚自卫联合军勾结,该组织涉嫌杀害数千平民。这一丑闻令哥国政治生活陷入停滞。	刑事调查	刑事判待定
2006	美国	首都女士丑闻 美国邮政检查局的调查显示,珍妮·帕尔弗里是政府高级别人士。而她的许多客户都是政府高级电话记录,多家媒体利用这些记录来挖掘她的一些较重要客户的身份。2007年7月,帕尔弗里与洗钱和卖淫活动。	刑事调查、记者调查	多名政客和政府官员辞职
2006	美国	弗利丑闻 国会议员马克·弗利被美国广播公司爆料称曾向国会侍童发送含有性敏感内容的短信。弗利沮丧地辞职,并呼吁议长丹尼斯·哈斯特尔辞职,更要求调查其他一些国会议员的行为。	记者调查	引咎辞职

续表

年份	国家	丑闻内容	曝光源头[b]	结果
2006	以色列	总统莫沙·卡察夫被指控强奸和性骚扰，有十名妇女对他要求索赔。媒体广泛报道了这一丑闻，调查还揭露了他被免职的主要控告人（称为 A）试图敲诈勒索的行为。一个匿名消息源泄露了总统的违法行为。	记者调查	卡察夫于2007年3月被停职，2007年8月被正式辞职
2005－2006	巴西	卢拉丑闻 以贿赂投票为主的广泛的腐败和贿赂调查几乎终止了卢拉总统的政治生涯。这一丑闻在2005年6月爆发，当时巴西电视台播放了一个接受大量现金的高档邮政信箱。	记者调查	秘书长佩雷拉（Silvio Pereira）下台辞职，工党主席、三位重要部长辞职
2005－2006	加拿大	赞助丑闻 总理保罗·马丁在投票不通过的情况下被淘汰，因为涉嫌滥用指定用于魁北克爱国主义运动的政府资金。	政府审计	总理辞去党的领导职务
2005－2006	美国	瓦莱丽·普莱姆事件 布什政府的主要成员被指控在2003年向新闻界人士泄密中央情报机构特工瓦莱丽·普莱姆（Valerie Plame）的身份，以削弱她丈夫约瑟夫·威尔逊大使对伊拉克政府试图从尼日尔购买铀以进行伊拉克战争提出质疑。2005年7月1日，MSNBC记者证实，卡尔·罗夫是泄漏的根源。2000年和2004年布什总统的竞选设计师卡尔·罗夫（Karl Rove）辞职。	记者调查	刑事诉讼、辞职
2005－2007	瑞典/捷克共和国	战机丑闻 一场长期的丑闻，涉及飞机销售和萨博等多家公司。	记者调查	多人引咎辞职

续表

年份	国家	丑闻内容	曝光源头[b]	结果
2005－2008	美国	阿布拉莫夫丑闻 与布什行政相关系密切的杰克·阿布拉莫夫，被指控串谋和电话欺诈。华盛顿任务小组成立，专门调查甘比诺家族的贿赂和勾结的指控，以及调查甘比诺家族的犯罪指控。美国国会多数党领导人汤姆·迪雷（Tom Delay）因违反竞选经济原则被起诉。他于2006年放弃了他的职位。	记者调查	针对国会议员的诉讼，多人引咎辞职
2004	哥斯达黎加	涉及两位前总统的两件丑闻于2004年夏相继出现。 1990年至1994年的总统拉斐尔·安格尔·卡尔德隆（Rafael Ángel Calderón）被指控帮助一家芬兰公司向国家保健系统 CCSS 出售医疗设备，并获得非法佣金约900万美元。 1998年至2002年的总统米格尔·安格尔·罗德里格斯（Miguel Ángel Rodríguez）被控接受法国公司阿尔卡特240万美元的股份，并为该公司谋求了与哥斯达黎加国有电信和电力公司 ICE 签订的合约。		
2004	法国	市政厅丑闻 前总理阿兰·朱佩，UMP党派的领导人及希拉克的左膀右臂，被发现在他担任财政部长、希拉克任市长的八十年代末九十年代初，动用巴黎市基金支付党派员工费用。他的同僚牵扯出更广泛的腐败丑闻，涉及包括希拉克在内，数十个城市和国家雇员。		
2003－2004	法国	图卢兹连环杀手丑闻 众多警察和政治官员，包括1983－2001年任图卢兹市长的多米尼克·鲍迪斯（Dominique Baudis）在1992年至1997年间参与丁连环杀手帕特里斯·阿列格雷（PatriceAlegre）的凶徒谋杀任安活动，是迄今为年最大的媒体报道之一。	警方调查	撤诉

续表

年份	国家	丑闻内容	曝光源头ᵇ	结果
2003	芬兰	伊拉克门 安吉尼·杰瓦宁麦克（Anneli Jäätteenmäki）于 2003 年 4 月被任命为首相。不过，芬兰与伊拉克战争的泄漏使首相信用值受急，迫使其两个月后辞去首相职务。	证据泄露给媒体后的刑事调查	芬兰总统顾问马尔蒂·曼宁恩被定罪
2003 – 2005	联合国	石油换食品丑闻 参与联合国伊拉克石油换粮食计划的约 2000 家公司被发现涉及贿赂政府和超收。	刑事调查	项目终止
2002	日本	铃木丑闻 自民党高级别成员铃木宗男。他于 2002 年 2 月辞职，并于 6 月被定罪。这个丑闻动摇了整个外交部。小泉纯一郎的政治预势也被认为是起于该丑闻的漠不关心。	刑事调查	引咎辞职
2001 – 2006	南非	武器丑闻 非洲国民大会党的众多官员被指控从 2001 年开始，从欧洲军火商那里获得现金和礼物。副总统雅各布·祖马（Jacob Zuma）辞职，因为他接受了财务顾问沙比尔·沙克（Schabir Shaik）大量现金，代表法国军火商支持他们在二十亿美元的武器合同中的利益。	谣言引发的调查	引咎辞职，大规模游行
2001	乌克兰	磁带丑闻 前总统保安部门成员发布了一盘磁带，关于如何非法解决一些问题的谈话，其中有库奇马总统和其他重要贡员之间，包括杀一名记者贡德泽（Gondadze）。2005 年，一个议会委员会正式涉嫌库奇马和前内政部长（他的头脑中）的绑架。这一事件被认为是 2004 年橙色革命的关键动力。	公众质询	引咎辞职

续表

年份	国家	丑闻内容	曝光源头[b]	结果
2000	秘鲁	藤森丑闻 藤森反对党公开一盘磁带,显示藤森的安全总监贿选,藤森随陷后辞职。	公众质询	藤森逃往国外
1999	加拿大	赌场门 不列颠哥伦比亚省省长因丑闻辞职,原因是他向邻居和朋友共同拥有的公司(Dimitrios Pilarinos)授予了省政府赌场牌照。	媒体对警方搜索总理宅邸的行动进行报道	引咎辞职
1999	法国	财政部长多米尼克·斯特劳斯·卡恩被控接受60000英镑报酬,而他却从未做过任何工作,他随后辞职。	媒体曝光	引咎辞职
1999~2003	法国	亿而富事件 国营石油公司贿赂丑闻。在2001年的丑闻高峰期间,宪法委员会主席罗兰·杜马斯(Roland Dumas)被迫辞职,因为他在1980至1990年间,从亿而富石油公司代表克里斯汀·德维尔斯-琼库尔(Christine Deviers-Joncour)受贿,被判入狱30个月。调查始于1993年,最终在2000~2003年间进行了一系列备受关注目的审判。杜马斯是唯一一被定罪的政客,但他最终赢得了上诉。	刑事调查	定罪
1999	德国	亿而富石油事件 赫尔穆特·科尔被指控从亿而富石油获得1000万美元的回扣,用于1994年的竞选活动。许多人指称这是密特朗的努力,以确保科尔连任。在这个丑闻之后,德国基督教民主联盟基本解散。	刑事调查	定罪
1998	美国	莫妮卡·莱温斯基丑闻 总统克林顿在指控真相浮出水面后做弹劾,因为他在宣誓时对自己与白宫实习生的丑闻撒了谎。克林顿不忠的丑闻首次在互联网新闻网站上发布。	媒体泄露消息	弹劾总统

续表

年份	国家	丑闻内容	曝光源头b	结果
1998	英国	首个曼德尔森丑闻 彼得·曼德尔森（Peter Mandelson）在大规模的新闻丑闻后辞去贸易和工业部秘书的职务，他在接管财政部长之前收到了杰弗里·罗宾逊（Geoffrey Robinson）的未公开贷款。	贸易和工业部调查	引咎辞职
1997	捷克共和国	消耗臭氧层物质丑闻 总理克劳斯因由于党的资金丑闻而辞职。	记者调查	引咎辞职
1997	韩国	韩博门 包括内政部长金贤三金永山的二子，在韩国第二大炼钢厂韩博的破产丑闻中被捕。政客被指接受政治献金，以优惠贷款和法律倾斜作为交换。	刑事调查	金大中连任失败
1997－1998	美国	金里奇丑闻 纽特·金奇里在80项腐败指控后辞职，包括不当使用政府资源和收取450万美元的交易预付款（他最终退还）。虽然几乎所有的费用都降价了，他还是向道德委员会支付了30万美元用于调查费用。共和党在1998年的选举中遭受了意想不到的损失，这很多都归功于这个丑闻。	司法调查	引咎辞职、公众谴责
1995－1996	阿根廷	秘鲁－厄瓜多尔武器丑闻 国防部长奥斯卡·卡米伦（Oscar Camilion），在拉纳奇奥（LaNación）发表了一篇报道后辞职，报道怀疑秘鲁和厄瓜多尔已经从阿根廷收到武器。空军司令Janu Paulik在1996年辞职，许多参与丑闻的人在可疑情况下死亡。	媒体报道	多人引咎辞职

续表

年份	国家	丑闻内容	曝光源头 b	结果
1993 - 5	比利时/北约	阿古斯塔丑闻 北约秘书长威利·克莱斯以及其他比利时政界人士在一起贿赂丑闻中辞职，警方在调查达四年的案件中，发现了这一点。克尔斯制造商为比利时时社会主义者作出政治贡献而回报军事合同的计划，克莱斯在家外被枪杀。	警方调查	引咎辞职
1992 - 6	印度	哈瓦拉丑闻 1992年至1996年，并涉及 Rao 政府与洗钱网络之间的复杂网络连接。许多政客辞职。	警方调查	多人引咎辞职并被逮捕，国大党在1996年的选举中再次被击败
1992	丹麦	移民签证丑闻 丹麦战后历史上最大的丑闻之一爆发，当时施吕特政府正在积极试图禁止斯里兰卡难民加入已经在丹麦的家人。	刑事调查	施吕特总理于1993年1月辞职，导致自1971年以来第一个多数党联合政府成立
1992	巴西	在1990年的竞选活动中，一个流氓贩卖计划引发了巴西总统费尔南多·科洛·德梅洛的弹劾和引咎辞职的丑闻。	公众质询	总统主动辞职以规避弹劾
1991	美国	国会支票丑闻 这涉及几十位国会议员经常透支他们的国会工资账户，这一过程基本上意味着他们的不劳而获。	媒体报道	引咎辞职
1991	法国	污染血液丑闻 公共卫生机构知情的情况下让血友病患者使用感染了艾滋病毒的血。	媒体报道	公开审讯三位内阁成员

续表

年份	国家	丑闻内容	曝光源头[b]	结果
1991－1996	西班牙	档案丑闻 它对西班牙首相费利佩·冈萨雷斯（Felipe González）的选举失败有贡献。	选举失败	
1990	西班牙	胡吉格拉丑闻 希门内斯（2004）和希尔丘德（Heywood, 2007）指出，这种涉及流氓罪的丑闻将腐败转变成了20世纪90年代初西班牙政治中最突出的政治问题。	公众质询	副总理阿方索·格拉辞职。
1987－1989	印度	博福斯丑闻 涉及拉吉夫·甘地的腐败丑闻导致国会解散，拉吉夫辞职。	由《印度报》和《印度快报》展开的调查	多人辞职，执政42年的政党引咎辞职。

a 该项目包括：国家的重大政治丑闻，导致有形的政治后果，如辞职、弹劾、起诉等。

b 所谓源头，我们指的是将不法行为带入公共领域的机制。

资料来源：阿米莉亚·阿瑟诺（Amelia Arsenault）根据新闻报道汇编，2008。

表 A4.3 1988～2008[a] 年 G8 国家的部分丑闻

加拿大	
2008	**考亚尔事件** 几名保守党议员在指控浮出水面之后就下台了,他们与一个试图赢得政府合同的同犯罪帮派有联系的妇女朱莉·考亚尔发生了不正当的关系。
2005－2006	**赞助丑闻** 总理保罗·马丁在爱国主义运动专项资金被滥用的丑闻暴露之后,被一票否决取消了权力。
1998	**亚太经合组织** 政治抗议者的胡椒喷雾导致了对警察程序和政府监督作用的四年调查。司法部长安迪·斯科特(Andy Scott)在飞机上被偷听到谈论警察局官员如何"代人受罪"的丑闻后辞职。
1995－2003	**空客** 空客长期的丑闻涉及进步保守党总理布来恩·穆勒尼(Brian Mulroney)非法回扣的罪名。穆勒尼驳斥了诽谤。
1993	总理让·克雷蒂安任职期间,遭责他参加非法房地产交易的声称不时出现。
法国	
2001－6	**清流事件** 许多政治家和法国保密局的成员被指控洗钱。2006 年,新闻界出现了匿名的指控,即尼古拉·萨科齐(Nicolas Sarkozy),俄罗斯黑手党(Russian Mafia)等许多人都牵扯进了这丑闻。对于总理多米尼克·德维尔潘辞职和萨科齐(他的主要竞争对手)的公开呼吁,是对萨科齐进行调查,以损害他的声誉。
1996～2003	**亿而富丑闻** 四十名前国有石油巨头高管,政客,官僚被指控。法国国外相及其情妇被判处监禁(后来被无罪释放)。
1991	**密特朗－帕斯夸事件** 这涉及法国政府从东欧向安哥拉政府秘密出售和运送武器,导致 42 项起诉书。
德国	
1999/2000	**科尔门** 赫尔穆特·科尔被指控从亿而富石油获得 1000 万美元的回扣,用于 1994 年的竞选活动。许多人指称这是密特朗的努力,以确保科尔连任。在这个丑闻之后,德国基督教民主联盟基本解散。[b]
1987－93	**巴舍尔事件** 由《明镜》曝光的谋杀操纵丑闻,涉及谋杀和隐藏,最终导致两位部长的辞职。[c]

— 361 —

续表

意大利		
2007	窃电丑闻	《共和国报》公布了 MediaSet（由贝卢斯科尼拥有）和 RAI（国有企业）之间的电报，他们在贝卢斯科尼任取总理期间共谋对其的有利报道。
2005－2008	央行丑闻	金融和银行业丑闻导致意大利中央银行行长安东尼奥·法齐奥和儿名高管辞职。d
1992－1996	清廉之手	大规模的腐败调查涉及政府、梵蒂冈和黑手党。包括前社会主义总理贝蒂诺·克雷西在内的6000多名被告被指控，最终导致意大利二战后的两个主要政党全部解体。
日本		
2002	铃木丑闻	自民党高级别成员铃木宗男，被控接受北海道地区的一家木材公司的贿赂。他于2002年2月辞职，并于6月被定罪。这个丑闻动摇了整个外交部。小泉纯一郎的政治额势也被认为是起于对该丑闻的漠不关心。
1992	佐川快递丑闻	与黑社会有关的政治贿赂丑闻，导致了自民党副主席金丸信信誉破败。这一事件被认为是导致1993年自民党第34次选举失败的直接原因。
1988	招募丑闻	受到广泛宣传的政治腐败丑闻，17名国会议员被定罪为内幕交易，总理竹下登及全体内阁辞职。
俄罗斯		
2006	间谍石头	俄罗斯联邦安全局举行了一次新闻发布会，称12个俄罗斯非政府组织在英国驻莫斯科大使馆进行间谍活动，声称在普京授权禁止外国资金资助非政府组织的当月，英国在多个公共场所投放了内藏有间谍装置的假石头。
2001	三只鲸鱼丑闻	涉及家具企业和联邦政府的主要腐败。主要目击者在调查期间同被谋杀，最终导致许多高级官员辞职或被起诉。
1997	桑拿鱼丑闻	俄罗斯司法部长瓦尔金·科瓦列夫（Vladimir Kovalev）在新闻网播出了他于桑拿浴室进行群体淫乱行为的视频后辞职，据说该视频来自于内政部。
1997	青年改革者丑闻	在一系列的"肮脏战争"战略的证据被公开后，克里姆林宫多名高级官员从媒体处拿回扣和的丑闻也被曝光。许多人认为，这一消息是由俄罗斯首富鲍里斯·比雷佐夫斯基公布的，他正是这一丑闻被调查对象。

续表

国家	年份	事件
英国	1998	彼得·曼德尔森丑闻 布莱尔政府的贸易工业部长在丑闻披露后辞职，他被发现在就职前曾收到财政部长杰弗里·罗宾逊（Geoffrey Robinson）的秘密贷款。
	1994－1997	现金问题 由《星期日泰晤士报》和《卫报》揭发的丑闻，声称保守党那些议员从说客那里收取现金，以代表哈罗兹百货商店主穆罕默德·法耶德在下议院提问的机会为交换。此事件帮助工党横扫了1997年大选。
美国	2006－2008	杰克·阿布拉莫夫丑闻 国会议员鲍勃尼，两名白宫官员，以及九名说客和国会助手被以腐败定罪。
	2006	弗利丑闻 保守党议员马克·弗利在被指控与首都盛顿担任国会服务员的少年保持不正当关系后辞职。
	2006	首都女士丑闻 美国邮政检查局的调查显示，珍妮·帕尔弗里参与洗钱和卖淫活动。而她的许多客户都是政府高级别人士。2007年7月，帕尔弗里向公众公布了她的电话记录，多家媒体利用这些记录来挖掘她的一些较重要客户的身份。
	2006	阿布格莱布丑闻 描绘美国士兵在伊拉克阿布格莱布监狱虐待囚犯的图片公开。
	2003	瓦莱丽·普莱姆事件 布什政府的主要成员被指控在2003年向新闻界人士泄密中央情报机构特工瓦莱丽·普莱姆（Valerie Plame）的身份，以削弱她丈夫约瑟夫·威尔逊大使的声明，该大使对伊拉克政府试图从尼日尔购买铀以进行核战争提出质疑。2005年7月1日，MSNBC记者证实，卡尔·罗夫是泄漏的根源。2000年和2004年布什总统的竞选设计师卡尔·罗夫（Karl Rove）辞职。
	1998	莫妮卡·莱温斯基丑闻 总统克林顿在指控丑事真相浮出水面后被弹劾，因为他在宣誓时对自己与白宫实习生发生的丑闻撒了谎。克林顿不忠丑闻首次在互联网新闻网站上发布。
	1992	国会支票丑闻 在发现几名国会议员利用它们的国会账户超开支票后，众议院银行被迫于1991年关闭。这项调查导致了多人被定罪，包括五名国会议员和一名会议代表。
	1992	白水丑闻 涉及克林顿总统及其妻子希拉里的不正当房地产交易。这个丑闻在白宫委员会文斯·福斯特（Vince Foster）自杀后扩大，导致国会多次调查，并任命肯尼思·斯塔尔（Kenneth Starr）对克林顿的交易进行独立调查。

续表

1989	**基廷五人** 是指 1989 年五位被控腐败的美国联邦参议员，由此引发了一场美国国会政治丑闻，也是 20 世纪 80 年代末 90 年代初美国储贷危机的一部分。这五位参议员分别为加州民主党参议员阿兰·克兰斯顿、亚利桑那州民主党参议员丹尼斯·德孔西尼、俄亥俄州民主党参议员约翰·格伦、亚利桑那州共和党参议员约翰·麦凯恩以及密歇根州民主党参议员唐纳德·W. 里格尔。他们被指控对林肯储蓄和贷款协会主席查尔斯·基廷干涉了联邦住房贷款银行委员会对林肯储蓄和贷款机构的监管调查。任房贷款委员会最终未对林肯采取任何行动。

a 这张表并不是政治丑闻的详尽记载。它包括被广泛宣传的重大政治丑闻，以及具有显著的国家政治后果的国际丑闻。

b 基督教民主联盟议会代表团财政和预算部门负责人沃尔夫冈·胡伦（Wolfgang Hullen）在调查过程中上吊自杀。该事件是德国重新统一后媒体和政治的重要转折点。据丑闻是 1999 年政府和国家媒体从波恩转移到新首都柏林之上的文化就此开始。

c 德国基督教民主联盟党党魁乌韦·巴舍尔于 1987 年因操控投票前辞职。据透露，他以一名小报记者为助手，发起了一系列以自由主义左翼对手比约恩·恩格霍姆为对象的计划。这些活动包括雇佣私家侦探，强迫某人起诉恩格霍姆偷逃税，发布谣言说他丈滋病检测呈阳性，并把他当作玩弄亲女性、同性恋和恋童癖的代言人。不久之后，两名记者发现巴舍尔在浴缸里被谋杀。五年后，1993 年，德国社会民主党党魁比约恩·恩格霍姆被迫下台，证据显示其他比人们所知的更加陷入此前的丑闻中。

d 当时，由贝卢斯科尼的兄弟保罗拥有的《新闻报》（Il Giornale）发表了丑闻中的许多被告之间的私人通话记录，其中许多人是中左政府联盟的高级官员。通话记录来源依然未知。不过，通话记录比为 2006 年 4 月的选举活动设置了重大议程。泄露本案件没有任何正式的证据作为证据，甚至没有正式的媒体报道。

资料来源：2008 年阿米莉亚·阿瑟诺（Amelia Arsenault）收集整理的媒体报道。

表 A4.4　1980～2004 年美国政治参与中的非投票措施（百分比）

年份	试图影响其他选民	参加政治集会	为党和候选人工作	佩戴胸章或贴纸	捐款
1980	36	8	4	6	8
1984	32	8	4	9	8
1988	29	7	3	9	9
1992	37	8	3	11	7
1996	28	5	2	10	9
2000	34	5	3	10	9
2004	48	7	3	21	13

资料来源：由赫瑟林顿（Hetherington）汇编（2008：10）。

表 A4.5　1980～2004 年美国政党或其他组织的动员工作
（回答"是"的百分比）

年份	被政党联系过？	被政党以外的组织联系过？
1980	24	10
1984	24	8
1988	24	8
1992	20	10
1996	26	10
2000	35	11
2004	43	18

资料来源：由赫瑟林顿汇编（2008：14）。

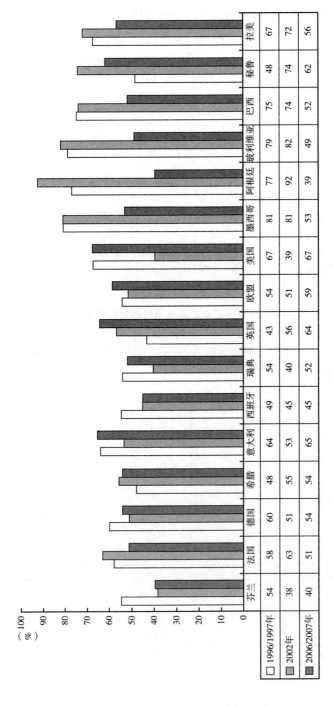

	芬兰	法国	德国	希腊	意大利	西班牙	瑞典	英国	欧盟	美国	墨西哥	阿根廷	玻利维亚	巴西	秘鲁	拉美
☐ 1996/1997年	54	58	60	48	64	49	54	43	54	67	81	77	79	75	48	67
▨ 2002年	38	63	51	55	53	45	40	56	51	39	81	92	82	74	74	72
▩ 2006/2007年	40	51	54	54	65	45	52	64	59	67	53	39	49	52	62	56

图 A4.1 1996~2007 年对其国家政府表示很少或不信任的公民的百分比

注：盖洛普和欧洲公众意见调查中心的数据是 1997 年、2002 年和 2007 年的；拉丁美洲测量数据是 1996 年、2002 年和 2006 年的。

问题：欧洲公众意见调查中心：您是否倾向于信任或不倾向于不信任您的国家政府？

盖洛普：你认为你对华盛顿政府做正确的事情有多信任？图表反映了"有时"，"从不"。

资料来源：欧洲公众意见调查中心（1997，2002，2007）；盖洛普（1997，2002，2007）；拉丁美洲公众意见调查中心（1996，2002，2006）。

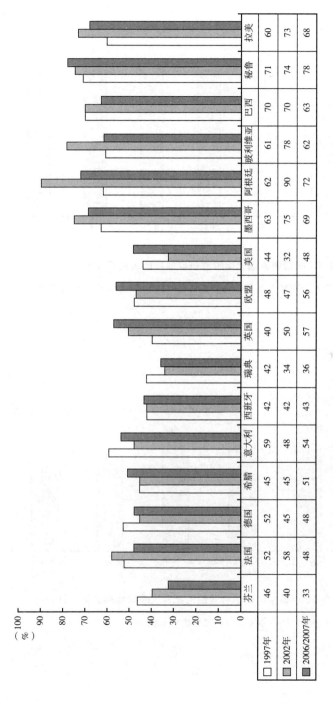

	芬兰	法国	德国	希腊	意大利	西班牙	瑞典	英国	欧盟	美国	墨西哥	阿根廷	玻利维亚	巴西	秘鲁	拉美
1997年	46	52	52	45	59	42	42	40	48	44	63	62	61	70	71	60
2002年	40	58	45	45	48	42	34	50	47	32	75	90	78	70	74	73
2006/2007年	33	48	48	51	54	43	36	57	56	48	69	72	62	63	78	68

图 A4.2 1997～2007 年对国家立法机关或议会几乎没有信任的公民的百分比

问题：欧洲公众意见调查中心：你是否倾向于相信或倾向于不相信你的国会？

盖洛普：对由美国参议院和众议院组成的立法部门，你现在有多少信任和信心？

资料来源：欧洲公众意见调查中心（欧洲），盖洛普（美国）和拉丁美洲（拉丁美洲）民意测验。

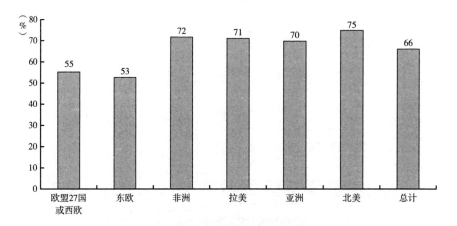

图 A4.3 相信国家政党腐败或极度腐败的公民百分比

资料来源：全球腐败公众意见调查来自于盖洛普国际对 60 个国家进行的调查报告（2007）。

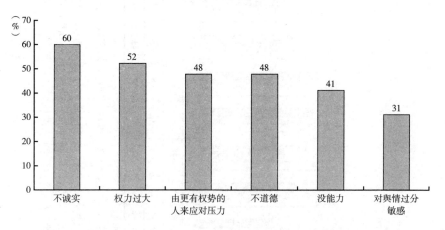

图 A4.4 2007 年 60 个国家的受访者对政治领导人表达各种意见的百分比

资料来源：盖洛普国际对 60 个国家进行的调查报告（2007）。

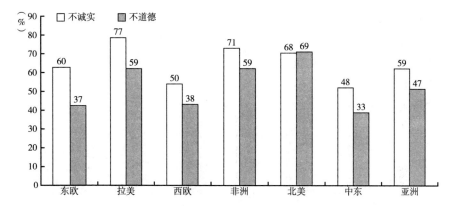

图 A4.5　2007 年受访者认为政治领导人不诚实和不道德的百分比

资料来源：盖洛普国际对 60 个国家进行的调查报告（2007）。

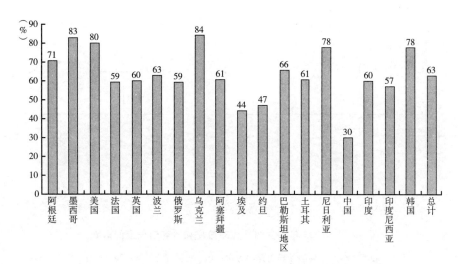

图 A4.6　2008 年相信国家由几个大的利益集团运作的百分比

资料来源：WorldPublicOpinion. org 对 19 个国家的调查（2008）。

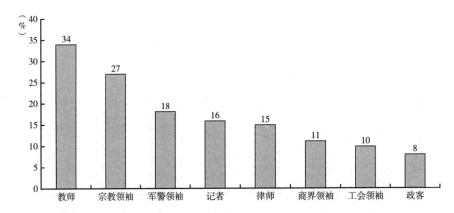

图 A4.7 2007 年 60 个国家受访者表示对各类人士的信任的百分比

资料来源：盖洛普国际对 60 个国家进行的调查报告（2007）。

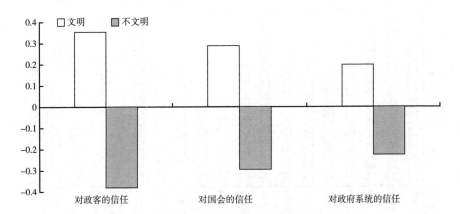

图 A4.8 2005 年不文明行为对政府和政客信任度的影响

注：文明和不文明的条件的差异与预期方向一致，差异显著（F－10.36，p＜0.01；F－6，p＜0.01；F－3.12，p＜0.05）。相应的部分 η 平方值分别为 0.14、0.06、0.05。

资料来源：穆茨和李维斯（Mutz and Reeves，2005，来源：实验 1）。

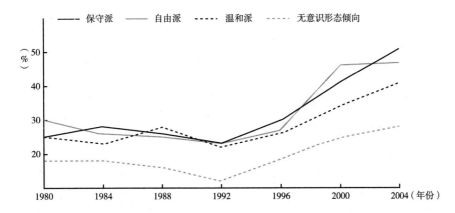

图 A4.9　1980～2004 年美国选民的政党倾向

资料来源：由赫瑟林顿汇编（2008：15）。

表 A5.1　2006 年听说过全球变暖的受访者的百分比

英国	100	中国	78
日本	99	土耳其	75
法国	97	印度	57
德国	95	约旦	48
西班牙	93	埃及	47
美国	91	巴基斯坦	12
俄国	80		

资料来源：皮尤（2006）。

表 A5.2　2004～2008 年美国民主党总统选举青年和少数族裔新增投票率（百分比）

州	18～29 岁		非裔		西裔	
	2004	2008	2004	2008	2004	2008
亚 利 桑 那	7	8	2	8	17	18
加　　　州	11	16	8	7	16	30
康 涅 狄 格	5	10	7	9	2	6
特 拉 华	9	10	16	28	2	6
佛 罗 里 达	6	9	21	19	9	12
格 鲁 吉 亚	11	18	47	51	3	3
爱 荷 华 州	17	22	n. a.	n. a.	n. a.	n. a.
路易斯安那州	7	10	46	48	]5	4

续表

州	18~29 岁		非裔		西裔	
	2004	2008	2004	2008	2004	2008
马 里 兰	8	14	35	37	3	4
马 萨 诸 塞	9	14	5	6	3	5
密 西 西 比 州	7	14	56	50	3	0
密 苏 里 州	9	14	15	17	1	4
新 罕 布 什 尔	14	18	1	1	1	2
纽 约	8	15	20	16	11	10
俄 亥 俄 州	9	16	14	18	3	4
俄 克 拉 何 马 州	6	9	8	6	2	4
罗 德 岛	8	13	4	7	4	7
南 卡 罗 来 纳	9	14	47	55	1	1
田 纳 西	7	13	23	29	1	3
德 州	10	16	21	19	24	32
佛 蒙 特	10	11	1	1	1	3
弗 吉 尼 亚 州	8	14	33	30	2	5
威 斯 康 星	11	16	6	8	3	4
平 均	9.0	13.7	6	8	3	4
增 加		+52.4		+7.8		+41.9

资料来源：*Five Thirty Eight*（2008 年 5 月）。

表 A5.3　2008 年总统大选初选阶段奥巴马和希拉里获票情况（百分比）

	希拉里	奥巴马		希拉里	奥巴马	
全部	48	46	白人没有上大学	62	31	
男人	43	50	白人大学毕业	48	47	
妇女	52	43	城市	44	52	
白人	55	39	郊区	50	44	
黑人	15	82	乡村	52	40	
西裔	61	35	收入 < $ 50K	51	44	
白人男性	48	45	$50K~100K	47	47	
白人女性	60	34	$ 100K +	45	51	
年龄18~29 岁	38	58	白人收入 $ 50K	51	44	
65 岁以上	59	34	白人收入 $ 50K~100K	54	39	
没上大学	52	42	白人收入 $ 100K +	48	47	
大学毕业生	44	52				

资料来源：ABC 新闻。

表 A5.4　候选人在 2008 年党内初选时最重要的属性（百分比）

	希拉里	奥巴马	希拉里	奥巴马	
带来改变	29	68	正确的经验	91	6
关怀	48	42	最有可能当选总统	50	47

资料来源：ABC 新闻。

表 A5.5　在 2008 年党内初选时最重要的议题（百分比）

	希拉里	奥巴马	希拉里	奥巴马	
经济	51	44	医保	52	43
伊拉克战争	42	53			

资料来源：ABC 新闻。

表 A5.6　2008 美国民主党初选期间的在线政治参与：每一组被调查的成年人（互联网和非互联网用户）使用互联网、电子邮件或短信获取政治新闻或交换他们对种族主义的看法的百分比

性别		$50,000 ~ $74,999	56
男性	50	$75,000 +	70
女性	43	种族/族裔	
年龄		白人（非西班牙裔）	47
18 ~ 29	58	黑人（非西班牙裔）	43
30 ~ 49	56	西班牙语（英语）	50
50 ~ 64	41	教育	
65 +	20	高中以下	19
家庭年收入		高中毕业	32
< $30,000	28	大学肄业	56
$30,000 ~ $49,999	47	大学毕业	69

$n = 2,251$；误差 ±2%。
资料来源：皮尤互联网与美国生活春季调查（2008）。

表 A5.7　2007 年 6 月～2008 年 2 月互联网政治：针对 2008 名
美国民主党候选人的谣言和运动

日期	候选人	描述
2008 年 5 月	希拉里	伪造的视频,描述克林顿顾问米奇·坎特在 1992 年印第安纳州投票的前几天,用侮辱和猥亵的语言描述印第安人。一则留言也同视频一起发给记者:"你必须报道这个。它将改变选举。"
	奥巴马	一封连锁邮件,声称米歇尔·奥巴马致力于将非洲裔美国人于"首要"地位,而排除其他族群。
	奥巴马	一封连锁电子邮件,假称摘录自米歇尔·奥巴马在普林斯顿的毕业论文,称美国是建立在"犯罪和仇恨"之上的,而白人有着"根深蒂固的种族歧视"。
	奥巴马	一封连锁电子邮件从奥巴马的《无畏的希望》(2006)中引出了一段话,声称如果"政治风向朝着一个丑陋的方向发展",奥巴马将与穆斯林站在一起。
2008 年 4 月	希拉里	希拉里的牧师猥亵儿童。
	奥巴马	由肯尼亚传教士发起的一封连锁信,对奥巴马的宗教信仰提出了许多质疑,其中包括"顺便说一下,他真正的名字是巴拉克·侯赛因·穆罕默德·奥巴马。这不会让我们的敌人听起来像是诅咒他吗?! 愿上帝保佑你。"
	奥巴马	奥巴马 4 月 11 日在旧金山筹款者的评论中表示,小镇选民在失业问题上变得愤世嫉俗,但却在枪支、宗教和反对一切上抓得很紧,这段话首先被记录为 MP3,然后由博主迈希尔·福勒发表。事件成为宾夕法尼亚初选的中心事件。
2008 年 3 月	奥巴马 & 希拉里	电子邮件透露,奥巴马和希拉里都想提高个人所得税和资本利得税,以解决因最近经济低迷而困扰选民的担忧。
	奥巴马	系列电子邮件警告读者:"根据启示录,反基督徒将是一个 40 多岁的伊斯兰血统的人,他会用有说服力的语言欺骗各国,并有一个大众基督般的呼吁预言说,人们会对他发泄,他会承诺虚假的希望和世界和平,当他掌权时,会毁灭一切,这不就是奥巴马吗?""根据 PoliticalFact.com(政治事实网)统计,邮件发布后,用谷歌检索"奥巴马 + 反基督"的人超过 625000 名。
2008 年 2 月	奥巴马	互联网的谣言称,3K 党已经决定背书奥巴马。
	奥巴马	谣言称乌戈·查韦斯(Hugo Chávez)为奥巴马的竞选提供资助。
	奥巴马	希拉里团队发布了一张奥巴马穿得像索马里老人的照片。

续表

日期	候选人	描述
	奥巴马	豪华轿车司机拉里·辛克莱(Larry Sinclair)在他的网站上发布了一个视频,指控奥巴马与他吸食毒品并进行口交。
	希拉里	基于比尔克林顿前顾问迪克·莫里斯对希拉里的批评的邮件在坊间流传,邮件声称希拉里未通过华盛顿特区律师考试(其实她通过了)。
2008 年 1 月	希拉里	邮件声称希拉里在学生时代曾跟随加利福尼亚共产党党魁实习。邮件内容来自于迪克·莫里斯于 2007 年 8 月发表在 FrontMag 上的一篇文章。莫里斯在该文章中的说法已被多个信源证明是假消息。
	希拉里	邮件声称希拉里在耶鲁大学时的主要课余活动,就是帮助美国黑人组织"黑豹",就其成员在康涅狄格州折磨并杀害一名联邦警员的案件进行辩护。
	奥巴马	谣言宣称奥巴马在美国参议院宣誓就职时凭《古兰经》而不是《圣经》。
2007 年 12 月	奥巴马	有说法称奥巴马是隐蔽的穆斯林,只认同非裔美国人。
	奥巴马	奥巴马被指控为不爱国人士,因为他在慰问部队时没有佩戴国旗胸章。
2007 年 10 月	奥巴马	奥巴马被指控在唱国歌时不将手放在胸前。
	奥巴马	福音歌手和"改革同性恋者"唐妮·麦克尔金出现在奥巴马筹款活动中。
2007 年 8 月	希拉里	据说希拉里做过马克思主义的评论。
2007 年 4 月	奥巴马	奥巴马批评塞尔玛讲话是时代错误。
2007 年 3 月	希拉里	匿名反希拉里、亲奥巴马的与苹果的"想不同"广告相混搭的视屏被发布在 YouTube 上。
2007 年 2 月	奥巴马	1 月 17 日,奥巴马宣布成立总统考察委员会之后的第二天,保守的 InsightMag.com 报道说,据"背景调查"说,与希拉里有联系的研究人员发现奥巴马在印度尼西亚的所谓穆斯林神学院呆过至少四年。文章进一步报道说,这意味着奥巴马是骗子。这些"消息源"也推测"奥巴马参与的该教会"可能会教一种否认非穆斯林权利的瓦哈比主义。

资料来源:由莎朗·费恩和阿米莉亚·阿瑟诺收集整理。包括《圣彼得堡时报》、《国会季刊》和在 Politicalfact.com 上发现的电子邮件。

表 A5.8　2008 年民主党初选阶段主要媒体狂潮和政治丑闻，2008 年 1～5 月

日期	候选人	描述
4/28－5/3	奥巴马	赖特牧师在国家新闻俱乐部和 NAACP 发表了演讲。奥巴马谴责赖特。这个故事占据了竞选活动媒体报道的 70%。
4/11	奥巴马	奥巴马称宾夕法尼亚州的部分选民牢骚满腹。
3/24	希拉里	希拉里声称在访问波斯尼亚时遭遇不明狙击手袭击。真相迅速浮出水面，证明她的说法是虚假的。这个故事占当周竞选报道的 63%。
3/18	奥巴马	奥巴马承认与赖特的联系，并就种族和美国发表讲话。
3/14	奥巴马	赖特丑闻到达媒体报道的巅峰。
3/11	奥巴马	希拉里支持者杰拉尔丁·费拉罗（Geraldine Ferraro）称奥巴马"成为他自己是非常幸运的"。
3/07	希拉里	奥巴马顾问萨曼莎·鲍沃称希拉里为"怪物"。
2/25	希拉里	希拉里引用了《周六夜现场》的小品桥段，暗示媒体对奥巴马手下留情。
2/23	希拉里	希拉里称奥巴马正在采用卡尔·罗夫的战术，真丢人。
2/19	奥巴马	希拉里竞选团队声称奥巴马的演讲是剽窃所得。
1/18	希拉里	克里斯·马修斯（Chris Matthews）说，希拉里能取得今天的成就，完全因为公众对克林顿出轨的同情。
1/11	奥巴马	克林顿总统认为奥巴马所谓"投标白宫"是一个"童话故事"，希拉里·克林顿就政治空谈家和行动者发表了评论，它们分别代表了林登·约翰逊和马丁·路德·金各自在民权运动中的角色，以及她和奥巴马之间的分歧。
1/07	希拉里	希拉里在新罕布什尔州做巡回宣传时语塞。

资料来源：莎朗·费恩和阿米莉亚·阿瑟诺收集整理的 2008 年新闻和互联网资料，以及新闻报道。

参考文献

Aarts, Kees and Semetko, Holli A. (2003) "The divided electorate: media use and political involvement," *Journal of Politics*, 65 (3), 759–84.

Abbate, Janet (1999) *Inventing the Internet*. Cambridge, MA: MIT Press.

ABC News (2008) "Government to 'lead by example' during Earth Hour" (March 29; retrieved May 25, 2008 from http://www.abc.net.au/news/).

Abcarian, Robin (2008) "Clinton consultant 'Ace' Smith feared and admired," *Los Angeles Times*, February 20, A14.

Abrahamson, Mark (2004) *Global Cities*. New York: Oxford University Press.

Accenture (2006) *Leadership in Customer Service: Building the Trust*. Minneapolis, MN: Accenture.

Adam, Barbara (1990) *Time and Social Theory*. Cambridge: Polity Press.

Aday, Sean, Cluverius, John, and Livingston, Steven (2005) "As goes the statue, so goes the war: the emergence of the victory frame in television coverage of the Iraq War," *Journal of Broadcasting and Electronic Media*, 49 (3), 314–31.

Adut, Ari (2004) "Scandal as norm entrepreneurship strategy: corruption and the French investigating magistrates," *Theory and Society*, 33, 529–78.

Advertising Age (2007) *2007 Marketer Profiles Yearbook*. New York: AdAge Group.

AFP (2008) "Earth Hour blackout highlights global warming" March 29 (retrieved May 25, 2008 from http://www.straitstimes.com).

Alinsky, Saul (1946) *Reveille for Radicals*. Chicago, IL: University of Chicago Press.

Allen, Louis (1991) *Political Scandals and Causes Célèbres since 1945*. London: Longman.

Alonso-Zaldívar, Carlos and Castells, Manuel (1992) *España: Fin de Siglo*. Madrid: Alianza Editorial.

Al-Sayyad, Nezar and Castells, Manuel (eds.) (2002) *Muslim Europe or Euro-Islam: Politics, Culture, and Citizenship in the Age of Globalization*. Lanham, MD: Lexington Books.

Amedo, José F. (2006) *La Conspiración: El Último Atentado de los GAL*. Madrid: Espejo de Tinta.

Anderson, Christopher J. and Tverdova, Yuliya V. (2003) "Corruption, political allegiances, and attitudes toward government in contemporary democracies," *American Journal of Political Science*, 47 (1), 91–109.

Andrade-Jimenez, Helen S. (2001) "Technology changing political dynamics," *IT Matters*, January 29 (retrieved June 3, 2004 from http://itmatters.com.ph/news/news_01292001a.html).

Anheier, Helmut, Glasius, Marlies, and Kaldor, Mary (eds.) (2004) *Global Civil Society 2004/5*. London: Sage.

————— (2005) *Global Civil Society 2005/6*. London: Sage.

————— (2006) *Global Civil Society 2006/7*. London: Sage.

Ansolabehere, Stephen and Iyengar, Shanto (1995) *Going Negative: How Attack Ads Shrink and Polarize the Electorate*. New York: Free Press.

——Behr, Roy L., and Iyengar, Shanto (1993) *The Media Game: American Politics in the Television Age*. New York: Macmillan.

——Gerber, Allen, and Snyder, James M., Jr. (2001) "Corruption and the growth of campaign spending," in Gerald Lubenow (ed.), *A User's Guide to Campaign Finance Reform*. Lanham, MD: Rowman and Littlefield.

Anson, Luis María (1996) *Contra el Poder*. Madrid: Temas de Hoy.

Antich, José (2004) "Responsabilidades ajenas y propias," *La Vanguardia*, March 21.

Antilla, Liisa (2005) "Climate of skepticism: US newspaper coverage of the science of climate change," *Global Environmental Change*, 15, 338–52.

Appadurai, Arjun (1996) *Modernity at Large: Cultural Dimensions of Globalization*. Minneapolis, MN: University of Minnesota Press.

—— (2002) "Deep democracy," *Public Culture*, 14 (1), 1–47.

Arendt, Hannah (1958) *The Human Condition*. Chicago, IL: University of Chicago Press.

Arillo, Cecilio T. (2003) *Power Grab*. Manila: Charles Morgan.

Arlachi, Pino (1995) "The Mafia, *Cosa Nostra*, and Italian institutions," in Salvatore Sechi (ed.), *Deconstructing Italy: Italy in the Nineties*, pp. 153–63. Berkeley, CA: University of California, International and Area Studies, Research Series.

Arquilla, John and Rondfeldt, David (2001) *Networks and Netwars: The Future of Terror, Crime, and Militancy*. Santa Monica, CA: Rand Corporation.

Arsenault, Amelia and Castells, Manuel (2006) "Conquering the minds, Conquering Iraq: the Social production of misinformation in the United States: a case study," *Information, Communication and Society*, 9 (3), 284–308.

————— (2008a) "The structure and dynamics of global multi-media business networks," *International Journal of Communication*, 2, 707–48.

————— (2008b) "Switching power: Rupert Murdoch and the global business of media politics: a sociological analysis," *International Sociology*, 23, 488–513.

Artz, Lee (2007) "The corporate model from national to transnational," in Lee Artz and Yahya R. Kamalipour (eds.), *The Media Globe: Trends in International Mass Media*, pp. 141–62. Plymouth: Rowman and Littlefield.

Asian Barometer (2008) "Survey results" (available online at http://www.asianbarometer.org/newenglish/surveys/SurveyResults.htm).

Au, Wagner James (2008) *The Making of Second Life: Notes from the New World*. New York: Collins.

Ayres, Jeffrey (1999) "From the streets to Internet," *Annals of the American Academy of Political and Social Sciences*, 566, 132–43.

Bacon, Perry, Jr. (2005) "Barack Obama: the future of the Democratic Party? The 2005 Time 100: leaders and revolutionaries," *Time Magazine* (available online at www.time.com/time/subscriber/2005/time100/leaders/100obama.html).

Bagalawis, Jennifer E. (2001) "How IT helped topple a president," *Computer World*, January 30, (retrieved June 3, 2004 from http://wireless.itworld. com/4273/CW_1-31-01_it/pfindex.html).

Bagdikian, Ben H. (1983) *The Media Monopoly*. Boston: Beacon Press.

——(2000) *The Media Monopoly*, 6th edn. Boston: Beacon Press.

——(2004) *The New Media Monopoly*. Boston: Beacon Press.

Baker, C. Edwin (2006) *Media Concentration and Democracy: Why Ownership Matters*. Cambridge: Cambridge University Press.

Baker, Stephen (2008) "Updated blog numbers from David Sifry," *Business Week*, January 18 (available online at www.businessweek.com/the_thread/blogspotting/ archives/2008/01/updated_blog_nu.html?campaign_id=rss_blog_blogspotting).

Baker, Wayne E. (2005) *America's Crisis of Values: Reality and Perception*. Princeton, NJ: Princeton University Press.

Bamzai, Kaveree (2007) *Bollywood Today*. New Delhi: Lustre Press.

Banet-Weiser, Sarah (2007) *Kids Rule!: Nickelodeon and Consumer Citizenship*. Durham, NC: Duke University Press.

——Chris, Cynthia, and Freitas, Anthony (eds.) (2007) *Cable Visions: Television beyond Broadcasting*. New York: New York University Press.

Barber, Benjamin R. (2007) *Consumed: How Markets Corrupt Children, Infantilize Adults, and Swallow Citizens Whole*. New York: W. W. Norton.

Barisione, Mauro (1996) *L' immagine del Leader: Quanto Conta per Gli Elettori?* Bologna: Il Mulino.

Barker, Anthony (1992) *The Upturned Stone: Political Scandals in Twenty Democracies and their Investigation Process*. Colchester: University of Essex, Essex Papers in Politics and Government.

Barnard, Ann (2008) "Raucous Russian tabloids thrive," *The New York Times*, online edition, July 23.

Barreiro, Belen (2001) "Los determinantes de la participación en las elecciones Españolas de Marzo de 2000: el problema de la abstención en la izquierda," Working paper 2001/171. Madrid: CEACS-Instituto Juan March de Estudios e Investigaciones.

——and Sanchez-Cuenca, Ignacio (1998) "Análisis del cambio de voto hacia El PSOE en las elecciones de 1993," *Revista Española de Investigaciones Sociológicas*, 82, 191–211.

Barreiro, Belen and Sanchez-Cuenca, Ignacio (2000) "Las consecuencias electorales de la corrupción," *Historia y Política: Ideas, Procesos y Movimientos Sociales*, 4, 69–92.

Barringer, Felicity (2007) "Renewing a call to act against climate change," *The New York Times*, March 14 (retrieved May 24, 2008 from www.nyt.com).

Barstow, David (2008) "Behind TV analysts, Pentagon's hidden hand," *The New York Times*, April 20, A1.

Barzilai-Nahon, Karine (2008) "Toward a theory of network gatekeeping: A framework for exploring information control," *Journal of the American Society for Information Science and Technology*, 59 (9): 1493–512.

Baum, Matthew A. (2007) "Soft news and foreign policy: how expanding the audience changes the policies," *Japanese Journal of Political Science*, 8 (1), 115–45.

—— and Groeling, Tim (2007) "Iraq and the 'Fox effect': An examination of polarizing media and public support for international conflict," unpublished paper presented at the American Political Science Association Annual Conference, Chicago, IL, August 30–September 2.

—— —— (2008) "New media and the polarization of American political discourse," *Political Communication*, 25 (4), 345–65.

Bauman, Zygmunt (1999) *In Search of Politics*. Stanford, CA: Stanford University Press.

BBC (2006) "UK planning law on climate change," *BBC News*, October 12 (retrieved May 26, 2008 from www.news.bbc.co.uk).

—— (2007a) "All countries need to take major steps on climate change: global poll," BBC World Service poll.

—— (2007b) "France 'dims' for climate protest," *BBC News*, February 1 (retrieved May 1, 2008, from www.news.bbc.co.uk).

Beck, Ulrich (2000) *What is Globalization?* Malden, MA: Blackwell.

—— (2005) *Power in the Global Age: A New Political Economy*. Cambridge: Polity Press.

Becker, Ernest (1973) *The Denial of Death*. New York: Free Press.

Beckett, Charlie and Mansell, Robin (2008) "Crossing boundaries: new media and networked journalism," *Communication, Culture and Critique*, 1 (1), 92–104.

Belloch, Santiago (1998) "Para terminar con Felipe González se rozó la estabilidad del estado: entrevista a Luis Maria Anson," *Tiempo*, February 23, 24–30.

Beniger, James R. (1986) *The Control Revolution: Technological and Economic Origins of the Information Society*. Cambridge, MA: Harvard University Press.

Benkler, Yochai (2006) *The Wealth of Networks: How Social Production Transforms Markets and Freedom*. New Haven, CT: Yale University Press.

Benner, Chris (2002) *Work in the New Economy: Flexible Labor Markets in Silicon Valley*. Malden, MA: Blackwell.

Bennett, Stephen Earl, Rhine, Staci L., and Flickinger, Richard (2004) "The things they cared about: change and continuity in Americans' attention to different news stories, 1989–2002," *Harvard International Journal of Press/Politics*, 9 (1), 75–99.

————and Bennett, Linda L. M. (1999) " 'Video malaise' revisited: public trust in the media and government," *Harvard International Journal of Press/Politics*, 4 (4), 8–23.

Bennett, W. Lance (1990) "Toward a theory of press–state relations in the United States," *Journal of Communication*, 40 (2), 103–27.

——(2003a) "The burglar alarm that just keeps ringing: a response to Zaller," *Political Communication*, 20 (April/June), 131–38.

——(2003b) "Communicating global activism," *Information, Communication, and Society*, 6 (2), 143–68.

——(2004) "Global media and politics: transnational communication regimes and civic cultures," *Annual Review of Political Science*, 7 (1), 125–48.

——(2007) *News: The Politics of Illusion*, 7th edn. New York: Longman.

——(2009) *News: The Politics of Illusion*, 8th edn. New York: Longman.

——Lawrence, Regina G., and Livingston, Steven (2006) "None dare call it torture: Indexing and the limits of press independence in the Abu Ghraib scandal," *Journal of Communication*, 56 (3), 467–85.

————(2007) *When the Press Fails: Political Power and the News Media From Iraq to Katrina*. Chicago, IL: University of Chicago Press.

Bergan, Daniel, Gerber, Alan, Green, Donald, and Costas, Panagopoulos (2005) "Grassroots mobilization and voter turnout in 2004," *Public Opinion Quarterly*, 69 (5), 760–77.

Bergo, Sandy (2006) *A Wealth of Advice: Nearly $2 Billion Flowed through Consultants in the 2003–2004 Federal Elections*. Washington, DC: Center for Public Integrity.

Berrocal, Salome and Fernandez, Clara (2006) "Las elecciones legislativas de 2004: un analisis de las encuestas y de la gestión comunicativa en la campaña electoral: su proyeccion en la decisión de voto," *Doxa comunicación: revista interdisciplinar de estudios de comunicación y ciencias sociales*, 4, 189–208.

Best, Samuel, Brian, Chmielewski, and Krueger, Brian (2005) "Selective exposure to online foreign news during the conflict with Iraq," *Harvard International Journal of Press/Politics*, 10 (4), 52–70.

Billette, Alexandre (2008) "The Russian cyberspace," Millenio.com (available at http://www.milenio.com/index.php/2008/3/2/202127/).

Bimber, Bruce A. (2003) *Information and American Democracy: Technology in the Evolution of Political Power*. Cambridge: Cambridge University Press.

Blanco, Maria del Mar (2006) "Prensa y terror: tratamiento informativo de la tragedia," in A. Vara (ed.), *Cobertura Informativa del 11-M*. Pamplona: EUNSA.

Blanning, T. C. W. (2002) *The Culture of Power and the Power of Culture: Old Regime Europe, 1660–1789*. Oxford: Oxford University Press.

Bless, Herbert and Schwarz, Norbert (1998) "Context effects in political judgments: assimilation and contrast as a function of categorization processes," *European Journal of Social Psychology*, 28, 159–72.

Bless, Herbert, Igou, Eric R., Schwarz, Norbert, and Wanke, Michaela (2000) "Reducing context effects by adding context information: the direction and size of context effects in political judgment," *Personality and Social Psychology Bulletin*, 26, 1036–45.

Bless, Herbert, Schwarz, Norbert, and Wanke, Michaela (2003) "The size of context effects in social judgment," in Joseph P. Forgas, Kippling D. Williams, and William von Hippel (eds.), *Social Judgments: Implicit and Explicit Processes*, pp. 180–97. Cambridge: Cambridge University Press.

Blizzard Entertainment (2008) "Press release: *World of Warcraft* reaches new milestone: 10 million subscribers" (available online at http://www.blizzard.com/press/080122.shtml).

Blumler, Jay G. and Kavanagh, Dennis (1999) "The third age of political communication: influences and features," *Political Communication*, 16, 209–30.

Bobbio, Norberto (1994) *Destra e Sinistra: Ragione e Significati di una Distinzione Política*. Rome: Donzelli Editore.

Boczkowski, Pablo (2005) *Digitizing the News: Innovation in Online Newspapers*. Cambridge, MA: MIT Press.

—— (2007) "Information transparency: materiality and mimicry in the journalistic field and beyond," paper presented at the Annenberg Seminar "The Changing Faces of Journalism: Tradition, Tabloidization, Technology, and Truthiness," Los Angeles, CA, November.

Boehlert, Eric and Foser, Jamieson (2007) "Tucker Carlson on Obama's church: '[I]t's hard to call that Christianity,'" *County Fair: A Media Blog*, Washington, DC: Media Matters (available online at http://mediamatters.org/items/200702090009).

Boix, Caries and Riba, Clara (2000) "Las bases sociales y políticas de la abstención en las elecciones generales Españolas: recursos individuales, movilización estrategica e insituciones electorales," *Revista Española de Investigaciones Sociológicas*, 90, 95–128.

Booth, William (2006) "Al Gore, Sundance's leading man," *Washington Post*, January 26 (retrieved May 1, 2008 from http://www.washingtonpost.com/).

Borja, Jordi and Castells, Manuel (eds.) (1997) *Local and Global: Management of Cities in the Information Age*. London: Earthscan.

Bosetti, Giancarlo (2007) *Spin: Trucchi e Tele-imbrogli Della Política*. Venice: Marsilio.

Bouissou, Jean-Marie (1991) "Corruption à la Japonaise," *L'Histoire*, 142 (March), 84–7.

Bowler, Shaun and Sharp, Jeffrey (2004) "Politicians, scandals, and trust in government," *Political Behavior*, 26 (3), 271–87.

Boyd, Danah (2006a) "Identity production in a networked culture: why youth heart MySpace," paper presented at the American Association for the Advancement of Science Conference, St. Louis, Missouri, February 19.

—— (2006b) "Horizontal communication and the media industries panel," paper presented at the Annenberg Research Network on International Communication (ARNIC) Conference, Annenberg Research Center, Los Angeles, CA, October 6–7.

Boykoff, Maxwell. (2008) "Lost in translation? United States' television news coverage of anthropogenic climate change, 1995–2004," *Climate Change*, 86, 1–11.

—— and Boykoff, Jules (2004) "Balance as bias: global warming and the US prestige press," *Global Environmental Change*, 14 (2), 125–36.

—— —— (2007) "Climate change and journalistic norms: a case study of US mass-media coverage," *Geoforum*, 38, 1190–204.

Brader, Ted (2006) *Campaigning for Hearts and Minds: How Emotional Appeals in Political Ads Work*. Chicago, IL: University of Chicago Press.

—— and Valentino, Nicholas A. (2007) "Identities, interests, and emotions: symbolic versus material wellspring of fear, anger, and enthusiasm," in W. Russell Neuman, George E. Marcus, Ann N. Crigler, and Michael MacKuen (eds.), *The Affect Effect: Dynamics of Emotion in Political Thinking and Behavior*, pp. 180–201. Chicago, IL: University of Chicago Press.

Braudel, Fernand (1949) *La Méditerranée et le Monde Méditerranéen à l'Époque de Philippe II*. Paris: Armand Colin.

Bravo, Gustavo (2008) "Cuanto cuesta un voto?," *AND*, February 19.

Brechin, S. R. (2003) "Comparative public opinion and knowledge on global climatic change and the Kyoto protocol: the US versus the world?," *International Journal of Sociology and Social Policy*, 23 (10), 106–35.

Brehm, John and Rahn, Wendy (1997) "Individual-level evidence for the causes and consequences of social capital," *American Journal of Political Science*, 41 (3), 999–1023.

Brewer, Paul, Aday, Sean, and Gross, Kimberly (2003) "Rallies all around: the dynamics of system support," in Pippa Norris, Montague Kern, and Marion Just (eds.), *Framing Terrorism: The News Media, the Government, and the Public*, pp. 229–54. New York: Routledge.

Brough, Melissa (2008) "The saffron revolution – televised? The politics of protest on YouTube," unpublished paper written for the research seminar, Comm620Y on Communication, Technology, and Power, Annenberg School for Communication, University of Southern California, Los Angeles, spring.

Bruno, Antony (2007) "Monetizing membership: social networking," *Billboard*, November 24.

Buchanan, Mark (2002) *Small World: Uncovering Nature's Hidden Networks*. New York: Weidenfeld and Nicolson.

Bucy, Erik P. and Grabe, Maria Elizabeth (2007) "Taking television seriously: a sound and image bite analysis of presidential campaign coverage, 1992–2004," *Journal of Communication*, 57 (4), 652–75.

Burden, Barry C. (2002) "When bad press is good news: the surprising benefits of negative campaign coverage," *Harvard International Journal of Press/Politics*, 7 (3), 76–89.

Burnett, Robert and Marshall, P. David (2003) *Web Theory: An Introduction*. London: Routledge.

Burt, Ronald S. (1980) "Models of network structure," *Annual Review of Sociology*, 6, 79–141.

Bush, George (2004) "President Bush salutes soldiers in Fort Lewis, Washington," remarks by the president to the military personnel, Fort Lewis, Washington, June 18.

Cainzos, Miguel (2000) "El impacto de los escándalos de corrupción sobre el voto en las elecciones generales de 1996," *Historia y Política: Ideas, Procesos y Movimientos Sociales*, 4, 93–131.

Calderon, Fernando (ed.) (2003) *Es Sostenible la Globalización en America Latina?*, 2 vols. Santiago de Chile: Fondo de Cultura Economica.

——(2006) *Las Nuevas Identidades de America Latina*. Research Report, Buenos Aires: United Nations Development Program.

——(2007) "Aportes para una agenda de la gobernabilidad democrática en América Latina," unpublished paper delivered at the PAPEP project meeting, United Nations Development Program for Latin America, Montevideo, November 30.

Callahan, David (1995) "Liberal policy's weak foundations," *The Nation*, November 13, 568–72.

——(1999) *$1 Billion for Ideas: Conservative Think Tanks in the 1990s*. Washington, DC: National Committee for Responsive Philanthropy.

CalTech/MIT Voting Technology Project (2006) "Conference proceedings: VTP Conference on Voter Authentication and Registration," Cambridge, MA, October 5–6, 2006 (available online at vote.caltech.edu/events/2006/VoterID/rpt.pdf).

Campbell, Rook (2008) "Corruption and money laundering in the international scene," unpublished research paper, Los Angeles, University of Southern California, School of International Relations.

Campo Vidal, Manuel (2004) *11M–14M: La Revuelta de los Móviles*. Canal Sur – TVC – Lua Multimedia, DVD documentary.

——(2008) *El Poder de los Medios en España*. Barcelona: Ediciones UOC.

Capdevila, Arantxa, Aubia, Laia, and Gomez, Lorena (2006) "La cobertura informativa de las noches electorales: estudio comparativo de los programas especial elecciones en TVE, Tele 5, Antena 3 y TV3," in A. Vara (ed.), *Cobertura Informativa del 11-M*. Pamplona: EUNSA.

CAPF (2007) *Campaign Finance and Corruption: A Monitoring Report on Campaign Finance in the 2007 General Election*. Nairobi: Coalition for Accountable Political Financing (available online at http://capf.or.ke).

Cappella, Joseph N. and Jamieson, Kathleen Hall (1997) *Spiral of Cynicism: The Press and the Public Good*. New York: Oxford University Press.

Capra, Fritjof (1996) *The Web of Life: A New Scientific Understanding of Living Systems*. New York: Random House.

—— (2002) *Hidden Connections: Integrating the Biological, Cognitive and Social Dimensions of Life into a Science of Sustainability*. New York: Random House.

Caputo, Dante (ed.) (2004) *La Democracia en America Latina*. New York: Pograma de Naciones Unidas para el Desarrollo.

Cardoso, Gustavo (2006) *The Media in the Network Society: Browsing, News, Filters and Citizenship*. Lisboa: Lulu.com and Center for Research and Studies in Sociology.

Carnoy, Martin (2000) *Sustaining the New Economy: Work, Family and Community in the Information Age*. Cambridge, MA: Harvard University Press.

Caron, André H. and Caronia, Letizia (2007) *Moving Cultures: Mobile Communication in Everyday Life*. Montreal: McGill–Queen's University Press.

Carter, Shan and Cox, Amanda (2008) "Interactive graphic: how different groups voted in the 2008 Democratic presidential primaries," *The New York Times*, June 4 (available online at http://www.nytimes.com/2008/06/04/us/politics/04margins_graphic.html).

Casero, Andreu (2004) "Cobertura periodística del 11-M: la teoría del 'caso excepcional,'" *Quaderns del CAC*, 9–14.

Castells, Irene (1970) "Els rebomboris del pa de 1789 a Barcelona," *Recerques*, 1, 51–81.

Castells, Manuel (1980) *The Economic Crisis and American Society*. Princeton, NJ: Princeton University Press.

—— (1983) *The City and the Grassroots: A Cross-cultural Theory of Urban Social Movements*. Berkeley, CA: University of California Press.

—— (1996) *The Rise of the Network Society*, 1st edn. Oxford: Blackwell.

—— (1999) "Grassrooting the space of flows," *Urban Geography*, January.

—— (2000a) *End of Millennium*, 2nd edn. Oxford: Blackwell (first edition 1998).

—— (2000b) "Materials for an exploratory theory of the network society," *British Journal of Sociology*, 51, 5–24.

—— (2000c) *The Rise of the Network Society*, 2nd edn. Oxford: Blackwell (first edition 1996).

—— (2001) *The Internet Galaxy: Reflections on the Internet, Business, and Society*. Oxford: Oxford University Press.

—— (2004a) "Existe una identidad Europea?," in Manuel Castells and Narcís Serra (eds.), *Europa en Construcción: Integración, Identidades y Seguridad*, pp. 3–20. Barcelona: Fundació CIDOB.

—— (ed.) (2004b) *The Network Society: A Cross-cultural Perspective*. Northampton, MA: Edward Elgar.

—— (2004c) *The Power of Identity*, 2nd edn. Oxford: Blackwell (first edition 1997).

Castells, Manuel (2005a) "The crisis of democracy in Latin America," unpublished paper delivered at the Workshop on Democracy in Latin America, United Nations Development Program for Latin America, Los Angeles, November.

—— (2005b) *Globalización, Democracia y Desarrollo: Chile en el Contexto Mundial*. Santiago de Chile: Fondo de Cultura Economica.

—— (2006) *De la Funcion de Produccion Agregada a la Frontera De Posibilidades de Produccion: Crecimiento Economico, Tecnologia y Productividad en la Era de la Informacion*. Discurso de Ingreso en la Real Academia Espanola de Ciencias Economicas y Financieras. Barcelona: Ediciones de la Real Academia Espanola.

Castells, Manuel (2007) "Communication, power and counter-power in the network society," *International Journal of Communication*, 1 (1), 238–66.

—— (2008a) "Globalization, urbanization, networking," in *Urban Studies*, June.

—— (2008b) "The new public sphere: global civil society, communication networks and global governance," *Annals of the American Academy of Political and Social Science*, March.

—— Fernández-Ardèvol, Mireia, Qiu, Jack Linchuan, and Sey, Araba (2006a) "Electronic communication and socio-political mobilization: a new form of civil society," in Helmut Anheier, Marlies Glasius, and Mary Kaldor (eds.), *Global Civil Society 2005/6*, ch. 8. London: Sage.

———————— (2006b) *Mobile Communication and Society: A Global Perspective*. A Project of the Annenberg Research Network on International Communication. Cambridge, MA: MIT Press.

—— and Himanen, Pekka (2002) *The Information Society and the Welfare State: The Finnish Model*. Oxford: Oxford University Press.

—— and Kiselyova, Emma (1995) *The Collapse of Soviet Communism: A View from the Information Society*. Berkeley, CA: University of California at Berkeley, International and Area Studies.

—— and Subirats, Marina (2007) *Mujeres y hombres: un amor imposible?* Madrid: Alianza Editorial.

—— and Tubella, Imma (eds.) (2007) *Research Report of the Project Internet Catalonia*. Barcelona: Internet Interdisciplinary Institute, Universitat Oberta de Catalunya, July, 10 vols (available online at http://www.uoc.edu/in3/pic/esp/).

———— Sancho, Teresa, and Roca, Meritxell (2007) *La transicion a la sociedad red*. Barcelona: Ariel.

CBS/MTV News (2008) *State of the Youth Nation 2008*, April 21 (available online at http://www.cbsnews.com/htdocs/pdf/cbsmtv_springpoll.pdf).

Ceberio, Jesus (2004) "A proposito de mentiras," *El Pais*, March 27.

Center for the Digital Future (2005) *The 2005 Digital Future Report: Surveying the Digital Future, Year Five. Five Years of Exploring the Digital Domain*. Los Angeles: University of Southern California, Annenberg School Center for the Digital Future.

——(2007) *The 2007 Digital Future Report: Surveying the Digital Future, Year Seven.* Los Angeles: University of Southern California, Annenberg School Center for the Digital Future.

——(2008) *The 2008 Digital Future Report: Surveying the Digital Future, Year Eight.* Los Angeles: University of Southern California, Annenberg School Center for the Digital Future.

Center for Journalism in Extreme Situations (2007–8) "Russia: authorities vs. the media," weekly bulletin, issues 1–21, January 2007–May 2008 (available online at http://www.cjes.ru/bulletin/?CategoryID=4andyear=2007andlang=eng).

Center for Responsive Politics (2008a) "Barack Obama: expenditures breakdown" (last accessed July 10, 2008 from http://www.opensecrets.org/pres08/expend. php?cycle=2008andcid=N00009638).

——(2008b) "Hedgefund managers invest in Obama," *The Capital Eye.*, April 22 (available online at http://www.opensecrets.org/news/2008/04/hedge-fund-managers-invest-in-1.html).

——(2008c) "Politicians and elections: an ongoing project tracking money in American politics" (available online at http://www.opensecrets.org/elections/index.php).

Center for the Study of the American Electorate (2008) *African-Americans, Anger, Fear and Youth Propel Turnout to Highest Level since 1960.* Washington, DC: CSAE, American University, December 18.

Centro de Investigaciones Sociológicas (1998) "Survey 2312" (available online at http://www.cis.es).

——(2003) "Barómetro de abril," study no. 2.508, April.

——(2004a) "Preelectoral elecciones generales y autonómicas de Andalucia 2004," study no. 2555, January–February.

——(2004b) "Postelectoral elecciones generales y autonómicas de Andalucía 2004," study no. 2559, March 23.

Chadwick, Andrew (2006) *Internet Politics: States, Citizens, and New Communication Technologies.* New York: Oxford University Press.

Chalaby, Jean K. (2004) "Scandal and the rise of investigative reporting in France," *American Behavioral Scientist*, 47 (9), 1194–207.

Chang, Eric C. and Chu, Yun-han (2006) "Corruption and trust: exceptionalism in Asian democracies?," *Journal of Politics*, 68, 259–71.

Chatterjee, Anshu (2004) "Globalization and communal identity in Indian television," unpublished PhD dissertation, Berkeley, CA: University of California, Asian Studies Program.

Chen, Xiyuan (2004) "The last order of the emperor: production of emperor's will, power, succession, and historical writing," *National Taiwan University History Annals*, Taipei, June, 161–213.

Chester, Jeff (2007) *Digital Destiny: New Media and the Future of Democracy.* New York: New Press.

China Internet Network Information Center (2007) *Statistical Survey Report on the Internet Development in China*, 20th Report (available online at http://cnnic.cn/en/index/0O/index.htm).

Chinese Academy of Social Sciences (2008) *Surveying Internet Usage and its Impact in Seven Chinese Cities*. CASS China Internet Survey Report. Beijing: Chinese Academy of Social Sciences, Research Center for Social Development.

CIRCLE (2008) "Youth turnout rate rises to at least 52%," Center for Information and Research on Civic Learning and Engagement, Boston, November 5 (retrieved November 9, 2008 from http://www.civicyouth.org/).

Clapp, Jennifer and Dauvergne, Peter (2005) *Paths to a Green World: The Political Economy of the Global Environment*. London: MIT Press.

Clark, David D. (2007) "Network neutrality: words of power and 800-pound gorillas," special issue on Net neutrality, *International Journal of Communication*, 1, 701–8.

Clegg, Stewart (2000) "Power and authority: resistance and legitimacy," in Henri Goverde, Philip G. Cerny, Mark Haugaard, et al. (eds.), *Power in Contemporary Politics: Theories, Practices, Globalizations*, pp. 77–92. London: Sage.

CNN (2008) "Global warming could increase terrorism, official says," *CNN Politics*, June 25 (retrieved June 29, 2008, from http://edition.cnn.com/2008/POLITICS/06/25/climate.change.security/).

Cogan, Marin (2008) "The new class," *The New Republic.*, April 21 (available online at http://www.tnr.com/politics/story.html?id=d67776d8-ab4e-4c12-9c1f-bfa041dcb314&k=97935).

Cohen, Bernard Cecil (1963) *The Press and Foreign Policy*. Princeton, NJ: Princeton University Press.

Cohen, Florette, Ogilvie, Daniel M., Solomon, Sheldon, Greenberg, Jeff, et al. (2005) "American roulette: the effect of reminders of death on support for George W. Bush in the 2004 presidential election," *Analyses of Social Issues and Public Policy*, 5 (1), 177–87.

Colas, Dominique (1992) *La Glaive et le Fleau: Genealogie du Fanatisme et de la Société Civile*. Paris: Grasset.

Comas, Eva (2004) "La SER ante el 11-M," *Tripodos* (extra 2004), pp. 59–67.

Comella, Rosemary and Mahoy, Scott (2008) "The passion of the moment: emotional frame changes before key Democratic primaries in 2008," unpublished paper written for the Research Seminar, Comm620Y on Communication, Technology, and Power, spring. Los Angeles: University of Southern California, Annenberg School for Communication.

Comrie, Maggie (1999) "Television news and broadcast deregulation in New Zealand," *Journal of Communication*, 49 (2), 42–54.

ComScore (2008) "Google sites' share of online video market expands to 31% in November 2007, according to Comscore Video Metrix," press release, January 17.

Conservation Foundation (1963) *Implications of Rising Carbon Dioxide Content of the Atmosphere*. New York: Conservation Foundation.

Cook, Wanda D. (1977) *Adult Literacy Education in the United States*. Newark, DE: International Reading Association.

Cooke, Miriam and Lawrence, Bruce R. (2005) *Muslim Networks: From Hajj to Hip Hop*. Chapel Hill, NC: University of North Carolina Press.

Corporación Latinobarometro (2007) *Informe Latinobarometro 2007*. Santiago: Corporación Latinobarometro.

Costanza-Chock, Sasha (2006) "Horizontal communication and social movements," unpublished manuscript. Los Angeles: University of Southern California.

——(forthcoming a) "Networked counterpublics: social movement ICT use in Buenos Aires and Los Angeles," unpublished PhD dissertation (in progress). Los Angeles: University of Southern California, Annenberg School for Communication.

——(forthcoming b) "Police riot on the Net: from 'citizen journalism' to comunicación popular," *American Quarterly*.

Couldry, Nick and Curran, James (2003) *Contesting Media Power: Alternative Media in a Networked World*. Lanham, MD: Rowman and Littlefield.

Covington, Sally (1997) *Moving a Public Policy Agenda: The Strategic Philanthropy of Conservative Foundations*. Washington, DC: National Committee for Responsive Philanthropy.

Cowhey, Peter and Aronson, Jonathan (2009) *Transforming Global Information and Communication Markets: The Political Economy of Innovation*. Cambridge, MA: MIT Press.

Coyer, Kate, Dowmunt, Tony, and Fountain, Alan (2007) *The Alternative Media Handbook*. London: Routledge.

Crawford, Leslie, Levitt, Joshua, and Burns, Jimmy (2004) "Spain suffers worst day of terror," *Financial Times*, March 11.

Croteau, David and Hoynes, William (2006) *The Business of Media: Corporate Media and the Public Interest*. Thousand Oaks, CA: Pine Forge.

Cue, C. E. (2004) *¡Pasalo! Los cuatro dias de marzo que cambiaron el pais*. Barcelona: Ediciones Península.

Cullity, Jocelyn (2002) "The global Desi: cultural nationalism on MTV India," *Journal of Communication Inquiry*, 26 (4), 408–25.

Curran, James (2002) *Media and Power*. London: Routledge.

Cushman, John H. (1998) "Industrial group plans to battle climate treaty," *The New York Times*, April 26.

Dalton, Russell J. (2005a) "The myth of the disengaged American," *Public Opinion Pros*, October (available online at http://www.umich.edu/~cses/resources/results/POP_Oct2005_1.htm).

——(2005b) "The social transformation of trust in government," *International Review of Sociology*, 15 (1), 133–54.

Dalton, Russell J. and Kuechler, Manfred (1990) *Challenging the Political Order: New Social and Political Movements in Western Democracies.* Cambridge: Polity Press.

——and Steven, Weldon (2007) "Partisanship and party system institutionalization," *Party Politics,* 13 (2), 179–96.

——and Wattenberg, Martin P. (2000) *Parties without Partisans: Political Change in Advanced Industrial Democracies.* New York: Oxford University Press.

Damasio, Antonio R. (1994) *Descartes' Error: Emotion, Reason, and the Human Brain.* New York: Putnam.

——(1999) *The Feeling of What Happens: Body and Emotion in the Making of Consciousness.* New York: Harcourt Brace.

——(2003) *Looking for Spinoza: Joy, Sorrow, and the Feeling Brain.* Orlando, FL: Harcourt.

——and Meyer, Kaspar (2008) "Behind the looking glass," *Nature,* 454 (10): 167–8.

Danielian, Lucig H. (1992) "Interest groups in the news," in J. David Kennamer (ed.), *Public Opinion, the Press, and Public Policy,* pp. 63–80. Westport, CT: Praeger.

Davidson, Richard J. (1995) "Cerebral asymmetry, emotion and affective style," in Richard J. Davidson and Kenneth Hugdahl (eds.), *Brain Asymmetry,* pp. 361–87. Cambridge, MA: MIT Press.

Dear, Michael (2000) *The Postmodern Urban Condition.* Oxford: Blackwell.

——(ed.) (2002) *From Chicago to LA: Making Sense of Urban Theory.* Thousand Oaks, CA: Sage

Deibert, Ronald, Palfrey, John, Rohozinski, Rafal, and Zittrain, Jonathan (eds.) (2008) *Access Denied: The Practice and Policy of Global Internet Filtering.* Cambridge, MA: MIT Press.

della Porta, Donatella, et al. (2006) *Globalization from Below.* Minneapolis, MN: University of Minnesota Press.

Delli Carpini, Michael and Williams, Bruce A. (2001) "Let us infotain you: politics in the new media environment," in Lance W. Bennett and Robert M. Entman (eds.) *Mediated Politics,* pp. 160–181. New York: Cambridge.

Demick, Barbara (2003) "Netizens crusade buoys new South Korean leader," *Los Angeles Times,* 10 February, A3.

De Moraes, Denis (ed.) (2005) *Por Otra Comunicación: Los Media, Globalización Cultural y Poder.* Barcelona: Icaria.

Denemark, David, Ward, Ian, and Bean, Clive (2007) "Election campaigns and television news coverage: the case of the 2001 Australian election," *Australian Journal of Political Science,* 42 (1), 89–109.

de Sola Pool, Ithiel (1983) *Technologies of Freedom.* Cambridge, MA: Belknap Press.

Dessa, Philadelphia (2007) "Globalization of media, localization of culture: the rise of the Nigerian film industry," unpublished paper completed for the class: COMM559 "Globalization, Communication and Society," Los Angeles: University of Southern California, Annenberg School of Communication.

de Ugarte, D. (2004) *Redes para ganar una guerra*. Barcelona: Ed. Icaria.

De Zengotita, Thomas (2005) *Mediated: How the Media Shapes Your World and the Way You Live in it*. New York: Bloomsbury.

Dimitrova, Daniela V. and Strömbäck, Jesper (2005) "Mission accomplished? Framing of the Iraq War in the elite newspapers in Sweden and the United States," *Gazette*, 67 (5), 399–417.

Dimock, Michael (2006) *Poll Analysis. Independents Sour on Incumbents: Many Say their Member Has Taken Bribes*. Washington, DC: Pew Research Center.

Dispensa, Jaclyn M. and Brulle, Robert J. (2003) "Media's social construction of environmental issues: focus on global warming – a comparative study," *International Journal of Sociology and Social Policy*, 23 (10), 74–105.

Domke, David Scott and Coe, Kevin M. (2008) *The God Strategy: How Religion Became a Political Weapon in America*. New York: Oxford University Press.

Dong, Fan (2008a) "The blogosphere in China: between self-presentation and celebrity," paper submitted for inclusion in the 2008 National Communication Association Conference, San Diego, CA, November 21–24.

——(2008b) "Everything in existence is reasonable? The actual effectiveness of Internet control in China," unpublished research paper for Seminar Communications 620, Spring Semester, Los Angeles: University of Southern California, Annenberg School of Communication.

Dooley, Brendan and Baron, Sabrina (eds.) *(2001) The Politics of Information in Early Modern Europe*. London: Routledge.

Dornschneider, Stephanie (2007) "Limits to the supervisory function of the press in democracies: the coverage of the 2003 Iraq War in *The New York Times* and *Frankfurter Allgemeine Zeitung*," *Global Media Journal: Mediterranean Edition*, 2 (1), 33–46.

Downing, John D. H. (2000) *Radical Media*. Thousand Oaks, CA: Sage.

——(2003) "The independent media center movement," in Nick Couldry and James Curran (eds.), *Contesting Media Power: Alternative Media in a Networked World*, pp. 243–58. Lanham, MD: Rowman and Littlefield.

Downs, A. (1972) "Up and down with ecology: the issue attention cycle," *The Public Interest*, 28, 38–50.

Drake, William J. and Nicolaidis, Kalypso (1992) "Ideas, interests, and institutionalization: 'trade in services' and the Uruguay round," *International Organization*, 46 (1), 37–100.

Dreier, Peter (2008) "Will Obama inspire a new generation of organizers?," *Huffington Post*, July 1 (available online at http://www.huffingtonpost.com/peter-dreier/obamas-new-generation-of_b_110321.html).

Drezner, Daniel (2007) "Foreign policy goes glam," *National Interest*, November/December.

Druckman, James (2003) "The power of television images: the first Kennedy–Nixon debate revisited," *Journal of Politics*, 65 (2), 559–71.

DuBravac, Shawn (2007) "The US television set market," *Business Economics*, 42 (3), 52–9.

Duelfer, Charles (2004) *Comprehensive Report of the Special Advisor to the DCI on Iraq's WMDs*. Washington, DC: Iraq Survey Group.

Dunlap, R. E. (1989) "Public opinion and environmental policy," in J. P. Lester (ed.), *Environmental Politics and Policy*, pp. 87–134. Durham, NC: Duke University Press.

Dunlap, R. E., Gallup, G. H., Jr., and Gallup, A. M. (1993) *Health of the Planet*. Princeton, NJ: George H. Gallup International Institute.

Duran, Rafael (2006) "Del 11-M al 14-M: tratamiento informativo comparado de TVE," in A. Vara (ed.), *Cobertura informativa del 11-M*. Pamplona: EUNSA.

Dutton, William (1999) *Society on the Line: Information Politics in the Digital Age*. Oxford: Oxford University Press.

Eco, Umberto (1994) "Does the audience have bad effects on television?," in Umberto Eco and Robert Lumlely (eds.), *Apocalypse Postponed*, pp. 87–102. Bloomington, IN: Indiana University Press.

The Economist (2008) "The world in figures. Industries: the world in 2008" (available online at http://www.economist.com/theworldin/forecasts/INDUSTRY_PAGES_2008.pdf).

Edelman (2008) "Edelman trust barometer 2008: The 9th annual global opinion leadership survey" (available online at http://www.edelman.co.uk/trustbarometer/files/trust-barometer-2008.pdf).

Edwards, George C., III, and Wood, Dan B. (1999) "Who influences whom? The president, Congress, and the media," *The American Political Science Review*, 93 (2), 327–44.

Eilperin, Juliet (2008) "Gore launches ambitious advocacy campaign on climate," *Washington Post*, March 31 (retrieved May 1, 2008 from http://www.washingtonpost.com/).

Ekman, Paul (1973) *Darwin and Facial Expression: A Century of Research in Review*. New York: Academic Press.

El-Nawawy, Mohammed and Iskandar, Adel (2002) *Al-Jazeera: How the Free Arab News Network Scooped the World and Changed the Middle East*. Cambridge, MA: Westview Press

Entman, Robert M. (2004) *Projections of Power: Framing News, Public Opinion, and US Foreign Policy*. Chicago, IL: University of Chicago Press.

—— (2007) "Framing bias: media in the distribution of power," *Journal of Communication*, 57 (1), 163–73.

Erbring, Lutz, Goldenberg, Edie N., and Miller, Arthur H. (1980) "Front page news and real-world cues: a new look at agenda-setting by the media," *American Journal of Political Science*, 24 (1), 16–49.

Esser, Frank and Hartung, Uwe (2004) "Nazis, pollution, and no sex: political scandal as a reflection of political culture in Germany," *American Behavioral Scientist*, 47 (8), 1040–78.

EUMap (2005) *Television across Europe: Regulations, Policy, and Independence.* Budapest: Open Society Initiative/EU Monitoring Advocacy Program.

——(2008) *Television across Europe Part II: Regulations, Policy, and Independence.* Budapest: Open Society Initiative/EU Monitoring Advocacy Program.

Eurobarometer (2007) *Eurobarometer 67: Public Opinion in the European Union.* Brussels: European Commission.

——(2008) *Standard Eurobarometer 69* (accessed May 24, 2008 from http://ec.europa.eu/public_opinion/archives/).

Euromonitor (2007) "Global market information database," Statistics Service of Euromonitor International. European Commission (various years) Eurobarometer.

Fackler, Tim and Tse-min, Lin (1995) "Political corruption and presidential elections, 1929–1992," *Journal of Politics,* 57 (4), 971–93.

Fahmy, Shahira (2007) "They took it down: exploring determinants of visual reporting in the toppling of the Saddam statue in national and international newspapers," *Mass Communication and Society,* 10 (2), 143–70.

Fairclough, Gordon (2004) "Generation why? The 386ers of Korea question old rules," *Wall Street Journal,* April 14: A1.

Fallows, James (1996) *Breaking the News: How the Media Undermine American Democracy.* New York: Pantheon.

Fan, David P., Wyatt, Robert O., and Keltner, Kathy (2001) "The suicidal messenger: how press reporting affects public confidence in the press, the military, and organized religion," *Communication Research,* 28 (6), 826–52.

Ferguson, Yale H. (2006) "The crisis of the state in a globalizing world," *Globalizations,* 3 (1), 5–8.

Fernández-Armesto, Felipe (1995) *Millennium: A History of the Last Thousand Years.* New York: Touchstone.

——(2000) *Civilizations: Culture, Ambition, and the Transformation of Nature.* New York: Touchstone.

Feulner, Edwin J. (1986) *Ideas, Think Tanks, and Governments.* The Heritage Lectures. Washington, DC: Heritage Foundation.

Fine, Jon (2007) "Those hulking media failures: why so many conglomerates are splitting up and slimming down," *Business Week,* 4065, December 31, 104.

Fineman, Howard and Isikoff, Michael (1997) "Fund raising: strange bedfellows," *Newsweek,* 129 (10), 22–26.

Flew, Terry (2007) *Understanding Global Media.* New York: Palgrave Macmillan.

——and Gilmour, Callum (2003) "A tale of two synergies: an institutional analysis of the expansionary strategies of News Corporation and AOL-Time Warner," paper presented to Managing Communication for Diversity, Australia and New Zealand Communications Association Conference, Brisbane, July 9–11.

Foucault, Michel (1975) *Surveiller et Punir*. Paris: Gallimard.

—— (1976) *Histoire de la Sexualité*, vol. 1: *La Volonté de Savoir*. Paris: Gallimard

—— (1984a) *Histoire de la Sexualité*, vol. 2: *L' Usage des Plaisirs*. Paris: Gallimard.

—— (1984b) *Histoire de la Sexualité*, vol. 3: *Le Souci de Soi*. Paris: Gallimard.

Fox, Elizabeth and Waisbord, Silvio R. (eds.) (2002) *Latin Politics, Global Media*. Austin, TX: University of Texas Press.

Fox News (2006) "Report: Hundreds of WMDs found in Iraq" (available online at http://www.foxnews.com/politics/2006/06/22/report-hundreds-wmds-iraq/).

Frammolino, Ralph and Fritz, Sara (1997) "Clinton led move for donors to stay night in White House," *Los Angeles Times*, February 26, A-1.

Francescutty, P., Baer A., Garcia J. M., and Lopez, P. (2005) "La noche de los moviles: medios, redes de confianza y movilización juvenil," in V. F. Sampedro Blanco (ed.), *13-M: Multitudes on Line*, pp. 63–83. Madrid: Ed. Catarata.

Frank, Thomas (2004) *What's the Matter with Kansas? How Conservatives Won the Heart of America*. New York: Henry Holt.

Fraser, Nancy (2007) "Transnationalizing the public sphere: on the legitimacy and efficacy of public opinion in a post-Westphalian world," *Theory, Culture and Society*, 24 (4), 7–30.

Freeman, Christopher (1982) *The Economics of Industrial Innovation*. London: Frances Pinter.

Fried, Amy (2005) "Terrorism as a context of coverage before the Iraq War," *Harvard International Journal of Press/Politics*, 10 (3), 125–32.

Fulford, Benjamin (2003) "Korea's weird wired world," *Forbes*, July 21, 92.

Fundación Alternativas (2007) *Informe sobre la democracia en España*.

Future Exploration Network (2007) *Future of the Media Report 2007*. Sydney: Future Exploration Network.

Gale (2008). Advertising agencies. *Encyclopedia of global industries* (online edition). Reproduced in Business and Company Resource Center. Farmington Hills, MI: Gale Group.

Gallese, Vittorio and Goldman, Alvin (1998) "Mirror neurons and the simulation theory of mind-reading," *Trends in Cognitive Sciences*, 4 (7), 252–54.

—— Keysers, Christian, and Rizzolatti, Giacomo (2004) "A unifying view of the basis of social cognition," *Trends in Cognitive Sciences*, 8 (9), 396–403.

Gallup (2008a) "Among blacks, Hillary Clinton's image sinks over last year," press release, June 6.

—— (2008b) "Hispanic voters solidly behind Obama," press release, July 2 (available online at http://www.gallup.com/poll/108532/Hispanic-Voters-Solidly-Behind-Obama.aspx).

Galperin, Hernan (2004) "Beyond interests, ideas, and technology: an institutional approach to communication and information policy," *The Information Society*, 20 (3), 159–68.

——and Mariscal, Judith (eds.) (2007) *Digital Poverty: Latin American and Caribbean Perspectives*. Ottawa: Practical Action Publishing.

Gans, Curtis (2008a) "Much-hyped turnout record fails to materialize, convenience voting fails to boost balloting," American University, Center for the Study of the American Electorate (CSAE) (retrieved November 8, 2008 from http://i2.cdn.turner.com/cnn/2008/images/11/06/pdf.gansre08turnout.au.pdf).

——(2008b) "2008 Report: primary turnout falls just short of record nationally, breaks record in most states," Washington, DC: American University, Center for the Study of the American Electorate.

Garrett, Sam R. (2008) "Campaign finance: legislative developments and policy issues in the 110th Congress (report)," *Congressional Research Service (CRS) Reports and Issue Briefs*.

Gentzkow, Matthew and Shapiro, Jesse M. (2006) "Media bias and reputation," *Journal of Political Economy*, 114 (2), 280–316.

——Glaeser, Edward L., and Goldin, Claudia (2004) "The rise of the fourth estate: how newspapers became informative and why it mattered," Working Paper 10791, National Economic Bureau.

Gershon, Robert (2005) "The transnationals: media corporations, international TV trade and entertainment flows," in Anne Cooper-Chen (ed.), *Global Entertainment Media: Content, Audiences, Issues*, pp. 17–38. Mahwah, NJ: Lawrence Erlbaum.

Giddens, Anthony (1979) *Central Problems in Social Theory: Action, Structure, and Contradiction in Social Analysis*. Berkeley, CA: University of California Press.

——(1984) *The Constitution of Society*. Cambridge: Polity Press.

Giles, David C. (2002) "Parasocial interaction: a review of the literature and a model for future research," *Media Psychology*, 4 (3), 279–305.

Gillan, Kevin, Pickerill, Jenny, and Webster, Frank (2008) *Anti-War Activism: New Media and Protest in the Information Age*. London: Palgrave-Macmillan.

Gillespie, Tarleton (2007) *Wired Shut: Copyright and the Shape of Digital Culture*. Cambridge, MA: MIT Press.

Ginley, Caitlin (2008) "Obama's rainmakers: a report of the buying of the Presidency 2008 Project," Washington, DC: Center for Public Integrity, June 12.

Ginsberg, Benjamin and Shefter, Martin (1999) *Politics by Other Means: Politicians, Prosecutors, and the Press from Watergate to Whitewater*. New York: W. W. Norton.

Gitlin, Todd (1980) *The Whole World is Watching: Mass Media in the Making and Unmaking of the New Left*. Berkeley, CA: University of California Press.

Glenny, Misha (2008) *McMafia: A Journey through the Global Criminal Underworld*. New York: Alfred Knopf.

Globescan (2006) BBC/Reuters/Media Center Poll: *Trust in the Media: Media More Trusted than Governments*. London: BBC/Reuters/Media Center.

Globescan and PIPA (2006) "Twenty nation poll finds strong global consensus: support for free market system, but also more regulation of large companies," Washington, DC: WorldPublicOpinion.org, March 3 (retrieved from http://www.worldpublicopinion.org/pipa/articles/btglobalizationtradera/154.php?nid=andid=andpnt=154).

Gluck, Marissa and Roca-Sales, Meritxell (2008) "The future of television? Advertising, technology, and the pursuit of audience," research report, Los Angeles, University of Southern California, Annenberg School for Communication, Norman Lear Center.

Goehler, Gerhard (2000) "Constitution and use of power," in Henri Goverde, Philip G. Cerny, Mark Haugaard, et al. (eds.), *Power in Contemporary Politics: Theories, Practices, Globalizations*, pp. 41–58. London: Sage.

Goffman, Erving (1959) *The Presentation of Self in Everyday Life*. Garden City, NY: Doubleday.

Golan, Guy (2006) "Inter-media agenda setting and global news coverage," *Journalism Studies*, 7 (2), 323–33.

Goldenberg, Edie N. (1975) *Making the Papers: The Access of Resource-poor Groups to the Metropolitan Press*. Lexington: Lexington Books.

Goldfarb, Michael (2000) "Our president/their scandal: the role of the British press in keeping the Clinton scandals alive," Working Paper Series, Harvard University, The Joan Shorenstein Center on the Press, Politics and Public Policy.

Goldsmith, Jack L. and Wu, Tim (2006) *Who Controls the Internet? Illusions of a Borderless World*. New York: Oxford University Press.

Gopal, Sangita and Moorti, Sujata (eds.) (2008) *Global Bollywood: Travels of Hindi Song and Dance*. Minneapoli, MN: University of Minnesota Press.

Gore, Albert (1992) *Earth in the Balance: Ecology and the Human Spirit*. New York: Houghton-Mifflin.

—— (2007) "Moving beyond Kyoto," *The New York Times*, July 1 (retrieved May 20, 2008 from http://www.nytimes.com/).

Graber, Doris A. (2001) *Processing Politics: Learning from Television in the Internet Age*. Chicago, IL: University of Chicago Press.

—— (2007) "The road to public surveillance: breaching attention thresholds," in W. Russell Neuman, George E. Marcus, Ann N. Crigler, and Michael MacKuen (eds.), *The Affect Effect: Dynamics of Emotion in Political Thinking and Behavior*, pp. 265–290. Chicago, IL: University of Chicago Press.

Graham, Stephen and Simon, Marvin (2001) *Splintering Urbanism: Networked Infrastructures, Technological Mobilities and the Urban Condition*. London: Routledge.

Gramsci, Antonio (1975) *Quaderni del carcere*. Torino: Einaudi.

Greco, Albert N. (1996) "Shaping the future: mergers, acquisitions, and the US communications, and mass media industries, 1990–1995," *Publishing Review Quarterly*, 12 (3), 5–16.

Green, Jason (2008) "Voter information center" at MyBarackObama.com (available online at http://my.barackobama.com/page/community/post/gwenalexander/gG5dfy).

Greenwalt, Anthony (2008) "The race factor redux," *Pew Research Center Publications* (retrieved May 8, 2008 from http://pewresearch.org/pubs/832/the-race-factor-redux).

Grewal, David Singh (2008) *Network Power: The Social Dynamics of Globalization*. New Haven, CT: Yale University Press.

Groeling, Tim and Linneman, Jeffrey (2008) "Sins of the father: does scandalous news undermine social trust?," paper presented at the International Communication Association Conference, Montreal, Canada, May 23–26.

Gross, Kimberly and Aday, Sean (2003) "The scary world in your living room and neighborhood: using local broadcast news, neighborhood crime rates, and personal experience to test agenda setting and cultivation," *Journal of Communication*, 53 (3), 411–26.

Groves, Stephen (2007) "Advancing freedom in Russia," The Heritage Foundation, Backgrounder #2088 (available online at http://www.heritage.org/research/worldwidefreedom/bg2088.cfm).

Guber, Deborah L. (2003) *The Grassroots of a Green Revolution: Polling America on the Environment*. Cambridge, MA: MIT Press.

Guehenno, Jean Marie (1993) *La Fin de la Democratie*. Paris: Flammarion.

Guidry, John A., Kennedy, Michael D., and Zald, Mayer N. (2000) *Globalizations and Social Movements: Culture, Power, and the Transnational Public Sphere*. Ann Arbor, MI: University of Michigan Press.

Gulati, Girish J., Just, Marion, and Crigler, Ann (2004) "News coverage of political campaigns," in Lynda Lee Kaid (ed.), *Handbook of Political Communication Research*, pp. 237–52. Mahwah, NJ: Lawrence Erlbaum.

Gunaratna, Rohan (2002) *Inside Al Qaeda: Global Network of Terror*. New York: Columbia University Press.

Guo, Z. and Zhao, L. (2004) *Focus on "Focus Interview."* Beijing: Tsinghua University Press.

Haas, P. M. (1992) "Introduction: epistemic communities and international policy coordination," *International Organization*, 46 (1), 1–36.

Habermas, Jürgen (1976) *Legitimation Crisis*. London: Heinemann Educational.

—— (1989) *The Structural Transformation of the Public Sphere: An Inquiry into a Category of Bourgeois Society*. Cambridge: Polity Press.

—— (1996) *Between Facts and Norms: Contributions to a Discourse Theory of Law and Democracy*. Cambridge, MA: MIT Press.

—— (1998) *Die Postnationale Konstellation: Politische Essays*. Frankfurt am Main: Suhrkamp.

Hachigian, Nina and Wu, Lily (2003) *The Information Revolution in Asia*. Santa Monica, CA: Rand Corporation.

Hafez, Kai (2005) "Arab satellite broadcasting: democracy without political parties?" *Transnational Broadcasting Studies*, 15 (Fall) (available online at http://www.tbsjournal.com/Archives/Fall05/Hafez.html).

Hall, Jane (2003) "Coverage of George W. Bush," *Harvard International Journal of Press/Politics*, 8 (2), 115–20.

Hall, Peter and Pain, Kathryn (2006) *The Polycentric Metropolis: Learning from Mega-city Regions in Europe*. London: Earthscan.

Hallin, Daniel C. (1986) *The "Uncensored War": The Media and Vietnam*. New York: Oxford University Press.

—— (1992) "Soundbite news: television coverage of elections, 1968–1988," *Journal of Communication*, 42 (2), 5–24.

—— and Mancini, Paolo (2004a) "Americanization, globalization, and secularization," in Frank Esser and Barbara Pfetsch (eds.), *Comparing Political Communication: Theories, Cases, and Challenges*, pp. 25–43. Cambridge: Cambridge University Press.

—— —— (2004b) *Comparing Media Systems: Three Models of Media and Politics*. Cambridge: Cambridge University Press.

Halperin, Mark (2008) "The page: Obama release on adding college Democrat superdelegate," *Time Magazine* (available online at http://thepage.time.com/obama-release-on-adding-college-democrat-superdelegate/#).

Hammond, Allen, et al. (2007) *The Next 4 Billion: Market Size and Business Strategy and the Base of the Pyramid*. Washington, DC: World Resources Institute.

Hampton, Keith N. (2004) "Networked sociability online, off-line," in Manuel Castells (ed.), *The Network Society: A Cross-cultural Perspective*, pp. 217–32. Northampton, MA: Edward Elgar.

—— (2007) "Neighborhoods in the network society," *Information, Communication and Society*, 10 (5), 714–48.

Hardt, Michael and Negri, Antonio (2004) *Multitude*. New York: Penguin.

Harris Poll (2004a) "In spite of media coverage, widespread belief in weapons of mass destruction and Iraqi links to Al Qaeda remain virtually unchanged," Harris Poll #27, April 21 (available online at http://www.harrisinteractive.com/harris_poll/index.asp?PID=456).

—— (2004b) "Iraq, 9/11, Al Qaeda and weapons of mass destruction: what the public believes now, according to the latest Harris Poll," Harris Poll #79, October 21 (available online at http://www.harrisinteractive.com/harris_poll/index.asp?PID=508).

—— (2005) "Iraq, 9/11, Al Qaeda and weapons of mass destruction: what the public believes now, according to latest Harris Poll," Harris Poll #14, February 18 (available online at http://www.harrisinteractive.com/harris_poll/index.asp?PID=544).

——(2006) "Belief that Iraq had weapons of mass destruction has increased substantially," Harris Poll #57, July 21 (available online at http://www.harrisinteractive.com/harris_poll/index.asp?PID=684).

Hart, Roderick P. (1999) *Seducing America: How Television Charms the Modern Voter.* Thousand Oaks, CA: Sage.

Harvard University Institute of Politics (2008) *The 14th Biannual Youth Survey of Politics and Public Service Report.* Cambridge, MA: Harvard University Press.

Harvey, David (1990) *The Condition of Postmodernity.* Oxford: Blackwell.

Haugaard, Mark (1997) *The Constitution of Power: A Theoretical Analysis of Power, Knowledge and Structure.* Manchester: Manchester University Press.

Hayashi, Aiko (2008) "Matsushita's Panasonic, Google to launch Internet TVs," *Reuters,* January 7 (available online at http://www.reuters.com/article/rbssConsumerGoodsAndRetailNews/idUST20271420080108).

Held, David (1991) "Democracy, the nation-state and the global system," *Economy and Society,* 20 (2), 138–72.

——(2004) *Global Covenant: The Social Democratic Alternative to the Washington Consensus.* Cambridge: Polity Press.

——and Kaya, Ayse (2006) *Global Inequality: Patterns and Explanations.* Cambridge: Polity Press.

——and McGrew, Anthony (eds.) (2000) *The Global Transformations Reader: An Introduction to the Globalization Debate.* Cambridge: Polity Press.

————(eds.) (2007) *Globalization Theory: Approaches and Controversies.* London: Polity Press.

————Goldblatt, David, and Perraton, Jonathan (eds.) (1999) *Global Transformations: Politics, Economics and Culture.* Cambridge: Polity Press.

Hencke, David (2007) "A short history of Labour party funding scandals," *Guardian,* November 27.

Herbst, Susan (1998) *Reading Public Opinion: How Political Actors View the Democratic Process.* Chicago, IL: University of Chicago Press.

Herndon, Ruth Wallis (1996) "Literacy among New England's transient poor, 1750–1800," *Journal of Social History,* 29 (4), 963.

Hersh, Seymour H. (2004) "Torture at Abu Ghraib." *The New Yorker.* Posted April 30, 2004. May 10, 2004 edition.

Hesmondhalgh, David (2007) *The Cultural Industries.* Thousand Oaks, CA: Sage.

Hess, D. K. (2007) *Alternative Pathways in Science and Industry: Activism, Innovation, and the Environment in an Era of Globalization.* London: MIT Press.

Hetherington, Marc J. (2005) *Why Trust Matters: Declining Political Trust and the Demise of American Liberalism.* Princeton, NJ: Princeton University Press.

——(2008) "Turned off or turned on? How polarization affects political engagement," in Pietro S. Nivola and David W. Brady (eds.), *Red and Blue Nation?* vol. 2: *Consequences and Correction of America's Polarized Politics,* pp. 1–54. Washington, DC: Brookings Institution.

Hetherington, Marc J., and Nelson, Michael (2003) "Anatomy of a rally effect: George W. Bush and the war on terrorism," *PS: Political Science and Politics*, 36 (1), 37–44.

——and Rudolph, Thomas J. (2008) "Priming, performance, and the dynamics of political trust," *Journal of Politics*, 70, 498–512.

Heywood, Paul (2007) "Corruption in contemporary Spain," *Political Science and Politics*, 40, 695–9.

Hibbing, John R. and Theiss-Morse, Elizabeth (1995) *Congress as Public Enemy: Public Attitudes toward American Political Institutions*. New York: Cambridge University Press.

——— (1998) "The media's role in public negativity toward Congress: distinguishing emotional reactions and cognitive evaluations," *American Journal of Political Science*, 42 (2), 475–98.

Himanen, Pekka (2002) *The Hacker Ethic and the Spirit of the Information Age*. New York: Random House.

Hindman, Elizabeth (2005) "Jason Blair, *The New York Times*, and paradigm repair," *Journal of Communication*, June, 225–41.

Hindman, Matthew, Tsioutsiouliklis, Kostas, and Johnson, Judy A. (2003) "'Googlearchy': how a few heavily-linked sites dominate politics on the web," *Midwest Political Science Association*.

Holder, Kelly (2006) "Voting and registration in the election of November 2004," March. Washington, DC: The US Census Bureau.

Hollihan, Thomas A. (2008) *Uncivil Wars: Political Campaigns in a Media Age*. New York: Bedford St. Martin's.

Horsley, Scott (2007) "Interest in climate change heats up in 2008 race," *National Public Radio*, morning edition, June 8, 2007.

Howard, Philip N. (2003) "Digitizing the social contract: producing American political culture in the age of new media," *Communication Review*, 6 (3), 213–36.

—— (2005) "Deep democracy, thin citizenship: the impact of digital media in political campaign strategy," *Annals of the American Academy of Political and Social Science*, 597 (1), 153–70.

Hsing, You-tien (forthcoming) *The Great Urban Transformation: Land Development and Territorial Politics in China*. Oxford: Oxford University Press.

Huang, Chengju (2007) "Trace the stones in crossing the river: media structural changes in post-WTO China," *International Communication Gazette*, 69 (5), 413–30.

Huddy, Leonie and Gunnthorsdottir, Anna H. (2000) "The persuasive effects of emotive visual imagery: superficial manipulation or the product of passionate reason," *Political Psychology*, 21 (4), 745–78.

——Feldman, Stanley, Capelos, Theresa, and Provost, Colin (2002) "The consequences of terrorism: disentangling the effects of personal and national threat," *Political Psychology*, 23 (3), 485–509.

———and Cassese, Erin (2007) "On the distinct effects of anxiety and anger," in W. Russell Neuman, George E. Marcus, Ann N. Crigler, and Michael MacKuen (eds.), *The Affect Effect: Dynamics of Emotion in Political Thinking and Behavior*, pp. 202–30. Chicago, IL: University of Chicago Press.

———Taber, Charles, and Lahav, Galya (2005) "Threat, anxiety, and support of antiterrorism policies," *American Journal of Political Science*, 49 (3), 593–608.

Hughes, Chris (2008) "Moving forward on My.BarackObama" (retrieved November 8, 2008 from http://my.barackobama.com/page/community/post/chrishughesatthecampaign/gGxZvh).

Hughes, Thomas Parke (1983) *Networks of Power: Electrification in Western Society, 1880–1930*. Baltimore, MD: Johns Hopkins University Press.

Hui, Wang (2003) *Neoliberalism in China*. Cambridge, MA: Harvard University Press.

Hutchings, Vincent L., Valentino, Nicholas A., Philpot, Tasha S., and White, Ismail K. (2006) "Racial cues in campaign news: the effects of candidate issue distance on emotional responses, political attentiveness and vote choice," in David P. Redlawsk (ed.), *Feeling Politics: Emotion in Political Information Processing*. New York: Palgrave Macmillan.

Hutton, Will and Giddens, Anthony (eds.) (2000) *On the Edge: Living with Global Capitalism*. London: Jonathan Cape.

Ibahrine, Mohammad (ed.) (2008) "Mobile communication and socio-political change in the Arab world," in James Everett, Katz (ed.), *Handbook of Mobile Communication Studies*, pp. 257–72. Cambridge, MA: MIT Press.

IBIS (2007a) *Agents and Managers for Artists, Athletes, Entertainers and Other Public Figures in the US: Industry Report 71141*. IBIS World Market Research Report, October 24.

——(2007b) *News Syndicates in the US: Industry Report: 51411*. IBIS World Market Research Report, December 18.

——(2007c) *Radio and Television Broadcasting and Wireless Communications Equipment Manufacturing in the US: Industry Report. 33422*. IBIS World Market Research Report, December 24.

——(2008) *Global Advertising: Global Industry Report: L6731*. IBIS World Market Research Report, February 5.

Inglehart, Ronald (1990) *Culture Shift in Advanced Industrial Society*. Princeton, NJ: Princeton University Press.

——(ed.) (2003) *Human Values and Social Change: Findings from the Values Surveys*. Leiden: Brill Academic.

——and Catterberg, Gabriela (2002) "Trends in political action: the developmental trend and the post-honeymoon decline," *International Journal of Comparative Sociology*, 43 (3–5), 300–16.

——Basanez, Miguel, Deiz-Medrano, Jaime, Halman, Loek, et al. (eds.) (2004) *Human Beliefs and Values: A Cross-cultural Sourcebook Based on the 1999–2002 Values Surveys*. Mexico: Siglo XXI.

Ingram, Helen, Milward, Brinton, and Laird, Wendy (1992) "Scientists and agenda setting: advocacy and global warming," in M. Waterstone (ed.), *Risk and Society: The Interaction of Science, Technology and Public Policy*, pp. 33–53. Dordrecht: Kluwer.

Instituto Opina (2004) "Pulsómetro para la Cadena SER," March 22 (available online at http://www.pscm-psoe.com/psclm/pb/periodico3/archivos/223200418958.pdf).

International Foundation for Election Systems (IFES) (2002) "Matrix on political finance laws and regulations," *Program on Political Finance and Public Ethics*, pp. 185–223 (available online at https://www.ifes.org/money_site/researchpubs/main.html)

International Journal of Communication (2007) Special Section on Net Neutrality, 1 (available online at http://ijoc.org/ojs/index.php/ijoc/issue/view/1).

IPCC (1995) *IPCC Second Assessment Report: Climate Change 1995*. Geneva, Switzerland: IPCC.

—— (2001) *IPCC Third Assessment Report: Climate Change 2001*. Geneva, Switzerland: IPCC.

—— (2007a) *Brochure: The IPCC and the "Climate Change 2007"* (report available at http://www.ipcc.ch/press/index.htm).

—— (2007b) *IPCC Fourth Assessment Report: Climate Change 2007*. Geneva, Switzerland: IPCC.

Iskandar, Adel (2005) "'The great American bubble': Fox News channel, the 'mirage' of objectivity, and the isolation of American public opinion," in Lee Artz and Yahya R. Kamalipour (eds.), *Bring 'Em on: Media and Politics in the Iraq War*, pp. 155–74. Lanham, MD: Rowman and Littlefield.

Ito, Mizuko, Okabe, Daisuke, and Matsuda, Misa (2005) *Personal, Portable, Pedestrian: Mobile Phones in Japanese Life*. Cambridge, MA: MIT Press.

ITU (2007) *World Information Society Report 2007: Beyond WSIS*. Geneva: International Telecommunications Union/United Nations Conference on Trade and Development.

Iturriaga, Diego (2004) "Cuatro dias que acabaron con ocho años: aproximación al estudio del macroacontecimiento del 11-14M," *Historia actual online*, pp. 15–30.

Iwabuchi, Koichi (2008) "Cultures of empire: transnational media flows and cultural (dis)connections in East Asia," in Paula Chakravartty and Yeuzhi Zhao (eds.), *Global Communications: Toward a Transcultural Political Economy*, pp. 143–61. Lanham, MD: Rowman and Littlefield.

Iyengar, Shanto and Kinder, Donald R. (1987) *News that Matters: Television and American Opinion*. Chicago, IL: University of Chicago Press.

Jacobs, Lawrence R. and Burns, Melanie (2008) *The Big Mobilization: Increased Voter Registration in 2008*. Report prepared by the Center for the Study of Politics and Governance, Humphrey Institute of Public Affairs, University of Minnesota, May 5.

Jacobson, Gary C. (2007a) "The public, the president, and the war in Iraq," in *The Polarized Presidency of George W. Bush*, Oxford Scholarship Online Monographs, pp. 245–85.

—— (2007b) "The war, the president, and the 2006 midterm elections," paper prepared for delivery at the Annual Meeting of the Midwest Political Science Association, the Palmer House Hilton, Chicago, Illinois, April 12–15.

Jacquet, Pierre, Pisani-Ferry, Jean, and Tubiana, Laurence (eds.) (2002) *Gouvernance Mondiale*. Paris: Documentation Française.

Jamieson, Kathleen Hall (1992) *Dirty Politics: Deception, Distraction, and Democracy*. New York: Oxford University Press.

—— (2000) *Everything You Think You Know about Politics – and Why You're Wrong*. New York: Basic Books.

—— and Campbell, Karlyn Kohrs (2006) *The Interplay of Influence: News, Advertising, Politics, and the Internet*. Belmont, CA: Thomson Wadsworth.

—— and Waldman, Paul (2003) *The Press Effect: Politicians, Journalists, and the Stories that Shape the Political World*. Oxford: Oxford University Press.

Jardin, André and Tudesq, André Jean (1973) *La France des Notables*. Paris: Éditions du Seuil.

Jenkins, Henry (2006) *Convergence Culture: Where Old and New Media Collide*. New York: New York University Press.

Jimenez, Fernando (2004) "The politics of scandal in Spain: morality plays, social trust, and the battle for public opinion," *American Behavioral Scientist*, 47 (8), 1099–121.

—— and Cainzos, Miguel (2004) "La repercusión electoral de los escándalos políticos: alcance y condiciones," *Revista Española de Ciencia Política*, 10, 141–70.

Jones, Jeffrey M. (2007a) "Low trust in federal government rivals Watergate levels," *Gallup News Service*, September 26.

—— (2007b) "Some Americans reluctant to vote for Mormon, 72-year-old presidential candidates," *Gallup News Service*, February 20.

Juan, M. (2004) *11/M: La trama completa*. Barcelona: Ediciones de la Tempestad.

Juris, Jeffrey S. (2008) *Networking Futures: The Movements against Corporate Globalization*. Durham, NC: Duke University Press.

Just, Marion, Crigler, Ann, and Belt, Todd (2007) "'Don't give up hope': emotions, candidate appraisals and votes," in W. Russell Neuman, George E. Marcus, Ann N. Crigler, and Michael MacKuen (eds.), *The Affect Effect: Dynamics of Emotion in Political Thinking and Behavior*, pp. 231–60. Chicago, IL: University of Chicago Press.

Kahneman, Daniel and Tversky, Amos (1973) "On the psychology of prediction," *Psychology Review*, 80, 237–51.

—— —— (1979) "Prospect theory: an analysis of decision under risk," *Econometrica*, 47, 263–91.

Kaldor, Mary (2001) *New and Old Wars: Organized Violence in a Global Era* (Spanish edition). Barcelona: Tusquets.

—— (2003) *The Global Civil Society: An Answer to War.* Cambridge: Polity Press.

Kanter, James and Revkin, Andrew C. (2007) "Last-minute wrangling on global warming report," *International Herald Tribune*, February 1 (retrieved May 1, 2008, from http://www.iht.com).

Kaplan, Martin, Castells, Manuel, Gluck, Marrisa, and Roca, Meritxell (2008) "The transformation of the advertising industry and its impact on the media in a digital environment," unpublished research report, Los Angeles, Annenberg School for Communication, Norman Lear Center.

Katz, James Everett (ed.) (2008) *Handbook of Mobile Communication Studies.* Cambridge, MA: MIT Press.

Katz, James Everett and Aakhus, Mark A. (2002) *Perpetual Contact: Mobile Communication, Private Talk, Public Performance.* Cambridge: Cambridge University Press.

—— and Rice, Ronald E. (2002) *Social Consequences of Internet Use: Access, Involvement, and Interaction.* Cambridge, MA: MIT Press.

Keck, Margaret E. and Sikkink, Kathryn (1998) *Activists beyond Borders: Advocacy Networks in International Politics.* Ithaca, NY: Cornell University Press.

Keeter, Scott (1987) "The illusion of intimacy: television and the role of candidate personal qualities in voter choice," *Public Opinion Quarterly*, 51 (3), 344–58.

—— Horowitz, Juliana, and Tyson, Alec (2008) *Gen Dems: The Party's Advantage among Young Voters Widens.* Washington, DC: Pew Research Center for the People and the Press, April 28.

Kellner, Douglas (2005) *Media Spectacle and the Crisis of Democracy.* Boulder, CO: Paradigm.

Kelly, E. (2008) "Senate poised to take up sweeping global warming bill," *USA Today*, May 17 (retrieved May 24, 2008 from http://www.usatoday.com/).

Kendall, Kathleen E. and Paine, Scott C. (2005) "Political images and voting behavior," in Kenneth L. Hacker (ed.), *Candidate Images in Presidential Elections*, pp. 19–35. London: Praeger.

Keohane, Robert O. (2002) *Power and Governance in a Partially Globalized World.* London: Routledge.

Kern, Montague, Just, Marion, and Norris, Pippa (2003) "The lessons of framing terrorism," in Pippa Norris, Montague Kern, and Marion Just (eds.), *Framing Terrorism: The News Media, the Government, and the Public*, pp. 281–308. New York: Routledge.

Kinder, Donald (1998) "Opinion and action in the realm of politics," in Daniel Todd Gilbert, Susan T. Fiske, and Gardner Lindzey (eds.), *The Handbook of Social Psychology*, pp. 778–867. New York: McGraw-Hill.

King, Joseph P. (1989) "Socioeconomic development and corrupt campaign practices in England," in Arnold J. Heidenheimer, Michael Johnston, and Victor T.

Le Vine (eds.), *Political Corruption: A Handbook*, pp. 233–50. New Brunswick, NJ: Transaction.

King, Ryan S. (2006) *A Decade of Reform: Felony Disenfranchisement Policy in the United States*. Washington, DC: The Sentencing Project.

Kiriya, Ilya (2007) "Las industrias de información y cultura en Rusia: entre mercancía e instrumento," *Zer*, 22, 97–117.

Kirkpatrick, David (2005) "TV host says US paid him to back policy," *New York Times*, January 8.

Kiyoshi, Koboyashi, Lakhsmanan, T. R., and Anderson, William P. (2006) *Structural Changes in Transportation and Communication in the Knowledge Society*. Northampton, MA: Edward Elgar.

Klein, Naomi (2002) *Fences and Windows*. New York: Picador.

—— (2007) *Shock Therapy: The Rise of Disaster Capitalism*. New York: Doubleday.

Klinenberg, Eric (2005) "Convergence: news production in a digital age," *Annals of the American Academy of Political and Social Science*, 597, 48–64.

—— (2007) *Fighting for Air: Conglomerates, Citizens, and the Battle to Control America's Media*. New York: Henry Holt.

Koskinen, Ilpo Kalevi (2007) *Mobile Multimedia in Action*. New Brunswick, NJ: Transaction.

Kramer, Andrew (2007) "50% good news is the bad news in Russian radio," *The New York Times*, April 22.

Krosnick, Jon, Holbrook, Allyson, Lowe, Laura, and Visser, Penny (2006) "The origins and consequences of democratic citizens' policy agendas: a study of popular concern about global warming," *Climatic Change*, 77, 7–43.

———— and Visser, Penny S. (2000) "The impact of the Fall 1997 debate about global warming on American public opinion," *Public Understanding of Science*, 9, 239–60.

Kull, Steven, Ramsay, Clay, and Lewis, Evan (2003–4) "Misperceptions, the media, and the Iraq war," *Political Science Quarterly*, 118 (4), 569–98.

———— Weber, Stephen, Lewis, Evan, et al. (2008) *World Public Opinion on Governance and Democracy*. Washington, DC: WorldPublicOpinion.org.

Kunda, Ziva (1990) "The case for motivated reasoning," *Psychology Bulletin*, 108 (3), 480–98.

LaBianca, Oystein (ed.) (2006) *Connectivity in Antiquity: Globalization as a Long-term Historical Process*. London: Equinox.

Labrousse, Ernest (1943) *La Crise de l'Économie Française à la Fin de l'Ancien Régime et au Debut de la Révolution*. Paris: Presses Universitaires de France.

Lakoff, George (1991) "Metaphor and war: the metaphor system used to justify war in the Gulf," *Viet Nam Generation Journal and Newsletter*, 3 (3).

—— (2004) *Don't Think of an Elephant! Know your Values and Frame the Debate: The Essential Guide for Progressives*. White River Junction, VT: Chelsea Green.

Lakoff, George (2005) "War on terror: rest in peace," *Alternet*, August 1 (available online at http://www.alternet.org/story/23810/).

—— (2008) *The Political Mind: Why You Can't Understand 21st-century Politics with an 18th-century Brain*. New York: Viking.

—— and Johnson, Mark (1980) *Metaphors We Live By*. Chicago, IL: University of Chicago Press.

Landau, Mark, Solomon, Sheldon, Greenberg, Jeff, Cohen, Florette, et al. (2004) "Deliver us from evil: the effects of mortality salience and reminders of 9/11 on support for President George W. Bush," *Personality and Social Psychology Bulletin*, 30 (9), 1136–50.

La Pastina, Antonio C., Rego, Cacilda M., and Straubhaar, Joseph (2003) "The centrality of telenovelas in Latin America's everyday life: past tendencies, current knowledge, and future research," *Global Media Journal*, 2 (2).

La Raja, Raymond J., Orr, Susan E., and Smith, Daniel A. (2006) "Surviving BCRA: state party finance in 2004," in John Green Clifford and Daniel J. Coffey (eds.), *The State of the Parties: The Changing Role of Contemporary American Politics*, pp. 113–34. Lanham: Rowman and Littlefield.

Lash, Scott and Urry, John (1994) *Economies of Signs and Spaces*. London: Sage.

—— and Lury, Celia (2007) *Global Culture Industry: The Mediation of Things*. Cambridge: Polity Press.

Latour, Bruno (2005) *Reassembling the Social: An Introduction to Actor-Network Theory*. Oxford: Oxford University Press.

La Vanguardia (2008) "La desmovilización de la izquierda devora la ventaja electoral del PSOE," January 4, front page.

Lawrence, Regina G. and Bennett, W. Lance (2001) "Rethinking media and public opinion: reactions to the Clinton–Lewinsky scandal," *Political Science Quarterly*, 116 (3), 425–46.

Lazarsfeld, Paul Felix, Berelson, Bernard, and Gaudet, Hazel (1944) *The People's Choice: How the Voter Makes Up his Mind in a Presidential Campaign*. New York: Duell, Sloan, and Pearce.

Leege, D. and Wald, K. (2007) "Meaning, cultural symbols, and campaign strategies," in W. Russell Neuman, George E. Marcus, Ann N. Crigler, and Michael MacKuen (eds.), *The Affect Effect: Dynamics of Emotion in Political Thinking and Behavior*, pp. 291–315. Chicago, IL: University of Chicago Press.

Lehmann, Ingrid A. (2005) "Exploring the transatlantic media divide over Iraq: how and why US and German media differed in reporting on UN weapons inspections in Iraq, 2002–2003," *Harvard International Journal of Press/Politics*, 10 (1), 63–89.

Leiserowitz, Anthony (2007) "International public opinion, perception and understanding of global climate change," *UN Human Development Report*.

Lenard, Patti Tamara (2005) "The decline of trust, the decline of democracy?" *Critical Review of International Social and Political Philosophy*, 8 (3), 363–78.

Lenhart, Amanda and Fox, Susannah (2006) *Bloggers: A Portrait of the Internet's New Story Tellers*. Washington, DC: Pew Internet and American Life Project.

Lessig, Lawrence (2004) *Free Culture: How Big Media Uses Technology and the Law to Lock Down Culture and Control Creativity*. New York: Penguin.

—— (2006) *Creative Economies*. East Lansing, MI: Michigan State University College of Law.

Levada Center (2008) "Trends in Russian media" (accessible online in Russian).

Levy, Clifford J. (2007) "No joke: Russian remakes of sitcoms are a hit," *The New York Times News*, September 10.

—— (2008) "It isn't magic: Putin's opponents are made to vanish from TV," *The New York Times*, June 3 (available online at http://www.nytimes.com/2008/06/03/world/europe/03russia.html).

Levy, Pierre (2001) *Cyberculture*. Minneapolis, MN: University of Minnesota Press.

Lichter, S. Robert (2001) "A plague on both parties: substance and fairness in TV election news," *Harvard International Journal of Press/Politics*, 6 (3), 8–30.

Liebes, Tamar and Blum-Kulka, Shoshana (2004) "It takes two to blow the whistle: do journalists control the outbreak of scandal?," *American Behavioral Scientist*, 47 (9), 1153–70.

Ling, Richard Seyler (2004) *The Mobile Connection: The Cell Phone's Impact on Society*. San Francisco, CA: Morgan Kaufmann.

Lipman, Masha (2008) "Putin's puppet press," *Washington Post*, May 20.

Liu, Ch. (2004) "The unknown inside stories about the supervision of public opinion by 'focus interview'," *China Youth Daily*, March 29.

Livingston, Steven and Bennett, W. Lance (2003) "Gatekeeping, indexing, and live-event news: is technology altering the construction of news?" *Political Communication*, 20 (4), 363–80.

Lizza, Ryan (2007) "The agitator: Barack Obama's unlikely political education," *The New Republic*, March 19 (available online at http://www.tnr.com/politics/story.html?id=a74fca23-f6ac-4736-9c78-f4163d4f25c7andp=8.)

Lodge, Milton and Taber, Charles (2000) "Three steps toward a theory of motivated political reasoning," in Arthur Lupia, Mathew D. McCubbins, and Samual L. Popkin (eds.), *Elements of Reason: Cognition, Choice, and the Bounds of Rationality* (Cambridge Studies in Public Opinion and Political Psychology). Cambridge: Cambridge University Press.

Louw, P. Eric (2001) *The Media and Cultural Production*. London: Sage.

Lowe, Vincent T., Brown, Katrina, Dessai, Suraje, Doria, Miguel, Haynes, Kat, and Vincent, Katherine (2006) "Does tomorrow ever come? Disaster narrative and public perceptions of climate change," *Public Understanding of Science*, 15, 435–57.

Lucas, Henry C., Jr. (1999) *Information Technology and the Productivity Paradox: Assessing the Value of the Investment in IT*. Oxford: Oxford University Press.

Lukes, Steven (1974) *Power: A Radical View*. London: Macmillan.

Lull, James (2007) *Culture-on-demand: Communication in a Crisis World*. Malden, MA: Blackwell.

Luther, Catherine A. and Miller, M. Mark (2005) "Framing of the 2003 US-Iraq war demonstrations: an analysis of news and partisan texts," *Journalism and Mass Communication Quarterly*, 82 (1), 78–96.

McCarthy, Caroline (2008) "ComScore: Facebook is beating MySpace worldwide," *CNET News* (available online at http://news.cnet.com/8301-13577_3-9973826-36.html).

McChesney, Robert W. (1999) *Rich Media, Poor Democracy: Communication Politics in Dubious Times*. Urbana, IL: University of Illinois Press.

McChesney, Robert W. (2004) *The Problem of the Media: US Communication Politics in the Twenty-first Century*. New York: Monthly Review Press.

——(2007) *Communication Revolution: Critical Junctures and the Future of Media*. New York: New Press.

——(2008) *The Political Economy of Media: Enduring Issues, Emerging Dilemmas*. New York: Monthly Review Press.

McClean, Shilo T. (2007) *Digital Storytelling: The Narrative Power of Visual Effects in Film*. Cambridge, Mass: MIT Press.

McClellan, Scott (2008) *What Happened: Inside the Bush White House and Washington's Culture of Deception*. New York: Public Affairs.

McCombs, Maxwell E. (2004) *Setting the Agenda: The Mass Media and Public Opinion*. Cambridge: Polity Press.

——and Ghanem, Salma I. (2001) "The convergence of agenda-setting and framing," in Stephen D. Reese, Oscar H. Gandy, and August E. Grant (eds.), *Framing Public Life: Perspectives on Media and our Understanding of the Social World*, pp. 67–82. Mahwah, NJ: Lawrence Erlbaum.

——and Zhu, Jian-Hua (1995) "Capacity, diversity, and volatility of the public agenda: trends from 1954 to 1994," *Public Opinion Quarterly*, 59 (4), 495–525.

——Shaw, Donald Lewis, and Weaver, David H. (1997) *Communication and Democracy: Exploring the Intellectual Frontiers in Agenda-Setting Theory*. Mahwah, NJ: Lawrence Erlbaum.

McDonald, Michael (2004) "Up, up and away! Voter participation in the 2004 presidential election," *The Forum* 2(4) (available online at www.bepress.com/forum/vol2/iss4/art4).

——(2005) "Turnout data" (available online at http://elections.gmu.edu/voter_turnout.htm).

——(2008) "Preliminary 2008 turnout rates," George Mason. United States Elections Project, November 7 (retrieved November 8, 2008 from http://elections.gmu.edu/Blog.html).

McNair, Brian (2006) *Cultural Chaos: Journalism, News, and Power in a Globalised World*. London: Routledge.

McNeill, John and McNeill, William H. (2003) *The Human Web: A Bird's Eye View of World History*. New York: W. W. Norton.

McPhail, Thomas L. (2006) *Global Communication: Theories, Stakeholders, and Trends*. Malden, MA: Blackwell.

Machado, Decio (2006) "Intereses politicos y concentración de medios en el Estado Español," *Pueblos*, 25, 18–20.

MacKuen, Michael, Marcus, George E., Neuman, W. Russell, and Keele, Luke (2007) "The third way: the theory of affective intelligence and American democracy," in W. Russell Neuman, George E. Marcus, Ann N. Crigler, and Michael MacKuen (eds.), *The Affect Effect: Dynamics of Emotion in Political Thinking and Behavior*, pp. 124–51. Chicago, IL: University of Chicago Press.

Madden, Mary (2007) *Online Video*. Washington, DC: Pew Internet and American Life Project.

Madsen, Arnie (1991) "Partisan commentary and the first 1988 presidential debate," *Argumentation and Advocacy*, 27, 100–13.

Malone, Michael (2007) "Stations seek private-fund buyers," *Broadcasting and Cable*, June 25 (available online at http://www.broadcastingcable.com/article/CA6454849.html).

Mandese, Jo (2007) "Online ad growth rate ebbs in Q3, but continues to outpace all major media," *Online Media Daily*, November 12 (available online at media-post.com).

Mann, Michael (1986) *The Sources of Social Power*, vol. 1: *A History of Power from the Beginning to AD 1760*. Cambridge: Cambridge University Press.

—— (1992) *The Sources of Social Power*, vol. 2: *The Rise of Classes and Nation-states, 1760–1914*. Cambridge: Cambridge University Press.

Mann, Thomas and Wolfinger, Raymond (1980) "Candidates and parties in congressional elections," *American Political Science Review*, 74 (3), 617–32.

Mansell, Robin (ed.) (2002) *Inside the Communication Revolution: Evolving Patterns of Social and Technical Interaction*. Oxford: Oxford University Press.

—— and Steinmueller, W. Edward (2000) *Mobilizing the Information Society: Strategies for Growth and Opportunity*. Oxford: Oxford University Press.

Marcelo, Karlo B. and Kirby, Emily H. (2008) *The Youth Vote in the 2008 Super Tuesday States*. College Park, MD: The Center for Information and Research on Civic Learning and Engagement.

Marcus, George E. (2000) "Emotion in politics," *Annual Review of Political Science*, 3, 221–50.

—— (2002) *The Sentimental Citizen: Emotion in Democratic Politics*. University Park, PA: Pennsylvania State University Press.

—— (2008) "The theory of affective intelligence and civic society," paper prepared for the World Congress of the International Institute of Sociology, Budapest, June 26–30.

Marcus, George E., Neuman, W. Russell, and MacKuen, Michael (2000) *Affective Intelligence and Political Judgment*. Chicago, IL: University of Chicago Press.

Markoff, John (2006) *What the Dormouse Said: How the Sixties Counterculture Shaped the Personal Computer Industry*. New York: Penguin.

Markovits, Andrei and Silverstein, Mark (1988) *The Politics of Scandal: Power and Process in Liberal Democracies*. London: Holmes and Meier.

Marks, Stephen (2007) *Confessions of a Political Hitman: My Secret Life of Scandal, Corruption, Hypocrisy and Dirty Attacks that Decide Who Gets Elected (and Who Doesn't)*. Naperville, IL: Sourcebooks.

Marston, Sallie A., Woodward, Keith, and Jones, John Paul (2007) "Flattening ontologies of globalization: the Nollywood case," *Globalizations*, 4 (1), 45–63.

Martinez, Ibsen (2005) "Romancing the globe," *Foreign Policy*, November/December, 48–55.

Mateos, Araceli and Moral, Felix (2006) *El comportamiento electoral de los jovenes españoles*. Madrid: Ministerio de Trabajo y Asuntos Sociales/Instituto de la Juventud.

Mattelart, Armand (1979) *Multinational Corporations and the Control of Culture: The Ideological Apparatuses of Imperialism*. Sussex Atlantic Highlands, NJ: Harvester Press.

——and Mattelart, Michele (1992) *Rethinking Media Theory: Signposts and New Directions*. Minneapolis, MN: University of Minnesota Press.

Melnikov, Mikhail (2008) "Russia: authorities vs. media: a weekly bulletin," *Center for Journalism in Extreme Situations*, 9 (268), February 26–March 3.

Melucci, Alberto (1989) *Nomads of the Present*. London: Hutchinson Radius.

Mermin, Jonathan (1997) "Television news and American intervention in Somalia: the myth of a media-driven foreign policy," *Political Science Quarterly*, 112 (3), 385–403.

Meyer, David S., Whittier, Nancy, and Robnett, Belinda (eds.) (2002) *Social Movements: Identity, Culture, and the State*. Oxford: Oxford University Press.

Michavila, Narciso (2005) *Guerra, Terrorismo y Elecciones: Incidencia Electoral de los Atentados Islamistas en Madrid*. Madrid: Real Instituto Elcano de Estudios Internacionales y Estrategicos, working paper no. 13/2005.

Milan, Stefania (2008) "Transnational mobilisation(s) on communication and media justice. Challenges and preliminary reflections on movement formation: the case of community media," unpublished research paper, European University Institute.

Miles, Hugh (2005) *Al-Jazeera: The Inside Story of the Arab News Channel that is Challenging the West*. New York: Grove Press.

Miller, Jade (2007) "Ugly Betty goes global: global networks of localized content in the telenovela Industry," paper presented at the Emerging Scholars Network of the International Association for Media and Communication Researchers (IAMCR) Conference, Paris, France, July 23–25.

Miller, M., Boone, J., and Fowler, D. (1990) "The emergence of the greenhouse effect on the issue agenda: a news stream analysis," *News Computing Journal*, 7, 25–38.

Miller, Toby, Govil, Nitin, McMurria, John, Maxwell, Richard, and Wang, Ting (2004) *Global Hollywood: No. 2*. London: BFI.

Mitchell, Robert Cameron, Mertig, Angela G., and Dunlap, Riley E. (1992) "Twenty years of environmental mobilization: trends among national environmental organizations," in Riley E. Dunlap and Angela G. Mertig (eds.), *American Environmentalism: The US Environmental Movement, 1970–1990*, pp. 11–26. Washington, DC: Taylor and Francis.

Mitchell, William (1999) *E-topia: Urban Life – But Not as We Know It*. Cambridge, MA: MIT Press.

—— (2003) *Me++*. Cambridge, MA: MIT Press.

Moaddel, Mansoor (ed.) (2007) *Values and Perceptions of the Islamic and Middle Eastern Publics*. New York: Palgrave Macmillan.

Modood, Tariq (2005) *Multicultural Politics: Racism, Ethnicity, and Muslims in Britain*. Minneapolis, MN: University of Minnesota Press.

Mokyr, Joel (1990) *The Lever of Riches. Technological Creativity and Economic Progress*. New York: Oxford University Press.

Monge, Peter and Contractor, Noshir (2003) *Theories of Communication Networks*. Oxford: Oxford University Press.

Montero J. R., Gunther, R., and Torcal, M. (1998) "Actitudes hacia la democracia en España: legitimidad, descontento y desafección," *Revista Española de Investigaciones Sociológicas*, 83, 9–49.

Montgomery, Kathryn C. (2007) *Generation Digital: Politics, Commerce, and Childhood in the Age of the Internet*. Cambridge, MA: MIT Press.

Morin, Richard and Claudia Deane (2000) "Why the Fla. exit polls were wrong," *Washington Post*, November 8, A10.

Morris, Jonathan and Clawson, Rosalee (2005) "Media coverage of Congress in the 1990s: scandals, personalities, and the prevalence of policy and process," *Political Communication*, 22, 297–313.

Morstein-Marx, Robert (2004) *Mass Oratory and Political Power in the Late Roman Republic*. Cambridge: Cambridge University Press.

Movius, Lauren (forthcoming) "Freeing the technologies of freedom: global social movements and Internet governance," unpublished PhD dissertation (in progress), Los Angeles, University of Southern California, Annenberg School of Communication.

Mulgan, Geoff (1991) *Communication and Control: Networks and the New Economies of Communication*. Cambridge: Polity Press.

Mulgan, Geoff (1998) *Connexity: How to Live in a Connected World*. Boston, MA: Harvard Business School Press.

—— (2007) *Good and Bad Power: The Ideals and Betrayals of Government*, 2nd edn. London: Penguin.

Murdock, Graham (2006) "Cosmopolitans and conquistadors: empires, nations and networks," in Oliver Boyd-Barrett (ed.), *Communications Media, Globalization and Empire*, pp. 17–32. Eastleigh: John Libbey.

Murillo, Pablo (2008) "De nuevo, la financiación de los partidos políticos," *Expansion*, April 11.

Murray, Craig, Parry, Katy, Robinson, Piers, and Goddard, Peter (2008) "Reporting dissent in wartime: British press, the anti-war movement and the 2003 Iraq War," *European Journal of Communication*, 23 (1), 7–27.

Murrin, John M., Johnson, Paul E., and McPherson, James M. (2005) *Liberty, Equality, Power: A History of the American People*, 4th edn. Belmont, CA: Thomson/Wadsworth.

Mutz, Diana C. and Reeves, Byron (2005) "The new videomalaise: effects of televised incivility on political trust," *American Political Science Review*, 99 (1), 1–15.

Myrdal, Gunnar (1944) *An American Dilemma: The Negro Problem and Modern Democracy*. London: Harper.

Nacos, Brigitte Lebens (2007) *Mass-mediated Terrorism: The Central Role of the Media in Terrorism and Counterterrorism*. Lanham, MD: Rowman and Littlefield.

—— Block-Elkon, Yaeli, and Shapiro, Robert Y. (2008) "Prevention of terrorism in post-9/11 America: news coverage, public perceptions, and the politics of homeland security," *Terrorism and Political Violence*, 20 (1), 1–25.

Nagel, Jack H. (1975) *The Descriptive Analysis of Power*. New Haven, CT: Yale University Press.

NASS (2008) "NASS survey: state voter registration figures for the 2008 general election," National Association of Secretaries of State, November 3 (retrieved November 8, 2008 from: http://www.nass.org/.).

National Aeronautics and Space Administration (NASA) (2007) "GISS surface temperature analysis: Global temperature trends – 2007 summation" (available online at http://data.giss.nasa.gov/gistemp/2007/).

National Oceanic and Atmospheric Administration (NOAA) (2008) "Climate of 2007 in historical perspective: annual report" (available online at http://www.ncdc.noaa.gov/oa/climate/research/2007/ann/ann07.html).

National Science Foundation (2007) "Cyber-enabled discovery and innovation," NSF Fact Sheet.

Nelson, Jack (2003) "US government secrecy and the current crackdown on leaks," working paper, Joan Shorenstein Center, Harvard University.

—— and Boynton, G. Robert (1997) *Video Rhetorics: Televised Advertising in American Politics*. Urbana, IL: University of Illinois Press.

Neuman, W. Russell (1991) *The Future of the Mass Audience*. Cambridge: Cambridge University Press.

——Marcus, George E., Crigler, Ann N., and MacKuen, Michael (eds.) (2007) *The Affect Effect: Dynamics of Emotion in Political Thinking and Behavior*. Chicago, IL: University of Chicago Press.

Nevitte, Neil (2003) "Authority orientations and political support: a cross-national analysis of satisfaction with governments and democracy," in Ronald Inglehart (ed.), *Mass Values and Social Change: Findings from the Values Surveys*, pp. 387–412. Leiden: Brill Academic.

Newell, Peter (2000) *Climate for Change: Non-state Actors and the Global Politics of the Greenhouse*. New York: Cambridge University Press.

Newman, Russell (2008) "Financialization of traditional media: the FCC at a nexus," unpublished paper written for the Research Seminar, Comm620Y on Communication, Technology, and Power, Los Angeles, University of Southern California, Annenberg School for Communication.

NewsCorp (2007) "Annual report 2007" (available online at http://www.newscorp.com/Report2007/AnnualReport2007/HTML1/default.htm).

Newton, D. (1993) *Global Warming: A Reference Handbook*. Oxford: ABC-CLIO.

The New York Times (2008) "National Election Pool exit polls table," poll conducted by Edison Media Research/Mitofsky (retrieved November 8, 2008 from http://elections.nytimes.com/2008/ results/president/exit-polls.html).

Nielsen (2007) "Average US home now receives a record 104.2 TV channels, according to Nielsen," Nielsen Media press release, March 19.

Nielsen/NetRatings (2007) "From 131 million to 360 million tudou.com triples weekly clip view in just three months," Nielsen Media press release, August 31.

9/11 Commission (2004) *The 9/11 Commission Report: Final Report of the National Commission on Terrorist Attacks upon the United States*. New York: W. W. Norton.

Nisbet, Matthew C. and Myers, Teresa (2007) "The polls – trends: twenty years of public opinion about global warming," *Public Opinion Quarterly*, 71 (3), 444–70.

Nobel Foundation (2007) Web site accessed March 29 at http//:nobelprize.org.

Norris, Pippa (1996) "Does television erode social capital? A reply to Putnam," *PS: Political Science and Politics*, 29 (3), 474–80.

—— (2000) *A Virtuous Circle: Political Communications in Postindustrial Societies*. Cambridge: Cambridge University Press.

——and Inglehart, Ronald (2004) *Sacred and Secular: Religion and Politics Worldwide*. Cambridge: Cambridge University Press.

Noveck, Jocelyn and Fouhy, Beth (2008) "Clinton's female fans wonder what, if and when: Clinton's female supporters saddened as chance to elect a woman president slips away," *Associated Press*, May 17.

Nye, Joseph S. and Donahue, John D. (eds.) (2000) *Governance in a Globalizing World*. Washington, DC: Brookings Institution.

Obama, Barack (1995) *Dreams From my Father: A Story of Race and Inheritance.* New York: Three Rivers Press (2nd edn 2004).

—— (2007) *The Audacity of Hope: Thoughts on Reclaiming the American Dream.* New York: Canongate.

Obstfeld, Maurice and Taylor, Alan M. (2004) *Global Capital Markets: Integration, Crisis, and Growth.* Cambridge: Cambridge University Press.

OECD (2007) *Information and Communications Technologies: OECD Communications Outlook 2007.* Paris: OECD.

O'Neil, Patrick H. (1998) *Communicating Democracy: The Media and Political Transitions.* London: Lynne Rienner.

Ornstein, Norman J. (2008) "Obama's fundraising success may herald a whole new model," Washington, DC: American Enterprise Institute, June 30 (available online at http://www.aei.org/publications/filter.all,pubID.28218/pub_detail.asp).

Pacheco, I. (2004) *11-M: la respuesta.* Madrid: Asociación Cultural de Amigos del Arte Popular.

Page, Scott E. (2007) *The Difference: How the Power of Diversity Creates Better Groups, Firms, Schools, and Societies.* Princeton, NJ: Princeton University Press.

Palmer, Shelley (2008) "Obama vs. McCain: the first networked campaign," *Huffington Post*, media news (available online at http://www.huffingtonpost.com/shelly-palmer/obama-vs-mccain—the-fir_b_105993.html).

Panagopoulos, Costas and Wielhouwer, Peter (2008) "Polls and elections: the ground war 2000–2004 – strategic targeting in grassroots campaigns," *Presidential Studies Quarterly*, 38 (2), 347–62.

Paniagua, Francisco Javier (2005) "Tendencias de la comunicación política electoral en España," *Fisec Estrategias*, 1 (available online at http://www.fisec-estrategias.com.ar/1/fec_01_com_paniagua.pdf).

—— (2006) "Agenda de medios. ¿Estrategia de partido equivocada?," *Hologramatica*, 3 (6), 53–72.

Parks, Gregory Scott and Rachlinski, Jeffrey J. (2008) "Unconscious bias and the 2008 presidential election," Cornell Legal Studies research paper no. 08-007, March 4 (available online at http://ssrn.com/ abstract=1102704.).

Parsons, Talcott (1963) "On the concept of political power," *Proceedings of the American Philosophical Society*, 107, 232–62.

Partal, V. and Otamendi, M. (2004) *11-M: el periodismo en crisis.* Barcelona: Edicions Ara Libres.

Patterson, M. (1996) *Global Warming and Global Politics.* London: Routledge.

Patterson, Thomas (1993) *Out of Order.* New York: A. Knopf.

—— (2004) *Young Voters and the 2004 Election.* Boston, MA: Joan Shorenstein Center on the Press, Politics, and Public Policy, John F. Kennedy School of Government, Harvard University.

Penn, Mark J. and Zalesne, E. Kinney (2007) *Microtrends: The Small Forces Behind Tomorrow's Big Changes*. New York: Twelve.

Perez, Carlota (1983) "Structural change and the assimilation of new technologies in the economic and social systems," *Futures*, 15, 357–75.

Perlmutter, David D. (2008) *Blogwars*. New York: Oxford University Press.

Perloff, Richard M. (1998) *Political Communication: Politics, Press, and Public in America*. Mahwah, NJ: Lawrence Erlbaum.

Peruzzotti, Enrique (2003) "Media scandals and societal accountability: assessing the role of the senate scandal in Argentina," working paper prepared for the Conference Estrategias de Accountability Social en América Latina, Acciones Legales, Medios de Comunicación y Movilización.

Pew (2000) "Voters unmoved by media characterizations of Gore and Bush," Washington, DC: Pew Research Center for the People and the Press, July 27.

—— (2004a) "News audiences increasingly politicized, online news audience larger, more diverse," Pew Research Center Biennial News Consumption Survey, Washington, DC: Pew Research Center for the People and the Press, June 8 (available online at http://people-press.org/reports/display.php3?PageID=833).

—— (2004b) "76% have seen prison pictures. Bush approval slips: prison scandal hits home but most reject troop pullout," Washington, DC: Pew Research Center for the People and the Press, May.

—— (2006) "Partisanship drives opinion: little consensus on global warming," Washington, DC: Pew Research Center for the People and the Press.

—— (2007a) "Republicans lag in engagement and enthusiasm for candidates," Washington, DC: Pew Research Center for the People and the Press.

—— (2007b) "Views of press values and performance 1985–2007," Washington, DC: Pew Research Center for the People and the Press, August 9.

—— (2008a) "Obama weathers the Wright storm, Clinton faces credibility problem," Washington, DC: Pew Research Center for the People and the Press, March 27.

—— (2008b) "Fewer voters identify as Republicans," Washington, DC: Pew Research Center for the People and the Press, March 20.

—— (2008c) "Social networking and online videos take off: Internet's broader role in campaign 2008," Washington, DC: Pew Research Center for the People and the Press.

—— (2008d) "Inside Obama's sweeping victory," Pew Research Center for the People and the Press, November 5 (retrieved November 8, 2008 from http://pewresearch.org/pubs/1023/exit-poll-analysis-2008).

—— (2008e) "Public not desperate about economy or personal finances, Obama clearer than McCain in addressing crisis," Washington, DC: Pew Research Center for the People and the Press, October 15 (retrieved on November 8, 2008 from http://people-press.org/report/458/economic-crisis).

—— (2008f) "Growing doubts about McCain's judgment, age and campaign conduct," Washington, DC: Pew Research Center for the People and the Press, October 15 (retrieved on November 8, 2008 from http://people-press.org/report/462/obamas-lead-widens).

—— (2008g) "A deeper partisan divide over global warming," Washington, DC: Pew Research Center.

—— (2008h) "Increasing optimism about Iraq," Washington, DC: Pew Research Center, February 2008.

Pew Center on Global Climate Change (2008) "Climate action in Congress" (retrieved May 24, 2008 from http://www.pewclimate.org/).

Pew Global Attitudes Project (2005) "China's Optimism," Washington, DC: Pew Research Center, November 16.

—— (2008) "Global economic gloom: China and India notable exceptions," Washington, DC: Pew Research Center, June 12.

Pew Internet and American Life Project (2008) "Spring 2008 survey: final topline results," Washington, DC: Pew Research Center.

Pickerill, Jenny (2003) *Cyberprotest: Environmental Activism Online*. New York: Manchester University Press.

PIPA (2004) "US public beliefs and attitudes about Iraq," PIPA/Knowledge Networks Poll. Washington, DC: Program on International Policy Attitudes and Knowledge Networks, August 20 (available online at http://www.pipa.org/online_reports.html).

—— (2006) "Americans on Iraq: three years on," World Public Opinion/Knowledge Networks Poll Report. Washington, DC: Program on International Policy Attitudes, March 15.

Pitney, Nico (2008) "Debate analysis: ABC asked most scandal questions, Obama was clear target," *Huffington Post*, April 20 (available online at http://www.huffingtonpost.com/2008/04/20/debate-analysis-abc-asked_n_97599.html).

Plasser, Fritz (2000) "American campaign techniques worldwide," *Harvard International Journal of Press/Politics*, 5 (4), 33–54.

—— (2005) "From hard to soft news standards? How political journalists in different media systems evaluate the shifting quality of news," *Harvard International Journal of Press/Politics*, 10 (2), 47–68.

Popkin, Samuel L. (1991) *The Reasoning Voter: Communication and Persuasion in Presidential Campaigns*. Chicago, IL: University of Chicago Press.

—— (1994) *The Reasoning Voter: Communication and Persuasion in Presidential Campaigns*, 2nd edn. Chicago, IL: University of Chicago Press.

Porto, Mauro (2007) "TV news and political change in Brazil: the impact of democratization on TV Globo's journalism," *Journalism*, 8 (4), 363–84.

Postman, Neil (1986) *Amusing Ourselves to Death: Public Discourse in the Age of Show Business*. New York: Penguin.

——(2004) "The information age: a blessing or a curse?" *Harvard International Journal of Press/Politics*, 9 (2), 3–10.

Poulantzas, Nicos (1978) *L'État, le Pouvoir, le Socialisme*. Paris: Presses Universitaires de France.

Price, Monroe E. (2002) *Media and Sovereignty: The Global Information Revolution and its Challenge to State Power*. Cambridge, MA: MIT Press.

Project for Excellence in Journalism (2007) *The State of the News Media 2007: An Annual Report on American Journalism*. Washington, DC: Pew Research Center (available online at www.stateofthenewsmedia.com/2007/index.).

——(2008a) "Media passes on Times' Pentagon piece," Washington, DC: Pew Research Center (available online at http://journalism.org/node/10849).

——(2008b) "Why news of Iraq dropped," March 26 (available online at http://www.journalism.org/node/10365).

——and the Pew Research Center for the People and the Press (2000) *A Question of Character 2000: How the Media Have Handled the Issue and How the Public Reacted*. Baltimore, MD: Pew Research Center.

Public Opinion Foundation (Russia) (2007) "Mass media: preferred sources of information" (online report, July 27–28).

Puig, Carmina (2004) "Programació televisiva de l'11 i el 12 de març," *Quaderns del CAC*, 19–26.

Purdum, Todd S. (2006) "Karl Rove's split personality," *Vanity Fair*, December (available online at http://www.vanityfair.com/politics/features/2006/12/rove200612).

Putnam, Robert D. (1995) "Tuning in, tuning out: the strange disappearance of social capital in America," *PS: Political Science and Politics*, 28 (4), 664–83.

——(2000) *Bowling Alone: The Collapse and Revival of American Community*. New York: Simon and Schuster.

——(2008) "The rebirth of American civic life," *Boston Globe*, Op-Ed, D-9.

Qinglian, He (2004) "Media control in China," a report by Human Rights in China (available online at www.hrichina.org/public/contents/8991).

Qiu, Jack Linchuan (2004) "The Internet in China: technologies of freedom in a statist society," in Manuel Castells (ed.), *The Network Society: A Cross-cultural Perspective*, pp. 99–124. Northampton, MA: Edward Elgar.

——(2007) "The wireless leash: mobile messaging service as a means of control," *International Journal of Communication*, 174–91.

——(forthcoming) *The Working Class Network Society*. Cambridge, MA: MIT Press.

Qvortrup, Lars (2003) *The Hypercomplex Society*. New York: P. Lang.

——(2006) "Understanding new digital media: medium theory or complexity theory?" *European Journal of Communication*, 21 (3), 345–56.

Rafael, Vincente L. (2003) "The cell phone and the crowd: Messianic politics in the contemporary Philippines," *Popular Culture*, 15 (3), 399–425.

Rai, Mugdha and Cottle, Simon (2007) "Global mediations: on the changing ecology of satellite television news," *Global Media and Communication*, 3 (1), 51–78.

Raichle, Marcus E., MacLeod, Ann Mary, Snyder, Abraham Z., Powers, William J., et al. (eds.) (2001) "A default mode of brain function," *Proceedings of the National Academy of Sciences*, 28 (2), 676–82.

Rainie, Lee (2008) "Video sharing websites," Washington, DC: Pew Internet and American Life Project, January 9 (available online at http://www.pewinternet. org/pdfs/Pew_Videosharing_memo_Jan08.pdf).

Ramírez, Pedro J. (2000) *Amarga victoria: la crónica oculta del histórico triunfo de Aznar sobre Gonzalez*. Barcelona: Planeta.

Randall, Vicki (1993) "The media and democratization in the third world," *Third World Quarterly*, 14, 625–47.

Rantanen, Terhi (2005) *The Media and Globalization*. London: Sage.

—— (2006) "Foreign dependence and domestic monopoly: the European news cartel and US associated presses, 1861–1932," *Media History*, 12 (1), 19–35.

Ray, Raka (1999) *Fields of Protest: Women's Movements in India*. Minneapolis, MN: University of Minnesota Press.

Redlawsk, David P., Civettini, Andrew J. W., and Lau, Richard R. (2007) "Affective intelligence and voting: information processing and learning in campaign," in W. Russell Neuman, George E. Marcus, Ann N. Crigler, and Michael MacKuen (eds.), *The Affect Effect: Dynamics of Emotion in Political Thinking and Behavior*, pp. 152–79. Chicago, IL: University of Chicago Press.

Regner, Isabelle and Le Floch, Valerie (2005) "When political expertise moderates the impact of scandals on young adults' judgments of politicians," *European Journal of Social Psychology*, 35 (2), 255–61.

Renshon, Stanley A. (2002) "The polls: the public's response to the Clinton scandals, part 2: diverse explanations, clearer consequences," *Presidential Studies Quarterly*, 32 (2), 412–27.

Reporters without Borders (2002) *Freedom of the Press Worldwide in 2002. 2002 Annual Report*. Paris: Reporters without Borders.

—— (2003) *Freedom of the Press Worldwide in 2003. 2003 Annual Report*. Paris: Reporters without Borders.

—— (2004) *Freedom of the Press Worldwide in 2004. 2004 Annual Report*. Paris: Reporters without Borders.

—— (2005) *Freedom of the Press Worldwide in 2005. 2005 Annual Report*. Paris: Reporters without Borders.

—— (2006) *Freedom of the Press Worldwide in 2006. 2006 Annual Report*. Paris: Reporters without Borders.

—— (2007) *Freedom of the Press Worldwide in 2007. 2007 Annual Report*. Paris: Reporters without Borders.

—— (2008) *Freedom of the Press Worldwide in 2008. 2008 Annual Report.* Paris: Reporters without Borders.

Reuters (2008) "The world turns out for World Wildlife Fund's Earth Hour," March 30.

Reynolds, Gretchen (1993) "Vote of confidence," *Chicago Magazine*, January (available online at http://www.chicagomag.com/Chicago-Magazine/January-1993/Vote-of-Confidence/).

Rhee, In-Yong (2003) "The Korean election shows a shift in media power," *Nieman Reports*, 57 (1), 95–6.

Rheingold, Howard (2003) *Smart Mobs: The Next Social Revolution.* Cambridge, MA: Basic Books.

—— (2008) "Mobile media and collective political action," in James Everett Katz (ed.), *Handbook of Mobile Communication Studies*, pp. 225–40. Cambridge, MA: MIT Press.

Rice, Ronald E. (ed.) (2008) *Media Ownership: Research and Regulation.* Cresskill, NJ: Hampton Press.

—— and Associates (1984) *The New Media: Communication, Research, and Technology.* Beverly Hills, CA: Sage.

Rich, Andrew (2004) *Think Tanks, Public Policy, and the Politics of Expertise.* Cambridge: Cambridge University Press.

—— (2005a) "The war of ideas: why mainstream and liberal foundations and the think tanks they support are losing in the war of ideas in American politics," *Stanford Social Innovation Review*, 3, 18–25.

—— (2005b) "War of ideas: part 2," unpublished working paper (available online at www.inclusionist.org/files/War%20of%20Ideas-Part%20II-Nov%202005.pdf).

—— and Weaver, R. Kent (2000) "Think tanks in the US media," *Harvard International Journal of Press/Politics*, 5 (4), 81–103.

Richardson, Dick and Rootes, Chris (eds.) (1995) *The Green Challenge: The Development of Green Parties in Europe.* London: Routledge.

Richardson, Glenn W. (2003) *Pulp Politics: How Political Advertising Tells the Stories of American Politics.* Lanham, MD: Rowman and Littlefield.

Rico, G. (2005) "Los factores de la personalización del voto en las elecciones generales en España," VII Congreso Español de Ciencia Política y de la Administración, Madrid, September 2005.

Riera, Miguel (ed.) (2001) *La batalla de Genova.* Barcelona: El Viejo Topo.

Riley, Patricia and Hollihan, Thomas A. (1981) "The 1980 presidential debates: a content analysis of the issues and arguments," *Speaker and Gavel*, 18 (2), 47–59.

Rizzo, Sergio and Stella, Gian Antonio (2007) *La Casta.* Rome: Saggi Italiani.

Rizzolatti, Giacomo and Craighero, Laila (2004) "The mirror neuron system," *Annual Review of Neuroscience*, 27 (1), 169–92.

Robinson, Michael J. (1975) "American political legitimacy in an era of electronic journalism: reflections on the evening news," in Douglass Cater and Richard Adler (eds.), *Television as a Social Force: New Approaches to TV Criticism*, pp. 97–139. New York: Praeger.

Robinson, Piers (2002) *The CNN Effect: The Myth of News, Foreign Policy, and Intervention*. London: Routledge.

Robinson, Robert V. and Jackson, Elton F. (2001) "Is trust in others declining in America? An age-period-cohort analysis," *Social Science Research*, 30 (1), 117–45.

Rodas, Laura (2004) "La informació televisiva els dies 11 i 12 de març," *Quaderns del CAC*, 27–35.

Rodriguez, Alex (2008) "Trial in Russia sends message to bloggers," *Chicago Tribune.com*, March 31.

Rodriguez, P. (2004) *11-M mentira de Estado: los tres días que acabaron con Aznar*. Barcelona: Ediciones B.

Rose-Ackerman, Susan (1999) *Corruption and Government: Causes, Consequences and Reform*. Cambridge: Cambridge University Press.

Rosenthal, Elizabeth, and Revkin, Andrew C. (2007) "Global warming called 'unequivocal'," *International Herald Tribune*, February 2 (retrieved May 24, 2008, from http://www.iht.com).

Rospars, Joe (2007) "Our MySpace experiment: personal blog entry," May 2. (available online at http://my.barackobama.com/page/community/post_group/ObamaHQ/CvSl).

Rude, George (1959) *The Crowd in the French Revolution*. Oxford: Oxford University Press.

Rutherford, Jonathan (2004) *A Tale of Two Global Cities: Comparing the Territorialities of Telecommunications Developments in Paris and London*. London: Ashgate.

Sabato, Larry J., Stencel, Mark, and Lichter, S. Robert (2000) *Peepshow: Media and Politics in an Age of Scandal*. Lanham, MD: Rowman and Littlefield.

Sakr, Naomi (2001) *Satellite Realms: Transnational Television, Globalization, and the Middle East*. London: I. B. Tauris.

—— (2006) "Challenger or lackey? The politics of news on Al-Jazeera," in Daya Kishan Thussu (ed.), *Media on the Move: Global Flow and Contra-flow*, pp. 116–32. New York: Routledge.

Salido, Noelia (2006) "Del 11M al 14M: jornadas de movil-ización social," in A. Vara and J. R. Virgili (eds.), *La comunicación en tiempos de crisis: del 11M al 14M*. Pamplona: Eusuna.

Salmon, Andrew (2004) "Parties rallying behind Internet in race for votes," *Washington Times*, April 11.

Sampedro Blanco, V. F., and Martinez, Nicolas D. (2005) "Primer voto: castigo poltico y descredito de los medios," in V. F. Sampedro Blanco (ed.), *13-M: Multitudes on Line*, pp. 24–62. Madrid: Ed. Catarata.

Samuelson, Robert J. (1998) "The attack culture revisited," *Washington Post*, August 26, A19.

Sanchez, Isabel (2004) "La programació i la informació televisives del dia de reflexió," *Quaderns del CAC*, 37–45.

Sanchez, J. M. (2005) "Cronologia," in V. F. Sampedro Blanco (ed.), *13-M: Multitudes on Line*, pp. 307–9. Madrid: Ed. Catarata.

Santos, Eva (2008) *Los partidos tiran de chequera*. Madrid: EFE Reportajes.

Sanz, Alberto and Sanchez-Sierra, Ana (2005) "Las elecciones generales de 2004 en España: política exterior, estilo de gobierno y movilización," working papers online series 48/2005, Departamento de Ciencia Política y Relaciones Internacionales, Facultad de Derecho, Universidad Autónoma de Madrid.

Sarewitz, Daniel, and Pielke, Roger (2000) "Breaking the global-warming gridlock," *The Atlantic online*, July 2000 (retrieved July 1, 2008 from http://www.theatlantic.com/).

Sassen, Saskia (2006) *Territory, Authority, Rights: From Medieval to Global Assemblages*. Princeton, NJ: Princeton University Press.

Scammell, Margaret (1998) "The wisdom of the war room: US campaigning and Americanization," *Media, Culture, and Society*, 20 (2), 251–76.

SCEP (Study of Critical Environmental Problems) (1970) *Man's Impact on the Global Environment: Assessment and Recommendation for Action*. Cambridge, MA: MIT Press.

Schatz, Amy (2007) "Bo, ur so gr8: how a young tech entrepreneur translated Barack Obama into the idiom of facebook," *Wall Street Journal*, A1.

Scheufele, Dietram A., and Tewksbury, David (2007) "Framing, agenda setting, and priming: the evolution of three media effects models," *Journal of Communication*, 57 (1), 9–20.

Schiller, Dan (1999) *Digital Capitalism: Networking the Global Market System*. Cambridge, MA: MIT Press.

—— (2007) *How to Think about Information*. Urbana, IL: University of Illinois Press.

Schreiber, Darren (2007) "Political cognition as social cognition: are we all political sophisticates?," in W. Russell Neuman, George E. Marcus, Ann N. Crigler, and Michael MacKuen (eds.), *The Affect Effect: Dynamics of Emotion in Political Thinking and Behavior*, pp. 48–70. Chicago, IL: University of Chicago Press.

Schudson, Michael (2002) "The news media as political institutions," *Annual Review of Political Science*, 5, 249–69.

—— (2004) "Notes on scandal and the Watergate legacy," *American Behavioral Scientist*, 47 (9), 1231–8.

Schwarz, Norbert and Bless, Herbert (1992) "Scandals and the public's trust in politicians: assimilation and contrast effects," *Personal and Social Psychology Bulletin*, 18 (5), 574–79.

Sears, David O. and Henry, P. (2005) "Over thirty years later: a contemporary look at symbolic racism," in Mark P. Zanna (ed.), *Advances in Experimental Social Psychology, Volume 37*, pp. 95–150. San Diego, CA: Elsevier Academic.

Seib, Philip (2008) "The Al Qaeda media machine," *Military Review*, May–June: 74–80.

Semetko, Holli A. and Scammell, Margaret (2005) "Television news and elections: lessons from Britain and the US," paper presented at the Annual Meeting of the American Political Science Association, Washington, DC, September 1–4.

Semple, Robert B. (2004) "Editorial observer: a film that could warm up the debate on global warming," *The New York Times*, May 27 (retrieved July 1, 2008 from www.nyt.com).

Senate Select Committee on Intelligence (2004) *Report on the US Intelligence Community's Pre-War Intelligence on Iraq*. United States Senate, July 7.

Sennett, Richard (1978) *The Fall of Public Man*. New York: Vintage Books.

SER (2004) "Pulsometro instituto opina," March 22. According to the National Oceanic and Atmospheric Administration's (NOAA) 2007 State of the Climate Report and the National Aeronautics and Space Administration's (NASA) 2007 Surface Temperature Analysis and National Climatic Data Center.

Sey, Araba (2008) "Mobile communication and development: a study of mobile phone use and the mobile phone industry in Ghana," unpublished PhD dissertation, Los Angeles: University of Southern California, Annenberg School for Communication.

——and Castells, Manuel (2004) "From media politics to networked politics: the Internet and the political process," in Manuel Castells (ed.), *The Network Society: A Cross-cultural Perspective*, pp. 363–81. Northampton, MA: Edward Elgar.

Shah, Dhavan V., Cho, Jaeho, Eveland, William P., et al. (2005) "Information and expression in a digital age: modeling Internet effects on civic participation," *Communication Research*, 32, 531–65.

Shahnaz, Mahmud and McClellan, Steve (2007) "Branded content breaks into web video," *AdWeek*, 48 (9), 12.

Shuman, Michael H. (1998) "Why progressive foundations give too little to too many," *The Nation*. 266 (2), 11–15.

Sifry, David (2007) "The state of the live web: April 2007," *Technorati* (available online at http://www.sifry.com/alerts/archives/000493.html).

Simpser, Alberto (2004) "Making votes not count: expectations and electoral corruption," paper presented at the 2004 American Political Science Association Meeting, Chicago, Illinois.

Sinclair, John (1999) *Latin American Television: A Global View*. Oxford: Oxford University Press.

Sirota, David (2008) *The Uprising*. New York: Crown.

Slevin, Peter (2007) "For Clinton and Obama, a common ideological touchstone," *Washington Post*, A1, March 27.

Smith, Aaron and Rainie, Lee (2008) *The Internet and the 2008 Election*. Washington, DC: Pew Internet and American Life Project.

Solomon, Sheldon, Greenberg, Jeff, and Pyszczynski, Tom (1991) "A terror management theory of social behavior: the psychological functions of self-esteem and cultural worldviews," *Advances in Experimental Social Psychology*, 24, 93–159.

Solove, Daniel J. (2004) *The Digital Person: Technology and Privacy in the Information Age*. New York: New York University Press.

Sorkin, Andrew Ross (2008) "Hedge fund investing and politics," *The New York Times*, April 22.

Soroka, Stuart N. (2003) "Media, public opinion, and foreign policy," *Harvard International Journal of Press/Politics*, 8 (1), 27–48.

Spanish Parliament (2004) *Comision de investigación sobre el 11 de Marzo* (available online at http://www.congreso.es).

Spence, Jonathan D. (1996) *God's Chinese Son: The Taiping Heavenly Kingdom of Hong Xiuquan*. New York: Norton.

Spezio, Michael L. and Adolphs, Ralph (2007) "Emotional processing and political judgment: toward integrating political psychology and decision neuroscience," in W. Russell Neuman, George E. Marcus, Ann N. Crigler, and Michael MacKuen (eds.), *The Affect Effect: Dynamics of Emotion in Political Thinking and Behavior*, pp. 71–96. Chicago, IL: University of Chicago Press.

Spielman, Fran (2007) "Obama endorses Daley," *Chicago Sun Times*, January 22 (available online at http://www.suntimes.com/news/politics/obama/223272, obama012207.stng).

Sreberny-Mohammadi, Annabelle and Mohammadi, Ali (1994) *Small Media, Big Revolution: Communication, Culture, and the Iranian Revolution*. Minneapolis, MN: University of Minnesota Press.

Stamm, K. R., Clark, F., and Eblacas, P. R. (2000) "Mass communication and public understanding of environmental problems: the case of global warming," *Public Understanding of Science* (9), 219–37.

Standard and Poor's (2007a) *Industry Surveys: Movies and Home Entertainment*, September 2007.

—— (2007b) *NewsCorp: Business Summary*, September 25.

Stelter, Brian (2008) "Finding political news online: the young pass it on," *The New York Times*, March 22 (available online at http://www.nytimes.com/2008/03/27/us/politics/27voters.html?_r=1andfta=yandoref=slogin).

Stewart, Angus (2001) *Theories of Power and Domination: The Politics of Empowerment in Late Modernity*. London: Sage.

Stiglitz, Joseph (2002) *Globalization and its Discontents*. New York: W. W. Norton.

—— and Bilmes, Linda J. (2008) *The Three Trillion Dollar War: The True Cost of the Iraq Conflict*. New York: W. W. Norton.

Stop Climate Chaos (2008) "Manifesto" (retrieved July 1, 2008 from http://www.stopclimatechaos.org/about_us/8.asp).

Straubhaar, Joseph D. (1991) "Beyond media imperialism: asymmetrical interdependence and cultural proximity," *Critical Studies in Mass Communication*, 8 (1), 39–59.

Suarez, Sandra L. (2005) "Mobile democracy: text messages, voter turnout, and the 2004 Spanish general election," paper prepared for delivery at the 2005 Annual Meeting of the American Political Science Association.

Sussman, Gerald (2005) *Global Electioneering: Campaign Consulting, Communications, and Corporate Financing.* Lanham, MD: Rowman and Littlefield.

Swanson, David L. and Mancini, Paolo (1996) *Politics, Media, and Modern Democracy: An International Study of Innovations in Electoral Campaigning and their Consequences.* Westport, CN: Praeger.

Tabboni, Simonetta (2006) *Les Temps sociaux.* Paris: Armand Colin.

Tannenbaum, Percy, Greenberg, Bradley S., and Silverman, Fred R. (1962) "Candidate images," in Sidney Kraus (ed.), *The Great Debates*, pp. 271–88. Bloomington, IN: Indiana University Press.

Teachout, Zephyr and Streeter, Thomas (2008) *Mousepads, Shoe Leather, and Hope: Lessons from the Howard Dean Campaign for the Future of Internet Politics.* Boulder, CO: Paradigm.

Teer-Tomaselli, Ruth, Wasserman, Herman, and de Beer, Arnold S. (2006) "South Africa as a regional media power," in Daya Kishan Thussu (ed.), *Media on the Move: Global Flow and Contra-flow*, pp. 153–64. London: Routledge.

Teruel, Laura (2005) "La cobertura del 11M–15M en la prensa noruega: una perspectiva mediática desde el norte de Europa," *Revista Latina de Comunicación Social*, 60 (retrieved June 10, 2008 from http://www.ull.es/publicaciones/latina/200521teruel.htm).

Terzis, Georgios (ed.) (2008) *European Media Governance: The Brussels Dimension.* Chicago: Intellect.

Thomas, Douglas (2002) *Hacker Culture.* Minneapolis, MN: University of Minnesota Press.

Thompson, Edward P. (1963*) The Making of the English Working Class.* London: Victor Gollancz (read in the Penguin edn, 1980).

Thompson, John B. (2000) *Political Scandal: Power and Visibility in the Media Age.* Cambridge: Polity Press.

Thrall, A. Trevor, Lollio-Fakhreddine, Jaime, Berent, Jon, Donnelly, Lana, et al. (2008) "Star power: celebrity advocacy and the evolution of the public sphere," *Harvard International Journal of Press/Politics*, 13 (4), 362–85.

Thussu, Daya Kishan (1998) *Electronic Empires: Global Media and Local Resistance.* London: Arnold.

—— (ed.) (2006) *Media on the Move: Global Flow and Contra-flow.* London: Routledge.

Tiffen, Rodney (2004) "Tip of the iceberg or moral panic? Police corruption issues in contemporary New South Wales," *American Behavioral Scientist*, 47 (9), 1171–93.

Tilly, Charles (ed.) (1974) *The Formation of National States in Western Europe*. Princeton, NJ: Princeton University Press.

—— (1990) *Coercion, Capital and European States: AD 990–1992*. Malden, MA: Blackwell.

—— (1993) *European Revolutions: 1942–1992*. Oxford: Blackwell.

—— (2005) *Identities, Boundaries and Social Ties*. Boulder, CO: Paradigm.

Tongia, Rahul and Wilson, Ernest J. (2007) "Turning Metcalfe on his head: the multiple costs of network exclusion," unpublished paper presented at Telecommunications Policy Research Conference.

Touraine, Alain (1973) *Production de la société*. Paris: Seuil.

—— (1997) *Pourrons-nous vivre ensemble?* Paris: Fayard.

Transparency International (2003) *Global Corruption Barometer 2003*.

—— (2007) *Global Corruption Barometer 2007*.

Treisman, Daniel (2000) "The causes of corruption: a cross-national study," *Journal of Public Economics*, 76, 399–457.

Trimble, Linda and Sampert, Shannon (2004) "Who's in the game? The framing of election 2000 by the Globe and Mail and the National Post," *Canadian Journal of Political Science*, 37, 51–71.

Trumbo, Craig (1995) "Longitudinal modeling of public issues: an application of the agenda-setting process to the issue of global warming," *Journalism and Mass Communication Monographs*, 152, 1–57.

—— and Shanahan, James (2000) "Social research on climate change: where we have been, where we are, and where we might go," *Public Understanding of Science*, 9, 199–204.

Tubella, Imma (2004) "Internet, television, and the construction of identity," in Manuel Castells (ed.), *The Network Society: A Cross-cultural Perspective*, pp. 385–401. Northampton, MA: Edgar Elgar.

—— Tabernero, Carlos, and Dwyer, Vincent (2008) *La Guerra de las Pantallas: Internet y Television*. Barcelona: Ariel.

Tumber, Howard (2004) "Scandal and the media in the United Kingdom," *American Behavioral Scientist*, 47 (8), 1122–37.

—— and Waisbord, Silvio R. (2004a) "Introduction: political scandals and the media across democracies: volume I," *American Behavioral Scientist*, 47 (8), 1031–9.

—— —— (2004b) "Introduction: political scandals and the media across democracies: volume II," *American Behavioral Scientist*, 47 (9), 1143–52.

—— and Webster, Frank (2006) *Journalists under Fire: Information War and Journalistic Practices*. London: Sage.

Tuomi, Ilkka (2002) *Networks of Innovation: Change and Meaning in the Age of the Internet*. Oxford: Oxford University Press.

Turow, Joseph (2005) "Audience construction and culture production: marketing surveillance in the digital age," *Annals of the American Academy of Political and Social Science*, 597 (1), 103–21.

Tversky, Amos and Kahneman, Daniel (1992) "Advances in prospect theory: cumulative representation of uncertainty," *Journal of Risk and Uncertainty*, 5 (4), 297–323.

Ubertaccio, Peter N. (2006a) "Machine politics for the twenty-first century: multi-level marketing and party organizations," in John Clifford Green and Daniel J. Coffey (eds.), *The State of the Parties: The Changing Role of Contemporary American Politics*, pp. 173–86. Lanham, MD: Rowman and Littlefield.

—— (2006b) "Marketing parties in a candidate-centered polity: the Republican Party and George W. Bush," in Philip Davies and Bruce Newman (eds.), *Winning Elections with Political Marketing*, pp. 81–104. New York: Routledge.

UNCTAD. (2008) *Creative Economy Report 2008*. New York: United Nations Conference on Trade and Development.

Ungar, S. (1992) "The rise and (relative) decline of global warming as a social problem," *Sociological Quarterly*, 33 (4), 483–501.

United Nations (1992) "Framework convention on climate change" (retrieved March 18, 2008 from http://unfccc.int/essential_background/convention/background/items/1350.php).

Uslaner, Eric M. (2004) "Trust and corruption," in Johann Graf Lambsdorf, Markus Taube, and Mathias Schramn (eds.), *Corruption and the New Institutional Economics*, pp. 76–92. London: Routledge.

Uy-Tioco, Cecilia S. (2003) "The cell phone and Edsa 2: the role of communication technology in ousting a president," paper presented to the Fourth Critical Themes in Media Studies Conference, October 11, 2003, New School University, New York.

Valentino, Nicholas A., Hutchings, Vincent L., Banks, Antoine, and Davis, Anne (2008) "Is a worried citizen a good citizen? Emotions, political information seeking, and learning via the Internet," *Political Psychology*, 29 (2), 247–73.

———— and White, Ismail K. (2002) "Cues that matter: how political ads prime racial attitudes during campaigns," *American Political Science Review*, 96, 75–90.

Van Beek, Ursula and Klingemann, Hans-Dieter (eds.) (2004) *Democracy under Construction: Patterns from Four Continents*. Leverkusen Obladen: Barbara Budrich.

Van Belle, Douglas A. (2003) "Bureaucratic responsiveness to the news media: comparing the influence of *The New York Times* and network television news coverage on US foreign aid allocations," *Political Communication*, 20 (3), 263–86.

Villoria Mendieta, Manuel (2007) *Informe Global 2007 Sobre la Corrupción en España*. Madrid: Transparencia Internacional España.

Volkmer, Ingrid (1999) *News in the Global Sphere: A Study of CNN and its Impact on Global Communication*. Luton: University of Luton Press.

—— (2003) "The global network society and the global public sphere," *Journal of Development*, 46, 9–16.

Von Drehle, David (2008) "The year of the youth vote," *Time Magazine*, January 31(available online at http://www.time.com/time/nation/article/0,8599, 1708570,00.html).

VVAA (2004) *¡Pasalo! Relatos y Análisis Sobre el 11-M y los dis que le Siguieron*. Madrid: Traficantes de Sueños (www.traficantes.net).

Waisbord, Silvio (2004a) "MCTV: understanding the global popularity of television formats," *Television New Media*, 5 (4), 359–83.

—— (2004b) "Scandals, media, and citizenship in contemporary Argentina," *American Behavioral Scientist*, 47 (8), 1072–98.

Wallis, Cara (2008) "Techno-mobility in the margins: mobile phones and rural-to-urban migrant women in Beijing," unpublished PhD dissertation, Los Angeles: University of Southern California, Annenberg School for Communication.

Wapner, Paul Kevin (1996) *Environmental Activism and World Civic Politics*. Albany, NY: State University of New York Press.

Warf, Barney (2007) "Oligopolization of global media and telecommunications and its implications for democracy," *Ethics, Place, and Environment*, 10 (1), 89–105.

Warkentin, Craig (2001) *Reshaping World Politics: NGOs, the Internet, and Global Civil Society*. Oxford: Rowman and Littlefield.

Warren, Mark E. (2006) "Democracy and deceit: regulating appearances of corruption," *American Journal of Political Science*, 50 (1), 160–74.

Wasko, Janet (2001) *Understanding Disney: The Manufacture of Fantasy*. Cambridge: Polity Press.

Waterman, Peter (1998) *Globalization, Social Movements and the New Internationalism*. Washington: Mansell.

Wattenberg, Martin P. (1991) *The Rise of Candidate-centered Politics: Presidential Elections of the 1980s*. Cambridge, MA: Harvard University Press.

—— (2004) "Elections: personal popularity in US presidential elections," *Presidential Studies Quarterly*, 34 (1), 143–55.

—— (2006) "Elections: reliability trumps competence – personal attributes in the 2004 presidential election," *Presidential Studies Quarterly*, 36 (4), 705–13.

Watts, Duncan J. and Strogatz, Steven H. (1998) "Collective dynamics of 'small-world' networks," *Nature*, 393, 440–2.

Watts, Mark, Domke, David, Shah, Daron, and Fan, David P. (1999) "Elite cues and media bias in presidential campaigns: explaining public perceptions of a liberal press," *Communication Research*, 26 (2), 144–75.

Weart, Spencer (2007) "Discovery of global warming" (available online at http://www.aip.org/history/climate/index.html) which supplements the book *Discovery of Global Warming* (2003). Cambridge, MA: Harvard University Press.

Weber, Matthew (2007) "Conceptualizing interactive news media organizations as provisional settlements of convergence," unpublished paper completed for the class Comm 647, "Research Seminar on the Network Society," Los Angeles, University of Southern California, Annenberg School for Communication.

Weber, Max ([1919] 1946) "Politics as a vocation," in H. H. Gerth and C. Wright Mills (eds.), *From Max Weber: Essays in Sociology*. New York: Oxford University Press.

—— ([1922] 1978) *Economy and Society*. Berkeley, CA: University of California Press.

Weber, Steve (2004) *The Success of Open Source*. Cambridge, MA: Harvard University Press.

Welch, Susan and Hibbing, John (1997) "The effects of charges of corruption on voting behavior in congressional elections, 1982–1990," *Journal of Politics*, 59 (1), 226–39.

Wellman, Barry (1999) "The network community," in Barry Wellman (ed.), *Networks in the Global Village: Life in Contemporary Communities*, pp. 1–47. Boulder, CO: Westview Press.

—— and Haythornthwaite, Caroline (eds.) (2002) *The Internet in Everyday Life*. Malden, MA: Blackwell.

Wenger, Etienne (1999) *Communities of Practice: Learning, Meaning and Identity*. Cambridge: Cambridge University Press.

—— and Synder, William (2008) "Communities of practice: the organizational frontier," *Harvard Business Review* (available online).

West, Darrell M. (2001) *Air Wars: Television Advertising in Election Campaigns 1952–2000*, 3rd edn. Washington, DC: CQ Press.

—— (2005) *Air Wars: Television Advertising in Election Campaigns 1952–2004*. Washington, DC: CQ Press.

Westen, Drew (2007) *The Political Brain: The Role of Emotion in Deciding the Fate of the Nation*. New York: Public Affairs.

Western, Jon W. (2005) *Selling Intervention and War: The Presidency, the Media, and the American Public*. Baltimore, MD: Johns Hopkins University Press.

Whitaker, Reginald (1999) *The End of Privacy: How Total Surveillance is Becoming a Reality*. New York: New Press.

Williams, Bruce A. and Delli Carpini, Michael X. (2004) "Monica and Bill all the time and everywhere: the collapse of gatekeeping and agenda setting in the new media environment," *American Behavioral Scientist*, 47 (9), 1208–30.

Williams, Dmitri (2007) "The impact of time online: social capital and cyberbalkanization," *CyberPsychology and Behavior*, 10 (3), 398–406.

Wilson, Carroll L. and Matthews, William H. (eds.) (1971) *Inadvertent Climate Modification: Report of Conference, Study of Man's Impact on Climate (SMIC), Stockholm*. Cambridge, MA: MIT Press.

Wilson, Ernest J. (2004) *The Information Revolution and Developing Countries*. Cambridge, MA: MIT Press.

Wilson, K. M. (2000) "Communicating climate change through the media: predictions, politics, and perceptions of risk," in S. Allan, B. Adam, and C. Carter (eds.), *Environmental Risks and the Media*, pp. 201–17. London: Routledge.

Win, Hanna I. (2008) "Blogging Burma: how a web of tech-savvy chroniclers conquered censorship, poverty and fear to tell their story," unpublished master's thesis in print journalism, Los Angeles, University of Southern California, Annenberg School for Communication.

Winneg, Kenneth and Jamieson, Kathleen Hall (2005) "Elections: party identification in the 2004 election," *Presidential Studies Quarterly*, 35 (3), 576–89.

Winock, Michel (2004) *Las Voces de la libertad*. Barcelona: Edhasa (French edition, Paris: Seuil, 2001).

Winseck, Dwayne (2008) "The state of media ownership and media markets: competition or concentration and why should we care?," *Sociology Compass*, 2 (1), 34–47.

Wintour, Patrick (2006) "Ministers bow to pressure for climate bill," *Guardian*, October 25 (retrieved May 24, 2008 from http://www.guardian.co.uk/).

Wisconsin Advertising Project (2008) "Facts about tone of presidential advertising campaign from the Wisconsin Advertising Project," October 16 (retrieved November 8, 2008 from http://wiscadproject.wisc.edu/wiscads_release_101608.pdf).

Woessner, Matthew (2005) "Scandal, elites, and presidential popularity: considering the importance of cues in public support of the president," *Presidential Studies Quarterly*, 35 (1), 94–115.

World Economic Forum (2008) *Global Survey Highlights Fear of Future and Lack of Faith in World Leaders*. Global Survey Conducted by Gallup International. Geneva: WEF.

World Public Opinion (2006) "30-country poll finds worldwide consensus that climate change is a serious problem," April 25 (available online at www.worldpublicopinion.org).

—— (2007a) "Developed and developing countries agree: action needed on global warming," September 24 (available online at www. worldpublicopinion.org).

—— (2007b) "International polls find robust global support for increased efforts to address climate change" (retrieved May 25, 2008 from www.worldpublicopinion.org).

—— (2008) "World publics say governments should be more responsive to the will of the people," May 13 (available online at www. worldpublicopinion. org).

World Screen (2007) "Ugly Betty licensed to 130 territories worldwide," May 21 (available online at http://www.worldscreen.com/newscurrent.php?filename=disney052107.htm).

Wu, H. Denis (2007a) "A brave new world for international news? *International Communication Gazette*, 69 (6), 539–51.

Wu, Irene S. (2008) "Information, identity, and institutions: How technology transforms power in the world," research paper, Washington, DC: Georgetown University, Institute for the Study of Diplomacy.

Wu, Tim (2007b) "Wireless carterfone: Net neutrality special issue," *International Journal of Communication*, 1, 389–426.

Wyatt, Robert O., Edy, Jill L., Blake, Ken, and Mastin, Teresa (2000) "How general confidence in institutions predicts media credibility: a case against journalistic exceptionalism," paper presented at the World Association for Public Opinion Research, Portland, Oregon.

Zaller, John (1992) *The Nature and Origins of Mass Opinion*. New York: Cambridge University Press.

—— (1998) "Monica Lewinsky's contribution to political science," *Political Science Quarterly*, 31, 182–8.

Zaloom, Caitlin (2006) *Out of the Pits: Traders and Technology from Chicago to London*. Chicago, IL: University of Chicago Press.

Zaplana, Eduardo (2004) "Carta dirigida a Jesus Ceberio, director de *El País*, por Eduardo Zaplana, ministro portavoz del gobierno," *El País*, March 27.

Zhang, Weiwu and Chia, Stella C. (2006) "The effects of mass media use and social capital on civic and political participation," *Communication Studies*, 57 (3), 277–97.

Zhao, Yuezhi (2003) "Falun Gong, identity, and the struggle over meaning inside and outside China," in Nick Couldry and James Curran (eds.), *Contesting Media Power: Alternative Media in a Networked World*, pp. 209–26. Lanham, MD: Rowman and Littlefield.

—— (2008) *Communication in China: Political Economy, Power, and Conflict*. Lanham, MD: Rowman and Littlefield.

索 引

SER radio, Spain 353, 361
72-hour Task Force, US Republican 213–14,
    394
sexual conduct, and US public life 252
Shah, Dhavan V. 294
Shanahan, J. 317
Shanda video games 86
Shanghai Cooperation Organization 39
Shanghai Media Group 89
Sheehan, Cindy 180, 179–80 n 24
Shell oil company, attitude to climate
    change 305
Shi'ite/Sunni alliance, Iraq 183
Shinawatra, Thaksin 348
Sichuan earthquake 280
signified of messages 132–3
signifier of messages 128, 132–3
Silent Spring (Carson) 334
Simon, William E. 207
Simpser, Alberto 251
Singapore, broadband width 63
Six Flags Amusement Parks 94
60 Minutes (CBS) 179
Small is Beautiful (Schumacher) 334
"small world" effect 348, 360
Smith, Averill "Ace" 240
Smith Richardson family 207
Smith Richardson Foundation 209
social change 299–303
    and values in politics 412–15
social movements 302–3 *see also*
    environmental movement
social networking sites 67
    and political campaigns 232, 389, 390
social networks defining political
    behaviour 149
social space Russia 274–5
social spaces
    Internet 65–8
    and multimedia business 71
    of virtual reality 69
    on the Web 68
Socialist Party (PSOE), Spain 223, 260, 349,
    356–8
    corruption 259–60, 261–2, 262–4
    and media power 255–6
    and personalization of politics 237–8
    and scandal politics 254–64
Socialist Party (RAI Tre), Italy 225
socialized communication, control of source in
    social power 301

societal communication, and mass
    communication 54–5
Society for Creative Anachronism 68
Soetoro, Lolo (stepfather of Barack
    Obama) 373
Somalia, US intervention 159
somatic markers 141, 144, 146, 151
Sony 94
Sony Pictures Entertainment 91
Sorm 1 law (1996, Russia) 270–1, 275
Sorm 2 law (1998, Russia) 270–1, 275
soundbite duration 233
South Africa 88, 91
South Korea, broadband width 63
Soviet Union
    collapse of communication/information
        infrastructure 277–8
    dissidents 3
    see also Russia
space and time, and power relationships 36
space of flows 33–6, 50
    "grassrooting" 52
space of places 50
Spain 124
    autonomous communities and regional TV
        and radio 111
    democracy 1–3
    electoral campaign debates (2008) 234–5
    electoral campaign spending 222–3
    electoral campaign tactics 230
    Fascist backlash 237
    image politics 238
    media business conflicts in left/right
        politics 261
    and media privatization 110–12
    Ministry of Economy 223
    Ministry of the Interior and GAL
        conspiracy 256, 258–9, 260
    mobil-ization resistance 346–62
    negative politics 293
    Parliamentary election (2004) 350–62
    Parliamentary election (2004) voting
        patterns 356–8, 359 Fig 5.4
    Parliamentary elections (2008) 67
    participation and withdrawal from Iraq
        War 350, 353, 358–9
    personalization of politics 254
    political legitimacy and public trust 264
    public concern over global warming 312
    regulation and financing of political
        parties 221

作者简介

　　曼纽尔·卡斯特是美国南加州大学安纳伯格传播学院院长、英国剑桥大学社会学系研究主任、巴黎全球研究学院网络社会研究主席。他于1979～2003年间担任加州大学伯克利分校规划和社会学教授；2003～2013年担任加泰罗尼亚开放大学互联网跨学科研究所教授、主任。同时，他也是麻省理工学院技术与社会学院杰出客座教授、牛津大学互联网研究杰出客座教授。

　　卡斯特共著有26本书，其中包括《信息时代：经济、社会和文化》（Blackwell，1996～2000），已经被翻译成22种语言；《网络星河》（OUP，2001），已经被翻译成17种语言；以及《愤怒与希望的网络》（Polity，2012）。他是美国政治和社会科学院、欧洲学院、英国学院、墨西哥科学院和西班牙皇家经济学院研究员。他曾获得18个荣誉博士学位，2010年伊拉斯谟奖章（Erasmus Medal），2012年霍尔伯格纪念奖（Holberg Memorial Prize）。他是欧洲研究委员会，以及欧洲创新与技术研究所（EIT）的创始人之一。此外，他也是美国国会图书馆学者委员会成员。

图书在版编目（CIP）数据

传播力：新版 ／（美）曼纽尔·卡斯特
（Manuel Castells）著；汤景泰，星辰译. ﹣﹣北京：
社会科学文献出版社，2018.10（2021.10 重印）
书名原文：Communication Power
ISBN 978﹣7﹣5201﹣2032﹣6

Ⅰ.①传… Ⅱ.①曼… ②汤… ③星… Ⅲ.①计算机
网络﹣传播学﹣研究 Ⅳ.①G206.2 ②TP393

中国版本图书馆 CIP 数据核字（2017）第 314617 号

传播力（新版）

著　者／〔美〕曼纽尔·卡斯特（Manuel Castells）
译　者／汤景泰　星　辰

出 版 人／王利民
项目统筹／祝得彬
责任编辑／刘　娟　李建科

出　　版／社会科学文献出版社·当代世界出版分社（010）59367004
　　　　　　地址：北京市北三环中路甲29号院华龙大厦　邮编：100029
　　　　　　网址：www.ssap.com.cn
发　　行／市场营销中心（010）59367081　59367083
印　　装／三河市东方印刷有限公司

规　　格／开本：787mm×1092mm　1/16
　　　　　　印张：31.25　字数：525千字
版　　次／2018年10月第1版　2021年10月第2次印刷
书　　号／ISBN 978﹣7﹣5201﹣2032﹣6
著作权合同
登 记 号／图字01﹣2016﹣7547号
定　　价／168.00元